세계질서와
문명등급

세계질서와
Global Order and

문명등급

리디아 류 주편 | 차태근 옮김

글로벌 히스토리의
시각에서 본 근대 세계
the Standard of Civilization

교유서가

한국어판 서문

세계는 끊임없는 변화의 과정중에 있으며, 글로벌 히스토리(global history) 연구도 계속해서 변화하지 않을 수 없다. 아시아 학자의 연구와 이론가들의 목소리가 새로운 방식으로 이러한 연구영역에 진입하기 시작하면서 세계적으로 점점 더 많은 사람들에게 주목받고 있다.

본서 『세계질서와 문명등급』이 출현하기 전까지, 중국어권 학계의 글로벌 히스토리 연구는 대부분 구미학자의 학술에 대한 번역과 소개를 위주로 진행되어 왔다. 그리고 극히 예외적인 일부를 제외하면, 아직까지 독립적이고 자주적인 견해와 이론적인 창조를 보여주지 못한 것 같다. 본서의 저자들은 이러한 번역과 소개 활동을 '서학 편역'이라고 부른다. 중국 내지 전체 아시아에서 '서학 편역'의 모델은 여러 세기 동안 지속되어왔으며, 서구 역사, 사회, 문화와 이론의 소개를 위해 많은 기여를 하였다. 그러나 우리는 '서학 편역'도 우리가 지금까지 500여 년간의 세계질서를 반성하는 대상의 일부라고 본다. 즉 '서학 편역'은 우리가 주목하는 대상이지 방법이 아니다. 장기간 '서학 편역'은 동아시아 학자들과 서구 지식 사이의 연계방식을 주도해왔으며, 우리의 역사의식을 지배하고 미래세계에 대한 우리의 인식을 주재해왔다. 이제 우리는 이러한 낡은 모델에서 벗어나 새로운 사유의 방법을 개척해야만 하지 않을까?

따라서 이 책의 주요 취지는 구미학계의 글로벌 히스토리 연구를 소개하거나 번역하는 것이 아니며, 또 중국의 글로벌 히스토리 연구를 소개하는 것이 아니라 새로운 세대의 글로벌 히스토리 연구를 추동하고 아울러 이론적인 창신을 도모하는 데 있다. 나는 본서의 서문에서 이미 본서의 11명의 저자가 모두 각기 다른 학문영역을 배경으로 하고 있음을 밝힌 바 있다. 우리는 2011년부터 2013년에 '문명등급론'의 주제를 어떻게 인식할 것인가에 관해 칭화대학에서 몇 차례 토론회와 워크숍을 진행하였으며, 후에 저자들은 또 수차례의 상호교류와 토론을 거쳐 마침내 공통된 인식에 도달하게 되었다.

그 공통 인식이란 바로 우리가 새로운 글로벌 히스토리 연구방법을 개척할 필요가 있다는 것이었다. 왜냐하면 글로벌 히스토리의 시각 없이는 '문명등급'의 역사적 형성을 심도 있게 이해할 수 없을 뿐만 아니라 현대의 지정학적 시공구조를 이해할 수 없기 때문이다. 내가 서문에서 강조한 바와 같이, 현대 지연정치(地緣政治)는 이중적인 역사구조를 지니고 있다. 하나는 지구 공간의 의미에서 전개되는 지연정치이고, 다른 하나는 '인심人心'에 관련된 지연정치로서, 그것이 바로 '문명등급' 담론이다. 만약 전자만을 보고 후자를 보지 못한다면, 우리는 곧 지연정치의 이중구조를 파악할 수 없고 또 새로운 역사의식을 얻을 수 없으며 전지구화와 미래의 세계질서에 대한 심도 있는 토론을 진행할 수 없다.

『세계질서와 문명등급』이 2016년에 베이징 싼롄서점(三聯書店)에서 출판되고 나서 곧 한국어판이 출판되는 것은, 본서의 주편인 나에게 큰 행운이 아닐 수 없다. 차태근 교수는 본서의 역자일 뿐만 아니라 일찍이 나의 또다른 저서인 『충돌하는 제국』을 번역하기도 하였다. 그는 당대 학술에 대해 깊이 이해하고 있을 뿐만 아니라 국제이론 발전의 최신 경향에 대해서도 매우 민감하게 파악하고 있다. 차교수는 본서를 번역하기 위해 근 1년간의 시간과 심혈을 쏟았으며, 나와 본서의 저자들은 그의 신중하고 세심한 연구 자세에 깊은 감명을 받았다. 나는 본서의 한국어판이 다시 한번 한중 양국 학자와 독자 사이의 무형의 장애를 제거하고, 한국 독자들에게 중국 인문학술계에서 주목하는 중요한 문제를 함께 공유할 수 있는 기회를 제공함과 동시에 우리가 공동으로 대면하는 세계를 사고하는 데 부분적이나마 사상적 자원을 제공하길 기대한다. 그리고 또 양국 학술계의 향후 교류를 위해 더욱 견실한 기초를 제공할 수 있기를 희망한다.

리디아 류(Lydia H. Liu, 劉禾)
2022년 1월, 베이징에서

차례

世　　界　　秩　　序　　与　　文　　明　　等　　级

서문: 글로벌 히스토리 연구의 새로운 방법

리디아 류(Lydia H. Liu, 劉禾)

오늘날 세계질서는 어디에서 온 것일까?

이 질문에 대해 사람들은 곧바로 20세기 제2차세계대전 이후 미국이 주도하는 세계질서를 떠올리면서 500여 년 전에 발생한 대사건에 대해서는 부지불식간에 간과하기 쉽다. 그 대사건은 현대 세계질서의 확립이 1494년 유럽인이 정한 지구의 자오선에서 시작되었음을 매우 명확하게 말해주고 있다. 자오선의 확정은 바로 그 유명한 「토르데시야스조약Treaty of Tordesillas」*의 주요 내용이다.

그럼 「토르데시야스조약」이란 무엇인가? 그것은 콜럼버스가 아메리카 대륙을 발견하고 나서 2년 후 포르투갈과 에스파냐 사이에 조인된 쌍무조약이다. 이 조약에 의거하여 유럽인은 처음으로 전체 지구의 지도에서 세

---

* 1494년 6월 7일에 에스파냐의 아라곤 왕국 국왕 페르난도 2세(Fernando II, 1452-1516)와 카스티야의 여왕 이사벨라(Isabella, 1451-1504), 포르투갈의 국왕 주앙 2세(João II, 1455-1495) 사이에 체결된 협정. 조약에서는 카보베르데(Cabo Verde) 제도의 서쪽으로 370레구아(league, 길이의 단위. 1레구아는 대략 5,926*km*에 해당) 떨어진 아메리카 지역을 경계로 서쪽은 에스파냐, 동쪽은 포르투갈의 관할 지역으로 분할하였다. —역자 주

계를 둘러싼 세력범위를 구분하였다. 이 조약은 매우 중대한 역사적 의의를 지니고 있다. 「토르데시야스조약」에서 규정한 지구의 자오선이 현대 세계질서의 지정학적 정치의 시작을 의미하기 때문이다.

그러나 단지 국제조약과 무력 정복에만 의거해서는 어떤 세력도 전 세계가 보편적으로 인정하는 세계질서를 수립할 수는 없다. 거기에는 또다른 조건이 있기 마련이다. 유럽이 창조한 세계질서가 지구의 구석구석으로 확장하여 만연히 침투함에 따라 '인심人心'에 관한 지정학—이른바 문명등급—도 그에 수반하여 출현하였다. 그 이후로 이중적 구조의 지정학이 사람들의 시야 속으로 들어오기 시작했다. 이것은 바로 **지구의 공간**, 그리고 동시에 **지구상의 인심(人心)**을 축선으로 하는 이중구조이다.

여기서 다소 의아한 것은 이렇게 중대한 역사적 과제가 오히려 분과학문 고유의 체제에 의해 의식적 혹은 무의식적으로 무시되고 심지어 장기간 간과되어왔다는 점이다. 그 이유는 무엇인가? 본서는 학제적인 사고에 의거하여 글로벌 히스토리 연구의 새로운 길을 모색함으로써 지정학의 이중구조 및 그 역사적 연원을 심도 있게 이해하고, 이를 통해 새로운 역사의식을 모색하고자 한다. 이러한 역사의식은 오늘날 사람들에게 매우 중요하다. 이러한 역사의식 없이는 사람들이 작금의 복잡하게 변화하는 세계의 혼란에 대처하기 어렵고, 미래의 세계질서를 구상할 방법이 없을 뿐만 아니라 전 세계의 질서를 유지할 도의에 대해 심도 있는 사고를 할 수 없다.

본서에서 무엇보다도 강조하는 바는 15세기 이래 500여 년 동안 세계 문명등급의 확립이 근대 지정학의 형성에 매우 중요한 역할을 했다는 점이다. 그러나 여기서 주목할 것은 다음과 같은 문제이다. 문명등급의 기준이 왜 세계질서에 있어 그렇게 중요한가? 이러한 기준은 어떻게 지정학 속에서 확립될 수 있었는가? 또 문명등급 담론이 청말 중국에 소개된 이후 에 중국인의 마음에 그렇게 중대한 충격과 상처를 남겼는가? 중국과 세계 사이에 왜 항상 '문명'의 문제를 둘러싸고 이러저러한 분쟁이 발생하는가?

오늘날 중국에서 '문명'이라는 두 글자를 둘러싼 각종 논의는 여전히 진행되고 있을 뿐만 아니라 사람들의 사회의식과 일상적인 언행 속에 깊이 스며들어 있다. 마치 떨쳐버릴 수 없는 유령처럼. 이 유령이 하소연하고자 하는 바는 무엇인가? 어떤 초조감과 바람을 말하고자 하는 것일까? 왜 떠나지 않고 머뭇거리는 것일까? 본서는 이러한 의문들에서 출발하여 글로벌 히스토리 연구의 새로운 방법을 모색하고자 한다.

글로벌 히스토리 연구방법

독자들이 접하게 될 이 글로벌 히스토리 연구 논문집은 일반적인 의미에서의 논문집이 아니라 독창적인 학술 연구(original research)의 모음집이다. 이것은 10여 명의 학자들이 수년에 걸쳐 협력하여 이루어낸 집단적 노동의 결정체이다. 글로벌 히스토리 연구는 우선 학자들이 시각을 확대하고 각자의 학문 영역의 범위를 넘어서 여러 언어의 1차 문헌을 참조해야 하고, 또 근대적인 학과의 계보에 대해 전면적인 정리와 성찰이 요구된다. 본서와 같이 규모 있는 글로벌 히스토리 연구는 중국 학술계에서는 아마도 처음 시도하는 것이지만, 이를 계기로 향후 더욱더 많은 학자들의 훌륭한 연구가 이루어져 공동의 노력을 통해 현재의 학술 상황을 변화시키길 기대한다.

편자로서 나는 본 논문집의 방법론에 대해 간단히 설명을 덧붙이고자 한다.

첫째, 본서에서 다루는 글로벌 히스토리 연구는 '문명'이라는 개념의 전파를 논하기는 하지만 이는 개념사 연구도 아니고 또 키워드 연구도 아니다.* 엄격히 말해 본서의 연구대상은 국가와 지역, 언어의 경계를 넘는 담론실천이다. 따라서 연구범위는 당연히 학술체제, 매체기술, 지구 판도(版圖), 시각적 전시, 과학기술, 국제법 그리고 다양한 서사행위, 번역행위와 학술행위를 포함하고 있다. 그중에서도 우리가 집중적으로 관심을 둔 문제는 국가, 지역, 언어의 경계를 넘어서는 담론실천이 어떻게 현재의 세계질서를 창출했는가 하는 점이다.

둘째, 글로벌 히스토리와 세계사는 중요한 차이점이 있다. 세계사의 사고는 종종 자국의 역사를 연구 시각에서 배제한다. 그런가 하면 국가별 역사의 연구자는 통상적으로 단지 자국사에만 관심을 가질 뿐 타국의 역사를 다루는 경우는 거의 드물다. 이러한 지식상의 분업이 세계 각지에서 정도의 차이가 있기는 하지만 줄곧 유행해왔으며, 이로 인해 사람들이 세계를 인식하는 데 있어 사각지대가 출현하였다.** 이에 비해 글로벌 히스토리

---

* 소수의 예를 제외하면, 개념사 연구는 종종 어휘(word)와 개념(concept)을 혼동하여 구분하지 않는데, 이는 잘못된 인식이라 하지 않을 수 없다. 인류가 창조한 대량의 시각기호와 글쓰기 기호, 숫자, 색보(色譜), 지도, 음부(音符), 손짓, 도표, 그림, 촬영, 영화편집 등은 모두 개념의 범주에 속하지만 반드시 문자나 혹은 언어의 범주에 속하는 것은 아니다. 예를 들어 본서 장징(姜靖)의 글은 만국박람회의 유색인종 전시를 다루고 있다. 이 공간 전시는 문명등급의 개념 범주에 속하지만 어휘로 취급할 수 없다. 윌리엄스의 키워드(keyword) 연구는 방법상에 있어서 그의 의도와는 관계없이 개념사와 부합하는 면이 있는데 그 역시 종종 어휘와 개념을 혼동하였다. 이와 유사한 연구들은 엄밀하고 신중하게 문자와 어휘를 처리할 수 없을 뿐만 아니라 엄격한 의미에서의 개념사도 아니다. 나는 최근에 발표한 한 논문에서 이러한 잘못된 인식에 대해 방법론적인 분석을 진행한 바 있다. 따라서 이에 대해서는 더이상 논하지 않겠다. Lydia H. Liu, "Shadows of Universalism: The Untold Story of Human Rights around 1948", *Critical Inquiry* 40(Summer 2014): 385-417 참고.

** 국가별 역사를 배제하는 것은 단지 세계사 서술이 여러 병폐 가운데 하나일 뿐이다. 펑

는 연구방법에서 중대한 진전을 이루어냈는데, 그것은 국가별 역사와 세계사를 구분하지 않고 자국의 역사를 전 세계의 지정학 범위에 위치시키고 상호추동적인 연구를 진행하고 있다. 따라서 자국의 문제는 동시에 세계의 문제이고 세계의 문제도 자국의 문제가 된다. 이러한 글로벌 히스토리 연구는 최근 국제학술계에서도 새로운 영역으로 부각되어 계속 탐색중에 있다. 이 논문집은 바로 현재의 글로벌 히스토리 방법론의 탐색에 동참하여 국내외의 연구를 위해 새로운 방법을 제시하고자 한다.

셋째, 본서의 연구는 담론실천을 강조하고 있으며, 이는 전통적인 사상사의 방법과 근본적으로 다르다. 전통적인 사상사 연구의 주요 방식은 사상가의 사상궤적을 대상으로 삼아 개념과 개념의 관계나 사상의 연혁에 주안점을 두고 있다. 이에 비해 담론실천의 연구대상은 추상적 사상에 대한 설명이나 분석이 아니라 사상을 구체적이고 생동적인 언설, 글쓰기 및 기타 실천(숫자도표, 국제조약, 도상, 시공의 조직방식 등을 포함)으로 간주하며, 그 목적은 이러한 행위실천이 어떻게 사회에 진입하고 학과를 만들며, 인심을 감화시키고 변화를 추동하거나 역사를 창조하는가 등을 연구하고 분석하는 것이다. 즉 담론실천의 연구를 통해서 비로소 우리는 **지구의 공간과 지구상의 인심**을 중심선으로 하는 이중적인 구조의 지정학을 동시에 고찰할 수 있다.

넷째, 글로벌 히스토리의 시각에서 담론실천 연구를 진행하기 위해서는 반드시 분과학문의 경계를 넘어서는 사유방식이 요구된다. 학제 연구가 대두된 까닭은 일종의 유행이 아니라 성숙한 학과가 날로 협애해지고 폐

기간 동안 세계사 서술은 바로 문명등급 담론이 반복적으로 생산되고 복제되는 중요한 글쓰기 가운데 하나였다. 이에 대한 상세한 분석은 본서 중 청웨이(程巍)의 세계사 서술에 대한 글을 참조.

쇄적으로 되어, 이미 새로운 지식을 발명하고 창조하는 것을 저해하고 있기 때문이다. 이러한 상황을 변화시키고 한계를 넘어서기 위해서는 우리 모두의 공동의 노력이 필요하다. 따라서 한 학자가 학과의 정통을 지키며 수구적 학자를 자처하느냐 아니면 시간적, 역사적, 사상적인 탐구를 위해 근대 학과를 개방하려 노력하느냐 하는 문제는 오늘날 학자에게 있어 매우 중요한 선택이며 본서에서 선택한 것은 바로 후자의 태도이다. 만약 우리가 학과의 정통을 유지하는 것을 선택한다면 현재의 지식구조 및 그 합리성에 대해 의문을 제기할 필요가 없으며, 또 지식과 통치, 지식과 생존, 지식과 세계의 각종 역사와 현실의 복잡한 관계를 심도 있게 이해할 수 없다.

다섯째, 현재 담론실천 연구는 단지 모국어 혹은 단일 언어를 매개로 할 수는 없다. 글로벌 히스토리의 시각은 학자들 각각이 최소한 두 가지 이상의 언어로 된 1차 문헌 혹은 자료를 다룰 수 있는 능력을 갖추어야 하며, 동시에 연구와 관련된 국내외의 새로운 학술 성과(외국 저작과 잡지 포함)를 파악해야 한다. 이 논문집의 저자들은 최대한 외국어로 된 1차 자료를 활용하였으며 또 중국어권 이외의 학계에서 진행되는 학술 연구의 최신 흐름을 이해하기 위해 노력하였다. 아울러 밝혀둘 것은 본서의 저자들이 발굴한 수많은 1차 혹은 2차 외국어 자료 가운데 많은 내용들이 중국어권 학계에 처음으로 소개되었다는 점이다.

문명론: 근대 학과 일반의 정치적 무의식

문명등급론—이하 문명론으로 약칭—이 글로벌 히스토리 연구의 중심 문제로 제기된 주요 원인은 그것이 많은 학과들에서 '정치적 무의식' 역할을 담당하고 있기 때문이다. 오랜 기간 동안 이러한 역할의 범학과적인 성격은 아마도 문명론 연구가 학과의 제약으로 연구 시각에서 간과되었던 직접적인 원인일 것이다. 그러나 홀시와 망각은 바로 '정치적 무의식'으로서 문명등급 이데올로기의 강력한 기능을 더욱 부각시켜준다. 그것은 공기처럼 비록 볼 수도 만질 수도 없지만 없는 곳이 없다.

이러한 이데올로기의 심각성은 문명론과 근대 학과의 역사적인 동일구조 속에 잘 나타나 있다. 사람들에게 익숙한 근대 학과―문과와 사회과학을 위주로 한 연구영역, 그리고 진화론적 생물학, 체질인류학, 우생학 등과 같은 여러 과학의 분과학문―는 문명론의 출현 및 발전과 동일한 역사적 과정을 거쳐왔으며, 양자 사이에는 매우 밀접한 교섭과 상호침투가 이루어져왔다. 여기서 말하는 역사 과정이란 주로 유럽에서 시작된 자본주의 식민체계가 전 세계적으로 추진되고 확대되었으며 그와 병행하여 동시에 각종 근대 학과가 발전했다는 것을 가리킨다.

근대 학과의 건립과 자본주의 식민체계의 역사적 연원은 여러 다양한 방면과 연계되어 있다. 본서에서 다루는 학과만 보더라도 정치경제학, 지리학, 인류학, 인종학, 국제법, 언어학, 역사학 등이 포함되어 있다. 그 가운데 지리학자 탕샤오펑(唐曉峰)이 쓴 본서의 첫번째 글은 독자가 현대 지정학적 정치학의 역사적 맥락을 이해하는 데 기본적인 좌표를 제공해준다. 그에 따르면, 이른바 지리 대발견은 사실 '문명'의 대발견에 다름 아니다. 유럽인은 해외탐험 과정에서 공간적으로 분포되어 있는 인류 집단의 차이를 역사적 차이로 정리하였으며, 또 공간 분포를 시간적 분포로 해석하거나 시간의 차이를 문명진화 정도의 차이로 해석하였다. 이로 인해 근대 지리학의 탄생은 유력한 지지를 얻게 되었으며, 줄곧 문명등급의 담론을 구성하는 데 관여해왔다. 탕샤오펑의 결론에 따르면 문명론은 새로운 역사적 시각이며, 근대 지리학은 바로 이러한 시각에 기초하여 유럽에서 새로운 인문세계의 상상을 구성하였다.

지리상의 대발견 이후 연이어서 정치경제학, 사회학, 인류학, 유럽문명사, 국제법 등이 탄생하였다. 그들은 모두 정도의 차이는 있지만 문명등급론의 형성에 참여하였다. 널리 알려진 사회단계론(stages of society)을 예로 들면, 18세기 프랑스 중농학파는 앞장서서 사회발전 3단계의 모델을 제기하여, 인류사회를 수렵, 유목, 농경과 같이 낮은 단계에서 높은 단계로 발전해가는 모델로 묘사하였다. 이어서 스코틀랜드 계몽주의 사상가 애덤 스미스(Adam Smith, 1723-1790)는 수렵, 유목, 농경, 중상(重商)이라는 체계적인 4단계론을 제기하고, 자본주의 발전을 사회발전단계의 서술 속에 포함시켰다.

계몽주의 사상가가 제기한 사회단계론은 정치경제학을 위해 진보주의적 사유방식을 제공하였으며 동시에 문명등급론을 위해 정치경제학적 기초를 닦았다. 본서 가운데 레베카 칼(Rebecca Karl)의 글은 역대 경제사학자들의 '아시아적 생산양식'을 둘러싼 장기간의 논쟁을 회고하면서 이러한 토론의 맹점을 지적하였다. 즉 이른바 '아시아적 생산양식'이라는 이론은 사실상 사회단계론의 틀을 전제할 때만 비로소 의미를 지닌다. 그럼에도 왕야난(王亞南)과 같이 '아시아적 생산양식' 이론이 지닌 맹점을 극복할 수 있었던 경제사학자들은 거의 드물다. 중국의 경제사학자 왕야난은 이른바 전통적인 중국 사회경제의 특수성은 결코 인류의 보편적인 역사 범주 밖에 존재하는 것이 아니라고 보았다. 그는 또 기타 동양국가들이 '아시아적 생산양식'이라는 특성을 지니고 있다는 것을 인정하지 않았는데, 이는 사회단계론 자체를 의문시하는 것에 다름 아니었다. 본서의 여러 논문들에서 진보주의 역사관의 출현이 결국 경건적인 문명등급 기준을 위해 어떤

18

사상적 자원을 제공했는지를 보게 될 것이다.

　본서에 수록된 많은 논문들은 서로 다른 각도에서 근대에 형성된 문명등급론에 대해 상세히 고찰하고 분석한다. 량잔(梁展)은 문명론의 계보를 지식 고고학의 스펙트럼 아래 체계적으로 분석하였다. 그는 푸코가 말한 국가이성에 대한 재사고, 독일 생리학자 요한 프리드리히 블루멘바흐(Johann Friedrich Blumenbach, 1752-1840)의 인종분류법과 프랑스 생리학자 윌리엄 프레데리크 에드워즈(William Frédéric Edwards, 1777-1842)의 인종학에 대한 재평가를 통해 독자들에게 문명등급론의 또다른 역사적인 면모를 드러내 보여주고 있다. 그에 의하면 문명등급론은 피부색 및 기타 종족 특징에 의거하여, 18세기 유럽에서 새롭게 대두된 과학적 종족주의 실험 과정에서 갑자기 과학 연구의 선봉이 되었으며 그 시대의 현학(顯學)으로 변모하였다. 이러한 기초 위에서 량잔은 청말 시기 편역된 유럽과 미국의 문명기준론, 특히 정치지리 교과서가 전 세계로 확산된 전파 과정을 분석하였으며, 또 자신의 독특한 방식으로 캉유웨이(康有爲)의 종족개량 계획과 대동세계에 대해 새로운 독특한 해석을 제시하고, 『대동서大同書』와 문명등급론의 전파가 서로 불가분의 관계가 있음을 보여주고 있다. 그러나 무엇보다도 그가 우리에게 시사해주는 것은 청말 중국에서 발생한 사상은 글로벌 히스토리 시야 속에서 파악할 때 비로소 충분히 설명될 수 있다는 것이다.

　그럼 경전적인 문명등급의 기준이란 무엇인가?

　유럽과 미국이 구상한 문명등급은 낮은 단계에서 높은 단계까지 배열되는 일련의 기준을 포함하고 있다. 이 기준은 세계 각지의 인류 집단을 savage(야만적), barbarian(몽매/미개화), half-civilized(반개화), civilized(문명/길들여진) 그리고 enlightened(사리에 밝은/계몽) 5개 등급으로 나누었는데, 이 외에도 3등급론(야만, 몽매, 문명) 혹은 4등급론(야만, 몽매, 반개화, 문명)이 있었다. 그러나 5등급, 4등급 그리고 3등급 모두 초기에는 문명등급의 기준이 엄격하지 않았다. 그후 몇 세기의 변화 과정을 거쳐 점차 확립되어 가다가, 19세기 초에 이르러 그 설명방식이 경전화되어 국제법 원리에 반영되고 정치지리 교과서에 수록되었으며, 유럽 국가와 기타 국가 간에 체결된 불평등조약에 삽입되어 최종적으로 유럽과 미국이 세계를 인식하는 토대를 형성하였다.

문(文)과 야(野)의 구분―문명과 야만에 대한 근대시기의 구분―은 국제법의 사상적 기초였으며, 이 점은 우리가 근대 세계질서를 이해하기 위한 중요한 관건 가운데 하나이다. 다시 말해 문명등급이 언제 출현하였고 왜 출현하였는지를 이해하지 못한다면, 우리는 왜 유럽에서 국제법이 출현하고, 그러한 국제법이 어째서 처음부터 줄곧 세계에 대한 통치와 관련이 있는지를 이해할 수 없다. 본서 가운데 나의 글의 취지는 바로 국제법의 사상맥락을 명확히 정리하는 것인데, 그 중점 대상은 법리 자체에 대한 것이 아니라 근대 국제법의 지정학, 특히 앞에서 언급했던 그 이중구조의 지정학적 출현과 전개 과정에 대한 것이다. 따라서 나의 글은 야만인의 '무주 황무지' 문제나 반(半)문명국가에게 강요된 '영토할양' 조항 등과 같이 국제법이 일반적으로 직면했던 영토분쟁과 국가주권 문제를 다루기는 하지만, 주요 논의 대상은 근대 세계질서의 도의(道義)가 어떻게 국제법 원리의 발명에 따라 드러나게 되었으며, 어떻게 그것에 의거하여 인심을 획득하고 아울러 전 세계의 공통인식이 되었는가 하는 점이다. 예를 들어 유럽 문명국가가 '야만인'의 토지를 점유할 합법성은 어디에 있는가? 왜 국제법은 문명국가의 '반개화' 국가에 대한 치외법권을 허용하고, 문명국가 간에는 그것을 허용하지 않았는가? 여기에서 자용하는 도의란 무엇인가? 그것

은 어떻게 스스로를 합리화하여 피정복자들까지도 기꺼이 받아들이도록
할 수 있었는가?

서학 편역의 정치

중국, 일본, 오스만제국 등 아시아 국가는 국제법의 경전적인 문명등급
기준에서 그 지위가 '반개화'의 국가로 규정되었다. 후쿠자와 유키치(福沢諭
吉, 1835-1901)가 '탈아시아론'을 제기한 것은 일본의 '반개화' 지위에 대한
인정을 전제로 한 것이었다. 본서의 저자 가운데 자오징화(趙京華)는 새롭
게 후쿠자와 유키치의 사상 계보를 추적하여 그가 적극적으로 수용한 '야
만, 반개화, 문명'의 3단계 문명론을 중점적으로 고찰하였다. 그의 연구에
따르면, 후쿠자와 유키치는 막부 사절단으로 몇 차례 미국과 유럽을 방문
하면서(1860년, 1862년, 1864년) 관방의 여비를 사용하여 영문서적을 대량으
로 구입하였다. 이렇게 그에 의해서 일본에 가장 일찍 소개된 서구 저작들
가운데는 수많은 중고등학교 교과서가 포함되어 있었는데, 후쿠자와 유키
치가 『서양사정』과 『문명론의 개략』 등을 편역하는 과정에서 근거한 것은
주로 이러한 통속적인 중고등학교 교과서였다. 그뿐만 아니라 량치차오(梁
啓超)가 『청의보淸議報』에 발표한 「문야 삼단계 구분文野三界之別」도 사실은
'부국강병'의 주장을 포함하여 후쿠자와 유키치의 문명발전 단계론을 직접
베낀 것이었다. 따라서 청말 중국인이 가장 일찍 접했던 문명등급 기준은
선교사의 출판물 이외에도 량치차오와 후쿠자와 유키치가 편역한 글들이
중요한 통로였다.

청말 시기 중국에서 '서학'과 관련된 대량의 출판물은 모두 이러한 '편

역'된 글들이다. 일단 편역이라는 문지방을 넘어서면, 유럽과 미국의 중고 등학교 교과서와 통속 출판물은 곧 당상(堂上)에 올라 당당하게 '서학'이라 는 명분하에 시대의 조류를 형성하여 조야에 널리 유행되고 유신인사들 의 숭배를 받았다. 본서 가운데 궈솽린(郭雙林)의 글은 청말 시기 선교사와 중국인이 편역한 교과서에 대해 체계적으로 고증하였는데, 그가 발굴한 청말부터 민국 시기까지 수많은 1차 문헌들은 모두 문제점을 잘 설명해준 다. 당시 유럽과 미국 중고등학교에서 사용하던 수많은 역사지리 교과서는 바로 편역이라는 통로를 통해 중국에 소개되었다. 그것들은 중국인을 위 해 역사지리와 세계사 지식을 소개함과 동시에 또 암암리에 유럽과 미국 의 문명등급 기준을 전파시켰다. 그 가운데 영미 선교사들의 편역 활동이 가장 중요하다. 편역을 함에 있어서, 그들은 때로는 영문의 원저에서 중국 을 직접적으로 half-civilized(반문명/반개화)라고 호칭한 진상을 생략·은폐 하여, 의도적으로 중국 독자들이 실제 상황을 알지 못하게 하였다. 영국인 선교사 존 프라이어(John Fryer, 傅蘭雅, 1839-1928)가 1885년에 편역한 『좌 치추언佐治芻言』*은 바로 이러한 초급 교육수준의 '서학' 정치경제학 교과서 이다. 영 앨런(Young John Allen, 林樂知, 1836-1907)의 『만국공보萬國公報』도 문명등급 기준을 선전하는 중요한 매체로서 그 영향이 매우 컸다. 이러한

---

* 傅蘭雅 口譯, 應祖錫 筆述, 『佐治芻言』, 江南製造局飜譯館, 1885. 이 책은 존 힐 버튼(John Hill Burton, 1809-1881)의 *Political Economy for Use in Schools, and for Private Instruction*(Edinburgh: William And Robert Chamber, 1852)을 번역한 것이다. 이 책은 제목에서도 알 수 있듯이 체임버스의 교육총서(Chambers's Educational Course)로서 기 획된 154쪽 정도의 대중적 교양도서이다. 한편 일본에서도 일찍이 후쿠자와 유키치가 이 책의 전반부를 1867년『서양사정西洋事情』「외편外篇」으로 번역하여 경응의숙출판국(慶應 義塾出版局)에서 출판하기도 하였다. 이에 대한 더 자세한 설명은 Paul B. Trescott, *Jingji Xue: The History of the Introduction of Western Economic Ideas into China, 1850-1950*(Hong Kong: Chinese University Press, 2007) 참고. ─역자 주

선교사들의 충실한 독자 가운데는 청말의 많은 걸출한 유신인사들이 포함되어 있었는데, 캉유웨이, 탄스퉁(譚嗣同), 량치차오, 마쥔우(馬君武) 등이 바로 그들이다.

선교사들이 번역 소개한 유럽과 미국의 문명우열 기준에서 자주 언급되던 한 조건은 바로 "교화 정도의 지위는 여자의 지위를 판단기준으로 삼는다"는 것이었다. 그런데 문명교화에 관한 이러한 기준은 예상 밖으로 19세기 말에서 20세기 초 중국에서 심각한 정치적 반향을 일으켰다. 본서 중 쑹사오펑(宋少鵬)의 글에 의하면, 여성문제가 갑자기 청말 사회변혁의 핵심의제로 부상하고 전족 폐지와 여성 교육 제창이 크게 사회적 여론을 형성하게 된 것은 유신인사들이 갑자기 여성의 권리를 옹호하고 탐구하기 시작해서만은 아니고, 당시 유신인사들이 유럽과 미국의 문명등급론으로부터 심대한 압력을 받았기 때문이었다. 쑹사오펑은 문명등급의 기준을 '서양 거울西洋鏡'에 비유하고, 청말 유신인사들이 바로 이러한 문명의 마법 거울 속에서 중국사회의 '반문명' 혹은 '야만'의 이미지를 보았다고 여겼으며, 이를 매우 통한스럽고 마음 아파하면서도 결국 인정하게 되었다. 그리고 청말 유신인사늘이 여자학교를 적극 제창한 진정한 동기는 바로 이러한 거울 이미지에서 벗어나고자 하는 것이었다고 지적하였다. 쩌우룽(鄒容), 량치차오, 마쥔우 등의 저작에 대한 쑹사오펑의 재해석은 오랫동안 은폐되었던 문제도 폭로하고 있다. 즉 청말 부국강병론 이면에는 문명론의 정치경제학의 젠더적 기초가 숨겨져 있다. 이 점은 전족의 부작용은 국민의 어머니의 신체를 훼손하여 결국 국민의 전체 소질을 해치게 된다는 청말 지식계의 공통인식 속에서 명확하게 잘 드러난다. 더 심각한 것은 그들은 전족한 여성이 "가치를 생산하지는 않고" "가치를 나누어 가지기만 하는 것"*은 국민경제에 큰 피해라고 비판하였는데, 량치차오가 바로 이러한 논리로 여자학교를 제창한 사람이었다.

'서학'의 형성과 편역 활동 관계를 고찰하든, 아니면 문명의 '서양 거울'의 각도에서 근대담론 전파를 새롭게 관찰하든, 여기서 다음과 같은 의문을 제기하지 않을 수 없다. 구미인의 세계관과 지식구조가 도대체 어떻게 중국인의 세계관과 지식구조로 변모하게 되었는가? 이 문제는 항상 근대사 연구자들이 간과하는 것이지만 매우 중요하다. 청말 지식인은 일본의 엘리트들처럼 '탈아입구(脫亞入歐: 아시아에서 탈피하여 유럽으로 나아감)'를 주장하지는 않았지만, 그들은 자신의 '반개화적' 문명 지위를 공개적으로 인정하거나 묵인하였다. 이 점에 대해서 우리는 궈쑹린과 쑹사오펑의 연구에서 매우 분명하게 확인할 수 있다. 문제는 문명등급론이 청말과 민국 시기에 보편적으로 받아들여졌을 뿐만 아니라 지금까지도 사람들의 발전사관을 추동하고 있고, 역사진보에 대한 상상을 자극하고 있다는 점이다. 그렇다면 문(文)과 야(野)의 구분이 어떻게 역사진보를 추동하는 동력이 되었는가? 문명론과 진보주의 역사관 사이에는 또 어떤 관계가 있는가?

1859년 다윈의 『종의 기원』이 출간되었을 때 진보주의 역사관은 이미 크게 성행하고 있었으며, 사회단계론과 문명등급론도 이미 상식이 되어가고 있었다. 『종의 기원』보다 먼저 출판된 프랑스 사상가 프랑수아 기조(Francois Pierre Guillaume Guizot, 1787-1874)의 『유럽문명사*Histoire générale de la civilisation en Europe*』(1828)는 당시 유럽을 풍미하면서 경전이 되어가고 있었을 뿐만 아니라 그 영향도 지대했다. 이 저서는 진보주의 역사관에 대한 체계적인 서술을 위해 먼저 유럽문명의 경계를 정해야 했는데, 유럽문

---

* 량치차오가 말한 "가치를 생산하지는 않고" "단지 가치를 나누어 가지는 것"은 여자가 사회노동에 참가하지 않는 것을 지적한 것이었다. 이것은 명확히 하나의 편견이다. 상세한 것은 본서 쑹사오펑의 글 참주

명의 경계 설정은 마치 '우리'란 반드시 '우리가 아닌 것'을 경계로 하듯이 비유럽을 경계로 해야만 했다. 그렇다면 비유럽 문명의 경계를 어떻게 설정할 것인가? 세계사 서술의 출현은 이러한 문제에 답을 하기 위한 것처럼 보이지만, 역으로 세계사 자체는 또 유럽이 수립한 문명등급을 대전제로 하고 있다는 점에서 순환논증의 관계를 보여준다. 본서 중 청웨이의 글은 문명등급을 널리 선전하는 세계사 서술에 대해 심도 있게 분석하고 있다. 그가 명확히 보여주고 있는 바와 같이, 진보주의 역사관은 문과 야의 구분과 분리될 수 없고, 오히려 문명등급 기준의 제약을 받는다.

독일 철학자 헤겔은 이러한 진보주의 역사관을 극한까지 밀고 나갔다. 청웨이에 의하면 19세기 초 헤겔이 베를린대학에서 역사철학을 강의할 때, 그가 받들던 것은 바로 문명론 이데올로기였다. '세계정신'이 어떻게 몽매 상태에서 자각의식에 도달하고, 결국에는 독일의 대지(大地) 위에서 자신을 실현하는지 그 과정을 설명하는 과정에서 헤겔은 중국을 '반半몽매, 반半문명'의 단계에 위치시켰다. 이 외에도 그의 역사철학에서 언어문자의 물질적 형태가 지니는 중요성은 그가 중국의 언어문자를 '반몽매, 반문명'으로 간주한 근거에 잘 반영되어 있다. 언어진화론이 처음부터 진보주의 역사관의 유기적인 구성 부분이었던 점을 고려하면 헤겔의 이러한 관점은 결코 이상할 것이 없다. 문명론과 진보주의 역사관 사이의 밀접한 관계에 대한 성찰을 통해 청웨이는 청말과 민국 시기 한자 폐지나 한자 병음화를 위한 여러 시도들을 새로운 시각에서 새롭게 사고하고 분석하였다.

종합하여 말하자면, 청웨이의 연구는 언어진화론과 문명등급론 사이의 내재적 논리관계를 효과적으로 분석하였을 뿐만 아니라 내가 앞서 제기한 문제, 즉 유럽과 미국의 세계관과 지식구조가 어떻게 중국인 자신의 세계관과 지식구조로 전환되었는가에 대해 유익한 해답을 제시하고 있다.

계몽이성의 세계경관

인종분류, 민족지, 국가 재부, 인구통계와 국민훈육 등 국가이성에 대한 량잔의 분석이든 아니면 진보주의 역사관과 언어진화론에 대한 청웨이의 다각적인 분석이든, 이들 연구는 모두 현상적인 측면에 대한 고립적이고 단편적인 방식으로 문명등급의 기준을 토론하는 것이 아니라 시각을 더 넓혀 지정학, 그리고 문명등급이 구성하는 근대적 세계질서를 겨냥하고 있다. 본서의 저자 멍위에(孟悅)는 또다른 각도에서 계몽이성이 언어와 생명 형태 사이에 수립한 대응관계, 특히 사물의 종(種)과 자연질서 그리고 그들과 문명등급론의 관계를 분석하였다. 그녀의 출발점은 계몽이성이 문명등급의 높은 위치에서 자연계 동물, 식물, 광물 등 세계 만물을 모두 조감하면서 분류하고, 전면적인 체계적 지식을 수립하려 했다는 것이다. 스웨덴 식물학자 칼 폰 린네(Carl von Linné, 본명은 카롤루스 린나에우스Carolus Linnaeus, 1707-1778)의 명명체계와 분류법은 유럽 최초의 이성적인 식물 명명체계로서 문명과학의 기초지식으로 간주되었다. 린네의 식물체계가 중국에 번역 소개될 때, 전통적인 중국의 식물학 지식은 문명등급론의 틀 속에서 원시적이고 반(半)개화적인 지위를 부여받았다. 멍위에는 이러한 식물체계와 문명등급이라는 이중적인 등급배열에 대해 의문을 제기하면서 등급배열이 도대체 어떤 차이와 충돌, 모순을 은폐하였는지를 질문한다. 그녀는 청대 식물학자 오기준(吳其濬, 1789-1847)의 『식물명실도고植物名實圖考』(1841-1846년 사이에 저술되었지만 실제 출판은 그가 사망한 후인 1848년[도광道光

28년]에 이루어짐—역자)를 발굴하여, 그것을 린네의 식물 명명체계와 비교하였다. 완전히 다른 이 두 지식 패러다임 사이의 근본적인 충돌은 인식상(푸코가 말한 '말과 사물')에서 혹은 관련 식물지식의 객관적인 속성(이른바 과학적 진리)에서 나타날 뿐만 아니라, 또 지구의 경제작물과 생산기술에 대한 자본주의의 약탈에서도 나타난다. 멍위에는 '식물 사냥꾼'이라는 이미지를 통해, 이를 바탕으로 린네 식물분류학의 배후에 있는 세계경제질서를 개괄하였다. 유럽의 '식물 사냥꾼'(린네 본인의 학생처럼)이 먼바다를 건너 제국을 위해 표본을 수집하는 것으로부터 식물원, 전람회, 학술보고와 기행문 등 담론실천에 이르기까지, 이 모든 과정은 린네의 식물명명체계가 단지 이론적인 공헌이나 과학지식에만 관계하는 것이 아니라 근대 세계질서의 창조에 직접적으로 개입하였음을 잘 보여준다.

이러한 시각으로부터 본다면, 세계박람회('World Fair' 혹은 'Exposition Universelle')라는 19세기의 신선한 현상은 1851년 영국인에 의해 처음 발명되지 않았더라도, 아마 얼마 안 있어 곧 누군가에 의해 발명될 성질의 것이었다. 세계박람회의 전시가 지구상 동식물의 질서와 세계문명의 등급을 나란히 병치하여 보여준 것은 근대 지정학에 가장 부합하는 자화상이었다. 본서 가운데 장징(姜靖)의 글은 초기 세계박람회가 주관한 유색인종 전시를 집중적으로 연구하여, 문명등급론이 어떻게 시각 내지 실물 표본의 문화실천 차원에서 전 세계로 보급되고 전파되었는지를 고찰한다. 런던의 수정궁 세계박람회든 파리의 만국박람회나 미국의 필라델피아 박람회든, 혹은 일본인이 수차례 주관한 국내 권업박람회든, 일반적으로 인류관과 동물관이 연이어 붙어 있거나 마주 바라보게 배치되었다. 이는 매우 구체적이고 명확하게 진화론적 역사의 공간 경관을 창출해 보여준 것이었다. 이러한 열등한 인종의 전시방식은 초기 세계박람회에서 자주 보이던 현상이었지만 장징에 앞서 '지나인'이 일찍이 유럽에서 저급한 인종으로 전시된 사실에 대해 주목한 학자는 매우 적었다. 청조 대신 곽숭도(郭嵩燾, 1818-1891)가 1878년 직접 파리 만국박람회를 관람하고 나서 일기에 "병태인종 관病態人種館"을 보았다고 피력한 바 있는데, 전시장 안에는 바로 중국인, 일본인, 인도인 그리고 온몸에 문신을 한 토착인종이 전시되어 있었다. 여기서 특별히 주목할 것은, 1903년 일본인이 주관한 오사카 박람회에서도 유럽의 경우를 그대로 모방하여 인류관에 일본인 자신만을 빼고 '지나인'과 기타 유색인종을 전시하였다는 점이다. 그러나 이러한 새로운 방식은 곧 일본에 유학하던 중국 학생들에 의해 공개적으로 저지되었다.

세계박람회에서 여러 차례 주관한 유색인종 전시는 분명히 문명등급 담론을 위해 가장 직관적인 시각 교육을 제공하였으며, 이는 중고등학교 지리 교과서보다도 더 생동적이고 설득력을 갖추고 있었다. 장징이 강조한 바와 같이, 상업적이고 오락적인 목적 이외에, 유색인종이 세계박람회에서 신체를 드러낸 것은 자연사의 살아 있는 표본 전시로 간주되었을 뿐만 아니라 유럽과 미국 인종학자와 인류학자의 학술적인 연구대상으로 활용되었다. 실제로 적지 않은 인류학자들이 인류관의 기획과 조직에 참여하였으며 일본도 예외가 아니었다. 앞서 언급한 오사카 박람회의 인류관은 바로 일본 인류학의 시조인 쓰보이 쇼고로(坪井正五郎, 1863-1913)의 직접적인 지도하에 구성되었다.[*] 만국박람회 탄생 이후 짧은 수십 년 만에 일본 민족은 곧 인류학의 연구대상에서 인류학의 주체로 전환하였으며, 나아가 기타 유색인종을 연구하기 시작하였다. 이와 같은 일본민족의 전환을 고려하면,

---

* 이에 대한 국내 연구로는 권혁희, 「일본 박람회의 '조선인 전시'에 대한 연구: 1903년 제5회 내국권업박람회와 1907년 도쿄권업박람회를 중심으로」(서울대학교 대학원 석사학위 논문, 2007) 참고. — 여기 주

인류학이 중국에 소개되었을 때 그 학과는 도대체 중국에서 어떤 역사적 역할을 했는지 궁금하지 않을 수 없다. 본서 중 류다셴(劉大先)의 글은 바로 이러한 문제에 대답하기 위한 것이다.

앞서 언급한 바와 같이, 근대적인 학과와 문명등급론의 공생관계는 매우 긴밀하다. 특히 인류학의 경우는 더더욱 그러하다. 새롭게 부상한 학과로서 인류학은 유럽인의 해외 식민경험에 의해 배태되었으며, 그 연구대상은 바로 식민지 토착인이었다. 일본 인류학의 대두도 조선 및 중국의 타이완과 만주 지역에 대한 일본의 식민통치와 직접적인 관계가 있으며, 그 연구대상도 마찬가지로 일본 식민지의 토착인이었다. 그렇다면 중국 인류학의 연구대상은 누구였는가? 청말과 민국 시기 인류학(및 민족학) 담론에 대한 회고와 분석을 진행한 류다셴에 의하면, 중국 인류학자도 마찬가지로 먼저 문명등급론의 논리를 수용한 다음, 그것을 본토화하였다. 일본의 경우와 다른 점은 중국의 1세대 인류학자는 유럽 식민지의 통치이념을 주로 본국의 소수민족, 특정한 한인(漢人) 집단, 편벽한 지역과 변방주변의 족군(族群)에 응용하였다는 점이다. 우원짜오(吳文藻, 1901-1985), 페이샤오퉁(費孝通, 1910-2005), 린야오화(林耀華, 1910-2000) 등의 초기 연구가 바로 대표적인 예이다. 그러나 대상을 치환하려는 이러한 노력에는 줄곧 장력(張力)이 존재하여, 그 결과 '자아를 서구의 타자로 삼는 것'과 '자아에서 타자를 분리해 내는' 두 가지 모델이 공존하게 되었다. 이러한 심각한 모순 상황은 1949년 해방 이후 학과 개편으로 인류학이 사회주의 민족학에 의해 대체되고 나서야 비로소 바뀌게 되었다. 그렇지만 마르크스 사회단계론은 여전히 소수민족을 직선적인 역사발전의 맥락 속에 위치시켜 결국 문명등급론의 논리를 벗어날 수 없었다. 전지구화가 초래한 신식민주의 문화소비의 열기가 더 만연하는 지금, 류다셴은 다음과 같이 결론을 내렸다. 인류학이 중국에 도입된 이래 비록 종족 패러다임, 국족 패러다임, 중화민족 패러다임 및 최근의 족군 정체성 등 변화를 거치기는 했지만, 결국 그 근본을 벗어나지 못한 채 문명과 야만이 보이지 않는 논리로서 지금까지도 현대화의 욕망을 추동하고 있다.

전 세계로 눈을 돌리면, 문명론은 지금도 사라지지 않았을 뿐만 아니라 오히려 무의식중에 감화되어 더욱 사람들의 마음속 깊이 파고들고 있다. 중국에서도 그것은 내재적인 역사논리로서 여전히 발전주의를 추동하고 있다. 또 구미 국가에서도 그것은 누차 세계평화를 위협하는 도화선이 되고 있다. 역사가 증명하듯이, 이러한 문명론이 정치적 무의식의 방식으로 작동할 때 더욱 위험하다는 점을 인류가 모두 심각하게 인식할 필요가 있다. 캉유웨이, 량치차오, 량수밍(梁漱溟, 1893-1988)의 시대로부터 전지구화의 21세기에 이르기까지, 문명등급론에서 배태된 동서문명 비교론은 줄곧 중국인 자신과 세계에 대한 인식을 이끌어왔지만, 이러한 비교인식 배후에 은닉된 정치적 무의식은 오히려 사람들에 의해 간과되었다. 따라서 나는 본서의 연구로부터 다음과 같은 결론을 얻을 수 있다고 본다. 즉 문명론과 식민사학에 대한 검토는 오늘날 매우 필요하며 심지어 시급한 과제가 되었다. 당대 인문학자에게 있어서 과거 수백 년간의 지식구조를 반성하고 새로운 역사의식을 탐색하는 것은 결코 회피할 수 없는 책임이다.

1장

지리상의 대발견,
문명론,
국가경계

탕샤오펑唐曉峰
베이징대학교 도시환경대학城市與環境學院 교수

내가 하려는 것은 지리의 시각에서 역사경험을 탐색하는 것이다. 그뿐만 아니라 나는 줄곧 다음과 같은 관념을 기억하고 있다. 즉 전체 지구는 사실상 하나의 세계이다. 이 세계에서는 결코 텅 빈, 사람이 거주하지 않는 공간이란 존재하지 않는다. 우리들 중 어떤 사람도 지리적 위치를 벗어나서는 존재할 수 없는 것처럼, 우리들 가운데 누구도 지리 문제의 분쟁에서 완전히 벗어나지 못한다. 그러한 분쟁은 복잡하고 또흥미롭기도 하다. 왜냐하면 그것은 단지 병사와 대포에 관한 것일 뿐만 아니라 사상에 관한, 형식에 관한, 이미지와 상상에 관한 것이기 때문이다.*

---

* 薩義德著, 李琨譯, 『文化與帝國主義』, 北京: 生活·讀書·新知三聯書店, 2003, p.7. (에드워드 사이드 지음, 김성곤·정정호 옮김, 『문화와 제국주의』[도서출판 窓, 1995, 52-53쪽]ㅡ역자 주)

1

15세기에 시작된 '지리상의 대발견'은 마침내 지구의 해륙분포에 대한 인류의 전면적인 인식을 완성하였다. 특히 아메리카를 발견한 것은 세계를 진동시키는 사건이었다. 그러나 지리상의 대발견이 가지는 의의는 결코 이에 국한되지 않는다. 그로 인한 풍부한 결과는 인류의 역사적 발전을 대대적으로 추동하였다. 고대 그 어떤 항해도 이에 비할 수 없다.

소위 '지리상의 대발견'의 가장 직접적인 성과는 당연히 지리에 대한 인류 지식의 급증이며, 바로 이러한 기초 위에서 근대 지리과학이 탄생하였다. 이러한 새로운 근대 지리학은 인류역사의 다양한 방면에 강력한 영향을 미쳤고 그 가운데는 문명론 문제도 포함되어 있다.

지리학이 주목하는 대상은 지구의 표층이며, 지구의 표층은 자연체계와 인문체계라는 두 가지 큰 체계를 포함하고 있다. 따라서 지리학에 이두 체계가 대응하는 바는 이른바 자연지리학과 인문지리학이다. 15세기에 시작된 위대한 항해의 탐색은 이 두 체계 모두에 '대발견'을 가져왔다.

자연지리 방면에서는 생물학, 지질학, 기상학을 핵심으로 점차 전체 지구의 체계에 대한 인식을 획득하였다. 자연계는 본래 하나의 큰 체계를 이루고 있으며, 생물, 지질(토양), 기후가 함께 인류의 자연환경을 구성하고 있다. 그중 생물학의 진전은 분류학의 방법에서 근대 과학을 계발했을 뿐만 아니라, 생물진화 이론은 점차 생물학을 초월하여 인류사회에 대한 인식에까지 영향을 미쳤다.

인문지리 방면에서 세계 각지 인류의 다양한 족군 사회의 면모에 대한 고찰과 종합도 또한 하나의 큰 체계를 이루어, 인간의 체질, 사회조직, 경제형태 등의 특징을 종합하여 전체 인류의 계보를 수립하였다. 인류의 기리

계보에서 각지 사회발전 수준의 차이는 매우 중요한 부분으로서, 수많은 지리 관련 서적들에는 모두 각지 인류사회의 수준(문명수준)에 대한 분류와 서술이 나타나 있다.* 문명등급에는 지리적 특징이 존재한다.

근대 지리학에 있어서 더 중요한 점은 자연과 인문이라는 양대 체계를 결합시켜 더욱 큰 인문지리 체계를 수립한 것이다. 지구 규모에 상응하는 방대한 인간과 지리의 체계에서 객관적 법칙이 하나하나 연이어 제기되었다. 그리하여 근대 지리학의 패러다임이 정식으로 수립되었다. 학계에서 공인하는 근대 지리학의 시조 가운데 한 사람인 카를 리터(Carl Ritter, 1779-1859)는 가장 먼저 인간과 지리의 관계, 그리고 지리학의 종합성과 통일성을 설명하고 지리학과 역사학의 결합을 주장하였다. 그의 대표작은 바로 『지리통론地理通論』(일명 『지구과학과 자연 및 인류역사』)이다.**

지리학은 인간과 지리의 관계이론에 의거하여 자연과 인문을 서로 연계시키는 데(이것은 서구인의 '천일합일'이다) 앞장섰으며, 이러한 연계를 과학적인 관계이자 자연법칙이라고 간주하였다. 과학이 한창 부상하던 시기에 이러한 인식은, 수많은 학자들이 이러한 방향에서 탐색토록 욕망을 고무시켰다. 환경결정론, 사회다위니즘, 국가유기체설 등은 모두 인간과 지리의 관계에 대한 연구 성과이자 가설로서 문명론의 수립을 추동하기도 하였다.

---

* 본서 중 귀샹린의 글 참고.

** 普雷斯頓·詹姆斯, 『地理學思想史』, 北京: 商務印書館, 1982. (원서는 James Preston Everett, *All Possible Worlds: A History of Geographical Ideas*, New York: J. Wiley & Sons, 1972[2nd ed. 1981]이며, 카를 리터의 저서는 *Die Erdkunde im Verhältniss zur Natur und zur Geschichte des Menschen : oder allgemeine vergleichende Geographie, als sichere Grundlage des Studiums und Unterrichts in physikalischen und historischen Wissenschaften*[『일반 비교지리학: 자연 및 역사과학 연구와 교학의 견실한 기초』, 1817-1818; 1822-1859]이다. ―역자 주)

그 이론들은 문명등급의 형성, 문명과 야만의 관계 등 기본문제를 논증함에 있어서 매우 중요한 역할을 발휘하였다.[*]

인간이 생물적 특징과 더불어 사회적 특징을 함께 지니고 있다는 점이야말로 바로 인류학 존립의 기초이다. 엥겔스는 인류학이라는 명칭이 매우 "졸렬"하다고 보면서도 다른 한편으로는 "그것은 인간과 인종의 형태학과 생리학으로부터 역사학으로 나아가는 교량"[**]이라는 점을 인정하였다. 동물학자 출신인 프리드리히 라첼(Friedrich Ratzel, 1844-1904)은 동물학의 방법을 '인간학' 연구에 이식하는 과정에서 인간에 대한 환경의 영향에 주목하고, 중요한 학술적 의의를 지니고 있는 『인류지리학_Anthropogéographie_』(1권 1882; 2권 1891)을 저술하였다. '인류지리학'은 후에 '인문지리학'으로 수정되고, 라첼도 점차 근대 인문지리학의 시조로 받들어졌다. 또 라첼이 인류 사회문화의 특징에 대한 환경의 영향을 중시하였기 때문에 '환경결정론'의 창시자로 간주되기도 하였다. 지리학의 영역에서 라첼은 문명론 문제와 관련하여 주목받은 인물이었던 것으로 보이며, 그의 국가유기체론은 한때 강권외교의 근거로서 역할을 하기도 하였다.[***]

---

[*] 지리학자 라첼은 다윈의 생물학 개념을 인류사회에 응용하였고, 그의 추종자들은 이러한 사상을 더 진전시켜 인류 집단은 동물유기체와 마찬가지로 일정한 환경에서 생존경쟁을 벌인다고 선언하였다. 사회다위니즘에 관한 사상은 허버트 스펜서에까지 추소할 수 있다. 그는 동물유기체와 인류사회는 매우 유사하여, 양자는 모두 각각 조절시스템인 중앙신경 계통과 정부시스템을 가지고 있으며, 이 양자는 또한 각각 소화계통과 경제시스템이라는 에너지 생산체계를 갖추었고, 혈관계통과 교통통신시스템과 같은 소통체계도 갖추고 있다고 주장하였다.

[**] 恩格斯, 『自然辨證法』, 北京: 人民出版社, 1971, p.163.

[***] 라첼은 그의 저서 『정치지리학_Political Geography_』(1897)에서 "국가는 토지에 속해 있는 유기체"이며, 한 국가는 하나의 유기체처럼 생장하고 노쇠하고 사망할 수 있다고 지적하였다. 또 한 국가가 다른 국가의 토지를 점령하는 것은 그 내부 생장력에 의해서이며, 강대한 국가는 생존과 성장이 필요 때문에 반드시 충분한 공간이 요구된다고 하였다. 普雷

문명론 문제에 대해서 보자면, 지리상의 대발견은 사실 '문명'의 대발견이었으며, 더 정확히 말하면 유럽인 자신의 문명에 대한 대발견이었다. 유럽인은 세계 각지에서 낙후된 국족(國族)을 대거 발견하는 과정에서 새로운 인문세계의 상상을 수립하였다. 『문화와 제국주의』에서 "상상된 지리와 역사"(그것들은 자주 식민 체험자가 서술하는 스토리와 소설가들의 작품 속에서 체현된다)에 대해 연구한 에드워드 사이드는, 이러한 상상은 본토와 요원한 지역 간의 차이를 통해 자신의 감각을 과장하고 강화시킬 수 있었다고 지적하였다. 유럽인은 비록 거친 파도의 대양에서 온갖 어려움을 다 겪었지만, 이러한 '발견'의 성취 및 그로 인해 형성된 인류세계에 대한 새로운 상상은 그들이 군계일학과 같은 우월감을 형성하는 데 매우 좋은 기회를 제공하였다. 반면, "그것은 식민지 인민이 자신의 신분과 존재방식을 확인하는 방식이 되기도 하였다."* 식민지 인민은 강력한 유럽 군함의 무력 앞에서 자신의 야만과 낙후를 확인해야만 했다. 이로써 새로운 세계역사가 열리고 새로운 민족국가 관계가 확립되었다.

문명-야만(미개화)이라는 한 쌍의 개념이 보편적으로 운용되면서, 세계를 문명차이에서 더 나아가 문명등급으로 정리하려는 사상이론이 급속하게 발전하였다. 이렇게 점차적으로 형성된, 더욱 보편적인 의미를 지니는 새로운 문명-야만이론은 새로운 전지구의 지리관에 의거하여 전체 인문공간을 시간화하고 역사화하였다. 인류사회는 본래부터 공간의 다양성을 지녔지만, 진화이론(진보주의)에서는 공간적 차이를 시간(역사)적 차이, 즉 문화적 진화 정도의 차이로 정리하였다(인류학자, 사회학자가 종합적으로 정리

斯頓·詹姆斯, 『地理學思想史』, 北京: 商務印書館, 1982 참고.

* 薩義德, 『文化與帝國主義』, 「前言」, p.3.

한 몇 가지 사회형태는 전체 인류가 필연적으로 거쳐야 할 역사적 과정으로 이해되었다). 인류사회는 마치 진정한 공간적 차이는 없고 단지 시간(진화)의 차이만이 존재하는 것처럼 간주되었다. 문명론 이론은 바로 새로운 역사적 시각이었던 것이다.

물론 문명과 야만의 구분이 완전히 새로운 관념의식은 아니었다. 고대 중국이나 고대 로마에서도 모두 '화이지변華夷之辨', '문야지변文野之辨'과 같은 유의 관념이 존재했다. 하지만 이 시기의 문명-야만 구분은 고전적인 '문야지변'과는 매우 다른 함의와 결론을 지니고 있다. 고전적인 '문야지변'에서는 문명적인 측이 야만적인 측에 대해 "멀리서 온 사람을 품어주고" "변방을 안정시키는 것" 외에 기본적으로 달리 요구하는 것이 없었을 뿐만 아니라, 나아가 장성을 축조하여 영원히 그 왕래를 막고자 하였다(중국과 로마제국은 모두 장성을 축조한 적이 있다). 하지만 이 시기의 문명적인 측은 야만적인 측을 오히려 침략하고 통치하고 약탈하였다. 마르크스와 엥겔스는 「공산당선언」에서 경제적인 시각을 통해 다음과 같이 날카롭게 지적하였다. "부르주아지는 모든 생산수단이 신속하게 개선되고 교통이 매우 편리해짐에 따라 모든 민족 심지어 가장 야만적인 민족들도 문명 속으로 끌어들인다. 그의 저렴한 상품가격은 중국의 모든 장성을 허물고, 야만적인 중국인의 가장 완강한 외국 혐오 심리를 정복하는 대포이다. 그것은 모든 민족—만약 멸망하고 싶지 않다면—이 자본주의 생산방식을 채택하도록 강요한다. 또 그것은 모든 민족이 스스로 추진하는 이른바 문명제도가 자본주의로 변화하도록 강제한다. 간단히 말하면 그것은 자신의 모습에 따라 자신을 위해 세계를 창조해낸다."*(중역본 중 이 단락의 어휘와 구절에 오역

---

* 馬克思 · 恩格斯, 「共産黨宣言」, 『馬克思恩格斯選集』 第1卷, 北京: 人民出版社, 1972, p.255.

이 있어 마르크스와 엥겔스의 원문에 의거하여 수정하였다.)

식민주의자와 부르주아지가 창조한 신세계는 완전히 이익세계로서,*
지구상의 어느 구석도 이 세계로부터 벗어날 수 없다. 부르주아지의 이상
에 따르면, 전지구적인 이익세계에서 모든 사람은 하나의 규칙 즉 문명의
규칙에 따라 행동한다. 문명으로 인해 모든 지역과 모든 민족이 점점 더 비
슷해지고 사회경제 제도로부터 의복과 행동거지에 이르기까지 그것을 모
방하지 않는 바가 없다. 아프리카 열대의 식민지 사람들은 심지어 유럽 신
사의 모습을 배워 꽉 끼고 칼라가 높은 신사복을 입는다. 독일인 노르베르
트 엘리아스는 문명과 문화의 차이를 비교하면서 문명은 사람들을 더욱
일체화시키고 더욱 높은 곳을 향해 나아가도록 하며 하나의 리듬에 맞추
어 춤을 추듯이 집단사회의 모든 사람이 동일한 규칙에 따라 생활할 것을
요구한다고 보았다(이에 비해 문화는 하나의 민족이 다른 민족과 다름을 인정한
다. 그것은 생래적인 것으로서 규칙이 아니라 습관이다).**

"제국의 거대한 지리영토, 특히 영제국의 영토는 한창 보편화되던 문화
맥락과 이미 하나로 결합되었다. 물론 이러한 결합을 가능케 한 것이 권력
임은 말할 것도 없다." 이와 동시에 또다른 문화의 가능성을 나타내기도 하
지만, "가장 주요한 것은 그들을 통치하는 능력이다. 이 모든 것은 이른바
토착민에 대한 '의무'를 낳기도 한다. 아프리카 혹은 기타 지역에서 토착민
의 이익을 위해 혹은 조국의 '명예'를 위해 식민지를 건설하는 것, 이것이

---

* 유럽 항해자에 대해 말하자면, "유럽은 귀금속과 향료, 그리고 탐험가 개인이 돈을 벌려
는 욕망과 기대가 필요했다는 것은 단순히 표면적인 동기가 아니었다." 普雷斯頓 · 詹姆斯,
『地理學思想史』, 北京: 商務印書館, 1982, p.80.

** 諾貝特 · 埃利亞斯著, 王佩莉/袁志英譯, 『文明的進程』, 上海: 上海譯文出版社, 2008. (노르베
르트 엘리아스 저, 박미애 역, 『문명화 과정1』, 한길사, 1996)

수사적 표현인 문명인의 사명이다."*

'지리상의 대발견'에는 전체 지구의 경제적 자원의 대발견 또한 포함되어 있다. 이러한 '천연'자원은 인류문명의 발전을 추진하는 원료로 간주되었으며, 따라서 인류문명의 대표자는 그것이 어느 지역이든 문명의 이름으로 개발할 권력과 책임, 능력을 가지고 있다. 미국의 해양권의 아버지라 불리는 앨프리드 머핸(Alfred T. Mahan, 1840-1914)은 다음과 같이 말하였다. "정치권리는 통치, 관리와 발전 등 제반정치행위로 구현된다. 그것은 이러한 방식을 통해 전 세계의 자연에 대한 권리를 보장해야 한다. 즉 자원은 보편적인 이익을 촉진하기 위해 개발하고 이용해야 하며 방치되거나 낭비되어서는 안 된다. 원칙적으로 만약 자원을 개발하거나 이용하지 못한다면 외적인 강제는 정당한 것이다. 물론 구체적인 상황에서는 형세상의 필요나 시기의 적합성 여부를 고려해야 한다."**

문명의 대발견과 자원의 대발견은 서로 추동하여 새로운 전지구적 행위규칙을 창조해냈다. 천연자원에 대해 그것을 개발하고 이용할 '문명' 수준을 갖추지 못했다면 바로 그것을 개발할 권리를 타자에게 양도해야 한다. 예를 들어 아메리카에서 경작되지 않은 토지는 지도상에 주인 없는 황무지로 표시되며, 식민자는 그 지역에 인디언 부락이 존재하는지와 상관없이 그 토지를 합법적으로 점유할 수 있다.

대자연 앞에서 문명은 일종의 자격조건이 되었고, 문명 정도가 높을수록 자연을 점유할 자격도 더욱 강화되었다. 각각의 인류 집단이 문명등급의 체계에 편입된 이후, 그들이 대자연에 대한 권리를 가지게 되면 그에 따

---

* 薩義德, 『文化與帝國主義』, p.151.

** 阿爾弗雷德 · 賽耶 · 馬漢著, 熊顯華編譯 『大國海權』, 南昌: 江西人民出版社, 2011, p.155.

라 곧 등급이 매겨졌다. 그리하여 세계는 등급에 따라 새롭게 다시 분배될 수 있다. 문명과는 반대로 야만은 정치상의 장애와 문화상의 장애 이외에도 자연 개발에 대한 장애로 간주되었다. 이러한 장애는 반드시 제거되어야 하며, 이 또한 문명주체의 책임이자 권리로 여겨졌다.

문명적인 우월감은 복잡하다. 그것은 경제기술의 선진성 이외에도 제도의 근대성을 포함하며, 정신적 차원에서는 문화 이데올로기상의 과학이성을 나타내기도 한다. 이러한 것에 기반하여 문명인 혹은 문명국가는 스스로에게 세계 지도자로서의 지위를 부여하였다. 문명은 물질과 체제에 있어서 부정할 수 없는 선진성을 바탕으로 삼는다. 따라서 문명이 혹은 문명국가가 야만에 대해 간섭하고 개조할 때는 합리성을 획득하게 되며, 이러한 합리성은 심지어 야만(미개화)의 당사자에 의해서도 받아들여진다. 이러한 기초 위에서 정치적 무의식이 문명과 야만 쌍방에서 동시에 발생하게 되는 것이다(근래에도 어떤 중국인이 인터넷상에 의화단의 난 시기의 8개국 연합군을 '정의의 군대'로 여기는 문장을 발표하기도 하였다).

2

'지리상의 대발견'은 세계의 완전한 전체성을 강화시키기는 했지만, 다른 한편으로는 세계의 지리를 정확하게 구획하려는 적극성을 추동하기도 하였다. 그에 따라 세계에는 역사지리의 대변화가 발생하였다.

국가의 경계는 근대 세계지도상에 있어서 가장 두드러진 요소 가운데 하나인데, 그것은 근대문명의 확장을 배경으로 형성되었다. 근대문명의 확장은 전지구적이다. 하지만 국가경계의 형성 과정은 오히려 지역적이다.

이것은 문명과 야만의 관계가 각 지역마다 다르게 나타나는 것과 연관이 있다.

지리상의 대발견 이후 국가의 경계는 법률, 주권, 과학, 종교, 이익, 패권의 집합점이 되었다. 경계의 개념은 새롭게 정의되었고, 국가의 영토는 이전의 모호한 상태에서 더 명확하게, 대략적인 구획에서 세밀한 구획으로, 무형적인 구분에서 유형적인 구분으로 변화하였다.

해양권은 일종의 새로운 지리적 권위로서 그것은 단지 문명국가에만 귀속되었다. 해양, 해협, 해안, 항구가 갑자기 인간과 지리 관계에서 가장 중요한 요소가 되었고, 인류사회는 더욱더 '남색'으로 변화되었다. 기술문명이 강권을 지지하면서, 항해능력은 문명 수준을 나타내는 중요한 표지가 되었다. 그리하여 "해양을 장악한 자가 곧 세계를 장악한다"는 말은 바로 강권이자 동시에 자격을 나타내는 표현이었다. 해양에서 해안으로, 또 내륙으로의 확장은 새로운 문명이 지구상에서 확대되어가는 지리적 순서였으며, 수많은 식민지, 반식민지의 건립은 모두 이러한 과정을 따라 이루어졌다. 내륙을 중시하고 해양을 경시하던 중국인에게 이러한 확대 과정은 매우 낯선 것이었으며, 그에 대한 준비가 거의 결여되어 있었다. 중국인에게 섬 오랑캐는 내륙의 오랑캐보다도 더욱 일고의 가치가 없는 존재였다. 중국인이 역대로 방어에 힘쓴 것은 내륙의 변방이었다. 해안 경계의 형태는 특별하여 해안선에는 과도적인 중간 지역이 존재하지 않았고 기미(羈縻) 책략도 존재하지 않았으며, 적이 갑자기 출현하는가 하면 어느새 지척에까지 몰려와 있곤 했다. 해상에 대한 권위가 전 세계 곳곳에 출현하게 된 것은 지리상의 대발견이 가져다준 직접적인 결과이며, 그것은 발견된 세계 자체보다도 더욱더 새로운 시대적 의의를 지니는 것이었다.

분할은 문명강국이 세계를 재분배하는 것은 이미했다. 지리상의 대발

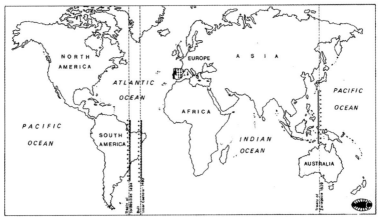

[그림1] 15-16세기 지구 지도상에서의 자오선 설명도: 1494년 「토르데시야스조약」 자오선(왼쪽), 1493년 교황 자오선(가운데), 1529년 「사라고사조약」 자오선(오른쪽). 세 개의 자오선과 평행한 십자 선이 나타내는 것은 에스파냐 영역의 방향이고 굵은 선이 나타내는 것은 포르투갈 영역의 방향이다
자료출처: G. Francalanci and T. Scovacci, eds. *Lines in the Sea*(『해양상의 경계선』), Dordrecht: Martinus Nijhoff Publishers, 1994, p.3.

견을 통해 해양의 중요성이 증명되었으며, 세계에 대한 분할은 해양강국으로부터 시작되었다.

토르데시야스(Tordesillas)는 현재 에스파냐의 수도 마드리드에서 서북쪽으로 150km 떨어져 있는 작은 도시이다. 1494년 6월 7일, 포르투갈과 에스파냐 양국은 여기에서 그 유명한 「토르데시야스조약」을 체결하였다. 에스파냐와 포르투갈은 카보베르데(Cabo Verde) 서쪽의 서경 46도와 47도 사이에서 남극에서 북극까지 경계선을 그었다([그림1]). "그 경계선 동쪽의 토지는 포르투갈이 확실한 권리를 보유하고, 경계선 서쪽은 에스파냐에 귀속되었다. 이 조약으로 포르투갈은 인도양에서 모든 것을 마음대로 처리할 수 있는 권력을 갖게 되었으며, 콜럼버스는 대서양 서쪽에서 발견한 육지에서 마음대로 행동할 수 있게 되었다."* 그러나 양국 모두 이미 기독교 통치자에게 귀속된 영토는 점령할 수 없었다. 세계역사에서 이것은 두 국가가 세계를 분할한 최초의 조약이었다(기독교는 여전히 재판장의 역할을 하였지만, 그 역할은 점차 형식적인 것으로 변화해갔다).

기독교는 높은 위치에서 문명을 판별하는 또하나의 대표자로서, 기독교에 의해 통치되지 않는 지역은 모두 반개화 혹은 야만으로 보고, 문호를 개방하여 기독교 문명을 받아들여야 하는 지역으로 간주하였다. 기독교는 본래 세계를 구원해야 한다는 책임감을 가지고 있었던 터라, 야만세계가 대대적으로 발견되자 선교사들은 선교의 광활한 경관과 지난한 업무를 접하게 되었다. 그들은 문명과 과학의 지식을 가지고 역경을 두려워하지 않고 세계의 각 구석구석을 찾아 나섰다. '신의 보우保佑'는 문명인이 전 세계를 위해 기도하는 일반적인 문구가 되었다.

그러나 지리상의 대발견 이후 세계는 날로 현실세계가 되었고, 신(神)문명의 지구는 인간문명의 지구로 변화하였다. 이것은 거대한 인간문명의 진보였다. 지리 문제에 있어서 기독교의 지위는 (비록 필요한 형식이기는 했지만) 날로 형식적으로 변화하였다. 새로운 세계지도에서 하늘 위 천사와 주변의 괴수는 모두 사라지고(그것을 대체한 것은 문명국가와 야만국족이었다), 인류가 지구의 진정한 주인이 되었다. 따라서 인류의 최고 층위 사회조직인 국가의 개념과 가치는 날로 강화되었다. 이것은 거대한 정치적 진보였으며, 국가주권 개념은 먼저 문명국가 집단에서 성숙해지기 시작했다. 주권국가가 보다 완전한 모습을 갖추어가는 과정에서 국가의 경계는 바로 중요한 사안이었다.

고대에 수많은 변방은 단지 국경으로 갈수록 황폐해지는 지대이자 쌍방 혹은 다자간의 세력이 미치는 끝부분으로 '버려진 땅'이거나 '변경 수비

＊ 普雷斯頓・詹姆斯, 『地理學思想史』, 北京: 商務印書館, 1902, p.90.

대의 주둔지[歐脫]*였다. 이전에 소위 국가경계는 극소수의 긴장된 대치 지역을 제외하면 거의 모두 관습적으로 형성된 경계였다. 그것들은 자연지리의 장애(산맥, 하류, 황무지, 사막)가 형성한 대략적인 경계이거나 인류 집단 사이에 세력의 부침에 따라 끊임없이 변동되는 모호한 지대였다. 근대국가 주권은 모호한 상태의 국경을 용납하지 않는다. 국가의 이익은 명확해야 하고 정확해야 한다. 근대 지리학에서 정치지리학의 이론은 날로 엄밀해져 국가경계의 원칙과 확증 형식은 반드시 '문명'의 수준을 갖추어야 한다. 단순한 군사적 방식의 해결이 '문명'과 서로 배치되는 것으로 의식되면서, 조약을 통한 해결방식이 곧 의사일정에 올라 국제적 사안을 처리하는 핵심적인 수단이 되었다. 즉 이른바 조약체계의 세계가 형성되기 시작하고, 구식 국가의 관습적이고 모호한 변방은 새로운 형식의 조약에 따른 정확한 국경으로 완전히 대체되었으며, 세계지도상에서 국가의 국경은 나날이 더 명확해졌다. 새로운 형식인 조약에 의한 국경은 대부분 조그만 공간도 남김없이 서로 대치하는 세력 간의 균형에 의해 형성되었다. 그리하여 하나의 선으로 그어지는 국경이 보편적으로 출현하게 되었다. 이러한 국경선은 심지어 전혀 폭이 없는 기하학적 직선과 같은 속성을 지니기도 하였다.

변경의 형태가 바뀌었을 뿐만 아니라 더 중요한 변화는 국경을 확정하는 근대적 방식이다. 일반적으로 17세기 중반 다국 간에 체결된 「베스트팔렌조약」을 근대적인 주권국가 관계(영토와 국경을 확정하는 방식을 포함하여)가 출현하게 된 중요한 상징으로 간주한다.

이 조약에 서명한 당사자는 각각 에스파냐, 신성로마제국, 오스트리아를 통치하던 합스부르크왕조와 프랑스, 스웨덴 및 신성로마제국 내의 브란

---

* '구탈[歐脫]'은 '국경 초소'나 '버려진 땅'이라는 의미로도 쓰인다. —역자 주

덴부르크(Brandenburg), 작센(Sachsen), 바이에른(Bavaria) 등 제후국이었다. 조약의 결과 국경은 다음과 같이 조정되었다. 오스트리아를 제외한 합스부르크왕조의 영지는 프랑스와 스웨덴과 제국 내 일부 신교 제후에게 할양되었다. 프랑스는 로렌지방의 메츠, 툴루즈, 베르됭의 3개 주교령과 스트라스부르를 제외한 알자스 대부분 지역을 확보했다. 스웨덴은 서부 포메른 전체 지역과 동부 포메른 일부 지역, 그리고 오데르와 베저강 하구를 얻음으로써 발트해와 북해 남해안의 중요 항구를 확보하였다. 이 시기 유럽의 지도를 보면, 독일은 매우 특수하게 파편화된 지역이었다. 서쪽으로는 네덜란드, 프랑스, 영국, 에스파냐, 포르투갈이, 북쪽으로는 덴마크, 스웨덴이, 동쪽으로는 폴란드, 러시아, 오스만튀르크가, 그리고 남쪽으로는 스위스와 이탈리아(여전히 분열 상태에 있었음)가 자리잡고 있었다.*

그 결과 각국이 얻은 득실은 서로 달랐지만, 이 조약으로 유럽대륙은 상대적으로 세력이 균형을 이루는 국면이 형성될 수 있었다. 이전에 천하를 통일적으로 지배하던 신권(神權) 세계가 점차 와해되고, 주권국가가 세계무대의 중심으로 부상하기 시작했다. 국가 위에는 더이상 어떤 권위도 존재하지 않았다. 조약은 유럽대륙 각국의 국경을 확정하고 국가의 독립과 주권을 승인하였으며, 국가주권을 최상으로 간주하는 국제 기본 원칙을 확립했다. 중세기 이래 한 번도 세속적인 국제회의를 개최한 바 없었던 유럽은, 이러한 조약에 근거하여 국제회의 방식과 국제분쟁을 해결하는 모델을 수립하게 되었다. 또 베스트팔렌에서 처음으로 조약은 준수되어야 하며 이를 위반한 측에 대해서는 집단적인 제재를 가할 수 있다는 원칙이 확립되었다. 그 조약으로 인해 일련의 규칙들이 '법'의 형식을 갖추게 되었으며,

---

* 黎英亮, 『現代國際生活的規則: 國際法的誕生』, 長春: 長春出版社, 2010.

아울러 법과 같은 방식으로 국제사회에 영향을 미치고 규범질서로 작용하게 되었다.

유럽인은 지정학적인 문명형식을 확립하였는데, 그것은 우선 유럽 국가들 사이에서 수립되었다. 「베스트팔렌조약」의 조항에서는 담판-조인(調印)이라는 형식의 중요성과 권위성을 강조하였으며, 조약의 내용에 관계없이 일단 조인되면 곧 법률적 효력을 갖게 되어 어느 누구도 위반할 수 없었다. 왜냐하면 평등한 담판의 의식(儀式)으로 진행되어 내용에 관계없이 모두 평등조약으로 이해되었기 때문이다. 이는 형식을 사실내용보다 더 중시하였음을 잘 말해준다.* 여기서 핵심적인 문제 가운데 하나는 형식적인 평등으로 사실상의 불평등을 승인했다는 점이다. 형식적인 평등이 법률근거가 될 때, 사실상의 불평등은 법률 앞에서 곧 무력해지고 결정을 번복하기도 어렵다. 「베스트팔렌조약」의 영향 아래, 이후의 국제적인 사안과 관련된 각종 조약의 외재적인 형식은 대체로 유사한 모습을 보여주었다. 그러나 조약 배후의 준비 과정은 매우 복잡했다. 조약의 사전 준비 과정에서 결코 전쟁이 제거되지 않았으며, 조약은 사실 최종적인 타협의 형식이었다.

또 주목할 것은, 「베스트팔렌조약」의 사례에서 담판에 참가하는 문명 국가는 집단이었다는 점이다. 이로 인해 조약의 준칙은 단순히 쌍방 간의 협정이 아니라 국제적인 준칙이 되었다. 조약의 조항에서 조약을 위반한 일방에 대해 '집단적인 제재'를 가할 수 있다고 규정한 것은 바로 이후 열

---

* 「베스트팔렌조약」에는 각 국가의 손익 차이가 명확하다. 예를 들어 프랑스는 독일로 향하는 전략적 요충지를 확보하여 실력이 대폭 강화됨으로써 이후 유럽을 제패할 수 있는 기초를 닦았다. 또 스웨덴은 발트해와 북해 연안의 중요한 항구를 장악함으로써 북유럽의 강국이 되었다. 이러한 손익과 득실의 차이가 있음에도 「베스트팔렌조약」은 여전히 평등 조약의 모델로 간주되고 있다.

강 집단이 세계를 제패하고 아울러 '국제법', '공리', '국제사회'라는 기치를 내세울 수 있었던 근거 가운데 하나였다.

'지리상의 대발견' 이후 세계는 완전한 이익관계의 세계로 변모했으며, 지리적 이익[地利]은 대발견이 함축하고 있는 또하나의 중요한 내용이었다. 전지구를 대상으로 중요한 지리적 이익(광물, 하구, 항만)을 위한 쟁탈전은 세력범위를 규정하고, 이익의 경계를 확정하는 중요한 추동력이 되었다. 문명국가가 지리상의 대발견 이후에 보여준 대대적인 행동 중 가장 중대한 특징은 이익세계를 향한 진군, 식민지 개척이었으며, 유럽인의 전진 기록이라고 할 수 있는 수많은 새로운 지명들이 세계에 출현하게 되었다. 하지만 이른바 국가주권 개념은 비문명 지역에서는 완전히 다른 모습을 보여주었다. 문명이라는 이름하에 개화되지 못한 국가들의 주권은 문명국가가 대리하게 되었다. 표면적으로는 문명이 점차 국가주권보다 높은 지위를 갖게 되고 점점 더 정치를 초월하였으며, 문명대화에 있어서 정치가 자리를 양보한 것처럼 보이지만, 실제로는 문명은 정치를 위해 길을 여는 구실에 지나지 않았다.

독일이 통일된 후, 독일 지리학자 라첼의 국가유기체론은 비스마르크 정책의 근거로 채택되었다. 그 이론에서는 한 국가에게 있어서 공간은 점점 더 중요한 의미를 지니게 되며, 대국은 점차 확장해가고 소국은 거의 중요하지 않은 것으로 변하게 될 것이라고 주장하였다. 역사적으로 돌이켜보면, 강국의 상호교체 과정은 공간의 변화와 서로 일치한다. 즉 베니스는 단지 하나의 도시에 불과했고, 네덜란드는 하나의 평원 삼각주였으며, 영국은 규모가 큰 섬이었지만, 미국은 거대한 대륙이었다. 문명의 발전은 이러한 절대적이고 필연적인 추세를 따라 진행될 것이었다. 식민과 합병, 정복의 수단을 최대한 이용하여 공간을 확장하는 것은 문명국가의 새로운 특표가 되었다. 영국의 정치지리학자 해퍼드 매킨더(Sir Halford John Mackinder, 1861-1947)는 한 국가가 강대해지려면 반드시 세계적인 범위에서 원료 생산지를 장악하고 아울러 그곳을 상품 수출시장으로 만들어야 하는데, 이것이 바로 국가이익에 관한 근본전략이라고 지적하였다. 19세기 들어 75년 동안, 서구 국가는 연평균 21만㎢의 식민지를 점령하였고, 그후 25년 동안에는 연평균 62만㎢의 식민지를 장악하였다. 영국 한 국가만을 보더라도, 1815-1865년 사이에 매년 평균 25.9만㎢의 토지를 확장하거나 겸병하였다.* "19세기 70년대부터 자본주의 열강은 식민지 쟁탈을 위한 광풍을 일으키며, 1900년까지 아프리카 지역의 90.4%, 아시아 지역의 56%, 아메리카 지역의 27.2%, 그리고 오스트레일리아 지역 전체를 제국주의가 직접 통치하는 식민지로 점령하였고, 동시에 수많은 반+식민지와 부속국가들이 출현하였다."** 그 결과 "세계는 전례없이 하나의 전체로서 통일되었다."***

광대한 식민지 지역에서 국경문제는 날로 중요해졌다. 하지만 식민지의 국경은 「베스트팔렌조약」에서의 국경과는 완전히 달랐으며, 이들 '미개화' 지역에는 문명국가의 기준이 적용되지 않았다. 국경문제는 문명등급에 의거하여 차별적으로 상대할 수 있는 것이었다. 국경의 형태가 원래 구현하는 것은 서로 이웃하는 두 국가 간의 관계이지만, 식민 지역에서 국경이 의미하는 바는 문명국가(종주국)와 미개화국가(식민지) 간의 관계였다.

1885년 베를린회의에서 영국, 프랑스, 독일 등 식민대국은 협상 테이블

---

* 於沛, 孫宏年, 章永俊, 董欣潔著, 『全球化境遇中的西方邊疆理論研究』, 北京: 中國社會科學出版社, 2008.

** 王助民, 李良玉, 陳恩虎著, 『近現代西方殖民主義史』, 北京: 中國檔案出版社, 1995, p.193.

*** 이 말의 출처는 윌리엄 맥닐(William McNeill)의 *The Pursuit of Power: Technology, Armed Forces and Society since 1000 A.D.*(Chicago: University of Chicago Press, 1983)이다. 薩義德, 『文化與帝國主義』, p.8에서 재인용함.

위에 연필로 아프리카 식민지 국가의 국경 분할선을 그렸는데, 단순한 직선으로 이루어진 수많은 국경선은 단지 대략적인 경위선의 방향만을 표시할 뿐이었다. 예를 들어 이집트와 수단 사이의 경계 중 일부분은 북위 22도였으며, 남위 22도는 나미비아(Namibia)와 보츠와나(Botswana) 사이를 가르는 700km의 경계선이었다. 이러한 경위선 경계는 무정한 방식으로 수많은 부족의 취락 지역을 분할하면서 아프리카의 수많은 부족, 종교, 언어, 전통 습관 및 복잡한 부족관계에 대해서는 전혀 고려하지 않았다. 경위선은 과학의 산물이지만 오랜 역사를 지닌 토지 위에 세워진 인간문명을 가르는 경계선으로 삼은 것은 매우 난폭한 행위였다. 경위선의 경계 외에, 직선 혹은 곡선의 기하학적 방법으로 경계를 구분한 것도 매우 단순하고 난폭한 방식이었다. 그뿐만 아니라 하류나 산맥 등 자연적인 표지로 경계를 구분하는 방식은 보기에는 모종의 지리적 원칙에 부합하는 것처럼 보이지만, 실제로는 자연의 영구적 경계선과 인문역사 경계선 사이의 차이를 말살한 것으로 여전히 불합리한 면이 있었다. 통계에 의하면, 아프리카 국가 44%의 경계는 경위선 기준으로 나누어졌고, 30%의 경계는 직선 혹은 곡선의 기하학적 방식으로 나뉘었으며, 단지 26%의 경계만이 하류나 산맥 등으로 이루어진 자연적 경계선이다.*

자신의 토지에 대한 아프리카의 주권은 완전히 무시되고, 그들의 국경은 단지 문명국가 간의 사안일 뿐이었다. 즉 문제를 해결하기 위해 적용된 것은 아프리카 주권 대신 문명국가가 미개화국가의 국경문제를 처리할 때 적용하던 방식이었다. 여기서 문명국가는 문명과 동일시되고 문명은 이미 정치로 전환되었으며, 정치문제를 처리할 때 문명국가의 지위는 다른 기타

---

* 顧章義,「近代非洲國家邊界的形成」,『史學月刊』, 1904年第5期, pp.112-115.

국가들보다 높았다. 마치 야만은 문명에 자리를 양보해야 한다는 것처럼, 정치에서도 야만국가는 문명국가에게 자리를 양보해야 했다. 문명론의 정치적 실천은 식민지 경계문제에서 매우 두드러진 현상 가운데 하나이다.

식민지 국가경계는 문명국가의 진입을 가로막은 적이 한 번도 없었으며, 문명국가의 진입을 저지하기 위해 세운 것도 아니었다. 식민지는 문명국가의 세력범위였고, 이러한 세력범위의 형세가 식민지 국가 국경분할의 본질을 결정하였다.* 식민 지역에 출현한 수많은 수리적(數理的) 경계(기하학적 경계와 경위선 경계)는 과학과 패권이 결합된 산물이었다. 경위선의 실용성은 주로 해양에서 발휘되었다. 그러나 이후 육지로 확대 적용하면서 대륙의 자연과 인간문명의 원생태 사이 경계를 무시함으로써 수많은 사회문제를 야기할 수밖에 없었다. 이러한 경계는 엄밀한 지리학적 이론의 시각에서 보면 어느 경우에도 논의의 가치가 없는 것이다.

문명국가가 야만 지역의 경계문제를 처리할 때는 매우 단순하고 거칠며 심지어 난폭하기까지 했다. 이러한 방식으로 긴 역사를 지닌 국가(이른바 반개화국가)의 변경문제를 다룰 때 사정은 더욱더 복잡하다. 왜냐하면 역사가 긴 국가는 본래 부정할 수 없는 기본적인 국가경계를 가지고 있기 때문이다. 그러나 이러한 국가의 경계들도 문명국가의 이익의 진입을 저지할 수는 없었다. 자신의 목적을 이루기 위해 문명국가는 또다른 방식을 채택했는데, 중국이 바로 그 대표적인 대상이었다.

---

* 1930년 미국의 『사회과학 백과전서 *Encyclopedia of the Social Sciences*』 제2권에 따르면, 아시아와 아프리카 수많은 국가의 경계는 모두 유럽 열강의 의지에 의해 획정되거나 재조정되었다. 그곳의 수많은 민족은 인위적으로 이러저러한 식민지 통치로 분할되었다. 예를 들어 영국과 프랑스 두 국가가 1904년 획정한 트리폴리(Tripoli)와 이집트의 경계, 그리고 또 양국이 획정한 버마와 중국 남부의 경계는 모두 이와 같은 방식으로 이루어졌다. 於沛, 孫宏年, 章永俊, 董欣潔著, 『全球化境遇中的西方邊疆理論硏究』, p.67 참고.

3

고대 중국에는 대략적인 변경이 존재했지만 그 형태는 결코 근대 조약 상의 경계처럼 그렇게 정밀한 정도는 아니었다. 또 중국에도 역사적으로 변경에 관한 협상이 있었지만, 그것은 당(唐)과 토번(吐蕃, 티베트) 사이의 칭수이(淸水)조약, 북송과 요(遼) 왕조 사이의 찬위안(澶淵)조약, 남송과 금(金) 왕조 사이의 사오싱(紹興)조약*과 같이 주로 두 왕조 간에 체결된 것이었다. 근대 조약체계가 출현하기 이전, 세계에서 가장 규모 있는 국제체계의 형태는 중국이 주변국가들에 대해 맺은 조공체계였다. 중국과 조공국 사이의 변경지대 폭은 제각각 달랐으며, 변경의 안정을 유지하는 기초는 바로 장기적으로 형성된 역사적 관습이었다.

근대에 이르러 서구 열강이 중국을 압박하면서 중국의 변경도 전례없는 압력을 받기 시작하였다. 고대 중국의 상대는 모두 내륙에 위치해 있었으며, 근대시기에 처음으로 중국 변경에 강력한 압력을 가하면서 '문명적 방식'의 교섭을 진행한 것도 내륙 지역의 러시아였다. 러시아는 기본적으로 유럽에 기반을 둔 국가이지만, "인구가 희박한 유라시아평원은 동슬라브인

---

* 칭수이 맹약(淸水盟約) 혹은 칭수이 회맹(淸水會盟)은 당과 토번 사이에 체결된 맹약으로, 당 왕조의 건중(建中) 4년(783년)에 회맹을 통해 경계를 획정하였다. 이 조약으로 당은 토번이 점령한 펑샹(鳳翔) 서쪽 지역을 토번 영토로 승인하였다. 찬위안 맹약[澶淵之盟]은 북송이 요나라와 40여 년간의 전쟁 이후에 체결한 맹약으로, 송의 진종(眞宗) 경덕(景德) 원년인 1004년 12월에 체결하였으며, 이 조약으로 북송은 매년 요나라에 은 30만 냥, 비단 20만 필을 바치는 조건으로 평화를 맺었다. 사오싱 화의(紹興和議)는 남송과 금나라 사이에 1141년에 체결된 조약으로, 화이수이(淮水)-다싼관(大散關)을 경계로 국경을 정하였으며, 송은 이 외에도 금나라에 매년 은 25만 냥과 비단 25만 필을 바치기로 하였다. 이상 세 조약은 모두 중국이 주변민족에 영토나 재물을 양보하는 대가로 화의를 체결한 경우이다. —역자 주

들이 계속해서 동쪽으로 이주할 수 있는 전례없는 기회를 제공하였고",* 16세기부터 동쪽으로 대대적으로 확장하여 우랄산맥, 바이칼호를 넘어 헤이룽장(黑龍江) 유역에까지 이르렀으며, 헤이룽장 북쪽 토지를 모두 점령하려 하였다. 바이칼호 동쪽 지역은 본래 중국의 전통적인 영토영역이었으나 러시아인이 이주해온 이후에는 현지 주민의 생활에 심각한 영향을 미쳤다. 몇 차례 성공적인 군사적인 방어를 하고 나서, 강희제는 러시아와 국경 협상을 진행하는 것에 동의하였다. 강희 28년 7월 24일(1689년 9월 7일), 중국과 러시아 양국은 협상을 통해 정식으로 「네르친스크조약」을 체결하였다. 이 조약문의 정식 문건은 라틴어본으로 쌍방 대표가 서명하였으며, 이와는 별도로 만주어본과 러시아본도 있었으나 모두 정식 조약문서는 아니었다. 조약문 가운데 주요 관련 조항은 다음과 같다.

1. 헤이룽장 지류인 케르비치강(고르비차강이라고도 부름)에서 와이싱안링外興安嶺을 따라 바다까지를 경계로 하여 싱안링 남쪽은 중국, 북쪽은 러시아의 영토로 한다. 서쪽으로는 아르군강(Argun River)을 경계로 남쪽은 중국, 북쪽은 러시아의 영토로 하며, 아르군강 남쪽의 헤이리러커 강黑里勒克河 하구의 모든 주택들은 북쪽 강변으로 이주시킨다.

2. 알바진(雅克薩, Yaksa) 지역은 중국의 영토로 하며, 알바진의 성을 철거하고 러시아인은 러시아 영토로 이주시킨다. 양국 수렵인 등은 마음대로 경계를 넘어서는 안 되며, 이를 어길 시는 체포하여 책임을 묻는다. 10명 이상의 사람들이 집단으로 경계를 넘을 때에는 반드시 양국 황

---

* 이것은 일종의 지리환경으로 차르 러시아의 식민주의를 해석하려는 관점이다. 於沛, 孫宏年, 章永俊, 董欣潔著, 『全球化境遇中的西方邊疆理論研究』, p.45 참고.

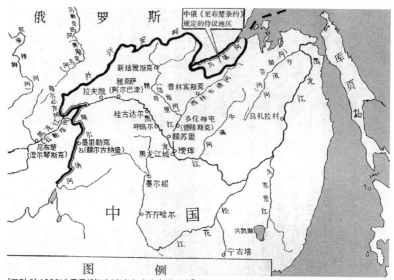

[그림 2] 1689년 중국(청)과 러시아 사이에 체결된 「네르친스크조약」의 중러 국경 설명도
자료출처: 呂一燃主編, 『中國近代邊界史』(上卷), 成都: 四川人民出版社, 2007, p.111.

제에게 보고해야 하며, 그렇지 않으면 죄에 따라 사형에 처한다.

3. 이 조약으로 이전의 모든 사정들에 대해서는 영구히 더이상 논하지 않는다. 양국은 조약을 체결한 날로부터 화평을 유지하며, 사후에 도망자가 있으면 각자 받아주지 말고 족쇄를 채워 송환해야 한다.

4. 쌍방은 상대방의 교민에 대해 여전히 이전과 마찬가지로 대한다.

5. 출입증을 휴대하고 왕래하는 양국의 백성에 대해서는 국경무역을 허용한다.

6. 우호조약이 체결되면 양국은 영구적으로 우애와 화목을 유지하고, 경계로 인한 모든 분쟁은 영구히 일소한다. 만약 쌍방이 엄격히 조약을 준수한다면 분쟁은 자연히 발생하지 않을 것이다.

일반적으로 「네르친스크조약」은 중국이 외국과 경계를 확정한, 근대국가 주권을 보여준 최초의 평등조약이라고 평가된다. 조약 협상과 서명 절차는 17세기 중엽 이래 서구 문명국가에서 통용되던 방식을 따랐으며, 쌍방 대표는 모두 각 정부의 사전 지시 범위 내에서 교섭과 협상을 진행하여 최종 조약안 역시 중러 양국 정부가 수용할 수 있는 범위를 넘어서지 않았다.* 하지만 「네르친스크조약」에 관한 문제는 여전히 논쟁중이다. 여기서는 다음과 같은 몇 가지 내용에 주목하고자 한다.

전체적인 역사의 추세로 보면, 영토 증감의 문제에서 러시아는 크게 전진한 후 작은 후퇴를 한 반면, 중국은 후퇴하는 과정에서 작은 전진(알바진 회복)을 하는 결과가 있었다. 「네르친스크조약」은 비록 러시아의 지속적인 전진을 막기는 했지만 그들이 이미 점령한 성과를 승인해주었다. 이에 비해 중국은 아르군강에서 케르비치강에 이르는 영토를 포기하였는데, 이는 크게 후퇴를 하다가 약간의 반격을 한 것에 지나지 않는다. 역사를 좀더 멀리까지 추소하면 중국의 손실은 매우 컸다. 원이둬(聞─多) 선생은 그의 「일곱 자식의 노래七子之歌」에서 「네르친스크조약」이 불평등조약이라고 표명하였다. "······우리나라는 「네르친스크조약」에서부터 뤼순旅順과 다롄大連 조계지 할양에 이르기까지 선후로 토지를 상실하고, 조국의 보호를 잃었으며 이민족의 학대를 받았다. 그 슬픈 감정을 헤아리면 「패풍邶風」의 일곱 자식(七子)보다 더 심하다."**

---

* 戴逸主編, 『簡明清史』, 北京: 人民出版社, 1980.
** 「일곱 자식의 노래」는 원이둬가 1925년 3월 미국에서 유학 당시에 창작한 시로 전체 7수로 되어 있다. 원이둬는 『시경』 「패풍」에서 일곱 명의 자녀가 딴마음을 먹으려 하는 어머니의 마음을 돌리기 위해 스스로를 자책하며 애원하는 내용을 빌려, 근대를 전후하여 중국이 외국에 조계지나 할양방식으로 주권을 넘겨준 7개 지역, 즉 마카오, 홍콩, 타이완, 웨이하이웨이(威海衛), 광저우만(廣州灣), 주룽(九龍), 뤼순-다롄에 관해 노래하였다. ─역자 주

이 조약을 체결한 것은 대청 조정이지만 사용한 명칭은 중국이었다. 예를 들어 중국의 수석대표 송고투(索額圖)의 공식 직함은 '중국 대성大聖 황제 흠차분계欽差分界대신 의정議政대신 영시위내領侍衛內대신'으로, 이는 그가 중국 황제를 대신하여 중국 주권을 행사했음을 나타낸다. 「네르친스크조약」의 조항에서 국경 구분과 양국 인민의 귀속을 위해 사용한 호칭도 '중국'과 '중국인'이었다. 이러한 국제조약 문서에서 처음으로 '중국'을 주권국가의 전문적인 호칭으로 사용한 것이다. '중국'이라는 명칭은 당시 청조의 다민족국가의 전체적 특성을 표현하는 데 더욱더 적합했을 뿐만 아니라 (비록 협상을 진행한 지역이 몽고족이 활동하던 지역이기는 했지만), '국제화'의 맥락에서 중국의 주권을 드러내는 데 있어서도 더욱더 적합했다.

중국 대표단 구성원 가운데는 페레이라(Thomas Pereira, 徐日升; 1645-1708)와 제르비용(Jean-François Gerbillon, 張誠, 1654-1707)이라는 두 명의 서양 선교사가 있었는데, 이 점 역시 매우 의미 있는 부분이다. 페레이라와 제르비용은 강희제가 매우 높이 평가하던 외국인 선교사였는데, 러시아와의 담판을 위해 특별히 협상단에 동행하도록 하였다. 제르비용은 지리측정에 능하여 영토 협상에서 당연히 매우 유용했다. 그러나 강희제의 생각은 여기에 그치지 않았다. 네르친스크에서 러시아와 담판할 때 강희제는 기독교의 의례를 따르는 것을 승인했고 라틴어를 주요 문서의 문자로 사용하는 것을 허락하였는데, 이러한 태도는 중국의 전통에 위배되는 것이었다. 물론 협상 성공을 위해 강희제가 의식(儀式) 등을 양보한 것임에 틀림없다. '국제화' 방식은 당시 중국에게 있어서 하나의 책략(이이제이以夷制夷)으로 협상 테이블에 페레이라와 제르비용이 참여하는 것은 '국제화'의 형식을 더욱더 잘 과시할 수 있었다.

제르비용은 프랑스인이고 페레이라는 포르투갈인이었다. 그들이 실제로 어느 편의 입장에 서 있었든 관계없이(두 사람의 실제 입장에 관해서는 아직도 논쟁중이다), 그들의 특수한 신분으로 인해 협상 형식은 더욱더 국제적인 성격을 띠게 되었다. 「베스트팔렌조약」이 시초가 된 문명적인 협상의 관례 중 하나는 국제적인 감독이라는 조항이 포함되어 있으며, 이로 인해 협상은 국제적 권위를 지닐 수 있었다. 국제성은 국제법, 국제관례를 형성하기 위한 필수적인 기초이며, 또 문명국가 집단이 세계의 새로운 질서와 권위를 수립하기 위해 필요한 수단이기도 했다. 그후 수많은 이른바 국제법, 국제관례, 국제준칙 등 대부분은 문명국가 집단의 기초 위에서 형성되었다.

중국이 한창 전성기를 누리던 때인 강희제 시대에 서구 문명국가가 발명한 '국제관례'에 대해 승인한 것은 단지 하나의 책략이었을 뿐만 아니라 그것이 적용된 지역도 멀리 떨어진 변방 지역이었다. 「네르친스크조약」으로 북방 변방의 정치적 충돌을 효과적으로 해결한 점은 청조의 입장에서는 만족스러운 것이었다. 하지만 이러한 조약을 위한 협상방식은 결코 중국의 대외적 관계(조공관계)에서는 사용된 적이 없었던 것이었으며, 또 상대를 무시하는 방식의 일종이었다. 강희제는 아마도 문명조약이 무엇인지를 정확히 이해하지 못했던 것으로 보인다.

러시아 입장에서 보면, 처음으로 문명적 조약 형식으로 새로 획득한 토지의 합법성을 승인받고 중국을 진정시켰다는 점에서 당연히 만족스러웠을 것이다. 이것은 열강이 무력적인 방식이 아닌 조약의 방식으로 중국의 영토를 침입하여 성공한 대표적인 사례였다.

근대 국경의 형태는 명확성을 추구하지만, 국경의 위치를 확정하는 원칙과 방법은 제각각 달라(기하학적인 국경, 경위도 국경, 자연지리적 국경, 전통적인 국경 등) 혼란스러웠다. 그뿐만 아니라 이른바 이러한 근대적 국경의 원칙과 방법도 모두 서구 문명국가가 자신의 실천적인 요구에 근거하여 제기한 것이었다(이 또한 문명의 중요한 한 내용이다). 비문명국가는 국경을 담판하는 사안에 있어서 사전에 대처하기 위한 충분한 사유상의 준비가 부족하여 피동적인 위치에 처해 있었다. 그후 중국이 경험한 각각의 국경 협상에서 정치적 상황의 차이가 어떠하든, 국경문제의 이론과 방법에서 중국은 완전히 피동적이었다. 따라서 협상 과정에서 중국은 항상 국경 원칙을 적용하고 구사하는 데 능숙한 서구의 문명인에게 허점을 보이기 쉬웠다.

예를 들어 중국과 버마의 국경문제에서, 영국이 버마를 점령함으로 인해 중국과 버마의 관계는 실제적으로 중국과 영국의 관계로 변모하였다. 광서 11년(1885년)에 증국번(曾國藩)의 둘째 아들 증기택(曾紀澤)이 주영국 및 프랑스 중국대신으로서, 황제의 명에 따라 런던에 가서 영국정부에게 버마에 주둔한 영국군이 중국의 영토를 불법으로 점령하지 말 것을 요구하였다. 이때, "영국정부는 중국과 버마의 경계선 위치에 대해 물었지만, 증기택 공사는 이에 대해 사전에 준비가 되어 있지 않았을 뿐만 아니라 중국의 국경이 어디인지조차 명확히 알지 못했다. 그리하여 창졸간에 '우리의 경계는 중국 군대와 중국의 깃발이 있는 곳'이라고 말하였다. 그러자 영국정부는 이 말을 매우 중시하여 곧 버마에 있는 영국 관원에게 전보를 보내, 중국 군사와 중국 깃발이 보이는 곳에서 정지하고 함부로 앞으로 나아가지 않도록 했다. ……영국 군대는 계속 앞으로 전진하여 바모(八莫, Bhamo)에 이르렀지만 중국 군대가 보이지 않자 또 계속 진군하였으며, 홍방허(紅蚌河)*에 이르러 마무상(馬武相)의 부대가 보이자 비로소 진군을 중지하였다."** 이것은 당시 중국 관원의 국경문제에 대한 사고 수준과 협상

---

* 윈난 텅충현(騰衝縣) 서남쪽에 위치해 있으며, 중국과 버마의 경계를 이루는 강으로, 지금은 홍병허(洪崩河)로 부른다. —역자 주
** 劉伯奎編, 『中緬界務問題』, 正中書局, 民國三十五(1946), p.5.

수준을 보여주는 전형적인 예이다. 증기택의 그와 같은 답변을 근거로 영국은 곧 중국 군대와 깃발이 보이는 곳까지 중국영토 안으로 계속 밀고 들어갔으며, 이로 인해 중국은 큰 손해를 보게 되었다.

그후 복잡한 중영 국경 협상에서 영국측은 군사적 우위를 앞세워 밀고 들어와 문제를 야기하는 동시에 '자연지리 경계'를 이유로 본래 모호하던 '관습적인 경계선'을 수정하였으며, 영국측에 유리한 산맥이나 분수령을 경계로 선택하여(맥마흔선McMahon Line*이 대표적이다) 한 발 한 발 중국영토를 침범하였다. 이른바 '자연지리 국경론'은 자연지리의 경계를 국가 간의 경계로 삼는 원칙을 강조한다. 자신의 영토 이외의 지역에 존재하는 산맥이나 하류, 해안 등 자연지리를 경계로 삼아 자신의 영토가 그 '자연지리의 경계'까지 확장되어야 한다고 요구하는 것은 실은 확장주의를 위한 하나의 구실에 지나지 않는다.**

동북 지역에서 러시아의 중국영토에 대한 점령, 버마에서 영국의 중국영토에 대한 잠식 이외에 열강이 중국을 침탈한 또하나의 특이한 형식은

---

* 1913-1914년에 영국과 중국, 티베트의 대표가 영국 식민지 인도의 심라(Simla)에서 회의를 열어 티베트의 지위문제를 논했는데, 당시 영국의 인도 식민정부 외교대신인 맥마흔(McMahon)과 티베트 대표 사이에 협정한 국경선을 말한다. 이 협정으로 중국은 티베트 지역의 9만 평방미터의 영토가 인도로 귀속되었다고 보고 있으며, 이를 인정하지 않을 뿐만 아니라 현재도 중국과 인도 간 국경분쟁의 한 요인이 되고 있다. —역자 주

** '자연국경' 개념은 17-18세기 프랑스에서 유행하였으며, "골(Gaule, 라틴어 명칭은 갈리아Gallia) 지역을 회복하기 위해서는 자연조건을 경계로 해야 한다"고 주장하였다. 프랑스대혁명 기간에 혹자는 또 "공화국의 경계는 자연이 확정했다. 우리는 지평선의 각 자락—라인 강변, 해양의 연안, 알프스 산록이 도달하는 곳까지를 경계로 삼을 것이다. 이것은 우리 공화국의 최후의 경계선이어야 한다"고 주장하기도 하였다. 李宏圖, 『西歐近代民族主義思潮硏究: 從啓蒙運動到拿破侖時代』, 上海: 上海社會科學院出版社, 1997, 172-173쪽. 참고로 갈리아 또는 골은 로마제국 멸망 이전까지 현재의 프랑스, 벨기에, 스위스 서부, 그리고 라인강 서쪽의 독일을 포함하는 지방을 가리키는 말이며, 율리우스 카이사르가 본국 이탈리아에 포함시키기 전까지의 갈리아 키살피나도 포함되었다. —역자 주.

바로 조계지이다. 조계지는 중국에서 '국가 속의 국가'로서 그 경계는 중국의 내륙을 획분하였다.

"행정 관리권, 세금 징수권, 군사 주둔권은 모두 독립국가가 자신의 영토에서 영유하는 주권이다. 외국 정부와 외국 교민은 본래 다른 국가의 영토에서 속지와 같은 행정 관리, 특히 현지 토착주민을 관리할 권리가 없다. 또 세금 징수, 특히 현지 주민에게 세금을 징수할 권리가 없으며, 외국 군대는 현지 정부의 허가 없이는 그 영토에 발을 붙일 수 없다. 그렇지 않으면 군사적인 침략으로 간주되어 무력적인 저항을 받게 된다. 그러나 각 지역의 조계지에서 이 모든 것들은 전도되었다."*

이러한 '국가 속의 국가'에서 열강은 여전히 '영토'를 확장하는 일을 잊지 않았다. "조계지를 확장하기 위해서 각 조계지 당국은 경계 외부 지역을 잠식하거나 경계를 따라 이어지는 도로를 점거하고, 조계지 앞에 억지로 노점을 늘어놓거나 조계지 외부 지역에 별도의 월경지越境地를 건립하는 등의 방식을 취하였다."** 예를 들어 일련의 확장을 거쳐, "상하이 조계지의 총면적은 48,563무畝, 즉 대략 32,435km²에 달하였는데, 이는 영국과 프랑스 조계지의 최초 면적의 24배이자, 상하이 현성縣城의 10여 배가 넘는 면적이었다."***

주권이 완전한 중국 영내에서 한 지역 한 지역을 떼어내어 외국이 영지로 삼고, 중국 주권을 박탈하여 외국 법률제도를 시행한 것은 문명국가의 대발명 가운데 하나였다. 이러한 조계지 건립도 협상 테이블에서 담판을 진행하여 조인의식을 치르는 문명적 절차를 거쳐 이루어졌다.

---

* 費成康, 『中國租界史』, 上海: 上海社會科學院出版社, 1991, p.213.
** 위의 책, p.57.
*** 위의 책 p.63

[그림 3] '대프랑스국 조계' 비석

화강암, 높이 185㎝², 너비 45㎝², 두께 11.5㎝². 비석 윗부분의 'R. F.'는 '프랑스공화국'을 나타내는 프랑스어 약자이다. 이 비석은 현재 우한(武漢)시 신해혁명박물관(辛亥革命博物館)에 소장되어 있다. (쉬사오화徐少華 촬영)

제2차아편전쟁 이후, 중국과 프랑스는 「한커우漢口조계조약」을 체결하여, 한커우 프랑스 조계지 범위를 독일, 러시아 조계지 사이로 지정하였다. 제2차세계대전이 종결된 이후 프랑스 조계지는 중국에 반환되었다.

근대시기 중국과 열강 사이에 진행된 조약협상은 매우 많다. 이러한 문명시대의 새로운 외교 형식에 대해, 중국측은 장기간 동안 항상 책략의 일환, 즉 서양인의 방식으로 서양인을 대처하는 책략으로 간주하였다. 조약은 일종의 신의(信義)의 형식으로서, 중국 관원(혁흔, 증국번, 이홍장 등)은 총포로 서양인을 대처하지 못하는 이상 오히려 신의의 방식으로 그들을 구슬릴 수 있다고 보았다. 상호왕래를 통해 중국인도 조약이 법률적인 구속력을 지녀서 이 방식으로 서양인을 대응한다면 일정한 성과가 있을 수 있다는 것을 의식하고 점차 조약제도를 적극적으로 취하기 시작하였다. 그러나 그 과정이야 어찌되었든, 이로써 중국은 점차 서구 가치관을 기초로 하는 외교체계 속으로 끌려들어가지 않을 수 없었다.

그후의 역사 과정에서, 조약서명은 거듭되는 서양인의 침입을 결코 저지하지 못했다. 신사답고 당당한 조약들은 결국 중국인이 실패를 받아들이고 머리 숙여 패배를 인정하는 굴욕의 상징이 되었다. 따라서 중국인의 마음속에는 조약 자체의 공정성에 대한 전적인 불신이 자리잡게 되었다. 중국 근대사에서 중외조약의 대량 출현은 보기만 해도 몸서리쳐질 정도이다.* 청대 말기 조약이 체결될 때마다 나라 안에서는 여러 파장이 일곤 했다. 청말 1895년 봄, 외교 제1인자인 이홍장이 청 정부를 대표하여 일본과 「마관조약(시모노세키조약)」을 체결했을 때, 거의 하룻밤 사이에 그는 "온 국민이 죽여야 한다고 주장하는" 매국노가 되었으며, 그에 대한 비판은 전국을 뒤흔들었다. 불평등조약의 협상은 중국을 붕괴시키고 한 시대를 풍미한 중국의 정치가를 몰락시켰다. 이홍장은 당시 감정을 다음과 같이 토로하였다. "내 소년시절에 과거급제하고 장년이 되어 종군하였으며 중년에는 한 지방의 독무督撫가 되었고, 만년에 양무(洋務: 외국과 관련된 정치, 경제, 외교, 군사, 문화 등 업무)를 맡아 줄곧 승승장구하여 운명이 불행하지는 않았다. 스스로 돌이켜보아도 어떤 추락도 겪은 바 없었다. 그러다 공연히 중일 교섭을 맡게 되어 일생의 공적이 남김없이 사라지고 말았다. 구양수歐陽修공이 말한 바와 같이 '반평생의 명예와 절개가 후배들에 의해 완전히 무시

---

* 근대시기 중국이 아편전쟁 이후부터 1901년 「신축조약」까지 열강과 체결한 조약은 306건에 달한다. 王鐵崖編, 『中外舊約章彙編』(第一册), 北京: 生活 · 讀書 · 新知三聯書店, 1957 참고.

되었다. 시대의 상황이 그러하니 어찌해볼 도리가 없구나."[*]

이홍장에게 있어서 중외조약의 협상이 어찌 평등한 것일 수 있었겠는가? 그는 경험이 풍부한 노장으로 여러 국가 사이에서 힘겹게 대응하느라 지쳐 있었다. "국제상에서는 외교가 없고 전적으로 자립해야 한다. 예를 들어 친구라면 서로 상당하는 자격을 갖추고 내가 그에게 연락하려 할 뿐만 아니라 그 또한 나에게 연락하려 해야 비로소 교제라는 말을 쓸 수 있다. 만약에 스스로 아무런 발판이 없고 오로지 타인의 도움에만 의존하려 한다면, 아무리 하소연해도 문제 해결에 전혀 도움이 되지 않는다."[**] 량치차오가 말한 바와 같이 약소국의 자격이 일단 정해지면, 단지 "강대국들이 서로 그 약소국을 다투는 일만 남을 뿐이다."[***]

많은 법률사 연구자들에 따르면 중국인이 가장 먼저 '불평등조약'이라는 개념을 제기하였으며, 조약의 '자연적인' 평등한 속성을 부정했다. 다음은 중국인이 '불평등조약'을 지적한 몇 가지 대표적인 예들이다.

1. 1923년 1월 1일, 쑨중산이 발표한 「중국국민당선언」: "이전 청조의 전제 통치는, ……각 국가와 불평등조약을 체결하였다. 지금 청 정부는 비록 전복되었지만, 우리는 여전히 열강의 식민지 상황에 처해 있다."

2. 1924년 1월, 광저우 중국국민당 제1차 전국대표대회의 정강(政綱): "불평등조약을 폐지하고 외채를 상환한다."

3. 1924년 8월, 중국공산당이 발표한 「제4차 시국에 대한 주장」: "모든 불평등조약을 폐지하자."

---

[*] 吳永口述, 劉治襄記, 『庚子西狩叢談』(鄔琨標點), 長沙: 嶽麓書社, 1985, p.107.

[**] 위의 책, p.111.

[***] 梁啓超, 『李鴻章傳』, 北京: 中華書局, 2012, p.6.

4. 1924년 9월 18일 「중국국민당 북벌선언」: "모든 불평등조약을 새롭게 심사하여 결정한다."

이 외에도 1920년대에 중국은 장팅하오(張廷灝)의 『불평등조약 연구不平等條約的研究』(광화서국光華書局, 1927), 저우경성(周鯁生)의 『불평등조약 10강不平等條約十講』(태평양서점太平洋書店, 1929) 등과 같이 이미 불평등조약을 논한 전문서적이 출판되기도 하였다.

타이완 문화대학에서 편찬한 『중화백과전서中華百科全書』에는 불평등조약에 관해 다음과 같이 설명한다.

불평등조약은 국제관계에서 강국이 약소국을 억압하고, 평등원칙과 공정절차에 부합하지 않는 방식으로 강제로 체결한 조약이다. 국제법적으로 조약의 효력을 지니지만, 공리와 정의에 있어서는 침략적인 수단이자 부도덕한 행위이다.

우리나라는 청조 말기에 열강의 불평등조약에 의한 압박과 침해를 가장 심각하게 받은 국가이다. 불평등조약은 청조 도광 22년(1842년) 「중영난징조약」을 시작으로 신해혁명이 발발할 때까지 영국, 미국, 프랑스, 일본, 러시아, 독일, 스웨덴, 노르웨이, 덴마크, 네덜란드, 포르투갈, 에스파냐, 벨기에, 이탈리아, 페루, 브라질, 멕시코, 오스트리아 등 20여 국가들과 체결하였다.

문명시대의 조약으로 중국인들은 엄청난 고통을 받았으며, 문명시대의 조약이 결코 평등하지 않을 수 있다고 문제를 제기한 것은 중국인의 큰 공헌이었다. '불평등조약'은 후에 전문용어로서 세계역사의 특별한 기록으로 남게 되었다.

『대영백과사전*Encyclopedia Britannica*』가운데 '불평등조약(Unequal Treaty)' 항목에서는 불평등조약과 중국 역사의 특수한 관계를 명시하였는데, 그 항목은 다음과 같이 시작한다.

불평등조약은 중국 역사 중 19세기와 20세기 초에 중국이 외국 열강, 특히 영국, 프랑스, 독일, 미국, 러시아, 일본과 체결한 일련의 조약들을 가리킨다. 이들 조약은 중국을 압박하여 많은 영토와 주권상의 권리를 포기하도록 만들었다.

이외에 『막스 플랑크 국제법 백과전서*Max Planck Encyclopedia of Public International Law*』에서 앤 피터스(Anne Peters)는 "조약들(treaties)", "불평등한(unequal)"에 대해 상세하게 논하면서 마찬가지로 중국 국민당이 1920년대 초에 제기했던 그 개념을 수용하였다. 하지만 '불평등조약'이라는 개념에 대해 또다른 견해를 개략적으로 서술하기도 하였다. 국제법 문제와 관련하여 역사, 사상이론, 본질, 효력 등은 법률개념을 해석하기 위해 자주 사용하던 방법적 개념이었다.* 그러나 어찌되었든 조약은 인류 교류행위의 역사적 산물로서, 사회현실에서 벗어나 너무 단순하게 개념 자체를 논하게 되면 개념이 출현하게 된 본래의 가치를 잃어버리기 쉽다.

앤 피터스는 마지막으로 다음과 같은 관점을 제시하였다.

만약 권위적인 국제기구가 존재하지 않는 상황에서, 어떤 조약들이 공

---

* 王鐵崖, 『國際法引論』, 北京: 北京大學出版社, 1998.

공연히 불평등하다고 결정된다면, 국제조약에 대해 공평하고 합리적인 기준을 얻기 위한 시도도 실현되기 매우 어려울 것이다.

여기서는 어떤 권위적인 국제기구에 의해 조약의 공정성을 판단하기를 기대하고 있는 듯이 보인다. 하지만 이러한 국제적인 권위기구의 건립도 "실행하기 매우 어렵다"는 것은 차치하더라도, 국제조약의 공정성 문제에 있어서 조약의 문제를 조약으로 논할 수는 없다. 조약은 구체적인 국제관계의 산물이거나 혹은 국제관계의 일부분일 뿐, 그 공정성 여부는 관련된 국제관계의 전체적인 상황에 의해 결정된다. 다른 각도에서 보자면, 조약은 단지 하나의 과정의 결과이다. 만약 과정의 공정성 여부를 논하지 않고 단지 조약이 담고 있는 문자 조항의 동등성 여부만을 가지고 논한다면 결코 조약의 평등성 문제를 정확하게 설명할 수 없다.

조약은 특정 국제관계에 대한 특정한 서술이지 전체적인 서술이 아니다. 특히 조약을 사실보다 위에 군림하는 최고 규칙으로 간주할 수 없다. 우리가 여기서 논하는 문명론의 문제도 마찬가지이다. 문제의 소재는 결코 문명론 자체가 아니라 문명이라는 개념의 의의를 어떻게 볼 것인가 하는 점에 있다. 문명이라는 개념 자체는 인류 사회생활을 총괄하기 위한 진보적 표현으로서, 그것은 어떤 현실사회(국가)의 전체 행위를 대표하는 것이 아니라 단지 사회 가운데 모종의 측면을 개괄한 것에 불과하다. 이른바 문명국가도 야만적인 행위를 할 수 있으며, 문명을 구체적인 국가의 사회와 동일시할 때, 이러한 국가의 사회 속에서 낙후되고 추악한 다른 면모들은 곧 간과되거나 은폐되고 만다. 마치 8개국 연합군의 살육행위가 문명의 후광 아래 덮어져버린 것처럼.

사상이론에서는 문명가치를 국가 위에 놓을 수 있지만, 현실 속에서 국가이익은 오히려 항상 문명가치를 초월한다. 현대 주권국가 개념이 형성되던 「베스트팔렌조약」의 시대에 활동했던 독일 사상가 라이프니츠(Gottfried Wilhelm Leibniz)는 실천적인 측면에서 국가주권의 표현은 영토, 권위, 능력을 포함한다고 지적하였다. 주권국가가 일정한 범위의 영토를 구비하려면 그 통치자는 반드시 인민이 복종하는 권위를 갖추고 있어야 하며, 이 국가가 그 영토에 대해 실제적인 통제를 행할 수 있는 군사능력을 보유하고 있어야 한다. 라이프니츠는 학술이론적인 색채는 적지만 현실에 대한 관심은 매우 높다. 사람들이 "국제법 앞에서 주권국가는 일률적으로 평등하다"라는 추상적인 법칙을 주장할 때는 반드시 "현실 속의 주권국가는 결코 평등하지 않다"라는 사실을 직시할 필요가 있다.* 키신저(H. Kissinger)는 『대외교*Diplomacy*』(1994)에서 다음과 같이 말하였다. "국가이익을 지고무상한 것으로 받들고, 실력을 기초로 하는 국제사회에서 국가는 종종 어떤 것을 반드시 해야 하는지를 고려하지 않을 것이다. 대신 국가가 견지하는 입장은 단지 국가가 충분히 강대하기만 하다면, 무엇을 하든지 간에 다른 국가의 승인을 받아낼 수 있을 것이라는 점이다."**

---

* 黎英亮, 『現代國際生活的規則』, 第三章.
** 王黎, 『歐洲外交史(1494-1925)』, 天津: 天津人民出版社, 2011, p.62에서 재인용.

2장

국제법의 사상 계보
: 문야文野의 구분에서
전지구적 통치까지

리디아 류劉禾
미국 콜롬비아대학 비교문학과 사회연구소 소장,
동아시아학과 종신 인문석좌교수, 칭화대학 인문대학 겸임교수.

16세기에서 20세기까지 유럽 국제법은 기독교 민족이 전체 지구에 적용할 수 있는 질서를 창조했을 뿐만 아니라 이 질서를 대표한다고 주장해왔다. '유럽'이라는 개념은 정상적인 상태를 의미하며, 그것은 지구상 모든 비유럽 지역을 대신하여 일련의 기준을 수립하였다. 문명은 유럽문명을 가리키는 것이나 마찬가지다. 이러한 의미에서 유럽은 엄연히 세계의 중심이다. ─칼 슈미트,『전지구의 규치規治』

글로벌 히스토리의 새로운 시각에서 국제법의 사상적 기초를 새롭게 살펴봄으로써 우리는 중국과 외국의 역사에 대해 완전히 다른 인식을 얻을 수 있을까?

이것은 내가 최근 몇 년 동안 줄곧 탐색중인 문제이다.

문제의 답을 찾기 위해서 나는『제국의 담론정치帝國的話語政治』*라는

---

* 『제국의 담론정치』(生活.讀書.新知三聯書店, 2009)는 저자의 영문저서 *Clash of Empires :*

책을 완성하고 나서, 곧 근대 국제법의 사상 계보를 다시 정리하기 시작했다. 이에 대한 연구는 두 가지 측면에 대한 고려에서 시작되었는데, 하나는 글로벌 히스토리 연구에 있어서 국제법이 어떤 구체적인 의의를 지니고 있는지를 이해하고 싶었고, 다른 하나는 글로벌 히스토리의 사유가 국제법 연구에 어떤 특별한 시사점을 제공해줄 수 있는가를 알고 싶었기 때문이었다. 다년간의 독서와 사고를 통해 나는 어느 시각에서 국제법의 역사에 접근하든 사람들은 모두 하나의 명확한 문제, 즉 현대 유럽과 미국의 문명 사상이 어떻게 출현하고 전파되었는가라는 문제를 회피할 수 없다는 것을 더욱더 명확히 깨닫게 되었다. 이것은 '문명국가(civilized state 혹은 civilized nation)'라는 이 개념이 오랜 기간 근대 국제법의 중요한 문제 가운데 하나로서, 그 망령이 지금까지도 사라지지 않고 교과서에서 유엔헌장에 이르기까지 도처에 갖가지 모습으로 현신하여 설법하고 있기 때문만은 아니다. 더 중요한 것은 근대 서구로부터 수입된 문명론이 중국인 내지 동아시아 사람들의 마음속에 지워버릴 수 없을 정도로 깊이 새겨져 있기 때문이다. 비록 제2차세계대전 이후 문명담론이 한동안 침잠되기도 했지만, 냉전이 종식된 이후 그것은 다시 거의 모든 영역에서 기존의 모든 이데올로기를 초월하여 천하를 지배하는 형국을 보이고 있다.

사실 문명론이 언제 현대인의 마음을 지배하는 슈퍼 이데올로기가 아닌 적이 있었던가?

이른바 문명의 시대에 후진국가가 선진국가를 추월하여 근대화를 이루길 원하든 아니면 선진국가가 새로운 자원과 노동시장을 찾아 발전주의

The Invention of China in Modern World Making(Liu, Lydia H., Cambridge, MA, USA: Harvard University Press, 2004)의 중국어 번역본이다(이 저서의 한국어 번역본은 『충돌하는 제국』(글항아리 2016)이다 —역자 주)

이념의 확산을 강행하든, 전지구적으로 날로 확대되는 자본주의 추세에 따라 문명론 사상의 큰 파고도 사방으로 범람하여 도처에서 정치적 무의식으로 작동하면서 사람들의 마음을 지배하고 있다. 설령 오늘날의 상황에서 보더라도, 국제법을 위해서나 사상 자체를 위해서도 우리는 문명론의 역사적 계보를 반성적으로 돌이켜보지 않을 수 없다.

1. 유럽의 국제법: 문야 구분의 이유

유럽 국제법의 기원 및 그 연혁과 관련하여, 법학계 내부에서는 이미 통용되는 일정한 설명방식이 있다. 이 설명방식은 법리적이고 합리적인 듯 전혀 문제가 없어 보인다. 그러나 당대 학자들도 줄곧 '주권(sovereignty)', '정의의 전쟁(just war)', '문명국가', '자유해양설(mare liberum)' 등과 같은 법률적 개념들이 의거하고 있는 철학적 기초와 윤리의 틀이 무엇인지, 그것들이 새로운 학제적 분석의 측면에서 볼 때도 타당성을 유지할 수 있는지에 대해 의문을 제기해오고 있다. 그 가운데 내가 주목하고자 하는 문제의 초점은 다음과 같다. 만약 국제법의 원리가 단순히 추상적인 법학적 개념이 아니라 처음부터 역사적 실천에 관여하면서 직접적으로 역사를 만들어왔다면, 이러한 원리는 도대체 글로벌 히스토리의 총체적인 틀 가운데서 어떤 위치를 점하고 있는가? 그것들은 글로벌 히스토리 연구에 대해 근본적인 의의를 지니고 있는가?

이 점에 관해 우리가 유럽 국제법의 대전제, 즉 문야*의 구분에서부터

---

* 중국 한어에서 '문文'은 문화, 예절의식, 화려함, 문아함 등의 의미를 지니고 있고 '야野'

분석을 진행한다면 전체의 면모가 명확히 드러나게 될 것이다.

문야의 구분은 결코 화하인(華夏人: 고대 중국 중원 국가의 백성을 가리키던 말로 이른바 한족이 지진을 가리키는 호칭―역자 주)의 전유물이 아니다. 사실 15세기 말 지리상의 대발견 이전에 세계의 적지 않은 국가와 민족들이 자신을 세계의 중심으로 간주하고, 이민족 사람들을 야만인으로 간주하였다. 일찍이 기원전 5세기 그리스 사람들은 이민족을 barbaros(오늘날은 '야만인', '몽매자'라고 번역)라고 불렀는데*, 표면적으로 볼 때 이 barbaros라는 호칭은 스스로 높은 곳에 군림하며 이민족을 배타적으로 대하던 그리스인의 심리와 문화적 우월감을 보여주는 것으로 볼 수 있지만 이는 단지 일부 어휘나 문장의 표현에 얽매인 해석일 뿐으로 사실은 이와 다르다. 왜냐하면 barbaros의 출현은 고대의 전쟁 및 충돌과 관련이 있기 때문이다. 근래 몇몇 학자들의 연구에 따르면 페르시아와 그리스의 전쟁은 범그리스 정체성이 출현하게 된 직접적인 계기이자 원인이었으며, 그 전쟁으로 인해 그리스인과 비그리스인 사이에 생사결단의 충돌이 발생했을 뿐만 아니라 인지적 측면에서도 대립적인 개념이 출현하게 되었다.** 이러한 측면에서 중국 역대의 화이지변(華夷之辨)을 돌이켜보면, 화이지변도 수많은 전쟁,

---

는 야생의, 길들여지지 않은, 거친, 비속한 등의 의미로 쓰였지만, 량치차오가 「문야 삼단계 구분」(1899)과 「10종 덕성의 상호대립 및 추동의 의미十種德性相反相成義」(1901) 등에서 각각 'civilization/civilized'와 'barbarian/barbarous'의 번역어인 문명(文明)과 야만(野蠻)을 가리키는 개념으로 사용하였는데, 본문에서 저자도 그러한 용법을 따라 문과 야를 각각 문명과 야만에 상응하는 근대적인 개념으로 사용하고 있다. 본 역서에서는 저자의 용법을 따라 '문', '야' 혹은 '문야'로 번역한다. ―역자 주

* 고대 그리스어 'barbaros'는 다중 의성어로 구성되었으며, 발음은 알아들을 수 없는 외국어를 모방한 것이다.

** Edith Hall, *Inventing the Barbarian: Greek Self-Definition through Tragedy*, Oxford: Oxford University Press, 1989, pp.1-19.

이민족 점령 및 정권의 쇠망과 교체를 따라 부침해왔다는 점에서 그리스와 유사한 점이 있다. 하지만 고대 그리스인의 barbaros 담론과 화이지변 사이에는 근본적인 차이가 존재한다. 왜냐하면 barbaros는 외래 차용어를 통해 이후 유럽의 각 언어에서 부단히 의미변화가 이루어져 새로운 의미를 획득함으로써 점차 고대의 의미맥락에서 벗어나 그리스인의 용법과는 전혀 관계가 없는 것으로 변화하였기 때문이다.

예를 들어 유럽의 중세기에 가톨릭교도는 로마와 예루살렘을 세계의 중심으로 여겼으며, 그에 따라 그들은 이교도와 기타 종족을 모두 야만족으로 간주하였다. 지리상의 대발견 시대에 유럽의 가톨릭교도와 신교도는 모두 해외로 시선을 돌려 식민지의 비백인을 야만인이나 미개화된 사람으로 부르고, 점차 전 세계에 걸쳐 일련의 문명질서를 수립하기 시작하였다. 사실상 계몽주의 이후 고대 그리스의 문야 구분은 그 면모를 수차례 바꾸어가며 구미인을 대신하여 새로운 문명관과 보편적 담론을 만들어냈다. 현대 영어에서의 barbarian의 의미는 바로 이러한 근대사의 과정에서 획득된 것이다. 하지만 현재 거의 모든 국제법 경전과 중요한 국제적 규약—다음에서 논하는 유엔의 『국세사법새판소법규Statutes of the International Court of Justice』 제38조 (1)c와 같이—은 모두 직접적이든 은연중이든 이러한 근대 문명사의 담론에 경의를 표하고 있다. 이에 비해 화이지변의 담론은 이미 일찍이 소멸되었을 뿐만 아니라 현대 국제관계에서 어떠한 발언권을 행사할 기회조차 가져본 적이 없다. 동아시아 세계 내부에서조차도 화이지변의 보편성은 이미 유럽과 미국 문명론의 보편성에 의해 완전히 대체되었다.

전지구의 근대사를 추소해보면 유럽인의 문명등급론이 점차 모든 주권국가의 공통인식으로 변모해왔음을 알 수 있다. 이 과정은 19세기에 완성되었으며 현대 국제법학 이론 가운데 '주권국가'는 종종 '문명국가'의 다른 이름에 지나지 않는다. 독일의 정치철학자이자 법학이론가인 칼 슈미트는 이 문제에 대해 전혀 숨김없이 다음과 같이 말하였다. "16세기에서 20세기까지 유럽 국제법은 기독교 민족이 전체 지구에 적용할 수 있는 질서를 창조했을 뿐만 아니라 이 질서를 대표한다고 주장해왔다. '유럽'이라는 개념은 정상적인 상태를 의미하며, 그것은 지구상 모든 비유럽 지역을 대신하여 일련의 기준을 수립하였다. **문명**은 **유럽**문명을 가리키는 것이나 마찬가지다. 이러한 의미에서 유럽은 엄연히 세계의 중심이다."[*] 엄격히 말해, 국제법이 수립한 '질서'와 '표준'으로 보자면, 유럽중심주의와 화하중심주의는 동시에 함께 논할 수 없으며, 심지어 양자 사이의 비교 가능성조차도 견강부회에 가깝다. 왜냐하면 현대 유럽인이 자신을 세계의 중심으로 간주하는 것은 단순한 희망사항도 아니고, 또 천하의 군주로서 만국의 내조(來朝)를 받는 그런 태도를 보이는 것도 아니기 때문이다. 유럽인은 매우 실용적이어서 세계 각처를 탐험했을 뿐만 아니라 지리상의 대발견 시기부터 자오선으로 각자의 세력범위를 나누고 지구상의 육지와 해양에 대한 식민 '규치'의 시행을 사전에 준비하였다.

구체적으로 말하자면, 1494년과 1529년 사이에 유럽인의 세계지도에는 두 개의 유명한 자오선이 출현하였는데, 하나의 선은 대서양 아조레스(Azores)제도와 카보베르데(Cape Verde)제도 서쪽에 위치해 있고, 다른 하나의 선은 태평양의 몰루카(Moluccas)제도 동쪽(이전에는 남양南洋이라고 부름)에 위치해 있다. 남북극을 관통하는 이 두 선이 의미하는 것은 무엇인가? 그것은 대서양 분계선 서쪽에서부터 태평양 분계선 동쪽까지의 지구

---

[*] Carl Schmitt, *The Nomos of the Earth*, translated and annotated by G. L. Ulmen Candor, NY: Telos Press Publishing, 2006. 슈미트의 저서에 대한 인용문은 모두 영문 번역본을 따랐다.

절반은 에스파냐왕국에 속하고, 대서양 분계선 동쪽에서부터 태평양 분계선 서쪽까지의 또다른 절반은 포르투갈왕국에 속한다는 의미였다. 유럽 탐험가들이 교화되지 않은 지역 혹은 무주지(terra nullius)를 발견했을 때, 그들은 반드시 이 두 분계선에 의거하여 누가 그곳의 자원과 토지를 합법적으로 점령하거나 개척해야 하는지를 정해야만 했다. 이러한 세계지도는 아시아와 명왕조의 중국도 포르투갈인의 세력범위에 내에 포함시켰으며, 아메리카와 태평양의 대부분 섬들은 에스파냐인에게 귀속시켰다. 다음 분석에서 볼 수 있는 바와 같이, 현대 유럽인의 문명관은 콜럼버스의 신대륙 발견 이래 식민지 탐험에서 비롯되었다. 그때부터 문야의 구분은 곧 국제성과 불가분의 관계를 맺기 시작하였다.

슈미트가 **문명은 곧 유럽문명**을 가리킨다고 진솔하게 지적한 말은 매우 의미심장하다. 이 말에서 중요한 점은 유럽인이 비유럽인에 대해 군림한다거나 실제로 혹은 상상적인 우월감을 지니고 있다는 것이 아니라 그들이 체계적이고 정확하며 **한 치의 양보도 없이** 지구상에 일련의 공간질서를 수립하여 모든 교화되지 않은 지역과 사람들을 **유럽문명의 범주**에 귀속시켰다는 것이다. **문명은 유럽문명**을 가리킨다는 말은 중국인에게 있어 다소 자극적으로 들리겠지만, 그것이 토로하는 바는 결코 학자 슈미트 본인의 유럽중심주의가 아니라 그가 앞장서서 총결하여 제시한 유럽인의 문명관이다. 사실 이러한 의미에서 문야의 구분은 일찍이 1840년 중영 아편전쟁 전에 이미 구체화되었다. 나는 『제국의 담론정치』에서 일찍이 영국인이 18세기 후기부터, 즉 매카트니 사절단(The Macartney Mission)의 중국 방문 이전부터 바로 이른바 '지나인'(영어 Chinese의 본래 의미)을 '미개화' 혹은 '몽매한' 사람이라는 의미인 barbarians로 불렀다고 지적한 바 있다.* 그 이후 100년의 기간 동안 '지나인'의 정체성은 줄곧 '미개화'와 '반개화'의 문명등급 사이에서 동요하였다.

19세기 초, 유럽과 미국의 국제법 교과서에서 세계문명의 등급에 대해 명확히 규정한 이후, 다음과 같은 공통인식 즉 유럽과 미국은 문명 주권국가이며 이 점은 결코 양보할 수 없다는 인식이 더욱더 강화되었다. 전체 문명등급의 순위를 보면, 서유럽 국가가 문명의 정점에 있고, 지나나(China, '중국'에 대한 서구의 호칭), 일본, 한국, 오스만제국 등은 반개화(half-civilized)의 사회형태로 분류되었다. 이러한 반개화사회는 때때로 더 낮은 등급인 몽매 혹은 미개화 집단(barbarian)에 포함되기도 하였다. 한편 가장 낮은 문명등급은 야만인(savage)으로서, 여기에는 아프리카, 오스트레일리아 원주민 및 아메리카 인디언 등 유색인종이 포함되었다.** 글로벌 히스토리 학자인 마크 마조워(Mark Mazower)는 이에 대해 다음과 같이 결론을 내렸다.

> 빅토리아시대의 국제법은 문명의 기준에 의거하여 세계를 구분하였다. 유럽의 내부—및 유럽인이 장악하고 있는 세계의 기타 지역—는 문명 생활이 펼쳐지고 있는 영역으로, 여기에서는—대략적으로 말하자면— 다음과 같은 특성, 즉 재산권, 법전 혹은 헌법에 기초한 법제, 영토에 대한 국가의 효과적 관리, 상비군을 동원한 전쟁수행, 사상과 신앙의 자

---

* 본 논문 제4절 참고.
** 여기서 잠시 보충 설명할 것은 영어 barbarian의 중국어 번역이 19세기에 자주 savage의 번역어와 혼용되어 모두 '야만인'으로 번역되었다는 점이다. 청말 선교사가 출판한 번역문에서는 주로 barbarian을 중국어 '未開化(미개화)' 혹은 '不開化(불개화)'로 번역하였다. 1858년 중영 「톈진조약天津條約」 제51항에서 barbarian을 이(夷)의 영어 번역어로 규정하였는데, 이후 『사해辭海』와 같은 중영사전에서는 또 barbarian을 '야만인'으로 번역하였다. 이 모든 것은 대체로 중영 「톈진조약」이 체결되던 무렵의 해석에서 기원한다. 이에 대한 보다 상세한 연구의 분석에 대해서는 필자의 『충돌하는 제국』 제2장 참고.

유를 포함하고 있다. 이 지역에서 국제법의 주요 임무는 주권국가 간의 분쟁을 해결하는 것이었다. 국가의 주권보다 더 존엄한 주권은 없기 때문이다. 위 지역을 제외한 기타 지역에서 국제법의 임무는 어떤 지역이 (유럽인)에 의해 완전한 주권 혹은 부분적인 주권을 부여받을 자격이 있는가를 논증하는 것이었다.[*]

어디 그뿐인가? 널리 알려진 『만국공법』(미국인 휘트니의 『국제법 원리Ele-ments of International Law』의 중국어 번역본)과 청말 정치지리학 교과서의 번역, 그리고 그것들의 동아시아 지역에서의 광범한 전파도 제2차아편전쟁 이후에 출현하였는데, 동아시아 유신인사들이 유럽과 미국 문명론의 등급관을 널리 받아들이기 시작한 것도 바로 제2차아편전쟁 이후였다. 이 두 가지 사건의 동시적인 진행은 결코 우연이 아니다. 일본의 메이지유신 시기 후쿠자와 유키치가 편찬한 『문명론의 개략』, 청일전쟁 이후 캉유웨이가 발표한 『대동서』는 모두 문명등급 담론을 집대성한 것이다. 그때부터 많은 청말 유신인사들은 유럽과 미국인의 문명등급론을 배척하기는커녕 오히려 스스로가 반개화민족임을 기꺼이 인정하고, 문명국가의 행렬에 가입하는 것을 자신의 근대화를 실현하기 위한 긴급한 목표라고 보았다.[**]

---

[*] Mark Mazower, "The End of Civilization and the Rise of Human Rights: the Mid-Twentieth-Century Disjunction", in Stefan-Ludwig Hoffmann, ed., Human Rights in the Twentieth Century (Cambridge: Cambridge University Press, 2011), p.34.

[**] 본서의 저자들은 청말 유신인물들의 문명관에 대해 각자 서로 다른 측면에서 상세한 정리와 논증을 하고 있다. 본서 가운데 량잔 「문명, 이성과 종족개량: 대동세계의 구상」, 청웨이의 「언어등급과 청말 민초의 '한자혁명'」, 쑹사오펑의 「'서구 거울'에 비친 중국 여성」, 자오징화의 「후쿠자와 유키치 '문명론'의 등급구조와 그 원류」, 그리고 궈솽린의 「근대 편역으로부터 본 서학동점: 지리 교과서를 중심으로」 참고.

메이지유신 시기 일본과 청말 중국의 각계 인사들이 유럽과 미국 문명론을 허심탄회하게 받아들인 데에는 부국강병과 관련된 주요한 이유가 있었으며, 그 가운데 일부 이유는 후대인인 우리가 동정하고 충분히 이해할 만하다. 만약 원하기만 한다면, 우리는 이러한 동정과 이해를 인도, 오스만 제국, 라틴아메리카, 아프리카 및 유럽과 미국 문명등급론을 허심탄회하게 수용한 모든 집단들에게까지 확장할 수 있다. 하지만 이것은 본 연구의 주요 내용이 아니다. 또 문명론의 진위 역시 본 연구의 핵심 요지가 아니다. 왜냐하면 이러한 비역사적인 가치판단은 담론실천에 대한 우리의 역사적 고찰을 대신할 수 없기 때문이다. 그뿐만 아니라 본 연구에서 논하고자 하는 것은 결코 문명 사이에 새롭게 그 등급을 정하는 것도 아니다. 이러한 비교 자체가 바로 문명등급론이 설정한 함정이며, 연구자들은 더이상 그러한 절차를 반복하며 그것의 제한적인 역사시각에 의해 계속해서 호도되어서는 안 된다. 간단히 말하자면 본 연구의 과제는 문명론의 담론실천에 대해 역사적인 혹은 글로벌 히스토리적인 고찰을 진행하고 아울러 국제법의 사상적 원천이 지니고 있는 문제에 대해 다시 성찰하는 것이다. 따라서 주로 논하고자 하는 핵심 문제는 근대 동아시아에서 서학의 수용방법 혹은 근대문명의 전파방식이 아니라, 국제법 연구에서의 다음과 같은 근본적인 문제이다. 즉 왜 유럽 국제법은 스스로를 합리화하기 위해 반드시 신학, 정치경제학, 인류학 등과 같은 법학의 외적인 부분으로부터 '문야 구분'의 근거를 끌어들여야만 했는가? 동시에 그것은 또 어떻게 순환논증의 논리에 의거하여 국제법 자체를 새로운 '문야 구분'의 근거가 되게 하였는가?

바로 이 점이 본 연구에서 논하고자 하는 중심 문제이자, 국제법 영역의 모든 연구자들이 회피할 수 없는 근본 문제이다.

2. 지리상의 대발견에서 전지구의 '규치'까지

일찍이 반세기 이전, 칼 슈미트는 이미 상술한 문제의 중요성을 의식하고 있었다. 그는 말년에 쓴 『전지구의 규치―유럽공법의 국제법*Der Nomos der Erde im Völkerrecht des Jus Publicum Europaeum*』(1950)에서 유럽 국제법의 기원에 대해 체계적으로 분석하였는데, 그 엄밀한 분석과 심도 있는 견해에 비추어 볼 때 과거 수십 년간 나온 국제법 연구 가운데 가장 독창적이고 사상적 깊이를 갖춘 저작이라고 할 수 있다. 슈미트의 연구는 하나의 명확한 특징을 지닌다. 그는 국제법 본연의 법리적 논리에 구애받지 않고 항상 지리학, 역사학, 정치학 등과 같은 각 학문분야를 동시에 주목한다. 특히 오늘날 학자들이 경탄하는 바는 슈미트의 분석에는 모종의 글로벌 히스토리적 시각이 함축되어 있다는 점이며, 이는 유럽 법학자들 가운데 매우 보기 드문 현상일 뿐만 아니라 오늘날도 그러한 법학자는 많지 않다. 사상적 시각이 이렇게 폭넓다보니 슈미트는 문야 구분 문제 또한 피해 갈 수 없었다. 아니, 그가 이 문제를 단지 회피할 수 없었다기보다는 오히려 특별히 주목하고 있음을 보여준다.

그렇다면 슈미트는 결국 유럽 국제법 가운데 문야의 구분을 어떻게 이해했는가?

우선 그는 현대 국제법의 모든 문제가 유럽인이 전지구에 대해 '규치(規治, nomos)'를 실시하는 과정에서 비롯되었다고 보았다. 즉 모든 것은 **지구공간** 개척과 정복을 둘러싸고 발생했다는 것이다.* 콜럼버스의 신대륙 발

---

* Carl Schmitt, *The Nomos of the Earth*, translated and annotated by G. L. Ulmen (Candor, NY: Telos Press Publishing, 2006), p.70. 인용문은 모두 영문 번역서에 근거함. 원저는 독일어로 되어 있지만, 제2차세계대전 이후 독일의 수많은 도서관이 폐쇄되었기

견, 에스파냐인의 아메리카 대륙으로의 식민이든 아니면 포르투갈인, 네덜란드인, 프랑스인 혹은 영국인의 해상패권을 둘러싼 쟁탈전이든, 근대 유럽인에게 있어서 문제의 핵심은 어떻게 '토지를 약탈하느냐'(독일어: Land-nahme)하는 것이었다.* 법률계 용어를 빌려 표현하자면, 그것은 바로 유럽인이 어떤 상황에서 타인의 토지를 약탈하는 것이 합법적인가, 그리고 어떤 상황에서의 토지 약탈이 비합법적인가 하는 것이었다. 15세기 말 지리상의 대발견으로 인해 해외에서의 토지 약탈 문제가 유럽인―그리고 그들 사이의 세력범위 구분―에게 새로운 법리적인 난제를 제기했으며, 지구 해양의 귀속조차도 반드시 전쟁 혹은 국제조약을 통해서만 비로소 해결할 수 있는 문제가 되었다. 누가 해상의 패권을 장악하든, 선후로 연이어 부상한 유럽 강권은 모두 다음과 같은 문제에 직면하지 않을 수 없었다. 즉 유럽 국가는 어떻게 지구 육지상의 세력범위를 구분할 것인가? 어떻게 해양 통제권을 둘러싼 세력범위를 정할 것인가? 슈미트의 시각에서 볼 때 이것이 바로 이른바 지리상의 대발견이 지니는 진정한 의미이자 현대 국제법의 실제 동력이었다.**

지구에 대한 유럽인의 '규치'가 무엇인가에 대한 이해를 돕기 위해, 슈

때문에 슈미트는 모든 1차 자료(연대 등)를 확인할 기회가 없었다. 하지만 원저 중의 수많은 오류는 영문 번역본에서 수정되었기 때문에, 독일어 원저를 참고하는 독자도 영문 번역본을 대조해볼 필요가 있다.

* 영문의 역자는 때때로 land appropriation(토지 전유)이라는 표현을 사용하는데, 이 표현은 슈미트가 사용한 Landnahme라는 어휘에 대한 번역이다. 하지만 영문에서의 이러한 번역은 독일어 Landnahme가 직설적으로 표현하는 토지의 약탈(land taking)과 정복(conquest)이라는 의미를 오히려 제대로 드러내지 못하고 있다. 따라서 본문에서는 일률적으로 Landnahme를 '토지를 약탈하다攫取土地'라는 의미로 번역한다.

** 지리상의 대발견에 관한 연구는 본서 탕샤오펑의 「지리상의 대발견, 문명론, 국가경계」 췹고.

미트는 그리스어인 노모스(nomos)의 고대 의미를 다시 해석하였다.

> nomos는 nemein에서 기원하였는데, nemein는 두 가지 의미를 지니고
> 있다. 하나는 '나누다'이고 다른 하나는 '방목하다'이다. 이로부터 보건
> 대, nomos는 어떤 족군의 정치적이고 사회적인 질서가 공간적으로 가
> 시화되는 직접적인 형식이다. 그것이 의미하는 바는 방목장에 대한 최
> 초의 측량과 구분으로서, 그것은 바로 '토지 약탈'의 본래 의미이자 그
> 가운데 함축되고 또 그것으로부터 파생된 구체적 질서이다. 칸트의 말
> 을 빌리자면, 바로 "너와 나 가운데 누구에게 귀속되는가"를 정하는
> 분배법칙이며, 더 구체적인 표현을 보여주는 영어 개념으로 말하자면
> 바로 'radical title'(토지의 절대적 소유권)이다. nomos는 인간이 모종의
> 질서에 의거하여 토지를 나누고 배치하기 위해 사용하는 측량 수단임
> 과 동시에 또 이를 통해 확립된 정치질서, 사회질서와 종교질서의 형
> 식이다.*

그렇다면 우리가 nomos라는 개념을 어떻게 이해하고 번역하느냐 하
는 것은 매우 중요한 문제가 된다. 슈미트는 이 단어를 간단히 독일어의
Gesetz(법률)로 번역해서는 안 된다고 강조하였다. 중국어의 '법률' 혹은
'법' 등 개념으로 nomos의 의미를 개괄하는 것도 마찬가지로 그 의미를
곡해할 수 있다. 중국어의 '분치(分治, 나누어 다스리다)'가 오히려 그 본래 의
미에 가깝지만, 오해를 피하기 위해 그리고 또 슈미트가 말한 측정과 통치

---

* Carl Schmitt, *The Nomos of the Earth*, translated and annotated by G. L. Ulmen
(Candor, NY: Telos Press Publishing, 2006), p.70.

사이의 내재적 연관을 부각시키기 위해, 나는 신조어인 '규치'로써 nomos의 '나누다/측정하다[規]'*와 '통치[治]'라는 이중적인 함의를 표현하고자 한다.** 슈미트는 줄곧 정치와 통치의 수단은 근본이며, 법률은 정치와 통치의 필요에 종속된다고 강조하였다. 다시 말하면, 정치와 통치가 근본이라면 상대적으로 법률은 지엽적인 말단에 속해야 하며, 이 문제에 있어서 결코 본말이 전도되어서는 안 된다. 그렇지 않으며 국제법 역사에 대한 우리의 해석은 끝내 유럽과 미국이 전체 지구를 통치하는 것에 대한 합법적 서사에 부화뇌동하고 아울러 학술적으로 이러한 정치 의지를 다시 합법화

---

* 고대 한자어 '규規'는 '그림쇠', '컴퍼스', '반듯한 원을 그리다'라는 의미에서 '규범', '규칙', '법도' 등의 의미로 확대되었다. 그러나 고대의 '규'의 기본적인 의미에서 주목할 것은 '원을 그리다'와 이와 연관된 사회적 행위 중 '토지를 구획하여 점유하다'라는 의미이다. 예를 들어 『국어 · 주어중國語 · 周語中』에는 "옛적 선왕이 천하를 다스릴 때에 사방 천리를 획정하여 전복(甸服: 기내畿內의 땅으로 왕이 직접 곡물을 세금으로 취하던 지방)으로 삼았다昔我先王之有天下也, 規方千里, 以爲甸服"고 하였다. 이와 같이 주(周)시대에 토지 등급구분과 관련하여 사용되던 '규전規田'도 바로 그러한 용례이다. 류허는 이러한 '규'의 의미가 그리스어 nomos의 '땅을 나누다'라는 의미를 담고 있을 뿐만 아니라 이후 의미 변화 과정에서 동일하게 규범, 법도 등 사회적 질서나 통치규범으로 확대되어간 특징에 주목한 것으로 보인다. 따라서 본 번역서에서는 저자의 의도를 최대한 반영하여 이를 하나의 새로운 개념으로서 중국어 한자 표현인 '규치'를 그대로 사용하고자 한다. 또 중국어 원문에서는 이 신조어에 대해 따옴표로 강조하기도 하고 또 강조표시 없이 사용하기도 하지만, 본 역서에는 그 개념의 생소함을 고려하여 모두 따옴표로 부각시켰으며, 저자의 강조가 있는 경우는 굵은 글씨체로서 이중으로 강조하여 구분했다. ―역자 주

** 이 어휘는 발음이 동일한 '규제規制'('規制'와 '規治'의 중국어 발음은 모두 '구이즈'로 동일하다―역자)와 혼동하기 쉽다. 그러나 두 개념은 완전히 다르며, 혼동을 피하기 위해 보충설명하면 다음과 같다. 즉 '규제'는 현대 한어에서 자주 쓰이는, 일본어로부터 번역된 한자어이다. 즉 일본인이 영어의 동사 regulate(규정하다, 통제하다)를 번역할 때 한자를 사용하여 새로 만든 단어이며, 그 뜻은 대체로 '제약하다' 혹은 '반듯하게 정리하다'이다. 여기서 영어 regulate의 단어 의미는 슈미트의 문장 중 그리스어 nomos('측량'이라는 의미에 '통치하다'가 덧붙여진 의미)와는 전혀 무관하다. 따라서 이 두 한어 '규치'와 '규제'는 동음이의어이기는 하지만 엄밀히 구분해서 사용해야 한다.

할 뿐이다.

유럽 국제법 역사에 대한 슈미트의 재해석은 '규치'의 개념을 중심으로 삼고 있다. 이어 살펴볼 문제는 슈미트가 왜 특별히 **측량수단**과 정치 혹은 사회질서의 관계를 강조했는가 하는 점이다. 우선 우리는 슈미트가 말한 **측량수단**을 곧바로 하나의 은유로만 간주할 수 없다. 왜냐하면 '규치'의 기초는 물리적 공간의 개념으로서 일부 사람들이 기술적으로 지구의 토지와 기타 공간을 약탈한 방법과 연관이 있을 뿐만 아니라, 그 가운데는 지구상의 강권이 더 나아가 우주를 점령하는 것과 같은 미래의 가능성도 함축하고 있기 때문이다.

계몽주의 및 세속화 이전의 유럽과 대조해보면 '규치'의 함의는 더욱 잘 설명될 수 있다. 이전에 유럽인의 '규치'의 대상은 단지 국왕 내부의 봉건 영지 혹은 국왕과 국왕 사이의 영토분쟁에 국한되어 있었다. 그러나 아메리카 신대륙 발견으로 유럽인은 시선을 전지구로 확대하여 점차 지구 자체에 대해서—단순히 유럽 국가의 강역 내부에 대해서만이 아니라—분할과 점령을 진행하였다. 또 계몽주의의 영향으로 유럽인은 더욱 적극적으로 전지구의 질서 건립에 힘쓰게 되었고, 그에 부응하여 국제법이 전지구의 질서를 규범화하는 도구 가운데 하나로 출현하게 되었다. 이로부터 알 수 있듯이, 슈미트가 대면한 것은 '전체 지구' 혹은 '지구'이지 결코 일반적인 의미에서의 '대지'가 아니다. 이외에, 지구에 대한 유럽인의 '규치'는 '해양의 약탈'(독일어로 Seenahme)이라는 측면을 지니고 있는데, 슈미트가 서술한 중점 가운데 하나가 바로 유럽 열강에 의한 해양세력의 분할과 쟁탈이었다. 이상의 이유로 인해, 슈미트의 저서명 가운데 독일어 die Erde는 '대지' 혹은 '토지'가 아니라 '지구 전체(전지구)'로 번역되어야 한다.*

푸코는 일찍이 유럽의 계몽주의에 대해 중요한 분석을 진행한 바 있다.

그에 따르면 계몽주의는 유럽인들 가운데서 일종의 새로운 '국가이성'이 생성되도록 촉진시켰는데, '국가이성'의 중요한 특징은 바로 통치기술에 대한 강조였다. 그 이후로 유럽 국가는 인구, 출생률, 재화, 생산자원 등 사회생활의 여러 방면에 대해 이성적인 계획과 통치를 실행하였다.[**] 이러한 분석은 다양한 측면에서 시사해주는 바가 많지만, 나는 푸코의 분석을 전지구의 '규치'라는 관점에서 사유해도 무방하다고 생각한다. 즉 관점을 바꾸어서, 글로벌 히스토리의 시각에서 푸코가 묘사하고 설명한 현상을 새롭게 관찰한다면 이른바 '국가이성'과 통계기술도 동시에 반드시 슈미트가 말한 전지구의 '규치'에 종속되어야 한다. 왜 그러한가? 유럽인의 '측량수단' 및 '국가이성'은 그들이 해외에서 식민지를 개척하는 과정과 불가분의 관계가 있으며, 더욱이 그들이 유럽의 '미교화 지역' 및 '무주 황무지'에서 문명국가 간의 분쟁을 해결하려고 했던 것과 밀접한 연관이 있기 때문이

---

[*] 지금까지 중국학계에서 사용한 번역방법은 거의 모두 '大地法(대지법)'이었다. 이러한 번역어는 매우 이상하다. 왜냐하면 그것은 Der Nomos der Erde의 의미를 나타낼 수 없기 때문이다. 글자의 액면으로 보면, 독일어 사전에서 die Erde는 다의어로서 '지구', '대지' 등 많은 의미를 지니고 있다. 그러나 슈미트의 개념을 '대지'로 해석하는 것은 완전히 왜곡된 번역이다. 이는 마치 우리가 영한자전을 빌려서 '지구'의 개념을 임의로 '대지의 둥근 것 [球]'('해양'을 제외하고)으로 번역하는 것처럼 황당하기 그지없다. 따라서 '大地法'이라는 번역은 사전만 보고 행한 임의적인 번역이지 슈미트 저작에 대한 독해와 이해에 근거한 것이 아니다. 이와 비교하여, 영어 번역서의 제목인 The Nomos of the Earth는 오히려 정확하다고 할 수 있다. 가령 영문 번역자가 사전을 보고 곧 서명을 The Nomos of Earth라고 했다면, 그것은 단지 영문 번역자가 정관사 the의 용법을 이해하지 못했음을 의미한다. 왜냐하면 정관사 the를 붙인 the earth가 바로 '지구'를 나타내는 특정 개념인 반면, 정관사 the를 붙이지 않은 earth는 '대지' 혹은 '토지'를 의미하기 때문이다. 비록 한 글자 차이일 뿐이지만 그 의미는 가히 천양지차라고 할 수 있다. 어법에 대해서는 논외로 하더라도, 슈미트의 저서에서 지구의 자오선, 해양법 및 대서양과 태평양에 관한 서술이 수없이 반복되어 출현하는데, 중문역자는 이에 대해 특별히 유의할 필요가 있다. 슈미트가 보았던 것은 '대지'가 아니라 (행성의 의미에서) '지구 전체'를 전망하는 것이었다.

[**] 본서 중 량잔이 「문명, 이성과 종족개량' 대동세계의 구상」 가운데 관련 서술 참고.

다. 이러한 분석시각은 동시에 유럽의 만민법이 그러한 상황에 부응하여 출현하였으며, 나아가 결국에는 전지구의 '**규치**'의 중요한 수단 가운데 하나가 된 이유를 효과적으로 설명해줄 수 있다.

그럼 먼저 국제법의 토대를 마련한 비토리아(Francisco de Vitoria, 1492-1546)가 당시에 왜 ius gentium 혹은 만민법—국제법의 전신—의 기본원리를 새롭게 발명했는지 살펴보도록 하자.* 에스파냐 신학자인 비토리아는 당시 긴급히 해결해야 할 문제를 안고 있었는데, 이 문제는 에스파냐인이 인디언의 토지를 약탈하는 과정에서 발생한 일련의 분규에서 비롯된 것이었다. 슈미트는 비토리아의 법학개념을 새롭게 해석하고, 유럽인이 아메리카 인디언 토지를 점령한 사건이야말로 비토리아와 그를 핵심으로 한 살라망카학파(the School of Salamanca)가 '주권'이 무엇이고, '자연권'이 무엇이며, '정의의 전쟁'이 무엇인지 등의 문제에 관해 이론적인 측면에서 창조적인 발명을 하게 된 직접적인 계기였다고 지적하였다. 살라망카학파가 창조한 만민법 원리는 후에 국제법의 기본원리로 확립되었으며, 휘호 흐로티위스(Hugo Grotius, 1583-1645), 사무엘 푸펜도르프(Samuel Pufendorf, 1632-1694) 등 법학자의 발전과 보완을 거쳐 최종적으로 유럽인이 인정한 근대 국제법의 전통을 형성하였다. 16세기 말부터 17세기에, 네덜란드인은 포르

---

* 라틴어 ius gentium 또는 jus gentium의 영어 번역은 'the law of nations'이며, 일반적인 중문 번역은 '萬民法(만민법)'이다. 나는 여기서 이러한 번역어를 그대로 따르고자 한다. 다만 의미상 차이가 발생할 경우에는 ius gentium를 기준으로 삼아야 한다. '國際法(국제법)'이라는 단어는 'international law'에 대한 번역어이다. 비교적 늦게 출현한 이 영어 단어는 영국의 사상가 제러미 벤담(Jeremy Bentham)에게까지 추소할 수 있다. 벤담은 1789년에 출판한 *Introduction to the Principles of Morals and Legislation*(『도덕과 입법 원리 서설』)이라는 책에서 처음으로 'international law'라는 개념을 제기하였다. M. W. Janis, "Jeremy Bentham and the Fashioning of 'International Law'", *The American Journal of International Law*, Vol.78, No.2(Apr., 1984), pp.405-418 참고.

투갈인이 남양군도(유럽인은 '동인도'라고 부름)에서의 무역과 항해를 독점하는 것에 전면적으로 도전하기 시작하였다. 법학자 그로티우스는 네덜란드 동인도회사의 지지하에 네덜란드인과 포르투갈인 사이의 분쟁에 개입하였는데, 그의 주장은 비토리아의 만민법 원리에서 더 나아가 근대 유럽 국제법의 이론적 기초를 마련하였다. 슈미트에 의하면 그로티우스의 자유해양설에 의해 해양에 대한 유럽인의 통제—'해양 약탈'—가 처음으로 전지구적인 '규치'라는 의사일정으로 오르게 되었다.

비토리아는 바로 콜럼버스가 예기치 않게 신대륙을 발견한 해인 1492년에 출생하였다. 그후 곧(1493년 5월 4일) 로마 교황 알렉산더 6세가 조서를 발표하여 세계지도에 분계선(rayas)을 그었는데, 이것이 바로 유명한 교황 자오선이다.* 이 분계선은 위로는 북극, 아래로는 남극에 이르며, 아조레스제도와 카보베르데제도로부터 서쪽 100레구아를 기준으로 그 서쪽 및 남쪽의 영토를 모두 에스파냐에 귀속시켰다. 그 가운데는 서인도와 당시 아직 발견되지 않은 모든 영토와 도서(島嶼) 지역이 포함되어 있었다.** 이러한 분할은 포르투갈의 해외확장에 있어서 명확히 불리한 것이었다. 1494년 6월 7일 포르투갈은 에스파냐와 세계를 분할하는 「토르데시야스 조약」을 체결하여 양국이 공동으로 기독교 유럽 이외의 세계를 통치하기로 결정하였다. 양국이 세계를 분할하는 방식은 대서양의 중간 지역에 대체로 교황의 자오선과 평행한 분계선을 다시 새롭게 확정하는 것이었다. 당

---

* 슈미트는 『전지구의 규치』에서 알렉산더 6세가 조서를 반포한 시기를 1494년 5월 4일이라고 보았는데, 이는 오류이다.
** 1레구아(해리nautical league를 나타냄)는 대략 5.926km이다. Roland Charon, "The Linear League in North America", *Annals of the Association of American Geographers* 70(1980): p.129-153 참고.

시에는 경도선을 측정할 수 없었지만, 이 선은 현재 그리니치에서 서쪽으로 48도와 49도 사이에 위치해 있었다(본서 황사오평의 「지리상의 발견, 문명론, 국가경계」 중 [그림1] 참고). 그리고 조약에서는 카보베르데제도로부터 서쪽 370레구아 지역을 기준으로 서쪽의 세계는 에스파냐에, 그리고 그 동쪽—인도양을 포함하여—은 포르투갈에 귀속시켰다.

에스파냐와 포르투갈 양국은 후에 대규모 향료 생산지인 남양군도 몰루카를 차지하기 위해 전지구적인 세계범위의 분계선을 다시 수정할 수밖에 없었다. 그들은 1529년에 「사라고사조약」(Treaty of Zaragossa 또는 Treaty of Saragossa라고 부름)을 체결하고 지구의 또다른 분계선을 태평양 몰루카제도 동쪽의 297.5레구아 지점, 즉 현재의 기준으로 말하자면 그리니치 동경 135도 지점을 기준으로 확정하였다. 이 태평양 분계선은 의미심장하다. 그 서쪽의 모든 지역, 중국과 아시아 및 주변의 도서를 포함하는 모든 지역이 포르투갈 관할 범위에 귀속되고, 태평양 분계선 동쪽의 모든 지역과 도서들이 에스파냐에 귀속되었기 때문이다.* 필리핀은 비록 태평양 분계선의 서쪽에 위치하여 포르투갈의 세력범위에 속해 있었지만, 여러 역사적인 이유로 에스파냐는 1559년에 필리핀제도를 성공적으로 식민지화하였다. 지리상의 대발견과 전지구적인 노예무역은 거의 처음부터 동시에 진행되었다. 대서양을 횡단한 최초의 노예무역은 콜럼버스가 직접 주도하였는데, 1495년 그는 아메리카로부터 500명의 노예를 에스파냐로 운송해왔다. 이들 인디언 노예는 모두 아메리카 카리브해의 섬에서 데려온 것이었다.** 이

---

* 명대에는 포르투갈을 '大西洋國(대서양국)'이라고 불렀는데, 이 호칭이 「토르데시야스조약」 이후 포르투갈인 자신의 위치정립에 기인한 것인지, 즉 그늘이 에스파냐와 대서양의 세력범위를 균분한 것과 관계가 있는지에 대해서는 더 고증이 필요하다.

** William D. Phillips, Jr., " Columbus, Christopher" in Paul Finkelman and Joseph C.

와 동시에 포르투갈인도 북아프리카와 인도양 일대에서 대대적으로 노예 무역에 종사하였다. 「사라고사조약」의 시각에서 볼 때, 남양해역과 명대 중국이 포르투갈인의 세력범위에 속하는 이상, 포르투갈인이 국제무역과 노역무역을 명의 연해안에까지 확장하는 것은 당연한 결과였다. 명조 정덕(正德) 황제의 조정은 당시 에스파냐와 포르투갈이 체결한 세계분할을 위한 협정을 이해하지 못했지만(당시 유럽의 많은 왕국들도 마찬가지로 그러한 협정을 정확히 이해하지 못했다), 명나라 사람과 서방으로부터 와서 '동아시아'를 발견한 포르투갈인은 결코 접촉이 적지 않았으며, 심지어는 군사적인 충돌이 발생하기도 하였다.

현재까지 남아 있는 기록에 의하면, 가장 일찍이 중국에 도착한 포르투갈인은 페르낭 피르스 지안드라지(Fernão Pires de Andrade)였는데, 그는 1517년 함대를 이끌고 광둥 연해에 도착하여 포르투갈 국왕 마누엘 1세를 대표하여 명조와의 직접적인 무역거래를 모색하였다. 그로부터 얼마 후, 그의 동생 시망 지안드라지(Simão de Andrade)가 광둥 연해안 지역에서 문제를 일으키기 시작했다. 그는 아동을 납치하고 중국인을 해외에 노예로 판매하여 광둥 민중들의 큰 분노를 샀다. 이에 어사 하별(何鼇)이 1520년에 조정에 상주하여 무력으로 '불랑기'*인을 축출할 것을 요구하였고, 1521년에 이르러 명 조정은 그 상주를 받아들여 포르투갈인을 축출하기로 결정하였다. 이 사건이 바로 유명한 툰먼(屯門)해전이다. 중국인은 유럽 식민자

Miller, eds., *The Macmillan Encyclopedia of World Slavery*(New York: Macmillan Reference, 1998), vol.1, p.206.

＊ 초기 '佛朗機(불랑기)'는 Franques, Franks, 혹은 남아시아의 ferengi에서 유래하였으며, 널리 유럽인을 가리켰다. 이것의 가장 이른 사용은 아마도 십자군원정을 하던 유럽인에 대한 무슬림인이 호칭에서 비롯되었을 것으로 보인다.

의 첫번째 침입을 성공적으로 막아냈으며, 포르투갈인은 전투에서 패한 후 마카오로 물러나 거주하게 되었다.*

동아시아 지역에서 유럽인의 식민계획과 노예무역은 아프리카와 아메리카에서처럼 순조롭게 진행되지는 않았지만, 우리는 「토르데시야스조약」과 「사라고사조약」이 글로벌 히스토리에서 지니는 중대한 의의를 과소평가할 수 없다. 본서 중 탕샤오펑의 논문에서 지적한 바와 같이 「토르데시야스조약」은 유사 이래 최초로 두 국가가 세계를 분할하기 위해 체결한 조약이었다.** 이 두 조약이 각각 규정하는 자오선은 근대세계에서 가장 일찍 도입된 지리 분계선으로서, 유럽인이 지구에 대해 실시한 측량과 세력범위의 구분은 모두 그 분계선들로부터 시작되었다. 이로부터 그 분계선의 발명이 근대 민족국가의 영토개념보다 훨씬 앞선다는 것을 어렵지 않게 알 수 있다. 슈미트의 말을 빌리자면, 이것이 바로 전형적인 전지구의 '규치'이다. 이러한 전지구의 '규치'는 지리 측량이 정확해질수록 더욱 정치적이고 군사적인 정복의 의의를 지니게 된다. 슈미트는 그것을 '전지구적인 직선적 사유'라고 불렀는데, 이것은 국제법 탄생의 선결조건이었다. 이어서 제기하고자 하는 문제는 문야의 구분이 왜 이러한 전지구적인 직선적 사유에 대해 근본적인 의의를 지니는가 하는 점이다.

---

* 周景濂, 『中葡外交史』, 北京: 商務印書館, 1991; Zheng Yangwen, *China on the Sea: How the Maritime World Shaped Modern China*(Leiden: Brill, 2012).

** 본서 중 탕샤오펑의 「지리상의 대발견, 문명론, 국가경계」 참고.

3. 만민법의 새로운 발명: '야만인'의 자연권

국제법 연구 영역에서는 모두가 에스파냐 신학자 비토리아가 초기 국제법의 기초자라고 알고 있기 때문에 비토리아를 국제법 연구의 기점으로 삼는 것에 대해 문제를 제기하는 사람은 아무도 없다. 하지만 우리는 다음과 같은 문제를 제기하지 않을 수 없다. 기왕에 로마법과 교회법이 유럽 각국에서 심원한 전통을 가지고 있었다면, 비토리아는 왜 교회법 이외에 새로운 만민법을 발명할 필요가 있었는가? 이에 대한 간단한 대답은 에스파냐인이 아메리카(서인도제도)를 정복할 초기에, 특히 아메리카 인디언의 토지를 약탈하는 과정에서 일련의 법리적인 문제에 봉착했다는 점을 들 수 있다. 그중에서 가장 대두된 문제는 에스파냐인이 야만인—아메리카 인디언—을 지배할 법률적 근거는 무엇인가, 도대체 누가 아메리카인의 토지에 대해 공인된 합법적인 소유권을 가지고 있는가 하는 문제였다. 이 문제는 주권개념과 밀접한 연관이 있다. 합법적인 토지소유권을 가질 때에만 주권의 범위와 경계를 정할 수 있기 때문이다. 이것은 전형적인 유럽 종주국과 해외 식민지 사이의 문제로서, 이 문제에 답하는 방식은 유럽 종주국과 해외 식민지 사이의 관계와 관련이 있을 뿐만 아니라, 또 유럽 종주국의 해외 영토를 둘러싼 쟁탈 과정에서 어떻게 상호 간의 군사적 충돌을 피할 수 있는가 하는 문제와도 관련이 있다.*

당시 유럽인은 아메리카 토착인에 대해 하찮은 야만인(savages)에 불과

---

* 슈미트의 『전지구의 규치』를 이어서, 역사학자 앤서니 파그덴은 비토리아가 주장하는 자연법과 에스파냐의 아메리카 식민지 건설의 관계에 대해 더욱 상세하게 설명을 한 적이 있다. Anthony Pagden, *The Fall of Natural Man: The American Indian and the Origins of Comparative Ethnology*(Cambridge: Cambridge University Press, 1982) 참고.

하고 이단설을 신봉하여 용서할 수 없는 죄를 범하고 있다고 여겼는데, 비토리아의 시각도 예외가 아니었다. 그러나 비토리아와 그를 중심으로 하는 살라망카학파는 일반적인 시각과는 다소 다른 면이 있었다. 그들은 법리적으로 엄격한 추리를 요구했을 뿐만 아니라 더 나아가 새로운 문제를 제기하였다. 그들이 제기한 주요 의문은 아메리카의 야만인이 이단설을 신봉하여 용서받을 수 없는 죄를 범하기는 했지만, 유럽인이 도덕과 종교적인 결함을 법리적인 근거로 삼고, 또 그것을 이유로 야만인의 토지소유권을 박탈할 권리가 있는가 하는 점이었다. 이러한 의문의 배경에는 유럽인의 거듭되는 종교 충돌과 기독교가 이교도를 축출한 역사가 자리잡고 있다. 십자군원정이나 1492년에 에스파냐인이 유대인을 축출하고 더 나아가 무슬림 무어인(Moors)을 축출한 것과 같이, 유럽 기독교도는 매번 종교의 기치를 내세워 마음대로 이교도의 토지와 재산을 약탈하였는데, 그때 내세운 이유는 바로 유대인과 무어인이 이단설을 신봉하여 용서할 수 없는 죄를 범했다는 것이었다. 이교도 문제를 처리하는 법리적 근거와 관련하여 비토리아는 주류 신학자들과 서로 정반대의 입장을 취하였다. 그는 인간의 자연권(ius nature)이야말로 시비를 판단하는 기초라고 보고 종교 신앙을 법리적 기초로 삼는 것에 반대하였으며, 아울러 주권과 정의의 전쟁과 관련된 새로운 만민법 원리를 이끌어냈다.

비토리아는 1537년에 쓴 『최근 발견한 서인도제도에 대해*De indis recenter inventis relectio prior*』('서인도'는 카리브해의 섬 일대를 가리킴)에서 다른 신학자들과는 완전히 다른 분석을 제시하였다. 그는 서인도제도와 관련한 사안은 교황의 권한이나 로마법과는 관련이 없으며 오히려 자연법과 인간의 자연권에 관련되어 있다고 주장하였다. 그렇다면 자연권은 어떤 내용을 포함하고 있는가? 이에 대해 비토리아는 선교의 자유, 여행의 자유와 교류 및 무역의 자유를 제시하였는데, 이는 모두 유럽인의 해외 활동과 연관이 있었다. 만약 에스파냐인이 외국사절이나 상인 신분으로 아메리카에 온다면, 아메리카인은 반드시 외래 방문객을 최고의 손님으로 대하고 외국인이 현지 상인과 교역할 수 있도록 허락해야 한다. 자연법의 논리에 따르면 인디언이 에스파냐 혹은 유럽에 가서 동일한 일을 한다면, 이론적으로 그들 역시 이러한 권리를 향유하게 된다(그러나 실제로는 인디언이 이미 콜럼버스에 의해 유럽에 노예로 팔려갔으며, 그곳에서 여행하거나 상업 활동을 할 수 없었음은 물론 선교를 위한 활동은 더욱 말할 것이 없었다). 하지만 추상적인 법리에 있어서, 만민법(ius gentium)은 반드시 이러한 자연권을 명문화해야 하며 그것이 인류가 공동으로 승인하는 권리임을 인정해야 한다. 어떤 사람이 이러한 권리를 위반한다면 그는 즉시 인류 공동체의 적으로 간주된다. 이것이 바로 정의로운 전쟁의 전제이다. 자연권적 시비판단의 기준에 기반하여 비토리아는 다음과 같은 결론을 도출하였다. 즉 만민법은 에스파냐인에게 선교의 권리를 부여하지만, 에스파냐인은 다른 사람들에게 자신의 종교를 강제할 수 없다. 반대로 만민법은 또한 에스파냐인에게 선교 등 자연권을 저해하는 폭군에 대해 정의로운 전쟁을 발동할 권리를 부여한다.

이에 이어지는 문제는 누가 어떤 상황에서 정의로운 전쟁을 발동할 권리를 가지게 되는가 하는 점이다. 이것이 바로 비토리아 주권개념의 핵심이자 초기 국제법의 중심명제였다. 그에 따르면 단지 아메리카 야만인이 에스파냐인의 안전한 통과를 보장하고, 아울러 평화롭게 그 토지에서의 여행, 상업 활동, 천주교의 선교 활동을 보장한다면 야만인의 합법적인 권리는 유지될 수 있을 뿐만 아니라 보호받을 수 있다. 자연권의 보편성과 상호 논리는 동시에 또 에스파냐인의 상업 활동 권리나 거주권이 야만인의 침범을 받을 경우, 상대방에게 상해를 가할 수 있는 구실이 될 수 있음을 의미한다. "보복 상해를 위해 발동하는 전쟁만이 비로소 정의의 전쟁이다. 즉 아메리카에서 에스파냐인의 합법성은 단지 이러한 전쟁을 통해서만 확보될 수 있다."[*]

이로부터 만민법의 새로운 발명—특히 '주권'과 '정의의 전쟁' 등 핵심 개념에 대한 서술—이 모두 에스파냐의 아메리카 식민지 정복 과정에서 출현했음을 알 수 있다. 이들 개념은 법리적 논리로부터 추동된 것이 아니라 그 동력은 슈미트가 말한 유럽인의 해외확장, 타인의 영토에 대한 약탈, 아울러 점차 '전지구적 규치'를 실시하려는 정치논리와 역사적 진행 과정에서 비롯된 것이었다. 슈미트는 초기 국제법의 원리를 검토하고 나서 다음과 같이 지적하였다. "당시 국제법의 최우선 과제는 이교도의 토지 및 비유럽 족군과 비유럽 왕족의 토지는 '무주지'인가 아닌가, 받들 만한 권위가 있는가, 문명의 지위가 낮은 비유럽 족군은 문명이 발달한 족군의 조직 대상이 되어야만 하는가의 문제였다."[**] 만민법의 자연권 시각에서 보면, 비토리아가 다른 기독교 신학자들에 비해 뛰어난 면은 다음과 같은 점에 있다고 할 수 있다. 즉 그는 최소한 법리적으로 아메리카의 야만인과 유럽의 문명인이 함께 향유해야 할 자연권을 승인하였으며, 그가 주장한 무역의 자유, 여행의 자유, 선교의 자유, 특히 정의의 전쟁이라는 개념은 그 이후에 점차 국제법에서 '문명국가'의 표준으로 수용되었다는 것이다.

---

[*] Anthony Pagden, *The Fall of Natural Man*, p.87에서 재인용.

[**] Schmitt, *The Nomos of the Earth*, pp.137-138.

4. '무주 황무지'란 무엇인가

비토리아의 만민법은 비록 자연권에는 귀천이 없고 모든 사람이 향유할 수 있으며, 단지 정의의 전쟁—교황 혹은 그 밖의 다른 명의에 의한 것이 아닌—만이 에스파냐인이 아메리카 야만인의 토지를 점령하는 것에 대해 합법성을 부여할 수 있다고 주장하였지만, 아메리카나 오스트레일리아와 지구상의 여러 지역에 대한 유럽인의 실제적인 점령은 일반적으로 '발견권(right of discovery)'과 '무주 황무지(terra nullius)'라는 개념에 의거하여 합법화되었다. 이른바 '발견권'은 줄곧 '무주 황무지'를 대상으로 한 것으로서, 후자의 문자적 의미는 '어느 누구에게도 귀속하지 않은 토지'이며, 이로부터 그 토지를 '먼저 점령(first occupation)'한 사람이 곧 그것을 점유할 권리를 갖는다는 논리가 도출되었다. 이러한 국제법 개념은 역사적 선례가 없지 않다. 그것은 로마법의 또다른 개념인 res nullius(주인이 없는 물건, 즉 무주물—역자 주)로부터 변모된 것으로, 고대 법사상의 의미가 전환되고 견강부회된 산물이다. 로마법에서 그 개념이 본래 가리키는 것은 '누구의 것도 아닌 것'이며, 이것은 바로 타인이 점유하거나 사용할 수 있는 것이었다.*

한편 유럽인이 창조한 이 국제법 범주는 모두 주권신분의 확립과 밀접한 연관이 있지만 주권신분의 확립은 또 문명등급의 기준에 의거하고 있다는 점을 명확히 인식해야 한다. 그렇지 않으면 이 국제법 범주의 문제를 정확히 해석할 수 없다. 그렇다면 '무주 황무지'란 도대체 무엇을 의미하는

---

* 로마법에 대한 초기 국제법의 자의적 해석에 대해서는 Kaius Tuori, "The Reception of Ancient Legal Thought in Early Modern International Law" in Bardo Fassbender and Anne Peters, *The Oxford Handbook of the History of International Law*(Oxford.

가? 지리상의 대발견 이후 그것은 명확히 지칭하는 바가 있었으며, 주요 대상은 아메리카와 오스트레일리아 원주민의 토지였다. 무주 황무지를 발견한 유럽 탐험가들은 어느 지역에 도착할 때마다 반드시 그 지역의 원주민이 생활하고 있는 토지에 대해 원주민들이 합법적인 소유자격을 지니고 있는가를 우선적으로 판단해야 했다. 만약 그 지역의 원주민이 야만인(savage)이라면 그 대답은 '아니오'이다. 야만인의 토지는 무주 황무지이기 때문이다. 국제법이 인정한 '점령학설(the doctrine of occupation)'은 '무주 황무지'에 적용되었으며, 그 토지를 먼저 발견한 사람이 바로 합법적으로 점유할 자격을 갖게 하였다. 따라서 일본인이 19세기 말 타이완을 식민지화할 때도 유럽 국제법에서 '무주 황무지'의 선례를 원용하여, 백인들의 방식을 따라 타이완 소수민족을 야만인의 범위에 포함시킴으로써 타이완 점령에 모종의 법리적 근거를 부여했던 것은 전혀 이상할 것이 없다.*

그렇다면 유럽인이 '무주 황무지'를 확인하기 전에, 원주민이 야만인인가 아니면 반(半)개화된 민족인가를 판단한 근거는 무엇인가?

앞서 지적한 바와 같이, 중세기의 유럽 기독교는 일찍이 모든 이교도를 문명의 대립면에 위치시키고 문야를 구분지었다. 16세기 이래 신학논쟁과 끊임없는 해외 식민지 확장을 거치면서 유럽인의 문야 구분에 대한 인식도 큰 변화가 발생하였다. 지리상의 대발견 초기에 신학자 비토리아는 최소한 아메리카 야만인이 자기 토지를 소유할 공공자격과 자연권을 가지고 있다고 인정하였다. 그리하여 에스파냐인이 상대방의 토지를 취할 수 있는 유일한 방법은 이른바 정의 전쟁을 발동하는 것이었다. 17세기 말과 18세

Oxford University Press, 2012), pp.1028-1029 참고.

* Masaharu Yanagihara(柳原正治), "Japan" in Bardo Fassbender and Anne Peters, *The Oxford Handbook of the History of International Law*, pp.475-499.

기에 이르러, 진일보한 유럽인은 종교의 속박에서 벗어나 더이상 이교도의 문제에 얽매이지 않게 되자, 새로운 기준을 발명하여 문야를 구분하기 시작하였다. 즉 그들은 일찍이 경작된 적이 없는 토지, 혹은 토지를 경영하기는 하지만 토지소유권이 무엇인지 알지 못하는 경우, 사유재산의 관념이 없는 경우, 그리고 국가와 성숙한 사회조직을 구비하지 못한 사람들을 일률적으로 야만인(savage)의 범주에 귀속시켰다. 야만인이 토지소유권을 알지 못하는 이상, 그들은 또 아무런 주권도 지니지 못했다. 이와 같이 이 시기의 문명기준은 비토리아의 자연권 이론과 이미 큰 차이가 있었다.

때때로 사물의 발전 과정은 예상을 크게 뛰어넘는 방식으로 진행되기도 한다. 때마침 토지소유권 문제에 있어서 17세기 영국 철학자 존 로크는 국제법에 일종의 사상적 법보라 할 수 있는 것을 제시하였는데, 바로 노동가치론이 그것이었다. 이 사상적 법보는 제기된 시점도 시의적절했을 뿐만 아니라 강력한 설득력이 있었다. 로크는 그의 『정부론』 상하편에서 토지, 노동, 재산소유권 사이의 관계에 대해 매우 체계적인 해석을 내놓았다. 그의 기본적인 주장에 따르면 토지소유권은 노동자의 토지에 대한 개발과 경작에 의해 결정되며, 노동은 단지 가치를 창조할 뿐만 아니라 또한 재산소유권의 기초이기도 하다. 로크의 이러한 노동가치론은 그 영향력이 매우 커서 마르크스와 엥겔스도 일찍이 그것으로부터 중요한 사상적 자원을 얻기도 하였다. 그러나 오랜 세월 연구자들은 모두 다음과 같은 가장 기본적인 문제, 즉 로크가 왜 이와 같이 토지를 강조하고 농경노동과 토지소유권 사이의 불가분의 관계를 강조했는지에 대해 주목하지 않았다.

최근 10여 년 사이에 학자들은 새로운 문헌자료를 발굴하고, 영국이 아메리카 캐롤라이나(Carolina)를 식민하는 시기에 로크가 직접 기초차고 서명한 관방문서를 심도 있게 분석하여 상술한 문제의 비밀을 밝혀냈다.* 1668년부터 1671년 사이에 로크는 샤프츠베리 백작에 의해 영국 식민지의 무역과 재배농장 위원회(the Council of Trade and Plantations)의 비서장에 임용되었다. 그의 업무는 황실 식민지 자산 소유자(Lord Proprietors)를 대표하여 캐롤라이나와 바하마(the Bahamas) 두 지역의 식민지 관료와 소통하고, 아메리카에서의 영국 식민지 정책을 기초하고 제정하는 것이었다. 로크가 식민지 관료와 자주 주고받은 통신은, 그가 제정에 참여한 식민지 기획이 상당 정도 그의 자유주의 정치이론을 구성하는 데 영향을 미쳤음을 보여준다.** 예를 들어 로크가 그의 저작에서 누차 언급한 이른바 '자연상태(the state of nature)'는 결코 구체적인 지시대상이 없는 것이 아니었다. 그것이 일반적으로 지시하는 것은 바로 아메리카 신대륙 혹은 토착 야만인이었다. 이는 그의 『정부론』 하편의 '재산'과 '정복' 등 몇몇 장에서 인용한 예를 통해 명확히 알 수 있다. 아메리카 식민지의 토지는 누구 소유로 귀속되어야 하는가 하는 문제에 대해 사람들이 익히 알고 있는 무력 정복 즉 비토리아가 말한 '정의의 전쟁'의 수단 이외에, 로크는 『정부론』에서 토지소유권을 획득하는 또다른 방식으로 평화적인 개간을 제기하였는데, 이는 이전 유럽 탐험가들의 방식과는 완전히 다른 것이었다. 로크는 영국인이 농장의 개간과 같이 경작을 위한 노동이라는 방식을 통해 황무지를 획득하는 것이 무력을 사용하여 토지를 빼앗는 방식보다―예를 들어

---

* David Armitage, "John Locke, Carolina, and the Two Treatises of Government", *Political Theory*, Vol.32, No.5(October 2004): pp.602-627.

** Barbara Arneil, "Trade, Plantations, and Property: John Locke and the Economic Defense of Colonialism", *Journal of the History of Ideas*, Vol.55, No.4(Oct., 1994), pp.591-609.

에스파냐인의 난폭한 방식 — 훨씬 현명한 방식이라고 보았으며, 또 땅은 광활하지만 인구는 희소하고, 자원이 풍부한 아메리카의 토지에서 "누구나 모두 황무지를 사용할 자유가 있다"고 보았다.[*]

경작자에게 토지를 소유하게 한다는 경자유전(耕者有田)의 관념은 결코 새롭거나 낯설지 않다. 그러나 로크의 노동가치론 및 재산권의 관념과 경자유전설은 단지 피상적인 측면에서나 유사성을 보일 뿐이다. 이는 그의 주장이 하나의 큰 전제를 가정하고 있기 때문인데, **자유인**과 **노예**라는 상호대립적인 법률개념이 바로 그것이다. 영국 식민지 캐롤라이나에서는 단지 백인종 자유인의 노동에만 그들이 토지소유권을 획득할 수 있는 자격을 부여하였다. 그의 대전제 가운데는 자연히 토지에서 일하는, 백인을 대신하여 개간하는 흑인노예가 포함되지 않았다. 그렇다면 로크는 왜 "누구든지 황무지를 사용할 자유가 있다"라고 말했던 것일까? 이것은 결국 자기모순인가 아니면 철학자가 우연히 간과한 결과인가? 사실은 그렇지 않다. 우리는 먼저 17세기 아메리카 식민지의 '자유인(freeman)'이 법률적으로 무엇을 뜻했는지를 이해할 필요가 있다. '자유인'은 본래 흑인노예 등 모든 노예를 포함하지 않았으며, 전형적인 자유인은 바로 유럽의 농장 주인이었다. 농장 주인들은 흑인의 노동에 의지하여 재화를 창조하였고, 흑인노예도 그들 재산의 일부분이었다. 앞에서 언급한 바와 같이, 비토리아는 만민법에서 최소한 야만인과 문명인이 똑같은 자연권을 향유한다는 것을 인정하였다. 이는 당시 매우 진보적인 조치였지만, 아메리카에서 특히 버지니아와 캐롤라이나에서 영국 농장주들은 17세기부터 미국 남북전쟁 시기까지

---

[*] John Locke, *Two Treatises of Government*, ed. Peter Laslett, II(Cambridge: Cambridge University Press, 1988), p.184.

줄곧 노예를 재물로 간주하거나 혹은 인간도 사물도 아닌 것으로 간주하였다. 1787년 미국 의원들이 헌법을 제정하던 아메리카합중국 제헌회의 기간에 흑인노예가 과연 인간인가 재물인가를 둘러싼 법률적인 세부사항을 두고 논쟁을 벌이다가, 이른바 헌법 중 '5분의 3 타협(Three-Fifths Compromise)'이 이루어진 이후에야 비로소 논쟁을 끝냈다.*

이러한 근본적인 종족 구분—자유인인 백인과 노예인 흑인—은 일찍이 1669년 로크가 기초안 작성에 참여했던 「캐롤라이나헌법Fundamental Constitutions of Carolina」 가운데도 분명하게 명시되어 있다. 「캐롤라이나헌법」은 영국 봉건귀족 통치와 황실부동산 소유자의 식민지에 대한 통제를 유지시켰을 뿐만 아니라 흑인에 대한 자유인의 절대적 통치를 명문화한 다음과 같은 규정을 포함하고 있다. "캐롤라이나의 모든 자유민은 흑인노예에 대해 절대적인 (권력과) 권위를 지닌다. 그 흑인노예가 어떤 생각이나 종교적 신앙을 가지고 있는지에 관계없이."** 로크 본인은 이 규정을 기

---

* 흑인이 '인간'인가 '사물'인가에 관한 미국 헌법의 논쟁에 대한 최근 연구로는 Paul Finkelman, "Slavery in the United States: Persons or Property?" in Jean Allain, ed., *The Legal Understanding of Slavery: From the Historical to the Contemporary*(Oxford: Oxford University Press, 2012), pp.105-134 참고.
여기서 '5분의 3 타협'이란, 1787년 각 주의 인구수에 따라 하원의원 대표자 수와 직접세의 근거를 결정할 때, 대논쟁을 거쳐 결국 흑인노예 1인을 백인 자유인 1인의 3/5으로 결정한 것을 말한다. 이에 대해 당시 노예제 폐지론자인 윌리엄 로이드 개리슨(William Lloyd Garrison, 1805-1879)은 "추악한 반인륜적 결탁"이라고 비난했다. —역자 주
** David Armitage, "John Locke, Carolina, and the Two Treatises of Government", p.609. 하버드대학 데이비드 아미티지(David Armitage)는 현존하는 「캐롤라이나헌법」의 원시문헌을 발견하였으며, 사본이기는 하지만 로크의 필적을 확인할 수 있었다. 예를 들어 위에서 인용한 "캐롤라이나의 모든 자유민은 흑인노예에 대해 절대적인 (권력과) 권위를 지닌다. 그 흑인노예가 어떤 생각이나 종교적 신앙을 가지고 있든지 관계없이(Every Freeman of Carolina shall have absolute ⟨power and⟩ Authority over his Negro slaves of what opinion or Religion soever)"라는 구절에는 로크가 마지막으로 수정할 때 첨가한

초하는 데 참여하였는데, 그의 직접적인 필적(筆跡)은 그 헌법 초고의 자구 가운데 완벽하게 보존되어 있다. 엄격히 말하자면 로크의 자유주의 이념의 최초 기점은 백인 농장주의 황무지 개척에 대한 자유였으며, 그것은 인디언 토지에 대한 유럽인의 약탈과 흑인 매매와 노예화를 실시하는 제도 위에 구축되었다. 이러한 역사 과정은 자유주의 정치이론이 전제로 삼고 있는 조건이 있으며, 그 가운데 하나가 바로 북아메리카 식민지 노예주의 농장제도였다는 점을 말해준다.

따라서 로크의 『정부론』이 이후의 유럽 국제법에서 서술한 '점령학설'에 대해 만민법보다 더 논리적인 철학적 논거, 특히 그의 노동가치론을 제공했다는 사실도 전혀 이상할 것이 없다. 야만인이 토지를 경작하는 방법이나 토지에 대해 가치를 창조할 방법을 몰라서 그들이 명확히 토지소유권을 가지고 있지 않다면, 이러한 사람들의 토지는 바로 '무주 황무지'로 간주할 수 있다. 로크의 철학에 따르면, 누구든지 황무지를 점령하거나 사용할 자유가 있다.* 18세기 국제법 권위자인 에메르 드 바텔(Emer de Vattel, 1714-1767)은 그의 『국제법』—또는 『각국 율례Le Droit des Gens』(1758)로 번역하기도 함—이라는 저서에서 로크의 주장을 정확히 파악하고, 나아가 '점령학설'을 새롭게 해석하였다.** 바텔은 유럽인이 아메리카 토지에 대해 합

'(권력과)'라는 문자가 남아 있는데, 이는 로크가 그 법률문건의 기초 작업에 참여했을 뿐만 아니라 최종적인 검토자 자격을 지니고 있었음을 말해준다.

* 이와 관련된 최근의 연구는 Andrew Fitzmaurice, "Discovery, Conquest, and Occupation of Territory" in Bardo Fassbender and Anne Peters, *The Oxford Handbook of the History of International Law*, p.854 참고.

** 『만국공법』이전에 가장 일찍 중문으로 번역된 국제법이 바로 바텔의 저서였다. 이 번역은 제1차아편전쟁 전야에 이루어졌다. 당시 임칙서(林則徐)는 영국인의 아편 밀수를 처리하기 위해 사람을 시켜(미국인 선교사 피터 파커Peter Parker와 중국인 통역관 원덕휘 袁德輝가 번역함: 여기) 특별히 바텔이 저자 중 관련 장절을 중문으로 번역하였는데, 이것

102

법적인 소유권을 가지는가의 문제에 답하면서 다음과 같이 명확히 서술하였다. 아메리카 야만인이 "넓은 지역을 점거하였지만 그것은 확정적인 점거가 아니며, 이에 의거하여 곧 실제적이고 합법적인(real and lawful) 점유라고 간주할 수는 없다. 유럽 국가는 인구는 많고 땅은 적다. 만약 유럽인이 모 지역에서 가서 그곳의 야만인(savages)이 토지에 대해 특별한 수요가 없고, 야만인이 그 토지를 사용하지 않거나 그 토지를 연속적으로 사용하지 않는다는 것을 발견한다면, 유럽인은 곧 합법적으로 그 토지를 점유할 수 있고 아울러 그곳에 식민지를 건설할 수 있다".* 바텔의 이러한 설명은 분명히 로크의 토지소유권 사상을 국제법상에서 재판(再版)한 것이다. 비토리아가 일찍이 제기한 자연권과 비교하면, 바텔이 제시한 해석은 유럽인이 해외 '무주 황무지'를 점령하고 야만인 토지를 약탈하는 다른 이유들에 비해 더욱 완전하게 개선되고 합리적인 것이었다.** 이 점에 대해, 19세기의 한 국제법 전문가는 더욱 직설적으로 다음과 같이 설파하였다. "만약 야만인(savages)의 생활이 어느 정도 그럴듯한 사회조직을 구비하고 있다면, 그들의 토지는 '무주 황무지(terra nullius)'로 간주할 수 없다. 이 경우 (유럽인의) 식민권은 오히려 일정 정도 변통을 통해 할양(cession)이라는 다른 방식을 취할 수 있다."***

이 바로 바텔의 『각국 율례』이다. 이에 관한 상세한 소개와 설명은 필자의 『충돌하는 제국』(글항아리, 2016) 제4장 참고 ―역자 주).

* Emer de Vattel, *The Law of Nations, or the Principles of Natural Law Applied to the Conduct and to the Affairs of Nations and of Sovereigns*(New York: Oceana, 1964), p.85.

** Thomas Flanagan, "The Agricultural Argument and Original Appropriation: Indian Lands and Political Philosophy", *Canadian Journal of Political Science*, 22(1989), 589-602; Barbara Arneil, *John Locke and America: The Defence of English Colonialism*(Oxford: Oxford University Press, 1996).

여기서 말하는 영토할양이란 도대체 무엇을 의미하는가?

그것은 국제법상 '무주 황무지'와 '영토할양'의 구분과 관련이 있지만, 이 두 개념에 대한 국제법의 구분은 여전히 유럽인이 확립한 문명등급 기준에 의거한다. 이 문명표준은 우선 토착인의 신분을 판단하여 그들이 야만인인가, 아니면 미개화 혹은 반개화한 민족인가를 확정할 것을 요구한다. 일단 야만인으로 판정되면 야만인의 토지는 곧 '무주 황무지'로 간주되고, 유럽인이 합법적으로 점령할 수 있다. 만약 야만인으로 판정되지 않으면 이와는 다른 방식으로 접근해야 한다.

지리상의 대발견 이래, '무주 황무지'는 유럽인에게 있어서 기준으로 삼기에 점점 더 충분하지 않게 되었다. 특히 이른바 '미개화' 혹은 '반개화' 아시아인을 대할 때, 그들은 일반적으로 다른 방식을 취하였는데, 영토할양이 바로 그 가운데 하나였다. 영토할양 배후에는 하나의 큰 전제가 놓여 있다. 즉 유럽인은 반드시 상대방이 일정 정도 주권을 가지고 있음을 승인해야 한다. 만약 아시아 국가가 주권이 있음을 완전히 승인하지 않는다면, 곧 정복자에게는 번거로움이 뒤따른다. 왜냐하면 아시아 국가는 자신의 영토를 유럽인에게 할양할 공공자격을 상실할 것이기 때문이다. 일단 이러한 공공자격이 상실되면 곧 엄중한 결과가 수반되는데, 그 결과 가운데 하나는 바로 유럽 열강들 사이에서 해외 영토와 영해를 놓고 쟁탈전이 더욱 격렬하고 잔혹해져 이를 조절할 수 있는 규범을 상실한 무질서한 상황을 초래하게 된다. 국제법의 개념이 부단히 갱신되고 끊임없이 발명되어야 하는 이유는 결국 대세의 흐름 때문이었다. 여기서 이른바 대세란 바로 슈미

---

* Martti Koskenniemi, *The Gentle Civilizer of Nations: The Rise and Fall of International Law 1870-1960*(Cambridge: University of Cambridge Press, 2001), p.129.

트가 서술한 전지구의 '규치'의 추세를 의미한다.

네덜란드 법학자 그로티우스가 어떻게 교묘하게 포르투갈인의 몰루카 해협과 남양 도서 지역에 대한 소유권을 비판했는지를 살펴본다면, 17세기 전지구 '규치'의 새로운 발전에 대해 그 대강을 이해할 수 있다.

5. 주권예외론: 반(半)문명국가와 '치외법권'

16세기의 소박한 문야 구분으로부터 19세기의 문명등급론까지는 긴 역사적 발전 과정을 거쳤다. 아메리카 대륙이나 태평양 도서에서든 아니면 오스트레일리아 대륙에서든 유럽 탐험가들의 족적이 닿은 곳에서는 대부분 인간집단이 대대로 생활을 해오고 있었다. 유럽인이 카리브해 도서와 아메리카 대륙에서 조우한 것은 이른바 아메리카의 '인디언'이라는 야만인이었고, 오스트레일리아 대륙에서 만난 것은 태즈메이니아(Tasmania)인과 수많은 원주민 집단이었다. 반면, 유럽인이 태평양 남양군도에 도착한 후의 상황은 다소 달랐는데, 그곳에서 접촉한 것은 성숙한 사회경제 조직과 문화전통을 갖춘 가족과 상인집단이었다. 이 지역은 엄격한 의미에서의 '무주 황무지'도 아니었고, 더군다나 유럽인 탐험가들이 '가장 먼저 발견한' 것도 아니었다. 따라서 '무주 황무지'의 이름하에 그들을 점령하는 것은 종종 이치에 맞지 않았으므로, 유럽인이 남양군도 일대에서 육지와 섬을 약탈하려면 더욱 설득력 있는 이유를 내세워야 했다. 국제법도 정당한 이유를 테이블에 펼쳐놓고 상대방과 자신 스스로를 설득할 수 있는 이치를 마련하기 위해 관련 개념을 다시 해석해야만 했다. 유럽인이 전체 지구 각지로 진출하고 식민지를 개척해감에 따라 이러한 법리적인 문제도 더욱 복잡해졌다.

앞에서 설명한 바와 같이, 비토리아가 생활하던 지리상의 대발견의 시대에 문야의 구분은 아직 상대적으로 단순했다. 단지 유럽인과 야만인의 대립에 의거해도 만민법을 위해 보편적인 원리의 기초를 제공하는 데 어려움이 없었다. 유럽 국가가 지구상의 각 대륙으로 확장해나감에 따라 신흥 유럽제국들도 패권을 장악하기 위한 경쟁에 본격적으로 뛰어들 준비를 했다. 포르투갈인과 에스파냐인은 세계 각지에서 식민자격에 대해 부단히 도전을 받았으며, 유럽 열강 사이에 새로운 충돌이 발생하였다. 원칙과 직결되는 근본적인 문제를 명확히 가려야 할 상황에 이르자 소박한 문야의 구분으로는 너무 불충분했다. 국제법은 시대의 변화에 부응하여 법학원리를 새롭게 해석하여 연이은 국제분쟁과 위기를 해결하는 데 일조해야 하는 책임을 떠맡고 있었다. 그 가운데 중요한 전환은 바로 17세기 몰루카해협 일대에서 네덜란드가 포르투갈에게 도전함으로써 발생하였다.

휴고 그로티우스는 네덜란드인으로서, 유럽에서 비토리아를 이어 국제법의 기초를 확립한 또 한 명의 중요한 인물이다. 자유해양설(mare liberum, 혹은 '공해권公海權'이라고도 부름)은 그로티우스가 국제법을 위해 세운 큰 공적이다. 육지와 해양의 구분이 국제법에 있어서 어떻게 전혀 다른 의미를 지니는지를 최초로 명확히 하였기 때문이다. 이러한 구분은 또한 슈미트가 『전지구의 규치』라는 저서를 저술하면서 그로티우스를 특별히 중시했던 이유기도 하다. 여기서 우선 간과해서는 안 될 배경을 지적하자면, 그로티우스는 당시 네덜란드의 이익을 대표하여 포르투갈인과 네덜란드 동인도회사 사이에 발생한 법률적 분규를 판정했다는 점이다.[*] 오랜 기간 포르

* 그로티우스가 자유해양설을 제기하게 된 계기는 1602년에 발생하였다. 그해에 네덜란

투갈인은 자신들이 동인도제도에서 영토주권을 가지고 있다고 여기고, 네덜란드 동인도회사가 동인도제도에 진입하는 것을 금지했을 뿐만 아니라 네덜란드인이 아시아 여러 국가의 군주와 교류하는 것도 최대한 저지하려 하였다. 앞에서 이미 분석한 바와 같이, 교황의 자오선, 「토르데시야스조약」과 「사라고사조약」은 1세기 전에 바로 에스파냐인과 포르투갈인이 지구를 양분하는 것을 인정하였는데, 그로티우스가 쓴 『자유해양론』과 『인도제도를 논함』은 근본적인 측면으로부터 「토르데시야스조약」과 「사라고사조약」의 합법성에 도전하는 것이었다.

그로티우스는 네덜란드 동인도회사의 문서자료를 이용하여 역대 남양과 인도양 일대의 항해교통의 관례를 깊이 분석하였다. 그는 이러한 관례를 포르투갈이 네덜란드 동인도회사의 동인도제도 진입을 금지하는 것에 대한 비판의 근거로 삼고, 자유해양설을 위해 국제법상의 선례를 제시하였다. 그로티우스의 주장에 따르면, 유사 이래 홍해 동부에서 태평양 전체 해역은 줄곧 자유 항해를 실시해왔으며, 연해의 아시아 각 민족은 지금까지 인도양을 폐쇄된 해양(mare clausum)으로 간주한 적이 없었다.* 그로티우

드 해군 지휘관인 헴스케르크(Heemskerck)는 몰루카해협에서 귀중품을 가득 선재한 포르투갈 상선 산타 카트리나(Santa Catherina)호를 포획하였다. 그리고 포획한 물품을 전리품으로 삼아 암스테르담으로 가져가서 경매에 붙였으며, 그 수익을 네덜란드 동인도회사로 귀속시켰다. 이 사건의 합법성은 유럽에서 큰 논쟁을 일으켰으며, 그로티우스는 요청을 받아 이 사건에 대해 의견을 발표하였다. 어떤 학자는 이 사건에서 그로티우스가 동인도회사가 초빙한 법률고문이었을 것으로 보기도 한다. 그로티우스가 그 회사의 문서자료를 열람할 수 있는 특권을 가지고 있었기 때문이다. 어찌되었든 그 자료들을 통해 그로티우스는 유럽무역에 있어서 동인도제도가 지니는 중요성을 더욱 깊이 파악하였으며, 이로부터 아시아 국가의 군주가 국제법에서 지니는 지위를 다시 사고하는 계기가 되었다. C. H. Alexandrowicz, *An Introduction to the History of the Law of Nations in the East Indies: Sixteenth, Seventeenth, and Eighteenth Centuries*(Oxford: Clarendon Press, 1967), p.65 참고.

스는 아시아 국가의 선례를 인용하여 증명하는 데 그치지 않고 더 나아가 유럽 국제법의 법리적 측면에서 포르투갈인이 몰루카해협 및 남양과 인도 양 주위의 섬들을 점거하는 합법성에 대해 의문을 제기하였다.

그로티우스는 어떻게 국제법의 법리적 측면에서 이 점을 논증하였는 가? 그는 바로 '무주 황무지'의 문제에 대해 저명한 문장을 발표하였다. 만약 (아메리카) 서인도제도가 유럽 탐험가들에 의해 '무주 황무지'로 인식되면 발견한 자가 합법적으로 점령할 수 있는데, 그렇다면 같은 이유로 포르투갈인이 태평양의 동인도 섬들을 점령하는 것도 합법적이라고 할 수 있는가? 이에 대한 대답은 이 지역이 무주 황무지인가 여부에 달렸으며, 무주 황무지는 국제법상 그 지역 사람들이 야만인인가 여부에 의해 결정된다. 그로티우스의 대답은 부정적이었다. 그 이유는 그곳 주민들의 문명적 지위가 야만인들보다 높다고 보았기 때문이었다. 그는 다음과 같이 명확히 서술하고 있다. "우리가 말하는 이들 섬들(자바, 실론, 몰루카)은 현재든 과거든 줄곧 그들 자신의 군주, 정부, 법률과 체계를 갖추고 있었다."** 즉 동인도 섬들의 거주자는 야만인(savage)이 아니다. 따라서 유럽인이 그곳의 영토주권을 얻으려면 발견자 혹은 무주 황무지의 명의에 의거할 수 없으며, 더욱이 교황이 부여한 명의에 의거하여 일방적으로 행동할 수 없다는 것이다. 이러한 설명은 포르투갈인을 겨냥하고 있음은 말할 것도 없다. 그로티우스는 나아가 자연권의 이념에서 출발하여 동인도제도 각국의 주권

---

* 자세한 것은 C. H. Alexandrowicz, *An Introduction to the History of the Law of Nations in the East Indies: Sixteenth, Seventeenth, and Eighteenth Centuries*(Oxford: Clarendon Press, 1967) 참고.

** 더 자세한 것은 C. H. Alexandrowicz, *An Introduction to the History of the Law of Nations in the East Indies: Sixteenth, Seventeenth, and Eighteenth Centuries*(Oxford: Clarendon Press, 1967), p.45 참조.

지위가 국제법상으로 부재한 것이 아니라고 지적함으로써, 법리적인 측면에서 동인도(남양)제도에 대한 포르투갈의 소유권을 근본적으로 부정하였다. 그는 유럽인이 그곳에서 주권을 획득할 수 있는 유일한 합법적인 방법은 바로 국제법이 인정하는 방식, 예를 들어 영토할양 혹은 무력 정복을 통하는 것이라고 보았다.*

　여기서 우리는 그로티우스의 이러한 주장이 「베스트팔렌조약」(1648)에 앞서 제기되었다는 점에 유념할 필요가 있다. 이러한 시간적 차이는 유럽 근대국가 이념의 출현을 새롭게 인식하는 데 있어 중요한 의미를 지니고 있으며, 적어도 장기간에 걸쳐 이어져오고 있는 수많은 교과서의 편견을 바로잡을 수 있다. 그로티우스의 주장과 「베스트팔렌조약」 사이의 시간차는 유럽인의 근대 주권의식이 「베스트팔렌조약」 이후가 아닌 그 이전에 출현하였음을 말해준다. 따라서 우리는 근대적인 국가주권의 출현을 단순히 유럽 국가 내부의 전쟁과 평화의 논리로만 설명할 수 없다. 또 주권과 밀접한 연관이 있는 근대 영토국가(territorial state)와 관련된 개념에 대해서도 슈미트가 말한 전지구의 '규치'라는 맥락 속에서 다시 고찰할 필요가 있다. 그래야 비로소 우리는 16세기 이래 국제법 원리의 수많은 발명—'주권(sovereignty)', 정의의 전쟁, 영토국가 등 개념—들이 어떻게 장단을 맞추듯이 유럽인이 추진한 전지구의 '규치'에 참여했는지를 명확히 이해할 수 있다. 예를 들어 그로티우스는 왜 영토할양의 법률적 근거가 반드시 주권의 측면에서 구체화되어야 한다고 주장했는가?

　중국의 근대사를 조금이라도 읽어본 사람들은 모두 '영토할양'이 무엇을 의미하는지 알고 있지만, 그렇다고 이러한 개념 배후에 숨겨진 문명등

---

* 위의 책, p.45.

급의 대전제까지 모두 이해하고 있는 것은 아니다. 유럽 국제법의 조례에 따르면, 야만인의 토지는 무주 황무지이다. 일단 무주 황무지라고 판정되면, 문명국가가 그것을 점령하는 것은 합리적이고 합법적이다. 따라서 영토 할양이라는 법률적 조항을 적용할 필요는 없다. 하지만 몽매하고 미개화(barbarian)된 사회와 반문명(semi-civilized)국가를 직면했을 때, 이러한 지역은 발달한 사회조직, 정치제도, 그리고 목축 혹은 농경전통을 가지고 있었기 때문에, 유럽인은 여전히 국제법 원리에 기반하여 그 영토를 무주 황무지로 분류하기가 어려웠다(리디아 류는 이른바 문명등급을 야만(savage), 몽매 혹은 미개화(barbavian), 반문명(semi-civilzed, half-civilized), 문명 혹은 개화(civilized)으로 분류하고 있다 —역자 주). 이러한 상황에서는 불평등조약의 체결을 통해 반문명국가에 대해 영토할양을 실시하는 것이 국제적인 관례로 되었다. 사실상, 유럽인은 이후 세계 각지의 영토와 영해를 획득하는 과정에서, 오스만제국이든 대청국이든 아니면 19세기 말 아프리카에 대해 시행한 대분할(scramble for Africa)이든, 모두 국제법상의 영토할양이라는 선례를 익혀 능숙하게 활용하였다. 또다른 식민자와의 영토분쟁을 피하기 위해 그들은 항상 각각의 조약을 미리 완비해두고, '무주 황무지'라는 조건을 적용할 수 없는 지역을 접하면 곧 상황에 따라서 현지 우두머리와 조약을 체결하고 국제법적 의미에서의 영토할양을 추진하였다.

여기서 혹자는 다음과 같은 의문을 제기할지도 모른다. 기왕에 문명국가와 반문명국가가 상호적으로 조약을 체결할 수 있었다면, 그들은 국제법상으로 이미 모종의 평등한 주권관계를 함축하고 있는 것이 아닌가? 하지만 사실은 그렇지 않다. 유럽인이 반문명국가에 대해 무주 황무지의 법칙을 적용하지 않고 영토할양을 요구한 것은 단지 반문명국가의 영토는 "가장 먼저 접촉한 유럽 국가가 곧 자동으로 그 지역을 약탈하거나 정복할 수 있는 것이 아니다"*라는 것을 의미할 뿐이지, 이것과 주권상의 평등과는 관계가 멀다. 더욱이 역사적으로 그 반대의 예, 즉 반문명국가가 유럽 국가에게 영토할양을 요구한 국제법적 선례는 존재하지 않는다.

그렇다면 그로티우스는 왜 그와 같이 아시아 국가의 주권적 지위를 강조했던 것일까? 이것은 그가 아시아 각국의 이익을 고려했기 때문인가 아니면 그가 네덜란드인과 아시아인의 평등한 지위를 인정했기 때문인가? 내가 보기에는 두 가지 모두 아니다. 그로티우스의 목적은 몰루카해협과 남양제도를 둘러싼 네덜란드인과 포르투갈인의 분쟁을 법리적인 측면에서 근본적으로 해결하기 위한 것이었다. 왜냐하면 일단 국제법이 남양제도와 아시아 각 국가가 주권을 가지고 있다고 인정하면, 그 지역에 대해 포르투갈은 '최초 발견자'의 우선 점령권을 주장할 수 없기 때문이다. 이렇게 함으로써 그로티우스는 법리적으로 「토르데시야스조약」과 「사라고사조약」의 합법성을 와해시켰을 뿐만 아니라, 유럽 국가가 해외에서 일으킨 분쟁 혹은 전쟁 충돌 등 시급한 난제를 평화적으로 해결하는 데 법률적 출로를 제공하였다.

몇몇 유럽 열강이 서로 다투어 해외 식민지를 확장하고, 열강과 열강 사이에 마찰과 충돌이 발생하던 중요한 시기에, 그로티우스가 분쟁을 평화적으로 해결할 수 있는 법률적 출로를 제시한 것은 매우 시의적절하고 유익한 시도였다. 이는 슈미트가 『전지구의 규치』에서 서술한, 유럽 국가들이 상호적으로 '우호적인 분계선(amity line)'조약을 체결해온 전통과 서로 부합한다. 이른바 '우호적인 분계선'이란 교황의 자오선, 「토르데시야스조

---

* C. H. Alexandrowicz, *An Introduction to the History of the Law of Nations in the East Indies: Sixteenth, Seventeenth, and Eighteenth Centuries*, p.45

약」과 「사라고사조약」의 자오선 이후에, 유럽인이 새롭게 발명한 전쟁과 평화의 게임법칙이다. 동서로 세력범위를 획분하는 자오선과 비교하여, 17세기의 '우호적인 분계선'의 가장 큰 차이점은 적도를 분계선으로 삼거나, 또 남회귀선을 분계선으로 삼기도 했다는 점이다. 대서양에 위치한 아프리카의 카나리아제도(Islas Canarias) 혹은 아소르스제도(Arquipélago Dos Açores)로부터 서쪽으로 뻗은 이 선이 구분하는 것은 두 유럽세력이 지구를 균분하는 경계선이 아니라 유럽 국가와 비유럽 국가—당시에는 곧 신대륙—를 구분하는 경계선이었다.

유럽이 해외 식민지를 지속적으로 확장함에 따라, 이 경계선의 지도상 위치도 계속해서 변화했지만 그 본질이 변한 적은 한 번도 없으며, 유럽 국가—예를 들어 영국과 프랑스—사이에 체결된 모든 우호적 경계선에 관한 국제법 조약은 모두 획기적인 시대적 의미를 지니고 있었다. 그 의미란 무엇인가? 간단히 말하면, 그것이 확립한 것은 지정학과 법률적 의미에서의 **내외 구별**이었다. 국제공법은 경계 내부에 속하며 이성적 사회가 창조한 훌륭한 성과이므로, 우호적인 경계선 **안에** 있는 유럽 국가는 반드시 상호 주권을 존중하고, 국제법을 준수하며 시민사회(civil society)의 모든 의무를 이행해야 한다.* 그러나 일단 유럽인이 우호적인 경계선을 넘어서 **외부세계 혹은 교화 지역 외부**로 가게 되면, 그들은 곧 유럽의 국제법을 준수해야 할 의무가 없게 된다. 즉 "경계 너머에는 평화가 없다"라는 것은 바로 이를 가리켜 말한 것이다. 따라서 적자생존의 무한경쟁 법칙이 대대적

---

* 영어, 프랑스어, 그리고 기타 라틴어를 어근으로 하는 언어에서 civil이라는 단어와 civilized는 어근이 동일하다. 이러한 관계는 각기 다른 중국어 번역어인 '공민(civil)'과 '문명(civilized)'에서는 은폐되고 있다. 개념이 언어의 경계를 넘어 이동하는 과정에서 새로운 의미에 도달하면 그것은 동시에 본래의 연계를 상실한다. 따라서 방법론의 측면에서

으로 횡행하고 해양의 강탈이 자주 발생하였는데, 네덜란드 해적과 영국 해적이 에스파냐와 포르투갈의 선박이나 재물을 빈번히 약탈한 것이 그 한 예이다. 슈미트는 그로티우스가 고취한 자유해양설은 단지 국제법의 '우호적 경계선'이라는 의미의 차원에서만 비로소 참된 함의를 지닌다고 보았다. 그렇다면 자유해양설에서 말하는 '자유'는 무엇을 뜻하는가? 슈미트에 따르면, 그것이 지시하는 의미는 매우 구체적이다. 유럽 국가가 '우호적인 경계선' 내에서는 법을 무시하거나 어길 수 없지만, 그들이 "일단 그 경계선 밖의 영역으로 넘어서면 폭력을 자유롭게 사용할 뿐만 아니라 무정할 정도로 잔혹하다".* 여기에는 식민지 인민에 대한 유럽인의 폭력뿐만 아니라 유럽 국가 간에 해외 세력범위를 둘러싼 쟁탈 과정에서 발생하는 크고 작은 충돌들이 포함되어 있다.

유럽 국가가 해외에서의 분쟁을 해결하기 위한 평화적 방법을 제공하기 위해서, 더 구체적으로 말하면, 법리적으로 네덜란드인과 포르투갈인의 몰루카해협과 남양제도에 대한 분쟁을 해결하기 위해서 그로티우스는 남양제도와 아시아 각국의 주권을 인정하지 않을 수 없었으며, 그 최종적인 목적은 국제법상으로 이 지역에 대한 포르투갈의 우선 점령권과 소유권을

보면, 우리는 근대 혹은 현대 세계를 연구할 때, 단지 한 종류의 언어에만 의존하여 개념의 생성을 추론할 수 없으며, 반드시 언어횡단적으로 실천하는 개념의 운동 궤적을 파악해야만, 비로소 개념의 역사적 의의를 이해할 수 있다.

* Carl Schmitt, *The Nomos of the Earth*, p.94. 우리가 여기서 얻을 수 있는 시사점은 유럽인이 건립한 '내외유별'에 근거한 우호조약의 전통이 비록 20세기에 두 차례의 세계대전을 막지는 못했지만, 오늘날에도 그 작용은 여전히 완강하게 지속되고 있다는 점이다. 유럽 국가와 미국의 "경계 밖에 평화가 없는" 현재의 상황이 바로 그 대표적인 표현이다. 그들은 경쟁적으로 부단히 세계 각지에 무기와 전쟁을 수출하고 있으며, 동시에 또 자신의 집 문안에까지 전쟁이 미치는 것을 엄히 방비하고 있다. 이것이 전후 국제질서의 중요한 특징이라고 말하지 않을 수 없다.

폐지하는 것이었다. 하지만 우선 점령권을 폐지하는 것이 반문명국가에 대해 영토할양을 허용하는 유럽 국제법의 국제적 관례를 취소한다는 의미는 결코 아니었다. 이와 정반대로, 주권을 향유하는 아시아 국가에 대해 국제법이 허용하는 유일한 토지 약탈방식이 바로 쌍무조약 체결을 통해 영토할양을 실시하는 것이었다. 영토할양과 밀접한 관련이 있는 또다른 법률개념은 바로 '치외법권(extraterritoriality)'인데, 아시아와 오스만제국에서 널리 만연했던 '치외법권'이 문명등급에서 기인하고 있음은 의문의 여지가 없다.

중국 근대사를 읽어본 사람은 누구나 '치외법권'이 무엇인지 알고 있지만, 이러한 국제법 개념 배후에 역시 문명등급의 논리가 숨겨져 있다는 것을 모두가 이해하고 있는 것은 아니다. 근대 국제법에서는 한 국가에는 두 주인이 없고, 국가 주권은 절대적이며 불가침의 것임을 인정하고 있다. 그러나 근대 이래 국제법에 의해 승인된 주권국가는 단지 문명국가뿐이다. 문명국가 사이에는 절대로 '치외법권'을 행사할 수 없다. 그렇지 않으면 상대 국가의 주권을 인정하지 않는 셈이 되기 때문이다. 예를 들어 영국이 네덜란드에 대해 '치외법권'을 요구하는 것은 상상하기조차 어렵다. 다른 한편, 문명국가는 문명등급의 최하위에 위치한 야만인에 대해서도 '치외법권'을 행사하지 않는다. 야만인이 일단 유럽 식민자의 신민으로 전락하면 곧 전면적으로 식민통치를 받아야 하기 때문에 외래의 식민자도 자연히 야만인에게 '치외법권'을 요구할 필요가 없기 때문이다.* 그렇다면 '치외법권'을 시행할 수 있는 문명등급은 어느 경우인가? 그것은 바로 몽매하고 미개화된 민족(barbarian)과 반문명(semi-civilized)국가로서, 이 양자는 문명

---

* 구미가 오스만제국, 일본, 대청국에서 치외법권을 시행한 것에 대한 최근의 연구는 Turan Kayaoğlu, *Legal Imperialism: Sovereignty and Extraterritoriality in Japan, the Ottoman Empire, and China*(Cambridge. University of Cambridge Press, 2010) 참고.

등급에서 자주 같은 등급으로 취급되기도 했다. 청말 중국이 유럽인의 '치외법권'을 추진하는 대표적인 사례가 된 까닭은 무엇보다도 청 왕조가 국제법에 의해 반문명국가로 분류되었기 때문이었다.

이 모든 일에는 그것이 발생한 원인이 있기 마련이다. 일찍이 18세기 초, 유럽인이 광저우에서 상업 활동을 할 때 대청국의 법률에 따른 재판에 복종하길 거부하면서부터 이미 '치외법권'에 대한 기대와 욕망이 싹트기 시작하였다. 나는 일찍이 『제국의 담론정치』에서 영국 동인도회사가 직접적으로 관련된 중국 내 두 건의 인명사건을 거론한 적이 있다. 그 가운데 한 사건은 1722년 10월 30일에 발생한 것으로, 봄베이에서 광저우로 가던 영국 상선 '조지 킹(King George)호'와 관련이 있다. 사건 발생 당시, 선상의 한 영국 포수가 논에 있는 새 한 마리를 겨냥해서 총을 발사했다고 주장하였는데, 예상치 않게도 논에서 일하던 '지나'의 남자아이가 맞아 중상을 입고 사망하였다. 청조 관리는 동인도회사 및 아이의 부모와 교섭하여 최종적으로 형사소송을 제기하지 않고, 경제적으로 배상하는 방식으로 그 사건을 마무리하였다. 영국 동인도회사의 1722년 11월 15일 문서에는 이에 관해 다음과 같이 기록하고 있다. "조지 킹호의 포병에 의해 사망한 지나의 남자아이는 스캐터굿 앤드 힐(Scattergood & Hill)에 수많은 번거로움을 끼쳤을 뿐만 아니라 이미 2000냥의 은을 소모하게 하였다."[*]

1721년 11월 22일 광동 연해에서 발생한 또다른 인명사건도 영국 동인도회사와 연관이 있다. 동인도회사의 문서자료에는 이에 대해 다음과 같이 기록하고 있다. "보니타(Bonitta)호의 선원이 '호포(Hoppo)'(광동 해관감독)

---

[*] Hosea Ballou Morse, *The Chronicles of the East India Company Trading to China, 1635-1834*(Cambridge: Harvard University Press, 1929) 5 vols., vol.1, pp.174-175.

수하에서 일하던 지나인을 살해하였다. 스캐터군 선생(보니타호의 화물관리 책임자Supercargoes*1)이 자신의 거주지에서 영국 연합 상관商館으로 피신하여 (비록 그들은 결백할지라도) 괴롭히길 좋아하는 barbarians(미개인들)의 수중에 잡히는 것을 피하였다.”** 여기서 barbarians(미개인들)는 청대 관아에서 일하던 직원들을 가리킨다. 관아의 관원이 당시 현장으로 가서 모살 사건을 조사하고 법에 의거하여 혐의자를 구금하고 있었기 때문이다. 영국의 회사 지배인이 광둥 해관감독을 찾아가 이치에 맞지 않음을 논하며 “우리의 법인, 직원, 선원의 특권이 당신들에 의해 침해를 받고 있다”고 항의하였다.*** 그는 또한 청 정부에 대해서도 경고하였다. “영국 국왕 폐하는 동인도 지역의 마드라스(Madras)와 기타 지역에 모두 해군 군함을 배치하였다. 만약 우리가 요구하는 정의가 충족되지 않는다면, 이 사건으로 인해 야기될지도 모를 모든 결과에 대해 우리는 책임을 질 수 없다.”**** 여기서 “사건”이 가리키는 것은 아마도 청 정부가 『대청율례』에 의거하여 살인자에 대해 기소와 판결, 징벌하는 과정인 것으로 보인다. 이와 같이 영국인은 청의 관리에 복종하지 않았는데, 그 연유를 깊이 따져보면 문명등급이 몽

---

* 화물관리자는 선주를 대신하여 상품 구입과 운반 전체를 관리하는 책임자를 말하며, 동인도회사는 각 상선에 각각 1-3등급까지 3명의 화물관리책임자를 두었다. ─역자 주
** Hosea Ballou Morse, *The Chronicles of the East India Company Trading to China, 1635-1834*(Cambridge: Harvard University Press, 1929) 5 vols., vol.1, p.168.
*** 1721년 사건 당시 광둥에는 영국 동인도회사 선박 모리스(Morice)호, 프랜시스(Frances)호, 카도간(Cadogan)호, 매클스필드(Macclesfield)호 등 4척이 차와 도자기 등을 구입한 후 귀국하기 위하여 출항을 준비하고 있었는데, 인명사고가 발생하고 이어 12월 10일 카도간호의 직원과 선원 여러 명이 체포되자 카도간호의 화물관리자가 해관감독에 항의하였다. ─역자 주
**** Hosea Ballou Morse, *The Chronicles of the East India Company Trading to China, 1635-1834*(Cambridge: Harvard University Press, 1929) 5 vols., vol.1, p.169.

매하고 미개화 단계에 머물고 있는 청국의 법률적 처분을 그들로서는 받아들이기 어려웠기 때문인 것으로 보인다.* 이러한 외국과 관련된 법률적인 분규는 광둥 연해안 지역에서 빈번히 발생하여 아편전쟁 직전까지도 줄곧 이어졌지만 이에 대해 더이상 서술하지는 않겠다.** 다만 특별히 주의할 것은, 영국 동인도회사 문서자료에 보존되어 있는 사례를 통해 우리는 영국인이 청 정부 관원을 barbarian이라고 부른 문자기록을 볼 수 있을 뿐만 아니라 18세기 초 영국 상인들이 중국에서 '치외법권'을 갈망했던 기록들도 확인할 수 있다는 점이다. 이 두 가지는 후에 국제법상에서 인과관계로 발전하였다.

그럼 치외법권이란 무엇인가? 치외법권은 당시 또다른 명칭으로 불리기도 했는데, 바로 영사재판권(consular jurisdiction)이다. 영사재판권은 19세기에 미개화 혹은 반문명국가에서 시행되었으며 주권국가의 예외 상황에 속한다. 이러한 국가와 국가 간의 불평등조약은 근대 유럽인이 전지구의 '규치'를 추진한 결과로서 일반적인 외교 면책특권과 혼동해서는 안 된다. 유럽인이 이 개념을 발명한 것은 명목상으로는 미개화 혹은 반문명국가 영내에서 그들 교민들의 생활을 보장함으로써, 그들의 자유, 존엄, 재화가 현지인의 침해를 받지 않도록 보장하기 위한 것이었다. 그러나 사실상 치외법권은 소수 문명인을 위해 반문명국가에서 각종 사법상의 편의와 특권을 제공함으로써, 현지 법률의 사법적 조치를 회피하고 국가 속의 국가라는 혼합주권을 형성하기 위한 것이었다.* 청 후기를 예로 들면, 「난징조약」 체

---

* barbarian에 대한 상세한 분석은 필자의 『충돌하는 제국』, 제2장 참고.
** 더 많은 사례에 대한 연구는 Li Chen, *Chinese Law in the Imperial Eyes: Sovereignty, Justice, and Transcultural Politics, 1740s-1840s*(New York: Columbia University Press, 2015) 참고.

결 후 상하이 공공조계에 세워진 혼합법정, 즉 회심공해(會審公廨)가 바로 그 전형적인 예이다. 그것의 존재는 주권국가의 사법권이 다른 주권국가로부터 침해를 받았다는 것을 의미한다.

국가주권은 근대 국제법의 핵심개념이다. 일반적인 상황에서 한 국가가 다른 국가의 주권을 침범하면 곧 국제법 위반에 해당된다. 그럼에도 불구하고 국제법은 왜 '치외법권'이라는 주권예외를 용인했던 것일까? 그 이유는 문명의 등급이 이미 국제법의 주권개념에까지 스며들었기 때문이다. 앞서 살펴본 바와 같이, 문명등급의 영향은 18세기 법학자 바텔이 이미 계몽주의 사상가 로크의 저작에서 관련된 사상적 자원을 흡수하여 유럽인의 해외 '무주 황무지'에 대한 점령을 위해 '우선 점령'학설보다 더 설득력 있게 논하기 시작한 것에서도 잘 보여준다. 또다른 영향력 있는 18세기 국제법 전문가들도, 개화민족과 몽매하고 미개화한 민족에 대해 더욱 구체적으로 사회적 묘사를 시도했는데, 볼프(Christian Wolff, 1679-1754)가 그중 한 명이다. 볼프는 문명개화한 민족에 대해 다음과 같이 규정하였다. "이성과 우아한 행위규칙을 준수하고 교양이 있으며 완미한 지성과 훈육을 거친 정신을 가지고 있다." 이에 비해 몽매한 민족은 "지성을 무시하고 그들의 자연적인 성향과 기호를 따른다."** 이러한 모든 정의는 일일이 다 열거할 수 없지만, 모두 그 근본은 변화하지 않았으며 유럽 자본주의의 확장, 그리고 슈미트가 말한 전지구의 '규치'와 직접적이고 밀접한 관련을 맺고 있다.

---

* 상세한 것은 Kristoffer Cassel, *Grounds of Judgment: Extraterritoriality and Imperial Power in Nineteenth-Century China and Japan*(Oxford University Press, 2012) 참고.
** Liliana Obregon, "The Civilized and Uncivilized" in *Oxford Handbook of the History of International Law*, eds., Bardo Fassbender and Anne Peters with Simone Peter and Daniel Högger (Oxford: Oxford University Press, 2012), pp.917-939.

19세기 초에 이르러 문명등급의 경전적인 기준(the classical standard of civilization)이 정착되기 시작하면서 전 세계의 공통인식이 되었다. 국제법 교과서는 이에 대해 조금도 숨김없이 일관되게 강조하였다. 즉 국제법이 가리키는 것은 문명국 간의 교류법칙이고, 문명국가(civilized nations)란 유럽과 미국의 기독교 국가이다. 중국, 일본, 한국, 오스만제국 및 다수의 아시아 국가는 반문명국가(semi-civilized nations) 혹은 미개화한 몽매국가(barbarian nations)이며 그 외의 인류는 모두 야만인(savages)이다. 저명한 스코틀랜드 국제법학자인 제임스 로리머(James Lorimer, 1818-1890)는 아예 터키, 중국, 일본을 일률적으로 반몽매국가(semi-barbarian states)로 분류하였다.* 이러한 상황을 고려해볼 때, 치외법권이 이들 국가에서 널리 시행된 것은 실로 전혀 이상할 것이 없다. 반대로, 반문명국가의 사람들이 유럽과 미국에 가서 거주하거나 상업 활동을 하면 오히려 그 국가의 법이 허용하는 범위를 벗어날 수 없었으니 치외법권은 말할 것도 없었다. 이들 국가에서 유럽과 미국에 특사나 흠차대신을 파견하더라도 그들은 결코 영사재판권을 행사할 수 없었으며, 그들의 교민도 무조건 문명 주권국가의 법치관리를 받아야만 했다. 미국의 중국인 배척법률 아래 생활해야 했던 중국인 [華人]의 처지가 바로 그 한 예이다.**

널리 알려진 바와 같이, civilisation(혹은 civilization)이라는 명사는 18세기에 이르러 비로소 발명되었다. 그러나 문명등급의 논리는 오랜 기간

---

* James Lorimer, *Institutes of the Law of Nations*(Edinburgh and London: William Blackwood and Sons, 1883), p.444.
** 북아메리카에서의 중국인 배척법안과 관련한 최근 국제법 분석은 Teemu Ruskola, *Legal Orientalism: China, the United States, and Modern Law*(Cambridge: Harvard University Press, 2013), pp.108-151 참고.

동안 또다른 어휘들, 예를 들어 '야만인', '미개화', '몽매' 등과 같은 단어들에 의존해왔다. 이들 어휘는 문명등급 논리의 명명(命名)에 앞서 역사에 진입하였고 최종적으로 새로운 담론질서를 형성하였다. 근 수백 년의 역사가 사람들에게 시사하는 바는, 만약 우리가 단지 civilisation(혹은 civilization)이라는 명사에만 얽매여 이 어휘가 어떻게 발생했고, 그 의미가 어떻게 변화했는지를 서술하는 데만 주의한다면, 부분에 가리어 전체를 보지 못하는 오류, 더 정확히 말하면 한 '단어'에 가리어 근본적인 문제를 보지 못하는 오류를 범하는 것과 다름이 없다는 것이다. 일단 한 '단어'에 갇혀버리면, 우리는 civilisation이라는 단어가 출현하기 이전부터 일찍이 유럽인이 16세기와 17세기의 근 2백 년 동안 '야만인'과 '몽매인'에 대해 수많은 서술을 남겨왔음을 간과하게 되고, 또 유럽인이 이를 기초로 확정하고 부단히 수정한 문야의 구분도 간과하게 된다. 그 결과 우리는 또 이러한 개념이 어떻게 유럽 국제법을 위해 사상적 기초를 확립하고 아울러 경전적인 문명등급을 만들어냈는지를 이해할 수 없게 된다.

이 점을 강조하는 까닭은 방법론이 역사의 발견에 있어서 매우 중요하기 때문이다. 만약 학자들이 오로지 윌리엄스 등이 보여준 한 '단어'에 갇힌 키워드 연구처럼 어떤 키워드의 존재와 부재에만 얽매이거나, 또는 사상사 학자들의 일반적인 방법처럼 단지 개별개념의 발생과 변화만을 분석의 중심에 둔다면 그 결과는 단지 하나, 즉 어휘사로 역사를 대체하여 최종적으로는 역사를 은폐하고 말 것이다.

6. 문명등급의 경전화: 19세기 이래의 국제법

법학자 게오르크 슈바르첸베르거(Georg Schwarzenberger, 1908-1991)는 유럽 국제법에 대해 회고하면서 다음과 같은 저명한 말을 남겼다. "문명과 국제법 사이의 복잡한 관계는 국제법의 근본적인 문제이다. 그것은 또 현재 가장 중요한 법학문제이기도 하다."* 이 명언의 배후 역사는 이미 500년에 걸쳐 있기 때문에 본 논문에서 그 전모를 정리할 수는 없다. 그러나 독자들은 이미 국제법의 핵심개념을 둘러싼 역사적 맥락에 대해 어느 정도 인식했을 것이다. 유럽 국제법이 승인하는 주권국가는 단지 문명국가일 뿐이다. 따라서 주권을 둘러싸고 전개되는 '승인의 정치'―19세기 국제법의 성문법 중 주권 '승인'론(the doctrine of recognition)―는 우선 국제법이 어떻게 문명의 등급을 세우는가에 의해 결정된다. 그런 연후에야 더 나아가 지구상의 어떤 집단 혹은 국가가 주권을 지니고 있으며, 어떤 집단 혹은 국가가 주권이 없거나 혹은 부분적인 주권만을 보유하고 있어 유럽인의 식민적인 '규치'를 받아들여야 하는지를 판단할 수 있다. 요약하면, 문명등급이 국제법의 기본원리를 수립하는 데 근본적인 의의를 지니고 있다는 것이다.

전지구의 '규치'가 문명등급을 부단히 세부화하고 구체화하기를 요구함에 따라, 국제법의 의리(義理)도 부단히 변화하면서 풍부해졌다. 특히 유럽 계몽주의 이후, 새롭게 대두된 정치경제학, 역사단계론, 인종학, 정치지리학, 진화론 그리고 인류학 등 근대 분과학문의 지식은 졸졸 흐르는 시냇

---

* Georg Schwarzenberger, "The Standard of Civilisation in International Law", in George W. Keeton and Schwarzenberger, eds., *Current Legal Problems*(London: Stevens & Sons, 1955), p.212.

물처럼 조금씩 문명등급의 홍수 속으로 흘러들다가, 19세기에는 더이상 억제할 수 없는 큰 조류를 형성하였다. 그리고 이러한 대세가 국제법 영역 내에서도 곧 경전적인 문명등급의 기준으로 체현되었다.

문명등급은 야만에서 몽매·미개화로, 몽매·미개화에서 반(半)문명으로, 다시 반문명에서 문명개화로 발전하는, 우리에게 익숙한 진화론적인 역사관을 형성하였다. 문명 5단계론이든, 4단계론이든 혹은 3단계론이든 (때로는 반문명과 몽매·미개화가 합해져서 제2단계가 되기도 한다), 이러한 문명기준은 19세기에 와서야 비로소 경전화되기 시작했다. 경전적인 문명기준은 세계의 모든 국가와 종족을 그 가운데 편재시켰으며, 그것은 국제법의 조문에 편입되고, 교과서에 수록되는 등 상식화되어 유럽 열강과 기타 국가가 체결하는 불평등조약 속에도 반영되었다.* 19세기 초에 출현한 대량의 정치지리학 교과서, 인류학 저작, 문학과 역사학은 모두 문명진화 사상의 낙인을 지니지 않은 것이 없었다. 그것이 대표하는 역사 진보주의는 시간적으로 다윈이 제기한 생물진화론보다도 앞선다.** 이러한 진보주의 이념에는 이미 애덤 스미스 이래의 사회단계론과 같은 유럽 계몽사상의 진보관 뿐만 아니라 오귀스트 콩트(Auguste Comte, 1798-1857)의 사회학 실증주의의 발전관도 지니고 있었으며, 더욱이 지리상의 대발견 이래 전 세계 각 지역에서 행해진 유럽인의 식민 경험이 축적되어 있었다.

이제 문명을 제외하고 주권을 논하는 것은 불가능하게 되었다. 이것이

---

* 5등급 문명론은 savage, barbarian, semi-civilized, civilized, enlightened이고, 4등급 문명론은 savage, barbarian, semi-civilized, civilized(여기서 civilized와 enlightened가 하나로 합해짐), 3등급 문명론은 savage, barbarian, civilized(여기서는 barbarian과 semi-civilized가 같은 단계로 합해짐)로 구성된다.

** Brett Bowden, *The Empire of Civilization: The Evolution of An Imperial Idea*(Chicago: University of Chicago Press, 2009).

유럽과 미국 국제법 저작—특히 19세기 국제법 저작—이 장기간에 걸쳐 취해왔던 방법이다. 당대에 법학사를 연구하는 학자 가운데 마르티 코스켄니에미(martti koskenniemi)는 매우 세밀하고 투철한 연구를 보여준다. 그의 저서『국가문명을 추동한 온화한 신사: 국제법의 흥쇠, 1870—1960』은 2001년 출판된 이후 학계로부터 많은 주목을 받았다. 이 책은 아마도 슈미트의『전지구의 규치』이래 가장 영향력 있는 저작일 것이다. 코스켄니에미는 그의 저서에서 19세기 국제법의 변화를 중점적으로 서술하고 아울러 국제법 교과서의 영향을 분석하였다. 그에 의하면, 그 교과서의 저자들은 한결같이 문명기준을 국제법이 의존하고 있는 기초로 보았으며, '정의'와 '인도' 같은 개별적인 자연법 원칙이 국부적으로 몽매·미개화의 국가에 적용될 수 있다는 점을 제외하면, 절대다수의 국제법 이론은 단지 문명국가와 관련이 있다고 여겼다. 그렇다면 19세기의 법학자들은 중국과 아시아 국가 모두에게 어떤 지위를 부여했던 것일까? 코스켄니에미는 다음과 같이 지적하고 있다. "만약 (국제)법의 어떤 부분이 때로 터키(오스만제국) 혹은 아시아의 각 대제국에 적용된다면, 그것은 단지 '예외적이고 제한적인 방식'으로 취해질 뿐이며, 모종의 구체적인 목적을 달성하기 위한 것일 뿐이다."*

그러나 19세기에 더욱 가열된 유럽 열강의 식민지 확장은 또다른 문제를 야기하였다. 비록 유럽인이 한편으로는 시시콜콜 동양인의 악습(Oriental vice)을 비난하였지만, 다른 한편 그들은 해외 식민지 약탈 과정에서 거듭해서 유럽문명의 위선과 문명국가의 잔혹함을 드러냈다. 이것은 식민주

---

* Martti Koskenniemi, *The Gentle Civilizer of Nations: The Rise and Fall of International Law 1870-1960*(Cambridge: Cambridge University Press, 2001), p.73.

의를 비판하는 인사들에게 많은 증거를 제공하였으며, 문명론의 도의 자체를 파열시킴으로써 의심스러운 것으로 만들었다. 조지프 콘래드(Joseph Conrad)의 소설 『어둠의 심연*Heart of Darkness*』은 19세기 말에 출판된 이후, 왜 유럽인의 마음속에서 그토록 큰 충격을 일으켰던 것일까? 내가 이해한 바로는, 뛰어난 수법으로 창작된 모더니즘 소설이어서라기보다는, 오히려 처음으로 유럽인이 문명론 자체의 파열을 직시하게 하고, 메타서사의 방식으로 유럽문명의 도의는 어디에 있으며 유럽인은 무슨 근거로 아프리카의 토지자원을 점령하려 할 뿐만 아니라 아프리카 '야만인'을 모두 절멸시키려 했는가(바로 소설 속 인물 커츠Kurtz가 "모든 짐승들을 제거하겠다Exterminate all the brutes"라고 한 것처럼)를 스스로 반성토록 만든 데 있지 않은가 생각된다. 이러한 자기반성을 행하는 데는 바로 문학가가 가장 능하다. 그는 유럽문명론 내부에서 이미 출현한 파열을 거의 더이상 미봉할 수 없을 정도로 더욱 확대시켰다. 『어둠의 심연』이 베를린 아프리카 회의(1884년) 이후, 바로 유럽 열강이 아프리카 분할을 가속화한 그 십여 년 사이에 집필되었다는 것은 결코 우연의 일치가 아니다.

나는 콘래드의 문명론에 대한 반성은 유럽인이 어떻게 도의적으로 야만인과 몽매하고 미개한 민족의 악습을 비판하면서 또 한편으로는 그들의 토지와 자원을 약탈하고 아울러 태연자약하게 그들을 노예로 부릴 수 있었는가라는 점에 있었다고 생각한다. 하지만 이러한 작가들은 매우 극소수였다. 똑같이 문명론의 파열을 보았으면서도 반성을 거부한 작가와 학자들은 사회진화론과 같은 다른 곳으로부터 사상자원을 찾아 자신들의 주장을 합리화할 수 있었다. 19세기 사회이론과 국제법은 사회진화론을 받아들여 문명등급론이 드러낸 여러 가지 균열을 보완하기 시작했다. 왜냐하면 진화론은 지구 공간에 분포되어 있는 서로 다른 민족과 문화적 차이

를 모두 역사단계의 차이로 해석하고, 지구 공간에서 이러한 분포의 차이
는 단지 사회발전단계의 선진과 후진을 나타낸다고 보았는데, 이러한 논리
는 사회이론의 측면에서 완전히 합리적인 것으로 받아들여졌기 때문이다.
또 선진사회가 후진사회를 비판하여 그들이 악습을 버리고 문명국가를 지
향하고 자본주의 질서(노역과 피노역의 관계)에 가입할 것을 요구한 것도 다
시 한번 문명등급론을 합당하고 당연한 이치로 부각시켰다. 영국의 역사학
자 버로우(J. W. Burrow, 1935-2009)는 이러한 시공개념의 전환은 바로 진보
주의의 핵심이며, 그것은 순식간에 "사회이론을 도덕론이자 정치이론으로
전환시켰다"*고 지적하였다.

청말 중국인이 비교적 잘 알고 있던 19세기 국제법 권위자는 미국인
헨리 휘턴(Henry Wheaton), 즉 『만국공법』의 저자였다.** 휘턴의 시각에서
문명의 진보(the progress of civilization)는 역사논리로서 조금도 모호한 것
이 아니었다. 19세기 국제법 발전에 대한 휘턴의 영향은 매우 커서 그의
『국제법 원리Elements of international Law』(1836)는 가장 일찍 중문으로 번역되
어 동치(同治) 3년(1864)에 출판되었는데, 당시 역서명이 바로 『만국공법』이
었다. 이것은 청말 비교적 완전하게 번역되어 출판된 첫번째 국제법 텍스트
이다. 물론 번역문 가운데는 생략된 부분이 많아 사실 초역(抄譯)본에 가
깝다.

국제법에 대한 휘턴의 정의는 문명국가 사이에 준수해야 하는 공법 조

---

* J. W. Burrow, *Evolution and Society: A Study in Victorian Social Theory*(Cambridge: Cambridge University Press, 1966), pp.98‒99.
** 내가 『옥스퍼드 국제법 역사수첩』을 위해 쓴 휘턴의 생애 및 그의 19세기 국제법에 대한 공헌에 관한 서술 참고. Lydia H. Liu, "Henry Wheaton" in *Oxford Handbook of the History of International Law*, eds., Bardo Fassbender and Anne Peters with Simone Peter and Daniel Högger (Oxford: Oxford University Press, 2012), pp.1132-1136.

례(條例)였다. 『만국공법』의 역자인 선교사 마틴은 civilized nations라는 개념을 '복화지국服化之國'*으로 번역했는데, 반세기도 되지 않아서 청말 사람들은 civilized라는 단어를 '복화服化' 혹은 '개화'로부터 또 '문명'으로 바꾸어 번역하였다. 그리하여 사람들은 더이상 civilized nations를 '복화지국'으로 번역하지 않고 '문명국'으로 번역하였으며, 이러한 변화는 후쿠자와 유키치의 일본어 한자 번역어 '문명'으로부터 영향을 받았음에 틀림없다.** 오늘날의 시각에서 보면, 후쿠자와 유키치의 '오역'은 마틴 등의 '직역[正譯]'보다 훨씬 더 영향력이 있었다. 그 이유를 보면 주로 청일전쟁 이후 청말에서 민국 시기 매체들이 일본 메이지유신 시기 인물들의 저작들을 크게 추종하고 번역·소개했던 것이 주요 요인이었다.

그러나 '복화지국'의 문제에 있어서, 마틴 및 그와 협력하여 『만국공법』을 번역한 청말 학자들은 후쿠자와 유키치처럼 사실을 오도하는 번역을

---

* '복화지국'은 어휘적인 의미로 보면 '모종의 규범에의 순종順從, 적응, 귀화歸化한 나라'라는 의미에 가깝다. ―역자 주

** '문명'과 '계몽'의 중국어 번역상의 문제점에 대해서는 본서에 실린 궈창린의 문장에서 지적하고 있다. 그에 의하면 청말 선교사의 civilized에 대한 번역어는 '文明(문명)'이 아니라 '開化(개화)' 혹은 '服化(복화)' 등이었다. 이러한 번역은 '문명'에 비해 더 정확하고, 중국어 가운데 문야 구분의 용법에 더 부합한다. 19세기 말, 이 번역어는 후쿠자와 유키치의 일본 번역어 한자 '文明(분메이)'에 의해 대체되었다. 후쿠자와 유키치는 동시에 enlightened를 '開化(카이카)'(오늘날에는 '啓蒙케모'로 번역함)로 번역하였는데, 이는 바로 civilized 와 enlightened의 의미를 전도시킨 것이다. 이러한 전도는 설사 번역상의 잘못된 방식이라 할 수는 없다 하더라도, 후쿠자와 유키치가 영어단어를 제대로 이해하지 못해서 발생한 것임은 분명하다. 사실 한자의 '開化(개화)'는 civilized의 문야 구분에 더 가깝다. 이에 비해 '文明(문명)'이라는 단어에서 '明(명)'자는 영어의 enlightened의 어근인 light(빛)에 잘 부합한다. 따라서 civilized는 '개화'로, enlightened는 '문명'으로 번역하는 것이 더 합리적인 번역방법이라고 할 수 있다. 하지만 유감스럽게도 후쿠자와 유키치의 외국어(영어와 한어) 능력은 제한적이어서 오역을 낳았을 뿐만 아니라 언어문자의 사회적 약속 및 관습성에 의해 간수록 더욱더 의미가 어긋되었다.

하지는 않았지만, 그 '직역' 역시 본질을 오도하는 면이 적지 않다.* 이는 주로 마틴이 '복화지국'에 대한 휘턴의 명확한 정의를 모호하게 처리한 데서 잘 드러나는데, 그 결과 마틴은 문명등급 가운데 '지나국'이 아직 '복화지국'에 속하지 않는다는 중요한 문제를 모호하게 만들었다. 예를 들어 휘턴은 저서에서 프로이센의 국제법 학자 사비니(Friedrich Carl von Savigny, 1779-1861)의 다음과 같은 말을 인용하고 있다. "그러나 우리들의 교화는 예수의 가르침에 근거하여 점차 흥성했으며, 우리로 하여금 이 공법에 따라 천하의 만국을 대하도록 요구한다. 그들이 어떤 가르침을 추종하든, 그들이 이 공법을 통해 우리를 대하는가의 여부와 상관없이 말이다." 언뜻 보기에, 마틴 등이 "the progress of civilization"을 "우리들의 교화吾儕之化"로 번역한 것이 마치 유럽과 미국 문명의 변화와 발전을 서술한 것처럼 보이지만 사실은 그렇지 않다. 원문의 저자는 단도직입적으로 다음과 같이 말하고 있다. "문명의 진보는 기독교를 바탕으로 삼고 있다. 그것은 점차 우리가 세계 각국과 함께 공존할 때 이와 유사한 법률을 준수하도록 이끈다. 이러한 국가들이 무슨 종교를 신봉하든 또 그들이 같은 방식으로 우리를 대하길 원하든 아니든 관계없이."** 휘턴은 각국의 풍속이 다르고 종교 신앙도 다르며 심지어 법률 전통도 각기 다르지만, 오직 기독교에서 기원한

---

* 1863년 총리아문(總理衙門)의 공친왕(恭親王)은 4명의 대학자를 선정하여 마틴을 도와 『만국공법』을 번역도록 하였다. 그 4명은 바로 진흠(陳欽), 이상화(李常華), 방준사(方濬師)와 모홍도(毛鴻圖)이다. 『만국공법』의 번역 과정에 대한 상세한 분석은 필자의 『帝國的話語政治』 제4장 참고.

** 원문은 다음과 같다. "The progress of civilization, founded on Christianity, has gradually conducted us to observe a law analogous to this in our intercourse with all the nations of the globe, whatever may be their religious faith, and without reciprocity on their part." Henry Wheaton, *Elements of International Law*, 8th edition (Oxford: Clarendon Press Oxford, 1866), pp.21-22.

문명의 진보만이 인류에게 있어서 보편적인 가치를 지닌다고 확신하고 있었다. 우리는 반드시 휘턴의 착안점이 "우리들의 교화"가 아니라 문명진보의 보편성이라는 점을 명확히 인식할 필요가 있다. 휘턴은 문장에서 항상 "복화(civilized)"와 "예수의 가르침을 신봉하는 자(Christian)"를 병치시켜 논하거나 혹은 양자를 동등시하기조차 하였다. 이것은 얼마나 대단한 자신감과 자만심의 표현인가! 마틴의 번역문은 명확히 이러한 자만심을 일부러 은폐시키고 있다.

사실, 휘턴은 기독교를 기초로 한 문명이 지구상에서 홀로 빼어날 뿐만 아니라 전 세계에 보편적으로 적용 가능한 것임을 증명하기 위해 애썼다. 그는 저서에서 이를 위해 각종 증거를 열거하였는데, 특히 제3판 수정본─제1차아편전쟁 후의 판본과 새롭게 국제조약의 사례를 증보한 이후의 판본─에서 오스만제국과 청 정부도 불가피하게 본국의 관례를 포기하고 서구의 공법을 따르기 시작했다는 점을 거듭해서 강조하였다. 『만국공법』의 번역문은 비록 발췌 번역이기는 하지만 여전히 기본적인 주요 의미를 담고 있는데, 여기서 관련 문구를 인용하면 다음과 같다.

> 예수의 가르침을 신봉하는 유럽과 아메리카 여러 국가가 아시아, 아프리카의 회족 국가 등과 교류하고 있으며, 그들은 비록 교화가 서로 다름에도 불구하고 자신의 법을 버리고 우리 서방西方의 공법을 따르고 있다. 즉 터키, 페르시아, 이집트, 바르바리(Barbary)등 제 국가는 최근 상호적인 사신 파견[通使]의 규칙에 따라 우리와 서로 사신을 파견하고 있다. 유럽 각국은 터키가 자주적이고 분열되지 않은 상태를 유지하는 것은 균세의 법(마틴 주: 강국으로 하여금 그 세력을 균등하게 하여 서로 업신여기지 않게 힘으로써 약소국弱小國이 인정을 얻게 하는 것으로, 실로 태평을 위한

중요한 방법이다)과 크게 관계가 있다고 여긴다. (반 구절 생략) 예수교를 신봉하는 유럽, 아메리카 여러 국가가 또 최근 중국과 화의를 맺음으로써 중국은 이미 그 옛 금지를 완화하여 각 국가와 교류를 왕래하고, 평시이든 전시이든 항상 각국을 동등한 자주적인 국가로 인정하고 있다.

蓋歐羅巴, 亞美利加諸國奉耶穌之敎者, 與亞細亞, 阿非利加之回回等國交際往來, 彼雖敎化迥異, 亦屢棄自己之例, 而從吾西方之公法. 卽如土耳其, 波斯, 埃及, 巴巴裏諸國, 近遵通使之例, 而與我互相遣使也. 歐羅巴諸國常以土耳其之自主不分裂與均勢之法(譯者注: 所謂均勢之法者, 乃使强國均平其勢, 不特以相淩, 而弱國賴以獲安焉. 實爲太平之要術也). 〔此處省略半句〕 大有相關.歐羅巴, 亞美利加諸國奉耶穌敎者, 與中國邇來亦共議和約,中國卽弛其舊禁與各國交際往來,無論平時, 戰時, 要皆認之爲平行自主之國也.*

---

* 『萬國公法』(北京: 同治三年崇實版) 卷一, p.12. 원문은 다음과 같다. "It may be remarked, in confirmation of this view, that the more recent intercourse between the Christian nations of Europe and America and the Mohammedan and Pagan nations of Asia and Africa indicates a disposition, on the part of the latter, to renounce their peculiar international usages and adopt those of Christendom. The rights of legation have been recognized by, and reciprocally extended to, Turkey, Persia, Egypt, and the States of Barbary. The independence and integrity of the Ottoman Empire have been long regarded as forming essential elements in the European balance of power, and, as such, have recently become the objects of conventional stipulations between the Christian States of Europe and that Empire, which may be considered as bringing it within the pale of the public law of the former.

The same remark may be applied to the recent diplomatic transactions between the Chinese Empire and the Christian nations of Europe and America, in which the former has been compelled to abandon its inveterate anti-commercial and anti-social principles, and to acknowledge the independence and equality of other nations in the mutual intercourse of war and peace." Henry Wheaton, *Elements of International Law*, p.22.

휘턴은 인용한 문장의 끝부분에서 중국을 언급했지만, 원문과 번역문의 어휘와 어조는 크게 다르다. 마틴 등은 휘턴이 말한 "중국은 이미 그의 뿌리깊은 반상업적이고 반사회적인 원칙을 포기하도록 강제되었다"는 구절을 "중국은 이미 그 이전의 금지를 완화하여"라고 번역함으로써 중국이 강압에 의해 '복화지국'의 대열에 참여하게 되었다는 어조를 크게 약화시켰다. 비록 휘턴이 동시대의 다른 국제법 학자들처럼 중국과 터키를 직접 몽매 혹은 반문명국가라고 부르지는 않았지만, 중국과 터키(오스만제국)가 '복화지국'에 속하지 않는다는 것은 이미 국제법의 상식으로 되어 있었기 때문에 바로 위 인용문과 같은 서술논리가 가능했던 것이다.[*]

국제법의 시각에서 볼 때, 문명국가의 대열에 가입한다는 것은 무엇을 의미하는가? 일본의 운명이 바로 이것을 가장 잘 설명해준다. 반문명 신분의 치욕에서 벗어나기 위해 일본인은 최대한 사회변혁과 부국강병, 탈아입구를 추진하여 아시아 국가 중 가장 먼저 성공적으로 문명국가 대열에 합류한 국가가 되었다.[**] 일본인의 문명 지위 상승은 전 세계에 대해 하나의 좋은 소식이 선포된 것이나 다름없었다. 즉 반문명국가 일본은 구미인이 자국에서 향유하던 치외법권을 폐지하고, 영미 등이 강권으로 체결한 불평등조약을 개정할 수 있게 되었을 뿐만 아니라 관세에 대한 자신의 통제권을 다시 확보할 수 있는 가능성을 엿보게 되었다. 당시를 돌이켜보면, 청

---

[*] "서방"이라는 이 단어는 원문상에는 보이지 않는다. 원문상의 "those of Christendom"(크리스트교 국가의 국제관례)을 마틴 등은 "우리 서방의 공법"이라고 번역하였는데, 그 의미는 비록 큰 차이가 없지만, "서방"이라는 이 개념이 청말 시기에 어떻게 구성되었는지에 대해서는 주의할 필요가 있다.

[**] 문명론이 일본에 미친 영향에 대해서는 Albert Craig, *Civilization and Enlightenment: The Early Thought of Fukuzawa Yukichi*(Cambridge: Harvard University Press, 2009) 참고.

말 담사동(譚嗣同)이 항상 염두에 두고 있던 것이 바로 이것이 아니었는가 생각된다. 담사동은 마틴이 번역한 『만국공법』을 읽고 나서 만감이 교차하는 가운데 다음과 같이 말하였다. "『만국공법』은 서구인의 인의(仁義)가 지극한 책으로서 바로 『공양춘추』의 법이다."* 왜 『공양춘추』로 『만국공법』을 비유하였을까? 이와 관련하여 일찍이 량치차오가 설명한 바 있다. 그는 「문야 삼단계 구분」에서 다음과 같이 말하였다. "서구의 학자는 세계 인류를 3등급으로 구분하고 있다. 첫째 야만인, 둘째 반개화인, 셋째 문명인이 그것이다. 이것은 『춘추』의 의미로 보면 거란세, 승평세, 태평세에 해당한다. 모두 단계가 있어 순서대로 나아가는데, 이것이 진화의 공리이며 세계 인민이 공인하는 바이다."** 량치차오의 문야 삼단계설은 후쿠자와 유키치의 『문명론의 개략』 중 문명발전 3등급 구조를 수용한 것임이 분명하다.*** 그런데 후쿠자와 유키치의 문명론은 미국의 정치지리 교과서 등 '서학─가장 자주 보는 중고등학교 교과서─의 동양으로의 전파' 통로인 편역을 통해 받아들인 것이었다.**** 그럼 량치차오가 말한 '반개화인' 가운데 중국인 자신이 포함되어 있는가? 그에 대한 대답은 이어지는 다음과 같은 수식어 속에 있다. "우리 국민을 한번 돌이켜보면, 우리 중국은 이 3등급 가운데 어디에 있는 것일까? 갑자기 두려워지는 듯하다!"

량치차오, 담사동과 그 밖의 청말 유신인물들은 일본의 성공은 결코 논리적으로 『만국공법』 혹은 기타 유럽과 미국의 국제법이 "서구인의 인의

---

* 譚嗣同, 「報貝元徵」, 『譚嗣同全集』, 北京: 中華書局, 1981, p.423.

** 梁啓超, 「文野三界之別」, 『飮冰室合集』 專集之二, 北京: 中華書局, 1989, pp.8-9.

*** 본서 중 자오징화의 「후쿠자와 유키치 '문명론'의 등급구조와 그 원류」 참고.

**** Albert Craig, *Civilization and Enlightenment* ; 鄭匡民, 『梁啓超啓蒙思想的東學背景』, 上海: 上海書店出版社, 2009, pp.63-65; 본서 중 궈솽린의 「근대 편역으로부터 본 서학 동점: 지리 교과서를 중심으로」 참고.

가 지극한 책"이라는 점을 증명하는 것이 아니라, 단지 유럽인이 설정한 경전적인 문명기준이 유럽과 미국인의 일방적인 바람만은 아니었다는 점을 증명할 뿐이라는 것을 끝내 이해하지 못했다. 이러한 문명기준은 일본이 성공적으로 문명국가의 대열에 가입함으로써 구미 문명국가 이외의 지역에서 인정을 받기 시작하였으며, 갑자기 지구상의 많은 국가들이 자발적으로 받아들이는 진리가 되었다. 량치차오와 담사동은 문명등급이 진화의 공리이며, 세계 인민들이 공인하는 것이라고 보았지만, 실은 이와는 정반대로 보아야만 한다. 즉 이는 그들 자신(및 일본인과 기타 모든 반문명국가의 엘리트들)이 억압적인 상황에서 그러한 진화의 공리를 승인하고, 스스로 '반개화인'임을 인정함으로 인해 비로소 문명등급이 점차 사람들의 마음을 지배하여 마치 세계에 의해 공인되는 것처럼 된 것이다. 이러한 공인의 결과, 량치차오, 담사동, 캉유웨이 등이 주목하던 『춘추』의 법은 더이상 『만국공법』과 동등하게 취급될 수 없었을 뿐만 아니라 이미 『만국공법』의 보편성에 의해 대체되었다.

일본의 국제법상 신분이 반문명국가에서 문명국가로 상승했음을 보여주는 가장 상징적인 사건은 바로 일본이 유럽과 미국 등 여러 국가가 발기한 국제조직에 가입하여 정식으로 성원국이 된 것이다. 국제법 역사학자인 장원한(江文漢, Gerrit W. Gong)은 19세기 경전적인 문명표준에 대한 심도 있는 연구를 통해 우리에게 다음과 같이 상기시켜주었다. "바로 일본이 그러한 기준에 복종하여 '문명'국가로 받아들여졌기 때문에, '문명'의 기준은 비로소 유효한 보편적인 원칙으로 변모하였으며, '문명'국가의 신분으로 국제사회에 가입하려는 모든 비유럽 국가들에게 적용될 수 있었다."* 장원한

---

* Gerrit W. Gong, *The Standard of "Civilization" in International Society*(Oxford:

에 의하면 일본은 하나의 사례가 아니라 새로운 보편성의 함의를 지니고 있다. 경전적인 문명기준 앞에서 일본은 이미 반문명국가와 비유럽세계로부터 벗어나 곧바로 낙후한 국가들이 본받아야 할 모범으로 변화하였다. 제1차세계대전이 끝난 후, 일본은 정말로 국제연맹(League of Nations)의 성원국으로서 국제연맹 협약 제22조인 '문명의 신성한 신탁信託(the sacred trust of civilization)' 서명에 참가하였으며, 나아가 반문명국가를 위탁관리하는 주권국가 가운데 하나가 되었다. 일본이 획득한 것은 '문명의 신성한 신탁' 제3등급의 자격으로, 그것이 주관하는 지역은 유럽의 패전국이 이전에 남태평양에서 소유하고 있던 식민지였다.*

제1차세계대전 이후 설립된 '문명의 신성한 신탁'이 어떤 체계인지 독자들에게는 생소할 수도 있다. '문명의 신성한 신탁'이란 말 그대로 문명국가가 반문명국가와 몽매·미개화 지역을 위탁관리하는 신성한 책무를 말한다. 이러한 위탁관리 체계는 제1차세계대전 이후에 출현한 것으로, 1919년 파리강화회의에서 서명한 「베르사유조약」에서 기원한다. 그 가운데 국제연맹 제22조에서는 전승국가―주로 영국, 미국, 프랑스―가 독일과 같은 패전국이 아시아와 아프리카 각지에서 소유하고 있던 식민지를 새롭게 분할하고, 동시에 오스만제국 붕괴 이후 중동 지역 및 지중해 지역―예를 들어 이라크의 건립, 팔레스타인의 이후 운명 등은 모두 '문명의 신성한 신탁' 시기가 남긴 유산이다―에 대해 새로운 이익분배를 실시하

Clarendon Press, 1984), p.29.

* 비록 그렇다 하더라도, 반문명국가의 어두운 그림자는 여전히 일본을 둘러싸고 있었다. 일본 대표가 파리강화회의에서 제기한 '종족 평등'안은 최종적으로 국제연맹에 의해 부결되었다. Thomas W. Burkman, *Japan and the League of Nations: Empire and World Order, 1914-1938*(Honolulu: University of Hawaii Press, 2007).

는 것을 승인하였다. 이로부터 알 수 있듯이, 일본이 '문명국가'의 대열에 진입했다는 것은 일본이 유럽과 미국의 제국들과 결탁하여 전체 지구에 대한 식민지 '규치'를 시작했다는 것을 의미한다.

이러한 의미에서, 1919년 연합국이 파리강화회의에서 중국을 배신하고, 「베르사유조약」의 제156-158조에서 독일 식민지였던 산둥반도에 대한 통치권을 일본에게 부여함으로써 '5·4' 반제국주의 운동 등 중대한 사건을 유발했던 것은 국제법의 문명등급 논리의 필연적인 결과라고 말하지 않을 수 없다. 어떤 학자들은 '5·4'사건의 원인을 중국 외교상의 실패로 돌리고, 또 어떤 학자들은 일본과 영국의 배후 거래에 의한 것이라고 보고 있다. 이러한 해석은 일정 정도 타당성이 있기는 하지만 너무 단순하게 사태의 표면적인 요인에 주목하지 않았나 생각된다. 일단 산둥 자오저우(膠州) 지역은 논외로 치더라도, 똑같이 1차세계대전의 참전국이자 연합국의 성원이면서도 일본은 왜 '문명의 신성한 신탁' 국가가 된 반면, 중국은 연합국을 위해 그렇게 많은 피와 희생을 치르고도 결국에는 반식민지의 처지를 벗어날 수 없었는가?* 이것은 간단한 외교상의 성패 문제도 아니고, 또 북양정부의 연약함과 무능함만으로 충분히 설명될 수 있는 성질의 것도 아니다. 여기에는 '부국강병'의 논리가 내재되어 있음을 부정할 수 없지만, 문제는 '부국강병'이 그 모든 것을 설명해줄 수 있는가 하는 점이다. 만약 그것이 정말로 일본이 왜 전쟁에서 승리했는가(청일전쟁, 러일전쟁 그리고 제1차세계대전)를 설명해준다면, 그것은 마찬가지로 일본이 그후에 왜 패전했는지(중일전쟁과 제2차세계대전)도 설명할 수 있다. 그것도 아주 비참하게

* 중국과 제1차세계대전의 관계에 대해서는 Xu Guoqi, *China and the Great War: China's Pursuit of a New National Identity and Internationalization*(Cambridge: Cambridge University Press, 2005) 참조.

패전하여 지금까지 세계에서 유일하게 핵무기의 공격을 받은 국가이자, 결국에는 미국의 전후 처리에 복종하여 지금까지 국가의 주권이 불완전한 상태에 있는 상황에 대해서 말이다. 이 모든 것은 일본이 적극적으로 전지구에 대한 구미 제국(帝國)의 '규치'에 참여하고, '문명국가'가 인정하는 전쟁과 평화의 논리에 진입하려 애쓰는 것과 연관이 있지 않은가?

청말 이래로 부국강병의 꿈은 줄곧 문인 지사들의 마음속에서 떠나본 적이 없다. 만약 제1차세계대전 전후 시기에, 당시 북양정부가 연약하지 않았거나 중국이 일본처럼 '문명국가'의 대열에 가입할 수 있었다고 가정한다면, 중국도 '문명의 신성한 신탁' 국가가 되어 일본과 유럽 및 미국 열강을 본받아 타국을 정복하려 하지 않았을까? 만약 이러한 가설이 성립한다면, 그것은 바로 역으로 '문명국가'의 대열에 가입하는 것은 곧 유럽과 미국 제국의 전지구에 대한 식민적인 '규치'에 참여하는 것을 의미할 수 있음을 다시 한번 말해준다. 이러한 가설은 결코 환상적인 것이 아니며, 특히 21세기의 오늘날 더욱더 깊이 사고할 필요가 있다.

국제법의 문야 구분에서 20세기의 두 차례 세계대전에 이르기까지, 이른바 문명 주권국가는 역사적으로 줄곧 전지구의 '규치'라는 논리의 일부분이었다. 100여 년 전, 일본은 경전적인 문명기준에 복종하였고, 그 결과 이후의 운명이 뒤따르게 되었다. 또 중국인은 반식민지에서 벗어나는 과정이 매우 지난했는데, 이는 중국이 장기간 '반문명국가' 상태에 처해 있었던 국제적 지위와 밀접한 관련이 있다. 그러나 20세기의 중국에 대해서 보자면, 경전적인 문명기준에 복종하느냐 아니면 저항하느냐 하는 문제는 줄곧 미결정 상태였다. 결국 문제의 해답은 유럽과 미국 제국이 정한 근현대의 세계질서에 복종하느냐 아니면 저항하느냐에 달려 있다. 일본의 방식과 비교해 중국이 다른 점은, 중국인은 이러한 기준을 때때로 승인했다 거부했다 하며, 유럽과 미국 제국이 정한 근현대의 세계질서에 대한 복종과 반항 사이에서 배회했다는 점이다. 하지만 분명한 것은 적어도 사회주의혁명 시기에 중국이 걸었던 길은 명확히 경전적인 문명기준에 대한 부정이었다. 중국대륙에서 마오쩌둥이 이끄는 사회주의혁명 시기에 '문명'이라는 어휘의 출현 빈도가 가장 적게 나타나는데, 그 시기의 중국인은 더이상 자신의 문명 지위가 낮다는 이유로 치욕을 느끼지 않았으며, 신중국의 이른바 '억압 심리를 벗어나 기를 펴다揚眉吐氣'는 분명 이러한 의미를 함축하고 있다. 물론 이러한 변화는 고립적인 현상이 아니다. 그것은 전후의 세계적 조류, 특히 세계 각지에서 기세등등하게 확산된 민족독립운동 및 유럽과 미국 중심의 세계질서에 대한 저항운동과 밀접한 연관이 있다.

우리는 이어서 20세기의 민족독립운동과 유럽 및 미국의 세계질서에 대한 저항운동이 어떻게 경전적인 문명기준과 충돌하고 힘겨루기를 했는지를 살펴볼 것이다. 그 가운데 가장 심원한 의미를 지닌 사건은 대양으로 서로 멀리 떨어져 있는 유엔에서 발생하였다. 당시 유엔의 인권위원회는 바로 「국제인권규약」을 기초하고 있었는데, 그 성원국은 1950년 유엔회의에서 인권의 보편성을 둘러싸고 논쟁을 전개하였다. 유럽과 미국의 경전적인 문명기준은 바로 역사적인 대논쟁에서 처음으로 공개적 청산을 겪었으며, 결국에는 대회에서 표결을 통해 민족자치(self-determination)를 인권규약 속에 명기하여 보편적인 인권의 중요한 구성요소로 삼았다. 여기서 우리의 관심은 인권, 자치, 경전적인 문명기준 이 세 가지가 도대체 어떻게 연계되어 있는가, 왜 경전적인 문명기준이 새로 성립한 유엔에서 대논쟁을 야기하였는가 하는 점이다.

7. 유엔의 「세계인권선언」: 경전적인 문명기준에 대한 도전

제2차세계대전 종결과 더불어 성립된 유엔의 부속 국제사법재판소는 「국제사법재판소법규Statutes of the International Court of Justice」중 제38조 (1)c 조항에서 국제사법재판소는 반드시 "문명국가가 인정하는 보편적인 법률 원칙"을 실시해야 한다고 규정하였다.* 여기서 "문명국가"라는 표현은 당연히 서구 식민주의 전성시대의 잔여물로서 경전적인 문명기준에 근거하고 있으며, 현행 유엔 국제사법재판소 조항 속에 지금까지도 남아 있다. 장원한의 비평에 의하면 이것은 "사람들을 난감하게 하는 구시대적인 논조"로서, 이는 다시 한번 우리에게 19세기 유럽 식민열강과 제1차세계대전 이후 '문명의 신성한 신탁'을 상기시킨다.** 그러나 이에 관한 나의 해석은 장원한과는 다소 차이가 있다. 제38조의 '문명국가' 논조는 반드시 시대착오적인 것만은 아니다. 그것은 바로 전후 세계질서의 재편과 전전 세계질서 사이에 복잡하게 얽힌 연관이 존재하고 있음을 말해준다. 만약 오늘날 그 관계의 단서를 찾아본다면 우리는 당대 국제법 속에 잔존하는 '문명국가'의 각종 유물을 볼 수 있을 뿐만 아니라, 설사 "문명의 신성한 신탁"이라는 표현을 접한다 하더라도 크게 놀랄 필요가 없음을 알게 될 것이다. 예를 들어 「유엔헌장」 제73조에는 다음과 같은 규정이 있다.

유엔 각 회원국은 자신이 책임을 지거나 관리 책임을 담당하고 있는 영토에서, 그 인민이 아직 충분한 정도의 자치에 이르지 못한 경우, 그 영

---

* 「국제사법재판소법규」는 1945년 유엔헌장에 부응하여 출현하였다.

** Gerrit W. Gong, *The Standard of "Civilization" in International Society*(Oxford: Clarendon Press, 1984), p.69.

토 주민의 복지를 지상의 원칙으로 함을 인정하고, 아울러 본 헌장이 수립한 국제 평화와 안전 체계하에서 그 영토 주민의 복지를 최대한 증진하는 의무를 **신성한 신탁**으로 수용한다.*(강조는 저자)

이 조항의 내용은 1945년 여름, 제2차세계대전이 종결될 무렵에 기초되었다. 사실상 조항 가운데 이른바 "유엔 각 회원국"이 실제로 지시하는 것은 식민지 종주국이며, 그 주요 의미도 식민지 종주국이 어떻게 식민지에서 양호한 통치를 시행할 것인가였다. 즉 이것은 모두 통치자가 부담해야 할 '책임'과 '의무'에 관한 것이고, 또 전후 평화와 안전을 유지하는 국제 신질서를 위한 것이었다.

「유엔헌장」 제1조 제3단락의 인권에 대한 정의, 즉 "전체 인류의 인권 및 기본적인 자유를 존중하고 종족, 성별, 언어 혹은 종교를 구분하지 않을 것"과 비교하면, 위에서 인용한 「유엔헌장」 제73조는 식민지 피통치자의 인권과 자유에 대해서는 한 자도 언급하지 않았으며, 단지 '신성한 신탁'의 종주국이 응당 담당해야 할 책임을 언급했을 뿐이다. 이러한 대조는 다음과 같은 문제를 제기한다. 즉 「유엔헌장」 제1조 제3단락의 보편적인 인권

---

* The United Nations Charter, Article 73, http://www.un.org/en/documents/charter/chapter11.shtml. Retrieved November 9, 2012. 중국어 번역은 『聯合國憲章』, 北京: 中外出版社, 1950, p.65 참고.

「유엔헌장」 제73조 중 위 인용문의 원문은 다음과 같다: "Members of the United Nations which have or assume responsibilities for the administration of territories whose peoples have not yet attained a full measure of self-government recognize the principle that the interests of the inhabitants of these territories are paramount, and accept as a sacred trust the obligation to promote to the utmost, within the system of international peace and security established by the present Charter, the well-being of the inhabitants of these territories, " 역자 주

에 대한 신조는 제73조의 통치 도덕과 충돌하지 않는가? 이미 알고 있는 바와 같이, 그 이전의 경전적인 문명기준과 인권이론은 각각의 논리에 따라 각자의 이념을 발전시키면서 상호교차되는 경우가 드물었다. 설사 그들 사이에 잠재적인 충돌이 있다 하더라도, 실제적인 충돌은 1950년에 가서야 비로소 폭발되었다.*

「국제사법재판소법규」가 반포되고 나서 5년 후, '문명국가'의 개념과 보편적 인권―즉 '세계인권'이라 부름―의 개념은 마침내 정면으로 충돌하였다. 그사이 5년 동안, 「세계인권선언The Universal Declaration of Human Rights」이 기초되었고, 「국제인권규약」의 세 가지 중요한 문건 가운데 하나로서 1948년 12월 10일 유엔회의에서 통과되었다.**

이상한 것은 1950년 10월 25일, 유엔이 뉴욕 레이크 석세스(Lake Success)에서 개최된 제3기 위원회 5차 회의에서 「국제인권규약」 및 그 시행조치에 대해 토론할 때, 영국, 프랑스, 벨기에, 네덜란드가 돌연 「규약」에 부가된 '식민지 제안提案'을 제출했다는 것이다. 그 제안의 목적은 그들이 통치하는 식민지와 이른바 자치영토를 「국제인권규약」 적용범위에서 제외하기 위한 것이었다. 이 제안에서 내세운 것은 바로 경전적인 문명기준으로, 그것은 사회문화의 차이를 이유로 인권은 결코 식민지 인민에게 적용될 수 없다고 강조하였다. 벨기에 대표 페르낭 디호세(Fernand Dehouse)는 다음

---

* 유엔인권규약의 형성에 관한 자료 연구는 필자의 논문 Lydia H. Liu, *Shadows of Universalism: The Untold Story of Human Rights around 1948*, Critical Inquiry 40, no. 4 (Summer 2014): 385–417 참고

** 유엔에서 후에 통과시킨 또다른 두 건의 규약은 각각 「시민적 및 정치적 권리에 관한 국제규약International Covenant on Civil and Political Rights」과 「경제적·사회적 및 문화적 권리에 관한 국제규약International Covenant on Economic, Social, and Cultural Rights」이다.

과 같이 발언하였다.

식민지 조항의 목적은 본 규약이 서명국이 책임지고 있는 영토, 특히 다자간 조약에 관련된 영토에 자동적으로 적용되는 것을 막기 위한 것이다. 왜냐하면 다자간 조약의 협정이 각 협약국의 행위규칙을 규정하고 있는데, 이러한 행위규칙이 종종 **고등등급의 문명**을 전제하고 있어 아직 이러한 발전 정도에 이르지 못한 사람들의 관념에 부합하지 않기 때문이다. 이러한 행위규칙을 이러한 사회에도 동시에 요구하는 것은 그들 사회의 기초를 파괴할 위험이 있다. 이것은 이러한 사회를 오늘날 **문명국가**가 장기간의 발전 과정을 통해 도달한 수준에 일거에 이르게 하려는 것이나 마찬가지이다.*(강조는 저자)

프랑스 대표 르네 카생(René Cassin)도 이러한 식민지 제안을 지지하였다. 그의 반응은 당시 사람들에게 자못 의외였다. 왜냐하면 카생은 보편인권의 저명한 옹호자로서, 선언문의 기초 과정에서 일찍이 인권위원회의 핵심구성원으로 활동했기 때문이다. 그러나 카생은 당시 회의에서 다음과 같이 발언하였다. 보편인권규약은 "프랑스 본토에서는 대략 몇 개월이면 완성할 수 있는 변혁에 해당하지만, 해외 영토에서 동일한 변혁은 장기간에 걸쳐야 비로소 완성할 수 있을 뿐만 아니라 상황에 따라서는 공공질서를 위태롭게 할 수도 있다. 왜냐하면 그곳의 사람들은 이러한 변혁을 받아들일 사상적 준비가 되어 있지 않기 때문이다. 어찌되었든, 이러한 조치는

---

* UN General Assembly, 5th session of the Third Committee, 25 October 1950, A/C3/SR292, p.133.

인류의 진보를 저해할 수 있는 위험요소가 있다."*

당시 영국, 프랑스, 벨기에, 네덜란드는 여전히 해외 식민지를 보유하고 있었다. 따라서 이러한 오래된 식민지 종주국 대표들의 발언 속에서 경전적인 문명기준이 여전히 맴돌고 있는 것은 결코 이상할 것이 없다. 문명기준이 인권의 보편주의를 상대화했다는 것은 명확하다. 카생과 같은 걸출한 법률가가 보편주의를 주장했다가 또 문명등급의 차이를 주장했다 하는 변화무쌍한 추리방식은 국제법의 주권개념 예외론과 서로 잘 부합한다(바로 앞서 토론한 바와 같이 '문명국가'에는 완전한 주권을 부여하고, 반면 '반半문명국가'에는 치외법권을 강제한 것은 바로 주권의 예외에 해당한다). 1950년 식민지 제안을 둘러싼 논쟁을 통해 우리는 문명등급론을 주장하는 것은 서구 민주국가 특히 식민지 종주국의 대표이고, 인권의 보편적 가치를 옹호하는 것은 제3세계 국가와 사회주의 진영의 대표임을 알 수 있다.

이집트 유엔대표 마흐무드 아즈미 베이(Mahmoud Azmi Bey)는 디호세와 카생의 발언에 대해, 문명등급론의 주장은 "바로 히틀러가 인류를 가치가 서로 다른 집단으로 구분한 이념을 연상시킨다"고 비판하였다. 이라크 대표 베디아 아프난(Bedia Afnan)은 "어떤 민족은 카생조차도 승인했던 인류의 태생적 권리를 향유할 수 없을 정도로 진화가 덜 되었다고 보는 근거가 무엇인가"라고 반문했다. 에티오피아 대표 이므루 젤레케(Imru Zelleke)도 "어떤 국가가 다른 국가에 비해 낙후했다는 사실이 결코 그들을 규약에서 배제하는 이유가 될 수는 없다. 반대로 그들의 낙후 원인은 바로 그곳의 사람들이 장기간 기본적인 자유를 향유할 수 있는 기회를 가지지 못했기

---

* UN General Assembly, 5th session of the Third Committee, 26 October 1950, A/C3/SR294, p.152.

때문이다"라고 지적하였다.* 그들의 발언이 보여주는 바와 같이, 문명등급론의 관점은 아시아와 아프리카 국가의 유엔대표들로부터 공감을 받지 못했다. 아시아와 아프리카의 유엔대표들 대부분은 보편적인 인권을 지지하고 어떠한 예외론도 받아들이지 않았다.**

당시 중화민국 유엔대표였던 장평춘(張彭春)은 설득력 있는 연설을 통해 유럽과 미국 대표들이 식민지 제안을 위해 제기한 이유, 특히 그 가운데 함축된 문명등급론을 조목조목 비판하였다. 장평춘은 경전적인 문명기준은 진정한 장애물이며, 그것이 기반하고 있는 것은 식민주의와 종족주의 논리라고 주장하였다. 유엔회의 기록에서 인용한 다음 단락은 바로 장평춘 발언의 요지를 잘 보여준다(회의기록에서는 장평춘을 3인칭으로 지칭하고 있다).

그러나 중요한 점은 우리가 관련 영토의 인민들이 인권에 대해 갈망하지 않는다고 가정할 어떤 근거도 없다는 것이다.

제2의 서술은 '문명등급론'을 명분으로 한 그럴듯한 주장과 관련이 있다. 각 대제국이 급속하게 확장하던 19세기에 사람들은 '제국의 발전'과 '문명'을 동시에 거론하기를 좋아했다. 당시, '토착인'이라는 단어는 새로운 의미로서 전적으로 비유럽인을 지시하기 위해 사용되었다. 그는

---

* UN General Assembly, 5th session of the Third Committee, 26 October 1950, A/C3/SR294, p.152.

** 물론 우리는 당시 인도의 간디가 대표적으로 보여준 또다른 관점도 무시할 수 없다. 당시 간디는 권리에 관한 어떠한 언설도 거부하고 관심의 초점을 직책과 의무에 두었다. Mahatma Gandhi, "Letter Addressed to the Director-General of UNESCO" on 25 May 1947 in *Human Rights: Comments and Interpretations*, ed. UNESCO (New York: Allan Wingate, 1940), p.10.

이러한 정의가 여전히 완고하게 일부 사람들의 머릿속에 잔존하고 있으며, 문명의 의미가 근본적으로 유럽인의 통치를 가리키고 있는 것에 대해 우려한다. 20세기 초에 이러한 태도에 대한 반발이 출현하기 시작하였으며, 특히 두 차례의 세계대전을 거친 후에 세계는 문명에 대해 완전히 다른 이해방식을 갖추어야 한다. 물론 사람들 간에 과학기술의 진보와 기타 진보는 정도의 차이가 있음을 부정할 수 없다. 그러나 현장에서 명시하는 바와 같이 이것은 결코 미개발 지역이 외래자의 억압을 받아 마땅하다는 것을 의미하지 않는다.

장평춘의 발언에서는 문명의 차이에 관한 논리를 명확히 경전적인 문명등급의 담론으로 귀결시켰다. 만약 문명의 개념이 일찍이 제국 확장과 유럽인의 식민통치를 위해 각종 합법적인 근거를 제공했다면, 제2차세계대전 이후에는 자연히 더이상 스스로를 합리화할 수 없었다. 장평춘은 이어서 식민통치를 분석하면서 그것이 바로 고난의 진정한 근원임을 지적하였다.

어떤 사람들은 식민자의 비자치영토(Non-Self-Governing Territories) 관리는 이득을 취하기 위함이라고 여긴다. 또다른 사람들은 식민자가 이러한 무거운 책임을 짊어지는 것은 완전히 공적인 마음에 의한 것이라고 말한다. 이러한 책임은 그렇게까지 무겁지는 않은가보다. 그렇지 않다면 왜 모든 관련 국가들이 다투어 이 책임을 감당하려 하겠는가? 하지만 모종의 의미에서 보자면, 식민통치는 부담인 동시에 이점도 있다. 비자치영토의 인민이 겪은 고난은 잠시 차치해두고, 식민 종주국이 그 가운데서 취한 막대한 이익도 논외로 한다면, 문제는 식민자 자신도 고통을 받는다는 점이다. 이 고통은 바로 권력이 그들 자신을 부식시키고 있다는 점이다. 유엔은 마땅히 그들이 더이상 이러한 권력에 의해 부식당하지 않도록 해야 한다. 이러한 방향으로 나아가는 첫걸음은 바로 이러한 식민지 제안이 규약의 초안에 반영되는 것을 거부하는 것이다.[*]

유엔회의에서 장평춘의 발언은 최종적으로 식민 통치자의 권력남용으로 야기된 도덕적 영향에 대한 지적으로 귀결되었는데, 이는 정확하고 명철한 인식이라 할 수 있다. 그의 예리한 분석은 프란츠 파농이 2년 후에 발표한 『검은 피부, 하얀 가면』에서 보여준 식민 통치자의 정신에 대한 분석과 거의 일치한다. 그의 발언은 동시에 아시스 난디(Ashis Nandy)가 『친밀한 적』[**]에서 식민 통치자에 대해 행한 심리적 진단을 예견하여 보여주는데, 난디는 식민자가 타자를 해칠 뿐만 아니라 스스로도 해친다고 진단하였다.

유엔에서 보편인권의 기초위원회 부의장을 겸했던 장평춘이 유엔회의에서 한 발언은 사람들의 주목을 받았으며, 그의 발언을 통해 우리는 일종의 신념을 확인할 수 있다. 그 신념은 바로 막 성립한 유엔은 이전과는 다른 세계질서를 창조해야 할 책임이 있으며, 그 사명은 보편적인 인권의 변론이나 식민지 제안에 대한 문제제기에 국한되는 것이 아니라 식민통치를 종식시키고 경전적인 문명기준을 폐지하여 더욱 공평한 국제사회를 구상

---

[*] UN General Assembly, 5th session of the Third Committee, 27 October 1950, A/C3/SR295, p.159.

[**] Ashis Nandy, *The Intimate Enemy: Loss and Recovery of Self under Colonialism*, Delhi: Oxford University press, 1993. (아시스 난디 저, 이옥순 · 이정진 역, 『친밀한 적(식민주의의 지배 및 실패 회복)』, 창비, 2015)

하는 것을 포함한다는 것이다.

유엔에서의 역사적인 투표는 1950년 11월 2일에 진행되었다. 다수 국가의 유엔대표들은 모두 「국제인권규약」 초안의 식민지 부가제안에 대해 반대표를 던졌다. 이는 바로 아시아, 아프리카, 라틴 국가의 승리였다. 유엔회의 기록이 말해주듯이, 반대표를 통해 아시아, 아프리카, 라틴 국가의 대표들이 '문명의 신성한 신탁'을 폐지한 것은, 유사 이래 경전적 문명기준과 보편적 인권 사이에 발생한 첫번째 정면충돌이었다. 충돌의 한편은 오래된 유럽 식민 종주국의 대표로, 그들은 경전적인 문명기준의 정당성을 적극적으로 옹호하였고, 다른 한편은 대다수 아시아, 아프리카, 라틴 국가의 대표로서, 그들은 인권의 보편성을 주장하며 문명등급론이 중간에서 방해하는 것을 허용하지 않았다.

가장 극적인 장면은 식민지 부가제안이 유엔회의에서 부결되고 나서 1주일도 지나지 않아 곧 민족자결권을 인권규약에 포함시키는 의제가 제출되었다는 점이다. 1950년 11월 9일, 인민의 자결권을 인권에 포함시키는 결의초안이 정식으로 유엔회의에 제출되어, 곧 아랍, 아프리카, 아시아, 라틴아메리카 국가 및 사회주의 진영의 모든 대표들의 열렬한 호응을 얻었다. 이 초안은 비록 식민지 종주국의 강렬한 반대에 부딪혔지만, 다음날 유엔회의에서 표결을 통해 통과되었다. 바로 이 결의로 인해 이후 모든 「국제인권규약」은 "모든 민족은 자결권을 가진다"는 문구를 포함하게 되었다.[*]

이러한 일련의 사건을 통해, 1950년 11월 2일 식민지 부가제안 실패와 1950년 11월 9일 자결권 결의초안 제기 사이에는 상호적으로 불가분의 인

---

[*] Burke, *Decolonization and the Evolution of International Human Rights*(Philadelphia: University of Pennsylvania Press, 2010), p.15.

과관계가 있음을 알 수 있다. 즉 오래된 식민지 종주국은 솔선하여 식민지 예외라는 부가조항을 제출하여 그들이 통치하는 속민들을 「국제인권규약」에서 제외시키려 하였고, 이러한 시도는 바로 모든 사람들에게 주권이 없으면 곧 인권도 없다는 것을 일깨워주었다. 그후에 자결권이 인권의 초안에 삽입된 것은 바로 오래된 식민지 종주국의 자승자박의 결과였던 셈이다.

1950년 유엔회의에서의 역사적인 투표를 회고하며, 역사학자 모인(Moyn)은 다음과 같이 말하였다. "이 중요한 날을 우리가 경축하든 후회하든 인권을 '민족' 자결로 귀속시킨 원칙은, 인권이란 집체와 주권을 필수적인 기초로 삼으며, 후자는 인권에게 있어서 최우선적이고 가장 중요한 권리의 문턱이라는 점을 강조한다."* 그러나 상술한 사건이 발생한 전후 순서를 조금만 유의한다면 인권과 민족자결권의 관계는 더욱 복잡하다는 것을 알 수 있다. 나는 인권이 주권으로 회귀되었다고 보기보다는 오히려 자결권이 인권에 삽입된 것은 완전히 새로운 정치적 발명이라고 생각한다. 이 발명은 무에서 출현한 것이 아니라 보편인권과 경전적인 문명기준이 충돌한 이후에 비로소 발생한 것이다.

8. 결론: 냉전 시기 인권담론의 변화

앞에서 서술한 바와 같이, 보편인권과 경전적인 문명기준의 충돌은 두

---

* Samuel Moyn, *The Last Utopia: Human Rights in History*(Cambridge: Harvard University Press, 2012), p.90.

가지 중요한 결과를 야기하였다. 하나는 구미 국제법의 경전적인 문명기준의 쇠락이고, 또하나는 민족자결권이 인권으로서 유엔의 「국제인권규약」에 삽입된 것이다. 그러나 냉전의 심화에 따라 이러한 역사는 곧이어 잊히고 또다른 문제가 출현하기 시작하였다. 즉 인권이 주권보다 더 중대한가 아니면 주권이 인권보다 더 중대한가 하는 문제이다. 이에 대한 일반적인 대답은 인권이 주권보다 더 중하다는 것이다. 이 문제는 1950년 유엔의 보편인권을 둘러싼 논쟁에서는 제기될 수 없었다. 왜냐하면 서구의 오래된 식민지 종주국의 관심은 인권이나 국가의 주권이 아니었으며, 그들이 지키려 한 것은 식민지 종주국의 특권과 경전적인 문명기준이었기 때문이다.

따라서 인권이 중요한가 아니면 주권이 더 중요한가의 문제는 역사를 부정하는 기초 위에서 진행되는 개념상의 교묘한 치환이다. 그러한 치환의 중대한 정치적 결과는 20세기의 민족독립운동을 전반적으로 부정하고 아울러 유럽과 미국의 경전적인 문명기준이 전후에 쇠퇴하게 된 사실에 대한 은폐이다.

물론 지금까지 보편인권에 대해 끊임없이 재해석이 이루어져왔으며, 이러한 해석은 항상 지정학적 정치와 연관이 있었다. 슈미트의 관점에서 보면, 제2차세계대전의 종결은 몇 세기에 걸쳐 지속된 유럽의 전지구 '규치'를 끝내고 미국이 주재하는 세계질서 및 미국인의 전쟁관에 자리를 양보했다는 것을 의미한다. 그러나 왜 냉전 시기에 인권과 주권 중 어느 것이 더 중요한가와 같은 문제가 제기되었는가? 이는 탈식민화와 민족독립운동의 파고가 전 세계를 휩쓸고 난 이후, 신흥 민족국가가 안팎으로 전례없는 도전을 받기 시작하고, 동시에 사회주의 진영 국가 사이에서도 심각한 분열과 모순이 출현했기 때문인 것으로 보인다. 이러한 상황에서 인권담론이 이데올로기의 각축장으로 변질되는 것은 피할 수 없는 것이었다.

20세기 후반 반세기 동안 인권에 대한 각종 해석 중 가장 두드러진 특징은 인권을 다시 서구 세계의 문명기준으로 전환시키는 것이었다. 예를 들어 인권학자 잭 도널리(Jack Donnelly)는 이러한 전환이 매우 필요하다고 보고, 그 이유를 다음과 같이 말하였다. "그 '문명'은 불과 30년 사이에 세계적으로 대학살, 강제수용소, 원자폭탄 및 두 차례 세계대전과 같은 끔찍한 파괴를 불러왔다. 그 결과 점점 더 아시아인과 아프리카인을 '문명답지 못하다'라고 간주하면서 그들을 자신의 문명등급 밖으로 배제하기 어렵게 되었다. 특히 제국주의의 다른 도덕과 정의의 주축들이 모두 와해된 이후에는."* 도널리는 유럽과 미국의 경전적 문명기준을 부정하고 나아가 인권을 제기하면서 현단계에서 새로운 문명기준으로서 가장 적합한 것은 인권이라고 주장하였다. 그의 해석에 따르면, 인권은 "20세기 후기 가장 중요한 진보개념이다. 이는 모든 국제 합법성 및 국제사회의 정식 회원 신분이 어느 정도 공정과 인도 혹은 문명적인 행동의 기준에 의거해야 한다는 것을 의미한다."** 이러한 말은 누구를 국제사회에 받아들이고 누구를 배제할 것인가 등에 관련된 경전적 문명기준의 언어와 법률체제를 거의 자구적으로 복제한 것에 가깝다.

도널리처럼 인권을 당대 세계의 문명기준으로 세우려고 노력하는 사람들은 모두 유사한 견해를 지니고 있다.*** 이에 대해 브렛 보든(Brett Bowden)은 다음과 같이 비평했다.

---

* Donnelly, "Human Rights: A New Standard of Civilization", *International Affairs*, vol.74, No.1 (Jan., 1998), pp.1-23.

** Ibid., p.21.

*** 크리스토퍼 홉슨(Christopher Hobson)은 '민주권리'를 언급하고 동시에 냉전 후 세계의 민주 거버넌스는 "이미 완전한 국제 합법성의 모범이 되었다"고 보았다. Hobson, "Democracy as Civilisation", *Global Society* 22:1 (2000), p.05 참고.

장기간 유럽인은 자신들이 역사발전의 최고 단계를 대표하고, 모든 다른 사람들은 그들보다 낙후되어 있어 마땅히 자신을 뒤따라야 한다고 여겼다. 최근 몇 년 동안 미국은 적극적으로 앞장서서 진보와 문명이라는 아우라를 두르고 있으며, 그것의 고도로 발전한 개인주의와 중상주의적 소비사회는 세계의 1인자로 군림하고 있다. 오늘날까지도 어떤 사람들은 '전통'사회와 '미발달' 사회들은 다른 사람들의 대대적인 지도가 있어야 비로소 유사한 정도로 '발달'한 단계에 이를 수 있다고 강조한다. 처음 야만인을 발견했을 때부터 지금까지 매우 오랜 시간이 경과하였다. 그때 사람들은 문명의 사명을 크게 내세웠는데, 그후 역사에 중대한 영향을 미쳤다. 지금 사람들은 걸핏하면 전통사회에 대해 간섭한다. 비록 처해 있는 시대가 다르지만 이러한 사람들의 언어와 관점은 오히려 전혀 새롭거나 낯설지 않다.*

보든이 서술한 것은 냉전 이래 서구 국가가 국제정치 영역에서 새로운 문명기준을 수립하려는 여러 시도들에 관한 것이다. 선후 인권의 노의와 합법성이 국제사회에서 보편적으로 제고됨에 따라 그것으로 경전적 문명기준을 대체하려는 추세가 출현하였는데, 가장 두드러진 시기는 바로 1977년 미국 대통령 카터가 취임한 이후이다. 그때부터 인권의 도의적 입장은 항상 미국 정부와 NGO가 소련과 사회주의국가, 그리고 민족해방운동 이후 부상한 신흥국가를 공격하는 수단으로 이용되었다. 하지만 이러

---

* Brett Bowden, *The Empire of Civilization: The Evolution of An Imperial Idea*(Chicago: University of Chicago Press, 2009), p.157.

한 방식은 종종 국제무대에서 사람들을 납득시키지 못했다. 그 이유는 미국 사회의 인권 기록에 여러 오점이 있다는 점 이외에도 특별히 주목할 만한 매우 풍자적인 현상이 있는데, 바로 미국 정부 스스로 장기간 유엔의 「국제인권규약」 가운데 진정으로 법률적 구속력을 갖춘 두 건의 규약에 대해 정식 비준을 거부해왔다는 점이다. 그중 하나는 「시민적 및 정치적 권리에 관한 국제규약」(1966년 유엔회의 의결)이고 또하나는 「경제적·사회적 및 문화적 권리에 관한 국제규약」(1966년 유엔회의 결의)이다. 1992년 미국 상원에서 비록 마지못해 「시민적 및 정치적 권리에 관한 국제규약」에 서명하였지만, 각종 저지와 방해로 인해 미국은 지금까지도 정식 비준을 하지 않아 미국 내에서 발효되지 않고 있다. 「경제적·사회적 및 문화적 권리에 관한 국제규약」 역시, 미국은 발효를 위한 준비는 고사하고 아직 서명조차도 하지도 않고 있다.* 이 세 가지 규약은 보편인권의 내용과 의의에 대해 세부적 설명과 규정을 두고 있을 뿐만 아니라 '삼위일체'의 통일적인 방식으로 「국제인권규약」을 구성하고 있다. 그 가운데 1966년 유엔회의에서 통과된 「시민적 및 정치적 권리에 관한 국제규약」과 「경제적·사회적 및 문화적 권리에 관한 국제규약」은 법률적 효력을 지닌 규약이다. 만약 이 두 규약이 무시되어 회원국의 비준을 받지 못한다면 「국제인권규약」이 어찌 무의미한 공문(空文)에 그치지 않겠는가? 이러한 상황에서 대대적으로 인권을 논하는 것이, 이론적이든 실천적이든 무슨 의미가 있겠는가?

---

* 유엔의 「국제인권규약」은 세 가지 문건이 있다. 즉 「세계인권선언」(1948년 유엔회의에서 통과된 선언으로 법률적 구속력은 없음), 「시민적 및 정치적 권리에 관한 국제규약」(1966년 통과되었으며, 법률적 구속력을 가지고 있음), 「경제적·사회적 및 문화적 권리에 관한 국제규약」(1966년 통과되었으며, 법률적 구속력을 가지고 있음)이 그것이다. 인권담론과 냉전에 관한 연구는 사무엘 모인(Samuel Moyn)의 *The Last Utopia: Human Rights in History* 참고.

이로부터 본다면 경전적인 문명기준이 쇠퇴한 후, 인권이 결국 그것을 대체하여 서구 세계의 새로운 문명기준이 되었다고 할 수 있는가? 그날이 오기를 손꼽아 기다려본다.

3장

문명, 이성과 종족개량 : 대동세계의 구상

량잔梁展
중국사회과학원 외국문학연구소 연구원

수백 년 이래, '문명'은 사람들이 자각적으로 승인하고 수용하는 규범으로서, 나날이 한 국가와 민족의 경제, 정치, 사회생활을 가늠하는 기준이 되어왔다. 그러나 역사적으로 볼 때, 문명론은 오히려 유럽 계몽운동이 내세웠던 이성주의 담론과 함께 서구 세계가 잔혹한 식민전쟁을 일으키고 식민무역을 강제적으로 시행하기 위해 구성한 것으로서, 보편적이고 객관적인 것이 아니라 특수한 지식형태이다. '문명'과 '야만' 그리고 서로 다른 문명형태가 고등과 하등으로 구분된다는 것을 상소하는 '문명등급론' 사상은 상술한 지식형태의 핵심적인 가치이다. 그들은 점차 형성되어· 오늘날까지도 여전히 서구 세계에서 지리학, 민족학, 인종학, 정치학, 법학(국제법) 등 학과의 '정치적 무의식'을 구성하고 있다.* 동시에 문명등급론은 억압적인 지식/담론의 실천으로서, 다른 한편에서는 식민지 혹은 일찍이 식민지 역사를 경험한 국가 지식인들의 인류 미래에 대한 낙관적인 상상을 좌지

---

* 문명론이 점차 국제법 이론의 기초로 자리잡은 역사 과정에 대한 상세한 분석에 대해서는 본서 중 류허의 「국제법의 사상 계보」 참고.

우지했거나 지금도 하고 있으며, 그러한 문명기준에 상응하도록 자신의 문명과 종족을 개조하려는 사상과 정치적 실천을 위한 자극제가 되고 있다. 본 연구의 취지는 18세기 이래 서구 정치지리학, 인종학적 지식과 담론 계보를 추소하고, 나아가 캉유웨이(康有爲)의 『대동서大同書』를 예로 삼아 문명등급론에 기반한 그의 종족개량(사상) 실천이 필연적으로 지니고 있는 허위성을 드러내는 데 있다.

1. 문명담론 실천과 인종학의 탄생

'문명'은 간단한 '철학개념'이 아니라 '계몽'과 함께 출현한, 푸코의 이른바 담론적 '사건들(les événements)'이다. 프랑스 '사상체계사'의 저자인 푸코에 따르면, 이른바 '사건'은 결코 원인과 결과의 연쇄사슬 속에서 역사적 필연성과 연속성의 지배를 받는 한 고리가 아니다. 그와 반대로, '사건'의 독특성이 지시하는 것은 역사의 '우연'과 '단절'이다.* 사실상, 정치사건과 마찬가지로 '문명'담론은 단지 '문명'이 발생한 일련의 담론사건 가운데 하나일 뿐이며, 우리의 임무는 "일련의 담론사건 사이에서, 즉 그 담론사건과 그것이 대응하는 경제체계, 정치적 공간과 제도 층위에서 발생하는 여러 사건들 사이의 각종 관계라고 불리는 것을 수립하고 묘사하는 데 있다. 간단히 말해 당면한 문제는 사람들이 '문명'담론을 말하는 그 순간에 그것이

---

* Michel Foucault, "Sur l'archéologie des Sciences. Réponse au Cercle d'épistémologie", Dits et Ecrits, ed. *par Daniel Defert et François Ewald*, vol.1(Paris: Gallimard, 2001), pp.724-759.

발휘하는 기능"을 명확히 밝히는 것이다.*

1929년 '아날학파' 역사학자 뤼시앵 페브르(Lucien Febvre, 1878-1956)는
일찍이 '문명'이라는 어휘 및 그 이념의 역사를 상세히 고찰한 바 있다. 우
리의 관심사는 결코 '문명'이라는 어휘의 기원이 아니다.** 언어사적 탐색이
든 개념사적 탐색이든 모두 '문명'이라는 담론실천과 다른 '사건' 사이에 존
재하는 각종 연관성을 드러내는 데 도움이 되지 않기 때문이다. 사실, '문
명'의 담론실천은 다중적이고 복잡한 네트워크와 층위, 즉 정치, 종교, 경
제, 제도적 층위 등에 종속되어 있다. 페브르는 '문명' 이념이 출현한 시대
를 다음과 같이 묘사하였다.

가히 '문명'의 시대라고 할 수 있다. 그것은 『백과전서』가 이를 위해 커
다란 사상적 노력을 기울인 후에 탄생하였다. 『백과전서』는 1752년에
편찬을 시작하였는데, 1752년과 1757년에 두 차례 관방에 의해 중단되
었다가, 1765년에는 디드로의 대담한 노력으로 다시 시작하여 1772년
에야 비로소 최종적인 성공을 이룰 수 있었다. '문명'은 『풍속론』이 출판

---

* Michel Foucault, "Dialogue sur le Pouvoir", Dits et Écrits, ed. *par Daniel Defert et
François Ewald*, vol.2(Paris: Gallimard, 2001), p.467.
** 일반적으로 'civilis(z)ation'이라는 어휘가 프랑스 문헌에 가장 일찍 출현한 때에 관해,
페브르는 불랑제(feu M. Boulanger, 본명은 Baron d'Holbach)가 『고대 사회 풍속
Antiquité devoilée par ses usages』(Amsterdam: Rey, 1766, Tome 3)을 편찬했던 1766년
이후라고 추정하였다. 또 언어학자 뱅베니스트(Emile Benveniste, 1902-1976)와 제네바
학파(Geneva School) 문학비평가 장 스타로뱅스키(Jean Starobinski, 1920-2019)는 '문
명'이라는 어휘가 경제학자이자 철학가인 미라보 후작(Victor Riqueti de Mirabeau, 1715-
1789)의 저작 『남자의 친구, 혹은 인구론*L'Ami des hommes, ou Traité de la
Population*』(Hambourg: Chretien Hérold, 1756-1762, vol.6)에서 최초로 출현했다고 지
적하였다. Brett Bowden, *The Empire of Civilization: The Evolution of an Imperial
Idea*, Chicago : University of Chicago Press, 2009, pp.27-28.

된 후 탄생되었다. 『풍속론』은 1757년 출판되자마자 곧 유럽 지식계에서 7,000여 권이 판매되었다. 그것은 인류의 주요 행위방식 가운데 하나, 즉 종합적인 방법을 통한 최초의 노력이었으며, 정치, 종교, 사회, 문학과 예술의 내용을 역사 속에 포함시켜 통합하였다. '문명'은 베이컨, 데카르트, 뉴턴, 로크가 이끌던 철학이 결실을 맺기 시작한 이후에 탄생하였다. 『백과전서』의 편찬을 위한 서문에서 달랑베르는 그들을 당시의 최종적인 정복자이자 진정한 왕이라고 여겼다. '문명'은 특히 '백과전서파'의 모든 구성원이 방법과 방향에서 이성과 실험을 중시하는 과학을 발전시키기 시작한 후에 탄생하였다. 과학은 『성경』을 무시한 뷔퐁(Comte de Buffon)을 모범으로 삼아 자연에 대한 정복에 전력을 다했다. 혹자는 몽테스키외의 뒤를 따라 인류사회 및 그 무한한 진리를 하나하나 범주화하였다. "문명의 영감은 새로운 자연철학과 인간의 철학에서 기원했다"라고 말해도 무방하다. 비록 이른 감이 있지만, 다음과 같이 보충해도 무방할 것이다. "그 자연철학이 바로 진화이고, 그 인간의 철학이 바로 완성이다."*

페브르에 따르면, 18세기 중엽 신과학의 원칙이 대두되던 시기가 바로 또 '문명' 이념이 출현한 시기이기도 했다. 계몽운동 전기 사람들이 열중했던 추상적 이념을 겨냥하여, '이성'과 '경험'을 숭상하는 신과학이 천문, 화

---

* Lucien Febvre, "Civilisation: Évolution d'un mot et d'un group d'idées", *Civilisation: le mot et l 'idée, Première semaine international de synthèse, Deuxième fascicule*(Paris: la Renaissance du livre, 1930), p.28; 또는 http://classiques.uqac.ca/classiques/febvre_lucien/civilisation/civilisation_idee.pdf 참고.

학, 지리, 농업, 제조업 그리고 정치, 종교, 사회, 문학과 예술 등 지식영역에서 기원하는 대량의 '사실'들을 흡수하고, 아울러 그로부터 모든 종류의 이성적 지식을 귀납하였다. 따라서 『백과전서』는 1750년 이전 인류가 인식할 수 있었던 모든 사실의 종합이라고 불릴 만하다. 그 가운데는 심지어 당시 유럽인이 아직 이해하지 못했던 유럽 이외의 광대한 대륙도 포함되어 있었다. "대량의 문헌을 편찬하는 작업은 수백 년에 걸친 위대하고 박학한 지식인들의 저작을 흡수하고 수많은 여행기를 탐색하였다. 그 여행기에서 묘사하고 있는 지리범위는 극동해안과 아메리카 그리고 유럽인들이 곧 탐험에 나서게 될 대양을 아우르고 있어 이미 문명화된 백인의 지식 시야를 크게 확장시켰다.

'문명'의 이념이 출현했을 때, 새로운 과학원칙은 이미 18세기의 각종 진부한 관념을 변화시켰다. 신의 이미지가 모호해지기 시작한 이상, 사람들은 단지 눈앞의 사실만을 믿을 수 있었다. 페브르는 사실에 대한 관심이 18세기 말에 이르러 점차 자연사와 인류사 학자들의 공통적인 취향이 되었다고 말했다. 그리하여 '사실'에 관한 과학이 일찍이 형이상학에 빠져 헤어나지 못하고 있던 '철학'을 대체하였다. 페브르에 의하면, "18세기는 정치와 구조의 측면에서 저술의 세기이다. 또 경제학과 사회과학의 측면에서 통계학의 출현으로 숫자가 숭상받은 세기이고, 기술적인 측면에서 조사에 열중하던 세기이다". 또한 "이론적 측면이든 실천적 측면이든, 일단 문제가 제기되면 대량의 서적 출판과 논문, 소규모 조사보고서의 작성이 뒤따랐다. 이러한 저서와 보고서들은 독립적인 개인에 의해 혹은 학술단체나 궁정의 관료에 의해 작성되었는데, 그들이 처리한 문제에는 인구, 임금, 생산재, 가격, 안전 등이 포함되었다."*

18세기 말에 나타난 이성과 경험과학의 흥기를 어떻게 이해해야 할까? 그와 동시에 혹은 그후에 출현한 문명담론 및 그 실천방식을 어떻게 이해해야 할까? 역사학자들은 단지 사실에 대한 세밀한 묘사에 만족하는 듯하고, 철학자와 사회학자도 '동일성'을 강조하는 이성이념에서 출발하여 과학을 이성발전의 한 고급단계로 간주하는 데 그칠 뿐이다. 다시 말해 자연과학과 인문과학은 그들에게 있어서 단지 동일한 이성이 분화한 결과일 뿐이다.** 따라서 근대이성과 실천과학은 일반적으로 유럽 지역에서 동일한 이성의 논리적 직선적 발전의 결과로 간주된다. 과학은 이성의 가장 최신 발전단계로 존중되며, 상당히 높은 수준에 도달한 인류정신과 사회진보를 상징했다.

그러나 20세기 50-80년대에 이러한 수학적 명료함을 추구하는 '고전적 이성주의'는 프랑스 과학사 연구자들의 도전을 받았다. 가스통 바슐라르(Gaston Bachelard, 1884-1962)는 데카르트의 이성주의를 "조악한 철학"이라고 지적하고,*** 인류의 각 지식영역에는 '기계이성', '전자이성' 등 서로 다른 성질의 '이성'이 존재한다고 보았다.**** 조르주 캉길렘(Georges Canguilhem, 1904-1995)은 '신이성주의'를 제기하고, 이성은 결코 선천적으로 사물이나 사상에 존재하는 것이 아니라 인류의 구체적인 생활경험을 규범화하는 제도화의 역량에 존재한다고 보았다. 즉 이성은 그것을 응용하는

---

* Lucien Febvre, "Civilisation: Évolution d'un mot et d'un group d' idées", *Civilisation: le mot et l 'idée* (Paris: la Renaissance du livre, 1930), p.31.

** 칸트, 헤겔, 콩트, 베버.

*** Pierre Wagner (dir.), *Les Philosophes et la Science*(Paris: Gallimard, 2002), p.950.

**** Gaston Bachelard, *Le Rationalisme Appliqué*, 3ième Ed.(Paris: Presses Universitaires de Paris, 1966), pp.119-169.

많은 지식영역에 의해 결정된다. 그것은 우리가 이성을 실제로 운용하는 과정에서 창조해낸 것으로 우리야말로 이성의 창조자라는 것이다.* 푸코의 다원적 이성주의와 역사단절에 관한 사상은 명확히 상술한 '제한적 이성주의' 관념을 수용하였다. 하지만 역사학자로서 푸코는 결코 이에 만족하지 않았다. 왜냐하면 '파편화된 이성주의'는 16세기에서 18세기 이래 과학, 정치학, 법학, 경제학 등 많은 실천들 사이에 존재하는 '동일 근원성(homo-généilité)'을 충분히 설명할 수 없기 때문이다.

더욱 중요한 것은 푸코가 이성과 현대국가의 기능 전환 사이의 관계를 간파했다는 점이다. 그에 따르면, 인구, 임금, 생산재, 제품가격 등과 같은 새로운 경험과 사회적 사실들을 '발견'하고 주목하는 것, 그리고 이성형식으로 그것을 제도화하고 규범화하려 시도하는 것, 이러한 이성은 결코 중세기의 '신의 계시'나 계몽철학이 내세운 '초경험적 사실'에서 기원하는 것이 아니라 국가 자체를 출발점이나 목적으로 삼는 새로운 이성형식 즉 '국가이성(raison d'Etat)'에서 기원한다. 1978년 이래 푸코는 프랑스 아카데미에서 발표한 일련의 강연에서 16세기 말에서 17세기 초 유럽 국가에 통치기술의 차원에서 새로운 이성형식이 출현했다는 것에 주목하였다. 즉 그것이 중세기와 다른 점은 더이상 군주의 통치지혜, 정의정신 및 신령경모 등 개인의 사적인 도덕을 강조하지 않고, 또 신중한 행동과 자아반성적인 통치방식이나 새로운 국가 통치이성, 그리고 그 원칙과 응용영역을 강조하는 대신 중심을 국가의 기능 즉 '국가의 이성적 통치'로 전환시켰다는 점이다.

현대 주권은 더이상 신민의 신체에 대한 군주의 규제와 훈육으로 구현되지 않고 점차 그것이 보유하고 있는 '통치' 권력을 부각시켰다. "통치 즉

---

* Pierre Wagner (dir.), *Les Philosophes et la Science*, p.950.

제반 사안에 대한 지배권력은 그것들이 사물 자체에 유리한 목표에 부합하길 기대한다. 여기서 '제반 사안'은 더이상 마키아벨리가 말하는 '신민'과 '영토'가 아니라 통치 활동과 상관있는 모든 인간과 사물이 구성하는 복잡한 전체를 의미한다. 즉 그 가운데는 인간관계와 유대, 민중의 재산, 자원, 생산재, 국토 및 그 특성, 기후, 건조함과 다습함의 정도, 그리고 국토의 비옥함과 황폐함 등을 포함하고 있을 뿐만 아니라 민중과 관련된 풍속습관, 생활양식, 사유방식, 그리고 사람들이 시시각각 직면하는 의외의 사건과 불행, 예를 들어 기근이나 전염병, 사망 등도 포함한다.[*] 따라서 통치는 일련의 제도, 절차, 분석, 반성, 계산, 책략과 같은 권력(pouvoir)의 특수하고 복잡한 형식이 구성하는 전체이며, 그 주요 목표는 인구에 있고, 주요 지식형식은 정치경제학이며, 기본적인 기술수단은 국가의 안전조치이다.[**]

푸코에 따르면, 국가의 이성은 두 가지 정치지식과 정치기술의 전체에 기반한다. 첫째는 외교-군사기술이다. 그것은 국가 간의 연맹과 자신의 군사력에 의지하여 유럽 각 국가 간의 균형을 유지하고, 이에 의거하여 국가의 힘을 강화한다. 둘째는 사회를 개화(開化)시키거나 혹은 문명을 향해 나아가는 기술(la police)이다. 두 종류의 기술-지식 사이에 존재하는 것은 상업과 국가 간의 금융유통이며, 그 최종적인 목표는 국가의 인구, 노동력, 생산, 수출을 증가시킴과 동시에 실력이 강하고 수적으로 규모 있는 군대를 양성하는 것이다. 프랑스에서의 'police'는 오늘날 사람들이 이해한 바와 같은 협의의 경찰제도가 아니라, "국가의 내부역량을 강화하기 위해 취하는 일련의 필요수단으로 구성된 전체"를 가리킨다.[***] 푸코의 고찰에 의

---

[*] Michel Foucault, "La Gouvernementalité", *Dits et Écrits*, vol.2, pp.643-644.

[**] Ibid., p.655.

[***] Michel Foucault, "Sécurité, Territoire et population", *Dits et Écrits*, vol.2, p.721.

하면, 15세기 이래 'police'는 선후로 3가지 층위의 의미를 지녔다. 첫째는 정치권위가 통치를 행하는 공동체 형식이고, 둘째는 공동체를 공공권위에 복종토록 직접 추동하는 일련의 행위이며, 셋째는 훌륭한 통치에 따른 결과, 이른바 개화(開化) 혹은 문명이다. 17세기에 이르러 'police'는 또 완전히 다른 함의, 즉 "국가의 실력을 강화하고 동시에 국내질서를 양호하게 유지할 수 있는 일련의 조치"라는 의미가 추가되었다.* 바꾸어 말하면, 여기서 'police'는 국내질서의 유지와 국가실력의 강화 사이에서 유연하고 안정적이며 통제 가능한 관계를 수립할 수 있는 계산과 기술을 가리킨다. 이러한 의미에서 '개화'는 거의 양호한 정치통치 자체와 동등하며, 그 목표는 "인간의 행위에 대한 통제와 이를 위해 그것이 담당하는 직책에 있으며, 사람들의 행위 자체는 국가의 실력 강화를 촉진시킬 수 있는 서로 다른 요소를 구성한다."** '개화'의 구체적 임무는 인간에 대해 보편적인 교육과 훈련을 진행하고, 사람들의 일상 행위와 직업 활동을 국가 및 그 힘의 증강이라는 목표 속에 통합시키는 데 있다. 따라서 그것이 대면하는 것은 더이상 개체로서의 신민도 아니고 개인의 신체에 대한 규제와 훈육도 아니라 집단으로서의 인간, 즉 '인구'에 대한 관리이다. 따라서 인구수의 증가, 민중의 생명, 건강과 그 교류행위야말로 '개화 조치'가 응당 지속적으로 주목해야 할 문제가 된다. 요약하면, '개화'의 통치대상은 타인과 공존하는 모든 형식이다. 또 사람들이 제각각 서로 다른 직업에 종사하고, 그들 사이에는 각종 교류가 오가는데, 비록 '개화'가 민족-국가의 실천을 위해 복무하더

---

* Michel Foucault, *Sécurité, Territoire et population*(Paris: Gallimard et Seuil, 2004), p.321.
** Ibid., p.330.

라도 그 교류의 최종적인 목표는 인간의 사회성에 있다.*

　인구문제는 18세기 중엽에 출현하였다. 주로 인간사회에서 발생하는 각종 질병, 위험, 위기에 대응하기 위해 당시 채택한 '안전조치' 가운데서, 인구문제도 함께 출현하게 된 것이다. 예를 들어 전염병을 막고 기아문제를 해결하기 위해 국가는 통계학의 수단을 통해 인구수, 출생률, 사망률, 생명주기, 사망원인 등의 지식을 널리 파악하고, 인구수 변화에 대해 개입하고 조절할 필요가 있었다. 일반적으로 인구의 수와 질은 국가역량의 강약을 나타내는 중요한 요소이자 주권 역량의 중요한 특징으로 간주된다. 따라서 인구는 곧 그 적극적인 가치를 입증하기 시작했다. 하지만 푸코가 지적하는 바와 같이, 17세기에 인구는 이미 더이상 주권역량의 상징적 특징이 아니라 국가 혹은 주권을 발전시키는 동력의 원천이며, 국가역량을 증강시킬 수 있는 모든 제반요소의 전제조건이다. 수많은 인구는 농업생산을 위해 충분한 노동력을 제공하고, 제조업을 위해 필요한 노동자를 제공할 뿐만 아니라 군대를 위해 필요한 병력자원을 제공할 수 있다.

　중상주의 관점에 따르면, 수많은 인구는 결국 제품의 가격을 낮출 수 있고, 국가의 상업적 경쟁력을 제고시킬 수 있다. "인구는 재부의 원천이자 생산력이고, 인구에 대한 규제와 훈육을 실시하는 감시와 관리는 중상주의의 사상과 방안, 그리고 정치적 실천의 구성부분이다."** 중상주의 시각에서 인구는 여전히 주권에 복종하는 신민으로 간주되고, 통치자는 규칙과 법률, 정령(政令), 간단히 말해서 한 개인의 의지에 의거하여 인구에 대해 간섭을 할 수 있다. 이와 비교하여, 중농주의 시각에 의하면 인구문제

---

* Michel Foucault, *Sécurité, Territoire et population*, p.333.
** Ibid., p.71.

는 더욱 복잡한 자연과정으로서 법률-정치의 방식을 통해 직접 간섭할 수 없지만, 대신 인구를 경영하고 통치할 복잡한 정치기술이 필요하다. 왜냐하면 인구변화의 과정은 다음과 같은 '자연적 특성'을 지니고 있기 때문이다. 첫째, 인구는 결코 1차적인 자료가 아니다. 그것은 기후, 물질 환경의 변화에 따라 변화하는 자연요소이자 상업, 무역 등 경제요소와 장자계승권, 생육권과 같은 여러 가지 풍속·습관 및 종교·신앙적 요소에 따라 변화하는 일종의 변수이다. 둘째, 인구는 서로 다른 개체로 구성되고, 그 행위방식은 정확하게 예측하기 어려우며, 인구에 대한 통제는 반드시 인류의 자연적 욕망과 이익을 고려해야만 한다. 셋째, 인구의 변화는 재난, 우연적 계기, 개인행위 및 각종 복합적인 원인의 영향을 받을 수 있다.*

18세기 농업 생산량과 화폐 수량의 증가 그리고 인구의 급속한 팽창으로 인해, '통치'는 이전의 정치와 법률의 틀을 벗어나 새로운 정치적 실천방식이 되었다.** 반대로 인구는 '통치' 활동의 최종적인 목표가 되었으며, '통치' 실천은 "인구의 운명을 개선하고 그 재부와 수명을 증가시키며, 그 건강 상태를 개선하기 위해 노력"해야 할 뿐만 아니라, 아울러 각종 기술적 조치를 통해 인구 증가를 장려하고 인구의 유동을 촉진시켜야 한다.*** 신분, 지역, 재산, 책임, 관직의 등급에 따라 인류(le genre humaine)를 분류하던 방식은 인구문제가 출현함에 따라 점차 새로운 방식, 즉 물(物)의 종(種) 혹은 인종(l'espèce humaine)의 구분방식으로 대체되기 시작하였으며, 인간은 대자연의 생명계통 가운데 한 고리로 간주되었다. 따라서 '인간'은 린네(Carl Linnaeus, 1707-1778)의 생물분류학의 한 종류이자 뷔퐁(George Louis

---

* Michel Foucault, *Sécurité, Territoire et population*, pp.73-76.
** Michel Foucault, "La Guvermentalité", *Dits et Écrits*, vol.2, p.650.
*** Ibid., p.652.

de Buffon, 1707-1788)의 자연사 연구대상이 되었다.

동시에 인구는 '공공사물'이다. 그것은 여론이자 행위방식이고 풍속습관, 미신·편견과 각종 요구 등 제 방면의 집합이다. 따라서 푸코는 "물종으로서의 인간으로부터 출발하여 공공사무의 영역에 이른다. 우리는 새로운 현실의 완전한 영역을 얻었다. 그것은 권력시스템의 운용에 적합한 요소이다. 인간은 반드시 이러한 영역 내에서 그 영역을 겨냥하여 행동을 전개해야만" 하며, 따라서 "인구는 그것과 상관된 일련의 법률, 정치, 기술의 문제를 파생"시켰고, "인구문제는 이러한 일련의 지식영역 가운데서 출현하였다"고 하였다.* 간단히 말해서 인구문제로 인해 경제이론이 생산자와 소비자, 유산자와 무산자, 이윤 창조자와 향유자에 대해 주목하기 시작했다. 그 결과 경제학은 재부의 분석으로부터 정치경제학으로 전환되었다. 자연사 연구는 지리환경과 물종 간의 관계에 주목함으로써 생물학으로 전환되었다. 또 언어학은 언어의 주체를 중심으로 한 보편언어의 연구로부터 서로 다른 국가의 인구와 그 언어 사이의 관계를 고찰하는 어문학(語文學)으로 전환하였다. 요약하면 인구문제는 조종자 혹은 조작자(operateur)로서 모든 지식체계를 전복시키고, 아울러 지식을 생명, 노동 및 언어와 관련된 과학으로 이끌었다.**

지식체계에서 발생한 이러한 변화는 공간적 요소에서 시작되었는데, 인구와 지리환경 사이의 관계를 어떻게 이해할 것인가 하는 문제가 바로 18세기 말 출현한 인종학(ethnologie)의 연구대상이었다. 15세기 말 유럽인의 '지리상의 대발견' 과정에서 대륙과 해양 사이를 빈번히 오고간 수많은

---

* Ibid., pp.105-106.

** Michel Foucault, "La Guvermentalité", *Dito et Écrito*, vol.2, p.109.

항해탐험가, 상인, 여행가, 선교사들은 아메리카와 동방에 관한 견문록과 여행기록을 남겼다. 그러나 18세기 중엽에 이르러서야 비로소 각기 다른 민족의 도덕과 풍속에 대한 묘사를 목적으로 한 '인종지' 혹은 '민족지' (ethnographie)가 탄생하였다. 가장 먼저 그 학과의 이념을 제기한 독일인 뮐러(Gerhard Friedrich Müller, 1705-1783)는 그 자신이 바로 역사가이자 탐험가였다. 1733년부터 1743년 사이에 뮐러는 당시 러시아제국의 해군 함장을 맡고 있던 덴마크인 비투스 베링(Vitus Jonassen Bering, 1681-1741)이 이끄는 제2차 캄차카 탐험에 참가했다. 차르 표트르 1세의 명을 받은 2차 탐험 활동의 주요 목적은 러시아가 태평양과 일본으로 진출하는 항로를 개척하는 것이었다. 그 탐험 활동 과정에서 뮐러는 대량의 역사자료에 대한 독서를 통해 베링이 결코 가장 먼저(1730년) 베링해협을 발견한 사람이 아니라는 것을 발견했다. 시베리아 지역에서 진행된 과학여행을 계기로, 뮐러는 "세계의 모든 민족에 대해 전면적으로 서술하고", 아울러 "하나의 민족에 대해 심혈을 기울여 수집한 자료에 기초하여 새로운 과학을 개척하려는" 계획을 수립하게 되었다. 그에 따르면, '민족지'는 당연히 역사학의 한 부분이 되어야 하며, 그 성과는 후세 사람들이 향유해야 한다. '인종지'는 현존하는 각 민족들을 서로 비교할 뿐만 아니라 현존하는 인종과 역사적으로 존재했던 인종을 비교해야 한다. 뮐러의 '인종지' 구상은 아메리카 프랑스 식민지에서 선교 활동을 하던 예수회 선교사 조제프 프랑수아 라피토(Joseph François Lafitau, 1681-1746)의 『아메리카 미개민족과 고대풍속의 비교』*로부터 영향을 받았다. 그러나 라피토와 비교하여, 뮐러는 현존하는

---

* Joseph François Lafitau, *Moeurs des sauvages amériquains comparées aux moeurs des premiers temps*, 1-4 vols. (Paris, 1724).

민족 간의 비교 연구에 더 중점을 두고 있다.* 진정으로 '인종지'를 직선적인 역사 시간상에 두고 각 인종의 역사에 대해 규범화를 시도하는 학과** 인 '인종학' 혹은 '민족지'는 1780년대 이후에 와서야 비로소 출현하였다.

1783년 헝가리인 아담 프란티셰크 콜라르(Adam František Kollár, 1718-1783)는 그의 라틴어 저서에서 앞장서서 인종학(ethnologia) 이념을 제기하였다. 그것은 "인종과 인민에 관한 과학이며, 혹은 박학한 지식인의 연구이다. 그들은 이를 통해 수많은 민족의 기원, 언어, 풍속과 제도를 탐색하며, 결국에는 이러한 민족의 발원지와 조상을 심도 있게 탐구함으로써 그들 자신이 역사 속에서 한 민족 혹은 한 인민에 대해 더욱더 잘 평가할 수 있다."*** 콜라르는 정치가이자 역사학자이고, 터키어와 이란어 및 기타 여러 고전적인 동방언어에 정통했기 때문에 한 민족의 내부로부터 심도 있게 그 민족의 특징을 이해할 수 있었다. 그에 따르면, 민족학의 목표는 자신의 역사에서 한 민족과 한 인민을 "평가(judicium)"하는 것이다. 부연하면, 첫째, 인종학은 종족지의 지식형식에 가치평가의 기능을 추가한 것이다. 둘째, 인종학은 더이상 종족지의 공시적인 비교방식에 만족하지 않고 통시적인 비교를 더욱더 중시한다. 이러한 특징 이외에도 주목할 것은 콜라르에게 있어서 인종학이 가치를 평가하는 기준은 외부나 타민족이 아닌 한 민

---

* Gudrun Bucher, "Von Beschreibung der Sitten und Gebräuche der Völker", *die Instruktionen Gerhard Friedrich Müllers und ihre Bedeutung für die Geschichte der Ethnologie und der Geschichtswissenschaft*(Frankfurt am Main: Franz Steiner Verlag, 2002), S.201.

** 지식의 학과화, 즉 규율화(disciplinarisation)에 관해서는 Michel Foucault, "Il faut défendre la société", *Cours au Collège de France 1976*(Paris: Gallimard, 1997), pp.161-165 참고.

*** Adami Franc Kollarii, *Historiae iurisque publici regni Ungariae aemonitates*(Vindobonae: Typis a Baumeisterianis, 1783), p.80.

족과 인민 자신의 역사로부터 나온다는 점이다.

4년 후인 1787년 스위스인 알렉상드르 세사르 샤반(Alexandre César Chavannes, 1731-1800)은 인종학을 역사지식의 일종, 더 정확히 말해 "각 민족이 문명화로 나아가는 역사"라고 보았다.* 그에 따르면, 인종학은 사상 교육의 일부로서, 그 임무는 사람들이 다음을 이해하도록 돕는 것이다. 1) 공동체, 민족, 국가와 같은 서로 다른 사회집단에서 인류라는 물종의 분포상황. 정신, 풍속, 취미, 제도 등과 같은 각 민족의 특징과 그 민족이 처해 있는 '문명등급'. 2) 인류가 기원한 동방은 원래 '문명' 지역이었다는 점, 그리고 고대에 문명 상태에 있었던 동방이 현재의 야만상태로 타락한 원인. 3) 어로(漁撈), 수렵방식과 같은 인류의 원시적 사회형태의 형성 과정. 4) 생존의 필요에 의해 인류가 형성한 가정이라는 원시적 공동체. 5) 불완전한 사회가 처음 농업 생산방식에 의거하여 점진적으로 문명의 각 단계로 나아가는 과정. 6) 생산 활동이 사람들에게 최초의 재화를 창조하게 하였으며, 후자는 국가의 부의 원천이 됨. 이후 상업, 항해, 해군 및 전쟁과 같은 요인들이 국가의 문명화를 가속화시킴. 7) 이로부터 형성된 법률(민법, 형법, 국제법), 정치제도들은 국가의 힘을 증진하는 데 유익함. 8) 예술과 과학의 번영.** 이것이 샤반이 이해한 문명등급의 서열이며, 그것은 유럽의 특수한 사회역사의 맥락에 기반한 문명진보의 단계임이 명확하다.

콜라르의 '인종지'가 견지한 가치기준이 각 민족의 역사에서 기원한 반면, 샤반은 단일한 혹은 서구의 문명기준을 보편화하고 아울러 이민족의 역사를 평가하는 데 적용하였다. 샤반에 따르면, 인류사회는 "다중적인 문

---

* Alexandre-André-César Chavannes, *Essai sur l'éducation intellectuelle: avec le projet d'une science nouvelle*(Lausonne, 1787), p.253.
** Ibid., pp.98-103.

명등급"이 존재하며, 그러한 문명등급이 각각의 민족에게 명확한 차이를 부여한다. 그리하여 어떤 민족은 처음부터 시종 야만적인 상태에 처해 있는 반면 다른 민족은 야만상태에서 벗어나 문명의 경지로 진입하고, 또 어떤 민족은 더욱 높은 문명등급으로 사회를 발전시킨다. 그러나 "그 가운데 대다수는 또 일종의 야만적 상태, 심지어는 더욱 열악한 상태로 다시 타락할 수 있는데, 그 원인에 대해서는 더 많은 탐색이 필요하다"고 샤만은 지적하였다.[*]

샤만은 인종학의 지식형식을 문명의 담론실천 속에 귀속시켰다. 그 결과 문명의 담론실천이 지닌 가치판단 기능이 역으로 인종학에서 작용하게 되었다. 18세기 이래 형성된 '문명기준'은 사실상 인종학의 기준이었다. "우리에게 있어서 문명은 관찰자의 시선으로 본 특정 사회의 집단생활이 지닌 일련의 특징으로 구성되는 총체, 즉 물질생활, 정신생활, 도덕생활을 의미하는데, 왜 사회생활로써 이러한 악의적인 서술방식을 대신하지 않는가? 이 때문에 우리는 그것을 문명의 '종족지' 개념이라고 부를 수 있다."[**]

1836년 밀(John Stuart Mill, 1806-1873)은 「문명」이라는 글에서 "현시대는 엄격한 의미에서 명확히 문명의 시대이다"라고 지적하였다. 이른바 엄격한 의미에서의 '문명'이 가리키는 것은 '거칠고 야만적인 것의 반면反面'이다. "우리가 야만적 생활이라 부르는 특징이 어떠하든 간에, 그 반면이 혹은 사회가 이러한 것을 버리는 동시에 갖추게 된 성질이 바로 문명을 구성

---

[*] Alexandre-André-César Chavannes, *Anthropologie ou science générale de l'homme: pour servir d'introduction à l'étude de la philosophie et des langues, et de guide dans le plan d'éducation intellectuelle*, pp.98-99.

[**] 이탈리아 범죄학자이자 통계학자인 알프레도 니체포로(Alfredo Niceforo)의 말임. Lucien Febvre, "Civilisation: Evolution d'un mot et d'un group d' idées", *Civilisation: le mot et l' idée*, p.12에서 재인용.

한다." 야만적인 생활 상태와 상반되는 특징은 다음과 같다. 1) 수많은 인구와 고정된 거주지를 지니고 있음. 2) 농업, 상업, 제조업을 갖추고 있음. 3) 공동의 이익을 위해 연합할 수 있고, 개인의 안전을 보호할 수 있는 법률제도와 정의를 갖추고 있음. 이러한 '문명적 요소'가 "현대의 유럽, 특히 대영제국에 존재하고 있으며, 그 두드러진 정도와 그 신속한 진보의 상태는 다른 어떤 지역이나 시대를 능가한다."* 밀은 협력 능력 혹은 사회정치의 조직능력은 민족문명의 표지 가운데 하나라고 여겼다.** 간단히 말해서, 민족과 국가의 통치능력이 문명의 핵심이다. 19세기 말에서 20세기의 국제법 실천에서 이러한 문명기준은 주권국가에 대한 기본적인 정치적 요구였다. 이에 대해 장원한(江文漢, Gerrit W. Gong)은 다음과 같이 개괄하였다. "'문명'국가는 조직을 갖춘 정치관료 체계로서 존재하며, 그것은 국가기기의 운용을 효과적으로 유지함과 동시에 일정한 조직적 방위능력을 갖추고 있다."*** 이와 같이 문명의 담론과 실천은 인종지 혹은 민족지의 지식형식을 낳았고, 인종학 혹은 민족학은 반대로 이른바 '서구의 문명 사명'을 담당하기 시작했던 것이다.

---

* John Stuart Mill, *Essays on Politics and Society, Collected Works of John Stuart Mill*, ed. by J. M. Robson(Toronto and Buffalo: University of Toronto Press, 1977), pp.120-121.

** Ibid., p.123.

*** Gerrit W. Gong, *The Standard of "Civilization" in International Society*(London: Clarendon Press, 1984), pp.14-15.

2. 정치지리학과 체질인류학

18세기에 '국가이성'이 대두됨에 따라, 국가의 현실을 설명하는 지식형식인 통계학이 출현하였다. 독일어 혹은 영어에서 '국가(Staat/state)'는 통계학(Statistik/statistics)의 어원이다. 한 국가의 현황은 그 국가의 실력 혹은 통치수준의 집중적인 표현이며, 그 가운데 우선 중요한 요소는 인구 및 그 수, 출생률, 사망률, 그리고 개인 재화의 정도이다. 다음으로 그 국가의 잠재적인 재원, 예를 들어 산림, 광산 및 재화의 유통량, 무역 균형 상황, 세수와 관세 등등이다.* 인구조사를 임무로 하는 통계학은, 처음에는 '정치 산술(political arithmetic)'이라 불렸다.** 그것은 인구의 공간과 지리적 분포상황을 계산하는 데 치중하였는데, 그로 인해 프랑스 지리학자 콘래드 말테 브룬(Conrad Malte-Brun, 1775-1826)은 그것을 '정치지리학(La géographie politique)'이라 부르기도 하였다. 비록 말테 브룬이 이 새로운 과학의 연원을 16세기 초기까지 추소하기는 했지만, 1780-1783년 간에 이르러서야

---

* Michel Foucault, *Security, Territory, Population, Lectures at the Collège de France 1977-1978*, Edited by Michel Senellart. Translated by Graham Burchell. (London: Palgrave Macmillan, 2007), p.354.

** 중요한 통치기술로서, 호적 관리제도는 고대시기부터 있었다. 그러나 대규모의 인구조사와 계산 작업에 기초한 과학적 통계학은 서구 근대사회에서 탄생하였다. 17세기 중반, 수시로 창궐하는 페스트에 대응하기 위해, 찰리 2세와 영국정부의 관원으로부터 지시를 받은 존 그랜트(John Graunt), 윌리엄 페티 경(Sir William Petty)이 런던 주민의 연간 출생률과 사망률, 그리고 질병상황에 대해 통계를 만들었다. *Collection of Yearly Bills of Mortality, from 1657 to 1758 Inclusive*(London, 1759) 참고. 1741년 독일인 요한 페터 쥐스밀히(Johann Peter Süßmilch, 1707-1767)도 유사한 업무를 진행하였다. *Die Göttliche Ordnung in den Veränderungen des menschlichen Geschlechts, aus der Geburt, dem Tode und der Fortpflanzung desselben erwiesen*(Berlin, 1741) 참고. 이와 동시에 프랑스도 인구의 평균수명을 계산하는 업무를 시작하였다. Antoine Déparcieux, *Essai sur les probabilités de la durée de la vie humaine*(Paris: 1746) 참고.

'정치지리학'이 보다 완전한 형식과 독립적인 학과의 면모로 출현하였다.* 정치지리학, 수학지리학, 자연지리학은 지리학과의 3대 주요 부분을 형성하였다. 이것이 18세기에 널리 통용된 지리학 분류방식이다.

프랑스 총재정부 시기인 1799년 정치적인 이유로 파리로 도망을 온 덴마크인 말테 브룬은 '제국 관방 지리학자'라는 칭호가 따라다녔으며, 또 '북방 애국자'라는 별명으로 불리기도 하였다.** 그러한 말테 브룬에 따르면, 정치지리학의 임무는 정치적 구분방식에 따라 지구를 고찰하고 아울러 이러한 정치구분과 지구상에 존재하는 기타 시민사회 사이의 여러 관계들을 탐색하는 것이다. 바꾸어 말하면, 지리학의 정치영역은 공간의 시각으로부터 인류의 도덕과 정치존재를 다루는 연구이다.*** 따라서 말테 브룬에게 있어 지리학 연구는 호기심이나 '철학적' 숙고를 만족시키기 위한 욕망에 기반한 것이 아니며, 그 지리학의 3개 영역은 국가 및 그 재화와 역량의 증가를 중심으로 전개된다. 한 국가의 역량은 다음과 같은 요소에 의해 구현된다. 1) 토지 및 그 산출. 이것은 무엇보다도 주요한 요소이다. 2) 상업과 제조업. 3) 인구수. 4) 군사력과 대외관계. 상술한 각종 정치와 사회관계의 종합적 결과는 하나의 민족이 자기 특유의 언어, 종교, 풍속, 정치법률세도, 생활방식, 가정과 사회조직 및 예술, 과학, 문학을 형성한다. 이를 한마디로 표현하면 바로 '문명'이다. "모든 것은 변화를 겪게 되며, 따라서 어느 등급에 이르게 되면 수많은 요소 간의 상호결합에 따라 그것들은 결국 부단히

---

* Conrad Malte-Brun, "Précis chronologique des progrès de la géographie chez les nations européennes", Edme Mentelle et al., *Géographie mathématique, physique et politique de toutes les parties du monde*(Paris, 1803), p.73.

** Broc Numa, "Un bicentenaire: Malte-Brun(1775-1975)", *Annale de Géographie*, Année 1975, Vol.84, No.466, p.715.

*** Conrad Malte-Brun, *Précis de la géographie universelle*, t.2, p.575.

사람들이 어떤 민족에게 부여한 특징을 변화시키게 된다."*

말테 브룬은 '문명'이라는 이 어휘에 "매우 정확하고 엄격한" 의의를 부여해야 한다고 주장했다. 그는 다음과 같이 말했다. "최고의 학식을 갖춘 지리학자의 관점에 근거하여 우리는 인간이 알고 있는 세계의 모든 국가를 각각 '야만민족(les peuples sauvages)', '몽매 혹은 반개화 민족(les peuples barbares ou demi-civilisés)', 그리고 '개화민족(les peuples civilisés)'으로 분류할 것이다."** 이상 세 가지 문명등급에 대응하는 각 민족의 특징은 다음과 같다.

> 야만민족은 문자가 없고, 몸단장이 기이하며 본성이 동적이고 농업, 어업, 수렵에 종사한다.
>
> 몽매 혹은 반개화 민족은 문자와 어법, 외재적이고 의식적인 종교와 안정된 군사체계, 지식을 갖추고 있다. 그러나 단지 관찰을 통해 획득하여 비교적 산만하고, 예술은 평범하며 그 정치행위는 임시적이고 무계획적인 방어에 국한된다. 그리고 문명을 향해 진보하려는 최종목표가 없다.
>
> 문명(개화)민족은 지식이 과학으로 고양되고, 문학예술은 미묘하며, 안정적이고 장구한 입법, 정치, 전쟁 체계를 갖추고 있다. 신앙종교는 미신에서 탈피하고 도덕수양을 중시하며 자연법과 국제법을 준수하고 평화시기에는 각국을 벗으로 삼고 전쟁 시기에는 평민의 재산을 존중한다. ***

* Ibid., pp.601-606.

** Conrad Malte-Brun, *Traité élémentaire de la géographie*, 1 partie, ed. par Larenaudière et al. (Bruxelles : J. p.Melinn, 1832), p.182.

*** Conrad Malte-Brun, *Précis de la géographie universelle*, t.2. (Paris: Fr. Buisson, 1810), pp.609-610. 말테 브룬의 민족 분류에 관한 이러한 서술은 영국 지리학자 애덤스 (Th. Adams)의 「일반지리학의 역사-정치 입문*Introduction historico politique à la*

말테 브룬은 기자이자 정론가, 지리학자였지만, 거의 집밖을 나가본 적이 없는 '서재 지리학자'로서 인류와 자연의 관계에 대해 실질적인 관찰을 중시하지 않았고, 또 자연환경이 인류에 미치는 직접적인 영향에 대해서도 고찰하지 않았다. 이 점에 있어서 그는 계몽시대 및 동시대의 다른 프랑스 사상가 몽테스키외(1689-1755), 볼니 백작(comte de Volney, 1757-1820), 피에르 카바니스(Pierre Cabanis, 1757-1808) 등과 매우 다르다. 말테 브룬에게 있어서 정치행위는 인류와 자연을 중개하는 위치에 있으며, 인류의 사회생활

géographie universelle」이라는 글을 베낀 것이다. 이 문장은 말테 브룬과 그의 스승 에듬 멘텔(Edme Mentelle)이 주편을 맡았던 『수학, 자연과 정치지리학』이라는 책에 실렸으며, 이 책은 애덤스의 글 외에도 여러 국가의 지리학자, 역사학자, 박물학자, 여행가들의 글이 함께 실렸다. 애덤스의 글과 말테 브룬의 글 사이에 차이가 있다면 말테 브룬이 애덤스의 제2단계인 "몽매 혹은 반야만 민족(les barbares ou demi-sauvages)"을 "몽매 혹은 반개화 민족"으로 바꾸었다는 점이다. 앞의 책, 150쪽 참고. 말테 브룬의 문장 중 "최고의 학식을 갖춘 지리학자"가 가리키는 것은 애덤스임이 분명하다. 말테 브룬은 그후의 통속적인 지리학 저작에서 이러한 분류법을 계속해서 제기했을 뿐만 아니라 그것이 당시 혹은 그후의 수많은 지리학사전, 백과전서와 교과서, 예를 들어 그리스월드 굿스미스(S. Griswold Goodsmith)의 A System of School Geography: Chiefly Derived from Malte-Brun, 11ed. (Hartford: F. J. Huntington, 1836) 등에서 널리 채택되었다. 이에 사람들은 일반적으로 이러한 분류방법을 말테 브룬 본인이 가장 먼저 제기한 것으로 오해하고 있다. 한편 '야만인, 몽매인, 개화인'이라는 설명방식은 고대문헌에서도 적잖이 발견되지만, 18세기에 이르러서야 볼테르, 애덤 스미스 등과 같은 서구학자들이 점차 그것을 인종 혹은 민족을 구분하는 기준으로 널리 응용하기 시작했다. 그중에서도 애덤스와 말테 브룬은 가장 먼저 과학의 시각에서 이러한 분류방법에 엄격한 정의를 부여한 사람들이다. 본 논문이 여기서 이러한 민족 분류방법을 언급하는 이유는 말테 브룬이 그것을 '정치지리학' 속에 포함시킨 것이 지니는 인식론적 의의를 강조하기 위해서이다.

애덤스의 문장이 실린 『수학, 자연과 정치지리학』의 서지 사항은 다음과 같다. Edme Mentelle, Conrad Malte-Brun, Géographie, mathématique, physique et politique de toutes les parties du monde, paris: Tardieu, 1803, pp.75-150. ―역자 주

을 조직할 수 있고 나아가 인류가 생존하는 자연환경을 변화시킬 수 있다. "한 민족의 기본적인 특징은 그가 처한 자연환경과 이러한 환경을 변화시킬 수 있는 정치제도가 상호작용한 결과이다."* '자연'은 결국 인류가 조종하고 통제할 수 있는 장식에 불과하며, 그 잠재적인 아름다움과 풍요로움은 인류의 노력을 통해서 비로소 실현될 수 있다.** 정치제도―말테 브룬에게 있어서는 바로 국가―는 단지 민족의 문명등급을 향상시킬 수 있을 뿐만 아니라 인간의 생리적인 특징을 바꿀 수도 있다. 인류에 대한 연구에서 말테 브룬은 동시대의 박물학, 해부학, 생리학의 기본원칙을 수용하여 인류를 자연세계의 한 구성부분으로 간주하고, 인간은 대자연이 생육하는 생명의 사슬 가운데 하나이며, 인류의 생장과 사망은 뉴턴이 발견한 자연법칙을 따른다고 보았다. 그러나 동시에 이러한 자연과학 지식이 인류 특유의 존엄, 의지, 역량과 인내성을 홀시하기 때문에 인류는 기독교 신학이 그들에게 부여한 신성성과 그로부터 파생된 베이컨의 원칙을 유지해야 한다고 주장하였다. 즉 "야수는 단지 대지 위에 생존하는 반면, 인류는 선천적으로 그들을 지배한다". 그리고 다른 생물의 종류와 비교한다면, 대지 위의 모든 인류는 하나의, 어쩌면 유일하다고도 할 수 있는 숭고한 종속(種屬)이자 물종(genre ou espèce)을 구성한다.

---

* Conrad Malte-Brun, *Précis de la géographie universelle*, t.2, p.610.

** Godlewska Anne, "L'influence d'un homme sur la géographie français: Conrad Malte-Brun (1775-1826)", *Annales de Géographie*, 1991, t.100, No.558. p.200. 앤(Anne)은 말테 브룬의 지리학 서술대상이 단지 자연환경에만 국한되고, 인류, 사회, 자연 3자 간의 관계에 대한 비교, 분석, 비판이 방기됨으로써, 지리학이 자연과학으로부터 독립하여 '순수한' 사회과학으로 '현대화'되는 진행 과정을 가로막았다고 보았다. 그러나 필자는 이후 살펴보는 바와 같이, 말테 브룬의 그러한 이론적 자세가 바로 지리학의 이데올로기가 '환경결정론'에서 '문명론'으로 변화해간 흔적을 길 보여준다고 생각한다.

생물학의 분류개념인 '종속'의 정의에 의거하면, 인류가 하나의 특수한 물종을 구성할 수 있는 원인은 다음에 있다. 1) 서로 다른 개체의 결합은 그 자신을 번식시킬 수 있다. 예를 들면 백인과 흑인의 결합으로 출생한 혼혈 'mulâtre', 백인과 인디언의 결합으로 출생한 혼혈 'métis'와 같이 서로 다른 종족의 결합으로 인류 종속의 동일성이 형성될 수 있다. 2) 인류 종속 내부의 변화. 예를 들어 체형, 얼굴형, 피부색, 모발, 두개골 형태의 변화는 모두 상대적인 것이다. "간과해서는 안 될 것은, 소박한 생활, 풍부한 음식, 청결한 공기는 모든 유기 물종에게 더 아름답고 커다란 모습을 부여할 수 있다는 점이다." 비록 기후가 인종의 차이를 낳은 중요 요인이기는 하지만, 한 민족이 도달할 수 있는 문명등급이야말로 더욱 중요한 결정적인 요소이다. 예를 들어 라퐁(les Lapons)*은 헝가리인과 같은 종류의 언어를 구사하지만 체형과 얼굴형은 완전히 다르다. 그 이유는 기후와 각 국가의 자연환경 때문이라고 할 수 있다. 하지만 고대 로마의 역사가 타키투스(Gaius Cornelius Tacitus)가 게르만인으로 묘사했으며 유럽의 파타고니아인(les Patagons)이라고 간주되는 이들은 이미 문명화된 독일에서는 전혀 존재하지 않으며, 식민지 케이프타운(Cape Town)에서 생활하는 네덜란드인은 오히려 거인으로 변화하였다. 동일 종족, 혹은 서로 멀지 않은 지역에 사는 사람들도 체질적으로는 큰 차이가 발생할 수 있다. "격정적인 성정, 허위와 허식의 습성, 노동의 고난 혹은 기쁨, 근면 혹은 나태의 습성은 모두 한 민족의 얼굴에 영원한 특징을 남길 수 있다."** 흑인의 피부는 처음 출생할

---

* 라퐁(la Laponie)은 노르웨이·스웨덴·핀란드의 북부 지역을 가리키며, 그곳에 사는 사람을 랩(Lapp)인 혹은 사미인이라 부른다. 핀란드와 스칸디나비아 북부, 그리고 러시아 콜라반도 등 유럽 최북단 지역을 일컫는 라플란드(Lapland)라는 지명은 이 민족의 명칭에서 유래했다. ─역자 주

때는 분명 흰색이었지만, 저급한 문명환경으로 인해 내분비가 혼란에 빠지면서 피부가 변화하였다. 피부색이 흰색에서 검은색으로 변하는 데 소요되는 시간이 인류 역사를 훨씬 넘어선다는 문제제기가 있었지만 말테 브룬은 자신의 주장을 굽히지 않았다. 그는 심지어 이후 인류는 아메리카로 이주한 흑인들에 대해 장기적인 관찰을 하여 상술한 '난제'를 해결하는 임무를 완수해야 한다고 보았다.

예를 들어 말테 브룬은 두발의 특질은 더더욱 문명의 정도와 관련이 있다고 보았다. 유럽의 문명국가는 남쪽에서 북쪽으로 갈수록 두발의 색깔이 더 밝아지는 것과 달리, 야만민족으로 간주되는 아프리카, 아시아, 남아메리카에서는 비록 사람들이 서로 다른 기후조건에서 생활할지라도 그 두발 색깔은 모두 광택이 없다. 이것은 두발의 특질에 영향을 미치는 요소가 기후 이외에 또다른 원인이 있다는 것을 말해준다. "두발의 색깔은 문명 수준의 높고 낮음에 따라 변화한다. 혹은 사람들이 더 즐겨 말하는 바와 같이, 그것은 국가 혹은 민족의 타락을 따라 타락한다."*** 두개골의 모양이나 얼굴 생김새에 관해서, 말테 브룬은 그것들은 더욱더 "개인의 도덕적 특징"과 상관있다고 말했다. 사람이 천재성과 격정을 갖출수록 그 대뇌는 일반인보다 더욱 두드러진 시상(視床)과 융기(隆起)한 형태를 보여준다. 많은 국가와 민족은 심지어 외적인 힘으로 자기 민족만의 두형에 부합하는 풍속을 만들려 애쓰기도 한다. 이러한 상황에서 두개골의 모습은 더욱더 자연적인 환경이 아니라 인위적인 수단에 의해 결정된다. 고대 그리스 의사 히포크라테스가 묘사한 바에 따르면, "소두小頭 부락(les microcéphales)"

** Conrad Malte-Brun, *Précis de la géographie universelle*, t.2., p.547.
*** Conrad Malte-Brun, *Précis de la géographie universelle*, t.2., p.548.

은 머리가 큰 것을 용기의 상징으로 보았으며, 그들은 종종 갖가지 방법으로 영아의 두개골 형태를 교정하려고 하였다. 마찬가지로 귀, 유방, 하체, 심지어 생식기관과 같은 인체의 각 기관들도 모두 문화적인 원인 때문에 인위적으로 변화가 발생한다.[*]

인종의 여러 가지 차이와 특성에 대한 더 심도 있는 이해를 바탕으로, 말테 브룬은 요한 블루멘바흐(Johann Friedrich Blumenbach, 1752-1840)의 5인종분류법을 채택하면서 동시에 그의 인종 명칭을 수정하였다. (1) 코카서스인(Caucasienne). 말테 브룬은 '코카서스인'을 구대륙(서아시아, 동북아프리카, 인도, 유럽)의 주요 인종(variété central de l'anciene continent)이라 불렀는데, 그 이유는 코카서스인의 기원이 구대륙에 살았던 어느 민족보다 더 빠르다는 것을 입증하는 근거가 없으며, 또 두 인종의 발생지가 같다고 말해주는 증거가 없다고 보았기 때문이다. (2) 타타르인(tartare).[**] 말테 브룬이 이에 대해 부여한 새로운 명칭은 '구대륙의 동방인(variété oriental de l'ancien continent)'이었다. 타타르인은 이 인종에 속하지 않고 갠지스강과 벨루어(Belour)산맥 동쪽에서 생활하던 아시아인, 유럽의 라플란드(Lapland)인과 핀란드, 그리고 베링해협과 그린란드해협 일대에 분포되어 있는 아메리카 에스키모인을 가리킨다. (3) 아메리카인(variété américaine). 이 명칭은 변함없이 사용되고 있으며, 에스키모를 제외한 아메리카 원주민을 가리킨다. (4) 말레이인(malaie). 말테 브룬은 이 명칭이 너무 독단적이라 보고, '해

---

[*] Ibid., p.592ff.

[**] 본래 명칭은 '몽고인(variétés de Mongol)'이다. 말테 브룬이 베낀 블루멘바흐의 인종분류학 저작의 불어 번역본에서도 이처럼 번역하고 있지만, 그는 이유를 밝히지 않은 채 블루멘바흐의 '몽고인' 명칭을 '타타르인韃靼人'으로 바꾸었다. Blumenbach, De l'unité du genre humain et de ses variétés, traduit du Latin par Fédr. Chardel (Paris: Allut, 1806), p.283.

도海島인종(variété des terres océaniques)'이라 불렀다. 여기에는 말레이인뿐만 아니라 뉴질랜드, 마다가스카르 등 지역의 사람도 포함된다. (5) 흑인(négre). 이 명칭 또한 변화 없이 사용하고 있다.*

일찍이 1803년에 지리학에 본격적으로 발을 내디딘 말테 브룬은 전 세계 인류를 16개 인종으로 구분하기도 하였다. (1) 북방극지인종 (2) 핀란드인종 혹은 동북인종 (3) 슬라브인종 (4) 고트-게르만인종 (5) 서유럽인종 (6) 그리스인종 혹은 헬라스인종 (7) 아라비아인종 (8) 타타르인종과 몽고인종 (9) 인도인종 (10) 말레이인종 (11) 태평양 흑색인종 (12) 오세아니아 갈색인종 (13) 무어(Moor)인종 (14) 흑인종 (15) 동아프리카인종 (16) 아메리카인종이다.** 그러나 1832년 이미 지리학자로서 저명해진 말테 브룬은 블루멘바흐, 앙드레 뒤메리(André Marie Constant Duméri, 1774-1860), 쥘리앵 조제프 비레(Julien-Joseph Virey, 1775-1846), 장바티스트 보리 드 생뱅상(Jean-Baptiste Bory de Saint-Vincent, 1778-1846) 등의 분류방식을 종합하여 간단히 3개의 인종으로 분류하였다. (1) 백색, 즉 코카서스인종 (2) 몽고 황갈색인종 (3) 흑색인종 혹은 에티오피아인종이다. 말테 브룬은 지리학의 임무는 단지 모든 지역 및 그 거주민에 대해 상세하게 묘사하고 종합하는 것이라고 주장하였지만, 동시대의 지리 지식에 대한 그의 재코드화는 다음과 같은 몇 가지 이론적 경향을 잘 보여준다. 첫째 그의 인종분류는 해부학자이자 생리학자인 블루멘바흐의 경전적인 분류법을 공간화하였다. 즉 서로 다른 인종을 그들이 생활하는 자연환경과 더욱 밀접하게 연계시켰는데, 이는 당연히 말테 브룬의 박학한 지리학 지식을 바탕으로 한 것이다. 둘째,

---

* Conrad Malte-Brun, *Précis de la géographie universelle*, t.2., p.554.
** Edme Mentelle et al., *Géographie mathématique, physique et politique de toutes les parties du monde*, pp.540-554.

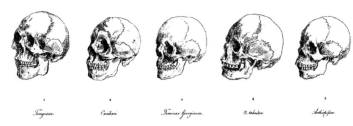

[그림 1] 블루멘바흐의 5인종 설명도. 『인종의 자연적 차이를 논함』(1795)
자료출처: Johann Friedrich Blumenbach, *De generis humani varietate nativa, Gottingae: Vandenhoek et Ruprecht*, 1795. 위 그림은 책 마지막 페이지에 번호 없이, "Tab II"라는 표시와 더불어 별도의 그림으로 삽입되어 있음.

다른 인종분류 학자와 달리, 말테 브룬은 문명등급의 수준에 따라 세계의 각 인종을 배열하였다. 블루멘바흐의 5인종은 [그림1]에서 보여주는 바와 같이, 그 각각의 생리구조의 우열에 따라 배열된 것으로 대칭구조를 보인다. 코카서스인종이 가운데 위치하고, 그 양측 가장 바깥쪽에는 각각 몽고인종과 에티오피아(흑인)인종이 자리하고 있으며, 양측의 안쪽에는 각각 아메리카인종과 말레이인종이 위치한다.

블루멘바흐의 배열방식에 따르면, 코카서스인종은 양극단의 인종 즉 몽고인종과 흑인종으로 퇴화하였으며, 아메리카인종은 코카서스인종이 몽고인종으로 퇴화해가는 과도기적인 유형이고, 말레이인종은 코카서스인종이 흑인종으로 퇴화하는 과도적 유형이다.[*] 이와 비교하여 말테 브룬은 타타르인 혹은 몽고인을 아메리카인보다 앞에 위치시키고 있다. 이는 중앙아시아 지역의 문명등급이 아메리카 인디언의 문명보다 높아야 하다는 것을

---

[*] Johann Friedrich Blumenbach, *De generis humani varietate nativa*, 3ed.(Göttingen: Vandenhoek et Ruprecht, 1795), p.286.

의미한다. 셋째, 1810년 이후 말테 브룬은 이전에 사용하던 'race(종족)' 대신에 블루멘바흐의 'varietas(품종)'이라는 개념으로 '인종'을 표현하고, 5인종 간의 차이를 더욱 상대화하여 종(種)으로서 인류의 '동일성'을 더 강화하려고 하였다. 블루멘바흐는 일찍이 "비록 피부색, 얼굴 생김새, 체격의 변화가 있을지라도, 모든 변화는 점차 다른 인종과 상호 융합을 통해 이루어진다. 이로부터 이러한 체질적 특징은 상대적이며, 그 차이도 단지 정도상의 차이일 뿐이라는 점을 알 수 있다"고 지적한 바 있다.*

수많은 인류의 품종은 왜 하나로 귀속되고, 왜 동일한 종인가? 블루멘바흐는 생리학 측면에서 상술한 바와 같은 답변을 제시하였다. 말테 브룬은 블루멘바흐의 인류 '단일기원론(monogénism)'을 수용하고, 아울러 '문명'이라는 인류사회의 궁극적인 진보의 목표를 수립함으로써 그 이론의 합리성을 옹호하였다. 그리하여 '단일기원론'은 '인류다원론(polygénisme)'에 대항할 수 있는 사회적이고 정치적인 논거를 획득하게 되었다.** 이른바 '인류다원론'은 바로 19-20세기에 대두된 과학적 종족주의 담론의 중요한 지식원천이다.

블루멘바흐의 인종분류 지식은 말테 브룬에 의해 처음 19세기 자연지리학 지식과 실천 속에 적용되었다. 그리고 말테 브룬이 인종분류 지식을

---

* Johann Friedrich Blumenbach, *Über die natürlichen Verschiedenheiten im Menschengeschlechte*(Leipzig: Breitkopf u. Härtel, 1798), S. p.203.
** 백인과 흑인의 공동기원을 논하면서, 말테 브룬은 풍자적인 어조로 "모 철학자"를 언급하였는데, 그 철학자는 일찍이 "나는 백인과 흑인이 처음에는 서로 다른 피부색의 부부가 결합하여 생겨났다고 믿는다"라고 말한 적이 있다. *Précis de la géographie universelle*, t.2, p.548 참조. 여기서 말한 "철학자"는 바로 먼저 '인류다원론'을 제기한 해군 의사(醫師) 존 앳킨스(John Atkins, 1685-1757)이다. 여기서 인용한 말은 그의 *A Voyage to Guinea, Brasil and West-Indies, in H. M. Ships the Swallow and Weymouth*(London, 1723), p.39에 나온다.

다시 문명의 담론실천 속에 연계시켰을 때, 체질인류학 관련 지식은 곧 자연지리학 범위를 넘어서 국가통치 혹은 '국가이성'의 정치지리학에 복무하는 방향으로 확대되어갔다. 즉 민족 혹은 국가의 정치제도, 문명 상황이 어느 정도 인간의 신체를 다시 조정할 수 있는 이상, 인류는 더이상 단순히 대자연의 일부분이 아니라 국가의 통치대상인 인구로서의 의미를 지니게 된다. 연구대상이 자연계 동식물의 물종에서 인류의 물종으로 옮겨감에 따라 "자연지리학은 곧 점차 정치지리학에 자리를 내주게 되었다."*

1826년 이아생트 랑글루아(Hyacinthe Langlois, 1777~1837)는 새로운 구성방식에 의거하여 대형 지리학사전을 출판하였는데, 그 사전 편찬 작업에는 말테 브룬을 포함한 수많은 지리학자와 역사학자, 박물학자들이 참여하였다.** 이 『현대 지리학사전』은 '천문학'과 '수리지리학'이라는, 처음에는 독립적이던 두 학문분야를 자연지리학으로 귀속시켰는데, 후자는 '정치역사지리학'과 함께 지리학의 양대 영역을 구성하였다. 말테 브룬의 문명 3단계 구분방식도 이 사전에 포함되었고, 더 중요한 것은 그 '자연지리학' 가운데 인종분류 지식이 '정치지리학'의 틀 속으로 이식되었다는 점이다.***

---

* Conrad Malte-Brun, *Précis de la géographie universelle*, t.2, p.575.

** Hyacinthe Langlois (réd.), *Dictionnaire classique et universel de géographie moderne*(Paris: Hyacinthe Langlois, 1826), p.ii. 이 전문적인 지리학 저작의 출판기구는 18세기 말부터 영국인 윌리엄 거스리(William Guthrie)의 저작『지리, 역사, 상업 문전文典*A Geographical, Historical, and Commercial Grammar*』(London, 1770)을 번역하고 출판하기 시작하였다. 이 책은 당시 모든 지리학 지식을 종합한 자료집으로서, 영문 원저는 물론 불어 번역본도 출판 후에 수차례의 수정과 재판을 거쳤고 유럽에 많은 영향을 미쳤다. 그러나 1826년부터 랑글루아는 직접 지리학사전을 편찬하는 등 더이상 번역에 의존하지 않았는데, 이는 프랑스 지리학이 말테 브룬 세대 지리학자들의 노력을 거치면서 더이상 독일이나 영국에 뒤처지지 않게 되었다는 것을 말해준다.

*** Ibid., p.cxxxvij.

말테 브룬의 제자 아드리앵 발비(Adrien Balbi, 1782-1848)도 『지리학대강』(1833)에서 비록 문명의 의미를 규정함에 있어서는 더 복잡하기는 해도 문명의 3단계 구분을 채택하고 있다.* 따라서 체질인류학 지식이 해부학과 생리학에서 지리학 영역으로 넘나들고, 이어서 지리학으로부터 다시 이제 막 출현한 사회과학 영역으로 진입하게 되었다. 말테 브룬을 예로 들면, 18세기 후반에 출현한 인체해부학과 생리학 지식은 문명론의 담론실천을 통해 '공간적 전환'을 이루었을 뿐만 아니라 체질인류학과 인종학이 되었다. 그뿐만 아니라 이제 곧 살펴볼 바와 같이, 이러한 지식은 또 '시간적 전환'을 거쳐 '진보'를 목표로 하는 서구문명사 지식 및 실천의 한 부분이 되었다.

19세기 해부학과 생리학 지식이 겪은 시공적 전환을 이해하려면, 독일 생리학자 블루멘바흐의 인종분류법과 또 한 명의 생리학자인 영국계 프랑스인 윌리엄 프레데리크 에드워즈(William Frédéric Edwards, 1777-1842)의 인종학(ethnologie) 실천을 살펴보지 않으면 안 된다. 1775년 출간된 『인류의 자연적 차이를 논함』**은 서구 체질인류학의 탄생을 보여주는 상징이다. 이 경전적인 저작은 각각 피부색, 모발, 얼굴 생김새, 두개골, 귀, 하체 등의 측면에서 각 민족의 인체생리학적 특징을 상세히 서술하고 있다. 아울러 이러한 특징에 따라 세계의 인종을 '과학적'으로 분류하고, 마지막에는 상술한 생리학적 차이가 발생하게 된 자연(기후)과 인위(문화)적인 원인을 하나하나 분석하였다. 그 가운데 두개골 형태에 대한 연구는 블루멘바흐

---

* Adrien Balbi, *Abrégé de la géographie*(Paris, 1833), pp.52-53.

** 이 저작은 박사논문으로 발표되었으며, 1776년에 재인쇄되고, 1781년에는 재판이 발간되었다. 우리가 일반적으로 접하는 판본은 이 책의 제3판으로서 제1판과 비교하면 거의 "새로운 저서에 가깝다". *The Anthropological Treatises of Johann Friedrich Blumenbach*, trans.& ed. by Thomas Bendyshe (London: Longman, 1865), pp.vii-viii 참고.

의 전형적인 방법을 보여준다. 그의 방법적 특징은 여행기, 역사관련 저서에서 묘사하고 있는 이민족의 풍토와 인정으로부터 정보를 얻은 다음,* 동시대의 해부학과 생리학 시각에서 분석하고 아울러 각 인종의 '이상적 유형'을 수립한 다음 마지막으로 본인의 실질적인 관찰로 다시 검증하는 것이었다.

블루멘바흐가 소장했던 수많은 인류 두개골 표본 가운데 폰 아쉬(Baron von Asch) 남작이 증정한 조지아 여성의 두개골은 여행가 장 샤르댕(Jean Chardin, 1643-1713)이 그의 저서 『페르시아 여행기Voyage du perse』에서 조지아 여성의 아름다움에 대해 묘사한 것을 실증하였다.** 따라서 외형이 '가장 아름답고', 피부가 '가장 흰' 조지아인은 곧 '코카서스인'이라는 미명(美名)을 얻었으며, 블루멘바흐에 의해 인류의 '모범적' 종족으로 여겨지고, 나머지 4개 인종은 모두 '변종'으로 간주되었다. 비록 블루멘바흐가 '종족'이 아니라 '변종'이라는 개념을 사용한 이유가 인류의 모든 종족이 동일하다는 것을 강조하기 위한 것이기는 하지만, 그는 '코카서스인'에게 다른 4인종에 대한 규범적인 역량을 부여하였다. 사실 이러한 규범은 결코 생리학적인 것이 아니라 미적인 기준이다. '체질인류학의 아버지'인 그의 박물관에는 또다른 5인종의 머리 초상([그림2])이 전시되어 있는데, 그것은 각각

---

* 블루멘바흐는 박사논문을 작성하기 전에, 일찍이 괴팅겐대학의 매우 박학한 교수와 관계가 가까웠으며 그 교수에게서 대량의 역사, 지리, 철학과 여행기 작품을 구해 읽었다. 그는 또 괴팅겐대학이 출자하여 그 교수의 생물표본을 구매하고 아울러 그것을 기반으로 박물관을 건립할 것을 요청하기도 하였다. M. Flourens, Elogé historique de Jean-Frédéric Blumenbach(Paris, 1847), p.5 참고.

** Johann Friedrich Blumenbach, Abbildungen naturhistorischer Gegenstände(Göttingen, 1810), No.51. (이 책은 별도의 페이지 번호 없이, 인류를 포함한 각 종 동물들의 표본 그림과 함께 설명이 덧붙여져 있는데, 각 설명대상마다 번호가 붙어 있다. — 역자 주)

[그림2] 블루멘바흐의 5개 인종 초상화
자료출처: Johann Friedrich Blumenbach, *Abbildungen naturhistorischer Gegenstände*(Göttingen, 1810).

블루멘바흐가 몽고인, 아메리카인, 코카서스인, 말레이인 그리고 아프리카
인이라 부른 '전형적인 두개골(Musterköpfe)'이다. 그러나 모델로 삼은 이 사
람들은 모두 본 민족의 토양에서 떨어져 장기간 유럽에 거주한 예술가, 외
교관, 학자와 작가들이었다.[*] 그들 몸에는 자신이 속한 인종의 대표성이 결
여되어 있다.[**] 블루멘바흐는 코카서스인과 기타 4인종 간의 관계를 퇴화
(Verartung)로 해석하였으며, 그러한 인종의 퇴화 원인은 기후와 인위적인
요소 때문이고, 후자의 경우에 대해서 해부학과 병리학의 연구가 필요하
다고 보았다.

[*] Ibid., No.1, 2, 3, 4, 5.
[**] Sara Eigen, "Self, Race, and Species: J. F. Blumenbach's Atlas Experiment", *The German Quarterly* 78.3 (Summer 2005), pp.277-298.

지리학자 말테 브룬은 상술한 인종 퇴화의 순서를 전도시켰다. 그는 흑인에서 백인으로의 변화가 세계 모든 인종이 반드시 거쳐야 할 진화 과정이라고 보았다. 말테 브룬은 19세기 가장 박학한 지리학자 가운데 한 명이라고 불릴 만하다. 서재에 갇혀 있어 비록 창조적인 견해는 많지 않지만, 수많은 지리학 저술과 편찬 업무에 종사하였다. 총 8권으로 된 『일반지리대강』(1810-1829) 등은 영어권 세계에서도 영향이 적지 않았다. 말테 브룬은 18세기 초 모든 지리 지식을 새롭게 정리하는 과정에서 체질인류학과 문명론의 지식 및 담론실천을 융합시켰다. 그는 1821년 성립한 '파리지리학회'의 창립회원이자 제1대 총서기(general secretary)를 역임하였다. 설명과 종합, 체계화의 측면에서 유명했던 그의 지리학 방법은 그 학회의 지리학 연구를 이끌었다.[*] 아드리앵 발비, 생뱅상 등을 포함한 걸출한 지리학자들은 모두 그의 문하에서 나왔으며, 『프랑스문명사』(1829-1832)의 저서로 유명한 프랑수아 피에르 기욤 기조(François Pierre Guillaume Guizot, 1787-1874)도 일찍이 이 학회의 주석(1837)을 맡기도 하였다.[**]

1839년, 일부 파리지리학회 회원은 또 새로 설립한 '파리인종학회(Société Ethnologique de Paris)'에 가입하였다. 이 학회의 초대 주석 윌리엄 프레데리크 에드워즈는 최초로 자연환경이 인체 생리에 미치는 영향을 연구하였다. 그후에 아메데 티에리(Amédée Thierry, 1797-1873)의 갈리아(gaul)인에 대한 연구의 영향을 받아,[***] 에드워즈는 각 민족(인종)이 장기간의 역사를 거쳐 보존해온 독특한 특성들을 심도 있게 연구하기 시작했다. 왜냐

---

[*] *Bulletin de la Société de géographie*, t.1(Paris, 1822), pp.47-49.

[**] "Séances du 21 Avril 1837", *Bulletin de la Société de géographie*, t.7(Paris, 1838), p.276.

[***] Amédée Thierry, *Histoire des Gaulois*, vol.1-4(Paris, 1828-1845).

하면 한 민족(인종)에 영향을 미치는 요소는 기후 이외에도 서로 다른 민족(인종) 간의 상호 융합과 "문명의 진보와 타락"이라는 상황도 고려해야 한다고 보았기 때문이다. 그가 보기에, 문제는 결코 민족(인종)에 대해 분류하는 것 자체에 있는 것이 아니라 "인류를 구성하는 각기 다른 집단이 각자 식별 가능한 특징을 지녔는가 여부, 그리고 각 민족이 역사적으로 형성해 온 특징이 어느 정도 그가 처한 자연적인 특성과 서로 연계되어 있는가 하는 것이었다". 바꾸어 말하면, 문제의 복잡성은 박물학처럼 현존하는 각 민족의 특성을 연구해야 할 뿐만 아니라 "역사적 시간" 속에서 그들을 확증해야 한다는 점이었다.* 이것이 바로 파리인종학회가 창도한 인종학 연구방법이다. 그 방법은 한 인종의 '생리조직', '지력과 도덕'에 대한 연구를 포함하고 있을 뿐만 아니라 또 언어와 역사전통에 대한 연구도 포괄하고 있다.** 에드워즈는 영국 식민지 자메이카에서 출생한 영국인으로서, 처음 교육을 받은 곳은 런던 교외 지역에 있는 해크니 신칼리지(New College at Hackney)였다. 따라서 그는 당시 이미 유명했던 제임스 C. 프리처드(James Cowles Prichard, 1848-1886)의 저작을 잘 알고 있었다.

에드워즈가 프랑스에서 인종학회를 설립하려는 구상은 바로 생리학적 배경을 가진 영국 인종학자 프리처드와의 학술적 교류 과정에서 착안했다. 그러나 에드워즈의 그후의 연구는 오히려 더욱더 민족 특성의 항구성을 인정하는 경향으로 나아갔으며, 결국에 그는 볼테르, 루이 아가시(Louis Agassiz, 1807-1873)와 함께 '인류다원론자'가 되었다. 그러나 프리처드는 지리학자 말테 브룬과 함께 블루멘바흐의 '인류단일기원론'을 옹호하였다. 그

---

* William Frédéric Edwards, *Des caractères physiologiques des races humaines considérés dans leurs rapports avec l' histoire*(Paris, 1829), pp.4-5.
** "Statute de la Société", *Mémoire de la Société Ethnologique*, t.1(Paris, 1042), p.iii.

는 "혹서로 견디기 어려운 기후와 비교하여 기온이 쾌적한 기후는 인류 변종의 발생을 더 용이하게 하지만, 기후는 결코 인종의 현저한 변화를 충분히 설명해주지 못하며 문명이 더욱 광범한 역량을 가지고 있다"고 주장하며, 한 민족의 문명 상태와 등급은 기후를 변화시킬 수 있을 뿐만 아니라 나아가 인류의 혈액과 피부색을 변화시킬 수 있다고 보았다.[*] 사망할 때까지도 프리처드는 "저급한 부락에서는 문명이야말로 변화된 환경에 순응하여 변모하는 순화(馴化)보다 더 인종의 상황을 변화시킬 수 있는 역량이다"라고 굳게 믿었다.[**]

3. 청말 외교 위기와 인종분류 지식 및 실천

말테 브룬과 프리처드 두 사람은 비록 모두 블루멘바흐의 5인종분류법을 수용하였지만 그들이 오히려 계속 견지한 것은 조르주 퀴비에(Georges Cuvier, 1769-1832)와 하인리히 프리드리히 링크(Heinrich Friedrich Link, 1767-1851)의 방법이었다. 그들은 인종을 간단히 유럽인(백인), 몽고인(황인종), 에티오피아인(흑인종) 3가지 유형으로 분류하고, 각각 서로 다른 풍속, 사회, 정치 상황에 따라 3가지 인종을 서로 다른 문명의 등급에 고정시켰다. 영국인 휴 머리(Hugh Murray, 1779-1846)는 위의 삼분법을 수용한 후,

---

[*] James Cowles Prichard, *Researches into the Physical History of Man*, vol.1 (London, 1813), p.232.

[**] James Cowles Prichard, *The Natural History of Man: Comprising Inquiries into the Modifying Influence of Physical and Moral Agencies on the Different Tribes of the Human Family*, vol.1 (London, 1843), p.75.

또 기독교의 역사관을 취하여 각 민족 간의 차이를 해석하였다. 휴 머리에게 있어서 유럽인, 몽고인, 아프리카인은 각각 노아의 세 아들의 후예였다. 그는 박물학자 알렉산더 맥클레이(Alexander Macleay, 1767-1848)의 '순환이론'이 세계 인종의 수가 왜 다름 아닌 '다섯' 종류인가를 매우 잘 설명해준다고 보았다. 그에 따르면 코카서스인종과 몽고인종은 각각 가장 고급한 문명을 대표한다. 만약 양자를 비교하면 그 각자가 처한 문명등급은 매우 다르다. 그들의 거주지가 매우 가깝고 바다에 의한 단절이 없지만, 이 두 종족의 체격 특징은 매우 뚜렷하여 양자의 차이를 한눈에 알아볼 수 있다. 제3류의 인종, 즉 아메리카인, 아프리카인, 말레이인의 재능은 앞의 두 인종보다 명확히 뒤떨어진다. 그 낙후한 면은 우선 아메리카인이 확연히 보여준다. 하지만 그럼에도 아메리카인의 외형과 도덕능력은 여전히 아프리카인보다 높다. 마치 동물세계에서 자연이 종종 쉽게 퇴보하거나 심지어 원시의 물종으로까지 퇴보하는 것과 같다. 아프리카에 매우 추한 외형과 가장 저급한 도덕역량을 지닌 모 부락이 있음을 보고 나서, 블루멘바흐는 일부 말레이인종이 진보적인 면을 나타낼 뿐만 아니라 코카서스 유형으로 회귀하는 경향을 명확히 보여주고 있다고 보았다. "외형상에서든 아니면 지속적인 지력의 향상이라는 측면에서든 남해의 여러 도서 지역에서 발생하는 코카서스인종을 향한 이러한 '회귀'의 정황은 매우 분명하다. 그리하여 그 연안을 방문하는 모든 여행자들은 그들을 유럽인과 똑같이 논하게 될 것이다."*

    휴 머리의 '인종순환론'은 기독교의 창조론에서 출발하여 사실상 인종

---

* Hugh Murray, *The Encyclopædia of Geography, a Description of the Earth, Physical, Statistical, Civil, and Political*, vol.1(Philadelphia: Carey, Lea and Blanchard, 1837), p.264.

간에 존재하는 유사성을 해석하려 하였으며, 블루멘바흐의 '인류 단일기원론'의 합리성을 논증하였다. 그리고 다른 한편으로는 왜 중국과 같이 먼 고대시기에 일찍이 고도의 문명을 창조한 민족이 근대에 이르러서는 오히려 정체에 빠졌는지를 설명하려 하였는데, 이는 18세기 이래 서구인이 동방을 직접 대면하면서 품게 된 큰 곤혹이었다. 인종의 순환은 곧 순환적인 역사를 의미하는 것으로, 역사는 휴 머리가 "진보의 원칙"과 "퇴보의 원칙"이라고 부른 요소에 의해 결정될 것이었다. 그는 한 민족의 역사는 바로 두 종류의 힘이 서로 교체하는 역사라고 보았다. "진보의 원칙"은 인구수, 교통, 재부와 거대한 공적인 사건(정치) 방면에서 표현되며, "퇴보의 원칙"은 여유로움과 대립적인 노동의 부담, 그리고 자유와 대립되는 강제로 표현된다.* "유럽이 아직 보편적인 야만상태에 놓여 있을 때, 역사는 확실히 중국이라는 가장 강대한 민족에게 고도의 문명을 부여한 바 있다. 비록 많은 요인들로 인해 사람들은 이 사실을 회의하지만, 그럼에도 이 종족의 지력이 제한적이라고 증명할 수 있는 충분한 증거는 없다. 또 유럽의 코카서스 인종이 이미 거친 야인에서 세계의 주인으로 되었을 때, 중국은 오히려 일정한 문명 상태에 도달한 이후에 수백 년간 각 방면에서 정체되었다."** 휴머리는 말테 브룬의 문명 3단계 구분법을 채택하였지만, 야만, 몽매, 문명 민족 사이의 차이는 더이상 영원하거나 정태적인 것인 것이 아니라, 그 "예술, 문학, 과학과 정교한 정도"가 지속적으로 개선될 수 있는지에 대한 여부를 기준으로 한다. 따라서 비록 중국이 일찍이 모종의 고도 문명에 도달

---

* Hugh Murray, *Enquiries Historical and Moral: Respecting the Character of Nations, and the Progress of Society*(Edinburgh, 1808), pp.16-95.

** Ibid., pp.257-258.

했지만, 그 '문명민족'의 지위는 이미 유지하지 못하고 있다고 보았다.[*]

1840년 6월, 아편전쟁 발발 이후 얼마 지나지 않아 딩하이(定海)가 함락되었다. 9월 14일 영국의 배 한 척이 위야오(余姚) 부근 연해안에서 좌초되었으며, 배에 승선하고 있던 20여명의 영국 포로는 닝보(寧波)로 압송되었다. 위원(魏源)은 전장(鎭江) 지부(知府)를 맡고 있던 친구 황면(黃冕)의 요청을 받고 닝보로 가서 영국 군관 중 한 명인 앤스털더(P. Ansturther)를 심문하였다. 그 '양이(洋夷)'의 자백에 의거하여, 위원은 『영국개략』(『영길리소기英吉利小記』)을 편찬하였다.[**] '영국인'은 어떤 사람들인가? 앤스털더에 대한 관찰과 고서의 기록을 참고하여 위원은 다음과 같이 개괄하였다. "그 머리는 곱슬머리이고 붉다. 머리를 밀지 않고 상투처럼 쪽을 하지 않으며 변발을 하지도 않는다. 단지 1촌 정도만 남기고 깎아서 길게 기르지도 않는다. 머리가 긴 것은 오직 여자들뿐이다. 따라서 중국인은 그들을 '붉은 털(홍마오, 紅毛)'이라고 부른다."[***] 직관적인 인상을 부여하기 위해, 그는 런던선교회 선교사 로버트 모리슨(Robert Morrison, 1782-1834)을 증거로 영국인은 "피부가 하얗고, 눈동자는 고양이의 것과 같으며, 코는 높고," "깔끔한 콧수염"을 가지고 있다고 하였다.[****]

1839년 미국 장로회 선교사 새뮤얼 브라운(Samuel R. Brown, 1810-1880)은 휴 머리의 『지리학 백과전서』(『지리대전地理大全』)를 임칙서(林則徐)

[*] Ibid., p.281.
[**] 王家儉, 「魏源年譜」, 『中央研究院"近代史研究所年刊』 第21冊, 1980, 第2版, p.72; 王宏斌, 『晚清海防地理學發展史』, 北京: 中國社會科學出版社, 2012, pp.48-49.
[***] 魏源, 「海國圖志 · 英吉利小記」, 『魏源全集』 第六冊, 長沙: 嶽麓書社, p.1442.
(정확한 서지사항은 『海國圖志 · 大西洋 · 英吉利國三』 卷五三 중 「英吉利小記」임. —역자 주)
[****] 위의 책, p.1140.

에게 증정하였다.* 임칙서는 곧 양진덕(梁進德) 등으로 팀을 꾸려 번역을 진
행하였다. 그 책은 청말 가장 중요한 두 권의 지리학 저작인 『사주지四洲志』
와 『해국도지海國圖志』를 위한 지식의 기초가 되었다.** 선교사 브라운이 '서
양사정[夷情]'을 급히 이해하고자 했던 임칙서에게 휴 머리의 지리학 저작
을 선택하여 추천한 까닭은, 우선 이 스코틀랜드 지리학자의 저술이 농후
한 기독교적인 도덕 입장을 지니고 있었기 때문이고, 또 한편으로는 휴 머
리가 중국의 언어, 역사, 지리, 정치, 종교, 특히 서구의 재중 선교역사, 영중
교섭사를 잘 알고 있었기 때문이다. 그는 직접 3권으로 된 『중국』이라는
책을 저술하기도 하였다.*** 『지리대전』 원서는 전체 3권으로 이루어져 있

---

* 穀口知子, 「『海國圖志』・『四洲志』に見られる新概念の翻訳」, 『或問』, 81, No.14(2008), p.83.
** 1839년 여름부터 1840년 11월 사이에, 임칙서는 영국 상인과의 교섭 및 해양 방어를
위해 외국지리 상황과 관련된 서적과 신문을 광범위하게 수집하고, 당시 광저우에서 의술
을 행하던 미국 공리회 선교사 피터 파커(Peter Parker, 1804-1888)와 일라이자 콜먼 브
리지먼(Elijah Coleman Bridgman, 1801-1861)과 교류 관계를 맺었다. 그리고 아맹(亞孟),
임아적(林阿適), 원덕휘(袁德揮), 양진덕(梁進德) 등을 조직하여 휴 머리의 『지리대전』, 즉
『지리학 백과사전』을 번역하였다. 穀口知子, 「『海國圖志・四洲志』に見られる新概念の翻訳」,
『或問』, 81, No.14(2008) 참고. 『사주지四洲志』는 1841년 광저우에서 간행되었다. Roswell
Sessoms Britton, *The Chinese Periodical Press, 1800-1912*(Ch'eng-wen Publishing
Company, 1933), p.32. 그리고 『해국도지海國圖志』 50권본은 1843년에, 60권본은 1849년,
100권본은 1852년에 간행되었다. 100여 자를 삭제한 것을 제외하면 『사주지』의 전문은 위
원이 편찬한 『해국도지』에 그대로 재수록되었다. 陳華, 「有關『海國圖志』的若干問題」, 『求索』,
1988년 제3기, p.59.
*** Hugh Murray, *An Historical and Descriptive Account of China*, 3 vols.
(Edinburgh, 1836).

임칙서의 『사주지四洲志』가 바탕으로 삼은 영문 원저의 판본문제에 관해서 오랫동안 논란
이 있어왔다. 천화(陳華)는 『지리대전』의 일부 판본과 비교하고 나서 1837년, 1838년 미국
의 두 판본이 『사주지』 편찬의 근거가 된 영문 자료일 가능성이 높다고 지적하였지만 그
는 결코 이 두 판본을 읽은 적이 없었다. 필자는 이를 위해 1834년 런던 판본과 1837년,
1839년, 1840년, 1855년 여러 종의 판본을 조사하고 비교하였는데, 그중 책에서 언급하고

으며 1500여 쪽에 이른다. 하지만 이를 발췌 번역한 『사주지』는 임칙서의 주석과 수정을 합해도 글자 수가 채 9만 자가 되지 않는다.*

그중 한 절인 「영국」(「영길리국英吉利國」)을 보면, 『사주지』의 역자는 단지 원서 가운데 '관직', '군사', '정사政事', '왕공王公의 연간 소요 비용' 등 조목만을 번역하고, 원서에서 상당히 많은 양에 걸쳐 서술한 영국의 자연지리에 관한 것과 영국 '정치지리학' 조목에 서술된 영국 국민의 출생률, 사망률, 결혼률 등 인구 관련 자료를 제외시켰다. 그리고 영국의 고도로 발전한 기술, 공업, 상업, 교통 등 경제 및 기술 관련 단락도 생략된 반면, 원서에서 서술한 1835년 전후 영국의 해군, 전함, 군대를 위한 급여 및 보급품의 수에 대해서는 각별히 주목하고 있다.**

정치지리 방면에 있어서, 원저에서 서술한 중국정치 관련 내용은 영국에 관한 것과 선명한 대비를 보여준다. 휴 머리는 다음과 같이 적었다. "이 지구상에 지금까지 어느 국가도 중국보다 더 순수하고 철저한 전제국가는 없었다. 이른바 역량과 영예와 신분의 구분이 존재하지 않고, 모든 일은 주권자를 중심으로 전개된다." 이 주권자는 스스로 "천자"라고 부르며, "그의

있는 인구와 군대의 숫자를 보면 앞의 두 판본과 차이가 없었다. 그리고 임칙서에게 책을 증정한 브라운이 1839년 마카오에 도착하여 임칙서와 접촉했던 것을 고려하면 천화의 주장이 적절하다고 생각된다. 본 논문에서 언급하는 『지리대전』 관련 내용은 1837년 판본에 근거하였다. 陳華, 「有關『海國圖志』的若干問題」, 『求索』, 1988년 제3기, pp.65-66.

* 『지리대전』(저자는 『지리전서地理全書』라고 하였는데, 『지리학 백과전서』(즉 『지리대전』을 가리킴─역자)에서 언급한 중국과 인도의 국경문제에 대한 '오류'에 관해, 임칙서의 번역문에서는 매우 명확하게 수정한 바가 있다. 陳華, 「有關『四洲志』的若干問題」, 『暨南學報』(哲學社會科學版), 第15卷 第3期, 1993年 7月, pp.73-82. 천화는 이에 근거하여 『사주지』가 결코 단순한 번역 자료가 아니라고 보았다.

** '군대[軍伍]'의 절에서 임칙서는 다음과 같이 부연설명을 하였다. "다만 군인의 급여 및 보급품 관련 수치가 빠졌다. 이는 매우 중대한 누락이다唯無軍餉數, 是爲疏漏之大者." 林則徐, 『林則徐全集‧四洲志』 第十冊, 福州: 海峽文藝出版社, 2002, p.99.

권력은 완전히 세습에 기반하고 있다. 중국은 모든 외국 사절이 그들에게 조공을 하고 칭송하기 위해 온 것이라고 여긴다.* 여기서 휴 머리의 이러한 서술은 단지 몽테스키외 등 유럽 계몽주의자의 '동방 전제주의'에 대한 상투적인 어조를 반복한 것에 불과하다. 이 스코틀랜드인의 머릿속에 영국의 왕권은 신성(神性)에 의해 부여된 것이 아닐 뿐만 아니라 결코 뒤집을 수 없는 계승권에 근거한 것도 아니다. 더 중요한 것은 영국 왕이 만약 왕위를 계승하려면 반드시 신교의 신앙을 유지하고 개인 재산을 포기할 것을 선서해야 한다는 점이다.** 『사주지』의 역자 양진덕 등은 모두 세례를 받은 기독교도였다. 따라서 기독교에 유리한 이러한 내용에 대해서 그들은 거의 빼놓지 않고 초록하였다.*** 동아프리카 에티오피아 국가의 전신인 아비시니아(Abyssinia)를 소개할 때, 『지리대전』의 작자는 그 토착인 갈라(Galla)족의 야만적인 풍속 및 그들이 기독교에 의해 '문명화'되는 과정을 특별히 주의하여 서술하였다.**** 이 내용도 영어에 다소 서툰 기독교도 번역자들에 의해 번역되어 『사주지』 속에 수록되었다.*****

『지리대전』에서 중국 정치를 폄하한 언술은 자연히 『사주지』 속에 수록될 수 없었다. 대청국의 자연지리에 관한 내용도 천조의 국가 대사와 연

---

* Hugh Murray, *An Historical and Descriptive Account of China*, vol.2(Edinburgh, 1836), pp.409-410.

** Hugh Murray, *The Encyclopædia of Geography, a Description of the Earth, Physical, Statistical, Civil, and Political*, vol.1, p.343.

*** 林則徐, 『林則徐全集 · 四洲志』第十册, 福州: 海峽文藝出版社, 2002, pp.99-100.

**** Hugh Murray, *The Encyclopædia of Geography*, vol.1, pp.588-589.

***** 林則徐, 『林則徐全集 · 四洲志』第十册, pp.27-28. 『사주지』의 역자는 pension(연금)과 pensioner(연금수급자)의 차이를 알지 못했을 뿐만 아니라 심지어는 기독교의 기년(紀年)방식도 이해하지 못해, 책 내용 중 곳곳에 오역이 존재한다. 陳華, 「有關『四洲志』的若干問題」, 『暨南學報』(哲學社會科學版), 第15卷第3期, 1993年7月, pp.73-82.

관되어 있어 수록될 수 없었으며, 이는 이후 『신석지리비고新釋地理備考』, 『해

국도지』와 『영환지략瀛寰志略』을 편찬할 때도 관례가 되었다. 바로 이러한

방법으로 인해 세계지리 지식의 전파와 문명등급론의 중요한 관계가 장기

간 은폐되었다.* 『해국도지』의 또다른 중요한 자료출처는 바로 『신석지리비

고』(이하 『지리비고』로 약칭함)이다.** 이 책의 저자는 마카오에서 출생한 포

르투갈인 조제 마르티뉴 마르케스(José Martinho Marques, 瑪吉士, 1810-

1867)이다.*** 제1차아편전쟁이 종결되고 통상항구가 개방된 이후, 청조 정

---

* "이 책은 전적으로 해외에 관해 상세히 서술하고 있다. 충링慈岭의 동쪽, 와이싱안링外興
安嶺의 남쪽, 오인도五印度 북쪽의 모든 몽골과 회족은 우리나라의 후위侯尉가 통치하고
있다. 조선은 비록 동해 쪽으로 치우쳐 있지만 또한 황실의 친속이 분봉한 것과 다름이 없
다. 이들은 모두 신주神州(즉 중국—역자)의 보좌로서 이 책에 포함시켜서는 안 된다. 이
에 단지 책머리에 지도를 제시하여, 조종에 귀의歸依하여 복종한다는 뜻을 나타낼 뿐 감히
쓸데없는 말을 더하지 않았다." 宋大川 校注, 『瀛寰志略校注』, 北京: 文物出版社, 2007, p.10.
** 위원(魏源)은 『지리비고』, 즉 『신석지리비고』, 전체 10권을 모두 『해국도지』에 포함시
키고, "대서양 마길사大西洋瑪吉士", "집역輯譯", "저著" 혹은 "집저輯著" 등의 문자로 표기하
였다.
*** 마르케스(瑪吉士) 및 그의 『신석지리비고』는 한때 청말 지리학사 연구에서 하나의 수
수께끼였다. 런던 선교회(London Missionary Society)의 선교사 윌리엄 무어헤드(William
Muirhead, 1822-1900)는 『지리비고』를 "서양인사 마길소 편집西洋士瑪吉所輯"이라고 오해
하기도 하였다. 慕維廉, 『地理全志』(全五冊), 日本安正己未(1859), 榴夏新刊 "爽快樓藏本", p.4.
량치차오는 『지리비고』가 개항 이전의 역서이고, 역자는 바로 선교사라고 여기기도 하였
으며, 타이완판 『속수사고제요續修四庫提要』(1971)의 편자는 여전히 "역자의 원명은 미상"
이라고 보았다. 슝위에즈(熊月之)의 『서학동점과 청말사회西學東漸與晚淸社會』(修訂版)(北
京: 中國人民大學, 2011)는 단지 『지리비고』라는 책만을 언급하였고, 쩌우전환(鄒振環)의
『중국에서의 청말 서구지리학晚淸西方地理學在中國』(上海: 上海古籍出版社, 2000)은 『지리
비고』의 저자를 "Machis"라고 하였으며, 궈팅이(郭廷以)의 『근대중국사강近代中國史綱』(香
港: 中文大學出版社, 1980)에서도 그 저자를 "馬吉士(Machis)"라고 하였다. 또 귀솽린(郭雙
林)의 『서구조류의 격량 속에서의 청말 지리학西潮激蕩下的晚淸地理學』(北京: 北京大學出版
社, 2000)에서는 도광, 함풍 연간의 지리학 저작을 소개하면서 이 책을 언급하지 않았다.
그러나 사실 1971년 독일학자 하르트무트 발라벤스(Hartmut Walravens)가 이미 『지리비
고』의 저자는 바로 마카오 현지에서 출생한 포르투갈인 마르케스임을 고증하였다. 마르케

부와 서구의 관리, 선교사, 상인들 사이의 교섭이 날로 빈번했다. 이에 사람들은 더욱더 서구 국가와 서구인을 이해할 필요가 있었는데, 그 내용에는 서구의 군사, 정치 제도뿐만 아니라 서구 열강의 역사, 지리, 종교, 인구, 재정, 상업 및 서구의 아시아, 아프리카, 아메리카에서의 식민사업도 포함하였다. 특히 항구에서 관직을 수행하던 청조의 각급 관리들은 통상, 선교, 상업 등 '서구 관련 사무'를 처리할 때 열강 및 그들이 주재하는 세계에 대한 인식을 갖춰야만 비로소 재중 외국인과의 민사상 충돌을 억제하거나 종교사건을 미연에 방지할 수 있었다. 『사주지』가 이미 당시의 정치와 외교적인 수요를 충족시킬 수 없음이 명확해지자, 일부 학식 있는 관원들이 직접 서구의 지리 저작을 편찬하기 시작했다. 양정남(梁廷楠)의 『해국사설海國四說』과 서계여(徐繼畬)의 『영환지략』 등이 바로 그 대표적인 예이다.

『사주지』에 대한 독자들의 인상은 그다지 좋은 편이 아니었다. 귀츨라프(Karl Gützlaff, 1803-1851)는 이에 대해 일찍이 다음과 같이 평하기도 하였다. "이 책을 읽었을 때, 우리는 이것이 한 권의 백과전서를 각 페이지로 해체한 후 다시 아무렇게나 제본한 것과 같다고 여길 수밖에 없었다. 종교, 전쟁, 시가, 진리, 거짓말과 자질구레한 경험들이 모두 함께 뒤섞였다. 이것

스는 청년시절에 한학가 조아킹 아폰수 곤살레스(Joaquim Afonso Gonalves, 江沙維, 1781-1841) 신부로부터 한학(漢學)을 배웠고, 후에 마카오 의사회(議事會)에서 통번역관을 담당하였다. 그후 프랑스 외교사절단의 통번역을 담당하기도 하였으며 저서로는 『포르투갈 한어 사전葡漢詞典』(미간)이 있다. 하르트무트 발라벤스는 『지리비고』의 저술 시기가 1842년 이후에서 1845-1849년 이전이어야 한다고 보았다. "The Ti-li Pei-K'ao", Ch'ing-Shih Wen-T'i(『淸史問題』) 2,6(Jun 1, 1971), pp.55-58 참고. 1988년 천화 역시 마르케스의 포르투갈어 이름을 고증하였다. 陳華, 「有關『四洲志』的若幹問題」, 『暨南學報』(哲學社會科學版), 第15卷第3期, 1993年7月, p.66 참고. 2006년에는 자오리펑(趙利峰), 우전(吳震) 역시 포르투갈 자료에 근거하여 마르케스의 생애 및 저술 활동을 상세히 고증하고, 아울러 『지리비고』가 도광 25년(1845년)에 이미 간행되었다고 보았다. 「澳門土生葡人漢學家瑪吉士與『新釋地理備考』」, 『暨南學報 · 哲學社會科學版』, 2006 第2期, pp.131-136 참고.

은 풍격이 매우 특이한 책이며 완전히 갖춰진 내용이란 하나도 없는 하나의 커다란 잡탕이다." 서구의 역사지리에 대해 수많은 저술을 한 적이 있는 이 서구 평론가는 계속해서 다음과 같이 말하였다. "야만인(夷人, die Barbaren)을 작은 섬에 흩어져 살고 있는 주민들로 보고, 비참한 생활을 하면서 중국과 통상하기만을 좋아하는 것으로 간주하는 이러한 생각은 더이상 유지할 수 없다. 그래서 우리는 포르투갈 사람을 찾아 그에게 지리학 저작을 편술할 것을 요청하였다."* 프러시아 출신인 이 선교사의 중국에 대한 적대의식을 제외한다면, 『사주지』에 대한 그의 평가는 결코 사실에 비해 지나치다고 할 수 없다. 예를 들어 '영길리英吉利'라는 중문 국가명의 연원에 대해서 이전의 지방지(地方志)에서는 기술된 적이 없었다. 『사주지』에서도 이 문제를 해결하지 못했다. 『해국도지』를 편찬한 위원도 단지 이전의 저작들을 통해 "영길림英吉林은 암액리諳厄利 또는 영기여英機黎, 영규여英圭黎라고도 하고, 광둥의 무역업자들은 영길리라고 부르기도 하는데, 모두 음역한 것으로 확정된 문자표기는 없다"**는 것을 알았을 뿐이다. 사실 『지리대전』은 영국의 '역사지리'라는 조목에서 '영길리인(英吉利人, angles)'은 게르만 색슨 부락의 한 지파에서 기원하며, 기원전 5세기 색슨인을 따라 함께 런던을 정복했다고 설명하고 있다.*** 『사주지』의 역자는 영국의 기원에

---

* Karl Gützlaff, "Ing hoan tschi lio (『瀛寰志略』), Kurze Beschreibung der Ungegenden des Weltmeeres", *Zeitschrifte der Deutschen Morgenländischen Gesellschaft*, Bd.6, 1852, S.566. 귀츨라프는 '이인夷人'을 barbarian 또는 독일어 Barbar로 번역하길 고집하였다. 이것은 구미 교과서가 중국을 이미 '반개화 국가'로 분류한 것을 고려하면 용인할 수 없는 모순이다. 따라서 몇 년 후 「톈진조약」의 제51조에서는 '이夷' 사용을 금지하였는데, 이는 이미 당시 추세로 충분히 예견된 일이었다.

** 魏源, 『海國圖志』, 『魏源全集』第六冊, p.1429.

*** Hugh Murray, *The Encyclopaedia of Geography*, vol.1, p.341.

관한 이 내용을 번역하지 않았다. 영길리 즉 타키투스의 『게르마니아_De Origine et situ Germanorum_』(약 AD 96년)에서 말한 'Angili'를 포르투갈인은 'Ingali'로 바꾸어 사용했는데, 이 포르투갈어는 바로 『오문기략澳門紀略』(1751)에서 처음으로 '영길리'로 번역되었다.* 중국과 포르투갈의 교섭은 16세기에 시작되었으며, 중국인이 처음으로 이른바 '영이英夷', 즉 외국 영국의 상황에 대해 알게 된 것도 바로 포르투갈인의 소개를 통해서였다.

귀츨라프가 언급한 포르투갈인은 바로 동방 식민무역 활동을 위해 마카오에 온 포르투갈인의 후손이자 현지 출신 포르투갈인인 마르케스였다. 그는 일찍이 마카오 포르투갈인의 자치기구인 마카오 포르투갈 의사회의 통역관으로서 광둥의 관상(官商)이나 신사들과 빈번히 교류하였다. 마르케스에게 서구 지리학 저작을 편찬하도록 권유한 한 사람은 해산선관주인(海山仙館主人) 반사성(潘仕成) 아니면 당시 양강총독(兩江總督)이던 기영(耆英)이었을 것이다. 광저우 13행의 염상(鹽商)이던 반사성은 일찍부터 황푸(黃埔)항을 출입하던 서구 상인들을 잘 알고 있었다. 여러 광둥 총독들도 종종 외국과 교섭을 위해 '서양사정'에 밝았던 반사성을 찾곤 하였다. '해산선관'은 청소 대신과 영남의 문인들이 모임을 갖던 장소일 뿐만 아니라 외국 사절과 정부관원들이 빈번하게 방문하던 곳으로, 『지리비고』는 완성되자마자 곧 반사성의 '해산선관총서'에 수록되었다.** 제1차아편전쟁 이후, 반사성은 여러 차례 '관상'이라는 이중신분으로 기영의 서양관련 통상업무를 위해 협력하기도 하였는데, 마르케스가 『지리비고』 편찬을 의뢰받은 시

---

* 張汝霖, 『澳門紀略』(嘉靖五年重刊本), 臺北: 成文出版社, 1967, p.44.
** 반사성(潘仕成)의 생애와 교유에 대해서는 陳澤成, 「潘仕成略考」, 『廣東史志』, 1995年第1期, pp.68-76; 王元林, 林杏容, 「近代大變局中的紅頂行商潘仕成」, 『中國與周邊國家關系學術研討會論文集』, 雲南蒙自, 2009, pp.291-304 참고.

기도 1843년경이 분명하다.* 같은 해 7월, 마르케스는 마카오 포르투갈 당국의 지시로 광저우로 가서 마카오에서 포르투갈의 식민이익을 확대하는 일에 대해 청조 관원과 교섭을 진행하였다. 대청국 관원으로부터 의뢰를 받은 이상, 그가 이미 간행된 『해국도지』(50권 본)의 체례를 모방하여, 『지리비고』에서는 "주로 해외의 것을 상세하게 설명하고", "신주" 즉 중국에 대해서는 한마디도 언급하지 않은 것은 자연스러운 일이었다.**

『지리비고』의 편성방식은 당시 유럽 지리학 분류체계와 일치한다. 이 책은 지리학을 각각 천문지리학, 자연지리학, 정치지리학에 해당하는 '문文, 질質, 정政' 세 영역으로 구분하였다. 「지구총론地球總論」이라는 절에서, 마르케스는 첫머리에 세계의 5대주 구분을 설명하고 이어서 5대주의 현재 인구수를 나열한 다음, 다음과 같이 서술하였다.

무수히 많은 사람들은 5종으로 나뉜다. 백색, 자색, 황색, 청색, 흑색 등

---

* 1843년 7월 기영은 막 「난징조약」(1842) 조인식을 마치자마자, 곧 마카오의 포르투갈 총독 핀토(Adrio Acácio da Silveira Pinto)로부터 청 정부가 마카오를 자유항으로 변경시켜줄 것을 요청하는 각서(覺書)를 접수하였다. 핀토는 이를 위해 사절단을 파견하고, 당시 마카오 포르투갈 의사회(議事會)의 통번역관이었던 마르케스에게 포르투갈 사절단 신분으로 광둥의 관원을 만나도록 했는데, 아마도 그는 이 광저우 방문 기간에 기영을 만났을 가능성이 있다. 黃鴻釗, 『澳門史』, 福州: 福建人民出版社, 1999, pp.237-238; 趙利峰, 吳震, 「澳門土生葡人漢學家瑪吉士與『新釋地理備考』」, 『暨南學報 · 哲學社會科學版』, 2006年第2期, p.132쪽. 필자가 보기에, "태초 이래 지금 대청 도광 25년까지 총 5852년이다乾坤始奠以來,迄今大淸道光二十五年共計五千八百五十二載"(『新釋地理備考 · 一』, "海山仙館叢書本", 北京: 中華書局, 1991, 185쪽)라는 구절을 고려하면, 『지리비고』는 1845년 전후 시기부터 집필을 착수한 것으로 보인다.

** 『사주지』, 『해국도지』 및 그후 『영환지략』은 모두 아시아의 인접국가로부터 소개를 시작하고 있다. 이에 비해 『지리비고』에서 총론에 바로 이어 소개한 것은 바로 유럽과 '대서양국'(포르투갈)이었다. 또 비록 『지리비고』에 '티베트[西藏]', '조선', '유구(琉球)'에 관한 세 개의 절이 포함되어 있지만, 대청국의 내지에 대해서는 전혀 언급하지 않았다.

다섯 가지 색으로 구분된다. 백색 사람들은 유럽, 아시아 동부와 서부 지역, 아프리카 동부와 북방 지역, 아메리카 북방 지역의 사람들이다. 얼굴색이 순백이고 얼굴은 계란 모양이며 준수하다. 두발은 곧고 부드러운데, 이것이 그들의 모습이다. 자색 사람들은 아프리카 북부, 아시아 남부 중 천축과 아시아에 속한 여러 섬들을 제외한 나머지 지역 사람들로 얼굴이 흑자색이고 코는 납작하고 입은 크며, 모발은 검고 곱슬한 것이 그들의 모습이다. 황색 사람들은 인도, 아시아 남부, 아메리카 남부의 사람들이며, 얼굴색은 담황색이고 코는 납작하고 입은 돌출되었고, 모발은 검고 강직한 것이 그들의 모습이다. 청색 사람들은 아메리카 대부분의 사람들로 얼굴색이 청록색이며, 모발은 황색 사람들과 거의 비슷하다. 흑색 사람들은 아프리카 현지 사람들이다. 얼굴색은 새까맣고, 얼굴은 돌출되고 광대뼈가 높으며, 입이 크고 입술은 두껍다. 모발은 검고 양털처럼 곱슬하며 코는 납작하고 커서 사자나 독수리 코와 비슷한 것이 그들의 모습이다. 그러나 그 지역에는 백색 사람들도 있는데, 동부와 북부 두 지역의 사람들은 모두 과거에 유럽, 아시아에서 그 지역으로 이주한 사람들이다. 또 아시아 남부와 각 섬에도 흑색 사람늘이 있으며, 그 용모와 모습은 아프리카의 흑색 사람들과는 완전히 다르다.[*]

위 인용문은 1830년 랑글루아가 편집하여 출판한 『현대 지리학사전』에서 전문을 초록한 것이다. 앞에서 언급한 바와 같이, 랑글루아는 전문적으로 지리학 서적을 출판하던 기구[**]이며, 이 사전은 당시 프랑스에서 가

---

[*] 瑪吉士, 『新釋地理備考 · 二』 I, p.280.
[**] 편찬자와 동명의 출판사를 가리킴 ─ 역자 주

장 유행하던 사전 가운데 하나였다. 그것은 말테 브룬, 발비와 지도학자 피에르 라피(Pierre M. Lapie, 1779-1850) 등 전문 지리학자의 저작을 한데 모았을 뿐만 아니라 당시 민간 서점가에서 여러 종류의 지리학사전, 통계학, 여행기 등 서적의 내용을 수집하였다.* 이를 마르케스의 저작과 자세히 비교해보면, 원문에 대한 마르케스의 처리방식이 여러 가지 의미를 함축하고 있음을 알 수 있다. 원문에서 백인종의 지리 분포 지역은 "유럽, 아시아 서부, 아프리카 동부와 북부, 그리고 아메리카 북부"로 되어 있지만**, 마르케스의 번역문에서는 "아시아 서부"를 "아시아 동부와 서부"로 수정하였다.

원문에서는 아시아에서의 황인종 분포 지역은 단지 남방에 국한되어 동아시아는 포함하지 않았다. 이와 같이 『현대 지리학사전』은 인종분류에 있어서 '동아시아'라는 지리 지역을 누락시켰는데, 『지리비고』의 저자 마르케스는 바로 그 누락을 발견하고 동아시아를 '백인'의 분포지에다 보충해 넣었던 것이다. 여기서 하나의 문제가 제기된다. 마르케스는 왜 동아시아인을 황인종으로 분류하지 않았을까? 말레이인 이외에 아시아인 모두는 '황인종'이다. 블루멘바흐는 1778년에 이미 이러한 견해를 제기하였으며, 그후에 자연사 저작에서도 계속해서 이를 확인하였다.*** 동아시아인의 귀속문제에서 랑글루아의 분류방식은 블루멘바흐와 다를 뿐만 아니라 말테 브

---

* 하르트무트 발라벤스(Hartmut Walravens)는 포티어(G. Pauthier)의 견해에 근거하여 『지리비고』는 발비의 『지리학대강』의 축소판이라고 보았다. "The Ti-li Pei-K'ao", Ch'ing-Shih Wen-T'i (『淸史問題』) 2.6(Jun 1, 1971), p.57 참고. 필자가 자세히 비교해본 결과에 따르면, 『지리비고』의 대부분 내용은 결코 발비의 전문적인 지리학 저작을 바탕으로 한 것이 아니라 통속적인 지리학사전인 랑글루아의 『현대 지리학사전』을 베낀 것에 가깝다.

** Hyacinthe Langlois (réd.), *Dictionnaire classique et universel de géographie moderne*, t.1(Paris: Hyacinthe Langlois, 1826), p.cxxvii.

*** "몽고인종은 대부분 보리 빛깔의 황색[麥黃色]이다", Johann Friedrich Blumenbach, *Handbuch der Naturgeschichte*, 12. Aufl. (Göttingen, 1830), 856.

룬, 발비 등 유럽 주류의 체질인류학자 및 지리학자들과도 다르다. 중국을 포함한 동아시아인을 백인종에 포함시킨 마르케스의 방법은 19세기 초 서구의 인종분류학과 부합하지 않으며, 또 아편전쟁 전후 일반적인 청조의 관원과 보통 민중의 '이인(夷人)'에 대한 태도와도 상반된다.* 만약 『지리비고』가 대청국의 '외국 사무[夷務]를 조사·처리하는' 관원들이 '참고'할 수 있도록 '준비'한 것이라면, 이는 그 책의 독자인 관원들이 마음속에 장기간 고수해온 '화이질서'에 대한 도전이 아닐까? 마르케스가 중국인의 인종등급을 백인종의 범주로 제고시킨 것은, 한편으로는 청조 관원이 장기간 마카오에 거주하는 포르투갈인을 멸시하는 심리를 없애기 위한 것도 한 이유이지만, 더 중요한 이유는 일종의 식민책략에서 나온 것이었다. 즉 일단 포르투갈을 포함한 유럽인이 '화이질서'에서 중국인과 동등한 인종등급을 지닌다면, 그들은 곧 국제법상에서 청조와 동등한 주체적 지위를 지니게 되며, 따라서 곧 마카오의 생존권과 식민권익도 보유하게 된다. 하지만 이러한 깊은 계산을 바탕으로 선택한 식민정책은 결코 마르케스 심중에 존재하는 유럽인, 구체적으로 말하면 포르투갈인이 다른 종족과 대면했을 때 갖게 되는 우월적 지위를 감출 수는 없었다.

다시 『지리비고』 중 유럽과 포르투갈 왕국에 관한 내용으로 돌아가보자. 천문학과 자연지리에 대해 개괄적으로 설명한 이후, 마르케스는 유럽으로부터 시작하여 세계 각국의 자연, 정치, 인종, 풍속 등을 차례로 설명하였다. 「유럽전지(歐羅吧全志)」의 시작 부분에서는 다음과 같이 말하고 있다. "유럽은 비록 지구의 5대주 가운데 매우 작지만, 그곳의 학문[文學]은 훌륭

---

* 郭雙林, 『西潮激蕩下的晚清地理學』, 北京: 北京大學出版社, 2000, 251-284쪽; Lydia H. Liu, *The Clash of Empires: The Invention of China in Modern World Making*(Cambridge: Harvard University Press, 2004), pp.31-69 참고.

하고 우아하며 기술이 정교한 것이 다른 지역과 비교하여 큰 차이가 있다. 따라서 예부터 지금까지 항상 최고로 받들어오고 있다." "천하 5대주 가운데 모든 학문[文學]과 기예가 완비되고 지극히 정교한 곳은 오직 유럽뿐이다. 그 외의 지역도 모두 그것을 갖추고 있지만 유럽처럼 지극한 정도로 만들지는 못했다."* 그의 펜 끝에서 일종의 유럽문명 우월감이 흐르고 있음을 보여준다. 마르케스가 묘사한 유럽인은 우선 바로 그 모국인 대서양국(포르투갈) 동포였다. "대서양국인의 모습은 너무 크지도 작지도 않고 사지가 균형을 이루고 있으며, 뚱뚱하지도 마르지도 않아 골격이 적당하다. 얼굴 모습은 넉넉하면서도 광채가 있고, 피부는 약간 자색이지만 흰색에 더 가깝다. 눈은 순 흑색에 큰 지혜를 담고 있고 눈동자는 약간 남색을 띠며 광채를 드러낸다. 성격은 수려하고 온화하며, 질박하고 웅장한 것을 좋아하고 용기가 있다. 손님을 대접할 땐 극진히 하고, 모험심이 있고 도모하는 바가 크다. 품성은 자못 급한 편이지만 평온함과 유순함을 겸하고 있다. 그러나 자만하지 않고 재난을 만나면 물러서지 않으며 위험을 당해도 흥분하지 않는다. 비록 근면하고 고난을 이겨내는 데 익숙하지만 또 느긋함을 즐기기도 한다. 특히 고향을 그리워하고 고향사람을 매우 사랑하며, 항상 다른 국가를 중시하면서 결코 깔보거나 모멸하지 않는다."** 이 단락과 같은 내용이 랑글루아의 사전뿐만 아니라, 지리학자 발비가 포르투갈 국왕에게 헌정한 그 국가와 관련된 통계지리학 서적 가운데서도 보인다.*** 그

---

* 瑪吉士, 『新釋地理備考 · 二』, 285, pp.318-319. 이 구절은 랑글루아의 『현대 지리학사전』의 '유럽' 조목에 서술되어 있다. *Dictionnaire classique et universel de géographie moderne*, t.2, p.886 et p.890.

** 瑪吉士, 『新釋地理備考 · 二』, p.249.

*** Hyacinthe Langlois (réd.), *Dictionnaire classique et universel de géographie moderne*, vol.2, p.808; Adrien Barbi, *Essai statistique sur le royaum portugal et d*

204

런데 『지리비고』의 저자는 여기서 그가 인용한 내용에 대해 미묘한 수정을 하고 있다. "피부는 약간 자색이지만 흰색에 더 가깝고", "눈은 순 흑색에 큰 지혜를 담고 있고", "고향사람을 매우 사랑하며, 항상 다른 국가를 중시하면서 결코 깔보거나 모멸하지 않는다"와 같은 여러 부분은 마르케스가 각별히 보충한 것으로 그 가운데는 자기변명의 색채가 매우 명확하다.

상술한 두 곳의 책략적인 수정은 마카오 출신 포르투갈인이 누차 대청국의 '멸시'를 받은 것에 대해 자기를 변호하는 복잡한 심리를 보여준다. 1557년 포르투갈인이 마카오에서 체류한 이래, 명·청조는 그들에 대해 엄격한 경계태세를 취하여, 상산(香山) 현승(縣丞)과 해방(海防) 동지(同知)와 같은 행정 및 군사 제도를 설치하였을 뿐만 아니라, 마카오에 대해 해금(海禁)을 실시하였다. 이로 인해 현지의 포르투갈인은 표면적으로는 "공순하게 법을 따르기는 했지만", 실제로는 마카오 지역의 "중국인과 서구인의 잡거"로 인해 포르투갈인은 자주 "중국인을 업신여기거나 관의 법을 무시하여" 민사 충돌이 끊이지 않았다. 사건이 발생할 때마다 포르투갈 당국은 본국의 상인을 비호하고 마카오에서 식민국가의 '치외법권'을 실현하려고 하였지만, 청 정부는 줄곧 마카오 지역에 대한 사법권 행사를 포기한 적이 없었다.* 다른 한편 명·청 정부는 마카오에서 300여 년 동안 거주하고 있는 서구인의 원류에 대해서 줄곧 명확히 파악하지 못하고 있었다. 사람들은 처음에 단지 유럽인을 포괄적으로 가리키던 '불랑기佛朗機'로 그들을 호칭하였는데, 도광 연간에 이르러서도 청조의 관민은 여전히 '서이西夷' 혹은 '서양이인西洋夷人'과 같은 모호한 호칭으로 그들을 불렀고, 마카오의 포르

'Algarve, T.2(Paris, 1822), p.21.

* 黃鴻釗, 『澳門史』, 福州: 福建人民出版社, 1999, p.153.

투갈 관원은 '이추_{夷酋}' 혹은 '이목_{夷目}'이라 불렀다.

아편전쟁 전야에, 임칙서는 도광 황제에게 올린 상주문에서 "서이가 가족과 함께 거주하기를 이미 300년이 지나서 거의 중국인[華民]과 차이가 없습니다. 비록 공순하기로 잘 알려져 있고 감히 망령된 행위를 하지 않지만, 각 섬의 이인들과 조석으로 왕래를 하고 있어 사익을 도모하고 아편을 판매하는 일이 없다고는 보장할 수 없습니다"*라고 하였다. 또 「난징조약」의 문서를 교환하고 나서도 기영은 마카오 통상장정 의정서에 관한 상주문에서 여전히 이른바 '대서양국'이란 명조 만력 연간에 중국에 온 예수회 선교사 마테오 리치, 아담 샬(Johann Adam Schall von Bell, 湯若望, 1591-1666)의 고국 '이탈리아'라고 오해하기도 하였다.** 조야의 상하에서 '외국 사무'에 밝기로 저명했던 기영조차도 이와 같았으니, 일반 민중의 마카오 포르투갈인에 대한 이해 정도가 어떠했는지는 가히 상상할 수 있다. 마카오 포르투갈 당국과 광저우부(廣州府)의 통상사무에 관한 담판에 참여했던 마르케스는 모종의 '상처'를 받았음에 틀림없다. 그는 『지리비고』의 한 구석진 지면을 빌려 사람들에게 "대서양의 옛 명칭은 루시타니아(Lusitania)이고, 현재는 포르투갈[伯爾都牙哩]이라 부르는데, 유럽 서쪽 끝자락에 위치해 있어서 중화에서는 또 속칭 대서양국이라고 부른다"***고 주장하였다. 서구의 자연법에 따라 대청국을 향해 포르투갈인이 응당 향유해야 할 이른바 '평등권리'를 요구하기 위해서, 마르케스는 중국인종과 유럽인종의 등급차이를 없애는 것을 무릅쓰면서 대청국 사대부 계층의 심중에 자리잡고

---

* 林則徐, 「巡閱澳門抽查華夷戶口等情形折」(1893年 9月 18日), 『林則徐全集』第三册, p.195.

** 「耆英等奏澳門葡萄牙人通商章程業經議定折」(1843年 12月 1日), 『中葡交涉史料』,第一輯, 澳門: 澳門基金會出版, 1998, p.28.

*** 瑪吉士 『新釋地理備者 · 二』, p.327

있는 '화이' 질서를 바로잡으려 하였다. 그리고 이를 통해 마카오가 결국에 청조의 주권 관할을 넘어서 인도의 갠지스 유역이나 아프리카 콩고, 아메리카의 브라질처럼 포르투갈 국왕 기치하의 속지로 되길 희망하였다.

비록 일찍이 바스쿠 다가마로 상징되는 항해와 상업의 제국이었던 포르투갈이 이 시기에 이르러 몰락해가고 있었지만, 1826년에 출판된 랑글루아의 『현대 지리학사전』에서는 이미 "광저우만에 위치한 마카오라고 불리는 지역"을 포르투갈의 식민지로 귀속시키고 있었다.* 그리고 20년 후, 『지리비고』의 저자는 전략적으로 광저우부 상산현의 관할이었던 섬 마카오를 '대서양국'의 해외 속지로 귀속시키지는 않았지만, 결국에는 그렇게 실현될 것이라고 믿고 있었다. 왜냐하면 18세기 인종분류학 지식은 그에게 다음과 같이 말해주었기 때문이다. "천하만국의 사람들은 상중하 3등급으로 구분된다. 하등에 속하는 자는 글자를 인식하지 못하고, 책을 읽지 못하며, 문장과 학문이 모두 발달하지 못해, 배우고 힘쓰는 것은 단지 어로와 수렵일 뿐이다. 이러한 사람들은 본래 일정한 거주지가 없어 단지 목축을 하며 각 지역을 떠돈다. 중등에 속하는 자는 문자를 익히고, 법제를 정하여 하등보다 뛰어나다. 처음으로 국가를 수립했지만 그 견문은 여전히 얕고 협소하며 체계는 없다. 상등에 속하는 자는 그 학문을 연구하고 그 인재를 양성하며 육예를 연마하여 더욱더 유용성을 추구한다. 그리고 도와 덕을 닦아 경전으로 만들고, 법도에는 질서가 있으며, 천하태평 시기에는 다른 나라와 교제하며 서로 예의로써 대하고, 군사적으로 위급한 시기에는 적을 막아 자신과 가족을 보호한다."** 이는 말테 브룬이 제기한, 인

---

* Hyacinthe Langlois (réd.), *Dictionnaire classique et universel de géographie moderne*, vol.2, p.809.
** 이 단락의 내용은 랑글루아의 『현대 지리학사전』 서론 중 '문명등급(degrés de

종등급과 상응하는 문명의 3단계 구분, 즉 '야만, 몽매 혹은 반개화, 문명' 민족이 마카오 출신의 포르투갈인 마르케스에게 있어서 자신의 종족 정체성을 수립하고 식민권익을 획득하기 위한 지식의 근거가 되고 있음을 보여준다. 이러한 문명의 세계질서에서, 중국은 '몽매 혹은 반개화' 상황에 놓여 있다. 비록 말테 브룬, 발비, 휴 머리와 랑글루아가 중국이 일찍이 고도의 문명에 도달했었다는 것을 부인하지는 않았지만, 그들은 이 국가가 그후에 계속해서 정체되고 퇴보하였으며, 심지어는 다시 야만상태로 타락했다고 보았다. 아편전쟁 이후, 대청국은 "적을 막고 자신과 가족을 보호할" 힘이 없었기 때문에 '문명국가'의 기준에 도달할 수 없었다. 결국 『지리비고』에서 전하는 '문명'의 정보에 따르면, 중국은 반드시 '서이', '영이'를 포함한 유럽인을 진지하게 대하고 자신의 화이관념을 뒤집어서 허심탄회하게 '이인'으로부터 배워야 한다는 것이었다. 다만 마르케스는 이러한 정보를 전달하면서 동시에, 한편으로는 원문이 중국인을 barbare(몽매) 혹은 demi-civilisé(반개화)로 간주한다는 사실을 숨기고, '몽매 혹은 반개화 민족'이라는 문자를 번역하지 않음으로써 유럽인의 문명등급론을 은폐시켰다. 바로 이른바 평등관이 아니라 보이지 않는 문명등급론이 중국인에게 화이관을 포기하고 자신이 곧 식민지로 전락할 거라는 사실을 받아들이도록 요구했던 것이다. 아니나다를까, 바로 마르케스가 『지리비고』를 편술하고 있을 때, 포르투갈 여왕 도나 마리아(Dona Maria, 1819-1853)는 1845년 11월 20일 마카오에 대해 '자유항'이라고 공개적으로 선언하고, 해군 대령 페헤이라 두 아마랄(Ferreira do Amaral)을 마카오 총독으로 임명하였다. 이 열

---

civilisation)'에 관한 절을 그대로 베낀 것이다. *Dictionnaire classique et universel de géographie moderne*, vol.1, p.ccccliii 참고.

광적인 식민주의자는 일련의 야만적이고 유혈적인 폭력수단으로 청조의 관원을 몰아내고 중국 해관의 관서를 폐쇄하였다. 그리하여 마카오는 마침내 1849년 3월에 사실상 포르투갈 왕국의 식민지가 되었다.[*]

4. 캉유웨이의 종족개량과 대동세계

1895년 겨울, 캉유웨이는 귀향하여 모친의 생신을 맞아 축수하였는데, 그는 포르투갈 국적의 마카오 도박 상인 허수이텐(팅광)(何穗田[廷光])과 그 신후이(新會) 문하생 탄(譚) 모로부터 브라질 사절단이 일찍이 중국에 와서 중국인 노동자를 모집하고 아울러 홍콩에서 수개월 동안 체류하다 갑오청일전쟁이 발발하고 나서야 떠났다는 것을 알게 되었다. 그 이전에 마카오에서는 거리에서 불법으로 노동자를 모집하여 3척의 윤선에 그들을 태우고 출항하는 사건이 연이어 발생했다. 이에 양광총독 이한장(李翰章), 북양대신 이홍장(李鴻章) 및 총세무사 영국인 로버트 하트(Robert Hart, 赫德, 1835-1911)는 모두 홍콩에 머물던 브라질 사절단 수군제독 라다리오 남작(Barão de Ladário)이 청 정부의 허가를 받지 않고 임의로 중국 노동자를 모집한 것으로 의심하였다. 이를 계기로 총리아문은 1894년 1월 각국 공사에게 각서를 보내 이러한 활동을 금지했다.[**] 이렇게 하여 "브라질의 노동자 모집에 대해서는 논의를 하기도 전"에 이미 "중도에 중단되어 버렸다". 그후 얼마 안 있어 청일전쟁이 발발하자 중국 노동자 모집 문제는 완전히

---

[*] 萬明, 『中葡早期關系史』, 北京: 社會科學文獻出版社, 2001, pp.311-312 참고.

[**] 茅海建, 「巴西招募華工與康有爲移民巴西計劃之初步考證」, 『史林』, 2007年第5期, pp.9-12.

논의 대상에서 빠져버렸다. 그러나 라다리오 남작 일행 4명은 결코 이에 단념하지 않고, 거듭 허수이톈과 캉유웨이의 문하생 탄 모를 설득하여 상황 전환을 도모하였다. 이에 대해 캉유웨이는 18년 후 다음과 같이 회고하였다.

브라질은 포르투갈인종으로 포르투갈어를 구사한다. 그리하여 브라질의 4명의 사절은 허수이톈, 탄성시譚生蓍와 매일 중국 통상 방법에 대해 논의하였다. 그러나 내가 브라질에 대해 강론하는 것을 알고는 나와 함께 그것을 도모하려 하였다. 그들은 백만식민회사[百萬殖民公司]를 세워 이미 수십만을 얻었으며, 브라질로 가는 4척의 배를 임대하는 계획을 세웠다. 배 1척당 2천 명을 운송할 수 있어, 3개월에 1회씩 운행하면 매회 8천 명을 운송할 수 있고, 1년에 3만 6천 명*이 브라질로 가서 사탕수수, 커피, 담배 재배에 종사하게 된다. 만약 이득을 얻게 되면 해마다 운송하는 배를 늘리는데, 그로 인해 이민이 나날이 증가하여 그 수를 헤아릴 수 없다 하였다. 브라질의 4명의 사절은 특별한 이익을 제시하고 내가 토지를 (브라질에서—역자) 획득하기만 하면 더 우대해주겠다고 하였다. 허수이톈은 이에 외부外部(외교부—역자)에 청탁하고 통상을 위해 도모하려고 했지만 외부에 아는 사람이 없어 나에게 가길 요청하였다. 이때 브라질 인민은 이미 수가 수백만으로 증가하였다. 나는 중국을 새롭게 하는 대업을 이유로 사양했지만, 베이징에 가서는 나의 친구를

---

* 4척의 1회 운송량이 8천 명이고 3개월에 1회씩 운행한다면 1년에 3만 2천 명이 되어야 하지만, 『불인잡지不忍雜志』에는 3만 6천 명으로 되어 있다. 캉유웨이의 계산 착오가 아니면 인쇄상의 오류일 것으로 보인다. 康有爲, 「忘恥」, 『不忍雜志』 第四冊(1913年 5月), 沈雲龍 主編, 『近代中國史料叢刊』 二編 第二十八輯, 文海出版社, p.5 참고. —역자 了

예부禮部의 후이뤄晦若 위스메이於式枚(1853-1916)에게 소개하고 당시 외부의 일을 주재하던 허페이合肥 이홍장에게 청하였다. 허페이는 내가 브라질 통상업무에 진력하는 것을 허락하면서 "브라질과의 통상업무가 이루어지려면, 반드시 그대를 영사로 임명해야만 가능하다"고 말하였다.[*]

캉유웨이는 브라질이 적극적으로 중국 노동자를 모집하는 일을 젊은 시절 자신의 브라질 이민 계획을 실현할 좋은 기회로 인식했다. 「나의 역사 我史」(『캉유웨이 자편 연보康有爲自編年譜』) 중 광서 15년(1889)의 기록에서 그는 일찍이 다음과 같이 말한 적이 있다. "이미 중국이 망해가고 있고 구하려 해도 구할 수 없음을 안 이상 이를 차마 보고만 있을 수 없었다. 그리하여 바다를 건너 외국에서 객지생활을 해야 함을 탄식하며 미국으로 가서 가르치거나, 또 브라질에서 식민지를 경영하는 것이 중국을 새롭게 하는 것이라 생각했다. 그러나 그 모든 것이 역량에 한계가 있고 또 연로한 모친 때문에 멀리 떠날 수가 없어, 곧 광둥으로 돌아가 장차 교육과 저서로 평생을 보내기로 하였다."[**] 이로부터 알 수 있듯이, 1889년부터 캉유웨이는

<hr>

[*] 康有爲, 「忘恥」, 『不忍雜志』 第四册(1913年5月), 沈雲龍主編, 『近代中國史料叢刊』 三編 第三十八輯, 文海出版社, pp.1-7. 캉유웨이의 문하생 장구이린(蔣貴麟)이 1984년 발표한 『캉난하이 선생 일화康南海先生軼事』 중 "브라질로 이민을 가서 신중국을 수립하려고 하다"라는 절의 내용은 이 문장을 초록한 것인데 마오하이젠(茅海建)은 위 문장을 장구이린의 원작으로 오해하였다. 「巴西招募華工與康有爲移民巴西計劃之初步考證」, 『史林』, 2007年第5期, p.17. 부연하자면, 캉유웨이의 문장 중 "신후이 탄 모라는 자"는 포르투갈어를 할 수 있었을 뿐만 아니라 또 브라질을 방문한 적이 있었다. 캉유웨이의 문하생 가운데 성이 탄(譚)씨인 사람은 류양(瀏陽) 담사동(譚嗣同) 이외에, 또 신후이 탄뱌오(譚鑣, 량치차오의 이종 사촌 형), 순더(順德)의 탄량(譚良)이 있다. 또 캉유웨이와 교유하던 인물 가운데는 오직 1883년 그와 함께 '부전족회不纏足會'를 창립한 난하이(南海)의 취어량(區諤良)만이 미국과 페루에 외교사절단으로 방문하고 아메리카 대륙을 유력하였다.

[**] 康有爲, 「我史」, 姜義華, 張榮華編校, 『康有爲全集』 第五集, 北京: 中國人民大學出版社, 2007,

브라질로 이민을 가서 신중국을 재건할 계획이 있었으며, 갑오청일전쟁이 후 바로 브라질이 중국인 노동자를 모집하는 것을 계기로 그 계획을 실현하려고 했으나 결국 성공하지 못했다. 1905년 10월 멕시코 여행을 마치고, 캉유웨이는 브라질로 가려고 했지만 아쉽게도 멕시코는 국가가 작아 왕래하는 배가 없어 결국 포기하고 말았다. 그후 1913년 중화민국 성립 후, 외국 가운데 오직 "아득히 멀리 떨어져 있는 브라질"만이 베이징 위안스카이 (袁世凱) 정부를 승인하자, 다음과 같이 탄식하였다. "우리나라 사람이 만약 일찍이 브라질에 유념했다면, 나는 이미 오래전에 브라질에서 신중국을 재건했을 것이다."[*]

브라질로 이민을 가려던 캉유웨이의 계획은 「중국-포르투갈조약」 중마카오에 대한 처리방식에 불만을 품으면서 비롯되었다. 1886년 중국과 프랑스의 전쟁 후, 청 정부는 재정의 압박으로 양약(아편)에 대한 이금세를 신설하고 징수하기로 결정했는데, 이는 마카오에 있는 포르투갈 정부의 협조가 필요했다. 1887년 12월 해관 총세무사 로버트 하트의 종용하에 총리아문과 포르투갈 정부는 베이징에서 '우호통상조약'을 체결하였다. 그렇지만 그 조약에는 이전 하트의 대리자 제임스 덩컨 캠벨(James Duncan Campbell)이 포르투갈 정부와 사사로이 체결한 「리스본조약」의 제2조 "중국은 마카오 및 그 속지에 대한 포르투갈의 영구적인 점거와 관리가 포르투갈 소속의 기타 지역과 다름없음을 인정한다"[**]는 전문을 문구 그대로

---

p.74. 마오하이젠은 중국국가박물관에 소장중인 '캉유웨이 자필 연보 수고본康有爲自寫年譜手稿本'(즉 「我史」의 수고본)과 현재 널리 알려진 통행본 '무술변법본戊戌變法本'을 대조하여, 캉유웨이의 글쓰기 방식으로 인해 수고의 각 초본(抄本)에서 모두 광서 15년(1889년)의 내용이 광서 14년(1988년)의 조목 아래 정리되었다는 것을 밝혀냈다. 「"康有爲自寫年譜手稿本"閱讀報告」, 『近代史研究』, 2007年第4期, pp.120-142 참고.

[*] 康有爲, 「忘恥」, 『不忍雜志』 第四冊(1913年 5月), p.3.

「베이징조약」에 넣지는 않았다. 하지만 「베이징조약」에서는 "영구적인 점거와 관리(永久占据和管理; perpetua ocupação e governo/perpetual occupation and government)"라는 문구를 유지시켰을 뿐만 아니라 그 조약의 중문본에는 "영구적인 거주와 관리[永居管理]"라고 수정하여 표현되었다.***

바로 이와 같이, 하트와 포르투갈, 그리고 청 정부 관리들의 논쟁을 거친 「베이징조약」은 졸속으로 체결되었다. 비록 당시 양강총독이던 장지동(張之洞)과 광둥 순무 오대징(吳大澂)이 적극 반대하기는 했지만, 북양대신 이홍장은 오히려 찬성을 하였으며, 총리아문 대신 증기택(曾紀澤)도 반대하는 것은 외국인의 신용을 잃는다고 보고, 기존의 「리스본조약」에 의거하여 포르투갈 정부와 조약을 체결할 것을 주장하였다.

1888년 11월 13일, 즉 「중국-포르투갈조약」 양해각서를 교환하고 나서 반년 후, 캉유웨이는 이에 관해 베이징에서 증기택을 방문해 면전에서 비판하였는데, 당시 증기택의 대답은 캉유웨이의 일기에 다음과 같이 기록되어 있다. "함께 마카오의 일을 논하자면, 도광 19년, 마카오 포르투갈 총독이 광둥 독무를 방문했을 때, 광둥 독무는 마카오를 외국의 땅[夷地]이라고 대답하였다. 이에 대해 중국은 관심을 두지 않고 있었는데, 포르투갈인은 지금 그것을 근거로 내세우고 있어 어찌할 방법이 없다. 지금은 단지 우리 조상의 땅이 아니라 외국의 땅으로써 내줄 뿐이다. 내가 포르투갈인이 우리 고향사람들을 괴롭히는 이유를 묻자, 그는 광둥 독무가 경계를 확정하지 않았기 때문이라고 하였다."**** 임칙서와 증기택은 줄곧 변경의 섬 마

** William Frederick Mayers, *Treaties between the Empire of China and Foreign Powers*, 4ed. (Shanghai: The North-China Herald, 1906), p.156.

*** 海關總署編, 『中外舊約章大全』(下冊), 北京: 中國海關出版社, 2004, 1156쪽.

**** 康有爲, 「我史·光緖十四年戊子日記」, 『康有爲全集』 第五集, p.74. 참고로 증기택이 두

카오를 국제법 의미에서 경계와 영토가 아니라 '외국의 땅'이라고 보았다. 그러나 캉유웨이에게 있어서 영토는 외국[夷]과 중국[夏]으로 구분되지 않는다. 그것은 백성을 낳고 기르는 곳으로서, "땅을 잃는 것"은 국족의 쇠퇴를 의미하고, 이는 화하인종의 존망과 관련된 중대한 문제였다. 광둥 출신 캉유웨이는 줄곧 마카오의 득실문제에 대해 깊은 관심을 가지고 있었으며, 1907년 포르투갈을 여행하는 중에도 당시 중국과 포르투갈의 교섭문제를 잊지 않고, "전에 증혜민曾惠敏(즉 증기택―역자) 공이 보잘것없는 아편세 때문에 마카오를 넘겨준 것은 실로 실책이었다"고 하였다. 그는 또 포르투갈인의 지나친 도박벽, 포르투갈 군대의 "횡포"와 "야만적인 무질서", 그리고 마카오 포르투갈 당국의 "샹산에 대한 무단적인 침략"에 대해 대대적으로 성토하고, 포르투갈이 하나의 국가로서 안으로는 "백성을 부유하게 하거나 가르치지도 못하고", 밖으로는 스스로를 지킬 "병사와 전함도 없다"고 비난하였다. "손바닥만한 포르투갈이 자기 나라도 스스로 다스리지 못하면서 어찌 멀리 떨어진 우리 마카오를 다스릴 수 있겠는가?"*

1888년은 캉유웨이가 정치계에 발을 내디딘 중요한 해이다. 그해 여름에 그는 베이징에 상경하여 순톈(順天)부의 향시에 응시하였으나 탈락하자, 곧 베이징의 고관들과 두루 왕래하며 이제 막 친정을 하게 된 광서제에게 변법을 주청하는 상주 활동을 계획하였다. 12월의 「청 황제에 올린 첫 번째 상주문上淸帝第一書」에서 캉유웨이는 중국과 프랑스의 전쟁 후, 중국이 전반적으로 영토상의 위기에 처했음을 우려하였다. "유구琉球가 멸망하고, 안남安南을 잃었으며, 버마[緬甸]가 망해 날개가 모두 꺾이었고 장차 중심부

사람의 만남을 기록한 것은 1888년 11월 14일(음력 10월 11일)이다. 劉志惠 點校, 『曾紀澤日記』(下册), 長沙: 嶽麓書社, 1998, p.1739.

* 康有爲, 「葡萄牙遊記」, 『康有爲全集』 第八集, p.310.

214

에까지 미치려 하고 있습니다." "영국이 티베트[藏衛]를 도발하고, 서쪽으로는 쓰촨과 윈난을 넘겨보고, 러시아는 북방에 철도를 부설하여 베이징을 압박하고 있으며, 프랑스는 남쪽에서 백성들을 선동하여 윈난과 광둥을 차지하려 하고 있습니다." 다른 한편, "미국은 우리 중국 노동자를 내쫓고, 영국 속령 오스트레일리아도 그를 따르고 있습니다. 장차 남양의 여러 섬들이 분분히 이와 같은 나쁜 선례를 따르게 될 것입니다. 해외로 나간 우리의 천 수백만 백성들이…… 만약 보호받지 못하고 생업을 잃게 되면 필시 도적이 되고 말 것입니다."*

「중국-포르투갈조약」은 형식적으로는 마카오에 대한 중국의 주권을 유지하고 있었지만, 1895년 4월 체결된 「마관조약」은 요동과 타이완 및 팽호열도를 일본에 양도했는데, 이는 타이완에 대한 주권 전체(full sovereignty)를 양도하는 것이었다.** 국토는 할양되고 인구가 날로 번식하자 민생은 나날이 궁핍해졌으며, 게다가 미국과 오스트레일리아로부터 귀국한 수많은 중국인 노동자들, 그리고 서구 열강이 발동한 군사적, 경제적 침략으로 인해 중국은 '맬서스의 함정(Malthusian trap)'에 빠지게 되었다. 이 인구의 난제를 어떻게 해결할 것인가? 5월의 「청 황제에게 올린 두번째 상주문上淸帝第二書」(즉 '공거상서公車上書')에서 영토의 상실, 일반 백성과 망국의 위기를 겨냥하여, 캉유웨이는 "이민을 통한 황무지 개간" 방책을 건의하였다. 하지만 어디로 백성을 이주시킬지에 대해서는 당시 그도 명확한 해답을 가지고 있지 않았다. "오늘날 우리 백성은 곤궁하고 사방에 흩어져 떠도는 자가 가장 많은데, 미국인의 고용인이 되는 것이 아직 허용되지 않을 뿐만 아니

---

* 康有爲, 「上淸帝第一書」, 『康有爲全集』 第一集, p.180.
** 海關總署編, 『中外舊約章大全』(下冊), p.1216.

라 추방당하고 있으며, 오스트레일리아와 남양의 각 섬들도 이를 따르고 있습니다. 수백 배의 백성이 생업을 잃고 귀국하고 있는데 이들에게 어떻게 일자리를 마련해주겠습니까?" 그리하여 10월 상하이로 가는 도중에, 캉유웨이는 곧 브라질로 백성을 이주시키는 생각을 하게 되었다.

중국인이 포화상태가 된 지 오래되었다. 미국과 오스트레일리아가 모두 우리 백성들이 거주하는 것을 금하고 있다. 또 뿔뿔이 흩어지고 파산하여, 대지를 두루 살펴봐도 우리 백성을 이주시킬 수 있는 곳은 오직 브라질뿐이다. 브라질은 경위도가 우리와 가깝고, 지역이 수천 리에 이르며 아마존강이 관통하고 있다. 비옥하고 풍요로우며, 인민은 단지 8백만에 불과하다. 만약 우리가 백성을 이주시켜 살게 한다면 새로운 중국을 만들 수 있다. ……당시 타이완을 할양한 이후에도 모든 것이 변화하지 않고 압제는 더욱 심했다. 이에 중국이 반드시 망할 것이라 걱정되어, 브라질을 개간하여 우리 종족을 보존하려고 하였다.[*]

캉유웨이에게 있어서 이민을 추진할 곳은 이미 전통적인 서북변방, 동북, 멍구(蒙古)와 신장 등 고유의 국토에 한정되지 않았다. 그는 또 대서양 건너편의 남아메리카 브라질도 '신중국의 국토'로 바꾸려고 하였다. 캉유웨이 본인의 주장에 따르면, 그는 당시 "브라질 책을 구입해 읽었으며, 브라질을 여행했던 사람을 찾아 묻기도 했다."[**]

캉유웨이의 서구 지리학에 관한 지식은 처음 1873년 『영환지략』과 『해

* 康有爲, 「我史」, 『康有爲全集』第五集, p.88.
** 康有爲, 「忘耻」, 『不忍雜志』第四冊(1913年 5月), p.4

216

국도지』에 대한 독서에 근거하며, 1879년부터는 강남제조국에서 간행한 『서국근사휘편西國近事彙編』(1873년 창간) 및 1876년 미국 필라델피아 박람회에 참가했던 중국 대표 리구이(李圭)가 편술한 『환유지구신록環遊地球新錄』을 읽기 시작했다. 광서 8년(1882)부터는 불교경전을 연구하는 동시에 광범하게 서학을 섭렵하고, 『만국공보萬國公報』, 강남제조국에서 간행한 『격치휘편格致彙編』, 그리고 서구 선교사가 번역한 과학과 역사지리에 관한 저작들을 읽기 시작했다. 1895년 8월에는 상하이에서 '강학회强學會'를 조직하고 『강학보』를 발간하였으며, 아울러 장지동, 영미 공사, 그리고 영국 침례회 선교사 티머시 리처드(Timothy Richard, 李提摩太, 1845-1919) 및 그가 주도하던 '광학회廣學會'의 지지하에 "서구 서적 및 지도와 기구"를 광범하게 수집하였다.* 『영환지략』과 『해국도지』(이 두 저서에 편집되어 포함된 『신석지리비고』를 포함), 그리고 『환유지구신록』 및 선교사들이 번역·편찬한 대량의 지리학, 생리학, 의학, 생물학 저술들은, 특히 그 가운데 포함된 서구의 18세기 이래 인종분류학과 체질인류학 지식은 캉유웨이에게 초보적인 인상을 남겼다.

이러한 서구 인종학 지식은 『대동서』 속에 응축되어 있는데, 그 가운데서도 특히 "병부: 계급을 없애고 민족을 평등하게 함丙部去級界平民族"과 "정부: 인종의 경계를 없애고 인류를 동일하게 함丁部去種界同人類"에 집중적으로 나타나 있다.** 지금 우리는 현존하는 자료를 근거로 캉유웨이의 인종학

---

* 康有爲, 「我史」, 『康有爲全集』第五集, p.87. 캉유웨이 및 량치차오와 광학회의 지식상의 연계에 대해서는 何兆武, 「廣學會的西學與維新派」, 『歷史研究』, 1961年第4期, pp.22-44; 陳啓雲, 「梁啓超與淸末西方傳敎士之互動硏究-傳敎士對於維新派影響的個案分析」, 『史學集刊』, 2006年第4期, pp.79-96 참고.
** 『대동서』 수고(手稿)는 1980년대 상하이와 톈진에서 연이어 발견되었으며, 그 집필 시기도 점차 명확해졌다. 즉 캉유웨이는 1884년부터 '대동의 제도'를 구상하기 시작하였으

지식의 계보를 재구성할 수 있다. 1894년 가을, 구이린(桂林)에 체류할 때 지은 『계학문답桂學答問』에서 캉유웨이는 영국 런던 선교회 선교사 벤저민 홉슨(Benjamin Hobson, 合信, 1816-1873)의 『전체신론全體新論』을 서학입문을 위한 서적으로 그의 문하생들에게 추천하였다. 홉슨은 일찍이 런던대학 의 과대학을 졸업하고 광저우 후이아이의원(惠愛醫院)에서 의료선교 활동을 하면서 1851년 이전에 출판된 유럽과 미국의 해부학과 생리학 저작을 종 합하여 『전체신론』을 편찬하였다. 이 책은 '골학骨學' 부분에 블루멘바흐의 '5인종 두개골 그림'을 삽입시켰을 뿐만 아니라 '뇌부腦部' 부분에서는 네덜 란드 의사 피터르 캄퍼르(Peter Camper, 1722-1789)가 처음 개창하여 후세 체질인류학자들이 보편적으로 수용한 '뇌 측정법'을 담고 있으며, 또 '조화 론造化論'의 절에서는 5인종의 체질인류학 특징에 대해 상세하게 설명하고 있다.*

며, 무술변법(戊戌變法)의 실패로 일본으로 건너가기 전에 이미 '20여 편'을 완성하였다. 그리고 1901-1902년 인도 다르질링(Darjeeling)에 피신해 있을 때 전체 책이 완성되었다. 『대동서』는 비교적 일찍 탈고되었지만, 1913년에 이르러서야 '갑', '을' 두 부(部)가 캉유웨 이가 주편을 맡고 있던 『불인잡지不忍雜志』에 발표되었다. 그리고 1935년 캉유웨이 문하 의 제자 첸딩안(錢定安)이 『대동서』 전체 원고를 중화서국(中華書局)에서 출판하였다. 朱仲 岳, 「〈大同書〉手稿南北合璧及著書年代」, 『復旦大學學報』, 1985年第2期, pp.39-43; 房德鄰, 『〈大 同書〉起稿年代考』, 『歷史研究』, 1995年第3期, pp.94-103 참고. 그러나 필자는 『대동서』의 '병부丙部'와 '정부丁部'는 1905년 이후에 집필되었다고 본다. 그 근거는 다음에 이어지는 문장 참고.

* 合信, 『全體新論』, "海山仙館叢書輯本"(上海墨海書館咸豐元年刻本), 『叢書集成續編』 第47冊, 臺北: 新文豐出版公司, 第197, 202, p.223. 이상한 것은 『전체신론』의 '조화론' 절이 현존하 는 각종 일본의 판각본(예를 들어 안정安政 4년 각본)에서는 모두 삭제되었다는 것이다. 『전체신론』은 1852년 판본, 1853년 판본과 1853-1859년 판본 등 3개의 판본이 있으며, 각 판본의 삽도 수는 제각각 다르다(陳萬成, 「〈全體新論〉插圖來源的再考察-兼說晚清醫療教育的 一段中印因緣」, 『自然科學史研究』, 2011年第3期, p.257 참고). 그 가운데 세번째 판본이 가장 널리 유포되었으며, 양광총독 섭명침(葉名琛)의 부친 섭수옹(葉逢翁)은 『전체신론』의 그 림을 8폭으로 나누어 총독 관서에서 발간하여 널리 유포시켰는데, 주국의 사대부들음 모

218

[그림3] 각 인종 뇌의 양 비교도
자료출처: 合信,『全體新論』, "海山仙館叢書輯本"(上海墨海書館咸豊元年刻本),『叢書集成續編』
第47 冊, 臺北: 新文豊出版公司, p.202.

　　주의할 것은 홉슨이 블루멘바흐의 '5인종 두개골 그림'의 배열방식을
수정했다는 점이다. 블루멘바흐의 원래 그림에서는 5인종의 두개골이 평형
으로 배열되고, 가장 가운데 코카서스인종이, 그 양쪽 끝부분에는 각각 몽
고인종과 아프리카인종이, 양쪽 가운데 부분에는 각각 아메리카인종과 말
레이인종이 위치해 있었다. 그러나 홉슨은 5인종의 두개골을 두 줄의 수직
으로 배열하고, 좌측에는 위에서 아래로 각각 '아메리카 원주민'과 '아프리
카인'을, 우측에는 위에서 아래로 각각 '중국 인류', '서양 인류', '말레인 인
류'를 배치하였다. 홉슨의 배열방식은 블루멘바흐의 것과 다를 뿐만 아니
라, 당시 유럽과 미국의 모든 생리학과 해부학 저작의 방식과도 다른 것이
었다. 그는 아메리카인종으로부터 유럽인종으로의 진화순서와 아메리카인
종과 중국인종의 친연성을 강조하였는데, 이것은 캉유웨이가『대동서』에
서 '아메리카 인디언烟剪人'을 동종으로 간주하는 관점을 위한 최초의 지식
근거를 제공하였다. 특히『전체신론』에서는 캄퍼르의 '면각面角' 측량법(머리

──────────

두 유용한 책으로 인식했다". 광둥 상업계의 명사인 반사성이 영남(嶺南) 학자 담영(譚瑩)
에게 교정을 부탁하여『전체신론』을 '해산선관총서海山仙館叢書'에 포함시켰다. 그후 이
책은 곧 의학교재로 널리 유행하였다. 劉澤生, 「合信的〈全體新論〉與廣東士林」, 『廣東史志』,
1999年第1期, p.55 참고.

부분 중 이마의 아랫부분에서 돌출된 앞부분을 연결한 선과 콧날에서 귀를 연결하는 선이 만드는 각의 도수. [그림3] 참고)에 대해서 다음과 같이 해석하고 있다. "일반적으로 각도가 클수록 인간은 더욱 지혜롭고, 각도가 좁을수록 더어리석다. 왜냐하면 각도가 크면 두개골이 넓어 뇌가 많아지게 되며, 각도가 작으면 뇌 또한 작아지기 때문이다. 따라서 지혜로운 자는 필시 뇌가크고 무겁다."* "아프리카인은 두개골이 두껍고 좁으며, 입술이 크고 입이넓고, 코가 솟아 있고 아래턱이 돌출되어 있다."** 이러한 설명은 『대동서』에서 흑인에 대한 묘사에 직접 반영되었다. "검은 얼굴에 흰 이빨, 눈빛은엿보는 듯하고, 위쪽 이마는 뒤쪽으로 아래쪽 이마는 앞쪽으로 향해 있다. 어리석고 멍청하기가 그지없어 그들을 보면 혐오스럽고 두렵다."*** 홉슨은 '흑인 머리', '백인 머리', '돼지 머리', '원숭이류 머리'에 대해 각각 '면각'을그리고 나서, '면각'의 크기에 따라 '돼지'로부터 백인까지의 순서를 배열하였는데, 이러한 방식은 당시의 (생물, 인체) 생리학 저작에서도 보기 드문 현상이었다.**** 그는 각별히 저급한 동물이 백인으로 진화해가는 생물진화

---

* 合信, 『全體新論』, "海山仙館叢書輯本"(上海墨海書館咸豊元年刻本), 『叢書集成續編』第47冊, 臺北: 新文豐出版公司, p.202.

** 위의 책, p.223.

*** 康有爲, 「大同書」, 『康有爲全集』第七集, p.43.

**** 천완청(陳萬成)은 『전체신론』 중 관련내용이 각각 존스 퀘인(Jones Quain)의 『퀘인의 해부학 개요Quain's Elements of Anatomy』(London: Taylor and Walton, 1843), pp.182-183과 윌리엄 카펜터(William Carpenter)의 『동물 생리학Animal Physiology』(London: Wm. S. Orr and Co., 1847), p.349에 근거하고 있음을 고증하였다. 그러나 필자가 조사대조를 해본 바에 의하면 『전체신론』 중 '뇌 측정법' 설명도는 『동물 생리학』에서는 나타나 있지 않다. '면각' 측량법의 발명자 캄퍼르도 그의 원저에서 단지 원숭이, 고릴라, 흑인과 백인의 두개골 그림만을 싣고 있다. Pierre Camper, *Dissertation sur les vérité natuelle qui caractérient la physique des hommes des divers climats et des différents der ages*, tr.par H. J. Janson (Paris, 1791), fig. II.

론의 색채를 부각시켰다. 『전체신론』 가운데 많은 내용과 그림의 출처는 프레더릭 J. 무아트(Frederic John Mouat, 1816-1897)의 『인체해부도보人體解剖圖譜』였다. 영국 인도식민지 벵골에서 30여 년 근무한 무아트는 전문적인 의사로서, 영국 식민지의 병원과 감옥 건설에 관해 많은 문장을 남겼는데, 홉슨은 그를 영제국 식민의 모범으로서 받들기도 했다.*

체질인류학, 인종분류학 이외에 인종학의 또다른 지류인 이민사 혹은 인종이동의 역사는 캉유웨이가 브라질 이민계획을 수립하는 데 있어 또하나의 지적인 원천이었다. 1874년부터 캉유웨이는 일본에 가서 상업 활동을 하는 친구, 그리고 '동경일일신문사'의 주베이징 기자이자 한학자 고조 데키치(古城貞吉, 1866-1949)를 통해 일본어 서적을 광범하게 수집하였다. 이렇게 수집한 책을 바탕으로 1897년 6월 『일본서목지日本書目志』를 편찬하여 다음해 상하이 대동인서국(大同印書局)에서 출판하였다.** 『일본서목지』의 '인류학' 조목하에서, 작자는 "『조화회임론造化懷妊論』이 끊임없이 낳고 낳는 이치에 관한 것이라면, 『인종편』은 변화하는 까닭을 고찰한 것으로 정말 보기 드문 진귀한 책이다"***라고 설명을 덧붙였다. 캉유웨이 본인은 비록 일본어에 능통하시 못해 주로 그의 딸 캉퉁웨이(康同薇)의 도움에 의지했지

---

* Frederic John Mouat, *An Atlas of Anatomical Plates of the Human Body*(Calcutta: Bishop's College Press), 1846. 천완청은 일본 학자 마쓰모토 히데시(松本秀士)와 사카이 다츠오(坂井建雄)의 연구를 종합하여 『전체신론』의 거의 모든 삽도의 출처를 밝혔는데, 그 공로는 이루 말할 수 없다. 천완청의 앞의 논문 참고.
마쓰모토 히데시와 사카이 다츠오의 연구에 대해서는 松本秀士 · 坂井建雄, 「『全体新論』に掲載される解剖図の出典について」, 『日本醫史学雑誌』 55-4, 2009, pp.463-497 참고. —역자 주
** 村田雄二郎, 「康有爲的日本研究及其特點-〈日本變政考〉〈日本書目志〉管見」, 『近代史研究』, 1993年第1期, pp.27-40쪽; 沈國威, 「康有爲及其〈日本書目志〉」, 『或問』, 2003年第5期. pp.51-68.
*** 康有爲, 「日本書目志」, 『康有爲全集』 第三集, p.288.

만,* 위와 같은 부연설명을 보건대 그가 이 책을 보았음이 확실할 뿐만 아니라 그 책에 대한 인상도 자못 깊었음을 알 수 있다. 『인종편』은 (백과전서 가운데―역자) 하나의 조목으로써, 일본 문부성에서 출판한 『백과전서: 인종편百科全書:人種篇』을 가리킨다. 이 『백과전서』는 실제로는 영문 『체임버스 백과전서』의 일본어 번역본이며, 『인종편』에 대응하는 조목은 '인류의 자연사―인종학'이다.** 그 편찬자는 두 명의 출판자 가운데 한 사람인 로버트 체임버스(Robert Chambers, 1802-1871)임에 분명하며, 그는 지리학자이자 진화론자였다.

『인종편』은 우선 인종 기본 분류법으로 블루멘바흐의 인종 5분법을 열거한 후,*** 또 영국인 로버트 고든 레이섬(Robert Gordon Latham, 1812-1888)의 저작에 근거하여 인종을 (1) 몽고인종(Mongolidae) (2) 아프리카인종(Atlantidae) (3) 유럽인종(Iapetidae) 등 3종류로 분류하였다. 레이섬은 여

---

* 沈國威, 「康有爲及其〈日本書目志〉」, p.67.

** 秋山恒太郎 訳, 『百科全書 · 人種篇』(上,下), 文部省, 1874. 캉유웨이가 『일본서목지』에서 언급한 "『백과전서』인종편, 문부성장판文部省藏版)"은 바로 이 판본이다. 또 그 책의 재인쇄본인 『百科全書』, 日本丸善商社, 1885, p.1 참고. 『체임버스 백과전서』는 1833년에 처음 출판되었으며, 1849년에 '인종학' 조항을 추가하였고, 그후의 판본에서도 내용이 계속 보충되었다. 책 내용에 근거해볼 때, 일본어 번역본의 저본은 1856년 판본으로 판단된다. "Physical History of Man-Ethnology", William and Robert Chambers, eds., *Chambers's Information for the People*, New Edition, Vol.2(London: W. & R. Chambers, 1856), pp.1-16.

*** 1876년 『격치휘편格致彙編』에 발표된 「격치약론: 인류성정과 원류를 논함格致略論-論人類性情與源流」(續第十一卷)은 체임버스출판사에서 간행한 교과서 *Introduction to the Science*(1861, p.105)를 번역한 것이다. 張曉川, 「晚清西方人種分類說傳入考辨」, 『史林』, 2009年第1期, p.20 참고. 필자가 그 책의 1871년도 판본을 조사한 결과로는 같은 페이지에 중역본 중의 5인종 삽도가 없었으며, 후자는 『체임버스 백과전서』에 근거한 것이었다. 따라서 나는 그 문장의 중문 번역자가 분명히 『체임버스 백과전서』중 '인종학' 조목을 참고했다고 생각한다. 그리고 『격치휘편』은 캉유웨이가 자주 읽던 서학 간행물이었기 때문에 그가 「인류성정과 원류를 논함」이라는 문장을 읽었을 것으로 보인다.

러 식민지 언어에 정통했으며 비교문학의 시각에서 블루멘바흐의 5분법을 3분법으로 수정하고, 원래 독립적이던 아메리카인종과 말레이인종을 중국인이 속한 몽고인종으로 분류하였다. 그린란드와 러시아 영토 아메리카 북쪽 연안의 에스키모인도 마찬가지로 아시아 베링해협의 한 측면에 분포하였는데, 이는 아메리카인이 아시아로부터 이주해왔다는 것을 말해준다. 레이섬은 다음과 같이 말하였다. "얼굴 모습으로 보면 에스키모인은 몽고인종에 속한다. 코는 납작하고 광대뼈가 튀어나왔으며, 눈은 기울어지고 피부는 적동색이 아니라 황갈색이다. 다른 한편, 전형적인 아메리카 인디언은 얼굴 모습으로 말하자면, 몽고인종에 속하지 않는다. 그들은 두발이 검고 곧으며, 코는 뾰족하고 이마가 튀어나왔으며, 피부는 황갈색이 아니라 적동색이다." 어문학의 시각에서 보면, 에스키모어는 다른 모든 아시아-유럽 언어와 다르고 아메리카 언어에 속한다. 이것은 곧 하나의 패러독스이다. 에스키모인은 얼굴 모습으로는 보면 몽고인종이지만, 언어상에서는 또 아메리카인에 속하기 때문이다.[*] 이러한 명확한 패러독스를 어떻게 해결할 수 있을까? 레이섬은 종족이동에 따른 과도기적 현상이라고 해석하였다. "한 종족집단이 다른 종족집단을 침입할 때, 과도기적으로 형태상에 곧 변화가 발생한다." 따라서 에스키모인이 베링해협을 건너 아시아에서 아메리카로 이동할 때, 점차 과도기적으로 전형적인 아메리카 인디언으로 변화한 것이다.[**]

레이섬 이전에, 17세기 말 프랑스 선교사 크레티앵 르 클레르크(Chrétien Le Clercq, 1655년 이전-1698년 이후)는 이미 캐나다 퀘벡 가스페지반도(le

---

[*] William and Robert Chambers, eds. *Chambers's Information for the People*, Vol.2, p.5.
[**] Robert Gordon Latham, *Man and his Migrations*(London: John Van Voorst, 1851), pp.123-124.

Gaspésie) 미크맥족(Micmac)의 상형문자와 한자가 매우 유사할 뿐만 아니라, 그들은 아주 어려서부터 쓰기에 대한 능력을 가지고 있다는 것을 발견했다.* 1850년대부터 캐나다 침례회 선교사이자 인종학자, 언어학자였던 사일러스 테르티우스 랜드(Silas Tertius Rand, 1810-1889)는 '미크맥 인디언'의 언어와 풍속, 종교, 전설을 체계적으로 수집하였다.** 그리고 그의 연구결과에 의해 아메리카 인디언이 중국에서 아메리카로 이주했다는 가설이 널리 받아들여지게 되었다. 금세기 초에, 캐나다 케이프브레턴섬(Cape Breton) 출신인 미크맥족 후예 폴 키아손(Paul Chiasson)은 고대문헌 기록을 참고하고 미크맥인의 풍속과 종교, 건축, 도로, 매장방식을 상세히 고찰하여 중국인이 아메리카로 이주한 역사를 재구성하려고 하였다.*** 『대동서』에서 기술한 캐나다 '인디언'은 당연히 르 클레르크와 랜드가 언급한 아메리카 미크맥족의 후손임에 틀림없다. 캉유웨이에 의하면 이 미개인들은 스스로를 중국인이라 부르고, 한자를 알고 있으며 "옛날 중국인이 바다를 건너 아메리카에 이르렀다"라고 말한다.**** 18세기 중반 이래, 아메리카 인디언이 중국으로부터 이동해왔다는 견해가 점차 유행하였으며, 이 문제를 둘러싼 논쟁은 지금까지도 이어지고 있다. 1761년 프랑스 한학자 조제프 드 기네(Joseph de Guignes, 1721-1800)는 『양서·제이전梁書·諸夷傳』에 기재된, "극

---

* Chrétien Le Clercq, *Nouvelle relation Gaspésie*(Paris: Amable Auroy, 1691), pp.127-132.

** Silas Tertius Rand, *A Short Statement of Facts Relating to the History, Manners, Customs, Language, Literature of the Micmac Tribe of Indians inNova-Scotia and p.E. Island*(Halifax: James Bowes & Son, 1850).

*** Paul Chiasson, *The Island of Seven Cities: Where the Chinese Settled When they Discovered America*(New York: St. Martin's Press, 2006). 중역본은 暴永寧譯, 『最早發現北美洲的中國移民』, 北京: 生活·讀書·新知三聯書店, 2009.

**** 康有爲, 『大同書』, 『康有爲全集』第七集, p.45.

동"에 위치하고 "금은과 피혁을 가지고 있지만 철 자원이 없는" "부상국扶桑
国"이 바로 오늘날의 아메리카라고 보았다. 그의 이러한 주장은 이후 독일 동
방학자 마르틴 하인리히 클라프로트(Martin Heinrich Klaproth, 1743-1817)의
비판을 받았다.* 그러나 장타이옌(章太炎), 천한장(陳漢章)도 그와 유사한 주
장을 펼치기도 했다.** 1846년 영국 회중교회 소속 선교사 메드허스트
(Walter Henry Medhurst, 1796-1857)는 다시 『서경』의 관련 기록에 근거하여
"은殷나라 사람이 항해하여 아메리카로 건너갔다"는 주장을 제기하였다.***

　　1885년 비닝(E. P. Vining)은 '부상국'은 멕시코라고 지적하였는데,****
『대동서』는 유독 "아메리카 토착인은 모두 선비鮮卑족이 이주한 것으로 추
위를 피해 캄차카에서 알래스카로 이주하였으며, 바다 연안을 따라 남하
하여 멕시코를 발견하고 정주하게 되었다"고 보았다.***** 실제로 1906년
캉유웨이는 멕시코를 여행하며 현지인을 접촉하기 시작했다. 그는 멕시코
의 궁전건축을 참관한 후, 집주인 황콴쥐(黃寬卓), 황르추(黃日初)가 초청한
멕시코 목사의 입을 통해 "그 종족은 우리 종족 출신이며", "박 모양의 주

* M. de Paravey, *L'Amérique sous le nom de Fou-Sang*(Paris: Treuttel et wurtz, 1844),
pp.6-7.
** 羅榮渠, 「論所謂中國人發現美洲的問題」, 『北京大學學報』, 1962年第4期, p.61.
*** Walter Henry Medhurst, *Ancient China* 書經(Shanghai: Mission Press)(上海墨海書
館), 1846.
**** 羅榮渠, 「論所謂中國人發現美洲的問題」, 『北京大學學報』, 1962年第4期, p.61.
***** 康有爲, 『大同書』, 北京: 中華書局, 2012, p.119. 부연하면, '중화서국본' 『대동서』는
캉유웨이 문하생 첸딩안이 1935년 정리하여 중화서국에서 출간한 것이다. 그런데 앞에서
인용한 문장은 '수고본手稿本'에는 없는 것으로 보아, 캉유웨이가 아메리카를 유람하고 난
후에 첨가한 내용이 분명하다. 게다가 문장 중 캐나다의 '인디언'에 관한 구절은 『대동서』
가 1901-1902에에 기본적으로 탈고되고 난 후에도 여러 차례 보충과 수정 및 첨삭이 진
행되었으며, 그 책의 최종 완성 시기는 빨라야 1905년 11월 캉유웨이가 멕시코를 방문한
때임을 말해준다.

전자 후과壺瓜를 과후瓜壺라고 부르고, 좁쌀 수粟를 미수米粟라고 하는 등 용법이 같다"*는 것을 그 근거로 들었다. 이러한 설명과 현지 인디언의 궁실, 생활용기, 토지, 방에 대한 직접적인 관찰을 종합하여, 캉유웨이는 멕시코인이 중국에서 왔다는 것을 확신하였다.

멕시코인종은 어디의 사람들로부터 왔는가? 이에 관해 현재 유럽과 미국인들은 모두 확실한 근거가 없다. 내가 멕시코시티를 여행할 때 고대 왕궁의 사당을 보았는데, 모두 500년 전의 것으로 우리 북방 사당처럼 붉은 벽에 층층이 문으로 되어 있어 마치 고국故國을 마주 대하는 듯했다. 그 석각石刻도 시베리아 박물관의 전시물과 같았는데, 이로부터 선비족으로부터 전해져온 것임을 분명히 알 수 있었다.**

같은 시기에 캉유웨이는 다음과 같은 시를 쓰기도 했다. "전체 거리, 태평양 동쪽 5만 리, 로키와 안데스 서쪽의 푸른 이끼, 모두 우리 중국인[華種]의 유적지. 증거가 확실하니 의심의 여지가 없다. 콜럼버스가 발견한 것은 훨씬 이후의 일, 앞선 자를 중심으로 뒤에 오는 자들이 따른다. 저 국가의 힘을 앞세우고 지혜를 떠받드는 자, 유럽인들이 또 다가와 함께 어울린다. 마침내 신대륙이 번쩍번쩍, 객이 주인 되고 타인이 먼저 자리잡는다. 눈부신 유럽의 북과 깃발, 남북 아메리카 도처에 번개와 우레가 친다. 이전부터 득실은 반복되고, 자연과 인간사는 항상 신구가 교체되는 법. 우리 중국

---

* 康同璧(文佩),『南海康先生年譜續編』, 蔣貴麟主編,『康南海先生遺著彙刊』第廿二冊, 臺北: 宏業書局, p.65.
** 康有爲,『康南海先生詩集·遍遊美洲將往南美巴西辟新地』,『康南海先生遺著彙刊』第廿冊, p.676.

인 수억 명, 지구를 횡단하기로는 우리가 으뜸이다. 언제가 큰 배를 다시 건조하여 파도를 가르고, 물가에 올라 어디가 우리 옛 땅인지 물어보리라. 북쪽 알래스카에서 남쪽 칠레까지, 옛 주인이 다시 오니 용 깃발이 나부낀다."*

중국과 프랑스 전쟁 후, 종족[民種]을 보존하기 위해 캉유웨이는 브라질로의 이민을 구상하기 시작했다. 그후 1895년 전후에 브라질로 중국 노동자를 운송하려는 계획을 성사시키지 못했지만 1905-1906년 미국과 멕시코를 여행하면서도 여전히 이전에 품은 뜻을 잊지 않았다. "브라질 만리 길, 비옥한 토지, 마음은 어느새 아마존강을 떠돌고 있네."** 캉유웨이는 또 직접 브라질에 가서 "아메리카인과 중국인은 동족"이라는 결론을 증명하려고도 하였다. "내 장차 남쪽으로 가 직접 조사하여, 우리 종족이 끝없이 퍼져 있음을 더욱더 보여주겠다."***

캉유웨이가 브라질로 이민하려던 계획이 무산될 무렵, 이탈리아인, 포르투갈인, 에스파냐인, 독일인, 러시아인이 연이어 브라질로 몰려들어, 그 신흥국가의 인구와 전체 피부색 구성을 크게 변화시켰다. 브라질 역사에서 이른바 인구 '표백'이라 불리는 이 과정에서, 제국 후기 1870년대부터 지난 세기 50년대까지 브라질은 줄곧 유럽 '문명인종'의 이주에 유리한 이민정책을 실행하였다. 1872년 백인은 브라질 전체 인구의 38.1%에 불과하고, 흑인과 혼혈, 인디언이 62.9%를 점하였으나, 1950년에 양자의 비율은 전도되어 백인이 62.5%를 점하고 나머지 세 족군의 총합은 전체 브라질

---

* 이 시의 출처는 「考驗太平洋東岸南北美洲, 皆吾種舊地」, 『康有爲全集』第十二集, 中國人民大學出版社, 2007, p.269. ―역자 주

** 康有爲, 『康南海先生詩集 · 遍遊美洲將往南美巴西辟新地』, 『康南海先生遺著彙刊』第廿冊, p.613.

*** 위의 책, p.667.

인구의 37.5%에 불과했다.* 또 1810년부터 1893년까지 83년간 브라질에 온 중국인 노동자 총수도 3천 명을 넘지 않았다.** 그렇다면 캉유웨이가 "이전 우리 종족이 살던 곳"이라고 보았던 멕시코의 상황은 어떠한가? 1821년 에스파냐의 식민지에서 벗어나 독립한 후, 1862-1867년 사이에 또 나폴레옹 3세가 도발하고, 영국과 에스파냐, 미국이 뒤이어 합세하여 여러 국가가 멕시코에 대해 간섭하려는 전쟁을 일으켰다. 이에 대해 캉유웨이는 "홍인종, 황인종, 백인종이 오랫동안 서로 뒤섞이고, 미국, 프랑스, 에스파냐와의 전쟁이 시작된 지 이미 여러 해가 되었다."***고 하였다. 그러나 서구 식민전쟁에 따른 결과는 이른바 '백인으로의 귀화(naturalizing whiteness)' 과정이었으며, 이 과정에서 백인은 고상한 이성과 관리 능력을 구비하고 있고, 존경할 만한 덕성과 고도의 문명을 갖춘, 더욱더 국민으로서의 자질을 갖춘 것으로 묘사되었다.****

남북 아메리카의 두 국가에서 '표백'을 목표로 한 사회 문명화가 진행되는 동안, 캉유웨이가 "아메리카인과 중국은 동종同種"이라는 역사 인종학을 제기한 것은 두 가지 의미를 지니고 있었다. 우선 그것은 1882년 중국인 배척법안이 야기한 유럽과 미국의 종족주의 이데올로기에 대한 저항이라는 함의를 지니고 있다. 그리도 또 한편으로는 서구 식민지 침략에 이용

---

* Sales Augusto dos Santos and Laurence Hallewell, "Historical Roots of the 'Whitening' of Brazil", *Latin American Perspectives*, Vol.29, No.1(Jan., 2002): 70. 「브라질巴西」(1913年 11月)이라는 문장에서, 캉유웨이는 또 1820-1910년 사이에 브라질에 온 유럽 각국의 이민 통계표를 열거하였다. 『康有爲全集』第十集, p.163 참고.

** Robert Conrad, "The Planter Class and the Debate over Chinese Immigration to Brazil, 1850-1893", *International Migration Review*, Vol.9, No.1(Spring, 1975), p.42.

*** 康有爲, 『康南海先生詩集 · 遊墨西哥』, 『康南海先生遺著彙刊』第廿册, p.670.

**** Pablo Mitchell, *Coyote Nation: Sexuality, Race, and Conquest in Modernizing New Mexico 1880-1920*(Chicago & London: The University of Chicago Press), p.122.

된 국제법 수단, 즉 이른바 '무주황무지(terra nullius)'에 대한 선점 원칙을 캉유웨이가 자신의 아메리카 식민 활동을 합법화하기 위한 근거로 삼았다는 것이다. 스위스인 바텔(Emer de Vattel, 1714-1767)이 제기한 이 국제법 원칙에 따르면 "만약 점령국이 더 많은 토지가 필요할 경우, 점거의 방식으로써 유목부락이 남아돌아 사용할 필요가 없는 것으로 간주하는 토지를 획득할 수 있다".*

이에 근거하여, 서구 열강은 아프리카와 아메리카, 아시아의 '황무지'를 점거했을 뿐만 아니라, 그 지역의 인민들을 자신의 식민지 경제와 상업이익을 위해 종사하는 노예 혹은 쿨리(苦力)로 전락시켰다. 캉유웨이는 중국인을 남미로 이주시키는 것은 남미에서의 서구 식민 활동과는 달리 영구적으로 "이전에 살던 터전"으로 회귀하는 것이라고 보았다. 그에게 있어서 멕시코와 브라질은 더이상 일찍이 임칙서와 증기택이 말했던 "외국의 땅"이 아니라 중국[華夏]의 "옛 터전"이었다.

여기서 주목할 것은, 캉유웨이의 브라질 이민계획은 절대로 중국 노동자를 브라질로 운송하여 대농장에서 일하게 하는 것에 그치는 것이 아니었다는 점이다. 그의 이민계획의 궁극적인 목적은 멀리서 온 중국이민들이 브라질에서 정착하고, 아마존 강변의 영구적인 거주민이 되어 그곳에 새로운 중국을 수립하는 것이었다.** 그러나 브라질 입장에서 보면, 제국 말기

---

* Surya Prakash Sharma, *Territorial Acquisition, Disputes, and International Law*(Haye: Martinus Nijhoff Publishers, 1997), p.62. 부연하면, 아편전쟁 직전에 임칙서는 일찍이 미국 선교사 피터 파커(Peter Parker)에게 의뢰하여 바텔의 『국제법』 중 국제상법(國際商法)에 관한 절을 번역도록 하였는데, '무주황무지'에 대한 국제법 규정에 관해서는 역자가 번역에서 제외시켰다. 滑達爾, 「各國律例」, 『林則徐全集』 第十册, pp.352-355 참고.
** 캉유웨이가 브라질로 이민을 가려고 한 본래 의도는 종족의 멸망을 구하기 위함이었다. "만약 그 본국이 멸망하더라도 남겨진 종족이 광대光大해진다면 멸망하지 않을 수 있

이래 이민정책을 둘러싸고 전개된 논쟁에서 노예제 폐지를 반대하는 대농장주든 아니면 노예제 폐지 찬성자이든 모두 중국 노동자를 유입시키는 것은 단지 일시적인 방편에 불과했다. 조아킹 나부코(Joaquim Nabuco, 1849-1910)는 고등한 백인종과 하등한 황인종 및 흑인종을 명확히 구분하였다. 그는 흑인이 브라질의 주류를 점할까봐 두려워했을 뿐만 아니라 포르투갈어를 구사하는 브라질 국가가 아시아의 이민에 의해 '몽고화'되는 것을 두려워했으며, 심지어는 "파괴적이고 비도덕적 아시아인"으로 인해, "유럽인이 그들 고유의 문명과 함께 브라질로 이주하려는 용기를 잃게 될까봐" 걱정했다.* 이와 같이 캉유웨이가 브라질에서 새로운 중국을 건설하려는 몽상을 하고 있을 때, 브라질은 이전의 식민지 지위에서 벗어나기 위해 백인국가를 건설하려 온 힘을 쏟고 있었는데, 이는 캉유웨이의 해외 식민을 향한 이상이 근본적으로 현실적인 토대를 갖추지 못했다는 것을 의미한다.

황인종의 이민을 가로막는 장애는 미국에서 먼저 만들어졌다. 1839년 미국의 가장 초기 체질인류학자 새뮤얼 고든 모턴(Samuel Gordon Morton, 1799-1851)은 자기가 발명한 '뇌 측량법'과 피터르 캄퍼르의 '면각' 등 인체 측량 기술을 이용하여 두개골 및 그것과 상응하는 뇌의 크기에 따라 3대 인종을 높은 것에서 낮은 순서로 배열했는데, 그 결과는 바로 코카서스인, 아메리카 인디언, 흑인의 순서였다.** 1854년 모턴의 학생 조사이아 클라크

다." 「忘恥」, 『康有爲全集』 第十集, p.109. 이 문장이 처음 발표된 것은 『不忍雜志』 第四冊 (1913)임.

* Sales Augusto dos Santos and Laurence Hallewell, "Historical Roots of the 'Whitening' of Brazil", p.66.

** Samuel George Morton, *Crania Americana; or, A Comparative View of the Skulls of Various Aboriginal Nations of North and South America. To which is Prefixed An*

노트(Josiah Clark Nott, 1804-1873)는 더 나아가 인종의 두뇌량의 다소를 그 지적능력 수준과 대응시켰다. 그는 이를 다음과 같이 개괄하여 말했다.

지능, 행위, 진취성, 진보, 비교적 큰 신체의 발달 상황은 한 종족의 특징을 구성하고, 어리석음, 게으름, 경직, 야만 및 비교적 작은 신체의 발달 상황은 또다른 종족의 특징을 구성한다. 예외 없이, 단지 코카서스인 종만이 고도의 문명을 성취할 수 있으며, 소수 중국 족군을 제외하면 몽고인종 가운데 반개화 상태를 벗어날 수 있는 경우는 매우 적다. 또 아프리카와 오세아니아주의 흑인종, 그리고 아메리카 야만부락은 수천 수백 년 동안 줄곧 암흑 상태에 놓여 있었다. 흑인은 순화될 때 비로소 일정한 진보를 이룰 수 있으며, 일단 그들을 속박하고 있는 밧줄이 풀리면 그들은 곧 다시 야만의 상태로 떨어지고 말 것이다.*

아이티 흑인은 1804년 프랑스의 식민통치에서 벗어나 세계 최초의 흑인 공화국을 수립하였다. 노예주였던 조사이아 클라크 노트의 아이티 노예정권에 대한 깊은 증오심은 그의 언술에서 적나라하게 나타나 있다. 노트의 『인류유형』은 1854년 출판된 이후 큰 성공을 거두었다. 그 덕분에 '과학적 종족주의'가 미국뿐만 아니라 전 세계에서 거의 상식처럼 되었다. 1877년 미국 상하 양원이 합동으로 중국 이민 상황에 관해 발표한 보고서에 모턴과 노트의 인체측량 데이터가 적용되었는데, 그 가운데 중국인의 두개골 크기는 영미인, 독일인, 켈트인(아일랜드 원주민) 뒤에 배치되어, 단지

Essay on the Varieties of the Human Species(Philadelphia: J. Dobson, 1839), pp.97ff.
* Josiah Clark Nott et al., *Types of Mankind: Or, Ethnological Researches*, 8ed. (London: Trüber & Co., 1857), p.461.

아메리카 인디언과 흑인보다 약간 더 높을 뿐이었다.[*] 이것은 5년 후에 미국 정부가 「중국인 배척법안」을 만든 중요한 과학적 근거가 되었다.

이와 동시에 대서양 건너편의 프랑스에서 피에르 폴 브로카(Pierre Paul Broca, 1824-1880)와 그가 이끌던 프랑스 인류학회(1859년 창립)도 체질인류학을 핵심으로 한 유럽 민족(인종)사 연구를 진행하였다. 19세기 초에 역사학자 아메데 티에리의 갈리아인 역사 연구는 다음과 같은 문제에 대한 논쟁을 야기하였다. 즉 역사상에는 순수한 민족유형이 존재하는가? 프랑스 제1세대 체질인류학자 에드워즈(William Frédéric Edwards)는 생리적 특징의 시각에서 이에 대해 긍정적인 대답을 제시한 반면, 브로카는 아무리 박학한 인류학자라도 확실한 답을 할 수 없다고 보았다. 왜냐하면 켈트인이든 갈리아인이든 역사적으로 여러 차례 정복 및 피정복 전쟁과 대규모 이주 활동을 거치면서 그들의 언어와 문명도 부단히 융합되고, 아울러 여러 가지 변화가 발생했기 때문이다. 따라서 유럽에서는 "결코 어느 한 종족이 아니라 하나의 문명이 부단히 확산되어왔다."[**] "대뇌의 생장과 종족의 문명적 진보 수준, 물질적 쾌적함 정도와 교육표준은 상호적으로 대응관계에 있다."[***] 모두 인류다원론(다중 지역 기원론)자인 모턴, 노트와 아가시는 창조론에서 출발하여 인류 종족간의 차이는 항구적이라고 보았다. 반면 브로

---

[*] *Report of the Joint Special Committee to Investigate Chinese Immigration*(Washington: Government Printing Office, 1877), p.1052.
보고서에 따르면 독일인, 영미인이 상위(두개골 크기 평균 90-92인치)를 점하고, 아메리카 인디언(84인치)도 중국인(82인치)보다 수치가 높으며, 중국인은 아메리카에서 태어난 흑인(82인치)과 비슷하고 아프리카 흑인(75 혹은 83인치)보다 조금 더 높을 뿐이다. pp.1052-1053. —역자 주
[**] Francis Schiller, *Paul Broca, Founder of French Anthropology, Explorer of the Brain*(Berkeley: University of California Press, 1979), p.148.
[***] Ibid., p.151.

카는 종족간 차이는 유동적일 뿐만 아니라 서로 다른 종족간의 잡거 혹은 통혼, 특히 '우생학(eugénésique)'적 의미에 있어서 이족간의 통혼은 인류의 번식에 대해 매우 중요한 작용을 한다고 보았다. 창조론에 기반한 인류의 '다중 지역 기원론'자인 모턴과 노트 두 사람과의 대화에서, 브로카는 미국 인류학자는 『성경』에 대한 존중과 노예제도에 대한 정감을 과학에 투영시키고 있지만, 사실은 흑인과 백인의 통혼이 결코 백인종족의 타락을 초래하지 않으며, 반대로 이족간의 통혼도 우생적인 효과를 낳을 것이라고 보았다. '아리아인종'의 순수성을 주장하는 조제프 아르튀르 드 고비노 (Joseph Arthur de Gobineau, 1816-1882)를 향해서, 브로카는 그의 '종족 (race)' 개념에 대해 문제를 제기하였다. 즉 그에 의하면 최소한 유럽에서 지금까지 하나의 순수한 종족이 존재한 적은 없었다. 켈트인과 갈리아인은 이주의 역사 과정에서 끊임없이 현지의 종족과 언어와 혈연적으로 융합하였으며, 이러한 복잡한 역사 과정에서 어떤 종족은 보존되고 또 어떤 종족은 쇠망해버렸다. "지적능력이 낮고 활력이 부족하며 얼굴 생김새가 추하다고 해서 그들이 곧 굴종적인 지위에 처하는 것은 아니다." 오히려 반대로 "신체 혹은 도덕적 타락, 존재의 계단에서의 추락, 그리고 종족 자체의 쇠망 이야말로 진정으로 사람들을 부끄럽게 만드는 일이다."*

모턴과 노트의 노예제 사상에 대해 브로카는 결코 찬성하지 않았다. 그러나 그 역시 인류 종족간에 체질과 지적능력에 있어 차이가 존재함을 부정하지 않았다. 문제는 어떻게 서로 다른 종족간의 통혼을 통해 하등의 종족을 개선하여 '우생'의 목표에 도달하게 할 수 있는가 하는 점이다. 이것

---

* Paul Broca, "Mémoire sur l'hybridité", *Mémoires d'un Anthropologie*, t.3(Paris: C. Reinwald & Ce, 1877), p.567.

이 바로 서구인이 18세기 이래 스스로 담당하길 원했던 '문명적 사명'이다. 독립 이후의 멕시코이든 아니면 제국 후기의 브라질이든, 세계문명의 방향을 대표하고 있는 미국이 이들 중남미 국가가 흠모하는 모범이었으며 중국도 예외가 아니었다. 1930년대, 브라질 본토에서 출생한 사회학자 지우베르투 프레이리(Gilberto Freyre, 1900-1987)는 브라질 사회에는 미국 사회와 같이 선명한 종족간의 경계가 존재하지 않으며, 서로 다른 종족간의 상호 통혼이 브라질 사회의 뚜렷한 특징이 되었다고 주장하였다.* 그러나 사실상, 미국의 선진적인 기술문명, 생활풍격, 그리고 미국의 종족주의적 이민정책은 줄곧 브라질이 본국 이민정책을 제정하는 데 있어 중요한 참고가 되었다. 식민자가 건설한 이 신흥국가는 자신의 인구를 '표백'하는 과정 중, 다양한 방면에서 앵글로 색슨족의 문명을 모범으로 삼아 모방했다. 브라질의 제국 후기, 헨리 버클(Henry Thomas Buckle, 1821-1862)은 『영국문명사』에서 브라질의 지리적 환경이 얼마나 열악한지를 설명하고, 브라질이 만약 외부의 힘을 빌리지 않는다면 곧 문명의 진보를 성취할 수 없다고 주장했는데, 이러한 진단은 브라질의 통치 엘리트들이 서구문명의 기준에 따라 백인의 국가를 건설하기 위해 부단히 경주하도록 자극했다.** 다른 한편, 다종족 사회라는 현실적 조건에 근거하여, 브라질은 브로카가 말한 의미에서의 이족간 통혼정책을 채택하였다.*** 흑인 혹은 혼혈아의 존재를 감

---

* Gilberto Freyre, *Order and Progress: Brazil from Monarchy to Republic* (Berkeley: University of California Press, 1986), pp.166-216.

** Thomas E. Skidmore, *Back into White: Race and Nationality in Brazilian thought* (New York: Oxford University Press, 1992), pp.28-29.

*** 1869-1870년, 고비노는 일찍이 브라질 주재 프랑스 공사로서 리우데자네이루에 거주한 적이 있는데, 이 시기에 그는 브라질의 이족간 통혼현상을 관찰하였다. Sales Augusto dos Santos and Laurence Hallewell, "Historical Roots of the 'Whitening' of

소시키거나 없애는 것이 목표였음에도 이족간 통혼을 허용한 것은 결코 각 종족간의 평등한 권리를 승인한 것이 아니라 백인종의 우월한 지위를 강화하기 위한 것이었다.

브라질을 직접 방문한 적이 없는 캉유웨이는 브라질 사회의 '표백' 혹은 '문명화'의 진행 과정을 심도 있게 이해할 수 없었다. 그러나 제임스 C. 프리처드의 자연환경이 인종 변화를 결정한다는 관념, 이족간의 통혼으로 하등인종의 피부색 등 생리적 특징을 개선할 수 있다는 브로카의 관점, 그리고 두 인류학자가 공통으로 견지했던, '문명화' 진행 과정이 인종의 체질과 지적능력의 수준을 변화시킬 수 있다는 관념은 모두 『체임버스의 백과전서·인종편』에 나타나 있으며, 캉유웨이는 이에 근거하여 『대동서』에서 인종개량의 3대 조치, 즉 이주, 잡혼, 먹을거리 개선을 제기하였던 것이다.[*] 그가 구상한 흑색에서 황색으로, 황색에서 다시 백색으로의 피부개량 혹은 진화노선의 취지는 흑인 수를 줄이는 것이었는데, 약물을 써서 멸종시켜야 한다는 그의 방법은 브라질의 '표백'과 멕시코의 '백인으로의 귀화' 정책과 전혀 차이가 없다. 캉유웨이는 "대동 태평의 시대에 인류는 평등하고 인류는 대동大同"하며, "만물이 서로 다른 것은 만물의 속성"이라고 주장했다.[**] 따라서 서구문명의 등급에 도달하려면 반드시 물(物)의 측면에서 완전히 같음을 추구해야 하며, '완전한 같음'은 우선 흑색과 황색의 피부를 '표백'하는 데 있다고 보았다. 『대동서』에서 열거한 여러 가지 제도와 시설, 예를 들어 병원, 학교, 정부 등과 가정, 국가, 성별, 계급의 경계 등을 없애는 정치 강령은 모두 이 '표백'의 책략을 중심으로 전개되고 있다. 그러나

Brazil", p.73 참고.

[*] 康有爲, 『大同書』, 北京: 中華書局, 2012, pp.121-122.

[**] 위의 책, p.118.

캉유웨이가 인식하지 못한 것은 18세기 이전 대부분 유럽 여행자들의 눈에 비친 중국인의 피부는 백색이었다는 점이다. 그 당시 그들은 중국문명을 유럽문명과 대등한 것으로 보았으며, 18세기 이후에 이르러서야 중국인에 대한 유럽중심주의의 편견이 강화되었다. 상업의 확장, 중국을 상징하는 색상 및 중국의 타락 이미지로 인해 비로소 중국인의 피부가 '흰색'에서 황색으로 변화되었다.*

『대동서』는 민족국가 건설이 강령이라기보다는 인종학과 인종개량을 출발점으로 한, 중국인에 의한 또다른 『문명론의 개략』(후쿠자와 유키치福澤諭吉)에 가깝다. 이를 지금 돌이켜보면 하나의 명확한 모순이 제기된다. 즉 "나라를 구하고 종족을 보존한다救國保種"는 기치하에 캉유웨이는 아메리카 인디언과 중국 선비족의 동종동원(同種同源)설을 구성하거나 심지어 견강부회하면서까지 화하(華夏)민족의 자기 정체성을 강화하였다. 그러나 다른 한편 『대동서』가 구상한 문명세계에서 일찍이 황색피부를 자랑스러워하던 이 인종이 결국에는 '표백화' 책략으로 인해 멸종된다는 것이다. 캉유웨이에게 있어서 식민주의적 지식형식은 자각적으로 민족의 정체성을 구성하는 사상적 틀로 전환되고 있으며, 바로 이러한 사상의 틀에 기반하여 정신적으로 식민화된 개인과 민족은 곧 끊임없이 자아를 상실할 위험에 직면하고 있다.

---

* Walter Demel, "Wie die Chinesen gelb wurden: Ein Beitrag zur Frühgeschichte der Rassentheorien", *Historische Zeitschrift*, Bd.255, H.3(Dec., 1992), S.666.

4장

세계박람회
: 문명과 야만의
시각적 전시

장징姜靖
미국 라이더대학교Rider University 중국문학과 인문학 부교수

세계박람회 하면 우선 떠오르는 인상은 수많은 전람회 참가국이 국제 무대에서 자국의 문화, 예술, 창조적인 과학기술, 경제발전 등 각 영역의 성과를 경쟁적으로 전시하며 서로 아름다움과 장기를 뽐내는 축제의 모습이다. 이러한 대규모 국제박람회는 각각의 참가국에게 한 국가의 힘을 드러내고, 국가의 명성을 널리 알릴 수 있는 기회를 제공할 뿐만 아니라, 또 국가와 국가 사이의 교류와 협력을 촉진시키기도 한다. 이러한 이유 때문에, '세계박람회'(국제박람회 또는 만국박람회라고도 부름)라는 어휘는 일찍이 중국에서 '귀중한 보물을 모아놓은 대회聚寶會', '진귀함을 경쟁하는 대회賽珍會', '기이한 것을 뽐내는 대회炫奇會'라고 번역되었다.[*] 그러나 세계박람회에 대해 상대적으로 가치중립적인 이러한 이해방식은 종종 그 전체의 진면목을 은폐시켜, 우리는 세계박람회가 그 형식과 발전 과정에서 서구 제국주의 및 그 식민지 확장의 역사와 맺고 있는 복잡한 연관성을 간과하거나 홀

---

[*] 許峰源, 「日本大阪內國勸業會與淸末中國博覽會的興起」注1, 注2, 『"近代中國, 東亞與世界"國際學術討論會論文集』(上冊), 北京: 社會科學文獻出版社, 2008, p.136 참고.

시하게 된다. 다양하고 수많은 세계박람회는 때로는 학술 연구 명목으로 혹은 대중오락 형식으로, 아니면 양자를 겸한 애매한 모습으로 제국주의를 위해 가장 중요한 이데올로기상의 지지를 제공하였고, 또 문명등급론을 위해 가장 직관적이고 생동적인 학습교실을 제공하였다. 본 연구는 초기 세계박람회 중 유색인종의 전시와 19세기 말 20세기 초 세계박람회 모델이 동양으로 전파되는 과정에서 발생한 복제와 저항을 새롭게 분석하고자 한다. 이를 통해 본 논문은 학술적으로 세계박람회 역사와 문명등급론 연원문제의 중요성을 제기하고, 시각문화 실천이라는 측면에서 문명등급론이 전지구적으로 전파되고 파급되는 과정을 추소할 것이다.

『박물관의 탄생』에서 오스트레일리아 학자 토니 베넷(Tony Bennett)은 세계박람회와 박물관을 19세기 말에서 20세기 초 현대 시각문화 시스템 중 두 송이 자매화(姉妹花)라는 관점을 제시하였다. 그들의 공통점은 모두 신흥 과학담론, 그리고 관련된 지식 패러다임을 이용하여 외부세계 및 그 역사적 변천 과정을 분류하고, 아울러 직관적이고 생동적인 방식으로 세계 사람들 앞에 드러내 보여주는 것이었다. 박물관 혹은 세계박람회의 근대적 특성은 그 시각적 실천의 내재적인 권위성을 결정하였다. 시간과 공간이라는 두 차원에서 외부세계에 대해 시각화를 절대적으로 독점하려는 야심은 세계박람회의 역사적 실천 과정에서 더욱 명확히 보인다. 그 '휘황찬란한' 과거에서, 세계박람회의 조직자는 전체 자연세계와 그것으로부터 파생된 인류사회 모두 그들이 수집한 전시품과 인종표본을 통해 한눈에 남김없이 관람할 수 있다고 생각했다. 지식의 시각적 생산체제로서 박물관과 세계박람회는 스스로를 역사를 초월하고 정치, 문화 및 지역의 차이의 편견을 벗어난 것으로 규정한다. 그러나 박물관이든 세계박람회든, 역사의 산물이지 창조자로서 모두 세계 밖에(혹은 역사 밖에) 초월해 있는 것이 이니라 불가피하게 당시 가치체계와 문화적 논리를 구현하거나 혹은 이러한 가치체계와 문화적 논리의 구성 과정에 적극 참여하기도 했다. 시간적으로 보면, 근대 시각문화 시스템은 일련의 새로운 학과(지질학, 생물학, 지리학, 고고학, 인류학, 역사학, 예술사)와 기본적으로 동시에 출현하였으며, 후자를 위해 생동적이고 쉽게 접할 수 있는 교실을 제공하였다. 이러한 학과는 서로 긴밀한 연관과 상호삼투를 통해 완전히 새로운 진화적 시간관을 형성하였다. 진화적 시간관은 지구의 형성, 지구상 생명의 시초 및 변화, 인류 활동의 동물적인 생명 형태로부터의 탈변, 원시 상태에서 문명사회로의 발전, 이 모든 것을 거대한 역사서사의 틀 속에 맞추어 넣었다. 초기 박물관과 세계박람회는 거의 동일하게 중산계급 백인 남성의 모습을 거만하게 역사의 종점이자 최고의 정점에 서 있는 찬란한 이미지로 삼았다.* 이러한 이미지와 대조적으로, 수많은 물종(物種) 혹은 인종은 시간의 기나긴 흐름 속에서 단지 스쳐지나가는 과객이자 잠깐 나타났다 바로 사라지는 우담화(優曇華)로서, 자신의 원인으로 인해 역사적으로 도태되는 운명을 피할 수 없는 것으로 인식되었다. 19세기 시각문화의 실천은 다양한 각도에서 물종의 쇠망이라는 이 사실을 아주 생생하게 보여주었다. 자연사의 전시에서 지구상의 생명 변화를 묘사할 때 물종의 쇠망을 보여주는 예는 부지기수이다. 식민지 원주민의 문화와 풍속에 관한 전시는 그들이 미래의 시공으로부터 사라질 운명이라는 것을 너무 명확하게 보여주었다.**

19세기 시각문화의 실천역사를 간략히 개관해보는 것만으로도 우리는 곧 그 모든 것을 망라하는 거대한 서사 속에서 이른바 '인간'의 존엄이

---

* Tony Bennett, *The Birth of Museum: History, Theory, Politics*(London: Routledge, 1995), p.39.
** Tony Bennett, *The Birth of Museum*, p.47.

등급 차이의 기초 위에 세워져 있다는 것을 발견할 수 있다. 그것을 어떻게 자리매김하든 박물관 혹은 세계박람회는 처음부터 역사를 초월하는 정토 (淨土)였던 적이 없으며, 심지어는 성별차별, 종족차별과 계급차별이 집중적으로 표현되는 무대였다고 할 수 있다. 그러나 이러한 다양한 차별은 종종 이성적이고 객관적인 것처럼 보이는 지식 패러다임의 형태로 나타나며, 그 폭력성과 억압성은 종종 일반 대중들에게는 잘 인식되지 않는다. 베넷은 19세기 서구 국가의 식민지 확장이라는 대역사의 배경하에서, 박물관과 세계박람회의 실천 중 인류학 운용이 제국주의의 합법성을 위해 큰 기여를 했다고 보았다. 왜냐하면 인류학은 서구 국가의 역사와 식민지 인민의 역사를 동일한 서사구조 속에 넣고 그 역사가 서로 멀리서 바라볼 뿐 관계를 맺지 않는 것으로 그리고 있기 때문이다. 이러한 서사 구조에서, 원주민은 자연과 문화 사이의 미개하고 황량한 지대인 근대문명사와 유리된 바깥에 배치되었다. '야만인' 혹은 원시부락은 발전상에 있어 정체를 겪으며, 서구문명이 일찍이 초월한 모종의 초기시대에 영원히 머물러 있다([그림1] 참고). 따라서 이러한 집단은 인류 사회발전의 살아 있는 화석이 되었으며, 자연과 문화, 원숭이와 인간, 그리고 동물생명의 변화와 인류 사회발전 사이의 연결고리로 간주되었다. 하지만 역사를 빼앗긴 원주민 집단은 실은 전체 역사진화론 및 그로부터 파생된 문명등급론을 위해 토대를 제공하는 중임을 맡았다. 진화발전의 대립면으로서 그들은 인류사회가 자연사로부터 벗어나는 순간을 그리고 초기 인류사회의 낙후되고 몽매한 상태를 대표하며, 그들이 역사에 의해 버려질 필연성 혹은 강제적인 교화의 합리성을 암시한다.* 그렇다면, 세계박람회의 유색인종 전시와 인류학, 식민

---

* Ibid., pp.77 70.

[그림1] 수정궁: 몇 가지 인류의 종류
자료출처: Jan Piggott, Palace of the People: the Crystal Palace at Sydenham,
1854-1936(Madison, Wis.: University of Wisconsin Press, 2004), p.59.

사학의 관계는 구체적으로 어떻게 표현되었는가? 다음 절에서는 바로 이
문제에 관한 사례를 검토한다.

1854년 시드넘(Sydenham)에서 개최된 수정궁 세계박람회와 영국 인종학

영국에서 유색인종 전시와 인종학 발전 사이의 연원관계는 매우 농후하다. 런던 인종학협회는 1843년에 성립되었으며, 이는 인종학에 대해 흥미 있는 집단들이 더이상 모래같이 개별적으로 산재해 있는 것이 아니라 정식 조직을 갖춤으로써 일종의 집단적 정체성을 획득할 수 있게 되었다는 것을 의미한다. 인종학 협회 최초 회원들의 개인적인 배경이나 연구취향은 모두 각기 달랐다. 그들 가운데 어떤 사람은 군관이었는가 하면, 또 어떤 사람은 정부 공무원이었고, 또 은행 하급 직원이거나 의사인 경우도 있었다. 학과로서의 인종학의 위상은 줄곧 그다지 명확하지 않았던 것 같다. 1846년 인종학은 대영과학촉진회의 정식 인가를 획득하여 동물학, 식물학과 동일한 지식 범주로 분류되었다. 그후 또 당시 유명한 지질학자 로더릭 머치슨(Roderick Murchison)에 의해 지리학과 같은 유의 학문분야로 분류되어 정부로부터 더욱더 많은 지원을 받게 되었다. 토마스 헨리 헉슬리(Thomas Henry Huxley)는 1865년에 출판된 그의 저서 『자연에서 인간의 위치』에서 인종학을 인류학의 한 지류라고 보고, 인류학은 위대한 과학으로서 인류사회의 복잡성, 인간과 동물의 관계, 인간의 고유한 특성, 그리고 인간의 특성을 결정하는 객관적 조건을 연구하는 것이라고 강조하였다. 헉슬리는 또 인류학은 동물학의 일부분이며, 동물학은 또 생물학의 절반에 해당한다고 주장하였다. 1871년 인종학협회와 인류학협회를 합병하여 대영 및 아일랜드 인류협회가 창립되었으며, 두 협회의 간행물도 모두 새로 성립된 협회 기관지의 하부 자리에 위치하게 되었다. 인종학 학과의 전승 관계를 보면, 그것은 18세기 독일의 비교해부학과 19세기 영국의 언어문자

학과도 직접적인 관련이 있다.[*]

19세기 영국 인종학과 기타 학문 사이의 복잡한 연관에 관해서는 로버트 고든 레이섬(Robert Gordon Latham)의 직업 생애를 통해 그 일단을 엿볼 수 있다. 특히 레이섬은 1854년 시드넘에서 개최된 수정궁 세계박람회에서 매우 중요한 역할을 하였다. 따라서 우리 주제와 관련하여 그의 학문 활동의 배경에 대해 어느 정도 파악해볼 필요가 있다. 1848년 영국 인종학의 태두 제임스 C. 프리처드가 사망하자, 레이섬은 이 영역에서 두각을 나타내기 시작했으며, 같은 해에 왕립학회 회원으로 선정되었다. 레이섬은 1850년에 『서로 다른 인종의 자연사』를 발표하였고, 동시에 영국 인종학협회 부회장 직무를 맡았다. 1852년에는 윌리엄 톰슨(William Thompson, 톰슨은 일찍이 런던 국왕학원Kings College 자연사 교수 및 해부학 박물관 관장을 역임하였다)을 대신하여 1854년 개최될 수정궁 세계박람회 가운데 자연사관의 기획업무에 관한 책임자로 임명되었다.

재미있는 것은 인종학계의 영도적인 인물이 되기 전, 레이섬은 대략 6년 동안(1839년부터 1845년까지) 유니버시티 칼리지 런던(University College London)의 영어과 교수를 지냈으며, 아울러 『영어언어』라는 교과서를 성공적으로 편찬한 적이 있다는 사실이다. 레이섬은 또 영어 교수로 활동하면서 동시에 의학을 공부하여 이후 의사 생애를 위한 기초를 다지기도 했다. 방법론에 대해서 보자면, 레이섬은 텍스트에 편중된 인문학적 연구방법과 인체의 특징을 중시하는 해부학적 연구방법 양자 사이에서 명확히 어느 것을 선택했다고 말하기 어렵다. 레이섬의 연구는 자연사, 언어문자학, 해

---

[*] Sadiah Qureshi, *Peoples on Parade: Exhibitions, Empire, and Anthropology in Nineteenth-Century Britain*(Chicago and London: The University of Chicago Press, 2011), pp.212-217.

부학, 신체증후학(體徵學, physical sign) 등 다양한 요소들을 종합하여 집대성한 특징을 보여준다.* 19세기 중반, 레이섬과 같은 인종학자들은 특이한 것이 아니라 매우 일반적인 모습이었다. 인종분류에 관한 연구방법도 매우 다양하여 백가쟁명과 같은 상황을 연출하였다.

19세기 40년대 초, 상업적인 성격을 지닌 유색인종의 전시회에 관한 광고가 시작되었는데, 이제 막 연구 활동을 시작하는 인종학자들에게 매우 좋은 학습기회로 선전하였다. 이러한 광고의 수사법은 소리 없이 슬그머니 그 전시회의 성질을 바꾸어버렸으며, 대중들에게 친숙한 오락 형식 속에 과학 연구 정신과 이성적 호기심을 주입하였다. 유색인종 전시의 성격 변화도 당시 사람들의 이론적 인식과 밀접한 연관이 있다. 18세기 후반, 학자들은 하나의 공통적인 인식을 형성하여, 인류사회의 발전은 한 국가의 자급적인 방식에 의거하여 수렵, 목축, 농업, 상업의 4단계로 구분할 수 있고, 매 단계마다 각각 그에 상응하는 사회형태, 정치형식, 문화적 습관 및 도덕 수준을 지니고 있다고 여겼다.**

이러한 부문별 분류의 틀은 구체적인 논증 과정에서 필요불가결한 단계를 결정하였다. 예를 들면 표본 혹은 샘플을 수집하고, 개별적인 사례들을 어떤 유형의 전형으로 규정하거나, 동일한 유형들 사이나 각기 다른 유형들 사이를 서로 비교하는 것 등이다. 연구대상이 인간 자신일 경우에도, 전시되는 인간집단은 이 모든 것을 위해 시각적으로 이미지화한 교재와 도구로서 기능하였다. 유색인종 전시와 인종학 및 후대 인류학의 발전관계를 논함에 있어서, 시드넘에서 개최된 수정궁 박람회는 이정표적인 의미를

---

* Qureshi, *Peoples on Parade*, pp.210-218.
** Ronald L. Meek, *Social Science and the Ignoble Savage*(Cambridge, New York: University of Columbia Press, 1976).

지니고 있어, 보다 자세히 회고해볼 필요가 있다.

　시드넘이 주관한 수정궁 박람회는 그 이전의 박람회와 비교하면, 국제무역을 위한 전시의 성격이 매우 약해졌음을 알 수 있다. 그 전람회의 휘장이 보여주는 바와 같이([그림2] 참고), 그 성격은 전체 국민을 대상으로 한 교육과 오락의 성지(聖地)에 더욱더 가까웠다. 박람회 조직자는 그 휘장에 대해 "자연과 예술을 포괄하는 입체적인 백과전서"라고 정의하였다. 그 교학대강은 하이드공원에서 개최된 제1회 수정궁 세계박람회보다 훨씬 광범하고, 그 종지는 대중이 그들의 시대와 진화 및 문명 간의 관계를 이해하도록 돕는 것이었다.[*] 영국 황실과 수정궁 박람회의 관계도 매우 밀접하다. 수정궁 건설이 빅토리아여왕의 부군인 앨버트 공의 구상에 기반했을 뿐만 아니라 빅토리아여왕도 적극적으로 남편을 지원하고 직접 수정궁 개막식을 주관하기도 하였다([그림3], [그림4] 참고). 입장료가 저렴하여 당시 수정궁 세계박람회는 수많은 사람들을 전람회장으로 끌어들였다. 박람회 첫해에만 참관자가 132만 명에 달하였고, 그 가운데는 7만 명의 아동이 포함되어 있었다.

　자연사관은 시드넘 수정궁 특유의 풍경이었다. 전시관마다 세계 모 지역 특유의 식물군락이나 동물 및 거주하는 인간집단을 전시하였다. 자연사관에서 전시한 것은 단지 생동적인 동물표본, 생명력이 충만한 식물만이 아니라 유화(油畵) 같은 배경과 실물을 똑같이 모방한 인물모형도 있었다([그림5] 참고). 예를 들어 인도양 섬의 전람관에는 아편을 흡입하는 3명의 하등계층 자바인의 모습, 수마트라섬과 보르네오에서 온 인간집단, 그리고 곰과 새가 포함되어 있었다. 인도관에는 몇 명의 힌두교도, 새, 야생돼지

---

[*] Qureshi, *Peoples on Parade*, p.194.

[그림2] 박람회: 품위의 교육
자료출처: Piggott, *Palace of the People,* p.21.

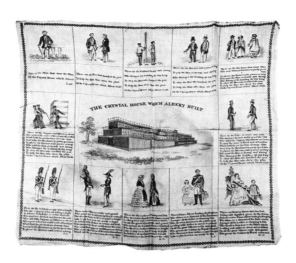

[그림3] 수정궁이 앨버트 공에 의해 건립된 것을 알리는 비단 위에 쓰인 시
자료출처: Patrick Beaver, *The Crystal Palace 1851-1936: A Portrait of Victorian Enterprise*(London: Hugh Evelyn Ltd., 1970), p.65.

[그림4] 시드넘 수정궁 개막식
자료출처: Piggott, *Palace of the People*, pp.54-55.

[그림5] 시드넘 수정궁의 아프리카 줄루(Zulu)족 모형
자료출처: Qureshi, *Peoples on Parade*, p.197.

1마리, 그리고 매우 생동적으로 만든 범 사냥 장면을 전시하였다. 중국관에는 야크 표본 1개와 몇 명의 티베트인 모형이 진열되었다. 처음 이 인물모형은 나체였지만 교회의 반대로 인해 더는 적나라한 나체를 드러내지는 않았다. 당시 수많은 설명과 보도에 의하면, 자연사관은 관람객들에게 마치 세계일주를 경험한 것 같은 생동적이고 흥미 있는 인상을 주어 교육적인 의의가 적지 않았다. 반면 당시 어떤 평론가들은 야유하길, 관람객 가운데 노동자 계층의 사람들은 자연사관을 잘 감상할 수 있을 것인데, 왜냐하면 그곳에 전시된 인물모형은 희랍인물의 조각상이 아니어서 관람객들에게 매우 높은 예술적 감상 능력을 요구하지 않기 때문이라고 말하기도 했다.

만약 '세계일주'라는 말로 공간적 서사 방면에서 자연사관의 원대한 뜻을 개괄할 수 있다면, 시간적 서사 방면에서 자연사관의 책략도 무시할 수는 없다. 수정궁의 각 전람관과 정원의 공간은 명확히 진화론을 주제로 배치되었다. 관람객이 먼저 접하는 것은 상고시대 육지가 출현하기 시작했던 시기의 거대한 양서류 동물이었고([그림6], [그림7] 참고), 그곳을 지나서야 수정궁 정문으로 들어가 생명의 형태가 미생물에서 점차 변화하고 발전해온 과정을 참관할 수 있었다. 그다음 이어지는 부분이 바로 자연관이며, 자연관을 관람한 후에 더욱 높은 단계의 인류문명을 전시하는 전람관을 관람하게 된다. 전체 수정궁의 공간설계는 통시성을 중심으로 하면서 공시성으로 보조하는 형식으로 설계되었다. 각각의 인종과 사회형태는 동일시기라 하더라도 그들 사이 통시성의 차이는 매우 명확하다. 관람객이 수정궁의 자연관을 들어서면서부터 접하게 되는 것은 각기 다른 역사 발전단계에 처해 있으며, 뇌의 능력과 도덕의 두 측면에서 더 향상되어야 할 인간집단들이다. 이러한 서사 구조에서 빅토리아시대 영국인은 그들이 이미 인류문

[그림6] 시드넘 수정궁 및 그 주변 정경
자료출처: Qureshi, *Peoples on Parade*, p.194.

[그림7] 시드넘을 방문한 톰(Tom) 도련님이 태고대 파충동물에 관한 교육을 거부하다
자료출처: Piggott, *Palace of the People*, p.56.

[그림8] 자연역사관 가이드북 표지
자료출처: Qureshi, *Peoples on Parade*, p.100.

명의 최고단계에 이르렀다고 느낄 만한 충분한 자격을 갖게 되었다.*

자연관이라는 이 전례없는 설계를 가능케 한 것은 마땅히 앞서 언급한 레이섬과 에드워드 포브스(Edward Forbes)에게 그 공을 돌려야 한다. 포브스는 당시 런던왕립학원의 식물학 교수였다. 그들 두 사람은 또 자연사관을 위해 전문적인 가이드북을 만들기도 했는데([그림8] 참고), 그 취지는 전시중인 인물모형, 동물표본 및 각 종류의 식물군집을 관람객들이 더 잘 이해할 수 있도록 돕는 것이었다. 이 가이드북은 매우 이해하기 쉽게 설명하고 있을 뿐만 아니라 가격도 6펜스 정도로 매우 저렴하여, 19세기 50년대 널리 유행했던 인종학 저작들 가운데 하나였다. 당시 인종학은 아직 이제 막 새로 출현한 영역이었기 때문에, 레이섬은 이 소책자의 전체 92쪽 가운데 74쪽에 달하는 편폭을 인종학이라는 새로운 학과를 소개하는 데 할당하였다. 그는 그리스어의 어원을 인용하여 인종학을 하나의 과학으로 정의하였다. 즉 인종학이 연구하는 과제는 세계의 서로 다른 국가와 지역의 차이가 아니라, 서로 다른 인종의 같은 점과 다른 점이다. 이 가이드북은 또 전시된 인물집단이 속해 있는 각기 다른 지역의 생활습관과 문화습관으로 세분화되었다. 각 지역에 대한 설명은 한 인간집단의 지리적 범위, 체질적 특징, 성격상 특징, 사회적 습속, 복식 풍격, 종교 신앙, 언어종류, 주요한 생존방식, 농업 발전 수준과 중요한 의식 등을 담고 있다. 예를 들어 티베트인은 몽고인종의 전형으로, 광대뼈가 넓고 코가 납작하며 목축을 위주로 하고, 성정이 평화로워 타인과 우호적으로 함께 사는 것을 좋아한다고 설명되어 있다. 레이섬은 또 비록 중국인의 문명이 "스스로 기이한 형태"를 이루고 있기는 하지만, 모든 몽고인종 가운데 가장 높은 수준의 문명이라고

---

* Qureshi, *Peoples on Parade*, pp.202-203.

보았다.* 레이섬과 포브스가 편술한 이러한 가이드북은 당시 어느 정도 교육용 가이드북으로서의 기능을 지니고 있었다. 그것은 그들의 분류체계에 대해 생동적인 이미지 자료를 제공하고 있을 뿐만 아니라, 관람객들이 가이드북에서 소개하는 인종학이론의 틀에 따라서 눈앞에 전시되어 있는 광경을 이해할 수 있도록 이끌었다.

자연사관은 또 레이섬이 '집필한' 지구상에서 생활하는 서로 다른 인종집단에 관한 입체적인 서사로 간주할 수 있다. 비록 레이섬이 서술의 근거를 상당 정도 기행문학에 의존하고 있어 그것이 학술성을 얼마나 담보했을지는 의문이지만, 그가 이 전람회에 학술성을 부여하기 위해 많은 노력을 기울였다는 것은 확실하다. 인체모형을 선택함에 있어서도 레이섬은 인종의 다양성에 주의했을 뿐만 아니라, 그 모형의 출처가 전문적인 지식에 근거하고 있는지에 대해서도 매우 중시했다. 전해지는 말에 의하면, 어떤 인물모형의 원형은 로버트 H. 숌부르크(Robert H. Schomburgk) 경이 대영국 식민지 기아나에 대해 진행한 제1차 원정의 산물이라고 한다. 숌부르크는 독일의 저명한 자연사 연구자이자 탐험가였으며, 후에 빅토리아 여왕으로부터 작위를 받았다.** 그뿐만 아니라 레이섬은 그의 가이드북에서 당시 해부학과 의학계의 인체 피부색 연구에 관한 각종 보고서를 광범위하게 참고하여 학술성을 높였으며, 또 인종학이라는 새로운 학과 내의 학술 논쟁을 수정궁을 참관하는 대중에게 제공하여 그들 스스로가 판단하도록 했다. 인류는 하나의 근원에서 나왔다는 자신의 관점을 견지하면서 흑인과 유럽인은 질적으로 차이가 없고 단지 정도상의 차이가 있을 뿐이라고

---

* Qureshi, *Peoples on Parade*, p.198.
** D. Graham Burnett, "Exploration, Performance, Alliance: Robert Schomburgk in British Guiana", *Journal of Caribbean Studies 15*(2000): 11-37.

보았다. 당시 보도를 보건대, 수많은 관람객에게 수정궁은 충분히 많은 '1차 자료'를 제공하여, 그들이 인종학자의 방대한 저작들을 연구하지 않고도 인류 자연사에 대한 자신의 관점을 수립할 수 있도록 했다.

사실 인종의 다원적 기원 문제는 당시 매우 격렬한 논쟁의 쟁점이었다. 많은 의학자와 철학자들은 인류 단일기원론을 지지하면서, 이는 『성경』의 창세기론과 기본적으로 일치하며 아담과 하와가 인류의 시조라고 보았다. 물론 인류 동일조상론을 지지한 학자들은 비록 구체적인 구분방식은 각기 달랐지만(5종, 7종 혹은 3종), 항상 인간을 서로 다른 유형으로 구분하였다. 18-19세기 영국에서는 '인류 3종론'이 사람들에게 가장 많이 받아들여진 관점이었다. 레이섬도 예외가 아니다. 그는 한편으로는 인류 동일근원론의 관점을 강조하였지만, 또다른 한편에서는 그 자신의 분류기준을 적용하여 인류를 서로 다른 유형의 등급으로 구분하였다. 즉 문명인가 야만인가? 이교도인가 기독교도인가? 수렵과 채집을 위주로 하는가 아니면 농업 혹은 상업을 위주로 하는가? 유럽인, 몽고인인가 아니면 흑인인가?*

물론 처음부터 인류 동일근원론에 동의하지 않는 사람들도 없지 않았다. 앞에서 언급한 제임스 C. 프리처드는 19세기 영국 인종학계의 거두였는데, 당시 그와 명성을 나란히 하면서 영국 인종학과 인류학 발전에 심대한 영향을 미친 두 인물로 로버트 녹스(Robert Knox)와 제임스 헌트(James Hunt)가 있었다. 녹스는 1850년에 『인류의 종족』이라는 책을 출판하여** 종족이 모든 것을 결정한다는 관점을 제기하였다. 한편 헌트는 1863년에 창립한 런던 인류학회의 창시인 가운데 한 사람이자, 같은 해에 발표한 「흑

---

* Qureshi, *Peoples on Parade*, pp.198-201.
** Robert Knox, *The Races of Men: A Fragment*(Philadelphia: Lea & Blanchard, 1850), preface.

인의 신체와 사상의 특징」이라는 문장의 저자이기도 했다. 후대 사람들 눈에는 녹스와 헌트가 빅토리아시대 종족주의와 제국주의의 대두를 가장 잘 대표하는 인물로 비치고 있다. 헌트는 그의 문장에서 흑인과 유럽인은 각각 서로 다른 인종에 속하며, 이는 마치 나귀와 얼룩말이 서로 다른 종류인 것처럼 너무도 명확한 사실이라고 주장하였다. 그에 의하면 흑인은 유럽인과 비교하여 지적능력이 떨어져서, 흑인이 유럽인과 동종이라기보다는 오랑우탄에 가깝다고 보는 편이 더 정확하다.* 간과해서 안 될 것은, 이러한 관점은 오늘날 사람들에게 역작용으로 귀에 거슬릴 뿐만 아니라 당시 동시대인들로부터도 반대와 비판을 받았다는 점이다. 헌트가 대영과학촉진회의 연례보고에서 이 보고문을 발표했을 때, 청중석 곳곳에서 쉿 하는 소리가 들리고 휘파람을 불며 야유하는 사람도 적지 않았다.

학술적인 입장에서 보면, 레이섬이 계승한 것은 프리처드의 의발(衣鉢)이었다. 프리처드는 의학과 여러 언어에 정통하여 인종학에 대한 공헌으로 칭송이 자자하며, 후대 사람들에게 영국의 인종학을 위해 기초적인 방법론과 이론적 기반을 수립한 대학자로 존경을 받았다. 그의 주요 저작은 모두 인류의 생리적인 체질 변화 역사와 관련이 있다. 1843년에 발표한 『인간의 자연사』는 더욱더 널리 전파되고 명성을 누렸다. 그 책에서 프리처드는 인류 동일근원론을 체계적으로 논증하였다. 주목할 것은 그 책에서 바로 널리 알려진 사라 바트만(Sara [Saartjie] Baartman)을 포함하여 일찍이 전시되었던 인간집단을 증거로 그의 인종학 관점을 증명하고 있다는 점이다.**
따라서 레이섬이 수정궁 내 자연사관의 설계와 전시를 통해 일반 대중에게

---

* James Hunt, "On the Physical and Mental Characteristics of the Negro", in *BAAS Official Report*(London: John Murray, 1863), p.140.
** Qureshi, *Peoples on Parade*, p.219.

인종학 내부의 서로 다른 지류의 연구방향과 성과를 보여줌으로써 인종학의 발전을 위한 관점과 방법에 기여했다는 것은 결코 이상할 것이 없다.

인종학에 흥미 있는 비전문가들에게 있어서, 수정궁의 인종 전시가 지니는 의미는 매우 중요하다. 당시 런던에는 칸 박사(Dr. Kahn)의 해부학 박물관이 있었는데, 그곳에서 사람들은 인체를 해부한 밀랍상을 볼 수 있었으며 그중에는 때때로 타 종족의 인간집단이 등장하기도 하였다. 1853년 새빌(Savile) 장원(莊園), 레스터(Leicester) 광장, 라이머스(Reimers) 해부학 및 인종학 박물관에서는 300여 개의 밀랍상을 전시하였는데, 그중 한 인종 화랑의 취지는 사람들에게 인류 대가정의 서로 다른 성원을 한눈에 볼 수 있도록 하는 것이었다. 그러나 런던 시민들에게 있어서 이러한 박물관의 영향은 수정궁의 영향에 비교할 바가 아니었다. 당시 대영박물관에서도 자연사와 인종학 관련 제재를 전시했고 또 민속관이 존재하기는 했지만, 그곳조차도 관련된 수장품들이 아무런 체계도 없이 여기저기 각 곳에 산재되어 있었다. 물론 당시 거리를 옮겨다니던 공연단이 학술성과 전시된 인종의 다양성이라는 측면에서 레이섬의 자연사관과 근본적으로 비교대상이 되지 않는다는 것은 말할 것도 없다. 이러한 측면에서 수정궁 박람회는 가장 뛰어나고 독보적이었다고 할 수 있다. 또 수정궁 박람회와 이후 1886년 인도 식민지 박람회가 모두 다중적인 기능을 가지고 있었다는 점도 부정할 수 없다. 즉 이들 전람회는 임시 박물관인 동시에 또 미래 인종학자를 교육하는 장소이자 연구센터였으며, 그들을 위해 함께 교제하고 연구할 기회와 인종학 지식을 강연할 교실을 제공하였다.[*]

1866년 한차례의 대화재로 레이섬이 심혈을 들인 노력이 하루아침에

---

* Qureshi, *Peoples on Parade*, pp.206-210.

재가 되고 말았다. 비록 이후 『인류학 평론』에서 불타버린 인물모형을 다시 만들 것을 호소하였지만, 소요비용이 막대하고 또 조직위원회도 자금이 부족하여 이 건의는 결국 받아들여지지 않았다. 하지만 레의섬 및 그의 자연사관의 영향은 심원했다. 그것은 시각 교육이라는 교육이념을 보급했을 뿐만 아니라, 전시되는 인간집단을 학술성이 있고 학자들에 의해 활용 가능한 자연사의 표본으로 정의하였다. 그것은 빅토리아시대 사람들이 19세기 중엽 인종학 이론과 실천을 이해하는 데 있어 가장 부드럽고 평이하며 생동적인 교실을 제공하였다. 사람들은 또 이를 통해 인종학자들이 전시된 인간집단을 어떻게 관찰하고 연구해야 비로소 이성적이고 과학적이라 할 수 있는지도 알 수 있게 되었다. 비록 타종족 집단을 관람하는 것이 런던 시민들에게 그다지 새로운 볼거리는 아니었지만, 관람회를 당시 인종학 학과내부의 논쟁 및 인종의 다름과 같음에 대한 연구를 함께 결합시킨 것은 시드넘 박람회가 처음이었다. 이러한 틀 속에서 전시된 인간집단과 인물모형은 학술적인 화제였을 뿐만 아니라 동시에 "직접 눈으로 관찰할 수 있고", "현지에서 나고 자랐으며" 혹은 "살아 있는 듯 생생한" 연구와 관찰의 대상이기도 하였다.

1886년 식민지 인도박람회

비록 인종 전시가 처음부터 박람회 구조 속에 편입되기는 했지만, 인간 집단의 전시가 가지는 다양한 기능을 가장 잘 보여준 것은 1886년 식민지 인도의 박람회였다. 이 박람회는 사우스 켄싱턴(South Kensington)에서 반 년에 걸쳐 열렸으며, 19세기 영국이 개최한 많은 박람회 역시 상 '박람회에 출품된' 인간집단이 가장 다양한 기능을 수행한 박람회였다. 전체 89명의 '토착인'이 출품되었는데, 그 가운데는 인도인 46명, 말레이인 5명, 희망봉의 아프리카 출신 9명이 포함되어 있었다. 이러한 '현지에서 나고 자란' 연기자 이외에 또 각각의 '토착촌'에는 세심한 기획하에 배치된 인체모형들도 있었다. 이들 토착촌은 수정궁 자연사관을 위한 레이섬의 기획과 차이는 있지만 똑같은 효과를 지니고 있었다. 모형들은 박람회의 인종학 전람관 부속실에 전시되었다. 이 모형과 토착 연기자는 자연사관의 대형 식물군집과 서로 조응하고 보완하는 역할을 하였다. 그들 가운데 어떤 모형과 연기자는 아프리카 작은 촌락으로 꾸며놓은 곳에 나타나거나 소규모 시장에 나타나기도 했고 또 자연사 정물전(靜物展)에 등장하기도 했다. '토착' 연기자의 현장연기도 당시 그들이 속한 인간집단을 대표한다고 여겼던 특정한 생활방식이나 풍속습관에 국한되었다. 이러한 연기자들은 정지화(靜止化)되거나 부호화되었으며, 시공을 초월하여 영원하고 파괴된 적이 없는 토착 인간집단 및 그 문화의 원초성을 대표하였다.[*]

1854년의 수정궁 박람회와 다른 점은 이번 박람회의 주요 취지가 해외에서 대영제국의 세력과 재부를 전시하기 위한 것이어서, 전시되는 인간집단의 주요 기능도 자연사 범주 내의 서로 다른 인종의 표본이 아니라 식민지 인민과 대영제국의 정치적, 경제적 관계를 나타내는 데 중점을 두었다는 점이다. 그들은 대부분 하인이나 노동자(방직공, 인쇄공, 석공, 목공, 화공畫工, 철공, 광공업 노동자 혹은 사금 채취자 등)와 가이드 신분으로 출현하였고([그림9] 참고), 종종 자신의 독립적인 전시공간이 없어 여러 전람관에 끼어드는 형식으로 참여하였다. 비록 영국 인류학자도 인도 식민박람회의 조직

---

[*] Qureshi, *Peoples on Parade*, pp.238-240.

[그림9] 인도 죄수들이 양탄자를 짜는 모습을 연기하고 있다
자료출처: Qureshi, *Peoples on Parade*, p.240.

과 기획에 참여하기는 했지만, 연기자는 결코 진화론의 구조 속에 편입되
어 전시되지는 않았다. 당시 발행된 박람회 목록과 보도에 의하면, 전시된
인간집단의 존재는 관람객들이 자신이 대영제국의 신민이며 대영제국의
경제에 중요한 의미를 지닌다는 것을 인식하도록 하기 위한 것이었다.

여기서 또 주목을 끄는 것은, 사우스 켄싱턴에 출현한 모든 인도인이
하층 노동인민은 아니었다는 점이다. 벵골에서 온 어느 상류 귀족이 쓴 의
미심장한 일기에 따르면, 인도의 시장 앞에는 항상 많은 사람들이 둘러싸
고 있었는데, 그들이 인도인이 간단하고 볼품없는 도구로 정교하고 아름
다운 공예품을 만드는 것을 보고 있는 장면은, 마치 힌두교도가 고릴라가
장례를 주관하면서 그 앞에 펼쳐진 산스크리트 문자로 된 경서를 낭송하
는 것을 지켜보는 것처럼 불가사의한 일이었다. 이 벵골의 귀족은 또 다음

과 같이 쓰고 있다. "우리는 사람의 시선을 받으며 조금씩 인파 사이를 뚫고 지나갔다. 우리를 응시하는 사람들은 대부분 여성들이었는데, 그녀들의 눈은 녹색, 파란색, 회색, 검은색 등 제각각이었다. 우리의 평범하기 그지없는 일상생활 속 행동거지 하나하나는 그녀들을 신나고 떠들썩하게 만들었다."*

비록 이 박람회는 인간집단을 진화론의 구조나 인종학의 범주에 넣어 전시한 것은 아니지만, 사실은 인류학과 매우 밀접한 관련이 있었다. 당시 권위 있는 인사들은 박람회를 빌려 사우스 켄싱턴에서 일련의 학술회의를 개최하고자 하였다. 당시 인류학협회 회장이자 우생학자, 통계학자인 프랜시스 골턴(Francis Galton, 다윈의 사촌동생임)은 수많은 동료들을 대표하여 그들의 요청에 대해 기쁜 마음을 나타내기도 하였다. 6월부터 7월 사이에 여러 차례 회의가 개최되었다. 매번 대회를 열 때마다 포목과 무기, 기타 원주민의 생활풍속을 대표했던 물품 등 수많은 식민지 주민 제품들이 박람회장으로부터 회의장으로 옮겨와 학자들이 관찰할 수 있도록 제공되었다. 회의에 참석한 사람들은 나중에 세계박람회의 각 전람관에 파견되어 진일보한 조사 활동을 진행하기도 하였다. 전시품들은 박람회가 끝난 후에도 여전히 학자들의 관심을 끌었으며 연구 가치를 지니고 있었다. 1887년 대영국과 아일랜드 인류학협회 기관지에 발표된 문장을 보면, 대부분이 박람회 기간 동안 발표된 보고서이거나 박람회의 전시품에 기반한 연구 성과들이었다.

---

* Qureshi, *Peoples on Parade* pp.245-246.

세계박람회, 유색인종 전시와 인류학 관계의 변화

세계박람회와 유색인종 전시의 역사에 관한 기존의 지배적인 관점에 의하면, 1867년 파리 박람회에서 처음으로 외국인을 박람회의 정식 출품물로 기획하고 실행하였으며, 1889년 파리에서 개최된 만국박람회는 박람회장 내 토착촌에서 각기 다른 인종을 전시할 목적으로 외국인을 수입한 최초의 시도였다. 그 이전에 파리 부근에서는 순전히 상업적 목적으로 유색인종 전시가 이미 매우 성공적으로 이루어지고 있었으며, 1889년 세계박람회의 경쟁성을 높이기 위해 기획자들은 특별히 각기 다른 국가의 인종을 에펠탑 아래에 집중적으로 배치함과 동시에 병영을 설치하고 군대를 주둔시켰다. 이러한 배치가 지니는 함의는 명확하다. 즉 한편으로는 물질문명과 과학기술 방면에서 프랑스의 고도 발전을 증명하는 의심의 여지가 없는 '확증'이고, 다른 한편으로는 아직 낙후되고 정체된 시대에 살고 있는 생생한 인간집단을 재현하는 것이었다. 쿠레시(Qureshi)의 연구는 오히려 영국 초기의 세계박람회가 이러한 방면에서 선도하고 있었으며 그 중요성을 과소평가할 수 없음을 잘 보여준다. 하지만 19세기 말에서 20세기 초까지, 영국 인류학자들이 박람회에 전시된 인간집단을 이용한 것은 미국과 독일 및 프랑스의 인류학자들과 비교할 때 훨씬 더 우연적이고 임의적일 뿐만 아니라 체계성도 떨어진다. 1899년에 개최된 대영국 세계박람회 및 동시에 열린 '야만적인 남아프리카전'은 비록 전람된 인간의 수와 공연 규모는 장관을 이루었지만 그다지 인류학자들의 주목을 끌지는 못했다. 쿠레시는 이러한 추세가 영국 인류학자들의 학술적인 관심의 변화 및 새로운 방법론의 대두와 밀접한 관련이 있다고 보고 있다.

19세기 말에 이르러, 영국 인류학자들이 흥미는 점차 문화, 사회조직,

종교, 신화, 의식과 종교계보의 관계로 전환되기 시작하였다. 가장 두드러진 예는 아마도 테일러(Tylor)의 『원시문화』와 제임스 조지 프레이저(James George Frazer)의 대작 『황금가지』일 것이다. 이 두 학자의 연구는 시간상 종적인 추적과 횡적인 비교의 두 측면에서 인류문화의 근원을 탐색하였다. 이 새로운 이론의 방향은 그에 맞는 새로운 방법론을 수반하였다. 테일러 이후에 문화 진화관은 점점 더 사람들에게 수용되어 당시 존재하던 부락 문화는 운좋게 생존해오고 있는 초기 문화형태로서 주목을 받았다. 동시에 20세기 초 인류학자는 점점 더 지금까지 외부세계와 거의 접촉이 없던 부락과 그 문화를 찾는 데 열중하였다.

1900년 저명한 심리학자이자 인류학자인 윌리엄 H. R. 리버스(William H. R. Rivers)는 인류학협회에 보낸 한 통의 서신에서 박람회에 전시된 이른 바 원주민 '표본'의 진실성에 대해 의문을 제기하였다. 그는 이 원주민들이 일단 수입되어 전시되면 그들의 원초성은 곧 크게 감소하게 된다고 보았다. 10년 후 리버스는 다시 이러한 견해를 제기하고, 인류학자에게 있어서 가장 이상적인 연구대상은 원주민이 외래영향(식민세력 혹은 선교사의 활동)을 접촉한 후 10년에서 30년 사이라고 보았다. 이 특정한 시간적 틀이 의미하는 것은 인류학자에게 심도 있는 연구를 진행할 수 있는 가능성을 부여할 뿐만 아니라 동시에 현지문화에 큰 변화가 없고 혹은 설사 중대한 변화가 있더라도 아직 1세대가 외래세력이 진입하기 전의 문화기억을 완전히 보존하고 있음을 보증한다는 것이다.*

---

* William Rivers, "Report on Anthropological Research Outside America", in *Reports on the Present Condition and Future Needs of the Science of Anthropology*, ed. W. H. R. Rivers, A. E. Jenks, and S. G. Morley, Carnegie Publication 200(Washington D. C.: Carnegie Institution, 1913), p.7.

[그림10] 콜롬비아 세계박람회 중간지대에 설치된 '다호메이인(Dahomeyan)' 부락. 가장 '원시'적이고 가장 '야만'적인 인종을 대표함

자료출처: Robert W. Rydell et al., *Fair America: World's Fairs in the United States*(Washington D. C.: Smithsonian Institution Press, 2000), p.39.

20세기 초에 이르러 인류학자들은 이미 실제적인 관찰과 현지조사가 인류학자들에게 있어 필수적인 활동이라고 주장하기 시작했다. 비전문적인 인사들이 제공하는 자료는 신뢰하기 어렵다고 보았기 때문이다. 그뿐만 아니라 폴란드 출신의 인류학자 브로니슬라브 말리노프스키(Bronislaw Malinowski)의 연구 성과가 출판되고 이후 런던 정치경제학원에서 그가 대학원생에게 진행하는 교육방식이 알려지면서, 가장 좋은 인류학 연구는 연구대상의 현지에서 진행해야 한다는 관점이 사람들 사이에서 공감을 사고 점차 학계의 공통인식으로 자리잡기 시작했다.

종족계보의 관계에 대해 관심이 많았던 영국 인류학자가 전시된 인간 집단에서 관련 정보를 수집하는 데 거의 실패하고, 게다가 실제 관찰과 현지조사의 중요성이 점점 더 의심의 여기가 없게 되자, 박람회에 전시된 인간집단에 대한 영국 인류학자들의 관심도 점차 줄어들었다. 물론 체질인류학자들에게는 전시된 인간집단이 여전히 연구대상으로서 가치가 있었다. 비록 인류학의 한 지류인 체질인류학의 연구자가 영국에도 있기는 했지만, 19세기 말기에는 미국, 독일과 프랑스에서 더욱 우세를 점하였다. 영국 인류학은 1851년 수정궁 세계박람회 이후 100년 동안 학과 내부에서 끊임없는 발전과 많은 변화가 있었다. 그 결과 이후 유색인종의 전시와 진기한 대중적 오락, 그리고 진화론적 역사관을 가장 성공적으로 융합한 박람회 조직자는 영국이 아니라 새로운 신예로 부상한 미국이었다. 미국 민중이 처음으로 유색인종 전시를 접하게 된 것은 콜럼버스의 신대륙 발견을 기념하여 1893년 시카고에서 개최된 콜롬비아 세계박람회에서였다. 당시 특별히 별도로 기획한 대중오락 구역은 각 인종 및 족군의 촌락으로 구성되었으며, 인류가 야만에서 문명으로 진화하는 과정을 시각적으로 개괄한 경관을 제공하였다([그림10] 참고).

이와 마찬가지로, 1904년 개최된 세인트루이스 세계박람회도 이에 뒤질세라 진일보한 전시를 보여주었는데, 이에 관해서는 잠시 후 다시 살펴보도록 하겠다.

일본과 세계박람회 모델의 동아시아 전파

1877년부터 1903년까지 일본은 여러 도시에서 5차례에 걸쳐 내국권업박람회를 개최하였다. 이러한 박람회들은 일본 내 세계박람회의 출발이라고 볼 수 있다. 오사카에서 주최한 제5차 내국권업박람회는 이미 상당 정도 국제적인 색채를 띠고 있었다. 그 박람회의 주요 취지는 일본이 이미 다

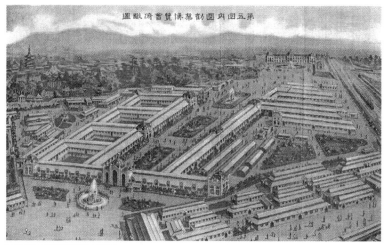

[그림11] 오사카 박람회 조감도
자료출처: Lisa Claypool, "Sites of Visual Modernity", Joshua A. Fogel, ed., *The Role of Japan in Modern Chinese Art*(Berkeley, California: University of California Press, 2012), p.169.

[그림12] 인류관의 외관, 『아사히신문朝日新聞』(1903年 5月 11日)에 게재
자료출처: Lisa Claypool, "Sites of Visual Modernity", Joshua A. Fogel, ed., *The Role of Japan in Modern Chinese Art*(Berkeley, California: University of California Press, 2012), p.175.

[그림13] 『오사카 박람회 관람 가이드북』일본어와 영어 표지
자료출처: Lisa Claypool, "Sites of Visual Modernity", Joshua A. Fogel, ed., *The Role of Japan in Modern Chinese Art*(Berkeley, California: University of California Press, 2012), p.159.

방면에서 서구 국가와 어깨를 나란히 할 수 있음을 세계를 향해 표명하는 것이었다. 이전 몇 차례의 권업박람회와 비교하면, 제5차 박람회의 전체 소요 면적이 가장 넓었다(박람회장은 텐노지天王寺에 설치하였으며 전체 박람회 면적은 약 32,300평에 달하였다).[*] 이는 이전 권업박람회에 비해 2배 내지 3배에 달하는 면적이다([그림11] 참고). 전람관의 출품물은 일본 제품만이 아니라 일본에 거주하는 외국인이 보내온 외국제품도 포함되어 있었다. 박람회에는 또 미국, 캐나다, 오스트레일리아, 독일, 중국 등 세계 14개 국가에서 온 대표들이 참여하였으며, 이들 국가의 전시품은 참고관에 진열하였다.

---

[*] 許峰源, 「日本大阪內國勸業會與淸末中國博覽會的興起」, 『"近代中國, 東亞與世界"國際學術討論會論文集』(上冊), 北京: 社會科學文獻出版社, 2008, p.139 참고.

관방 전시 이외에 또 개인의 찬조로 서구 박람회를 모방하여 유희적인 공연장을 설치하였으며, 그곳에는 극단의 공연 활동 이외에도 동물원과 인류관도 개관하였다.

인류관 설치는 변호사이자 상인이었던 사이텐 마사토시(西天正俊)의 제의와 출자로 이루어졌으며, 후에 당시 일본 인류학계의 태두인 쓰보이 쇼고로(坪井正五郎)의 지도하에 완성되었다([그림12] 참고). 오사카 세계박람회를 참관한 사람은 연인원 430만 명으로, 그 가운데 해외 여행객도 2만여 명이 있었는데 14,000여 명은 유럽과 미국에서, 8,600여 명은 중국과 한국에서 온 관광객들이었다. 한편 오사카 시정부는 영문판 『오사카 박람회 관람 가이드북』을 발간하여 해외 관람객들에게 편의를 제공하였다([그림13] 참고).*

아시아 최초로 대규모 박람회를 개최하는 국가로서, 일본은 비록 처음에는 세계박람회에 대해 특별한 관심을 갖지 않았지만, 수정궁 박람회 이후 20년도 채 안 되어 곧 세계 각지에서 개최되는 세계박람회에서 두각을 나타내고 더욱 활약하기 시작했다. 전하는 말에 의하면, 1858년 당시 주일 영국공사 러더퍼드 올콕(Rutherford Alcock)이 일본 도쿠가와 막부에 1862년 런던에서 개최되는 세계박람회에 참가할 것을 건의하였으나 거절당했다고 한다. 비록 일본 정부는 1862년 세계박람회에 정식으로 인원을 파견하지는 않았지만, 때마침 일본사절단이 다른 외교 사안으로 런던을 방문하였다가 세계박람회를 참관하였다. 그러나 참관 결과는 매우 실망스러웠다. 그들이 보기에, 일본전시관은 마치 잡화점 안에 아무렇게나 쌓아

* Hur Hyungju, "Staging Modern Statehood: World Exhibitions and The Rhetoric of Publishing in Late Qing China: 1851-1910" (PhD diss.: University of Illinois at Urbana-Champaign, 2012), pp.47-57.

놓은 골동품처럼 어지럽게 널려 있어 눈뜨고 보기가 어려울 정도였다. 특히 후쿠자와 유키치도 그 사절단의 일원으로 참가하고 있었는데, 그는 1866년 출판한 『서양사정』이라는 책에서 자신의 해외견문을 자세히 소개하였다. 이 책은 이후 독자들에게 큰 반향을 일으켜 널리 읽혔으며, 후쿠자와 유키치도 서구 세계박람회를 일본 민중에 소개한 첫번째 사람으로서 전혀 손색이 없었다. 그는 미국의 많은 지리 교과서를 통독하였는데, 그중 가장 중요한 것은 바로 새뮤얼 오거스터스 미첼(Samuel Augustus Mitchell, 1792-1868)이 편찬한 『미첼의 학교지리 신교정』이었다. 이 책에는 문명등급론의 관점이 명확히 반영되어 있다. 서구의 상위계층 성원을 인류사회의 가장 문명화되고 개화된 집단으로 보는 관점에 대해([그림14] 참고), 후쿠자와 유키치는 전반적으로 수용하고 아울러 일본에서도 적극적으로 추진했다고 할 수 있다. 그는 미첼의 책 속 삽화에 일본어 주석을 덧붙여 일본 민중에게 소개하였다. "문명개화된 사람들은 독서하기를 매우 좋아하고 성정이 온화하며 보통생활에서 많은 쾌락을 얻는다."([그림15] 참고)

1867년 당시 주일 프랑스공사의 요청을 받아 일본은 처음으로 파리에서 주최한 만국박람회에 참가하였다. 당시 도쿠가와 막부의 세력은 이미 심각한 위기에 처해 있었기 때문에 도쿠가와 요시노부(德川慶喜)가 당시 14세에 불과한 동생을 그 박람회에 파견한 것은 또다른 정치적인 목적이 있었다. 그는 한편으로는 이 기회를 통해 세계에 막부정권의 합법성과 권위성을 보여주고, 다른 한편으로는 서구 세계에 선의를 보이고 대외개방에 대한 일본의 결심을 표시함으로써 국제여론의 지지를 얻으려 하였다. 하지만 그 박람회에서 일본은 결코 주목받지 못했다. 일본 전람관은 박람회 본관의 구석진 곳에 중국 전람관 및 태국 전람관과 더불어 바싹 붙어 있었다. 중국 전람관 부스에서는 젊은 여성이 손님에게 음식과 술을 접대하고

[그림14] 문명등급 일람도 『미첼의 학교지리 신교정』속표지

자료출처: Samuel Augustus Mitchell, *Mitchell's New School Geography, Physical, Political, and Descriptive*(Philadelphia, 1866).

[그림15] 문명의 경계

자료출처: Albert Craig, *Civilization and Enlightenment: The Early Thought of Fukuzawa Yukichi*(Cambridge, Mass.: Harvard University Press, 2009), p.45.

있었고, 일본의 찻집에서도 기모노를 입은 3명의 게이샤가 손님에게 차와 물을 따르고 있었다. 결국 그 박람회에서 중국과 일본의 구별은 매우 미약해서 어느 나라가 더 높고 낮은지 관람객이 한눈에 판단하기가 어려웠다.

도쿠가와 막부가 붕괴된 후, 메이지 정부는 주일 오스트리아공사 하인리히 칼리스(Heinrich Calice)의 권유로 1873년 비엔나 세계박람회에 참가하기로 결정하고 1872년에 72명으로 구성된 조직위원회를 만들었다. 메이지 정부가 비엔나 박람회에 참가하기로 결정한 동기는 도쿠가와 막부가 파리 박람회에 참가하기로 결정한 것과 대동소이했다. 즉 세계박람회 참가를 통해 국제적으로 메이지 정부의 합법성을 수립하고, 또 일본의 국위를 선양하는 것이 그 목적이었다. 세계박람회를 참관했던 히라야마 나리노부(平山成信)에 따르면, 유럽인은 일본을 중국의 속국이라 보고 중국인과 일본인을 구분하지 못했다. 그래서 무엇보다도 시급한 일은 세계박람회를 참관하는 관람객들에게 일본문화에 대해 독특하고 깊은 인상을 심어주는 것이었다. 이를 위해 일본문화와 중국문화 사이의 차이를 보여줘야 했을 뿐만 아니라 중국문화와 비교하여 일본문화의 명백한 우월성을 표현할 필요가 있었다.

일본에게 있어서 비엔나 세계박람회는 또다른 중대한 의미가 있었다. 메이지유신 시기의 많은 중요한 인물들, 예를 들어 이토 히로부미, 오쿠보 도시미치(大久保利通) 등이 포함된 유명한 이와쿠라 사절단이 모두 비엔나 박람회 참관을 통해 많은 시사점과 영감을 받았으며, 귀국 후에 일본 내에서 유사한 성격의 박람회를 개최하는 데 큰 역할을 하였다. 4년 후인 1877년 일본의 제1차 내국권업회가 도쿄에서 성대하게 개최될 수 있었던 데는 바로 이러한 초기 유신인사들의 노력이 크게 작용하였다.

메이지 정부의 세계박람회에 대한 태도는 비엔나 박람회 이후 크게 변화하였다. 일본은 1876년 필라델피아에서 개최된 미국 독립 100주년 기념 만국박람회에 더욱더 적극적으로 참가하였다. 1874년에 초청을 받은 이후, 일본은 곧바로 준비 작업을 시작하고 자국의 목공을 필라델피아로 파견하여 일본의 부스를 짓도록 했다. 출품물도 대폭 확대하였는데, 전통적인 일본 공예품뿐만 아니라 일본의 광업, 제조업, 기계업 방면을 대표하는 제품과 교육 방면에서의 성과도 포함시켰다. 본관의 일본 전시품 규모로 보면 미국 등 몇몇 국가만이 일본에 견줄 수 있을 정도였다. 일본 전람관을 관람한 유럽과 미국인들은 그 특이함에 연신 감탄했고 세계박람회에 참가한 중국인에게도 깊은 인상을 주었다. 닝보(寧波)의 해관 세무사 막료인 리구이(李圭)가 그의 『환유지구신록環遊地球新錄』에서 묘사한 바에 의하면, 일본 전람관의 규모는 거의 중국 전람관의 2배였고 설계와 배치도 모두 서구방식을 따랐으며, 수많은 전시품도 모두 서구 기술로 제작한 것이었다. 그들이 검은 머리에 황색 얼굴이 아니었으면 그야말로 동양인지 서양인지 구분하기 어려울 정도였다.[*]

일본은 필라델피아 박람회에서 이러한 자기표현의 노력으로 자국에 대한 서구의 인상을 성공적으로 전환시켰다. 에드워드 브루스(Edward Bruce)는 필라델피아 박람회에 관한 그의 책에서, 만약 일본이 이전에는 중국의 학생이었다면 지금은 그 선생이 제자만 못하다고 하였다. 또다른 필라델피아 신문도 그들은 조금도 주저함 없이 중국을 반개화 민족으로 분류하며, 이번 박람회를 통해서 중국과 일본의 차이가 얼마나 큰지를 명확히 알 수 있었다고 썼다.

---

[*] 李圭, 『環遊地球新錄』(卷一), 『續修四庫全書』737(史部:地理類), 上海: 上海古籍出版社, 2002, pp.636-637 참고.

필라델피아 세계박람회 이후, 일본은 1893년 시카고에서 주최한 콜롬비아 세계박람회에서 다시 한번 휘황찬란함을 드러냈다. 일본의 전람관 건물은 규모가 엄청나서 모든 참가국 가운데서도 손꼽힐 정도였다. 일본은 거대한 비용을 투자하여 만반의 준비를 하였으며, 전시품도 전통적인 공예 이외에 여러 방면에서 일본이 거둔 성과를 포함시켰다. 이에 비해 당시 중국은 자국의 부스조차도 구비하지 않았다. 만약 일본과 중국을 세계박람회에서의 경쟁자로 본다면 이는 중국의 연전연패였다. 한 서구의 여성 관람객은 다음과 같이 묘사했다. "얼굴 가득 웃음을 머금고 예의가 반듯한 일본인을 돼지꼬리 같은 변발을 하고 탐욕스럽고 못생긴 중국인과 비교하면 정말 천양지차이다."[*] 만약 메이지 정부가 세계박람회를 기회로 삼아 서구를 향해 일본이 이미 역사적 조류에 순응하여 아시아에서 벗어나 유럽으로 들어가고, 중국을 대신하여 아시아의 강국이자 신질서의 창조자가 되겠다는 것을 증명하려했다면, 그 결과는 분명 거대한 성공이었다.[**]

일본은 서구 국가에서 개최한 세계박람회에서 자신을 드러내기 위해 노력했을 뿐만 아니라, 1877년부터 곧 국내에서도 시험적으로 박람회를 열기 시작했다. 이제 다시 우리의 화제를 본 장의 서두에서 언급했던 일본의 오사카 내국권업박람회로 돌려보자. 앞에서 이미 이 박람회가 세계박람회의 성격을 지녔다고 언급했던 바와 같이, 공업과 무역 전시 이외에도 인류관과 동물원의 오락공연 구역도 설치하였다. 인류관은 비록 관방의

---

[*] Neil Harris, Wim de Wit, James Gilbert, and Robert W. Rydell, eds., *Grand Illusions: Chicago's World's Fair of 1893*(Chicago: Chicago Historical Society, 1993), p.43.

[**] Hur Hyungju, "Staging Modern Statehood: World Exhibitions and The Rhetoric of Publishing in Late Qing China: 1851-1910"(PhD diss.: University of Illinois at Urbana-Champaign, 2012), pp.37-45.

[그림16] 인류관에 전시된 사람들의 사진
자료출처: Lisa Claypool, "Sites of Visual Modernity", in *The Role of Japan in Modern Chinese Art*, p.176.

전람관 지역 외부에 설치하고 개인이 찬조하여 이루어진 것이지만, 오히려 일본 인류학자 쓰보이 쇼고로의 지도하에 만들어진 것이었다. 쓰보이 쇼고로는 일본 인류학의 시조로서, 일찍이 영미에서 유학을 한 적이 있으며 1893년에 도쿄대학에 인류학과를 설치하였다. 프랑스에서 공부하던 시기에 쓰보이 쇼고로는 1878년 파리 만국박람회를 참관하기도 했는데, 아마도 흑인촌에 전시된 아프리카 식민지 원주민들이 그에게 깊은 인상을 주었던 것으로 보인다. 그는 『도쿄인류학잡지東京人類學雜誌』에 인류관을 소개하는 문장을 발표하였는데, 이 문장에서 그가 서구 세계박람회에서 때로는 은밀하게 때로는 노골적으로 보여주던 문명등급론의 패권담론을 아무런 비판의식 없이 전반적으로 수용하고 있음을 알 수 있다.[*]

[*] 『東京人類學會雜誌』, NO.203(Feb. 1903), p.209. Hui, "Staging Modern Statehood", p.50

인류관이 동물원 바로 옆에 붙어 있는 것도 우연의 일치가 아니라 서구 세계박람회의 정수를 제대로 이해했음을 말해준다. 미개화된 원주민은 세계박람회 조직위원의 시각에서는 동물과 거의 차이 없이 모두 식민지의 자연 산물이었다. 중국인이 인류관에 전시될 거라는 소식이 중국에 전해졌을 때, 한 중국 여행객의 반응은 바로 중국인이 곧 동물처럼 사람들에게 둘러싸여 구경거리가 되려 한다는 일성(一聲)이었다.

중국인 이외에 인류관에서 처음 기획한 전시대상 가운데는 홋카이도 원주민 아이누족, 중국 타이완 지역의 미개인(생번生蕃), 류큐섬의 주민 및 조선인, 인도인, 자바인과 아프리카인이 포함되어 있었다([그림16] 참고). 이 계획이 처음 2월 10일 여러 신문지상에서 보도된 뒤(박람회 개막 예정일은 3월초였음), 곧 일본에 체류하던 중국 유학생과 상인단체 사이에서 의론을 일으켰다. 량치차오가 발간한 『신민총보』는 앞장서서 "일본인이 우리를 멸시하는 것이 너무 심하다"고 강렬하게 항의하고, 아울러 일본의 중국 유학생들에게 저지할 것을 호소하였다.* 당시 일본에 유학하던 중국인 학생은 이미 1000명 정도에 달했을 뿐만 아니라 유학생들이 발간하던 각종 잡지도 적지 않았다. 『호북학생계』는 문장을 발표하여 인류관을 성토한 첫번째 학생잡지였다. 「오호 지나, 오호 지나인」이라는 문장의 저자는 다음과 같이 호소하였다. "인도와 류큐가 이미 망국이 되었다. 인도는 영국의 노예가 되고 류큐는 일본의 지배를 받는다. 조선은 이전에는 중국의 속국이었지만 지금은 러시아와 일본의 통제를 받고 있다. 자바인, 아이누족, 그리고 타이완의 미개인은 가장 하등의 인종으로 거의 야수와 차이가 없다. 오늘

에서 재인용.

* 「日人侮我太甚」, 『新民叢報』, 1903年2月, 第25期, p.81 참고.

날 우리 중국인이 아무리 이전만 못하더라도, 어찌 이러한 6개의 열등한 종족과 함께 논해질 수 있단 말인가?"* 이 문장을 보면, 당시 일본에 있던 중국 유학생들도 문명등급론 자체에 대해서는 깊은 비판의식이 없었으며, 단지 중국인이 하등인종으로 분류된 것에 대해 분개하며 불평할 뿐이었다.

인류관의 기획에 대해 유학생 이외에도 중국 상인과 외교관도 일본 정부에 항의하였다. 당시 주일 중국공사였던 차이쥔(蔡鈞)은 통역관을 일본 외교부에 보내 인류관 전시 계획에 항의하고 철회할 것을 요구하였다. 이러한 항의의 결과 중국인종은 전시 명단에서 빠졌으며, 인류관의 명칭도 '학술 인류관'으로 변경되었다.

인류관이 중국인을 전시하려던 기획은 일본에서 중국학계, 상업계 및 외교관원의 강렬한 항의를 초래했을 뿐만 아니라 중국 내에서도 일정한 반향이 있었다. 3월 2일 『대공보大公報』에서 관련 기사를 처음 보도한 이후 이어서 『중외일보中外日報』에서도 보도하였다. 『대공보』의 편집자는 보기 드물게 자기반성적인 냉정함을 유지하면서 중국인은 일본에 대한 비판에 모든 힘을 집중해서는 안 된다고 보았다. 그는 아편 흡입과 여성의 전족은 중국의 양대 악습으로, 인류관이 중국의 이름하에 아편쟁이와 전족 여성을 전시하려 한 것도 근거 없이 지어낸 것이 아니며, 중국인이 당면한 과제는 이러한 치욕을 스스로 갱생하고 자강하는 동력으로 삼아, 이 두 악습을 근절하여 20세기에는 중국이 확고한 위치를 확보하는 것이라고 보았다.

인류관의 기획이 중국과 조선의 항의를 받은 후, 쓰보이 쇼고로는 『아사히신문朝日新聞』, 『마이니치신문每日新聞』 등 신문사 기자들과의 인터뷰에

---

* 「嗚呼支那, 嗚呼支那人」, 『湖北學生界』, 1903年第2期, p.119. Hur, "Staging Modern Statehood", p.61에서 재인용.

서 인류관 전시기획이 좌절된 것은 적절하지 않다며, 반대로 향후 인류관은 마땅히 정부가 출자하고 계획해야 할 뿐만 아니라 규모도 더 확대되어야 한다고 주장했다. 그렇게 함으로써 인류관이 개인 출자로 설치되거나 혹은 박람회의 오락구역에 설치되어 엄숙함이 결여되거나 공연히 비난받는 일이 없게 될 것이라는 주장이었다. 이러한 입장은 단지 그 개인의 견해가 아니라 일본 정부와 대중적인 여론의 입장을 대표한다고 볼 수 있다. 쓰보이 쇼고로에게 있어서 인류관은 학술적인 가치가 있을 뿐만 아니라, 일반 사람들에게 일본이 문명국이며 그 주변 국가들도 문명사회 대열로 진입할 수 있도록 돕는 것이 일본의 역사적 사명임을 보여준다는 의미가 담겨 있었다. 반면 중국인에게 있어서 이 박람회는 처음으로 대중들이 세계박람회의 뿌리깊은 제국주의의 담론논리를 인식하는 계기가 되었다.

또 지적할 것은 오사카 박람회가 비록 인류관에서 중국인 전시를 철회하기는 했지만 여전히 타이완관을 운영하였는데, 전시의 주요 취지는 일본 국민에게 타이완 본토의 풍속과 문화, 그리고 공업 발전을 소개함으로써 최근에 수립된 일본 식민지에 대한 이해와 선전을 촉진하는 것이었다. 타이완관 내에는 주점과 찻집을 설치하고 아울러 20여 명의 중국식 복장을 한 젊은 여성을 배치하여 접대하도록 했다. 타이완관을 찾는 여행객은 끊이지 않았으며, 이 광경은 중국 관람객에게 국토를 상실한 아픔을 상기시키기도 했다. 중국 관람객을 더욱 참기 어렵게 한 것은 인류관에서 중국식 복장에 전족을 한 여성이 손님들을 접대하는 모습이었다. 비록 그녀들은 '타이완인' 신분으로 등장하였지만, 중국 유학생들은 이에 항의하고, 관람객들이 오해하지 않도록 그녀들을 인류관에서 철수시킬 것을 요구하였다.[*]

---

* Hur, "Staging Modern Statehood", pp.63-78.

중국과 초기 세계박람회

이상에서 살펴본 바와 같이, 서구 국가와 일본에서 개최한 수많은 세계박람회에서 문명등급론이 객관적이고 공평한 학술이라는 형태로 전시품 선정과 전시 공간, 그리고 관람 노선 설계 등 박람회 각 조직과 형식 곳곳에 삼투되어 있었다. 따라서 19세기 후반의 역사적 배경 아래 중국이 수치스러운 역할을 맡는 상황이 자주 연출되었으리라는 것을 어렵지 않게 상상할 수 있다. 이러한 상황의 출현을 청 정부는 통제할 방법이 없었다. 왜냐하면 초기 박람회의 주요 취지가 문명과 야만의 구분을 일목요연한 방식으로 드러냄으로써 '문명국가'의 발전과 진보를 경축하고 서구 국가의 비할 바 없는 우월성을 전시하는 것이었기 때문이다. 이른바 야만민족 혹은 미개민족은 이러한 상황에서 대부분 다음과 같은 세 가지 운명을 벗어날 수 없었다. 즉 서구문명의 대립물로 출현하거나 아니면 인류학이라는 학과의 간판 아래 '연구'와 관찰, 투시의 대상이 되거나 대중적인 오락공연에서 '기이한 괴물' 역할을 맡는 것이었다.

비록 1904년 미국 세인트루이스 세계박람회를 중국 정부가 정식으로 세계박람회에 발을 내디딘 시작으로 간주하기도 하지만, 사실 중국과 세계박람회의 연원은 1851년 런던에서 개최된 최초의 세계박람회로까지 소급될 수 있다. 중국이 수정궁 세계박람회에 참가했다는 중문 역사사료는 거의 찾아보기 어렵다. 그러나 1852년 런던에서 출판된 『만국 공업박람회 평가위원회의 30종 전시품에 대한 심사보고』에 의하면, 중국이 출품한 전시품은 중국 상인 쉬룽춘(徐榮村)이 증정한 상하이 룽지(榮記)의 비단 이외에, 또 중국의 차(茶)와 꿀에 잰 단맛 먹을거리 등 식품, 그리고 코담배 병, 부채, 우산류의 일용품, 칠기, 비취, 옥석류의 공예품 등이 있었는데, 이것은 중국에 체류하던 외국 상인 혹은 회사에서 보내온 것이었다.* 1867년 청 정부는 처음으로 프랑스 파리 세계박람회에 참가를 요청받았지만 이를 무시하고 아무런 진전이 없었다. 하지만 그사이에 역대 세계박람회에 중국의 민간 상인과 외국 상인들은 여전히 비관방 신분으로 산발적으로 참가하였다. 1873년 오스트리아 비엔나박람회의 거듭된 요청에 청 정부는 마지못해 참가를 동의했지만 그 업무를 책임진 것은 영국인 하트가 총세무사를 맡고 있던 중국해관이었으며, 그 세계박람회에 참가하도록 파견된 사람도 당시 광둥해관의 부세무사를 맡고 있던 영국인 에드워드 찰스 매킨토시 보우라(Edward Charles Macintosh Bowra, 包腊, 1841-1874)였다. 이때부터 20세기 초까지 중국이 세계박람회에 참가하는 업무는 줄곧 해관 총세무사의 부서에서 책임을 맡고 준비하였다.**

중국과 초기 세계박람회의 관계를 이해하려면, 먼저 중국해관 총세무사 부서의 특수성부터 잘 파악할 필요가 있다. 이 기구는 1854년에 설치되었으며, 이때부터 외국인이 중국 통상항구의 관세 관리에 관한 권한을 접수했다고 할 수 있다. 비록 이 기구가 명의상으로는 총리아문에 속해 있었지만 그의 출범은 오히려 당시 상하이 주재 외국영사가 청 정부에 대해 상하이에 서구식 해관기구를 설치할 것을 요청한 것이 주요 계기였다. 건립

---

* 『萬國工業博覽會1851年, 評委會關於30類展品的評審報告』, 倫敦: 威廉 · 科洛兄弟出版社, 1852. 上海圖書館編, 『中國與世博: 歷史記錄(1851-1940)』, 上海: 上海科學技術文獻出版社, 2002, pp.110-116에서 재인용.
당시 출품된 중국제품의 자세한 목록에 대해서는 *Official catalogue of the Great exhibition of the works of industry of all nations, 1851*, by London. Great exhibition of the works of industry of all nations, 1851; Great Britain. Commissioners for the Exhibition of 1851; Yapp, George Wagstaffe, 1811-1880, comp; Ellis, Robert, F. L. S., ed, London: Spicer brothers, 1851, pp.208-210 참고. ─역자 주
** 上海圖書館編, 『中國與世博』, p.47 참고.

초기부터 총세무사의 지위를 포함한 그 부서의 고위관리는 모두 외국인이었다. 로버트 하트가 1863년 초대 총세무사 허레이쇼 넬슨 레이(Horatio Nelson Lay)를 대신한 이후 1911년 사망할 때까지 그 직위를 도맡았다. 그 기간에 하트는 그의 수하 및 각 성 해관 감독의 협조하에, 세계박람회에 출품할 중국 전시품을 최종 결정하는 권한을 가졌다. 당시 중국해관 총세무사 런던사무소 비서를 맡고 있던 제임스 덩컨 캠벨(James Duncan Campbell, 金登干, 1833-1907)도 유럽에서 개최된 세계박람회에서 매우 중요한 역할을 맡았다.*

그럼 중국이 세계박람회에 참여하는 것에 대해 하트는 어떤 태도를 취했는가? 이 문제에 대해서는 1872년 8월 3일 비엔나 세계박람회 준비 작업에 관해 하급 부서에 보낸 그의 지시를 통해 일단을 엿볼 수 있다.

나는 중국 정부의 관심이 적고 해외에서 이 사안을 진행함에 있어서 어려움이 있어 중국 전람관에 대한 신뢰도가 추락하지나 않을까 걱정됩니다. 이번에 우리는 오스트리아 헝가리 정부로부터 요청을 받은 고로, 이러한 의미 있는 계기를 맞아 중국 전람관을 위해 최대한 준비를 잘해야 할 필요가 있습니다. 모든 해관 감독 사무소에서는 무역물품과 표본을 선정해 보내고, 아울러 최근 10년 각 통상항의 상업업무와 항해 상황 관련 통계표를 함께 보내주기 바랍니다. 각 통상항은 모두 완전히 독립적인 단위이며 현지 통상 상황을 대표합니다. 강조하지만 우리가 필요로 하는 바는 중국 현지 제품의 전체 상황이 아니라 각 통상항구의 무역 활

---

* 陳霞飛主編, 『中國海關密檔: 赫德, 金登干函電彙編(1874-1907)』第三卷, 北京: 中華書局, 1992 참고.

동에서 유통되는 물품의 전체 상황입니다.*

이 지시에서 하트는 통상항의 무역상품 이외에 농기구나 작은 배 모형과 같이 지역 풍속이나 인정세태와 관련된 물품도 무방하다고 제의하였다. 문자상의 의미로 보면, 하트 본인은 중국을 난처하게 하려는 의도는 없어 보인다. 그러나 이 지시를 취급하고 수행하는 사람들 대부분이 해관 세무사의 지방 사무소에서 일하는 외국인 고용인들이었고, 그들은 자신들의 편견과 기호를 가지고 있었다. 그 결과 전족한 여성의 신발, 아편을 피우는 데 사용하는 도구와 같이 중국의 유신과 개혁을 주장하는 사람들이 멸시하던 많은 물품들이, 그 외국인 고용인들 눈에는 지역의 풍속이나 인정을 잘 나타내는 것으로 간주되어 박람회 전시물로 보내졌다. 그리고 해관 세무사는 박람회장에서 이러한 물품을 전시한 것에 대해 중국 여론의 엄중한 비판을 받았다. 예를 들어, 1878년 영국과 프랑스 주재 청 정부 공사인 증기택(曾紀澤)은 『사서일기使西日記』에서 같은 해 파리에서 개최된 만국박람회에 대해 다음과 같이 서술하였다. "중국의 박람회 전시물을 보면 빠진 것이 너무 많다. 중화는 비단과 차가 주종인데, 각 성에서 생산한 비단은 전시된 것이 없고, 각지의 산에서 생산된 찻잎 역시 진열된 것이 없다. 도자기는 순박하지 않고 자수는 정교하지 않아 취할 만한 것이 하나도 없다. 기타 농기구와 인물도 장난감과 비슷하다. 당당한 중국이 어찌 일본의 섬 종족만 못하단 말인가? 일본에서는 박람회를 자국인이 주관하는데, 중국은 어찌 서구인에게 위임하고 있단 말인가?"**

---

* 海關總稅務司署編, 『中國海關的起源, 發展和活動文件』第一卷, 上海: 海關總稅務司署統計科編印, 1937-1940, pp.273-275. Hur, "Staging Modern Statehood", p.14에서 재인용.

** 曾紀澤, 『曾惠敏公(紀澤)使西日記』, 江南制造局刊. 沈雲龍主編, 『近代中國史料叢刊續編第

19세기 70년대 중기에 이르러, 총리아문을 주재하던 공친왕은 세계박람회에 관심을 갖기 시작했다. 비록 공친왕의 태도 전환이 청 정부의 태도 변화를 대표하기는 하지만, 전시물품을 수집하고 운송하는 구체적인 업무는 여전히 외국인으로 채워진 해관부서에서 취급하고 시행하였다.

　　중국의 전시품은 각양각색의 박람회에서 찬사를 받기는 했지만, 부정적인 이미지와 비평도 끊임없이 만들어져 유포되었다. 1867년 파리 박람회를 예로 들면, 중국의 전시품은 장식용 공예품 위주였는데, 이에 대해 중국 전시품은 새로운 것이 전혀 없을 뿐만 아니라 기술도 낙후된 것뿐이라고 조롱받거나 아니면 거의 사람들에 의해 무시되었다. 1885년 런던에서 개최된 현대발명 박람회에서도 중국의 전시품은 조롱을 받았으며, 한 영국 신문에서는 다음과 같이 평론하기도 하였다. "현대기계의 발명으로 말하자면, 중국은 예상대로 우리에게 전시해 보여줄 만한 것이 없다. 중국의 모든 발명은 이미 역사가 되어버렸다." 이처럼 중국의 체면을 깎는 언론이 거의 세계박람회 중국 관련 보도의 기조를 이루었다.

　　물론 규모가 제각각인 수많은 세계박람회에서 중국에게 더욱 상처를 주었던 것은 박람회 운영방식을 결정하는 지식 패러다임과 권력담론이었다. 이 권력담론은 그 박람회에서 누가 권력의 주체이고 누가 객체이자 관람대상인지를 결정하였다. 이러한 지식 패러다임 속에 함축된 권력담론과 제국주의 논리는 밀접한 연관이 있기 때문에, 권력상의 주체와 객체의 구분은 종종 국가와 민족 사이에서도 표현되었다. 중국은 이러한 상황에서 불가피하게 '하등민족'의 역할을 맡아 앵글로-색슨인을 중심으로 한 백인종의 종족 우월성을 증명하고 더 돋보이게 했다. 예를 들어, 1867년 개최된

_十二輯』, 文海出版社有限公司印行, 1975, p.10에서 재인용.

파리 만국박람회는 중국관을 세우고 내부에 중국식품과 중국음악을 전시 하였지만, 이 두 가지는 모두 유럽인의 구미에 맞추어 일정하게 변화된 것 이었다. 전시관 안에는 또 10세 쯤 되는 중국 여자아이가 손님에게 술을 따라주고 관람객들과 사진을 촬영하기도 하였다.* "기인과 기이한 물건의 쇼"의 일부분으로서 전시된 것에는 또 중국의 거인과 잘린 머리가 있었 다.** 또한 난징(南京)에서 온 두 명의 중국인 남자가 '중국 인종전人種展'에 전시품으로 고용되기도 했는데, 그들은 광둥에서 온 한 극단과 더불어 박 람회의 오락구역에 출현하기도 했다. 중국 관원은 일찍이 이에 대해 항의 를 하고 이른바 인종전을 철수할 것을 요구했지만, 그 항의는 받아들여지 지 않았다.***

하등종족으로서 중국인의 견본이 세계박람회 내에서 전시되는 것은 초기에는 상당히 보편적인 현상이었다. 하지만 당시 중국 해관 총세무사에 게 있어서 이것은 그다지 중대한 문제가 아니었다. 왜냐하면 이러한 상황 은 모두 세계박람회의 오락구역에서 출현하였고, 이러한 오락구역은 개인 이 출자하고 운영한 것이어서 관방 전시물의 일부라고 보기 어려웠기 때문 이었다. 또 중국 해관 총세무사의 직원이 외국인이라는 점도 중요한 한 원 인이었을 것이다. 그들은 중국인 관람객이 이러한 전시를 보고서 느끼는, 그렇게 강렬한 치욕감과 민족적 정서를 이해할 수 없었다.

중국인에게 처음 해외 세계박람회의 경관을 비교적 자세히 소개한 사

---

* Hur, "Staging Modern Statehood", p.19.

** Burton Benedict, "The Anthropology of World's Fairs", in Burton Benedict ed. *The Anthropology of World's Fairs: San Francisco's Panama Pacific International Exposition of 1915*(Berkeley: Lowie Museum of Anthropology, 1983), p.56.

*** 「淸國留學生會館第二次報告」, 15쪽. Hur, "Staging Modern Statehood", p.20에서 재인용.

람은 리구이(李圭)였다. 그는 일찍이 해관 세무사의 닝보 사무실에서 문서 관리직을 맡았다가, 1876년 하트의 간접적인 위임을 받아 필라델피아에서 개최된 미국독립 100주년 기념 박람회에 중국사절단의 일원으로 참가하였다. 하트의 동생인 제임스 하트도 동행하였다. 리구이의 기행문『환유지구신록』제1장에서는 필라델피아 박람회의 경관을 자세히 묘사하였다. 『환유지구신록』은 단지『신보申報』에 연재되었을 뿐만 아니라 단행본으로 출판되기도 하였는데, 단행본에는 총리아문의 인가를 나타내는 서명과 더불어 이홍장의 서문이 실려 있어 그 영향이 어느 정도였는지 가히 짐작할 수 있다. 같은 해 존 프라이어(John Fryer, 傅蘭雅, 1839-1928)도『격치휘편格致彙編』에 필라델피아 박람회 상황을 소개하는 글을 발표하기도 하였다. 따라서 처음으로 중국대중의 의식에 자리잡게 된 세계박람회는 당연히 1876년 필라델피아 미국독립 100주년 박람회였다.

필라델피아 박람회에 대한 리구이의 서술은 전체적으로 열정적이고 긍정적이다. 그는 "진실로 온갖 귀중한 보배의 핵심들을 모아놓았고, 하늘과 인간의 뛰어난 능력의 극치를 보여 준다"고 높게 평가하였다. 그러나 리구이도 그 자신같이 신분이 있는 중국인도 현장에서는 예기치 않게 박람회 상의 보기 드문 볼거리가 되고 있음을 의식했다. "여행객들은 국가별로 다양했고 남녀가 각각 절반을 차지했으며 매일 수만 명에 달했다. 수많은 사람들이 빽빽이 서로 함께 어울려 다니며 희희낙락했는데, 그 가운데 복색이 다른 자는 중국인과 터키인뿐이었고 나머지 국가의 사람들은 모두 같았다. 그곳을 둘러보니 온 세상의 진귀한 것이 다 모여 있는 듯 온갖 보배 같은 물건들이 여기저기 진열돼 있어 마음속으로 적잖이 놀랐다. 게다가 이 가운데는 중국인이 극히 적었는데, 그나마 서양인이 주로 본 것은 형편 없이 자려입은 고용 노동사들도시, 의관을 정숙하게 하고 행동거지가 빈듯한 사람은 처음 보는 것이었다. 그들은 이러한 사람을 한번 만나 얘기를 나누는 것을 매우 행운으로 여겼으며, 깍듯이 예를 차리고 찬탄해 마지않았다. 따라서 매번 가는 곳마다 갑자기 사람들에게 둘러싸여 거의 빠져나갈 수 없을 정도였다."* 둘러싸임을 당한 것에 대한 리구이의 해석은 십중팔구 무지에 따른 오독으로, 실제상황은 그의 해석과는 완전히 다를 가능성이 크다. 당시 이와 관련한 또다른 설명에 따르면, 개막식이 끝나자 미국 민중들은 터키인, 이집트인, 일본인, 중국인들을 뒤따라 다니며 에워싸곤 했는데, 그들은 이 외국인들에 대해 소리를 지르며 마치 기이한 동물을 대하듯이 했다.**

곽숭도(郭嵩燾)는 아마도 최초로 세계박람회에 참가한 청 정부의 관원일 것이다. 1878년 그는 국내로 소환되기 직전에 파리 만국박람회를 참관하고 아울러 자신의 감상을 런던과 파리 일기에서 피력하였다. 직접 세계박람회장에 가기 전에, 곽숭도는 이미 박람회에 대해 상당한 이해를 갖추고 있었다. 그리하여 개막식에 대한 묘사 이외에 세계박람회의 기타 견문에 대해서는 묘사한 바가 매우 적다. 하지만 곽숭도는 '앵발리드(Les Invalides)'라는 박물관을 강조하여 거론하였는데, 그곳은 노약하거나 병약해진 병사들을 수용하기도 하고 또 이미 역사적 조류에서 도태된 구식 병기들을 소장하고 있기도 했다. 곽숭도는 이 "쓸모없어 사용하지 않는" 화기를 관람하면서 다음과 같은 장면에 주목하였다. "각각 당시의 군복을 기록하였다. 그리고 아프리카, 아메리카 지역 토착인土番과 각 섬 토착인의 상像을 빚어놓았는데, 대략 40여국에 달했다. 그들 가운데 절반이 나체 상태였

---

* 李圭,『環遊地球新錄』(卷一), pp.634-636.

** Hur, "Staging Modern Statehood", pp.23-26.

고 문신을 새겼으며, 도구로 이마나 입술을 장식하고 코를 뚫고 치아를 꾸미는 등 각가지 기이한 모습들로 가득했다. 중국과 일본, 인도도 그 가운데 섞여 있었다. 인도와 일본은 2인이고 중국인은 5인이 있었다. 그것을 보고 있노라니 크게 탄식만 나올 뿐이었다."* 여기서 '탄식'이라는 두 글자는 당시 곽숭도의 어쩔 수 없음과 분하고 답답한 감정이 치밀어오르는 것을 잘 보여주고 있다. 그와 동행했던 여서창(黎庶昌)도 그의 『서양잡지西洋雜志』에서 당시 만국박람회에 대해 상세히 묘사하고 있다. 그러나 곽숭도와 다른 점은 그에게는 비판적인 의식이 보이지 않으며, 세계박람회에 대한 그의 인상은 "각기 다른 지역의 다른 물건들, 진기하고 특이한 볼거리"가 한곳에 모아져 있는 장대한 광경이었다.**

19세기 90년대에 이르러 세계박람회는 중국 엘리트의 담론에서 명확히 부국강민(富國强民)과 연계되기 시작했다. 정관응(鄭觀應)이 바로 이러한 관점의 창도자였다고 할 수 있다. 정관응은 새로운 유형의 중국 지식인을 대표했으며, 개혁과 유신 사상을 지니고 있던 실업가였다. 그는 『성세위언盛世危言』 중 '박람회賽會'라는 제목의 글에서 '상업전쟁商戰'이라는 개념을 제기하고, 서구 경제발전의 역사적 배경 아래 세계박람회의 출현과 기능을 논하였으며, 아울러 1893년 시카고에서 개최된 콜롬비아 세계박람회를 구체적으로 소개하였다. 정관응은 서구가 강대해질 수 있었던 것은 상업과 경제의 발전 때문이며, 세계박람회는 상업발전을 촉진시키는 중요한 수단 가운데 하나라고 보았다. 따라서 정관응은 중국도 마땅히 자신의 세계박람회를 개최하여 상업 및 무역과 경제의 발전을 촉진시키고 부국강민의

---

* 『郭嵩燾等使西記六種』, 錢鍾書(主編), 朱維錚(執行主編), 上海: 中西書局, 2012, pp.175-176.
** 黎庶昌, 『西洋雜志』(喩嶽衡, 朱心遠校點), 長沙: 湖南人民出版社, 1981, p.111 참고.

근본적인 목적을 달성할 것을 호소하고, 또 이를 통해 과거에 중국의 국력이 미약하고, 백성이 도탄에 빠져 국제적으로 제국주의 열강의 능멸을 당하던 상황을 반전시켜야 한다고 주장했다. 이 외에도 정관응은 세계박람회장으로 가능한 장소와 재무·예산, 각국으로의 초청장 발송, 국내의 광고·선전 및 관리장정의 제정 등 다양한 방면에 걸친 구상을 제시하고 건의하였다. 정관응은 아마도 중국이 세계박람회를 개최할 것을 최초로 제안한 사람일 것이다. 갑오청일전쟁 이후 『성세위언』이 20여 차례 간행된 것을 보면 그의 영향력을 과소평가할 수 없다.

청말 지식인이 세계박람회를 어떻게 대했는지를 논할 때, 반드시 거론해야 할 또 한 명의 중요한 인물이 바로 량치차오이다. 무술변법의 백일유신이 실패한 후, 량치차오는 일본으로 탈출하여 그곳에서 『청의보清議報』를 창간하였다. 『청의보』는 일본에서 유포되었을 뿐만 아니라 일본에서 유학하는 중국학생 단체를 통해 다시 중국 내 독자들에게도 유통되었다. 이 잡지는 유신사상을 널리 확산시키는 한편, 서구사회의 동태와 새로운 현상 및 사물들에 대해서도 많은 소개를 했는데, 그 가운데는 세계박람회에 관한 보도도 포함되어 있었다. 량치차오가 1902년 발표한 소설 『신중국 미래기新中國未來記』에서 세계박람회는 '입헌제도', '천하대동'과 함께 전체 스토리의 배경이자 주제였다. 소설 속에서 1962년 세계 각국은 중국의 지도하에 난징(南京)에서 만국평화조약을 체결하고, 동시에 상하이에서 규모가 크고 성대한 세계박람회가 개최된다. 이를 통해서 명확히 알 수 있듯이 부강을 향한 중국의 꿈은 정치상의 지도적 지위와 더불어 경제상의 번영과 부강을 포함한 것이었다.[*]

비록 19세기 중국에서 세계박람회에 대한 각종 기행문과 신문잡지의 보도가 출현하기는 했지만 실제로 출국하여 세계박람회를 참관한 사람은 매우 적었으며, 후에 유신개량파가 또 세계박람회의 "화려하고 진기한" 성질을 과도하게 강조하고 그것과 공업 및 무역, 부국강민을 연계시킴으로써, 중국의 일반 민중들은 초기 세계박람회의 조직원칙 속에 자리잡은 뿌리 깊고 문명등급론의 낙인이 찍힌 제국주의 문화논리를 충분히 인식하고 비판할 수 없었다. 이러한 상황은 앞서 살펴본 오사카 내국권업박람회에 와서야 비로소 큰 변화가 생기게 되었다.

결론: 중국과 1904년 세인트루이스 세계박람회

1904년 미국은 프랑스령 세인트 루이지애나(Louisiana) 지역 매입 100주년을 기념하고 아울러 100년 동안 성취한 진보를 드러내기 위해 세인트루이스에서 세계박람회를 개최하였다. 중국 정부는 처음으로 정부차원에서 상인을 이끌고 정식으로 참가하였다. 중국의 박람회 위원회는 푸룬 베이즈(溥倫貝子)가 이끌었으며, 부감독인 황카이자(黃開甲)는 청말 제1회 미국 유학생으로 파견되었던 아동 가운데 한 명으로서 영어에 능통하고 미국의 사무 처리방식을 잘 알고 있었다. 중국관을 건립하는 임무는 황카이자가 맡았다. 이를 위해 황카이자는 중국인 노동자 12명을 이끌고 미국으로 갔지만, 예상치 않게도 미국 노동당이 발의한 중국인 노동자 금지조례에 부딪혀 결국에는 미국 노동자를 고용하지 않을 수 없었다. 중국관이 완성된 후 그에 대한 평가는 다양했지만, 가장 논쟁이 되었던 것은 중국관에 진열된 전시품이었다. 전시품은 흔한 골동품, 옥기, 비단, 자기, 쑤저

✦ 梁啓超,「新中國未來記」,『飮氷室合集11: 專集88-95』, 北京: 中華書局, 1989 참고.

우(蘇州)와 항저우(杭州)의 붓, 닝보의 목기 필묵 등이었으며, 이 밖에 또 한 세트의 점토 인형 조각상이 있었다.

> 상하이 복식의 전족 여성(1), 닝보 복식의 전족 여성(1), 베이징 복식의 전족 여성(1), 광동 복식의 전족 여성(1), 화상和尙(1), 노인(얼굴이 검누렇고 아편을 피우는 자)(1), 병정(녹영綠營병)(1), 묘족(7), 소성황묘(안쪽에 저승사자 10명 있음)(1), 지방 현 관청(안에는 문명인이 보지 못한 혹형 장면이 있음), 작은 목각인형 수백 점(미장공, 막노동꾼, 짐꾼, 장사, 창기, 죄수, 거지, 양담배 골초 등임), 작은 초가집 10여 간(가뭄, 장마, 역병 등으로 인한 민간의 고통스러운 삶의 모습), 죄수 목에 거는 형틀(1), 사람을 죽이는 데 쓰는 칼 여러 점, 서양식 아편 담뱃대 10여 점, 서양 등 여러 점, 살인 사진 여러 점.[*]

『동방잡지東方雜志』 1905년 제9기에 장지예(張繼業)라는 사람이 쓴 「루이스 박람회 중국전시 상황」이라는 글에서는 이 4척 정도 크기의 점토인형 군상을 본 감상을 다음과 같이 적고 있다.

> 기자 왈: 타국가의 전시품은 모두 실업이나 학문에 관한 것이다. 현장에서 실험하거나 제조하여 학문의 수준과 수공기예의 수준을 비교한다. 가끔 인물상을 전시하기도 하지만 대부분 그 국가의 해군이나 육군, 혹은 역대 위대한 인물상이다. 건물 전시는 모두 전 세계적으로 유명한 대공장이나 상업소, 대학당, 병원, 정무원(政務院)과 같은 종류이다. 이를

---

[*] 上海圖書館編, 『中國與世博』, 68쪽.

위에서 열거한 우리나라 전시품의 초라함과 비교하면 어찌 천양지차가
아니겠는가?

장지예는 단지 중국 전시품에 대해 매우 수치심을 느꼈을 뿐만 아니라
다른 국가 전람관에 전시된, 국권 상실과 치욕을 상징하는 중국 물품에
대해서도 매우 통절한 고통을 나타냈다. 그는 독일 미술관의 유화 한 점을
언급하였는데, 그 그림은 독일 백작이 이끄는 군대가 장자커우(張家口)를
들어갈 때 중국 관원이 길을 막고 환영하는 장면이었다. "동정을 구걸하는
태도, 그것을 보니 거의 죽을 지경이다." 영국, 미국, 벨기에의 국가 전람관
에도 모두 중국 물건이 있었지만 다소 서로 달랐다. 이러한 전시품은 대부
분 8개 연합군이 베이징에 입성하여 약탈한 전리품으로, 장지예가 당시 얼
마나 슬프고 분개했을지 상상할 수 있다. 문장 끝부분에서 그는 다음과 같
이 쓰고 있다.

이상에서 서술한 것은 단지 중국의 전시상황에 대한 것이다. 이번 전시
는 거액을 낭비했을 뿐만 아니라 우리 4억 인의 크나큰 치욕이며, 전 세
계 사람들의 머릿속에 영원히 남았다. 아, 저 서양인이 우리의 국치를
드러내는 것을 보면 대단히 마음이 아프다. 비록 지나간 것은 어쩌해볼
도리가 없다 하더라도 장래 발생할 일은 얼마든지 조치를 취하여 바로
잡을 수 있다. 우리 국민이 함께 이를 거울로 삼아, 한순간의 탄식으로
끝내지 않기를 바란다.*

중국 여행객이 세인트루이스 세계박람회에서 수치심과 치욕을 느낄 수
밖에 없었던 것은, 세계박람회가 처음부터 의거한 지식 패러다임과 문명등

[그림17] 자료출처: Eric. Breitbart, *A World on Display: Photographs from the St. Louis World's Fair*, 1904(Albuquerque : University of New Mexico Press, 1997), p.6.

급론을 기초로 한 제국주의 문화논리에 의해 이미 어느 정도 예견된 것이 었다. 1851년 런던 세계박람회에서부터 유럽의 수많은 세계박람회는 모두 식민지 인간집단을 전시품으로 삼아 대중들에게 제공하였다. 1878년과 1879년 파리 세계박람회에서 처음으로 '토착촌'을 설치한 이후, 다른 종족 의 인종은 곧 동물원의 원숭이처럼 전시되었으며, 이러한 전시를 식민지 원주민을 모델로 한 조형예술로 간주했다고 할 수 있다. 1901년 버펄로 전 미세계박람회까지 이러한 전람회의 설계자는 진화론에 대해 명확히 열광 적인 태도를 보여주었다. 1904년 세인트루이스 세계박람회는 전시회를 모

＊ 張繼業, 「記散魯伊斯博覽會中國入賽情形」, 『東方雜志』, 1905年第9期. 上海圖書館編, 『中國與世博』, pp.144-148에서 발췌 인용.
세인트루이스 세계박람회에 전시된 중국 출품의 목록에 대해서는 *China: catalogue of the collection of Chinese exhibits at the Louisiana purchase exposition*, by China. Imperial commission, Louisiana purchase exposition, St. Louis: Shallcross print, 1904. 참고. ─역자 주

[그림18] 소년 T. S. 엘리어트의 세인트루이스 세계박람회 입장권
자료출처: Elazar Barkan and Ronald Bush eds., *Prehistories of the Future*, p.26.

든 세계박람회에서 가장 감탄해 마지않았던 인류학 교실로 만드는 데 있
어서 그 어느 때보다도 사람들의 주목을 받았다. 조직자는 그들은 규모가
가장 큰 웅장한 인류학 전람실을 건립하여 세계의 모든 인종을 망라하고,
아직 야만적이거나 반야만적인 시대에 살고 있는 인간집단을 중점적으로
전시함과 동시에 그들의 생존환경을 매우 사실적으로 재현하고자 한다고
선언하였다. 당시 세인트루이스 박람회에서 인류학 부문을 주관한 사람은
맥기(W. J. McGee)([그림17] 참고)였다. 그는 일찍이 미국 민족문화연구국에
서 근무하면서 문화는 '원시, 야만, 문명, 개화'의 순서를 따라 발전한다고
굳게 믿었으며, 현지의 한 신문에서는 그를 "원주민 부락의 백인수장"이라
고 우스개처럼 부르기도 했다.* 여기서 특히 주의할 것은, 비록 세인트루이
스 세계박람회에서 원주민을 전시하는 방식이 오늘날 대다수의 사람들에

게 난감과 곤혹을 느끼게 하지만, 당시 그것은 20세기 초 가장 학술적인 권위를 가지고 있고 사람들의 존중을 받던 인류학의 입장을 대표한다는 점이다. 이후 미국 인류학의 아버지로 불리는 프란츠 보아스(Franz Boas)조차도 세인트루이스 박람회의 고문 가운데 한 명이었다. 어찌되었든 세인트루이스 세계박람회의 이론적 입장과 명성이 자자했던 스미스소니언 협회(Smithsonian Institution) 민족학부(民族學部)의 입장은 완전히 일치했다. 그들은 인류가 같은 근원에서 시작되었으며, 비록 발전 속도는 다르지만 그 방향은 일치한다고, 즉 인류는 항상 원시에서 문명의 방향으로 나아가는 길을 모색하고 있다고 보았다.

이 박람회를 참관한 사람은 매우 많았다. 그중에는 저명한 프랑스 화가 고갱이나 후에 유럽과 미국 문단에서 명성을 날린 대시인 T. S. 엘리어트와 같은 유명한 예술가도 포함되어 있었다([그림18] 참고).

비록 유럽과 미국 현대주의 문인과 예술가들이 세계박람회 원주민 전시에 대해 각양각색의 해석을 했지만, 제1차세계대전 이전 유럽과 미국에서 개최된 세계박람회가 받든 신조는 거의 한결같았다. 즉 이 토착촌의 시각적 전시는 한편으로는 유럽과 미국 제국주의 열강의 '하등민족'에 대한 "자애로운 아버지 같은 아낌없는 호의"를 보여주고, 다른 한편에서는 또 야만생활과 문명생활의 비교할 수 없는 큰 차이를 강조한다는 것이다. 따라서 엘리어트 및 고갱과 동시대의 수많은 사람들이 이와 같이 유사한 반응을 보인 것은 전혀 이상할 것이 없다. 결국 그들의 시대에 반복적으로 접했던 것은 동일한 종류의 원시주의였으며, 이러한 '교실'의 위치는 다르지만

* Ronald Bush, "The Presence of the Past: Ethnographic Thinking / Literary Politics", in *Prehistories of the Future*, pp.25-32.

교재와 도구는 기본적으로 유사했다. 이러한 세계박람회는 "즐거움 속에 교육적 효과를 기탁한" 시각적인 성대한 연회였으며, 유럽과 미국 각국을 순회하며 상연하였다.

19세기 유럽과 20세기 초 미국은 왜 원시적인 인간집단 및 그 풍속을 전시하는 데 대해 그토록 각별한 관심을 가지고 있었을까? 당시 유럽이 비록 인류의 미래라고 자부하고 있었지만, 이 '미래'는 이제 막 역사의 수면 위로 떠오르는 중이었으며 아직 충분히 성숙하지 못한 상태였다. 따라서 유럽과 미국은 더욱더 '역사 이전'의 것이라 할 수 있는 것으로써 자신의 우월성을 증명할 필요가 있었다. 이러한 수입된 원주민의 전시는 결코 세계대전의 발발로 끝나지 않았다. 1931년에 이르러 식민제국의 자기 포장과 판로 확장은 더욱더 격렬해지는 추세였다. 그해에 프랑스 정부는 식민전람회를 개최하고, 아프리카 촌, 청진사(淸眞寺), 불탑, 그리고 각종 토착주민 등 모든 것을 다 갖추어 전시하였다. 미국 정부도 이에 질세라 워싱턴관에 푸에르토리코, 하와이 및 괌 등에서 성취한 문명개화의 결과를 전시하였다.* 이러한 전시는 한편으로는 관람객에게 현지에서 직접 경험하는 듯한 원시 밀림의 스릴감을 느낄 수 있게 해주고, 또 한편으로는 원주민에 대한 식민자의 교화 작용을 자화자찬하였다. 1851년부터 1931년까지 근 1세기 동안, 유럽과 미국 각지에서 개최된 세계박람회는 동일한 고사를 반복적으로 진술하였다. 이 고사는 백인 지상주의, 서구문명 지상주의라는 관점을 대중들의 머릿속에 깊이 각인시키는 일종의 정치적 무의식이 되었다. 바로 이 때문에 비서구 족군에 대해 군림하는 문화적 태도는 복제가 아주

---

* Elazar Barkan and Ronald Bush eds., *Prehistories of the Future: The Primitivist Project and the Culture of Modernism*(Stanford: Stanford University Press, 1995), pp.1 10.

294

쉬운 반면, 그것을 전복시키는 것은 매우 어려운 일이었다. 오늘날도 우리는 박물관에서든 아니면 세계박람회에서든 우리가 눈앞에서 접하는 것이 반드시 사실인 것은 아니라는 점을 명심해야 한다. 그리고 보이는 대로 모두 믿을 것이 아니라 전람회의 설계 배후에 있는 이데올로기적인 담론과 논리를 비판적으로 사유하는 것을 배울 필요가 있다.

5장

후쿠자와 유키치 '문명론'의
등급구조와 그 원류

자오징화 趙京華
중국사회과학원 문학연구소 연구원

1. 서론

세계가 제국주의 약육강식의 시대로 접어들고 일본이 근대화 발전을 위한 역사적인 선택의 시기에 처해 있던 1870년대, 후쿠자와 유키치(福澤諭吉, 1834-1901)는 『권학편』(1872)과 『문명론의 개략』(1875) 등의 저술로 수많은 국민들에게 큰 영향을 미쳤다. 동시에 국민의 지력을 개발하고 일본이 문명개화와 부국강병, 그리고 해외웅비(식민지 확장)라는 국가적 전략을 추진하도록 하는 데 있어 중요한 역할을 발휘함으로써 일본에서는 근대 여명기 가장 중요한 계몽사상가로 칭송받고 있다. 그러나 바로 비서구 후발 국가 및 지역의 근대적 변혁이 서구 선진국가와는 달리, 독립된 개인의 해방을 추구하는 동시에 국가와 민족의 독립을 추구하여 식민화되거나 정복되는 운명을 피해야만 했던 것과 마찬가지로, 비서구 계몽사상가는 대부분 자유주의 창도자이자 국가주의(민족주의)의 고취자라는 이중적인 면을 함께 지니고 있었다. 후쿠자와 유키치도 예외가 아니다. 만약 『권학편』의 취지가 "하늘은 인간 위의 인간을 낳지 않았고, 땅은 인간 아래의 인간을 낳지 않았다"는 천부인권과 개인의 해방을 제창하는 것이었다면, 『문명론의 개략』의 종지는 어떻게 민중의 지혜와 덕을 향상시키고, 문명개화를 통해 "한 국가의 독립"과 부강을 실현할 것인가였다고 할 수 있다. 양자 간의 사상논리 관계는, 『권학편』에서 "한 개인이 독립해야 비로소 한 국가도 독립할 수 있다"고 강조했듯이, 처음 후쿠자와 유키치에 있어서 하나로 결합되어 있었다. 하지만 민권사상이든 아니면 국권사상이든 그 이론적 근저는 모두 동일한 더 깊은 문화론 혹은 문명사 서술의 논리구조 위에 세워져 있었다. 이것이 바로 『문명론의 개략』에서 집중적으로 밝히고자 한 문명, 반개화, 야만이라는 문명등급론이자, 이로부터 도출해낸 "서양문명을 목표"로 국민 개인과 "국가의 독립"을 도모하는 문명화 방안이었다.

현재 후쿠자와 유키치의 시대는 이미 한 세기 반이 지났지만, 이 150여 년 동안 그의 사상과 주장은 광범위하게 전파되어 일본은 물론이고 중국과 동아시아에서도 그 영향의 흔적을 적지 않게 찾아볼 수 있다. 일본에서 그의 계몽주의 민권사상은 메이지 시기에 국민의 지혜를 개발하고 국민 개인의 독립과 해방을 성취함에 있어서 크나큰 성공을 이루었다. 쇼와(昭和)시기 전반(1926-1945), 일본 제국주의와 식민전쟁이 전면적으로 전개되던 과정에서, 그의 '국권론'과 '대륙발전론'을 포함한 국가주의 주장은 사회 대중들 사이에서 크게 유행했을 뿐만 아니라, 국가 이데올로기 측면에서도 집중적으로 강조되거나 혹은 유용되었다. 제2차세계대전 이후, 일본사회는 이전과 완전히 다르게 변화함으로써 후쿠자와 유키치의 시대도 이미 과거의 것이 되고 그 영향도 크게 약화되었다. 그러나 사상문화와 학술영역에서, 그는 여전히 적극적으로 찬양되거나 혹은 비판적으로 반성되는 등 다양한 관점에서 주목받으며 일정한 사상맥락 속에서 독해(讀解)의 역사를 형성하고 있다. 중국의 방면을 보면, 청말 량치차오 등 계몽사상가들

속에서 후쿠자와 유키치의 민권사상과 문명론의 영향을 찾아볼 수 있다. 중국에서도 그 시대는 옛것을 버리고 새로운 것을 창조해가던 역사의 대변혁기였기 때문이다. 중화인민공화국 성립 이후 1950년대에도 일찍이 후쿠자와 유키치를 소개하고 연구하던 시기가 있었으며, 1990년 이후에는 마루야마 마사오(丸山眞男), 고야스 노부쿠니(子安宣邦) 등 학자들의 연구 저작을 소개하는 것을 계기로, 후쿠자와 유키치에 대해 비판적이고 성찰적인 이해를 추구하는 다양한 연구와 관점이 출현하였다. 그러나 일본에서든 중국에서든, 후쿠자와 유키치의 문명론 특히 그 배후에 함축되어 있는 문명과 야만의 등급화 논리, 그리고 문명사 서술구조 속 유럽중심의 문화전파론에 관해서 아직 충분한 반성과 청산이 이루어지지 않고 있다. 제2차세계대전 이후, 민족독립과 식민지 해방운동의 조류가 전 세계적으로 대두되고, 제국주의 식민체계 및 그 제도가 도덕윤리와 사회실천의 측면에서 강력한 비판을 받아 역사무대에서 점차 사라졌지만, 서유럽은 물론 동아시아에서 식민주의 사상의 무의식 및 그 서구문명관은 여전히 사람들의 사상관념 속에서 철저하게 극복되지 못하고 있다. 따라서 오늘날도 여전히 도덕과 법, 관념, 의식의 측면에서 이러한 문명론에 대한 지속적인 비판적 성찰이 필요하다.

본 연구는 후쿠자와 유키치의 문명론을 주요 논의의 대상으로 삼아 글로벌 히스토리의 시각과 유럽 중심의 문화전파론에 대한 비판적 이론의 시각으로부터, 문명 3단계론의 형성체계와 구조적인 병리(病理)를 중점적으로 고찰하고자 한다. 이와 더불어 또 후쿠자와 유키치의 사상관점이 일본과 중국에서 수용되고 해석되는 과정을 개괄하고 동아시아에서의 유럽 중심 문화전파론의 유통 및 그 부정적 영향을 비판적으로 분석하고자 한다. 후쿠자와 유키치는 걸출한 일본 근대 계몽사상가이다. 우리가 그의 문명론을 반성적으로 고찰하는 것은 결코 그의 계몽사상의 적극적인 측면이나 역사적 작용을 부정하려는 것이 아니라, 그를 하나의 보편성을 지닌 사례로서 당시 역사적 상황과 사상 맥락 속에 위치시키고, 우리의 근대지식 특히 19세기 유럽 식민주의학의 전체적인 기초 위에 수립된 인문사회과학의 기원과 그 유산을 반성하고자 하는 것이다.

2. 19세기 유럽중심의 문화전파론과 후쿠자와 유키치의 문명론

미국 시카고 일리노이대학의 지리학 교수 제임스 M. 블라우트(James Morris Blaut)는 『식민주의자의 세계모델: 지리적 확산론과 유럽중심적 역사』에서 19세기 이래 유럽과 미국에서 통용된 수많은 지리 및 역사 교과서에 대한 조사를 통해 다음과 같이 지적하였다.

만약 150년 전, 즉 19세기 중반에 당신이 유럽 혹은 영어권 미국학교에 입학했다면, 당신이 배우는 것은 매우 보기 드문 기이한 역사였을 것이다. 우선 당신은 인류에게 발생한 모든 중요한 사건은 '대유럽'에서 발생했다는 것을 배우게 될 것이다. 여기서 '대유럽'이란 지리상의 유럽대륙과 (한때 고대시기에 국한되지만) 그 동남방향으로 확대된, 아프리카 북부에서 메소포타미아 지역에 이르는 '성경의 땅', 그리고 (근대시기 이후에만 적용되는) 유럽의 해외 식민지 국가를 가리킨다. 당신은 신이 이 지역에서 인간을 창조했다고 배우게 될 것이다. 이 시기의 전형적인 세계역사 교과서는 에덴동산이 바로 인류역사의 시작점이라고 설명한다.

(중략)

어떤 교사는 이 지역의 사람들만이 진정한 인류이며, 신은 다른 지역의 사람들을 비인간 혹은 인간 이하의 다른 종으로 창조했다고 주장하기도 할 것이다. 그리고 모든 과학과 역사 교사들은 비유럽인들은 유럽인만큼 지적이거나 고결하지도 않으며, 또 (대부분) 용감하지도 않다는 데 동의할 것이다. 신은 그들을 열등하게 만들었다. (중략)

만약 당신이 19세기 중반에 지리와 역사를 배운다면, 당신은 참으로 유럽 이외의 것에 관해 중요한 뭔가를 배웠을 것이다. 아프리카와 아시아에서 생활하는 사람은 열등한 인간으로 묘사될 뿐만 아니라 어떤 의미에서는 악惡으로 묘사된다. 그들은 신의 은총을 거부한 사람들이어서 신의 은총을 잃어버렸다. 따라서 아프리카인은 잔인한 야만인이다. 그들에게 있어 최상의 운명은 그들에게 유익한 일을 맡기고 기독교도로 개종시키는 것이다. 한편 중국인과 인도인은 알 수 없는 어떤 이유로 인해 그럭저럭 그들의 야만적인 문명을 만들었지만, 유럽인이 아니고 또 기독교도도 아니었기 때문에 그들의 문명은 오래전부터 정체되고 쇠퇴하기 시작했다. 그리고 그들의 문명은 비록 화려하기는 하지만 '진정한' 문명은 아니다. 그들은 잔인한 '동방의 전제주의'일 뿐이며, 단지 유럽인만이 진정한 자유를 이해하고 있다.*

---

* J. M. 布勞特著, 譚榮根譯,『殖民者的世界模式-地理傳播主義和歐洲中心主義史觀』, 北京: 社會科學文獻出版社, 2002, pp.3-4. (J. M. Blaut, *The Colonizer's Model of the World: Geographical Diffusionism and Eurocentric History*, Guilford Press, 1993)
중문 번역에 일부 누락되거나 표현상 애매한 부분이 있어 역자가 원문을 참조하여 일부 수정하였다. 한국어 번역본은 제임스 M. 블라우트 지음, 김동택 옮김,『식민주의자의 세계모델: 지리적 확산론과 유럽중심적 역사』, 성균관대학교출판부, 2008 참고. —역자 주

제임스 M. 블라우트는 이러한 역사지리관을 "유럽중심 전파론의 이데 올로기 신앙"이라고 불렀다. 이러한 신앙은 또 유럽의 문화전파론, 유럽역 사의 우월론 혹은 유럽 우선주의라고 부를 수 있다. 그것의 이론적 기초와 논리구조는 진보관념과 문명등급론이다. 우리가 오늘날 '유럽중심주의'라 고 부르는 것은 실제로는 바로 '식민주의자의 세계모델'이며, 그것은 19세 기 이래 역사, 지리, 심리, 사회, 철학 등 분과이론을 모두 아우르는 것으로 '문화전파론'이라 할 수 있다. 1492년 신대륙 발견 이래, 300여 년 동안 식 민지 확장을 통해 유럽이 이루어온 경험의 축적은 선교사와 식민지 행정 관료가 유럽 이외 지역에 관해 수집한 매우 단편적이고 심지어 의도적으 로 왜곡시킨 지식정보였으며, 이는 점차 앞서 서술한 바와 같은 유럽사회 에 의해 보편적으로 수용되고 승인된 역사지리학 관념을 형성하였다. 이러 한 과정에서 유럽사상의 엘리트들 사이에 '경전적인 문화전파론'의 신념이 형성된 것은 19세기 중반에 이르러서였다. 블라우트에 의하면 "늦어도 1870년에 이르러서 문화전파론의 중심적인 명제, 즉 유럽(혹은 서유럽)의 중심 지역에서 자연발생적이고 지속적이며 내부로부터 발생한 진보의 관 념이 확고하게 자리잡게 되었으며, 주류의 사상가들도 그 진리성에 대해 더이상 의심하지 않게 되었다."*

후쿠자와 유키치는 막부 사절단을 수행하여, 1860년과 1862년, 1864년 3차례에 걸쳐 미국과 유럽을 방문하였다. 특히 세번째 미국 방문 에서 그는 관에서 지급한 여비를 이용하여 역사, 지리, 경제, 법률, 수학 및 각종 사전과 중등 교과서를 포함한 대량의 영문서적을 구입하였는데, 이 들 서적은 가장 일찍 일본에 들여온 서구 원전이었다(『후쿠자와 유키치 자전

---

* J. M. 布勞特著, 譚榮根譯, 위의 책, p.25.

福翁自傳』). 이들 서적에 의거하여 후쿠자와 유키치는 『서양사정西洋事情』 등의 저작을 편역하여 메이지 초기 '양학자' 중 가장 뛰어난 사람이 되었을 뿐만 아니라 『문명론의 개략』 중 문명사 서술의 기초를 닦았다. 이전까지 사람들은 단지 그가 버클리의 『영국문명사』와 기조의 『유럽문명사』를 참조했다는 점을 주목하였지만, 실제로는 그가 구입한 중등 교과서의 유럽 중심적 문화전파론 서술이야말로 그의 문명비교론 형성과 더욱 직접적인 관련이 있다. 당시 후쿠자와 유키치에게는 이러한 통속적인 교과서가 이해하고 수용하는 데 훨씬 더 용이했기 때문이다.

　『문명론의 개략』은 전체 10장으로 구성되어 있다. 그중 서두의 '서언'에서는 우선 자신의 문명론이 "인류정신의 발전을 탐구하는 이론"이며, 그 주요 함의는 "개인의 정신발전을 토론하는 것이 아니라, 광대한 군중 전체의 정신발전을 토론하는 것이다"라고 명확하게 밝히고 있다. 즉 후쿠자와 유키치의 문명론의 목적은 집단적인 사회발전과 진보에 주목하고, 궁극적으로 근대화 전환기에 처한 일본을 위해 '문명국가'로 나아가는 길을 모색하는 데 있었다. 이는 이 책의 마지막 제10장이 "우리나라의 독립을 논함"으로 끝나고 있는 데서도 알 수 있는 바와 같이, 그 이전의 『권학편』이 주로 국민 개개인의 독립과 자유라는 계몽문제를 논의한 것과는 큰 차이가 있다. 그리고 제10장과 긴밀한 호응관계에 있는 제2장 "서양문명을 목표로 함"과 제3장 "문명의 함의를 논함"에서는 일본국가가 '문명개화', '부국강병'의 길로 나아가기 위한 문명론의 기초와 판단기준을 논하고 있는데, 이 부분에서 당시 후쿠자와 유키치의 문명관과 문명사 서술의 등급화 구조가 가장 잘 드러나 있다.

　그럼 먼저 19세기 제국주의 시대의 상황에 기반을 둔 후쿠자와 유키치의 '일국의 독립'에 관한 주장을 보도록 하자.

그러나 목전의 세계 상황을 보면, 어느 지역에도 국가를 수립하지 않은 곳이 없으며 또 정부를 세우지 않은 국가도 없다. 만약 정부가 인민을 잘 돌보고 인민은 상업에 능하며 정부가 전쟁을 잘 수행하여 인민들이 이익을 얻는다면, 이것을 바로 '부국강병'이라 할 수 있다. 단지 본국인이 이를 자랑스러워할 뿐만 아니라 외국인도 흠모의 마음을 품고, 서로 다투어 그 부국강병의 방법을 배우려고 한다. 그 이유는 무엇인가? 이는 세계의 대세로 말미암아 부득이하여 그런 것으로, 비록 종교의 교의에 어긋나더라도 어쩔 수 없는 것이다. 따라서 오늘날 문명의 시각에서 세계 각국 사이의 상호관계를 보면, 비록 각국의 인민의 개인적인 관계에서는 여전히 수만 리 떨어져 있어도 한 번 만나면 옛친구를 만난 것 같다는 예가 있지만, 국가와 국가 간의 관계는 단지 두 가지 길만이 존재한다. 하나는 평상시에 무역을 하는 것이고 다른 하나는 곧 전쟁으로, 일단 전쟁이 발발하면 무기를 들고 서로 싸우고 죽인다. 바꾸어 말하면, 현재의 세계는 무역과 전쟁의 세계라고 부를 수 있다.[*]

비서구의 후발 지역이자 국가로서, 근대화를 추구하는 과정에서 우선 필요한 것은 '일국의 독립'을 이루어 피식민지화의 위기를 모면하는 것이다. 이는 19세기 후반 제국주의 식민지 시대라는 국제적인 조건하에서 불가피한 것이었다. 후쿠자와 유키치의 문명론에서 가장 직접적이고 가장 절박한 논리적인 귀결과 정치적 목표는 근대적인 주권국가의 수립을 호소하는 데 있었다. 근대 주권국가의 주요 특징은 '안과 밖'에 대해 명확히 구분

---

[*] 福澤諭吉著, 北京編譯社譯, 『文明論槪略』, 北京; 商務印書館, 1959, p.174.

짓는 것이다. 국내에 대해서는 주로 '민사民事' 법규에 의거하여 시민의 평화적이고 질서 있는 활동을 보장하고 상업발전을 추동하여 국민의 생활을 번영하게 하는 것이다. 대외적으로는 '군사력'에 의거하여 국가의 독립과 주권에 대한 침범을 막고, 심지어 무력으로 자국의 이익을 확대하는 것이다. 근대국가 간의 전쟁은 바로 이로부터 기인하며, 다른 주권국가에 의한 약탈과 억압(식민지화)을 모면하는 유일한 방법은 바로 자기 스스로 먼저 주권이 독립된 국가가 되는 것이다. 따라서 후쿠자와 유키치의 이른바 문명론의 궁극적인 관심은 바로 '일국의 독립'을 어떻게 실현할 것인가에 있었으며, 이러한 의식은 19세기 제국주의 시대의 국제관계와 패권구조(식민지 확장)에 의해 추동되었다고 할 수 있다.

그러나 여기서 강조할 것은, 이상과 같은 후쿠자와 유키치의 관점은 바로 그 문명론이 사전에 설정한 결론이라는 점이다. 이 사전에 설정된 결론은 제국주의가 세계를 지배하고 있는 현실의 추세에 대해 그가 직접 관찰하고 분석한 결과이며, 동시에 당시 유행하던 서구문명론, 특히 유럽중심의 문화전파론을 수용한 논리적인 귀결이었다. 이 점을 잘 이해하기 위해서는 『문명론의 개략』의 제2장을 주의 깊게 살펴볼 필요가 있다. 제2장에서는 그가 어떻게 서구의 문명론과 문명사 서술구조 전체를 그대로 수용하고 있으며, 또 어떻게 유럽에서 출현한 지방적 성격의 이론을 보편성을 지닌 관념으로 전환하고 있는지를 잘 보여준다.

현대 세계의 문명 상황을 보면, 유럽 각국과 미국이 가장 문명적인 국가이고, 터키, 중국, 일본 등 아시아 국가는 반개화된 국가이며, 아프리카, 오스트레일리아 국가는 야만적인 국가라고 할 수 있다. 이러한 관점은 이미 세계의 일반적인 인식이 되었으며, 서구 각국의 인민이 스스로 문명국이라고 뽐낸다. 저 반개화하거나 야만적인 인민도 이러한 주장을 수치로 여기지 않을 뿐만 아니라 스스로 반개화나 야만의 명칭에 만족하고 굳이 자국의 상황이 서구보다 더 뛰어나다고 생각하지도 않는다. (중략) 따라서 문명, 반개화, 야만이라는 관점은 세계의 통론이며 세계 인민이 공통으로 인정하는 바이다.[*]

위 인용문은 제2장의 첫 단락이며, 후쿠자와 유키치는 명확하게 당시 서구에서 유행하던 문명등급론 중 가장 일반적인 모델을 소개하고 있다. 이러한 모델에서 인류사회는 '야만인(savage)', '미개인(barbarian)', '반개화 (half-civilized)', '문명(civilized)' 및 '개화(enlightened)'로 구분된다. 이 가운데 '문명'과 '개화'는 때로 병용되기도 하였다. 18세기 말부터 19세기에, 유럽과 미국의 문명등급론은 줄곧 중국, 일본과 기타 아시아 국가를 '반개화' 의 사회단계로 분류하였으며, 후쿠자와 유키치는 여기서 단지 그 분류방식을 그대로 적용한 것뿐이었다. 문제는 유럽과 미국에서 출현한 문명등급론 혹은 문화전파론이 동아시아 문명론자인 후쿠자와 유키치에게서 어떻게 또 변신을 하여 보편적으로 적용 가능한 논리 혹은 가치 기준이 되었는가 하는 점이다. 후쿠자와 유키치는 그 이유로 두 가지를 들고 있다. 첫째는 문명등급론이 이미 "세계의 통론이 되어 세계인민이 공통으로 인정하는 바"가 되었다는, 즉 사실확인법칙 혹은 순환논증에 기반한 이유이고, 둘째는 진화법칙 혹은 단계론이라 불리는 진보사관 때문이었다.

하물며, 문명은 결코 죽은 것이 아니라 부단히 변화하고 발전하는 것

---

[*] 福澤諭吉 著, 北京編譯社 譯, 위의 책, p.9.

이다. 변화하고 발전하는 것은 반드시 일정한 순서와 단계를 거쳐야 한다. 즉 야만에서 반개화로 나아가고, 반개화에서 문명으로 나아가는 것이다. 현재의 문명도 바로 부단히 발전하고 진보하는 과정에 있다. 유럽의 현재 문명도 이러한 단계를 거쳐 변화해온 것이다. 현재의 유럽문명은 단지 현재 인류의 지혜가 도달할 수 있는 최고의 정도일 뿐이다. 따라서 현재 세계 각국은 설사 야만상태 혹은 반개화의 지위에 처해 있더라도, 자국의 문명을 진보시키려면 반드시 유럽문명을 목표로 하고, 그것을 모든 논의의 기준으로 삼아야 하며, 이 기준으로 사물의 이해득실을 가늠해야 한다.[*]

이로부터 후쿠자와 유키치의 논리는 앞서 블라우트가 지적한 바 있는, 19세기 유럽과 미국의 중등 과정 지리 및 역사 교과서상의 문명론 담론, 즉 식민주의 문화전파론과 완전히 일치한다는 것을 알 수 있다. 후쿠자와 유키치는 또 진화론적 역사관과 문명동화론적 논리로 인류사회가 반드시 거쳐야만 하는 발전단계를 논증하였는데, 이러한 단계적 발전모델의 배후에는 바로 등급화의 논리구조가 숨겨져 있다. 여기서 그가 비서구 후발 지역이자 국가인 일본을 위해 제기한 문명화 방안은 완전히 '선진'적인 서구 식민주의의 등급론 논리를 내재화하고 보편화하고 있다. 한편 후쿠자와 유키치의 특별한 면은 이러한 '문명-반개화-야만'이라는 3단계 구조를 이용하여 동아시아에서 같이 '반개화' 단계에 처해 있던 일본과 중국 간의 미묘한 차이를 교묘하게 논증했다는 점이다. 이와 관련해서는 제2장 이후 후속 장에서 논해지고 있다. 후쿠자와 유키치가 일본을 '반개화'의 지위에 자

---

[*] 福澤諭吉 著, 北京編譯社 譯, 위의 책, p.11.

리매김한 것은 그렇게 함으로써 일본을 '야만'과 완전히 구분하고자 하는 고심에서 나온 것이다. 그의 이러한 고심은 "이러한 3단계론으로 문명, 반개화, 야만의 경계를 명확히 구분할 수 있다. 그러나 이러한 명칭이 상대적으로만 적용 가능한 이상, 문명에 도달하지 못한 시기에는 또 반개화를 가장 높은 단계로 간주할 수도 있다. 이러한 문명은 반개화에 대해서 당연히 문명을 대표하지만, 반개화도 야만에 대해서는 또한 문명이라 하지 않을 수 없다"는 것을 근거로 삼고 있다.

그렇다면 중국은 어떠한가? 당시 상황에 비추어 보면, 중국은 바로 서구 열강의 위협으로 부득불 '양무운동'을 전개하는 초기 단계에 있었고, 더구나 일찍이 동아시아 문화와 교육을 이끌었던 고대문명이었지만, 후쿠자와 유키치의 3단계에서는 단지 '반개화'의 지위에 머물 수밖에 없었다. 그는 나아가 '문명'을 유형적인 물질과 무형적인 정신 두 종류로 나누고, "이른바 문명적 정신"(자유의 기풍)이 궁극적인 판단기준이라고 강조하면서 일본과 중국의 차이를 설명하였다. 즉 중국은 "순수한 전제정부 혹은 신권정부"에 속하며, "군주의 존귀한 도리를 전적으로 천자에 귀속시켜 지존한 지위와 최고의 권력을 하나로 융합하여 인민을 통치하였다". 이러한 중국은 주(周) 말기, 사상이 자유로웠던 백가쟁명의 시대를 제외하면, 완전히 전제주의가 천하를 지배하였다. 하지만 일본은 이와 다르다. 비록 고대에 신권정부의 의지로 천하를 통치하였지만, "중고시대 무인武人이 집권한 시대에 이르러, 점차 사회구조를 타파하고 최고의 존엄이 곧 최고의 권력이 아니며, 최고의 권력이 곧 최고의 존엄이 아닌 상황이 출현하였다". 따라서 "일종의 자유로운 기풍이 생겨나게 되었다". 이러한 해석을 바탕으로 후쿠자와는 "만약 이러한 문제로부터 문명의 선후를 논하자면, 중국이 변혁을 하지 않을 경우 일본과 같은 이러한 정도에 도달할 수 없다"고 결론은 내렸다.*

후쿠자와 유키치의 이상과 같은 분석은 아마도 사실에 부합할 뿐만 아니라 또 계발시키는 의의를 지니고 있을지도 모른다. 하지만 여기서 중요한 것은 그의 '문명론의 방법' 또는 논리구조이다. 바로 서구 19세기 문명등급론에 내재된 논리와 마찬가지로, 문명발전의 3단계 구조론은 서로 대조하고 또 상호적으로 증명의 근거를 이루는 차이화의 방법이다. 그 가운데는 타자를 차별하고 통제하는 체계를 포함하고 있다. 즉 만약 '야만'이라는 타자의 거울이 없다면 문명을 드러낼 방법이 없다. 따라서 반드시 끊임없이 다른 '야만'을 발견함으로써 자신의 '야만적 상태'를 망각하도록 해야 한다. 실제로 『문명론의 개략』에서 세계문명의 비교방법론은 전반적으로 이러한 '등급화=차이화'의 서술논리가 관통하고 있다. 그뿐만 아니라 후쿠자와 유키치가 이후 조선과 청조 중국을 개혁을 행하지 않고 '고루한' 유교를 고수하는 '야만'국가로 여기고, 갑오년 일본의 대중국 전쟁과 조선 정벌을 지지하고 아울러 영향력이 매우 컸던 '탈아론'을 제기했던 논리적 근거이기도 했다.

이러한 문명등급론의 역사서술에 내재된 논리 근거는 서구를 중심으로 한 문명과 야만의 이원대립 구조이다. 이러한 이원적 문명등급론에 의거해 후쿠자와 유키치가 새로운 일본의 부흥을 위해 설계한 '국가의 독립'을 지향점으로 하는 '탈아입구'의 국가전략은, 결국 기존 제국주의 식민논리에서 파생된 또하나의 약탈과 통제의 근대화 방안으로 변질되었다. 오늘날의 시각에서 보면, 그것이 인류평등 및 문명공존의 정의 관념과 서로 배치된다는 것은 의심의 여지가 없다. 후쿠자와 유키치는 문명이란 곧 야만

---

* 福澤諭吉 著, 北京編譯社譯, 위의 책, pp.16-18.

의 상대적인 개념이며, 문명사회사는 곧 야만사회사, 정체사회사에 비해 상대적인 역사서술이라고 강조하였다. 사상사학자 고야스 노부쿠니는 이와 관련하여 다음과 같이 날카롭게 비판하였다. 즉 후쿠자와 유키치는 유럽문명사를 자기의 문명론 내지 문명사 서술의 배경으로 삼았는데, 이는 그의 서술이 유럽문명사와 같은 구조적인 특징 즉 문명사의 방식으로 인류사회를 서술하는 구조적 특성을 지니고 있으며, 그 결과 그의 문명사는 필연적으로 하나의 원시적이고 야만적인 사회를 발견하고 기술할 수밖에 없었다는 것을 의미한다고 하였다.* 이러한 특징을 인식하는 것은 매우 중요하다. 왜냐하면 이러한 문명등급론 즉 문명과 야만의 이원대립적인 사유 모델은 후쿠자와 유키치의 문명사 서술의 근본적인 모순을 잉태시킨 원인일 뿐만 아니라 그의 또하나의 중요한 의제인 '탈아론'과 연관되어 있기 때문이다. 서구인의 문명사 서술이 결국 비(非)문명 내지 반(反)문명으로서의 동양사에 대한 서술을 수반했듯이, 만약 헤겔 또는 마르크스가 '선진'적인 유럽을 통해 인도와 중국의 '낙후'성을 보았거나, 혹은 반대로 인도와 중국을 통해 서구의 '선진'성을 확인했다면, 후쿠자와 유키치에게 있어서 반문명적인 아시아가 의미하는 바는 곧 모두 전제주의적인 중국과 고대 일본이었다. 즉 단지 문명론의 방식으로 역사를 서술할 뿐만 아니라 유럽을 문명사의 기준이나 모범으로 삼는다면 이러한 역사서술은 그 대립면, 즉 낙후한 '야만'의 존재를 창조하거나 심지어 만들어내는 것이 필요했다. 또 이러한 역사서술을 기반으로 하여 설계된 일본의 국가독립 및 부강과 관련된 근대화 방안도, 논리상 "악惡과 같은 아시아 동방의 친구를 거부하고" '진보'적인 유럽을 지향하는 이른바 '탈아론'의 노선으로 귀결되는 것은 필연

---

* 子安宣邦, 『福澤諭吉〈文明論槪略〉精讀』, 東京: 岩波書店, 2005, pp.289-290 참고.

적이었다. 이것은 문명사 자체의 서술구조 혹은 문명등급론이 필연적으로 귀결될 수밖에 없는 결론이다.

이후 일본 제국주의가 점진적으로 대륙을 식민화하는 것에서 더 나아가 세계대전을 도발한 반세기 동안의 역사를 보면, 서구중심의 이러한 문명사 서술이 일종의 현대적인 이데올로기로서 일본의 근대 민족국가의 건설을 추동함과 동시에, 또 19세기 서구 제국주의의 식민논리에 대한 모방과 복제를 촉진시켰다는 것을 명확히 알 수 있다. 이러한 모방과 복제가 일단 완성되면, 같은 논리로써 세계 중심국가의 지위를 향해 진군하고, 세계질서의 재건과 패권을 추구하는 과정에서 전쟁까지도 불사하게 된다. 20세기 전반 일본 제국이 주변국에 대해 진행한 식민화와 침략전쟁이 동아시아 지역과 세계에 대해 야기한 재난은 이미 모두가 익히 알고 있는 역사적 사실이다. 물론 이것은 문명론이 국가전략의 측면에서 야기한 비극이었다. 나는 이러한 결과는 계몽사상가인 후쿠자와 유키치가 애초에 예상하지 못했던 바라고 생각한다.

3. 전후 일본의 『문명론의 개략』의 독해사

'문명'의 이름으로 '아시아를 해방'시키고, 이를 통해 서구문명과 자웅을 겨루려 했던 일본의 근대화 국가전략은 1945년에 역사적인 좌절을 겪었다. 후쿠자와 유키치의 문명론등급이 일찍이 국가 이데올로기에 의해 '징용'되어 신흥 제국주의 일본이 식민지 침략전쟁을 발동하는 추동력이 되었는데, 이는 아마도 그 본인이 전혀 예상하지 못했던 결과일 것이다. 일본 정치사상사 연구자 마루야마 마사오는 1971년 「후쿠자와 유키치, 그 인물과 사상」이라는 첫번째 강좌에서 그가 일찍이 1947년에 썼던 다음과 같은 한 단락을 거론하였다.

이 세계대전중에는 후쿠자와 언설 가운데 '국권론'과 '대륙발전론'이 강조되었고, 전후에는 그의 자유주의와 민주주의의 측면이 긍정적으로 평가되었다. 이러한 경향이 만약 존재한다면, 즉 전쟁기간에 선전된 '국권론'과 '대륙발전론'이 전후 시기에는 갑자기 변화하여 그의 자유주의와 민주주의 일면이 강조되기 시작된다면, 이는 아마도 후쿠자와의 정신과는 정반대되는 상황일 것이다.

물론, 이러한 사람들의 의도는 결코 이해할 수 없는 바는 아니다. 그러나 오랫동안 지하에서 잠들어 있는 후쿠자와는 기뻐하지 않을 것이다. 만약 후쿠자와가 살아 있다면, 그는 반드시 전쟁 기간 중에 한 개인이 독립해야 한 국가의 독립이 가능하다는 관점을 견지하면서 만약 기층의 개인 자유에서 발원하는 자발적인 지지가 없다면 국가의 발전도 없을 것이라고 주장했을 것이다. 그리고 전후의 현재 상황에서, 그는 또 자유주의, 민주주의, 문화국가 등의 미명美名이 세계에 난무하지만 민족독립의 기개가 없이 단지 세계의 추세를 두리번거리면서 국제적인 강자에 아첨하는 노예근성만이 있다면, 개인의 자유와 민주주의도 장차 아무 의미 없는 허튼소리가 되고 말 것이라고 강하게 주장을 펼쳤을 것이다. 나는 이것이야말로 일생동안 독립자존을 위한 투쟁에 공헌했던 후쿠자와의 참된 정신이라고 생각한다.*

---

*『丸山眞男集』第15卷, 東京: 岩波書店, 1996, p.320.

여기서 줄곧 후쿠자와 유키치의 사상을 '정신적인 양식'으로 삼아 평생 미련을 두었던 연구자로서 마루야마 마사오가 그에 대해 변호하는 것은 충분히 이해할 수 있다. 그러나 19세기 이래 서구에서 기원한 문명등급론 및 그 지식구조의 문제에 대한 반성이라는 시각에서 본다면, 우리가 일본 근대 초기의 계몽사상가이자 '탈아입구'라는 국가전략의 설계자인 후쿠자와 유키치를 통해 그 문명론 배후에 존재하는 억압과 통제의 등급화 구조체계 내지 부정적인 식민주의 사상논리를 고찰하는 것도 필요하고 정당하다고 할 수 있다. 특히 21세기의 현재에 이러한 비판적 고찰은 더더욱 필요하고 의미가 있다. 이제 후쿠자와 유키치의 사상이 일본과 동아시아에서 전파되는 과정, 특히 전후 일본에서 어떻게 해석되었는가 하는 문제에 대해 살펴보자.

마루야마 마사오는 평생 후쿠자와 유키치에 주목하고 연구해왔는데, 이는 바로 그의 저작이 잘 말해주고 있다. 1942년에 발표한 「후쿠자와 유키치의 유교비판」에서부터 1991년 그의 중문본 문집 『후쿠자와 유키치와 일본의 근대화福澤諭吉與日本的近代化』를 위한 서문까지, 근 반세기 동안 그는 십수 편의 관련 문장을 발표하였다. 그중 중요한 대표작으로는 다음과 같은 것이 있다. 『후쿠자와 유키치가 이해한 질서와 인간』(1943), 『후쿠자와 유키치의 '실학'으로의 전환』(1947), 『후쿠자와 유키치의 철학』(1947), 『후쿠자와 유키치 선집 제4권 해제』(1952), 『후쿠자와 유키치에 관해』(1958), 『후쿠자와 유키치, 그 인물과 사상』(1971), 『후쿠자와의 미혹과 탐닉』(1987), 『후쿠자와 유키치의 '탈아론'및 그 주변』(1990). 이 외에 또 3권으로 된 전문연구서 『문명론의 개략을 읽는다』(1986)가 있다. 그러나 바로 위의 인용문에서 말해주는 바와 같이, 마루야마 마사오는 전후 일본에서 줄곧 후쿠자와 유키치가 유교전통을 비판하고 개인의 독립자유를 주장한 계몽주의 사상의 일면을 의식적으로 강조하였다. 또 그는 서구 시민사회를 기준으로 삼아 후쿠자와 유키치의 사회와 문화 개조에 관한 주장을 비교하고 긍정하였으며, 그의 국가주의 색채가 농후한 문명론, '탈아론' 내지 '탈아입구'의 관점에 대해 끊임없이 변호하고, 심지어 일본 제국주의 식민전쟁의 근간이 된 일련의 이데올로기와 후쿠자와 유키치 사이의 관련성을 인정하지 않기도 했다. 마루야마 마사오가 학술 연구에만 전념하고 근대주의 가치관이 확고했던 학자라는 점을 고려하면, 후쿠자와 유키치에 대한 그의 변호는 매우 자연스러운 것으로 볼 수 있다. 하지만 우리는 또 앞서 언급했던 영향력이 큰 그의 후쿠자와 유키치론이 그의 문명론 혹은 문명사 서술의 문제점을 회피하거나 혹은 심지어 은폐했으며, 이는 후쿠자와 유키치를 통해 일본 근대사를 반성적으로 성찰하려는 우리의 사상적 노력에 도움이 되지 않는다는 점을 지적하지 않을 수 없다. 여기서 마루야마 마사오가 후쿠자와 유키치를 위해 변호한 몇 가지 사례를 살펴보자.

1952년 헤이본샤(平凡社)에서 출판한 『세계역사사전』 가운데 '후쿠자와 유키치' 항목에서, 마루야마 마사오는 그 '국권론' 특히 '대외주장'이 실제로 "일본제국의 대륙진출을 위한 충동과 행보에 영합했으며", 갑오년 청일전쟁 기간에 그가 더욱 강경한 주전파였다는 점을 인정하고 나서, 오히려 "후쿠자와 유키치가 후세에 남긴 가장 큰 유산은 이러한 정치적 결과에 있지 않고, 오히려 일본인의 사고방식과 일상생활 및 태도에 대한 철저한 비판에 있다"고 강조하였다.[*] 즉 마루야마 마사오는 제2차세계대전 이후부터 곧 후쿠자와 유키치를 계몽사상가로서 봉건적인 유교에 반대하고 개인의 독립을 제창했다는 일면을 강조하고, 그 문명론, '국권론'과 그후 일본제

---

[*] 『丸山眞男集』 第五卷, p.332.

국주의 해외확장의 직접적인 관계에 대해서는 오히려 최대한 부정하거나 일소하려고 하였다. 그후 『문명론의 개략을 읽는다』*가 출판된 1986년에 이르러서도 이러한 태도는 전혀 변화하지 않았다. 만년에 그는 '탈아'는 단지 후쿠자와 유키치가 우연히 한번 사용한 단어일 뿐이며, 그 「탈아론」(1885)도 3쪽밖에 안 되는 짧은 문장에 불과하여 그 사상의 본질을 대표할 수 없다고 거듭 강조하였다.** 그뿐만 아니라 '탈아입구'라는 널리 유행한 표현도 후쿠자와 유키치의 용어가 아니라고 보았다.

1992년 마루야마 마사오는 『후쿠자와 유키치와 일본의 근대화』 서문에서 더 나아가 중국 독자들에게 '탈아론'은 당시 조선 정권의 개혁 실패와 청조 중국의 보수적이고 낙후한 것에 대한 후쿠자와 유키치의 분노와 초조감이 배경으로 자리잡고 있으며, 그 공격의 대상은 양국의 정부이지 조선과 중국의 인민이 아니라고 의미심장하게 해석하였다. 그리고 '탈아입구'에 대해서도 다음과 같이 설명하였다.

일본에서 '탈아입구'라는 용어는 마치 후쿠자와 유키치가 직접 만든 것으로 널리 선전되고 이용되지만, 실제로 그것이 후쿠자와 유키치 사상의 핵심 키워드로서 학술계뿐만 아니라 심지어 일반 신문에서 널리 유통되기 시작한 것은 상당히 근래의 현상이며 빨라야 1950년대 이후에 출현한 경향이다. (중략)

그렇다면 왜 1950년대 이후 일본에서 '탈아입구'라는 이 용어가 급속

---

* 한국어 번역본은 마루야마 마사오 지음, 김석근 옮김, 『'문명론의 개략'을 읽는다』, 문학동네, 2007 참고. —역자 주
** 마루야마 마사오가 1990년 일본 학사원(學士院)에서 행한 보고 논문 「후쿠자와 유키치의 '탈아론' 및 그 주변」(『丸山眞男講話文集』第四卷, 東京: 岩波書店, 2002) 참고.

하게 후쿠자와 유키치의 이름과 연계되고 아울러 부정적인 이미지로서 널리 확산되게 되었는가? 이 문제는 바로 전후 일본사상사와 관련된 매우 흥미 있는 주제이지만, 여기서는 단지 이후 전문적인 연구를 기대할 수밖에 없다. 저자인 내가 이 서문에서 '탈아입구'라는 매우 상징성을 지닌 예를 언급하는 이유는 앞에서 서술한 바와 같이, 중국 독자들이 후쿠자와 유키치를 논할 때, 일본에서 유행하는 이미지의 영향을 받아 그의 사상을 객관적으로 이해함에 있어 방해가 되지 않도록 하기 위해서이다.[*]

이상 인용문에 후쿠자와 유키치와 '탈아입구'의 일본 국가전략 사이의 관계를 다급하게 변명하려는 마루야마 마사오의 심정이 잘 나타나 있다. 그의 본의는 순전히 선의에서 나온 것이라 하더라도, 그 태도는 확실히 '탈아론' 가운데 문명등급론 내지 유럽중심의 문화전파론적인 요소를 분석하려는 우리의 시각과는 상당한 차이가 있다. 전후 일본 사상계가 기본적으로 주류로서의 근대주의 관념에 의해 지배되고, 문명론에 관한 비판이 줄곧 근대 사유 범주를 넘어서지 못했다는 상황에서 보자면, 마루야마 마사오의 입장은 어느 정도 시대적인 대표성을 띤다고 볼 수 있다. 이 문제가 일본에서 본격적인 의제로 부상하여 심도 있는 논의가 전개되기 시작한 것은 1990년대부터, 즉 근대주의의 '계몽이성'을 반성하고 전복하려는 후기 구조주의 사상과 포스트식민주의 비판이론이 출현한 이후였다. 이 새로운 연구 경향은 고야스 노부쿠니와 고모리 요이치(小森陽一)의 저작 중에 잘 나타나 있다.

---

[*]『丸山眞男集』第15卷, 東京: 岩波書店, 1996, pp.210-220.

318

고야스 노부쿠니는 2006년 매우 심도 있는 비판적 연구서『문명론의 개략에 대한 정독』*이라는 저서를 출판하였다. 해석방법에 있어서나 일본 근대화 과정을 접근하는 기본입장에 있어서 이 저작은 모두 마루야마 마사오의『문명론의 개략을 읽는다』와 선명한 대조를 이룬다. 서로 다른 시대의 학자로서, 고야스 노부쿠니는 마루야마 마사오의 긍정적인 독해방식에 대항하는 한편, 경전독해의 비판적 시각을 제기하고 아울러 이러한 비판적 독해를 근대성 특히 '문명과 야만'이라는 이원대립적인 문명사 서사에 대한 반성적 성찰과 연계시켰다. 그의 저작에는 줄곧 '포스트식민주의' 특히 지식의 고고학, 아시아적 시각이 구성하고 있는 사상사적 비판방법이 관통하고 있다. 따라서 만약 마루야마 마사오가 전후 민주주의 세대의 학자들이 근대적 사상자원을 전제이자 기준으로 삼아 일본을 관찰했던 경향을 대표한다면, 고야스 노부쿠니는 1980년대 이후 포스트모던 사회에서 특히 민족국가의 틀을 초월한 입장에서 근대성을 비판적으로 성찰하는 서유럽의 이론적 자원을 참고하여 문제에 접근하는 새로운 세대 지식인의 입장을 반영하고 있다.

마루야마 마사오가 후쿠자와 유키치의『문명론의 개략』을 '근대 일본의 경전'으로 삼고, 에도 사상가들의 '경전주석'과 같은 방식으로 독해를 함으로써 자신의 '교양'(『문명론의 개략을 읽는다』의 서문)을 증진시킨 것과는 달리, 고야스 노부쿠니는 우선『문명론의 개략』을 '근대 일본 여명기의 저작'으로 간주하고, 일종의 '중첩적 독해'의 전략을 취하였다. 이른바 '근대 일본의 여명기'는 19세기 아시아와 일본이 공통으로 직면해 있던, 급격한

---

* 정확한 중문 번역서 제목은 子安宣邦著, 陳瑋芬譯,『福澤諭吉〈文明論槪論〉精讀』, 淸華大學出版社, 2010. 한국어 번역본은 고야스 노부쿠니 지음, 김석근 옮김,『후쿠자와 유키치의 문명론의 개략을 정밀하게 읽는다』, 역사비평사, 2007. ─역자 주

변화가 진행되던 전환기를 가리킨다. 이 대격변기에 아시아 국가로서 일본은 근대화 계획에서 다양한 선택 가능성을 가지고 있었다. 그 여러 가능성 가운데『문명론의 개략』에서 제시한 것은 단지 일본 국가가 문명화 방향으로 나아가기 위한 방안이었다. 즉 그 책의 출현은 하나의 사상사적인 '사건' 이었으며, 가능한 다양한 설계방안과 서로 경쟁하는 과정에서 명확히 제기된 방안이었다. 중요한 것은 이 문명론식 근대화 방안이 서구문명을 모델로 삼고, '탈아입구'를 통해 일본의 국가적 독립과 부강을 실현하는, 기본적으로 근대 일본이 선택한 국가전략이었다는 점이다. 불행하게도 이러한 국가전략이 후쿠자와 유키치의 문명론에 관한 구상이 제기된 후 80년이 채 안 되어 1945년에 좌절되고 참패했다. 이와 같이 그것을 '근대 일본 여명기의 저작'으로 자리매김하게 한 것은, 그 책을 더이상 단지 '고전', '상식', '교양'적인 저작이 아니라, 일본 근대화 과정을 반성적으로 성찰하기 위한 중요한 자원으로 삼는다는 것을 의미한다. 그리고 '중첩적인 독해'의 전략은 150년을 관통하는 역사의 시공 가운데 후쿠자와 유키치가『문명론의 개략』을 집필할 당시 아시아 대전환기와 현재 21세기 새로운 전환기를 함께 중첩시키고, 역사 텍스트에 대한 해석을 통해 19세기 이래 근대화 노선, 그리고 제국주의 및 민족국가 독립이 촉발시킨 전쟁과 혁명의 침통한 교훈을 그 기원으로부터 반성적으로 고찰하는 것을 의미한다. 이와 같이 150년 전 일본 근대 여명기 최초의 문명국가화 구상 방안인『문명론의 개략』이 지니고 있었던 이론상의 구조적 문제점과 문명사 서술에서의 모순은 1945년 역사의 거울을 통해 드러났고, 오늘날 시대적인 과제를 사고하는 데 있어서 중요한 참고물이자 증거가 되고 있다.

바로 이러한 비판적 시각 덕분에, 고야스 노부쿠니는 '정독'을 통해『문명론의 개략』중 문명등급론의 정치성과 문명사 서술의 논리적 문제점을 다음과 같이 심도 있게 폭로하고 비판할 수 있었다.

『문명론의 개략』 마지막 장에 대한 나의 정독의 결론은 다음과 같다. 후쿠자와 유키치가 '문명'화를 '일국의 독립'을 위한 수단으로 삼은 것은, 적극적으로 일본을 서구의 근대적인 주권국가로 나아가는 도정에 자리매김했다는 것을 의미한다. 이것은 단지 탈아입구의 길을 통해서만 도달할 수 있는 것이었다. (중략)

서구 근대문명을 목표로 한 후쿠자와 유키치의 문명론은 '일국의 독립'을 목적으로 설정하고 있다. '국권론'을 정당한 것으로 보는 대외주장을 채택할 때, 아시아의 신흥국가인 일본도 곧 '상업 무역과 전쟁'이라는 두 원칙으로 국제관계를 규정하는 선진적인 유럽 각국과 미국을 모방하여 근대적인 주권국가의 길로 나아갔다. 서구문명을 목표로 한 후쿠자와 유키치의 문명론 혹은 문명화 주장의 구조는 상당히 급진성을 지니고 있어서, 그 문명론이 제시하는 일본 근대화의 길도 곧 서구를 목표로 한 급진적인 성격을 띠고 있었다. 그것은 결코 19세기 후반 아시아가 직면한 위기상황으로 인해 비로소 일본이 근대적인 주권국가의 길로 나아갔던 것만은 아니라는 점을 의미한다. 서구문명을 목표로 한 문명론 자체가 바로 세계를 역사와 공간에서 '문명'과 '야만'으로 구분하는 이원적 관계의 기초 위에 세우고, '야만'에서 벗어나 '문명'으로 나아가는 것을 기본 취지로 삼고 있었다. 바로 내가 『문명론의 개략』을 읽으면서 살펴본 바와 같이, 문명사와 문명사회에 관한 서술은 반드시 역사 이전의 야만사野蠻史와 야만사회에 대한 기술을 수반할 수밖에 없다. 정체된 전제국가 '지나'는 바로 '문명'과 '야만'의 대비 속에서 적극적으로 문명을 지향하는 '일본'에 의해 묘사된 것이다. 따라서 '탈아론'은 결코 메이지

18년(1885년), 후쿠자와 유키치의 일시적인 주장이 아니다. 그것은 실로 서구문명을 목표로 한 문명론 내지 문명화론 자체가 지니고 있던 논리적 성격이었다.[*]

고야스 노부쿠니의 이러한 언술은 진정으로 비판적인 일본 지식인의 관점에서 후쿠자와 유키치의 문명론에 대한 심도 있는 비판적 성찰을 잘 보여준다. 그의 이러한 성찰적 독해는 우리가 일본 근대화 100년의 역사를 반성적으로 회고하는 데 있어서 유익할 뿐만 아니라, 또 근대지식의 심층에 자리잡고 있는 구조적인 병리를 재평가하는 데 있어서도 유익한 참조 시각을 제공해준다.

일본에서 고야스 노부쿠니 외에 또 고모리 요이치의 저작 『후식민後殖民』(2001)도 후쿠자와 유키치의 '문명론 3단계 구조'에 대해 비판을 하고 있어 주목할 필요가 있다. 고모리 요이치는 일본 근대화 역사의 총체와 '문명개화 및 식민지 무의식'의 시각으로부터 이 문제를 재검토하였다. 그는 후쿠자와 유키치가 '문명국'이 일방적으로 그 식민주의를 정당화하기 위해 만든 『만국공법』 논리를 이용하여 아직 '문명국'이 아닌 일본에 대해 유리한 해석을 내리고 『문명론의 개략』을 저술하였다고 보았다. 라캉의 거울이론을 참고하면, 후쿠자와 유키치의 '문명 3단계 구조', 특히 그 가운데 '반개화'는 다음과 같은 기능을 가지고 있다. 즉 타자로서의 '문명' 속에서 자신을 비추고, 동시에 자신이 '야만' 혹은 유럽 열강과 미국의 노예 상태 몰락하지 않도록 반드시 또하나의 타자로서의 거울 즉 '야만'을 창조하거나 만

---

[*] 子安宣邦著, 陳瑋芬譯, 『福澤諭吉〈文明論槪略〉精讀』, 北京: 淸華大學出版社, 2010, pp.289-290.

들어내어 자신이 '문명' 단계에 속해 있음을 확인해야 한다. 그리고 이러한 확인을 하는 순간, 자신이 '야만'으로 간주될 수 있다는 공포 심리는 곧 새로 발견한 '야만'에 대해 식민화를 진행하는 과정에서 망각될 수 있다. 여기서 고모리 요이치는 더 나아가 메이지 전기 일본이 류큐에 대한 '폐번치현'과 홋카이도의 '아이누족'에 대해 문명화의 '개척'을 진행한 내부 식민화 행위를 결합하여, 후쿠자와 유키치의 이론이 실로 "개국 이후 일본 식민지적 무의식이자 식민주의 의식의 원형"임을 증명하였다.[*] 이러한 비판과 반성이 후쿠자와 유키치의 '문명론'과 일본제국 식민주의와의 내재적 관계에 대해 한층 심도 있는 인식을 보여주고 있음은 부정할 수 없다.

4. 『문명론의 개략』의 중국 전파

일본 근대화 초기의 중요한 계몽사상가인 후쿠자와 유키치의 문명론을 비롯한 사상과 학설은 일찍이 중국에 전파되고 아울러 중국 지식계에도 일정한 영향을 미쳤다. 그 과정은 크게 세 시기로 구분된다. 첫번째 시기는 량치차오와 같이 무술변법(戊戌變法)을 전후하여 일본으로 피신했던 청말 개혁가와 계몽론자들에 의해 중국으로 소개된 시기이다. 두번째 시기는 중화인민공화국 성립 이후 1950년대에 일본을 포함한 서구 사상과 이론을 계획적으로 소개하던 시기로, 후쿠자와 유키치의 저작도 체계적으로 번역되어 대학 등에서 학술적인 연구가 진행되는 등 주목을 받았다. 세번째 시기는 1990년대 이후, 중국에서 외래사상과 학설에 대한 수입 열기

---

[*] 小森陽一, 『後殖民』, 東京: 岩波書店, 2001, pp.18-19.

가 고조되던 시기이며, 이때에 일본학자 마루야마 마사오와 고야스 노부쿠니의 관련 연구저작이 번역·출판되고, 후쿠자와 유키치의 문명론과 계몽사상에 대한 다양한 인식이 형성되기 시작했다. 단지 그 '문명론'에 관련해서만 보면, 후쿠자와 유키치가 중국에서 소개된 후 그 영향은 예상과 달리 그렇게 크지 않았다. 이것은 아마도 복잡한 역사적 원인 때문이며, 중일 근대 식민과 피식민, 억압과 피억압의 국가관계, 그리고 '동학(東學)'(즉 일본학—역자)이 5·4운동 이후 점차 쇠퇴한 것 등과 연관이 있는 것으로 보인다. 따라서 중국의 근대사상과 지식구성에 있어서는 직접 서구로부터 소개된 문명등급론 혹은 문화전파론이 더 영향이 크고 심원했다고 할 수 있다.

량치차오와 후쿠자와 유키치의 『문명론의 개략』의 관계에 대해서는 중국과 일본 학자들에 의해 이미 상당히 깊은 연구가 이루어졌다. 정쾅민(鄭匡民)의 『량치차오 계몽사상의 일본학술 배경梁啓超啓蒙思想的東學背景』(上海書店, 2003), 스윈옌(石雲艶)의 『량치차오와 일본梁啓超與日本』(天津人民出版社, 2005), 하자마 나오키(狹間直樹)가 편찬한 『공동연구: 량치차오—서구 근대사상의 수용과 메이지 일본共同研究:梁啓超-西洋近代思想的受容與明治日本』(東京: みすず書房, 1999) 등이 대표적인 예다. 사람들은 량치차오가 서학을 소개한 많은 문장 가운데 일본 사상가와 학자들도 일부 포함되어 있다는 점을 주목했다. 특히 무술변법을 전후하여 『시무보時務報』를 주재하던 시기와 일본에 피신한 시기에 그는 이미 후쿠자와 유키치에 대해 상당한 이해를 보여주고 있었다. 그는 후쿠자와 유키치에 대해 "저서가 수십 종에 달하고, 전문적으로 서구의 문명사상을 수입하는 것을 주의로 삼았다. 일본인들이 서학을 알게 된 것은 후쿠자와로부터 시작된다. 일본 유신개혁의 시각도 열 가운데 예닐곱은 후쿠지와의 지문에 의한 것이다"[*]라고 하였다.

1899년 8월 3일 『청의보淸議報』에 발표된 「문야 삼단계 구분文野三界之別」은 직접적으로 후쿠자와 유키치의 『문명론의 개략』의 문명발전 3단계론 혹은 3등급 구조를 그대로 빌려온 것이었다.

　서양의 학자는 세계 인류를 3등급으로 구분한다. 첫째는 야만인, 둘째는 반개화인, 셋째는 문명인이다. 그것을 『춘추春秋』의 의미에 견주면, 각각 거란세據亂世, 승평세升平世, 태평세太平世에 해당한다. 모두 단계가 있고 순서를 따라 나아가는데, 이것이 진화의 공리이고 세계인민이 공인하는 바이다. 그 법도와 사실은 확실히 빌릴 수 없는 바가 있다. 이를 간단히 열거하면 다음과 같다.

　첫째, 일정한 거주지가 없고 일정한 음식도 없다. 편리한대로 집단을 이루었다가 이로움 점이 없어지면 곧 흩어진다. 비록 농사와 어로漁撈로 의식을 충당하지만 기계 사용법을 모른다. 문자가 있기는 하지만 학문을 알지 못한다. 항상 자연재해를 두려워하며 하늘의 요행을 고대하고 가만히 앉아 우연한 화복을 기다린다. 타인의 은혜와 위엄에 의지하고 자신을 위해 주권을 사용할 줄 모른다. 이와 같은 자를 야만인이라고 부른다.

　둘째, 농업이 크게 발전하고 의식衣食을 자못 갖추었다. 나라와 도읍을 세워서 외부에서 보면 비록 하나의 국가를 이룬 것 같지만, 그 내부를 보면 실제로는 완비되지 못한 바가 매우 많다. 학문〔文學〕이 발전하기는 했지만 실학에 힘쓰는 자는 적다. 교류를 함에 있어서 의심하는 마

_____

＊ 梁啓超, 「論學術之勢力左右世界」(1902년 『新民叢報』 第2號 수록), 『飮冰室合集』 文集之六, 北京: 商務印書館, 1989, p.116.

음이 매우 심하고 사물의 이치를 논할 때는 의구심을 발동하여 진실을 추구할 줄 모른다. 모방하는 기술은 교묘하지만 창조하는 능력은 결핍되어 있으며, 옛것을 닦을 줄은 알지만 그것을 바꾸는 방법은 모른다. 교류를 함에 있어서는 규칙이 있는데, 이른바 규칙이라는 것은 모두 습관적으로 형성된 것뿐이다. 이와 같은 자를 반개화인이라 부른다.

셋째, 천지간의 모든 사물을 법칙 속에 포함시키고, 자신도 그 속에 참가시켜 사물을 만들어낸다. 그 기풍은 시대에 따라 변화하고 이전의 풍속에 의한 습관에 미혹되거나 탐닉하지 않는다. 스스로 자신을 다스릴 수 있고 타인의 은혜와 위엄에 의지하지 않는다. 스스로 덕행을 닦고 지혜를 쌓으며 옛것으로 한정 짓지 않고 오늘의 것으로 스스로를 제한하지 않는다. 작은 성취에 안주하지 않고 항상 미래의 큰 성취를 도모한다. 나아가 물러섬이 없고 오르기만 할 뿐 내려가는 법은 없다. 학문의 이치는 허망된 것을 숭상하지 않으며 새로운 법을 창조하는 것을 숭상한다. 공업과 상업은 매일 확장을 추구하여 모든 사람들이 행복으로 나아가게 한다. 이와 같은 자를 문명인이라 부른다.

량치차오는 단지 "세계 문야文野의 단계적 구분을 논하는 것은 대략 이것을 확정된 기준으로 삼는다"고 믿었을 뿐만 아니라, 심지어는 스스로 "우리 국민을 한번 돌이켜보면, 우리 중국은 이 3등급 가운데 어디에 있는 것일까? 갑자기 두려워지는 듯하다!라고 반문하기도 하였다. 이로부터 그러한 문명론이 량치차오에게 얼마나 인상 깊고 또 충격적이었는지를 알 수 있다. 이 단락 시작 부분에서 이러한 분류는 '서양의 학자'에서 비롯되었다고 했지만, 그 이하의 문장은 기본적으로 후쿠자와 유키치의 『문명론의 개략』 제2장 "서양 문명을 목표로 함"에서 빌려온 것임이 분명하다. 사실 량치차오는 이 문장 이외에도 『자유서自由書』 중 「자유 조국의 시조自由祖國之祖」, 「근인원인설近因遠因之說」 등 문장도 후쿠자와 유키치의 저작에서 몇 단락을 직접 중문으로 옮긴 것이었다. 이에 대해 스윈옌은 『량치차오와 일본』에서 세밀하게 비교분석을 진행하였다. 그 밖에도, 덕(德)과 지(知)의 진보가 문명의 주요 목표라는 후쿠자와 유키치의 '문명개화' 사상 역시 량치차오 '신민설新民說'의 이론적 근거였다. 따라서 어떤 학자들은 심지어 다음과 같이 말하기도 한다. 즉 일본에 피신한 1년 후 량치차오는 중국의 후쿠자와 유키치로 자처하는 모습이 두드러지며, 『자유서』, 『국민 10대 원기國民十大元氣』는 바로 또 한 편의 량치차오의 『문명론의 개략』이라는 것이다. 그는 '문명'을 중국을 포함한 인류 역사의 '공리'로 삼고 그것이 보편적 가치를 지니고 있다고 믿었다.[*]

정쾅민의 『량치차오 계몽사상의 일본학술 배경』에서는 문명 3단계설, 문명의 형질과 정신론, 개인독립과 국가독립 3방면에서 량치차오가 후쿠자와 유키치의 문명론에서 영향을 받았다고 상세히 설명하고 있다. 특히 정쾅민은 후쿠자와 유키치의 문명 3단계론 가운데는 "서구문명에 대한 열등감과 아시아 국가에 대한 경시가 함축되어 있음"을 주목하였다. 이러한 태도는 이후 량치차오의 문장 속에서 여전히 그림자를 드리우고 있다(예를 들어 량치차오는 「장박망·반정원 합전張博望班定遠合傳」 서두에서 "무릇 문명국이 야만국의 토지를 통치하는 것은 진화 과정에서 응당 가져야 할 권리이며, 문명국이 야만국 인민을 교화시키는 것은 윤리적으로 마땅히 맡아야 할 책임이다"라고 하였다).[**] 이와 같이 정쾅민의 연구는 량치차오를 통해 중국에 영향을 미친 후

---

[*] 石川禎浩, 「梁啓超與文明的視點」, 狹間直樹編, 『梁啓超・明治日本・西方-日本京都大學人文科學研究所共同研究報告(修訂版)』, 北京: 社會科學文獻出版社, 2012, p.95.

[**] 梁啓超, 『飮冰室合集』 專集之五, p.1.

쿠자와 유키치의 긍정적인 면과 부정적인 면 두 측면을 더욱더 명확히 밝혀주고 있다.[*]

그러나 청말 민초 일정한 시기에 후쿠자와 유키치의 문명론은 비록 중국 지식계에 소개되어 영향의 흔적을 남겼지만 그후에는 소리 없이 사라지고 말았다. 그 이유는 어쩌면 중국인들이 후쿠자와 유키치 사상의 국가주의 측면을 받아들이기가 쉽지 않았기 때문인지도 모른다. 물론 여기에는 서학동점의 조류가 겪은 몇 차례의 전환과 세계사에서 중국의 지위에 대한 의식적인 각성 등등의 요소가 작용하였을 것이다. 신해혁명 전후 중국 여론계를 보면, 당시에도 '문명론'에 관한 논의의 열기가 보여지지만, 그 주요 내용은 이미 제1차세계대전을 전후하여 서구문명이 어떻게 '쇠락'할 것인가에 맞춰져 있거나 혹은 '공리'에 대한 강렬한 문제의식이 기조를 이루고 있다. 바로 캉유웨이가 "문명이 완전히 쇠퇴하고 인간의 도리가 퇴화하였다"라고 비판한 것과 같이, 량치차오 등 당시 중국 지식인들은 제1차세계대전을 전후한 유럽문명의 '몰락' 심지어는 '야만'적으로 변화한 실제 상황을 목도하고 나서, 문명론 특히 그 가운데 문명등급론의 제국주의 이론의 성격에 대해 새롭게 인식하게 되었다. 러시아혁명이 발발한 이후, 중국지식과 언론계의 주요 의제는 이미 문명론에서 경제사에 기반한 마르크스주의 사회발전단계론으로 옮겨갔다. 게다가 5·4운동을 거치면서 중일관계가 점차 악화되고, '동학(일본학문)' 조류도 급속하게 쇠퇴함에 따라 후쿠자와 유키치의 학설 및 사상에 대한 관심도 감소하였다. 이 외에도 어쩌면 19세기 유럽과 미국에서 출현한 문명등급론이 직접 중국으로 인입되면서 지리역사학의 지식구조에 영향을 주었을지도 모른다. 『문명론의 개략』의

[*] 鄭匡民, 『梁啓超啓蒙思想的東學背景』, 上海: 上海書店出版社, 2009, pp.63~65.

번역 상황을 보면, 내가 조사한 바로는 중화인민공화국이 성립하고 나서 10년이 지난 1959년에서야 비로소 중문 완역본이 출판되었다.

이것은 중국에서 후쿠자와 유키치가 소개되는 과정 중 두번째 단계인 20세기 50-60년대에 해당한다. 이 단계는 매우 특수한 시기이다. 이제 막 성립한 신중국이 외국 사상이론을 체계적으로 소개하기 시작하였으며, 문화를 건설하고 지식을 축적하려는 초기의 계획과 기상은 매우 거창하였다. 그러나 1957년 전후 갖가지 정치운동으로 당초의 계획이 문란해지고, 외국 사상이론의 번역 소개도 예외 없이 기계적인 유물사관과 범속한 계급론의 제약을 받았다. 1959년 상무인서관에서 출판한 『문명론의 개략』 중문판의 '출판설명'을 보면 의아해하지 않을 수 없다. 그 설명에서는 후쿠자와 유키치의 반봉건 계몽사상이 일본의 근대화 발전을 위해 "거대한 추동적인 역할"을 했다고 강조하고 있을 뿐만 아니라, 그 문명론에 대해서도 "후쿠자와는 서구문명을 지고무상하고 영원한 것이 아니라 일정한 역사발전의 범주로 보았는데, 이는 후쿠자와 유키치 사상 가운데 매우 귀중한 부분이다"라고 높이 평가하였다. 그리고 종결부분에서 또 "자산계급의 연약성"이라는 꼬리표를 붙이고 핵심 문제와는 무관하게 그 계몽사상의 "불철저성"을 비판하는 것으로 마무리하면서, 후쿠자와 유키치가 문명등급론을 제창한 진의나 이후 일본 제국주의 식민지 확장과의 관계에 대해서는 언급조차 하지 않았다. 이것은 후쿠자와 유키치 본인 또는 중국 독자에게 행운인가 아니면 불행인가?

이와 같은 상황은 당시 중국 학술계의 적지 않은 연구 속에서도 발견된다. 주첸즈(朱謙之)는 1950년대 베이징대학 철학과에서 동방철학 연구와 교학에 종사한 성과 가운데 하나인 『일본 철학사』를 1964년 베이징 싼롄서점(三聯書店)에서 출판하였는데, 이는 그 시기 유일하게 '후쿠자와 유키치 연구'라고 불릴 수 있는 연구서였다. 주첸즈는 "메이지 시기의 계몽사상" 의 장에서 후쿠자와 유키치의 문명사관을 "계몽적인 의미를 지닌 사회관 이자 역사관"으로 간주하여 논하였다. 그뿐만 아니라 '주지주의 인식론'의 판단기준 아래, 후쿠자와 유키치가 서구문명을 기준으로 삼아 당시 일본 에 대해 단지 정부만이 있고 인민이 없는 전제주의적 상황이라고 비판한 것을 적극적으로 평가하고, 동시에 또 그 문명사관에 대해서는 "줄곧 자산 계급 자유주의의 정신사관"이 관통하고 있다고 비판하는 등 논리적인 모 순을 드러내기도 하였다.[*] 이와 같이 주첸즈 역시 후쿠자와 유키치의 문명 론이 제기된 사회적 배경, 역사적 의의와 문제점에 대해서는 근본적으로 논하지 않았다.

1980년대 개혁개방과 사상해방에 따라 중국 지식계와 사상계가 다원 적으로 발전하는 시대를 맞게 되자, 후쿠자와 유키치에 대한 관심과 연구 도 다양한 경향을 보여주기 시작했다. 특히 1990년대 이후, 앞서 언급한 일 본의 중요한 두 학자의 저작 즉 마루야마 마사오의 문집 『후쿠자와 유키치 와 일본의 근대화』[**]와 고야스 노부쿠니의 『후쿠자와 유키치의 '문명론의 개략'에 대한 정독』이 중문으로 번역되어 출판되었다. 나는 이후에 더욱 폭 넓고 개방적인 사상과 역사관의 배경 아래 문명등급론을 포함한 후쿠자 와 유키치의 사상학설에 대한 연구 열기가 중국에서 다시 출현할 것이라 고 믿는다. 만약 이러한 탐구와 연구가 우리 지식구조의 여러 문제들을 반 성적으로 고찰하는 데 도움이 될 수 있다면, 후쿠자와 유키치에 대한 새로 운 반성적 연구를 더욱더 기대하지 않을 수 없다.

[*] 朱謙之, 『朱謙之文集』 第9卷, 福州: 福建教育出版社, 2002, p.172.
[**] 丸山真男著, 區建英譯, 『福澤諭吉與日本的近代化』, 上海: 學林出版社, 1992. 　역지 子

5. 결론: 글로벌 히스토리 시각과 문명등급론 및 문화전파론에 대한 비판

『식민주의자의 세계모델: 지리적 확산론과 유럽중심적 역사』에서 저자 제임스 M. 블라우트는 19세기 중엽, '경전적인 문화전파론'이 이미 유럽의 주류사상가들 사이에서 더이상 의문의 여지가 없는 명제가 되었다고 지적하고 나서, 또 '근대 문화전파론'의 변화 과정에 대해 간단하게 정리하였다. 그에 따르면, 1914년에서 1915년 사이, 유럽 지식인의 관심은 진보와 확장이 아니라 어떻게 재난을 피하고 평화를 회복할 것인가의 문제에 더욱 집중되었다. 그리하여 비록 역사와 지리 교과서에서는 여전히 득의양양하게 문화전파론의 사상이 만연해 있었지만, 문화전파론 관념은 거의 사람들의 주요 관심대상에서 멀어져갔다. 제2차세계대전이 종결된 후, 또 새로운 현대식 문화전파론이 유럽과 미국 학술사상계의 주류를 형성하였다. 이것이 바로 '현대화이론' 또는 '현대화전파론'이다. 이러한 이론은 식민지 인민의 경제와 사회진보는 바로 식민국가의 '현대화'의 전파를 통해 가능하다고 본다. 19세기 이래 비서구 국가 및 지역의 현대화 과정은 바로 '서구의 충격'에 대한 반응으로 시작되었다. 비록 서구 식민주의 체제에 대해 의문을 제기하기도 했지만, 여전히 '문명의 전파'는 객관적으로 '제3세계'를 동화시켜 그들이 현대화를 실현할 수 있도록 하는 기능을 지니고 있다고 보았다. 이러한 인식은 이후 지속되다가, 최근에 현대성 특히 과학과 이성의 절대적 권위를 비판적으로 반성하는 것을 종지로 하는 포스트모더니즘 내지 '포스트식민주의 비판'이론이 출현하고 나서야 비로소 사람들은 '문화전파론'에 대해 근본적인 반성을 하기 시작했다.*

즉 19세기 한때 성행했던 문명등급론 혹은 유럽중심 문화전파론은 아직 인문사회과학 영역 내지 인간의 일반적인 사상관념에서는 효과적인 비판과 청산이 이루어지고 있지 않다. 보다 더 심도 있는 반성과 비판을 위해서는 이제 글로벌 히스토리의 시야와 관점을 취할 필요가 있다. 이른바 '글로벌 히스토리'는 이전의 세계사의 사고가 종종 자국의 역사를 사고의 대상에서 제외했던 것과는 달리, 자국 혹은 자민족의 역사를 전지구―세계체계의 범위 또는 틀 속에 포함시켜 그 동태를 고찰한다. 따라서 세계의 문제는 동시에 자국의 문제가 되고 또 그 역도 마찬가지이다. 바꾸어 말하면, 글로벌 히스토리는 바로 자신과 타자를 동일한 '전지구적'인 시야 범위에 두고, 상호연관되고 복잡하게 얽힌 관계 속에서 역사적 맥락과 각종 문제의 면모와 방향을 드러내는 것이라 할 수 있다.

이상과 같이 후쿠자와 유키치의 문명론을 고찰한 본 연구의 문제의식은, 결코 후쿠자와 유키치 사상에 대한 전면적인 설명과 가치평가에 있거나 단지 일본 근대사를 조명하는 데 있는 것이 아니다. 그보다는 서유럽과 동아시아, 일본과 중국 사이에서 19세기에 성행한 문명등급론과 문화전파론의 '여행'의 흔적을 찾고, 이를 통해 오늘날 전체 인문사회과학의 구조적인 문제를 비판적으로 성찰하고자 한 데 있다. 또 본 연구는 글로벌 히스토리의 시각에 대한 시험적인 운용의 일환이기도 하다. 문명과 야만이라는 이원대립적인 등급화 관념, 진보와 낙후의 이데올로기적인 판단기준은 오늘날에도 여전히 우리들의 지식 가운데서 산재하는 형태로 존재할 뿐만 아니라, 인간과 인간 사이 내지 국가와 국가 사이의 차별과 혐오를 부단히 만들어내면서 평화로운 공생이라는 21세기의 완전히 새로운 정치문화 체

---

* 布勞特著, 譚榮根譯, 『殖民者的世界模式-地理傳播主義和歐洲中心主義史觀』, 北京: 社會科學文獻出版社, 2002, pp.30 34.

제를 수립하는 데 중대한 영향을 미치고 있다. 시험적인 본 연구는 바로 이러한 맥락에서 일정한 의의를 지닌다고 볼 수 있다.

6장

근대 편역으로부터 본
서학동점
: 지리 교과서를 중심으로

궈솽린郭雙林
중국 런민대학 역사학과 교수

들어가는 말

문명이라는 단어는 일찍이 청말 민초 시기에 한때 유행한 적이 있다. 당시 사람들의 말을 빌리자면, "문명, 문명, 오늘날 거의 모든 사람들의 구두선이 되었다. 심지어 아녀자, 어린아이들의 입에까지도 오르내리고 있다."* 이처럼 당시 문명은 '과학'이라는 단어와 그 유행에 있어 우열을 다툴 정도였다.** 그러나 그 유행은 그렇게 오래가지 않았다. 20세기 30년대 이후 문화라는 명사가 유행하면서 문명이라는 단어를 대체하였다. 천쉬징(陳序經)의 말에 따르면, 당시 "일반 사람들에게서 문명극, 문명결혼이라는 말은 거의 들어보기 어려웠으며, 일반 학자들조차도 문명이라는 두 글자를 그다지 많이 사용하지 않았다."*** 한때 사람들의 총애를 거의 독차지하던

---

* 和士, 「文明釋義」, 『進步』第8卷(1915) 第2號.
** 1923년 후스(胡適)는 「과학과 인생관 서문科學與人生觀序」에서 다음과 같이 말하였다. "최근 30년 동안 하나의 명사가 중국에서 거의 지고무상의 존엄한 지위를 누리고 있다. 사리를 알든 모르든, 수구적이든 개혁적인 사람이든 모두 감히 그것에 대해 경시하거나 희롱 또는 업신여기는 태도를 취할 수 없다. 그 명사는 바로 '과학'이다." 張君勱, 丁文江等著, 『科學與人生觀』, 濟南: 山東人民出版社, 1997, p.10.
*** 陳序經, 『文化學槪觀』, 北京: 中國人民大學出版社, 2005, p.30.

귀염둥이가 하루아침에 버려진 아이가 되어버린 것이다.

그러나 예상치 않게도, 반세기 동안 침묵에 빠졌던 문명이라는 단어는 혁명의 조류가 퇴조하고 나서 20세기 말에 다시 유행하기 시작했다. 위로는 중앙문건에서* 아래로는 화장실 표식에 이르기까지** 거의 문명이라는 두 글자가 쓰이지 않는 곳이 없다. 각 대학교에서는 앞다투어 문명사 과정을 개설하였고, 중고등학교 역사 교과서는 본래 역사를 설명하는 것이지만 군이 문명이라는 글자를 억지로 끼워넣어 새로움을 드러내고자 하였다. '문명'이 이렇게 사람들의 주목을 받게 되자 학계에서도 자연히 이에 주의하지 않을 수 없었다. 20세기 90년대 이래, 일련의 문명사 교과서 출판 이외에도 학술논문들도 연이어 출현하였다. 객관적으로 보자면, 이러한 연구성과는 개별문제에 있어서 중복적인 연구현상이 존재하기는 하지만, 전체적으로는 우리가 중국 내 근대 서구문명의 전파를 이해하는 데 적지 않은 기여를 하였다.

그러나 유감스럽게도 이러한 학자들의 연구는 근대 서구문명 관념에 대해 거의 긍정적인 평가가 일색을 이루며 비판의식은 거의 찾아볼 수 없었다. 역사는 무정한 것인가! 리처드 L. 루벤스타인(Richard L. Rubenstein)이 말한 바와 같이 "문명은 노예제, 전쟁, 착취, 죽음의 수용소를 의미하며, 이와 함께 의료위생, 장엄한 종교사상, 사람을 감동시키는 예술, 우아한 음악

---

* 1996년 10월 10일 중국 공산당 제14기 중앙위원회 제6차 회의에서 「정신문명 건설을 강화하기 위한 몇 가지 중요한 문제에 관한 중공중앙의 결의中共中央關於加强精神文明建設若幹重要問題的決議」를 통과시킨 것은 각지 각 부문에서 구체적인 실현을 촉진시키기 위한 것이었다. 중공중앙은 또 1997년 4월 21일 '중앙 정신문명 건설 지도위원회中央精神文明建設指導委員會'를 조직하였다.

** 현재 중국대륙의 중소 혹은 대도시를 막론하고 남자 공공화장실 소변기에는 모두 "한 걸음 다가설 때 문명은 도약한다前進一小步,文明一大步"라는 광고가 붙어 있다.

을 의미한다. ……창조와 파괴는 동시에 우리의 이른바 문명을 구성하는 불가분의 요소이다."* 문명은 창조의 과정이자 파괴의 과정이다. 만약 우리가 근대 서구문명에 대한 심도 있는 분석과 비판의 과정 없이 일면적으로 찬양만 하고 그 파괴적인 면을 간과한 채 그 '파괴'의 역사적인 함의를 바로 직시하지 못한다면, 자칫 식민주의자가 설정한 사상의 함정에 빠지기 쉽다.

사실, 현대 서구학자 가운데 독일의 노베르트 엘리아스든 아니면 영국의 레이먼드 윌리엄스, 또는 프랑스의 페르낭 브로델이든 모두 그들의 저작에서 우리에게 다음과 같이 환기시키고 있다. 즉 엘리아스는 『문명화 과정』에서 다음과 같이 지적한다. 문명이라는 "개념은 서구 국가의 자아의식을 표현하거나 혹은 그것을 민족의 자아의식으로 삼았다. 그것은 서구사회가 최근 2백 년 혹은 3백 년 동안 거둔 성취에 대한 자기인정을 포함하고 있다. 그 성취로 인해 그들은 자기들이 이전 사람들, 혹은 아직 '원시'단계에 처해 있는 동시대인들을 훨씬 능가한다고 여겼다. 서구 사회는 바로 이러한 개념을 통해 그들 자신의 특징 및 그들이 자부심을 갖는 것, 그들의 과학기술 수준, 예의규범, 과학지식과 세계관의 발전 등을 표현하고자

---

* 魯本斯坦, 『歷史的狡計』, 齊格蒙·鮑曼著, 楊渝東, 史建華譯, 彭剛校, 『現代性與大屠殺』, 南京: 譯林出版社, 2011, p.13에서 재인용.
인용문의 원 출처는 리차드 L. 루벤스타인의 『역사의 간계』이다. "Civilization means slavery, wars, exploitation, and death camps. It also means medical hygiene, elevated religious ideals, beautiful art, and exquisite music. It is an error to imagine that civilization and savage cruelty are antitheses. …… Both creation and destruction are inseparable aspects of what we call civilization." Richard L. Rubenstein, The Cunning of History: Mass Death and the American Future. Harper & Row, 1975, p.92. 지그문트 바우만 저작은 한국 번역본 지그문트 바우만 지음, 정일준 옮김, 『현대성과 홀로코스트』, 새물결, 2013 참고 ―역자 주

하였다."* 엘리아스의 이 구절(책의 전체부분을 포함하여)에는 분명 모종의 민족주의적인 정서가 함축되어 있다. 그가 말하는 '서구사회'는 말할 것도 없이 주로 영국, 프랑스를 가리키며 그 속에 독일은 빠져있다. 다시 말해서, '문명'은 영국과 프랑스 등 국가의 자아의식을 표현하기 위한 고유명사이다 (독일인은 오히려 문화라는 개념을 사용하길 원한다). 레이먼드 윌리엄스도 『키워드: 문화와 사회의 어휘』에서 civilization이라는 단어의 의미, 기원 및 그 변화를 전문적으로 고찰하고 다음과 같이 지적하였다. "어떤 의미에서 civilization이라는 단어의 새로운 의미는 18세기 후기에 두 개의 개념이 특수한 형태로 조합하여 만들어졌는데, 그것은 '진행중(process)'임을 가리키기도 하고 또 모종의 '실현된 상태(achieved condition)'를 가리키기도 하였다. 그 가운데 함축된 것은 계몽주의 보편정신이며, 세속과 진보를 강조하는 인류의 자아발전이었다." "19세기 초에 이르러 civilization이라는 단어는 근대적인 의미에 가깝게 사용되기 시작하였다. 그것은 문아한 행동거지와 예의범절을 강조하고 또 사회질서와 지식의 체계화를 강조하기도 하였다."*** "현대 영어에서 civilization은 여전히 모종의 두루뭉술한 상태 혹은 상황을 가리키며, 여전히 savagery(야만)와 barbarism(미개화)의 상대적인 의미로 쓰이고 있다."*** 일찍이 『문명사: 과거가 현재를 해석하다』에서, 브로델은 "문명과 대립적인 것은 야만이다. 문명은 반드시 온갖 어려움을 극복하고 야만에 대해 승리해야 비로소 자신의 지위를 확립할 수 있다"****

---

* 諾貝特·埃利亞斯著, 王佩莉, 袁志英譯, 『文明的進程』, 上海: 上海譯文出版社, 2009, p.1.
** Raymond Williams, *Keywords: A Vocabulary of Culture and Society*, Revised edition(New York: Oxford University Press, 1983), p.58.
*** Ibid., p.59.
**** 費爾南·布羅代爾著, 顧良, 張慧君譯, 『資本主義論叢』 北京: 中央編譯出版社, 1997, p.125.

고 지적한 바 있다. 그리고 후에 다시 『문명사강』에서 그는 "그 새로운 의미에 대해 말하자면, civilization은 일반적으로 야만상태와 서로 대립적인 상태를 가리킨다. 한편은 개화된 사람이고, 또다른 편은 원시적인 야만인혹은 야만족이다"*라고 주장했다. 이상의 여러 논자의 주장을 종합해보면 다음과 같은 결론도 가능할 것이다. 즉 '문명'은 보통의 중성명사가 아니라 '서구사회'(주로 영국과 프랑스 등 열강)가 자아의식을 표현한 고유명사이다. 또 '문명'은 고립적인 어휘가 아니라 그 배후에는 일련의 담론체계, 영향력이 심원한 등급이론이 자리잡고 있으며, 그것에 서로 대응하는 것은 서구사회가 상상한 세계모델이다.

문명에 대한 반성적 고찰은 하나의 큰 연구주제이다. 본 연구에서는 그 범위를 축소시켜 단지 근대 이후 중국에서 서구 문명등급론의 전파 상황을 고찰하고자 한다. 또 본 연구에서 사용하는 문헌은 지리학 교과서를 중심으로 하지만, 그렇다고 반드시 이에 국한되지 않음을 미리 밝혀두고자 한다.

1. 서구 문명등급론의 함의, 모델과 성행

문명등급론이란 무엇인가? 이른바 문명등급론이란 19세기 초부터 영국, 미국, 프랑스 등에서 성행하기 시작한 인류문명 발전모델에 관한 학설

---

* 費爾南·布羅代爾著, 肖昶等譯, 『文明史綱』, 桂林: 廣西師大學出版社, 2003, p.24.
이 번역서의 프랑스 및 영어본은 Fernand Braudel, *Grammaire des civilisations*(영문본: *A History of Civilisations*, translated by Richard Mayne, New York: Penguin Books, 1995) 참고. ―역자 주

이다. 이러한 학설은 세계 각지의 서로 다른 국가와 민족의 발전방향을 서로 다른 등급의 발전모델로 구분하고, 등급의 구분을 통해 식민통치에 적합한 체계적인 지식을, 일종의 사상질서를 수립하였다. 문명등급론의 전파는 그 갈피를 잡기가 매우 복잡한 과정이며 그중 가장 주목할 것은 바로 교육을 통한 전파이다. 이 학설은 1820년대에 영국, 미국 등 국가의 중고등학교 지리 교육에 반영되고 각국 국민의 일반상식이 되었으며, 아울러 점차 일종의 민족심리로 내재화되었다. 그리고 이후에 또 식민주의의 확산에 따라 세계 각지로 전파되어 보편적인 지식이자 가치관념으로 자리잡았다. 따라서 지리 교과서는 이러한 학설이 전파된 매우 중요한 경로 가운데 하나라고 할 수 있다.

유럽과 미국 등 서구 국가에서는 근대적인 의미에서의 '문명(civilization)'이라는 단어가 18세기 중반에 이미 출현하였지만, 하나의 학설로서 문명등급론이 형성된 시기는 18세기 후기에 이르러서였다. 그 사상적 연원은 18세기 영국의 데이비드 흄(David Hume, 1711-1776), 애덤 스미스(Adam Smith, 1723-1790), 애덤 퍼거슨 (Adam Ferguson, 1723-1816) 등 영국 스코틀랜드학파 사상이 중심이지만, 그 외에도 영국 법학자 에드워드 젱크스(Edward Jenks, 1861-1939), 프랑스 계몽사상가 마르키 드 콩도르세(Marquis de Condorcet, 1743-1794) 등도 문명등급론의 형성과 발전에 여러 측면에서 영향을 미쳤다.*

---

* civilization이 하나의 명사로서 출현한 시기에 대해서 논자들마다 의견이 분분하다. 페르디낭 브뤼노(Ferdinand Brunot, 1860-1938)는 그의 저서 *Histoire de la langue française des origines à 1900*에서 프랑스 중농학파의 대표자인 안 로베르 자크 튀르고(Anne-Robert-Jacques Turgot, 1727-1781)가 가장 먼저 '문명'이라는 단어를 사용했다고 하였다. 그러나 엘리아스는 Dupont de Nemour 판본과 Schelle의 판본 목록에서 이 단어가 출현한 것 이외에, 튀르고의 삭품에서 이 난어를 찾아볼 수 없나고 하였나(諸뵈쀻 ·

19세기 영국, 미국 등 국가에서 유행한 문명등급론은 주로 3등급, 4등급, 5등급의 모델이 있었으며, 그 가운데 4등급 모델이 가장 많고 그다음이 5등급 모델이고 3등급 모델이 가장 적었다.

　　이른바 3등급 문명론 모델은 당시 세계 각지의 다양한 민족을 야만(the savage), 몽매(the barbarous) 혹은 반문명(the half-civilized), 문명(the civilized)의 세 등급으로 분류하는 것이다. 량잔의 연구에 따르면, 가장 먼저 3등급 문명론 모델을 사용한 사람은 아마도 영국의 지리학자 Th. 애덤스(Th. Adams)였다. 그는 일찍이 「일반지리학의 역사-정치입문」*에서 세계 사람들에게 알려진 모든 국가를 '야만민족(les peuples sauvages)', '몽매 혹은 반개화 민족(les barbares ou demi-sauvages)'과 '개화민족(les peuples civilisés)'의 3등급으로 구분하였다. 이 글은 덴마크계 프랑스 지리학자인 콘래드 말테 브룬(Conrad Malte-Brun)과 그의 스승 에드마 멘텔레(Edme Mentelle, 1730-1816)가 주편을 맡고, 여러 국가의 지리학자, 역사학자, 박물학자, 여행가 들이 집단으로 편찬하여 1803년 프랑스 파리에서 출판한『수학, 자

埃利亞斯著, 王佩莉, 袁志英譯, 『文明的進程』, 上海: 上海譯文出版社, 2009, p.588). 브로델은 civilization을 법률용어 가운데 하나이며 대략 1732년에 이미 출현하였다고 보았다. 현대적인 의미—"개화 상태로 나아가는 과정"—로서의 civilization은 1752년 튀르고가 그의 통사관련 저작에서 사용한 적이 있지만, 그 저서는 당시 공개적으로 발표되지는 않았다. 그 단어가 출판물에 정식으로 가장 일찍 출현한 것은 1756년『인구론』이라는 저작이었는데, 그 저작의 저자는 빅토르 리케티, 즉 미라보 후작(Victor Riqueti, Marquis of Mirabeau, 1715-1789)이다(費爾南·布羅代爾著, 肖昶等譯, 『文明史綱』, 桂林: 廣西師範大學出版社, 2003, p.23). 마지막으로 보충하자면, 몽테스키외, 루소와 애덤 스미스, 특히 스미스가 1750년 전후에 제기한 사회단계론은 문명개념의 현대적 함의에 대해 중요한 기여를 하였다.

* *Introduction historico-politique à la géographie universelle*, 량잔의 「문명, 이성과 종족개량: 대동세계의 구상」, 본서 172쪽 두번째 각주 참고. —역자 주

연과 정치지리학』에 발표되었다.* 1810-1829년 말테 브룬이 출간한 『일반
지리학』에서도 애덤스의 3등급 문명론을 베껴 서술하였는데, 다른 점이 있
다면 그가 제2등급인 '몽매 혹은 반(半)야만 민족(les barbares ou demi-sau-
vages)'을 '몽매 혹은 반개화 민족(les peuples barbares ou demi-civilisés)'으로
바꾸었다는 것이다.** 이 책의 영문판은 각각 1822년과 1824년 영국 런던
과 미국 보스턴에서 출판되었다. 그는 다음과 같이 서술하고 있다.

여러 민족은 대체로 3개의 유형으로 구분할 수 있다. 야만인을 말하
자면 그들은 쓰기능력이 없거나 문자와 비슷한 관습적인 기호를 사용
하여 자신들의 사상을 안정적으로 유지(fixing their thoughts)할 줄 모른
다. 그들의 모호하고 확고하지 못한 관념은 단지 그들의 감관을 자극하
는 대상과 연관이 있을 뿐이다. 그들은 우리가 볼 때는 매우 우스꽝스러
운 방식으로 자신들의 몸을 치장하는 데 열중한다. 그들은 신체를 단련
하기를 좋아하며 이 방면에서는 우리보다 훨씬 낫다. 그들은 주로 약간
의 채마밭을 일구거나 낚시와 수렵에 종사한다. 그러나 그들 가운데 일
부는 아름다운 공예품을 만들고 심지어는 넓고 아름다운 주택을 소유하
기도 한다. 몽매인 혹은 반문명인은 쓰기나 성문법을 이해하고, 정식 경
축 활동으로 종교의식을 표현하며 또는 더욱 정돈된 군사제도라는 측
면에서 이미 야만적 상태에서 벗어났음을 명확히 보여준다. 그러나 이
들이 갖춘 지식은 잡다하고 지리멸렬한 관찰─그들의 기예는 일상적인
업무와 마찬가지로 반복된다─에 지나지 않으며, 그들의 책략은 위험

---

* *Géographie mathématique, physique et politique de toutes les parties du monde*, 량
잔의 「문명, 이성과 종족개량: 대동세계의 구상」, 본서 172쪽 두번째 각주 참고.─역자 주
** 본서 량찬의 논문 「문명, 이성과 종족개량: 대동세계의 구상」 참고.

한 순간에 변경을 방어하는 데 국한되거나 혹은 아무런 계획도 없이 공격을 감행하기도 한다. 그들의 진보는 전체적으로 보면 느리고 불안정하다. 왜냐하면 심지어 문명으로 나아가는 과정에서도 자신들이 마땅히 추구해야 할 그들의 위대한 목표에 대해서 아는 것이 전혀 없기 때문이다. 문명적인 민족의 특징은 다음과 같다. 그들은 과학적인 형식으로 지식을 분류한다. 그들은 수공업 수준을 향상시키고 인류 마음의 다양한 감정을 표현함으로써 '순문학'을 창조한다. 그들은 일정한 입법과 정책, 전쟁 체계를 갖추고 있고, 목전의 환경을 위해 계획할 뿐만 아니라 미래를 위해 계획하기도 한다—이러한 민족 내에서는 미신이나 광신에 의해 오염되지 않은 기독교가 공공도덕을 순화하고 향상시키는 데 있어서 적극적인 영향을 발휘한다. 마지막으로 이러한 민족은 위대한 공법원칙을 승인한다. 즉 평화 시기에는 친구를 대하듯 각각의 다른 국가들을 대하고, 전쟁 시기에는 각각의 적대 국가를 존중한다. 그리고 전혀 방어능력을 갖추지 못한 공민의 재산권을 인정한다.*

이른바 4등급 문명론 모델은 당시 세계 각지의 다양한 민족을 야만(the savage), 몽매(the barbarous), 반문명(the half-civilized)과 문명(the civilized)의 4개 등급으로 구분하는 것이다. 1819년 미국의 조셉 에머슨 우스터(Joseph Emerson Worcester)는 『고금 지리학 원리』를 편찬하여 보스턴에서 출간하였다. 이 책에서 그는 자연지리 중의 '인류(Man)'에 대해 "인류라는 물종物種은 야만상태(the savage state)**, 몽매상태(the barbarous state), 반문명상태(the

---

* Conrad Malte-Brun, *Universal Geography*, vol.1(Boston: Wells and Lilly, 1824), pp.599-600.
** 지금까지 savage라는 단어에 대한 번역은 매우 혼란스럽다. 옌푸(嚴復)는 그것을 이

half-civilized state), 그리고 문명상태(the civilized state)로 존재한다고 볼 수 있다'라고 말하고, 또 각 문명유형의 특징 및 호칭에 대해서 다음과 같이 비교적 상세하게 소개하였다.

야만상태에서 사람들은 거의 완전히 수렵, 어로, 지구상의 천연자연물에 의존하여 생활한다. 오스트레일리아(New Holland)와 그 인근 도서 지역 주민, 아프리카 주민 대부분, 아메리카 토착민을 야만인이라고 할 수 있다.

몽매상태에서 생존은 주로 목축과 일부 조잡한 농업에 의존한다. 중세기 전체 유럽은 모두 몽매상태에 있었다. 현재 이러한 상태에는 야만

(夷)로, barbarous를 적(狄)으로 번역하였다. 영어의 맥락에서 the savage, the barbarous, the half-civilized, the civilized와 the enlightened는 명확한 등급관계를 지니고 있다. 중국 전통문헌에서도 일찍이 몇 가지 문명등급론을 제기한 적이 있다. 예를 들어 춘추 시기에 쓰인 『국어國語』에서는 다음과 같이 '오복五服'을 제기하였다. "선왕의 제도는 나라 안은 전복甸服을, 나라 밖은 후복侯服을, 후위侯衛는 빈복賓服, 만이蠻夷는 요복要服, 융적戎狄은 황복荒服으로 삼았다"고 하였다. 후에 『주례周禮』에서 또 '구복九服'설을 제기하였다. "사방 천리를 왕기王畿라 하고, 그로부터 바깥 사방 5백리를 후복侯服이라고 하며, 또 그로부터 바깥의 사방 5백리는 전복甸服, 또 그로부터 바깥의 사방 5백리는 남복男服, 그로부터 바깥의 사방 5백리는 채복采服, 또 그로부터 바깥 사방 5백리는 위복衛服, 그로부터 바깥 사방 5백리는 만복蠻服, 그로부터 바깥 사방 5백리는 이복夷服, 그로부터 바깥 사방 5백리는 진복鎭服, 그로부터 바깥 사방 5백리는 번복藩服이라고 한다." 한어의 맥락 속에서 이러한 학설도 명확한 논리와 등급관계를 지니고 있지만, '오복'설 중의 "만이는 요복, 융적은 황복."이든 '구복'설 중 '만복'과 '이복'이든 그 내포적인 함의가 명확하지 않을 뿐만 아니라 서로 모순되기도 한다. 따라서 savage, barbarous의 대역(對譯)으로 삼을 수 없다. 청말 일부 선교사가 savage, barbarous를 야만으로 번역하였는데, 이는 두 개념 사이의 의미 차이를 무시한 것으로 결코 적절하지 않다. 민국 시기 이후 혹자는 savage를 미개화(未開化)로 번역하였다. 그러나 '미개화'는 '반개화半開化' 및 '개화'의 상대적 의미를 가리킨다. 만약 savage를 '미개화'로 번역하고 barbarous도 '미개화'에 속한다면, the civilized를 다시 개화로 번역해야 하는데 이는 또 후쿠자와 유키치의 번역방식인 '문명'과 혼동을 야기하게 된다.

족을 제외한 아프리카 북부 지역, 아라비아의 일부 지역, 중앙아시아, 북아시아 일부 지역이 해당된다.

반문명상태에서 농업과 제조업은 이미 매우 높은 수준에 도달했지만, 대외무역은 매우 제한적으로만 존재한다. 이러한 상태에 있는 것은 터키, 페르시아, 힌두스탄(Hindustan, 즉 인도), 중국이 있다.

문명상태는 상당히 다양하기는 하지만 인류사회의 가장 진보한 형식이다. 이러한 상태는 유럽 대부분 지역, 미국, 아메리카 일부 지역이 해당된다.*

이것이 전형적인 4등급 문명론 모델이며, 18세기 중반 애덤 스미스의 4등급 사회단계론에서 유래했다.** 또 현재까지 알려진 바에 따르면, 영국과 미국 등의 지리 교과서에서 가장 먼저 기술된 문명등급론이기도 하다.

1820년 조셉 에머슨 우스터는 또다른 지리학 교과서인 『현대 지리학 강요』를 편찬하여 보스턴에서 출간하였는데, 그 가운데 자연지리 부분에서 '인류'라는 제목 아래 문명의 4등급과 그 특징, 호칭대상에 대해 간략히 소개하였다.*** 그리고 1823년에는 제3권 지리학 교과서인 『지구와 그 주민의 개요』에서 이러한 견해를 재차 반복하였다.**** 이 외에도 1822년 제디디

---

* Joseph Emerson Worcester, *Elements of Geography, Ancient and Modern*(Boston: Flagg & Gould for Swan, 1819), p.18.

** 애덤 스미스는 그의 『국부론』과 『법학강의록』에서 인간사회의 발전단계론을 제시하였는데, 특히 『법학강의록』에서 자세히 서술하였다. 그에 따르면 인간사회는 수렵, 목축, 농업, 상업의 네 단계로 발전해왔다. 이근식, 『애덤 스미스의 국부론 읽기』, 세창출판사, 2013, pp.70-71 참고. ─역자 주

*** Joseph Emerson Worcester, *An Epitome of Modern Geography*(Boston: Cummings and Hilliard, 1820), pp.14-15.

**** Joseph Emerson Worcester, *Sketches of the Earth and Its Inhabitants,*

아 모스(Jedidiah Morse)와 그 아들 시드니 E. 모스(Sidney Edwards Morse)가 공동으로 편찬하여 역시 미국 보스턴에서 출간한 『신체계 지리학』 제 23판, 그리고 영국 에든버러에서 총 6권으로 출판된 『에든버러 지리사전』 중 제1권 서문에서도 4등급 문명론에 대해 다양한 형식으로 소개하고 설명하였다. 이러한 지리 교과서는 대부분 인쇄가 수차례 거듭되었고 그 영향도 매우 광범위했다.*

이른바 5등급 문명론 모델은 야만(the savage), 몽매(the barbarous), 반문명(the half-civilized), 문명(the civilized) 이후에 다시 개화(the enlightened)의 등급을 둔 경우를 말한다. 지금까지 알려진 바에 의하면 5등급 문명론 모델을 가장 먼저 사용한 것은 미국의 윌리엄 C. 우드브리지(William C. Woodbridge)였다. 1821년 우드브리지는 『지리학 입문』을 편찬하여 하트퍼드(Hartford)에서 출판하였다. 이 책에서 그는 '문명'이라는 제목 아래 지구상에 존재하는 것으로 확인된 인류는 야만, 몽매, 반문명, 문명, 개화 등 5종류의 사회 상태에서 살고 있다고 보고,** 아울러 각종 문명유형의 특징과 포괄대상에 대해서 상세하게 소개하였다. 이 책도 그후 여러 차례 수정되고 인쇄되었다. 즉 현재 확인된 것만 보아도, 1825년 제3차 수정본의 제5판, 1828년 제9판, 1829년 제11판이 있다. 1824년 우드브리지는 트로이(Troy) 여자중학교 교장 엠마 윌러드(Emma Willard)와 공동으로 편찬한 『고금 지리통론』을 하트퍼드에서 출판하였는데, 그 저서에서 '문명'을 논할 때

---

vol.1(Boston: Cummings, Hilliard & Co., 1823), p.5.

* Jedidiah Morse, Sidney Edwards Morse, *A New System of Geography*(Boston: Richardson & Lord, 1822), pp.39~41. "Introduction" to *The Edinburgh Gazetteer, or Geographical Dictionary*, Vol.1(Edinburgh: Archibald Constable and Co., 1822).

** Albert M. Craig, *Civilization and Enlightenment: The Early Thought of Fukuzawa Yukichi*(Cambridge: Harvard University Press, 2009), p.36.

다시 5등급 문명론 모델을 비교적 상세히 설명하였다.* 1825년에 출판된 『지리학 입문』가운데 '문명' 주제하의 다음 설명은 바로 5등급 문명론의 구체적인 내용을 잘 보여준다.

인류가 처해 있는 5종류의 사회 상태가 발견되었다. 즉 야만(the savage), 몽매(the barbarous), 반문명(the half-civilized), 문명(the civilized), 개화(the enlightened)가 그것이다. 사회적인 상태는 인간의 지식, 기술적 능력(건축, 방직, 야철 수준 등)과 그들의 행위방식, 풍속습관에 의거하여 결정된다.

첫째, 야만상태에서 인간은 주로 어로와 수렵 혹은 약탈을 통해 생존을 유지하고, 짐승의 가죽을 옷으로 삼으며, 대개 노천에서 거주하거나 매우 간단하고 누추한 작은 움막에서 생활한다(서북 지역, 시베리아, 오스트레일리아의 판화 참고). 그들은 농업이나 제조 공예에 관한 지식이 매우 빈약하고 영토관념 혹은 법률체계가 결여되어 있다. 그들이 도시 및 읍이나 향촌에서 집단을 이루어 거주하는 경우는 드물다.

둘째, 몽매상태에 있는 민족은 농업 혹은 소나 양떼 방목에 의지하여 생활한다. 그들은 일련의 제조 공예에 관한 지식을 갖추고 있다(체르케스, 타타르, 아라비아반도, 남아프리카 판화 참고). 몽매민족은 향촌에 집단 거주하고 정규적인 정부조직과 종교조직의 형식을 가지고 있다. 그러나 그들은 쓰기문자와 서적이 없다. 야만인과 몽매인은 항상 잔인하고 보복성을 가지고 있을 뿐만 아니라 여성들을 노예 대하듯이 강제로 노동

---

* William C. Woodbridge and Emma Willard, *Universal Geography, Ancient and Modern*(Hartford: Oliver D. Cooke & Sons, 1824), p.166.

에 종사시킨다.

셋째, 반문명상태는 중국이나 남아시아 민족들처럼 농업과 수많은 정교한 공예를 알고 있으며, 서적과 학문도 보유하고 있고 확정된 법률과 종교도 가지고 있다. 그들은 여전히 여성들을 노예처럼 대하며 야만민족과 같은 많은 습관들도 유지하고 있다.

넷째, 문명상태에 있는 국가는 폴란드, 남아메리카 국가들이 해당된다. 이들 국가는 매우 높은 수준의 기술 특히 인쇄술을 보유하고 있으며 여성들을 동반자처럼 대우한다. 아직 미개화한 문명민족 가운데는 많은 습관들이 몽매한 상태에 남아 있으며, 그 가운데 대부분 사람들은 여전히 매우 무지하다.

다섯째, 개화한 민족은 대부분의 유럽 국가처럼 내부적으로는 지식이 이미 보급되고, 과학과 기술이 매우 발전해 있다.*

각 국가의 문명 정도는 책 뒷부분의 세계도표를 통해 보여주고 있으며, 또 수업 이후의 과제로서 인류사회의 형태는 어떻게 구분하는가, 야만, 몽매, 반문명, 문명, 개화란 무엇인가 등등의 연습문제가 부가되어 있다.

이상에서 알 수 있듯이, 이상 3종류의 문명등급론 모델 가운데 문명 3등급론이 가장 먼저 출현하였으며, 적어도 1803년에 이미 세상에 모습을 드러냈다. 문명 4등급론과 5등급론은 이보다 다소 늦은 시기인 대략 1819년에서 1822년 전후에 발표되었다. 그후 근 1세기 동안 문명등급론과 관련하여 더이상 새로운 모델이 등장하지는 않았다.

---

* William C. Woodbridge, *Rudiments of Geography*(Hartford: Oliver D. Cooke & Sons, 1825), fifth edition, pp.48~50.

여기서 지적할 것은 어느 모델이든 문명등급론은 모두 피라미드처럼 문명 혹은 개화 국가를 정점에 두고 야만국가는 맨 아래에, 몽매와 반문명 국가는 그 중간에 배치했다는 점이다. 이는 일종의 전형적인 등급구조이다. 각 등급은 모두 명확한 지시 대상이 있었기 때문에, 문명등급론은 동시에 세계 문명지도이자 세계모델 특히 식민주의자의 세계모델 역할을 하였다.

서구 문명등급론은 19세기 초기에 영국과 미국 중고등학교의 지리 교육 내용에 포함된 이후 매우 빠르게 확산되었다. "1830년대에서 1870년대까지, 문명 발전단계의 목록표가 고등학교 지리 교과서의 표준적인 특징이 되었다." "문명등급론은 (……) 세계 각지의 종교, 언어, 종족, 정부에 대한 간단한 묘사와 더불어 지리학의 부가적인 기능으로 간주되었다. 그것은 자주 교과서의 앞부분이나 뒷부분에 삽입되었는데, 이들 교과서는 주로 각각의 대륙 혹은 국가를 통해 세계를 설명하였다." 1880년대 이후, 이러한 문명발전의 목록을 배치하는 방식은 더이상 유행하지 않았다. 그러나 그것이 남긴 가설은 여전히 매우 성행하였다. 심지어 1890년대 전반과 그 이후에도 문명 발전수준에 근거하여 각 국가와 종족의 상대적인 성과를 논하는 현상은 여전히 존재했다. "따라서 거의 1세기 동안 이러한 야만(savagery)에서 문명으로의 직선적인 진보관념이 미국 중고등학교 교육의 기준 가운데 하나였다고 해도 전혀 과장이 아니다."*

사실, 19세기 동안 "야만에서 문명으로의 직선적인 진보관념"은 미국 중고등학교 교육의 표준 가운데 하나였을 뿐만 아니라 영국 내지 전체 유럽 중고등학교 교육의 표준 가운데 하나였다. 본 연구에서 주로 논하고자

---

* Albert M. Craig, *Civilization and Enlightenment: The Early Thought of Fukuzawa Yukichi*, p.38.

하는 것은 근대 중국에서 서구 문명등급론의 전파 상황이다. 따라서 서구의 상황에 대해서는 이상과 같이 약술하는 것으로 끝내고 더이상 논하지는 않겠다.

교과서의 목적은 학생들에게 과학과 문화 지식을 전수함으로써 현대 민족국가의 국민을 양성하는 것이다. 그러나 19세기 영국과 미국 등에서 교과서 특히 지리학 교과서는 문명등급론의 주요 담지체였다. 이러한 교과서가 보편적으로 사용되면서, 문명등급론도 전체 서구사회의 각 계층으로 보급되어 하나의 상식이 되었고 아울러 점차 일종의 민족적 심리로 내재화되어갔다.

문명등급론은 유럽과 미국에서 초등 및 중고등 교과서를 통해 보급되어 일종의 상식이 되었을 뿐만 아니라 서구의 식민지가 세계 각지로 확대됨에 따라 점차 보편적인 지식과 가치가 되었다.

2. 청말 서양지식의 번역과 서구 문명등급론의 전파

문명등급론은 근대 중국 역사에서 그 영향이 매우 광범했을 뿐만 아니라 거의 골수에까지 깊이 파고들었다. 문제는 문명등급론이 어떻게 지리 교과서를 통해 중국에 유입되고 아울러 보편적으로 유포되었는가 하는 점이다. 문명등급론이 동양으로 전파된 통로는 매우 다양했다. 그중에서도 서양어 서적의 직접적인 번역은 당연히 매우 중요한 경로였다.

서양서적의 중문 번역 역사를 논하자면 아편전쟁 시기 임칙서가 광둥에서 조직한 통번역 활동을 거론하지 않을 수 없다. 그 가운데 『사주지四洲志』는 주로 영국인 计 머리(Hugh Murray, 1779-1846)의 『세계지리대전An Ency-

clopædia of Geography』으로부터 번역한 것이다. 『세계지리대전』은 처음 1834년 영국 런던에서 출판되었다가 1837년 제목에 미세한 변화를 주어* 미국 필라델피아에서 출판되었으며, 그후에도 여러 차례 재인쇄되었다. 이 책 가운데 '인류의 문명과 사회상황(The Civil and Social Condition of Man)'에서 다음과 같이 서술하고 있다.

국민성(national character)은 모든 곳에 존재한다. 세부적인 내용은 종종 과장되고 주관적인 억측으로 묘사되거나 아무런 분별도 없이 경솔하게 개인에게 강제되기도 한다. 하지만 일정 정도 이러한 변화와 차이는 여러 민족들 사이에서 확인할 수 있다. 그중 가장 큰 차이는 기술과 학문〔文學〕, 지식과 용모 및 자태의 발전 상황이다. 이러한 상황은 야만, 몽매 그리고 문명으로 구분할 수 있다. 첫째, 야만은 아무런 진보가 없다. 둘째, 몽매는 진보가 있기는 하지만 아직 충분히 성숙하지 않았다. 셋째, 문명은 이미 일정한 성숙 단계에 도달했다. 야만국가는 아메리카 원주민과 남해의 섬 주민들 사이에서 발견된다. 전자는 어쨌든 이미 유럽 식민주의자에 의해 대체되었다. 몽매국가는 전체적으로 보면 아프리카에 편재해 있을 뿐만 아니라 아시아 대부분 지역에까지 뻗어 있다. 문명국가는 동아시아 각 제국 내에 존재할 뿐만 아니라 더 높은 수준과 또 다른 특징으로부터 보면, 유럽 각 국가 및 각지에 산재한 그 교민들 가운데에 존재한다. 최근에는 문명도 점차 전진하는 상황을 보여주고 있다. 하지만 세계 기타 지역에서 문명은 거의 변화가 없다.**

---

* *An Encyclopædia of Geography*라는 서명 중 관사 An을 The로 바꾸어 출판하였다. ─역자 주
** Hugh Murray, *An Encyclopædia of Geography*(London: A. Spottiswoods,

위 인용문에는 바로 3등급제 문명론 모델이 나타나 있다. 1839년 임칙 서가 번역관을 조직하여 『사주지』를 번역할 때는 그 가운데 각 지역의 지 리적 상황에 관한 내용만을 선택하고, 그중의 문명등급론에 관한 내용은 번역에서 제외했다. 물론 문명등급론은 일종의 세계모델이자 지식구조로 서, 『사주지』에서 아프리카 흑인과 아메리카 인디언, 오스트레일리아 원주 민 등 민족, 국가와 지역의 지리 상황을 소개할 때 문명등급론의 내용이 완전히 반영되지 않았다고 할 수는 없지만, 어쨌든 그 학설을 체계적으로 소개하지는 않았다.

지금까지 알려진 바에 의하면, 문명등급론을 최초로 비교적 명확하고 체계적으로 중국에 소개한 것은 마카오에서 출생한 포르투갈인 마르케스 (José Martinho Marques, 瑪吉士, 1810-1867)였다. 1847년 마르케스는 그가 편 찬한 『외국지리비고外國地理備考』(제4권) 중 '지구총론地球總論'에서 세계 각지 의 인종 분포상황을 소개한 후 다음과 같이 설명하였다.

또 천하만국의 사람들은 하, 중, 상의 3등급으로 구분된다. 하등급은 글 자를 알지 못하고 책을 읽지 못하며 시문 및 서화와 교육에 관해 전혀 아는 바가 없다. 종사하는 분야도 단지 어로와 수렵일 뿐이다. 원래 이 러한 하등의 사람들은 일정한 거주지가 없고 각지를 떠돌면서 목축을 한다. 중등급의 사람들은 이미 문자를 익히고, 또 일정한 법률제도를 갖 추고 있어 하등급보다 뛰어나다. 그들은 국가를 수립하기도 한다. 하지

<hr />

1834), p.275; Hugh Murray, *The Encyclopædia of Geography*, Vol.1(Philadelphia: C. Sherman and Co, 1857), pp.281-282 참고.

만 그 견문은 여전히 미천하고 협애할 뿐만 아니라 질서와 체계가 없다. 상등급의 사람들은 학문을 연마하고 인재를 배양하며 그 기예를 단련하여 더욱더 유용하게 만든다. 도덕을 수양하고 의리義理로써 인격을 완성한다. 경전과 법도에 체계가 없는 것이 없다. 천하가 태평성대일 때는 이웃 국가와 교류함에 예의禮義로써 서로 대하고, 전쟁이 발발하면 적을 막고 가족과 일신을 보호한다.*

위 인용문 역시 일종의 3등급 문명론 모델을 주장하고 있다. 그러나 마르케스는 어느 국가가 상등급에 속하고, 어느 국가가 중등급 또는 하등급에 속하는지에 대해서 구체적인 설명을 하지 않았다. 위의 '지구총론'은 후에 위원의 『해국도지』 100권본에 수록되어 널리 유포되었다.** 또 1877년

---

* "又天下萬國之人, 有下中上三等之分. 夫下者則字莫識, 書莫誦, 筆墨學部, 全弗透達, 所習所務, 止有漁獵而已矣. 原此等人並無常居, 惟遊各處, 隨畜牧也. 夫中者則卽習文字, 復定法制, 逐出於下等, 始立國家. 而其見聞仍爲淺囿, 更無次序也. 夫上者則攻習學問, 培養其才; 操練其藝, 加利其用; 修道立德, 義理以成; 經典法度, 靡不以序. 河淸海晏之時, 則交接邦國, 禮義相持; 軍興旁午之際, 則捍禦仇敵, 保護身家焉." 瑪吉士, 『外國地理備考』, 海山仙館叢書本,道光丁未年(1847)刻本, 卷四, pp.3-4.(원문은 아래 『해국도지』의 원문과 비교할 수 있도록 역자가 보충한 것임.) —역자 주

** 魏源, 陳華等點校, 『海國圖志』(下), 長沙: 嶽麓書社, 1998, p.1890 참고. 『해국도지海國圖志』에는 다음과 내용이 수록되어 있다. "무릇 천하만국의 사람들은 하, 중, 상 등급으로 구분한다. 하등급은 문장의 의미와 학문을 전혀 모르며 단지 어로와 수렵에 종사하고 각처를 떠돌면서 유목생활을 한다. 중등급은 문자를 익히고 법제를 정하며 국가를 수립한다. 그러나 그 견문이 얇고 고루하여 심원하지 못하다. 상등급은 학문을 익히고 도덕을 수양하며, 경전과 법도를 모르는 바가 없다. 화평 시기에는 다른 나라들과 교류하며 서로 예의를 갖추어 대하고, 전쟁이 발발하면 적을 막고 물리쳐 집과 국가를 보호한다夫天下萬國之人, 有下中上三等之分. 下者則全不知有文義學問, 止務漁獵, 遊牧各處. 中者則習文字, 定法制, 立國家; 但其見聞淺陋無深遠. 上者則攻習學問, 修道立德, 經典法度, 靡不通曉; 承平則交接邦國, 禮義相持; 軍興則捍禦仇敵, 保護國家." 이러한 내용은 1847년 인쇄된 『외국지리비고』원문과 일정한 차이가 있다. 이로부터 볼 때, 『외국지리비고』는 1847년도 판본 이외에도 또다른 판본

왕석기(王錫祺)가 '소방호재여지총초小方壺齋輿地叢鈔' 초편(初編)을 편집하면서 이 '지구총론'을 그 총서의 제1집에 포함시킴으로써* 마르케스의 문장이 더 확산되었다.

1856년 영국 선교사 제임스 레게(James Legge, 1815-1897)는 홍콩의 영화서원에서 영한문 대조의 『지환계몽숙과초보智環啓蒙塾課初步』를 출판하고 나서, 이후에도 그것을 수차례 더 인쇄하였다. 그 책은 영국 요크셔(Yorkshire)의 한 농아학교 교장이었던 찰스 베이커(Charles Baker)가 편찬한 『단계별 독서: 200개 과정의 지식전체를 포함Graduated Reading: Comprising a Circle of Knowledge in 200 Lessons』을 저본으로 삼아 편역한 것이다. 사실 이 책은 『지환교사수책智環敎師手冊The Teacher's Handbook to the Circle of Knowledge』과 한 세트로 구성되었는데, 이 두 책자는 모두 4개 단원 분량으로 4등급제 문명론 모델을 소개하고 있다. 특히 『지환교사수책』은 교사용으로, 각종 문명유형의 특징에 대해 더욱 상세하게 소개하고 있다. 그 가운데 『지환계몽숙과초보』 154과에서 157과까지의 내용은 다음과 같다.**

제154과 거칠고 졸렬한 국가를 논함

어떤 국가들은 매우 거칠고 졸렬하여 교화가 전혀 없다. 사람들은 짐승의 가죽을 입고 먹는 것은 야생의 과일과 풀뿌리이거나 혹은 사냥한 짐승의 고기이다. 남북 아메리카 두 대륙과 오스트레일리아 및 뉴질랜드 두 섬의 원주민들이 모두 이와 같이 거칠고 졸렬하다. 아프리카 내지의

이 있었음에 틀림이 없다.

* 王錫祺, 『小方壺齋輿地叢鈔』 第1帙, 杭州: 杭州古籍書店, 1985년 영인본, pp.3-4 참고.
** 理雅各, 『智環啓蒙塾課初步』, 香港: 香港英華書院, 1864, pp.36-39.

흑인도 태반이 또한 이와 같다.*

제155과 거칠고 떠도는 국가를 논함

국가에는 도성과 일정한 거주지가 없다. 백성은 가축 떼를 먹이기 위해 목초지를 찾아 각 지역을 떠돌거나 혹은 기회를 엿보다 이웃 부락을 침범한다. 이들을 모두 거칠고 떠도는 국가라고 부른다. 아프리카 대륙과 타타르, 아라비아, 페르시아 등 여러 국가의 광야에 비교적 많이 존재한다. 그 가운데는 촌락에 거주하고 경작하여 토산물로 유럽의 제조품과 교역하는 경우도 있다.**

---

* 저자는 본문에서 『지환계몽숙과초보』의 원문인 중문과 영문을 모두 소개하고 있는데, 본 역서에서는 저자의 의도를 고려하여 독자들이 비교할 수 있도록 중문과 영문의 원문을 다음과 같이 각주로 소개한다. 이하 동일함. ―역자 주

第一百五十四課 國之野劣者論

有等邦國, 甚是野劣, 全無敎化. 人衣獸皮, 食則野果草根, 或獵獸而取其肉. 亞墨利加南北二洲, 澳大利亞, 新西蘭二島, 其土人皆是野拙如此. 阿非利加內地之黑人, 大半亦然.

Lesson 154 Savage Nations

Some nations exist in a savage state. They dress in skins, and feed on wild fruits, roots of plants, and the flesh of animals caught in the chase. The North American Indians, the Indians of South America, the natives of Australia and New Zealand, and most of the Negroes in the interior of Africa, are in a savage state.

** 원문은 다음과 같다. ―역자 주

第一百五十五課 國之野遊者論

國無都城定處, 民遊各方尋芻以牧群畜, 或尋機以侵鄰部者, 皆稱野遊之國也. 阿非利加洲, 撻撻裏, 亞剌伯, 波斯, 數邦之曠野, 較別地多有之. 其間或有居村落者, 乃耕田, 以土產易歐羅巴制造之貨物.

Lesson 155 Barbarous Nations

Those nations are called barbarous that have no capital cities and certain dwelling-places, but wander about to obtain food for their flocks, or to make war on neighbouring tribes. Such nations are found chiefly in the deserts of Africa, Tartary, Arabia, and Persia. Some of them possess villages, practise agriculture, and obtain European manufactures by barter.

제156과 교화가 되기는 했지만 완전하지 못한 국가를 논함

어떤 나라의 백성은 격물치지 방면에서 이미 일정한 성취를 거두고, 교화와 정치 방면에서도 이미 실행을 하고 있지만, 단지 그 일부를 이루었을 뿐 전체적으로 원숙한 상태에는 이르지 못했다. 예를 들어 아프리카의 몇몇 국가들, 아시아의 인도, 일본, 페르시아, 터키 등 국가가 모두 그러하다. 이러한 나라 사람들은 경작을 하고 공예에 대해서도 자못 알고 있으며 법과 서적이 있다. 다만 유용한 기예의 측면에서는 아직 발달하지 못했으며 참혹한 습관도 잔존한다.*

제157과 교화가 이루어지고 자못 완전한 국가를 논함

에스파냐, 포르투갈, 이탈리아, 러시아, 폴란드 등 국가는 교화가 이루어지고 전면적으로 발전한 국가라고 할 수 있다. 그 나라의 지식인은 기예와 학문〔文學〕에 숙달되어 있으며, 단지 평민들 가운데만 아직 어리석은 자가 많다. 이 외에 유럽의 나라들과 아메리카 합중국의 백성들은 천하에서 가장 명철한 상태에 도달해 있다.**

---

* 원문은 다음과 같다. —역자 주

第一百五十六課 國之被教化而未全者論

有等邦國之民, 於格物致知, 已有所獲, 於教化政治, 已有所行, 但僅得其偏, 而未得其全者. 如阿非利加數國, 亞西亞之印度, 日本, 波斯, 土耳其等國皆然. 如此之邦, 其人耕田, 頗識工藝, 有法有書, 惟於有用之藝, 多所未達, 而習俗亦有慘酷者.

Lesson 156 Half-civilized Nations

The people of some countries are partly civilized. Such are found in Africa, in Hindostan, in Japan, in Persia, in Turkey, and other countries of Asia. They cultivate the soil, and know a few arts. They have laws and some books, but they are mostly ignorant of the useful arts. Many of their customs are barbarous.

** 원문은 다음과 같다. —역자 주

이상에서 보듯이, 서구인의 문명등급론에서 중국인에 대한 멸시와 차별을 은폐하기 위해, 그리고 중국인 독자들의 감정을 고려하여, 제임스 레게는 "교화가 되기는 했지만 완전하지 못한" 아시아 국가들 가운데서 중국을 생략해버렸다.

왕도(王韜)가 19세기 40년대 이후 상하이 묵해서관(墨海書館)과 홍콩에서 메드허스트(Walter Henry Medhurst, 1822-1885), 와일리(Alexander Wylie, 1815-1887), 레게 등의 저서에 대한 번역 활동을 함께 해왔던 점을 고려하면, 그도 『지환계몽숙과초보』에서 소개한 문명등급론에 대해 알고 있었을 것으로 보인다. 하지만 왕도가 남긴 저작에서는 문명등급론에 관한 내용을 찾아볼 수 없다.

근대 서구지리학이 동양으로 전파되는 과정에서 영국 선교사 윌리엄 무어헤드(William muirhead, 慕維廉, 1820-1900)는 중요한 위치를 점하고 있다. 그는 일찍이 1853년에서 1854년에 편역한 상당한 분량의 두 권짜리 『지리전지地理全志』를 출판하였다. 그 책의 초기 판본에서는 문명등급론의 내용이 발견되지 않을 뿐만 아니라 오히려 그 이론과 서로 배치되는 내용이 발견된다. 예를 들어 하편의 제8권 '인류총론人類總論'에서는 다음과 같이 말하고 있다. "사람은 다른 생물과 비교하여 완전히 다른 유에 속한다.

第一百五十七課 國之被敎化而頗全者論

西班牙, 葡萄牙, 以大裏, 俄羅斯, 波蘭數國, 可稱被敎化而頗全者. 其中士子語熟技藝文學, 惟平民尙多愚蒙. 自此以外, 歐羅巴之別邦, 及亞墨利加之合衆國, 其民爲天下之至明達者.

Lesson 157 Civilized Nations

The nations of Spain, Portugal, Italy, Russia, and Poland, may be called civilized. The arts and sciences are known among the learned, but most of the people are very ignorant. The other nations of Europe, and the people of the United states of America, are the most enlightened in the earth.

그러나 그들 사이에도 차이가 존재하는데, 이는 실로 기후와 음식의 차이 때문이지 처음부터 그러했던 것은 아니다. 장소를 옮겨 살게 하면 그들 모두 면모를 일신하게 할 수 있다."* 즉 인류 사이의 차이는 주로 기후와 음식의 차이로 인해 야기된 것으로서, 단지 그 거주지를 다른 환경의 장소로 옮기면 이러한 차이는 곧 바뀔 수 있다는 것이다. 위 책에서는 또 다음과 같이 이어서 말하고 있다. "타민족을 살펴보면, 예禮의 성정의 우수함과 열등함이 각기 다르다. 설사 동족 간이라도 서로 비교하면 어떤 것은 우수한 반면 또 어떤 것은 열등하다. 예를 아는 사람이라고 해도 때로는 어리석고 고루할 경우가 있다. 이른바 좋은 것과 나쁜 것이 섞여 있다는 말은 이런 것을 두고 한 말이다. 또 아프리카의 부시맨(Bushmen), 남아메리카의 푸에고인(Fuegian)과 같은 여러 부족은 모두 교화와는 거리가 멀지만, 그 가운데 감동을 주는 자는 예를 잘 지키는 것이 다른 나라와 같다."** 즉 타민족은 예의 성정(즉 문명)에 있어서 확실히 우열의 차이가 있지만, 이는 동족 사이에도 예의 성정의 차이가 있는 것과 같다. 따라서 설사 아프리카와 남아메리카의 야만인이라 하더라도 단지 감동을 주는 바가 있고 또 예의를 잘 따른다면 이는 다른 나라와 같다. 이러한 관점은 분명히 문명등급론과 배치되는 시각이다. 그러나 19세기 80년대에 무어헤드가 수정하여 출판한 『지리전지』에서는 오히려 문명등급론의 내용이 보충되었다. 수정본에서 각국 정치, 지리를 논할 때 다음과 같이 말하고 있다.

만국의 상황은 4등급으로 나눌 수 있다. 첫째는 야만인[生番]이고, 둘째

---

* 慕維廉輯譯, 『地理全志』, 日本安政六年(1859)三都書林版, 卷八, p.1 상(上).
** 위의 책, 卷八, p.4 하(下)에서 p.5 상(上).

는 예의를 아는 자가 적고, 셋째는 대부분이 예의를 알고 있으며, 넷째
는 학문〔文學〕과 기술이다.*

비록 문자적인 표현이 본 논문 앞부분에서 인용한 서술과 차이가 있기
는 하지만, 이것이 바로 4등급 문명론에 해당한다는 것을 어렵지 않게 알
수 있다. 이렇게 문명등급론의 내용을 담고 있는 이 책은 그후에도 여러 차
례 인쇄되는 등 영향력이 매우 컸다.

1885년 강남제조국(江南制造局) 번역관에서 번역 업무를 주관하던 영
국인 선교사 존 프라이어(John Fryer, 傅蘭雅, 1839-1928)는 자신이 구술하고
중국인 응조석(應祖錫)이 중문으로 옮긴『좌치추언佐治芻言』을 출간하였다.
이 책은 영국인 존 힐 버턴(John Hill Burton)이 편술한『정치경제학Political
Economy』을 번역한 것이며, 후자는 1852년 영국의 출판 상인 체임버스 형제
가 운영하는 출판사(William & Robert Chambers)에서 출판되었다. 이 책의
'문명'이라는 절에서는 여러 민족이 몽매에서 문명으로 나아가는 발전 과
정(nations advance from a barbarous to a civilised state)에 대해 집중적으로
논하고 있다. 저자는 비록 다른 지리학 교과서의 작자처럼 명확하게 인류
문명을 몇 가지 유형으로 구분하지는 않았지만, 선후로 야만(the savage),
몽매(the barbarous), 반문명(the half-civilised)과 문명(the civilised states) 등
의 문명등급 개념을 언급하고 있다.** 하지만 버턴은 야만과 몽매국가를
구분하지 않았다. 따라서 위 책에서 함축하고 있는 문명등급론은 표면적
으로는 4등급 문명론 모델이지만 실제로는 3등급 문명론 모델이라고 할

---

* 慕維廉,『地理全志』, 上海: 益知書會, 1883年刻本, p.3 상(上).
** John Hill Burton, *Political Economy*(Edinburgh: William & Robert Chambers,
1852), pp.6-8.

수 있다.

번역 과정에서, 프라이어는 'civilization'을 '문명'이라고 번역하지 않고 '문화와 교육文敎'이라고 번역하였다. 또 the savage는 '야인野人'이라고 번역하였으며, the barbarous state를 '야인의 국가野人之國'로, half-civilised를 '반문명·반야만半文半野'으로 옮겼다.

여기서 지적할 것은 프라이어와 응조석의 번역이 결코 원문에 충실하지 않았다는 점이다. 그들은 중문 습관에 따라 원문의 어순을 조정하고, 또 내용을 보충하거나 생략하는 등 원문의 의미에 변화를 주기도 했다. 예를 들어 제18절 가운데 "그러나 이러한 누습은 문교文敎의 나라에서도 면할 수 없다. 즉 중국 여성의 전족, 서구 여성의 허리 졸라매기와 같은 것은 모두 문교의 나라들에서도 아직 발전의 정점에까지 이르지 못했음을 나타낸다"* 는 단락의 원문은 다음과 같다. "단지 반半문명상태에 있는 중국인들은 그들의 유아기 여자아이의 발이 좁은 공간으로 뭉쳐져 들어가도록, 그녀들의 발에 쇠처럼 단단한 작은 신발을 신게 한다(The Chinese, who are only half-civilised, put a small iron shoe upon the feet of their female infants, in order that they may be clumped up into a small space)." 영문원서의 이 구절에서는 명확히 중국을 반문명국가로 언급하고 있지만, 중문 번역 과정에서 프라이어에 의해 '반문명'이라는 단어가 삭제되었다. 그리고 반대로 영문 원서는 전혀 없었던 "서구 여성들의 허리 졸라매기와 같은 것"이라는 구절이 번역 과정에서 프라이어와 응조석에 의해 갑자기 추가되었다. 또 제20절 가운데는 "영국은 본래 스스로 문교의 나라로 일컫지만, 그 나라의

---

* 원문은 다음과 같다. ―역자 주
"然此種陋俗,在文敎之邦亦所不免, 即如中國女人纏足, 西國女人束腰之類, 俱於文敎之中顯出未臻極盡景象."

사정을 살펴보면 일마다 문교와 서로 부합하지 않으며 아직도 반문명·반야만의 사이에 끼어 있다"는 구절이 나온다.* 이 구절의 영문 원문은 다음과 같다. "우리의 이른바 문명국가에도 당연히 하등 사회 상태에서나 있을 것들이 많이 남아 있다(In our own country, which is called civilised, there are many things which belong properly to a low state of society)." 여기서 하등 사회의 상태에나 있을 것들이 많이 있다고 해서 곧 전체 사회문명 정도가 아직 반문명상태에 놓여 있다는 것을 의미하는 것은 아니다. 그러나 이 단락은 프라이어와 응조석에 의해 "반문명·반야만의 사이에 끼어 있는" 것으로 번역되었다. 이와 같이 세밀한 고심의 흔적을 보여주는 번역자들의 심리는 곰곰이 생각해볼 필요가 있다.

1903년 미국인 선교사 영 앨런(Young John Allen)은 중국인 기독교도 런팅쉬(任廷旭)의 도움하에 『전 세계 5대주의 여성 풍속 통고全地五大洲女俗通考』를 편역하여 출간하였다. 이 책은 문명등급론의 전파와 관련하여 특별히 주목할 필요가 있다. 앨런이 이 책을 위해 쓴 상당히 상세한 서문에서 책 내용과 관련된 문명등급론의 요지에 대해 다음과 같이 개괄하고 있기 때문이다. "본서의 내용을 논하자면, 실로 만국의 고금 교화에 대해 논하고 평하는 것이라 할 수 있다. 일반적으로 교화는 3등급으로 구분된다. 가장 낮은 등급은 교화되지 않은 사람[未敎化人]이고, 다음은 교화가 된 사람[有敎化人]이며, 가장 높은 등급은 바로 문명교화인이다. 본서의 선후 순서

---

* John Hill Burton, *Political Economy*(Edinburgh: William & Robert Chambers, 1852), pp.6-8.
원문은 다음과 같다. "英國固自稱爲文敎之邦者, 然觀其國中之事, 每與文敎不能相符, 尚介於半文半野之間." — 역자 주

또한 이것을 기준으로 삼았다."* 이 서문은 일찍이 『만국공보萬國公報』에 공개적으로 발표되기도 하였다.

이 책의 제10집 「중국과 각국 여성풍속 비교 고찰中國與各國比較女俗考」의 제1장 '교화총론總論敎化'에서 앨런은 다시 다음과 같이 서술하였다. "본서는 앞의 제1집-제9집에서 각국의 교화에 대해 두루 서술하기는 하였지만 이를 모두 상세히 논할 수는 없었다. 그러나 그 대강을 총괄하자면 바로 세계 사람들의 교화는 3등급 즉 미교화未敎化, 유교화有敎化, 문명교화文明敎化로 나눌 수 있다는 것이다." "이 3등급 교화 가운데 가장 낮은 것은 미교화인, 즉 교화되지 않은 사람이다. 아프리카 흑인, 아시아의 미개인[生番], 남양 도서 지역 사람과 아메리카 원주민 등이 바로 이에 속한다. 그 사람들은 단지 몸 보양만을 알기 때문에 스스로 부족하다고 아는 바는 일용적인 의식을 위한 재료일 뿐이다. 이러한 지각知覺은 금수라도 모두 가지고 있다. 그보다 한 등급 높은 것은 바로 유교화인, 즉 교화가 된 사람들이다. 아시아 동부 여러 국가의 인민들이 모두 여기에 속한다. 그들은 능히 집단[群]을 이루어 나라를 세울 수 있으며, 또 신을 받들어 종교·교육[敎]을 수립할 수 있어 미교화인과는 많은 차이가 있다. 가장 높은 등급은 바로 문명교화인이다. 오늘날 유럽 여러 국가들이 여기에 속한다. 그 인민은 모두 나날이 새롭고 앞으로 전진하여 영원히 스스로 만족해하는 때가 없다. 이것이 교화의 3등급 구분법이다. 교화가 이미 3등급으로 구분된 이상, 교화가 맺는 결실 즉 정치풍속, 교육, 학술 등도 3등급으로 구분되며, 모두 그 교화의 지위와 서로 상응한다." 이어서 앨런은 또 이러한 '교화'에 대해 구

---

* 林樂知, 「全地五大洲女俗通考序」, 林樂知輯譯, 任廷旭譯述, 『全地五大洲女俗通考』, 廣學會, 1903年刻本.

체적으로 묘사하고 분석하였다.

미교화인의 물질적 생활에 대해 앨런은, 그들은 "단지 어로와 수렵으로 생계를 도모할 뿐 농업이나 목축에 대해서는 아는 바가 없다. 또 나뭇가지로 오두막을 만드는 것을 알 뿐 집을 지어 거주하는 것은 알지 못한다. 풀을 엮어 옷을 만드는 것만을 알고 방직의 이점에 대해서는 알지 못한다. 지상의 재료와 물질만을 알 뿐 땅속 지하자원에 대해서는 아는 바가 없다. 단지 신체의 힘으로 음식을 구할 뿐, 마음의 힘으로 승리를 추구하는 법은 알지 못하며, 단지 천연 목재와 석재 등의 기물을 사용할 뿐 철제로 유용한 기구를 제조하는 법은 알지 못한다. 이것이 상고 시기 미교화인의 상황이다." 이 단락의 서술은 대체로 서구 교과서에서 서술한 야만(savage)과 일치한다. "그후 지식이 점차 증가하여 유목생활을 하던 사람들 중 더이상 떠돌기를 원치 않는 사람은 경작하며 생활하는 사람들로 변화하였다. 게다가 석기가 사용하기에 적합하지 않음을 알고 청동기와 철기 등을 제조하였다. 또 동굴이나 움막에서 거주하는 것의 불편함을 싫어하여 작은 집을 짓고 거주하기 시작하였다. 주택이 많아지자 한데 모여서 촌락을 이루고, 종족이 모여 살면서 점차 여러 지파支派로 분화하였다. 종족이 분화하자 풍속도 자연히 차이가 생기게 되었고, 은혜와 원수의 구별이 있자 동족을 보호하고 이족을 증오하기 시작했다. 세계에 대한 인식이 매우 협애하였기 때문에 서로 교류하고 왕래하는 것도 협소할 수밖에 없었다. 단지 한 종족과 한 지파만 있다고 알고 각각 수장을 세워 야수의 피해와 타종족의 침략으로부터 보호하고자 했다. 그러나 집단을 이루고[合群], 국가를 수립하려는 사상은 없었다." 이 단락의 서술은 대체로 당시 서구 교과서에서 묘사한 몽매(barbarous)와 유사하다.

미교화인의 문화발전 수준에 대해서 앨런은 다음과 같이 묘사하였다.

"미교화인은 문자를 알지 못하고, 단지 토착 언어를 사용하여 그 의미를 전달할 뿐이다. 또 윤리를 알지 못해 강함을 뛰어난 것으로 여긴다. 따라서 여성을 대함에 있어서도 그 체질이 약하다는 이유로 노예처럼 대한다. 지식이 이제 초보적인 수준이어서, 견문이 좁아 모든 것을 신기해하고, 종종 그 유래를 이해하지 못해 온갖 실수와 착오가 발생한다. 깊은 계곡에서 울리는 메아리를 듣고는 산신령이 말을 전하는 것이라 믿고, 하늘에서 번개가 치는 것을 보고는 천신의 수레바퀴라고 믿는다. 달에 흑점이 있는 모습이 흡사 인간의 눈과 코를 닮았다고 해서 달에서 사람이 벌목을 하고 있다는 주장이 만들어졌다. 그들은 월식과 일식을 뱀이 해와 달을 삼키거나 사냥개가 쫓고 있는 것으로 여기고, 징과 북을 울려서 해와 달을 구하느라 정신이 없다. 또 그 혜성에 대해서는 모두 흉조라고 보고 곧 전쟁이 일어나거나 홍수 혹은 가뭄이 발생할 거라 믿고 모두 두려워한다. 별자리의 모양새가 인간사와 관계가 있다고 보고, 그것으로 점을 치거나 제를 올린다. 점성학은 바로 이로 인해 출현하였다. 무지개에 대해서도 천신天神의 활이라고 말하거나 아래로 드리운 괴물이라고 믿기도 한다. 지진을 말하자면 자라와 물고기가 진동하여 발생한다고 보고, 전기현상은 괴물이 혀를 내두르는 것이라고 여긴다. 우연히 땅속에서 고대의 거대한 동물 뼈를 발견하면 고대에서 전해지는 거인[長人]이라 믿는다. 또 고대인이 사용하던 작은 돌도끼를 발견하면 우레신이 사용하던 바늘일 거라고 추정하기도 한다. 더 나아가 풍수에 있어서는 전문적으로 담당하는 신이 있다. 온갖 환상은 모두 의심과 두려움에서 발생하고, 또 모두 무술巫術과 사술邪術, 약장수와 부적 판매자들이 세상 사람들을 기만하여 재물을 취하는 방법일 뿐이며, 또 어리석은 사람들을 속박하여 그들을 영원히 발전하지 못하게 하는 수단으로 이용될 뿐이다. 의구심이 많으면 한시도 편안하지 못하고 자연히 발전을 도모할 겨를도 없게 된다."

미교화인의 종교와 신앙에 대해서, 앨런은 또 다음과 같이 설명하고 있다. "미교화인은 신을 숭배하여 복을 구하고 화를 면하고자 한다. 그러나 그들이 숭배하는 것은 괴석이거나 오래된 나무이다. 심지어는 지각이 없는 폐물이나 지각이 있는 미물도 모두 영험하다고 여겨 숭배한다. 그 심성은 매우 우매하여 진위와 시비를 올바르게 판별할 수 없고 단지 전해지는 풍속의 억설에 의지할 뿐이다. 따라서 그들이 받드는 신은 비천하고 존귀하지 않다. 무릇 죽은 사물이든 살아 있는 것이든 우상이 되면 모두 숭배의 대상으로 삼지만, 실제로는 그것에 대해 전혀 존경심을 갖지 않는다. 그리고 신의 성정과 행동은 모두 사람들과 다름이 없어 복수심을 가지고 있으며, 종신토록 받들 바가 아니라고 본다." "미교화인이 영혼을 논하는 것을 보면, 영혼의 유무로써 살아 있는 사람과 죽은 사람을 구분하거나, 혹은 수면을 취할 때 혼이 잠시 그 몸을 떠나며 혼이 불안해지면 사람은 곧 병이 난다고 말하기도 한다. 이로 인해 사당 등에서 향촉香燭을 관리하는 사람을 따르고 초혼제를 행하기도 하는데, 이는 모두 병든 사람들을 기만하여 재물을 취하는 것이다. 사람들은 만물에 신비한 힘이 있다고 보고, 만물은 모두 영혼이 있고 권력이 있으며, 사람들에게 복을 내리거나 재앙을 내릴 수도 있다고 믿는다. 만물을 숭배하고 귀신을 받드는 습속은 모두 이로 인해 출현하게 되었다."

교화가 이루어진 시대에, 사람들의 물질문화 생활과 그 종교 및 신앙에 대해 앨런은 다음과 같이 묘사하고 있다. "교화가 이루어진 세계의 인민들은 점차 일정한 지역에 거주하고 여러 종족과 각 지파를 연합하여 국가를 세울 수 있으며, 수장을 뽑아 종족 연합의 공동 군주로 삼는다. 농경 및 목축과 무역의 유익함이 점차 확대되고 언어에서 더 나아가 문자를 제정함으로써 학문[文學]이 발명되었다. 사농공상을 하는 백성들의 사업은 인민 생계를 위한 중요한 원천이다. 그 교육과 교화도 이전에 비해 더 정돈되었고, 숭배하는 하늘과 땅, 해, 달, 별, 검은 구름과 뇌우 등의 여러 신들을 위해 각각의 조상[彫像]을 세움과 동시에 전문적으로 제사를 주재하는 사람을 두어 받들게 했다. 그들이 받드는 여러 신들의 지위는 미교화 시기의 여러 신들보다 더 뛰어나며, 장식물과 예배를 위한 일정한 의식 등을 갖추었다."

교화가 이루어진 시대의 정치에 관한 앨런의 설명은 다음과 같다. "때로는 한 국가에 정치와 종교 두 권력이 한 사람에 의해 장악되기도 한다. 국왕이 스스로 제사장이 되어 제사를 담당한다. 그중에는 또다른 방식으로 권한을 왕에게 귀속시키고, 왕을 하늘의 아들[天子]로 받든다. 혹은 그 인민들에게 왕을 신으로 숭배하게 하기도 한다. 상고시대 이집트, 바빌론, 그리스, 로마 전성기에 모두 이러한 풍속이 있었다. 이들 나라는 인민들에게 왕을 신처럼 받들도록 명령했을 뿐만 아니라, 왕의 명령을 하늘의 명령처럼 받들게 하였다. 이른바 '하늘을 받들고 천명을 받든다', '하늘의 뜻을 잘 살펴 국가를 다스린다'는 말은 바로 이를 두고 한 말이다."

교화시대 여성의 사회적 지위에 관해, 앨런은 다음과 같이 지적하였다. "그 여성들을 보면, 비록 비교화인보다 다소 낫기는 하지만 결국에는 평등하게 대하지 않는다. 그녀들을 우롱하거나 업신여기고 모욕하며, 어떤 사람도 여성을 인재로 육성하려 하지 않는다. 그리하여 곧 가정에서는 현처의 도움을 받지 못하고 자녀는 현모의 훈육을 받지 못하며, 그 나라도 곧 전체 인구 중 절반만의 국가가 되고 만다."

또 교화인에 대해서는 다음과 같이 설명한다. "따라서 단지 교화등급으로 말하자면, 교화인은 자연히 미교화인보다 더 뛰어나다. 그러나 그 백성을 보면 여전히 미교화 시기의 고질적인 습관이 남아 있어 이를 고치지 않고 따른다. 비록 국가의 정치와 교육 방법이 옛적의 선민先民과는 크게 다르지만 그 유래를 추적해보면 아직 그 미개화인의 오래된 규범에서 벗어나지 못하고 있다. 신구가 병행하면 교화의 근본이 오래가지 못한다.”

이와 같이 앨런이 말한 교화의 시대는 대체로 당시 서구 교과서에서 말하던 ‘반(半)문명’에 상응한다.

문명교화의 시대에 대해서 앨런은 다음과 같이 서술하였다. “교화로부터 더 나아가면 문명교화에 이른다. 그 국가는 권력이 있고, 그 종교에는 의식儀式이 있다. 그 유래를 추적해보면 모두 국가의 인민들 가운데 스스로 만족스럽지 않다는 것을 아는 마음이 있고 나서 이 단계로 나아갈 수 있다. 부족한 바를 알고 이전에 의존했던 것이 모두 외형에 있다는 것을 깨달은 이상, 그것을 마음속에 돌이켜보매 어찌 마음이 위로가 되고 몸이 편안할 수 있겠는가! 이에 서로 이끌고 탄식하며 다음과 같이 말한다. 즉 외형의 것은 쓰임에 적합하지 않을 뿐만 아니라 한계가 있다. 단지 한 종족 한 지파에서나 행할 수 있을 뿐이며, 많아야 단지 한 국가에서 추진할 수 있을 뿐이니 어찌 천하에서 통용할 수 있겠는가?” 이로부터 앨런이 말한 ‘문명교화의 시대’는 대체로 당시 서구 교과서 가운데 ‘문명(the civilized)’과 ‘개화(the enlightened)’에 해당함을 알 수 있다.

여기서, 앨런은 또 문명교화의 시대가 출현한 원인을 분석하면서 화제를 선교라는 주제로 옮겨갔다. “당시 사람들이 이미 외형의 한계를 인식한 이상, 반드시 더 나아가 무한한 도로써 그것을 확충하려 도모하는 것은 당연하다. 이미 정교의 속박을 안 이상, 반드시 해방과 자주의 도로써 그것을 보충하려는 것은 당연하다. 옛적에 각국이 받들었던 종교는 모두 인위적으로 만든 것으로 자연에서 나온 보편적인 종교가 아니었다. 그리하여 온 천하의 사람들에게 동일한 가르침을 보편적으로 시행할 수 없었다.” 여기서

"각국이 받들었던 이전 종교"는 당연히 세계 각 민족의 고유한 종교를 가리키고, "자연에서 나온" 것으로서 "온 천하의 사람들에게 동일한 가르침을" 시행할 수 있는 보편적 종교는 바로 기독교를 가리킨다. 따라서 그는 인류사회의 진화법칙과 종교·신앙에서 인간의 발전 과정을 회고한 후 특별히 "문명인은 능히 삼륜(三倫, 즉 천륜, 인륜, 지륜地倫을 가리킴—역자)을 다할수 있기에 자연히 기독교를 천하의 보편적인 종교로 간주하며, 한 종족, 한국가가 신봉하는 종교와는 다르다. 기독교가 사람들을 감화시키는 힘은 외형에 있지 않고 내심에 있다. 성경에서 말하기를 '상제는 곧 성령이니, 그를받드는 자는 반드시 영혼으로써 하고 반드시 진실로써 해야 한다'고 하였다. 이로부터 알 수 있듯이 상제는 높은 산의 꼭대기나 큰 강가에 있는 것이 아니고, 또 사당 가운데 있는 것이 아니며 더욱이 제물을 바칠 필요가없다. 상제가 인간과 서로 소통할 때는 시간이나 공간의 제약을 받지 않고, 모두 인간의 마음속에서 서로 감촉하고 서로 합일한다. 지극히 높은 상제를 주님으로 받드는 이상, 모든 외형적이고 허위적인 악습은 자연히 그들을 유인할 수 없다. 정치와 종교를 분리시키는 법으로 인해 모든 잔인한 속박이 더이상 사람들에게 가해질 수 없다. 이것은 참으로 문명으로 크게 나아가게 된 큰 원인이다."* 다시 말해서 기독교의 감화, 정치와 종교의 분리가 바로 세계문명을 진화로 이끈 가장 주요한 원인이라는 것이다.

솔직히 말하면, 직업적인 선교사로서 앨런이 『전 세계 5대주의 여성 풍속 통고』라는 책을 통해 선교를 하는 것은 크게 문제삼을 것이 못 된다. 특히 그는 이 책을 편찬하면서 "천하만국의 상황을 열거하여, 중국의 거울로

---

* 林樂知輯譯, 任廷旭譯述,「中國與各國比較女俗考」,『全地五大洲女俗通考』第10集, 卷之上, 第
章 "總論教化", pp.1 3.

삼고 중국인에게 미교화, 교화, 문명교화 3등급의 상황을 잘 이해시킴으로써 그들이 스스로 본받을 만한 것을 얻을 수 있게 하고, 비교의 방식을 통해서 최상의 결과를 얻고자 한다"*고 한 태도는 긍정적으로 평가할 만하다. 그러나 그가 책에서 각국의 여성 풍속을 소개하는 것을 통해 당시 영국과 미국에서 유행하던 문명등급론을 전파했다는 것은 부정할 수 없는 사실이다.

청말 시기에 서양서적에 대한 직접적인 번역을 통해 문명등급론을 전파한 것 이외에, 또다른 한편에서 중국 지식인들도 그 과정에 적지 않게 관여했다는 점도 주의할 필요가 있다.

곽숭도(郭嵩燾)가 영국에 외교사절로 파견되었을 때, 그는 일기에서 문명등급론을 거론한 적도 있다. 1878년 3월 5일자 일기에서 그는 다음과 같이 썼다. "최근 몇 년 동안 페르시아 국왕이 런던을 유람하였는데, 영국 군주는 그에게 훈장을 수여하였다. 이에 대해 타임스에서는 '하프 시빌라이즈드哈甫色維來意斯裏[得]가 어찌 훈장을 받을 자격이 있는가'라고 자못 비판조로 보도하였다. 대저 서양에서 정치와 종교가 잘 정비되고 투명한 나라를 시빌라이즈드라고 하며, 유럽의 모든 국가를 그렇게 호칭한다. 그외 중국 및 터키와 페르시아는 하프 시빌라이즈드라고 부른다. 하프라는 것은 번역하면 절반이라는 뜻이다. 그 의미는 교화가 절반 상태로서 절반이 없음을 가리킨다. 그들이 아프리카 여러 회교도 국가를 바바리안巴爾比裏安으로 부르는 것은 중국에서 이적夷狄이라 부르는 것과 같으며, 서양에서는 교화가 없다는 것을 가리킨다."** 여기서 말하는 '시빌라이즈드'는 'civilized'이

---

* 林樂知輯譯, 任廷旭譯述, 「東亞舊敎諸國人女俗通考」, 『全地五大洲女俗通考』 第2集, 卷之上, 第一章 "總論亞洲", p.2.

** 郭嵩燾, 『倫敦與巴黎日記』, 長沙: 嶽麓書社, 1984, p.491.

고, '하프 시빌라이즈드'는 'half-civilized'이며, '바바리안'은 'barbarian'을 가리킨다. 이는 분명히 3등급제 문명등급론의 모델이다.*

이 이전에 옌푸(嚴復)도 애덤 스미스의 『국부론國富論』, 젱크스(Edward Jenks, 1861-1939)의 『사회통석社會通詮』 등의 저서를 번역할 때, 다양한 방식으로 역사발전 단계론을 소개하였다. 그런데 그 역사발전 단계론이 바로 문명등급론의 이론적 원천이었기 때문에 그의 번역 과정에서 역시 일정 정도 문명등급론을 전파했다고 할 수 있다.

1899년 9월 15일 일본으로 피신한 량치차오는 『청의보淸議報』에 「문야 삼단계 구분文野三界之別」이라는 문장을 발표하였는데, 그 가운데 일부 내용은 다음과 같다.

서양의 학자는 세계 인류를 3등급으로 구분한다. 첫째는 야만인, 둘째는 반개화인, 셋째는 문명인이다. ……이를 간단히 열거하면 다음과 같다.

첫째, 일정한 거주지가 없고 일정한 음식도 없다. 편리한 대로 집단을 이루었다가 이로운 점이 없어지면 곧 흩어진다. 비록 농사와 어로漁撈로 의식을 충당하지만 기계 사용법을 모른다. 문자가 있기는 하지만 학문을 알지 못한다. 항상 자연재해를 두려워하며 하늘의 요행을 고대하고 가만히 앉아 우연한 화복을 기다린다. 타인의 은혜와 위엄에 의지하고

---

* 저자는 곽숭도의 일기에서 타임스를 소개하는 부분만 인용하고 있어, 문명등급론에 대한 곽숭도 본인의 견해가 어떠한지는 정확히 알 수 없다. 그러나 위 인용문에 바로 이어지는 부분에서 곽숭도의 견해를 엿볼 수 있다. "삼대 이전에는 오직 중국만이 교화가 이루어져 있었다. 그리하여 요복要服, 황복荒服이라는 명칭이 있게 되었으며, 중국에서 멀리 떨어져 있는 모든 것을 이적이라 불렀다. 한漢대 이후로 중국의 교화가 날로 쇠미해져서, 정교와 풍속은 유럽 각국만이 홀로 출중하게 되었다. 그 결과 그들이 중국을 대하기를 삼대의 전성기에 이적을 대하듯 한다. 중국 사대부들 가운데 이 의미를 아는 자는 아직 없다. 슬프구나!" —엮은이 주

자신을 위해 주권을 사용할 줄 모른다. 이와 같은 자를 야만인이라고 부른다.

둘째, 농업이 크게 발전하고 의식을 자못 두루 갖추었다. 나라와 도읍을 세워서, 외부에서 보면 비록 하나의 국가를 이룬 것 같지만, 그 내부로부터 보면 실제로는 완비되지 못한 바가 매우 많다. 학문[文學]이 발전하기는 했지만 실학에 힘쓰는 자는 적다. 교류를 함에 있어서 의심하는 마음이 매우 심하고 사물의 이치를 논할 때는 의구심을 발동하여 진실을 추구할 줄 모른다. 모방하는 기술은 교묘하지만 창조하는 능력은 결핍되어 있으며, 옛것을 닦을 줄은 알지만 그것을 바꾸는 방법은 모른다. 교류를 함에 있어서는 규칙이 있는데, 이른바 규칙이라는 것은 모두 습관적으로 형성된 것뿐이다. 이와 같은 자를 반개화인이라 부른다.

셋째, 천지간의 모든 사물을 법칙 속에 포함시키고, 자신도 그 속에 참가하여 사물을 만들어낸다. 그 기풍은 시대에 따라 변화하고, 과거 풍속의 습관에 미혹되거나 탐닉하지 않는다. 스스로 자신을 다스릴 수 있고, 타인의 은혜와 위엄에 의지하지 않는다. 스스로 덕행을 닦고 지혜를 쌓으며, 옛것으로 한정 짓지 않고 오늘의 것으로 스스로 경계를 만들지 않는다. 작은 성취에 안주하지 않고 항상 미래의 큰 성취를 도모한다. 나아가지만 물러섬이 없고 오르기만 할 뿐 내려가는 법은 없다. 학문의 이치는 허망된 것을 숭상하지 않으며, 새로운 법을 창조하는 것을 숭상한다. 공업과 상업은 매일 확장을 추구하여 모든 사람들이 행복으로 나아가게 한다. 이와 같은 자를 문명인이라 부른다.*

이 역시 일종의 3등급제 문명등급론이다. 학자들의 고증에 따르면, 량

---

* 任公, 「飮冰室自由書·文野三界之別」, 『淸議報』, 第27冊, pp.1-2(본 편 문장의 쪽수임).

치차오의 이 단락은 사실 일본의 후쿠자와 유키치의 『문명론의 개략』에서 베껴온 것이다.* 그런데 후쿠자와 유키치의 『문명론의 개략』 가운데 문명 등급론에 관한 서술은 또 당시 미국에서 출판된 중고등학교 지리 교과서에서 베껴온 것으로 결국 서구의 수입품이었다.**

그러나 청말에서 민국 시기에 중국의 학술 연구자와 사상가들이 문명 등급론에 대해 얼마나 관여했는지, 그 기간에 어떤 주장과 설명이 있었는지에 대해서는 본 연구에서 다루기에는 너무 큰 주제여서 여기서는 더이상 다루지 않는다.

3. 청말 지리 교과서의 편역과 중국 내 문명등급론의 전파

청말 10여 년 동안, 중국에서 근대 서구 문명등급론의 전파는 이상에서 살펴본 서구 서적의 번역과 함께 또하나의 중요한 경로가 있는데, 그것은 바로 지리 교과서의 편역이다. 근대 신식학당이 19세기 60년대 이후 이미 출현하기 시작하였지만, 대규모의 건립은 1905년 과거제도 폐지 이후이다. 신식 교육제도의 수립에 따라 편찬이든 번역이든 제각기 다양한 방식으로 신식 교과서가 급속히 등장하였다. 하지만 솔직히 말해서 근대 이래 신학 지식은 주로 수입된 것이었기 때문에 당시 통용된 교과서도 직접 외국의 것을 번역한 것은 말할 것도 없고, 편찬한 것이라 하더라도 그 내용

---

* 鄭匡民, 『西學的中介: 清末民初的中日文化交流』, 成都: 四川出版集團, 四川人民出版社, 2008, p.194.

** Albert M. Craig, *Civilization and Enlightenment: The Early Thought of Fukuzawa Yukichi*(Cambridge: Harvard University Press, 2009), pp.41-53.

은 대부분 외국에서, 구체적으로 말하면 청말 시기까지는 주로 일본에서 수입한 것이었다.

　서구 문명등급론 전파 측면에서 보면, 인문지리학 교과서가 가장 중요하다. 왜냐하면 당시 인문지리학(속칭 정치지리학)의 임무는 바로 "각 국가의 위치와 경계, 주민의 개화 정도, 정치체제와 풍속, 인종, 언어의 차이를 논하는"* 것이었기 때문이다. 따라서 당시 전문적인 인문지리학 교과서 이외에, 수많은 일반 지리학 혹은 중국지리 교과서는 모두 입문 성격의 지리학 개론을 포함하고 있었으며, 그 지리학 개론의 주요 내용은 천문지리, 지문(地文)지리, 인문지리(혹은 정치지리) 세 부분으로 구성되었다. 인문지리(혹은 정치지리)를 소개할 때, 앞서 말한 바와 같이 그 정해진 목표로 말미암아 종종 문명등급론에 대한 소개가 이루어지곤 했다. 예를 들어 1901년 일본에서 유학하던 싸돤(薩端)은 일찍이 일본 지리학자 시가 시게타카(志賀重昂)의 『지리학』을 중문으로 번역하여, 상하이 금속재역서사(金粟齋譯書社)에서 출간하였으며, 2년 후에는 재판을 발행하기도 하였다. 그리고 1905년에는 푸저우(浯州)학당에서 또 그 책을 중역(重譯)하여 『지학강의地學講義』라는 서명으로 출판하였다. 그 책에서는 '인류개화의 정도'에 관해 다음과 같이 논하고 있다.

　인류개화의 정도는 사회의 교학敎學에 따라 적절한 지위를 얻는다.**

---

* 中村五六編纂, 屯野廣太郎修補, 樋田保熙譯, 『世界地理志』 "部首", 上海: 金粟齋書社, 壬寅年 (1902)六月, 第1版, p.1.

** 이 구절의 중문 번역은 "人類開化之程度, 率由社會教學得宜"로 되어 있다. 일본 원문은 "인류개화의 정도는 인류의 사회상에서의 위치를 말한다(人類開化ノ程度ハ人類ノ社會上ニ於ケル位置ヲ云フ)"이다. 志賀重昂述, 『地理學講義』, 文武堂, 1901.11, p.30. ―역자 주

인류개화의 정도는 3종류로 구분된다. 즉 야만, 반개, 개명開明이다.

야만인의 인심은 각기 달라 사회를 구성하지 못한다. 학문〔文學〕이 없고 의리義理가 없다. 산림에서 수렵을 하거나 호수와 바다에서 고기를 잡으며, 혹은 야생의 식물을 먹고 의식으로 삼는다. 성질은 싸우기를 좋아하고 덕과 지혜, 기술이 없다.

반개의 사람은 비록 사회를 구성하지만 이상이 명확히 드러나지 않고 옛것을 돈독히 지킨다. 농업에 대해 알고 있으며 학문도 있다.

문명인은 윤리와 예지가 매우 발달하고 진보를 이룬 사람들이다.[*]

이것은 전형적인 3등급제 문명등급론에 해당된다.

같은 해, 예한(葉翰)은 일본의 지리학자 야마가미 만지로(山上萬次郎)가 편찬한 『신편 대지지: 아시아편』을 중문으로 번역하여 상하이 정기서국(正記書局)에서 출판하였는데, 그 책에서도 '문명'이라는 표제하에 다음과 같이 서술하고 있다.

---

[*] 志賀重昻筆述, 薩端翻譯, 『地理學講義』, 광서 27년(1901)4월, 초판, 광서 29년(1903) 1월, 수정본 제3판, p.11 하(下). 두 판본을 비교해보면, 곧 문명등급론에 관하여 개별적인 자구의 차이를 제외하면 푸저우학당본과 금속재역서사 판본 사이에는 차이가 크지 않다. 예를 들어 푸저우학당본 중 '인류개화의 정도'라는 절에서는 다음과 같이 말하고 있다. "무릇 인류개화의 정도는 사회 교학敎學에 의해 적절한 위치를 얻는다. 인류개화의 정도는 그 차이에 따라 세 가지로 구분한다. 즉 야만, 반문명, 문명이다. 야만인은 각각 다른 마음을 가지고 있어 공정하지도 하나로 합해지지도 않아 사회를 이루지 못한다. 학문〔文學〕이 없고 의리義理가 없다. 산림에서 수렵을 하고 호수나 바다에서 어로를 하거나 혹은 야생의 식물을 먹으며 의식衣食으로 삼는다. 성격은 싸움을 좋아하고 덕, 지혜, 계략이 없다. 반개화의 사람은 비록 사회를 이루기는 했지만 철학[理學]을 잘 모르며, 옛것을 돈독히 지켜 여러 세대가 지나도 변화를 좇을 줄 모른다. 사업과 학문은 야만과 비교하여 약간의 차이가 있을 뿐이다. 문명인은 윤리와 예지가 매우 발달하고 진보한 사람들이다." 志賀重昻筆述, 薩端翻譯, 『地學講義』, 淸光緖二十年, 潽川學塾刊本, p.10 상(上).

어로와 수렵 종사자, 유목 종사자, 농경 종사자 세 계급은 문명의 정도를 나타내는 기준이며 지리학에서 항상 사용하는 바이다. 대체적으로 말하면, 어로, 수렵, 유목에 종사하는 사람들은* 북극해 연안에서 북위 60도까지의 북방지대를 점하고 있으며, 유목민족은 이로부터 남쪽으로 북위 35도까지의 중앙지대와 아라비아 및 이란 지역을 점하고 있다. 그 밖에 인도, 일본, 지나, 소아시아 등은 농경을 위주로 하고 일정한 지역에 정주하고 있다. 이러한 차이는 인종에서 유래하는 것이 아니라 그들이 거주하는 지리적 특징과 기후로 인한 것이다. 예를 들어 소아시아의 터키인이 비록 이미 정주생활을 하고 있지만, 시베리아 평야에 거주하는 대부분의 동종 사람들은 장막에서 생활하며 물과 풀을 찾아 이동한다. 또 같은 퉁구스족 사람들이라도, 북극해 연안에 거주하는 사람들은 어로와 수렵을 생계수단으로 삼고, 시베리아 평야에 거주하는 사람들은 유목을 생계수단으로 삼으며, 헤이룽장黑龍江 계곡에 거주하는 사람들은 농경에 종사한다.**

이 역시 일종의 3등급제 문명등급론이다.

1902년 상하이 금속재역서사에서 일본의 지리학자 나카무라 고로쿠(中村五六)가 편찬하고 돈야 코타로(頓野廣太郞)와 히다 타모츠히로(樋田保

---

* 일본 원서에는 어로와 수렵에 종사하는 사람들만 지칭할 뿐 유목민은 없다. 원문에서도 보여주듯이 유목민은 이보다 더 남부 지역에 거주하는 것으로 되어 있어 역자에 의한 수정사항인 것으로 보인다. 山上萬次郎著,『新撰大地誌·前編世界之部』(卷之1), 富山房, 明33, pp.67-68. —역자 주

** 山上萬次郎著, 葉翰譯,『新撰大地志: 亞細亞之部』第二章第三節, 上海: 正記書局, 辛丑年 (1901) 冬月譯印, p.7 하(下).

熙)가 각각 감수와 번역을 맡은 『세계지리지』를 출판하였다. 또 같은 해 상하이 광지서국(廣智書局)에서 그 책의 또다른 번역본(판위番禺 저우치핑周起鳳이 번역)을 출판하였는데, 그 책에서는 '문명의 등급'을 논하면서 다음과 같이 서술하였다.

전 세계 각국의 백성은 그 문야의 등급에 따라 다음과 같이 4종류로 나뉜다.

첫째, 문명 국민이다. 이들은 총명하고 민첩하고 과감한 기상을 가지고 있으며, 학술과 기예가 특출나게 빼어나고, 생육 정도의 측면에서 자못 진보적인 사람들을 가리킨다.

둘째, 반개명 국민이다. 이들은 비록 문명 국민에 미치지는 못하지만 또한 학문과 교육을 갖추고 있고, 농업과 제조 방면에서 자못 숙달된 사람들을 가리킨다.

셋째, 미개명 국민이다. 학교와 서적 등이 없고 일정한 거주지도 없이 물과 풀을 찾아 이동하며, 전적으로 목축을 생계로 삼는 자들을 가리킨다.

넷째, 야만 국민이다. 몽매하고 무지하며 법률이 없고 성정이 흉포하다. 어렵에 의지해 살아가는 사람들을 가리킨다.[*]

---

[*] 中村五六編纂, 屯野廣太郎修補, 樋田保熙譯, 『世界地理志』, 壬寅年(1902), 六月, 金粟齋譯書社, 第一版, "部首", 제15쪽 하(下). 저우치핑 번역본은 위 부분을 다음과 같이 번역하고 있다. "세계의 국민은 그 문야의 차등에 따라 크게 4종류로 구분한다. (1) 문명 국민. 발달한 이념(理念)을 가지고 있고 온갖 학예와 기술에 빼어나다. 생활은 정도가 나날이 진보하고 있는데, 이를 문명의 국민이라고 한다. (2) 반문명 국민. 비록 문명 국민에는 미치지 못하지만 학문과 농업, 제조의 기술을 결여하고 있지는 않다. 이를 반개명(半開明) 국민이라고 한다. (3) 미개 국민. 학교와 서적이 없고 또 일정한 주거지가 없어 물과 풀을 따라 이동하는데, 이를 미개 국민이라고 한다. (4) 야만 국민. 성정이 흉포하고 지식이 전혀 없으며 오로

이것은 전형적인 4등급제 문명등급론이다.

그로부터 얼마 후, 저장(浙江) 관서국(官書局)에서 나카무라 고로쿠의 또다른 지리 교과서『중등지리학거우中等地理學擧隅』를 번역하여 출판하였는데, 그 가운데서 '문명의 등급'을 논할 때 다음과 같이 서술하고 있다.

전 세계 국민은 그 문야의 차등에 따라 크게 다음과 같이 4종류로 구분할 수 있다.

첫째, 문명 국민이다. 발달한 이성을 가지고 있고, 각종 학업과 기술에 능숙하고 생활정도가 뚜렷이 진보한 국민이다.

둘째, 반개화 국민이다. 비록 문명 국민에 미치지는 못하지만 또한 학문을 갖추고 있고, 농업과 제조 기술에 숙달한 자이다.

셋째, 미개 국민이다. 학교와 서적이 없고, 일정한 거주지가 없으며 물과 풀을 따라 이주하는 자이다.

넷째, 야만 국민이다. 성정이 흉포하고 지식이 없으며, 오로지 어로 수렵에 의지해 생활하는 자이다.*

이상의 내용으로 보면, 개별적인 자구와 번역상의 차이가 있기는 하지만,『중등지리학거우』에서 소개한 문명등급론은『세계지리지』에서 소개한

지 어로와 수렵에 의존하여 생활하는 사람들을 야만 국민이라 한다.(中村五六編纂, 屯野廣太郎修補, 周起鳳翻譯,『世界地理志』, 光緒二十八年(1902), 十一月, 上海廣智書局印行, 10쪽 상(上))

* 中村五六編纂, 浙江官書局翻譯,『中等地理學擧隅』, 淸末刻本, p.19. 이 번역문의 출처는 中村五六編,『中等中地理 · 日本誌』(文學社, 明29, p.35)로서, 앞의『中等地理 · 日本誌第1編』과는 내용상으로 거의 대동소이하지만, 문자적인 표현에 있어 다소 차이가 있다. 따라서 두 중국어 번역본은 각각 의거한 일어본이 다르다. ─역자 주

내용과 기본적으로 동일함을 알 수 있다.

야즈 쇼에이(矢津昌永)는 일본의 저명한 지리학자이다. 1903년에 일본에서 유학을 하던 우루룬(吳汝綸)의 아들 우치순(吳啓孫)이 야즈 쇼에이의 요청을 받고 그가 편찬한 『세계지리지』를 중문으로 번역하여 사촌 자형 롄취안(廉泉)이 상하이에서 세운 문명서국(文明書局)에서 출판하였다.* 이 책을 위해 그의 사촌누이 우즈잉(吳芝瑛)이 제첨(題簽)하고, 또 그의 부친 우루룬이 역시 제첨과 더불어 서문을 썼으며, 출판 이후 개정을 거쳐 1905년에 재판이 발행되었다. 이 책의 후기에서 우치순은 다음과 같이 설명하고 있다. "야즈 쇼에이는 일본 지리학의 전문가로서, 고등사범학교에서 전국 중고등학교와 초등학교 학생들이 배우는 지리학은 모두 그가 직접 편찬한 것들이다. 지리의 학문은 날로 끊임없이 새로워지고 있어 그 책은 매년 개정되고 있으며 고정된 방식을 주장하지 않는다. 대체로 복잡한 것으로부터 간단한 것으로 나아가며, 배우는 사람들이 정신을 덜 소모하고도 그 대강을 더 잘 이해할 수 있다. 이 책의 최근 판은 새로운 학문적 성과가 많이 반영되어 있다. 그뿐만 아니라 우리 중국의 기초적인 교과서로 사용할 수 있도록, 기록하고 설명한 내용도 대부분 중국을 겨냥하고 있고, 그의 평생의 훌륭한 저작이다."** 그러나 우치순이 이처럼 중시하고, 우루룬

---

* 우치순의 번역서는 중국에서 출판되기에 앞서 1902년 이미 일본에서 출판되었다. 矢津昌永著, 『世界地理学』, 丸善出版, 明35. 우치순의 번역이 근거로 삼은 원저는 확인할 방법이 없다. 그러나 내용적으로 보면 번역서 통론 부분은 『中學萬國地誌』(上卷, 矢津昌永著, 丸善出版, 明29)의 "총서總序"(pp.1–26)와 『新撰外国地理』(矢津昌永著, 丸善出版, 明34.11)를 바탕으로 하고 여기에 일본에 대한 서술을 추가하여 편집한 형태로 번역한 것으로 보인다. ─ 역자 주

** 矢津昌永著, 吳啓孫譯, 『改正世界地理學』, 上海: 文明書局, 光緒二十九年(1903), 吳啓孫 "後序".

집안의 많은 신식인사들이 모두 받들었던 이 지리학 저작은 바로 문명등급론으로 가득차 있다. 예를 들어 그 책에서는 '사회의 모습'을 논하면서 다음과 같이 서술한다.

사회의 등급은 그 발달 정도에 따라 크게 3가지로 구별된다. 미개, 반개, 개명開明이 그것이다. 미개 사회는 인민의 협동심이 결여되어 있고 대부분 제각기 흩어져 움직인다. 혹은 단지 작은 부락을 이루어 곤충이나 물고기, 짐승을 먹으며, 생활 정도가 매우 미천하다. 더욱 미천한 사회는 협동이 무엇인지를 모르고 서로 싸우기만 한다. 이들을 야만인이라고 한다. 이보다 조금 나아간 사회는 종종 큰 부락을 이루고 추장을 옹립하고 목축을 하며 장막을 집으로 삼는다. 또 가축과 함께 물과 풀을 찾아 이동하며 장막 부족을 형성한다. 혹은 한 지역에 정착하여 농경법을 알고 조잡한 농기구를 사용하며 벼와 곡식을 먹는데 이들을 토착 종족이라 부른다. 반개 사회는 미개한 사회보다 좀더 진보했다. 인민은 결집하여 협동하고 정부를 구성하고 법률제도를 갖추고 있다. 그 백성은 주로 농경에 종사하고 벼와 곡식을 추수하여 저장한다. 조금 부유하면 상업에 종사하기도 하고 혹은 노동일을 맡기도 한다. 기술과 학술을 자못 갖추었다. 그러나 사회조직이 불완전하고 폐해가 적지 않다. 개명 사회에 이르러, 그 조직은 찬란하게 완비하고, 정치는 국민의 여론을 통해 이루어진다. 인민의 생명과 재산은 모두 안전을 보장받는다. 교육이 보편화되고 정진하며 지식은 넓고 도덕을 존중한다. 직업은 분업화되고 백성은 부유하고 국가는 강성하며, 문화가 날로 발전하여 오늘날 세계에서 가장 행복한 백성이다.[*]

이 역시 명확히 3등급제 문명등급론이다.

1905년 쉬다위(徐大煜)가 편역한 『최신 세계지리지』가 상하이 경남학사(競南學社)에서 출판되었다. 편역자에 의하면, 이 책은 주로 일본 메이지 37년(1904년)의 지리 교과서를 바탕으로 번역한 것이지만, 작자가 누구인지에 대해서는 밝히지 않고 있다. '사회의 모습'을 설명하는 부분에서 그 책은 다음과 같이 서술한다.

사회의 등급은 그 발달한 상태로부터 크게 미개, 반개, 개명으로 나뉜다. 미개한 것은 정도가 매우 졸렬하고 사회의 협동이 무엇인지 알지 못하고 단지 서로 다투기만 하는데, 이들은 야만인이다. 이보다 조금 나아간 것은 대부락을 형성하고 추장을 옹립하며 목축에 종사하고 장막을 집으로 삼는다. 혹은 한곳에 정주하고 농경법을 조금 알며 공업과 상업에 대해서도 약간의 지식을 가지고 있다. 그러나 사회조직이 불완전하여 폐해가 적지 않다. 개명사회가 되면 그 조직이 완비되고, 정치는 국민의 공론에 의해 결정되며, 인민의 생명과 재산은 모두 안전하게 보장된다. 교육이 보급되고 지식이 확대되며 도덕을 존중한다. 백성은 부유하고 국가는 강성해지고, 문화가 날로 발전하여 오늘날 세계에서 가장 행복을 누리는 백성이다.**

---

* 矢津昌永著, 吳啓孫譯, 『改正世界地理學』, 上海: 文明書局, 光緒二十九年(1903), pp.9-10. 일본 원문은 『中學萬國地誌』(上卷, 矢津昌永著, 丸善出版, 明29) 중 '사회의 등급'이라는 표제 하에 서술하고 있는 17-18쪽 참고. - 역자 주

** 徐大煜編譯, 『最新世界地理志』, "地理學之提綱", 上海: 競南學社, 光緒卅一年(1905)五月初版 發行, pp.8-9

내용적인 측면에서 보면 이 책 역시 주로 야즈 쇼에이의 『세계지리학』 교과서를 번역한 것으로 보인다.

마키구치 쓰네사부로(牧口常三郎)는 일본의 저명한 인문지리학자로, 1903년 그의 첫 저작인 『인생지리학人生地理學』이 출간되고 이후 여러 차례 인쇄되었다. 그 책은 출판 후 곧 재일본 중국 유학생들의 관심을 받았는데, 그해에 저장(浙江) 출신 재일본 유학생들이 창간한 『저장조浙江潮』가 일부 장절을 번역하여 게재하기도 하였다. 또 1906년 장쑤(江蘇) 출신의 재일본 유학생 중 한 명이 그 책을 『인문지리학人文地理學』이라는 제목으로 완역하여 장쑤 영속학무처(寧屬學務處)에서 출판하였으며, 1907년에는 세계 언어 문자 연구회 편집부[世界語言文字硏究會編輯部]에서 다시 번역하여 상하이 유예사(遊藝社)에서 출간하고, 같은 해 11월에 재판을 발행하였다. 이 책은 '인류의 계급'을 논하면서 다음과 같이 서술한다.

인류의 거처는 각기 다양하고, 각종 기상氣象도 다르다. 기상이 다르기 때문에 생활도 다르고 성질 또한 다르며 그 계급도 이로 인해 분화된다.

(1) 비정주민. 수렵과 어로를 생업으로 삼고 물고기와 짐승을 쫓아 이동하고 끊임없이 떠도는 생활을 한다. 고향이 있음도 알지 못하는데 어찌 사회와 국가를 알겠는가? 이들을 일컬어 야만이라고 한다.

야만인野蠻之民은 먹는 것이 모두 자연물이다. 그들은 동물을 어떻게 기르는지 모르고, 식물을 어떻게 재배하는지 모른다. 한곳에서 먹을 것이 다하면 또다른 곳으로 옮겨간다. 만약 다른 곳도 먹을 것이 없으면 단지 앉아서 죽음을 기다릴 뿐이다.

미개인未開之民은 야만인보다 좀더 나아간 면이 있다. 천막을 쳐서 거주하고 오직 유목을 생업으로 삼으며 물과 풀을 찾아 이동한다. 그러나 때때로 물과 풀이 부족할 때가 있다. 따라서 생활방식은 비록 극빈에 이르지는 않지만 궁핍에 대한 걱정은 끊이지 않는다.

(2) 정주민. 유목민들은 인구가 날로 증가하지만 곡식을 재배할 수 없어, 사람들은 가끔 곤경에 처할 수밖에 없다. 이에 경작법을 익히고 나아가 농업에 종사함으로써 생산이 항상 유지되고 결핍에 대한 걱정도 없게 된다. 또 거주지도 일정하여 계속 이동하지 않아도 된다. 이른바 반개화인半開之民은 바로 이에 속한다.

정주민은 향토를 알고 사랑하며, 단체를 결성한다. 반개화인과 개명인이 있으며, 그들 사이의 발육發育 정도는 각각 다르다. 반개화인은 생활구역이 항상 향토에 국한되고 교통수단은 단지 해안을 항해할 뿐이다. 나라의 정치는 오직 하나의 전제專制적인 기관이 조직되어 있다. 개명인은 생활영역이 반드시 전 세계에 미치고 교통수단은 능히 태평양에 두루 도달할 수 있다. 나라의 정치는 반드시 입헌 혹은 공화제를 취하며 완전한 상태에 도달해 있다. 또 자본이 충분하고 그 일거일동이 전지구에 영향을 미칠 수 있는데, 오늘날 유럽과 미국의 각 국가가 모두 여기에 해당된다.*

---

* 牧口常三郎講授, 江蘇師範生編,『人生地理學』, 江蘇寧屬學務處發行, 光緒三十二年(1906) 四月一日發行, pp.115-116. 본서의 복사본은 일본 소카(創價)대학의 다카하시 츠요시(高橋强) 교수가 제공한 것으로, 이에 감사드린다. 1907년 상하이 유예사에서 출판한 『최신인생지리학最新人生地理學』에서는 이 부분을 '인류의 계급과 그 분포人類之階級與其分布'라는 표제하에 다음과 같이 서술하고 있다.

"인류의 문화 차이는 각각 지구의 한 부분에서 거주함에 따라 자연히 발달한 것이다. 오늘날에는 교통기관이 이르지 않는 곳이 없어 이미 고립적으로는 생활할 수 없는 시대이다. 따라서 이를 비교하여 야만, 미개, 반개, 개명으로 구분할 수 있다. 이 구분은 단지 종사하는 업종에서만 나타나는 것이 아니다. 우리는 인민과 그 거주지의 밀도, 그리고 지역이 포괄하는 넓이에 따라 구분하는 것이 가장 적절하지만, 우선 크게 비정주 인종과 정주 인종 두 가지로 나눌 수 있다.

이는 두번째 유형인 4등급제 문명등급론이라고 할 수 있다.

이상을 개괄하면 당시 소개된 지리 교과서 대부분은 일본의 지리학

---

1. 비정주 인종. 이 인종의 생활은 단지 직접적으로 필요한 물질과의 관계만을 알고 그것을 산출하는 토지의 관계에 대해서는 알지 못한다. 이 시기 인종은 그 토지소유권을 확정할 수 없고, 단지 의식衣食상 필요한 물품만 존재하면 수시로 이주한다. 이들은 토지와의 관계의 밀접함에 따라 두 종류로 구분할 수 있다. 하나는 표박漂泊하는 생활을 하고, 다른 하나는 일 년 혹은 일정한 시기 동안 한 지역에서 정주한다. 전자는 수렵과 어렵으로 생활하는 사람들이고 후자는 유목민으로서 모두 야만인종이거나 미개화한 인종이다.

(1) 야만인. 단순하고 조잡한 무기로 자연의 날짐승을 포획하여 의식衣食으로 삼는다. 조수나 어류의 소재지에 집단으로 머물면서 먹거리를 포획한다. 또 이후 결핍할 것을 대비한 저장이라는 관념이 없어, 일단 먹거리를 얻지 못하면 수일이 지나 기아 상태에 빠지는 사람이 나타나기도 한다. 이것이 이른바 표박하는 불안정한 생활이다.

(2) 미개민. 목축에 종사하며 풀을 따라 이주하는 이른바 유목민이다. 야만인에 비교하면 다소 발달한 인종이다. 그러나 생활상의 요구로 인해 불가피하게 정주할 수 없다. 그래서 매번 가볍고 편하게 이주할 수 있도록 천막을 집으로 삼는다.

2. 정주 인종. 앞에서 언급한 표박민과 반半표박민은 그러한 생활의 어려움을 깨닫고 농업을 이해하게 되고 정주의 단계에 이르게 된다. 이때부터 토지와 거주민 사이에 깊은 관계가 형성되고, 강고한 애향심이 발생하며 문화의 기초도 확립된다. 이는 또 생활 영향 구역의 범위에 따라 두 종류로 나뉘는데, 반개화민과 문화민文化民이 그것이다.

(1) 반개화민. 교통기관이 완전하지 못해 생활구역도 단지 좁은 향토에 국한된다. 다소 발전한 자는 조용하고 안정된 내해內海를 항해할 수 있지만 대양의 파도를 넘어설 수는 없다. 근대문명의 유용한 기구에 대해 이용하는 방법을 모를 뿐만 아니라 또 사용하기를 거부하는데 아마도 오래가지 못할 것이다. 현재의 추세하에서는 독립을 유지하며 국가를 이룰 수 없지만 이 또한 특질 가운데 하나이다.

(2) 개화민. 생활근거지인 고향과 국가에 대해, 앞서 말한 인종들에 비해 뒤지지 않는 밀접한 관계를 가지고 있다. 그러나 자연지형에 의해 제한되지 않기 때문에 자신의 국가만을 생활구역으로 삼지 않는다. 그뿐만 아니라 아득한 만리의 대양을 건너 멀리 떨어진 해외의 인종과 교류한다. 그리하여 그 국가는 점차 부유해지고 생활수준은 갑자기 높아진다." 世界語言文字研究會編輯部譯述, 『最新人生地理學』第二編, "地人相關自然之媒介", 上海: 遊藝社發行, 光緒三十三年(1907) 十月初一日再版, pp.143-146 참고.

참고로 일본어 원문은 牧口常三郎著, 『人生地理學』(文會堂出版, 1903), 제22장 "인류(人類)" 중 "人類の階級と其分布"(pp.656-658) 참고. -역자 주

교과서를 번역한 것으로, 그 가운데 문명등급론이 만연해 있는 것은 결코 이상할 것이 없었다. 그러나 중국인이 직접 편찬한 지리 교과서와 강의 교재 역시 문명등급론으로 가득차 있었다. 예를 들어 1902년 상하이 상무인서관에서 출판한 『소학만국지리신편』에는 놀랍게도 바로 다음과 같이 서술하고 있다.

> 인종의 고하는 3등급으로 나뉜다. 첫째는 문명으로서, 덕과 지혜, 기술이 날로 발전하여 진보를 이루는 자이다. 둘째는 반半문명으로서, 문자와 의리義理는 다소 야인野人과 구분되지만 사물의 이치[物理]를 잘 이해하지 못해 귀신에 미혹되거나 낡은 옛것을 고수하며 법을 바꾸거나 새로운 것을 추구할 줄 모른다. 셋째는 야만이다. 사람들은 각자 다른 마음을 가지고 있어 공의식이 없고 집단을 이룰 줄 모른다. 어로와 수렵을 생계로 삼고 경작에 대해서는 알지 못한다. 문자와 의리義理에 대해서는 들어본 바도 없다.
>
> 백인종은 날로 문명에 가까워지고 있는데 황인종은 여전히 반문명의 상태에 남아 있다. 흑색, 갈색, 홍색의 세 인종은 모두 미개화한 야만인野蠻이다.*

여기서 명확히 알 수 있듯이, 이 지리 교과서는 상무인서관에서 출판되기는 했지만 문명등급론에 대한 높은 관심은 서구인이나 일본인에 비해 전혀 손색이 없다.

1903년 상하이 상무인서관에서는 또 셰훙라이(謝洪賚)가 편찬한 중학

---

* 陳藹牛, 『小學萬國地理新編』卷上, 上海: 商務印書館, 光緒二十八年(1902)刊本, p.4 상(上).

지리 교과서 『영환전지瀛環全志』를 출판하였다. 이 책은 출판되기 전 일찍이 총리아문의 심사를 거쳐 "편집이 정확하고 세밀하며, 상세함과 간략함이 적절하게 이루어져 있어 교사의 수업에 편리하다"고 평가 받은 교재였다. 그러나 그 내용 가운데는 다음과 같은 구절이 나온다.

사회 발달의 정도에 따라 세계 국민은 5등급으로 구분된다. 야만, 유목, 반교화, 교화有敎化, 문명. 야만인野蠻之民은 각자 자신을 위해 도모하고, 설사 협력하는 경우가 있더라도 단지 작은 부분에 그칠 뿐이다. 어로와 수렵 이외에 오직 복수와 살상만을 일삼고 경영하는 바는 전혀 없으며 제조하는 일도 없다. 인류 가운데 가장 비천하고 금수와 비교해도 거의 차이가 없다. 유목민遊牧之民은 종종 한 부락을 형성하고 한 추장을 옹립한다. 소떼와 양떼를 기르며 물과 풀을 찾아 이주한다. 예의가 별로 없고 학문[文學]이 없으며 성질은 강하고 사나우며 약탈을 능사로 삼는다. 반교화 국민半敎化之民은 일정한 거주지가 있고 농업에 종사하며 협력하는 방식을 알고 있다. 나라를 세우고 법을 제정하며 기예를 갖추고 있지만, 완전한 상태에 이르지는 못했으며 백성들의 풍속은 비루하다. 교화된 자는 반교화 국민보다 좀더 나아갔지만, 거기에 학문, 기예, 덕성과 신의德義의 측면에서 더욱더 진보하게 되면 바로 문명국文明之國이다. 그 사회의 조직은 이미 거의 완전하고 정치는 오로지 공론을 중시하며 민생과 재산은 안정되어 걱정할 바가 없다. 교육도 빠짐없이 널리 보급되어 국민의 지혜가 나날이 높아지고 국민의 덕은 날로 향상된다. 편안하게 거하며 즐겁게 자기 일에 종사하고 영원히 태평을 누린다. 그뿐만 아니라 더욱더 대동의 세계로 나아가길 기대한다.*

이것은 일종의 '총리아문 심사'를 거친 5등급제 문명등급론이다.

이 책은 광서 29년(1903) 10월에 처음 출판된 후, 다음해 5월에 재판이 발행되고, 10월에 다시 제3판이 발행되었으며, 광서 31년 4월에 제4판, 6월에 제5판이 발행되었다. 그리고 광서 32년 2월에 제6판, 4월에 제7판, 10월에 제8판이 각각 발행되었다. 또 민국 이후에도 개정을 거쳐 각지에 계속 유포되었으며, 1913년 6월에 이미 제13판이 발행되었다.

1905년 상하이 상무인서관은 또 셰훙라이가 편찬한 또다른 지리 교과서 『고등소학 최신지리 교과서』를 출판하였는데 그 가운데도 문명등급론이 충만하게 반영되어 있다. 예를 들어 제3책 '문화'라는 제목의 과(課)에는 다음과 같이 서술하고 있다.

> 사람이 처음 태어났을 때, 들판의 동굴에서 거하고 털 있는 채로 먹고 피를 마셨다. 한대 지역에 거하는 자는 짐승의 가죽으로 옷을 해 입고, 열대 지역에 거하는 자는 일 년 내내 벌거벗고 돌아다녔다. 몽매 무지하고 잔인하여 살생을 좋아했다. 사람마다 마음이 각기 달라 공의식이 없고 집단을 이루지 않는데, 이들을 야만인野蠻之民이라 부른다. 오랜 시간이 지나서 점차 목축에 종사하는 사람이 나타났다. 그들이 건립한 궁실은 단지 비바람을 막을 정도이고 혹은 장막을 집으로 삼았으며 물과 풀을 찾아다니며 이주하였다. 문자와 의리義理에 대해서는 아직 아는 바가 전혀 없었는데, 이들을 일컬어 유목민遊牧之民이라 부른다. 그후 비옥한 토지를 찾아 정주하는 자들이 나타나 농업에 종사하고 공업과 상업에 능숙하며 학문[文學]에 힘쓰고 예의를 익혔다. 그러나 사물의 이치

---

* 謝洪賚, 『瀛寰全志』, 上海: 商務印書館, 光緒二十九年(1903)十月首版, pp.32 33.

에 대해 밝지 않아 혹은 귀신에 미혹되었으며, 낡은 주장을 고수하고 시대에 따라 변화하고 적응하는 방법을 몰랐고 풍속은 대부분 비루했다. 이들을 일컬어 반개화민半化之民이라고 부른다. 인류 가운데 가장 탁월한 자에 이르러, 공업, 상업, 기예가 극히 정교해지고 지혜가 발달했으며 학술도 심오해졌다. 덕과 의리를 존중하고 예의와 양보를 중시하였으며, 인민은 안정되고 국가는 공고해졌다. 이들을 일컬어 문명인文明之民이라고 부른다. 오늘날 단지 백인종만이 날로 문명에 가까워지고 있고, 황인종은 여전히 반개화의 부류에 정체되어 있다. 흑인종, 갈색인종, 홍인종은 대부분 야만일 뿐이다.*

이 책은 1905년에 출간되어, 1910년에는 이미 23판을 인쇄할 만큼 그 영향력이 매우 컸다.

상무인서관의 이러한 선도적인 지리 교과서 편찬이 있은 후에 지리 교과서 출판은 이제 일반적인 상업적 출판 활동이 되었다. 그러나 문명등급론에 대한 전파는 그후에도 절대 감소하지 않았다. 1906년 강초관서국(江楚官書局)에서 출판한 『지리 교과서』 제1권 제33과 '세계 인류의 등급世人等次'에서는 문답 형식으로 다음과 같이 서술하였다.

문: 천하의 사람들은 동등한가?
답: 인류는 본래 동등하지만, 생후에 성정과 예의 규범이 각기 달라 인류도 차이가 발생하게 되었다. 현재 교화의 정도에 따라 4등급으로 구분

---

* 謝洪賚, 『高等小學最新地理教科書』第3冊, 上海: 商務印書館, 光緒三十一年(1905)正月初版, 宣統二年(1910)十一月, 第23版, p.6 하(下)에서 p.7 상(上) 참고.

한다.

문: 제1등급 인류는 어떠한가?

답: 국가에 법률과 문자가 있고, 농업, 공업, 상업이 흥성했으며, 인민의 지혜는 매우 발달하여 진보한 사람들이다.

문: 제2등급 인류는 어떠한가?

답: 국가에 법률과 문자가 있고 또 군대를 두어 모욕을 당하지 않는 방법을 알고 있으며 농업에 힘쓰고 통상을 한다. 하지만 옛것을 고수하고 변화에 맞춰 세상을 살아가는 방식을 알지 못한다. 사업과 학문은 제1등급에 비해 다소 뒤떨어진다.

문: 제3등급 인류는 어떠한가?

답: 유목을 하는 자가 많고 경작을 하거나 장인[匠人]의 일에 종사하는 자가 드물다. 또 국가에 법률과 문자가 있지만, 철학[理學]에 밝지 못하다. 야만과 약간의 차이가 있을 뿐이다.

문: 제4등급의 인류는 어떠한가?

답: 야만인은 사람마다 마음이 제각기 달라 공의식이 없고 합심하지 않아 국가를 이루지 못한다. 학문이 없고 의리義理가 없다. 산림에서 수렵을 하거나 호수나 바다에서 물고기를 잡으며, 혹은 야생의 식물을 먹고 의식으로 삼는다. 성품은 싸우는 것을 좋아하고 덕과 지혜, 기술이 없다.*

1907년 가오바오쉰(高葆勳)이 편집한 『지리총론』이 월동번역공사(粤東

* 『地理敎科書』, 江楚官書局, 光緖丙午年(1906)刻本, p.25. 본 자료는 베이징 사범대학 정스처(鄭師渠) 교수이 도움으로 촬영하였다. 이에 감사드린다.

翻譯公司)에서 출판되었다. 그 가운데 '사회의 등급'을 논하면서 다음과 같이 서술하였다.

따라서 사회 발달의 정도는 각기 다르다. 이를 서로 비교하면 다음과 같이 4등급으로 나눌 수 있다.

첫째, 개명 사회이다. 개명 사회의 정치는 여론을 우선으로 하고, 인민의 생명과 재산은 안전하여 침해를 받지 않는다. 교육은 정신을 중시하고 도덕과 지식은 나날이 끊임없이 나아간다. 따라서 백성은 부유하고 국가는 강하며 사회는 세계에서 최대의 행복을 향유할 수 있다. 그 사회는 이미 완전한 정도로까지 발전하였다.

둘째, 반개화 사회이다. 반개화 사회의 인민은 항상 집단을 이루어 거주하고 협력하여 정부를 구성한다. 법률제도를 수립하고 백성들 다수는 전력을 다해 농업에 종사하고 또 공업과 상업에 종사하는 자도 있다. 학술과 기예 방면에서도 상당한 성취를 이루고 있다. 그러나 사회의 발전 정도가 아직 완전하지 못해 각 방면에서 폐해도 적지 않다.

셋째, 미개 사회이다. 미개 사회의 인민은 큰 부락을 형성하고 한 사람을 추장으로 옹립한다. 목축을 생업으로 하고 장막을 집으로 삼고 물과 풀을 찾아다니며 거주하기 때문에 장막 인종이라고도 부른다. 그들 가운데 경작법을 약간 알고 있어 정교한 농기구를 사용하고 오곡을 먹으며 원래 살던 곳에 익숙해져 쉽게 떠나려 하지 않지만 진화하려는 생각이 없는 자를 토착 인종이라 부른다.

넷째, 야만인이다. 야만적인 인민은 모두 뿔뿔이 흩어져 단결심이 없고 우두머리가 없으며 문자도 법률도 없고 단지 싸움만을 일삼는다. 우매하고 어리석기가 무지한 사슴이나 돼지와 같다. 그 가운데 좀 나은 것은 작은 부락을 이루고 곤충을 먹으며 새와 짐승을 사냥하여 생활한다. 한대와 열대 지역의 사람들이 이에 해당한다.[*]

그뿐만 아니라 작자는 더 나아가 시공의 두 차원으로부터 문명등급론을 기술하기도 하였다.

따라서 인간집단 진화의 이치는 비록 근대에 발명되었지만 시간과 공간의 측면에서 각 사물을 살펴보면 그 법칙은 더욱 확실해진다. 시간 측면에서 보면, 대체로 시대가 고대일수록 사람들은 더욱 야만적이다.『대역계사大易系辭』에서 말하길 상고시대에는 동굴이나 황야에서 살고 사냥을 하거나 물고기를 잡아먹었다고 하였고,『예운편禮運篇』에서는 선왕이 아직 궁실이 없어 겨울에는 동굴을 만들어 거하였고, 여름에는 나무로 만든 우리나 나무 위에 집을 지어 거하였으며, 불에 익혀 먹을 줄 몰라 털이 있는 채로 먹거나 피를 마셨다고 하였다. 이로부터 당시 사람들은 완전히 야만의 세계였음을 알 수 있다. 복희씨伏羲氏가 등장하여 유목의 세계가 되었다. 신농씨神農氏에 이르러 농경의 세계가 되었다. 황제 시기에 이르러 제도가 약간 구비되었으며, 이때부터 미개화의 사람들이 반개화의 사회로 나아갔다고 할 수 있다. 대개 한 단계를 거치는 데 수천 년의 시간이 경과되었으며, 모두 하루아침에 도달할 수 있는 것이 아니다. 반개화에서 문명으로 나아가는 단계는 더욱더 등급을 뛰어넘기가 어렵다. 무릇 그 이전 시기는 어로와 수렵을 하거나 목축을 하는 것이 모두 개인적인 생계 활동이었다. 이전의 방식으로 사람들을 이

---

[*] 高葆勳『地理總論』粤東翻譯公司 光緒三十三年(1907)四月出版, pp.130-131.

롭게 하려 했기 때문에 오래 지속할 수 없었으며, 보통의 다수 사람들은 모두 생계의 어려움으로 압박을 받아 점차 상황을 개선하려 도모하지 않을 수 없었다. 이것은 모두 자연이 변화하여 나아간 것이다. 반개화 사회에 이르면, 다수가 종교와 법제의 구속으로부터 스스로 벗어날 수 없게 되었으며, 그 결과 진보는 더욱더 어렵게 되었다. 공간적인 측면에서 보면, 같은 성질의 세계이고 같은 인류라고 하더라도 어느 곳에서는 유목을 하는 반면, 다른 곳에서는 어로나 수렵을 한다. 또 어느 나라는 반개의 상태인데 또 어떤 나라는 개명의 상태이다. 어느 곳은 기후의 제약(한대, 열대, 온대가 각기 다르다)을 받고, 또 어떤 곳은 지세에 의해 구분(같은 지대라고 하더라도 해양, 사막, 육지 등의 차이가 있다)된다. 따라서 동일한 단계라도 거쳐가는 순서나 각각 소요되는 기간이 달라, 지혜의 정도에 있어서 엄청난 차이가 발생한다.*

이로부터 알 수 있듯이, 문명등급론은 이미 지리학의 영역에 국한되지 않고 시간의 차원을 통해 역사의 영역으로 확대되었다.

1908년 장리화(臧勵龢)가 편찬한 중고등학교 지리 교과서 『신체 중국지리新體中國地理』가 상하이 상무인서관에서 출판되어 3년 만에 8차례나 인쇄되었으며, 또 민국 시기에 이르러서는 교정을 거쳐 제8판이 발행되었다. 이 책에서도 역시 문명등급론이 소개되었다. 예를 들어 '사회'를 논하면서 다음과 같이 서술하고 있다.

오늘날 세계의 사회 개화 정도는 대체로 4종류로 구분할 수 있다.

---

* 高葆勳, 『地理總論』, 粵東翻譯公司, 光緒三十三年(1907)四月出版, pp.130-131.

첫째, 야만인野蠻之民이다. 같은 부류 사이에도 서로 뿔뿔이 흩어져 공의식이 없고 집단을 이루지 않는다. 혹은 수렵이나 어로로 생계를 삼고, 혹은 곤충이나 초목의 과일을 먹고 산다. 우매하기가 들판의 사슴이나 돼지와 같다.

둘째, 미개명 부족민未開明部民이다. 이들은 큰 부락을 형성하고 추장을 옹립한다. 물이나 풀을 찾아다니며 거주하고 유목을 생계로 삼는다. 완고하고 비루한 상황에 머물면서 진화를 도모하지 않는다.

셋째, 반개명 국민半開明國民이다. 이들은 비록 헌법이 없으나 정치와 교육이 완비되어 있고 공업도 자못 발달해 있다. 그러나 옛것을 고수하고 경쟁하려는 사상이 없다.

넷째, 문명 국민文明國民이다. 헌법이 완비되고, 학문과 기예가 발달하여 진보를 이루었다. 문명진화에서 가장 우수한 등급이다.*

같은 해, 학부편서국(學部編書局)에서 편찬한 고등소학 교과서『지리지략地理志略』에서도 '국민등급의 차등'과 관련하여 다음과 같이 기술하였다.

세계 각국 국민은 그 문야의 등급 차이에 따라 4종류로 구분한다.

첫째, 문명 국민. 총명하고 과감한 기풍을 지녔으며 학술과 기예가 특출하다. 생활의 정도도 나날이 진보하고 있다.

둘째, 반개명 국가. 비록 문명 국민에 미치지는 못하지만 역시 학문과 교육을 갖추고 있고 농업과 제조 방면에서도 자못 우수하다.

---

* 臧勵龢, 『新體中國地理』第一編, 上海: 商務印書館, 光緒三十四年(1908)正月初版, "地理學總論", pp.46-47.

394

셋째, 미개명 국민. 학교도 서적도 없고 또 일정한 정주 지역도 없이 물과 풀을 찾아 이동하며 오로지 목축을 생계로 삼는다.

넷째, 야만 국민. 미개하고 무지하다. 하는 일들이 매우 단순하고 조잡하며 성정이 흉포하다. 이들은 평생 동안 어로와 수렵만을 행하며 산다.*

1909년 링팅후이(凌廷輝)가 편찬한 『인생지리학人生地理學』에서도 다음과 같이 기술하고 있다.

사회란 여러 사람을 합하여 함께 지키는 바가 있는 것이다. 우연히 모여서 사회를 이루는 자는 공동으로 준수하는 법률이 없고, 공동으로 희망하는 행복이 없다. 그 사람들은 분치의 법이 없고 또 함께 보호하는 마음도 없어 자연히 사회로서 논할 수 없다. ……예부터 지금까지 진화의 공리를 연구하면 사회는 크게 3가지로 구분할 수 있다. 즉 야만사회, 족제族制사회, 군국軍國사회가 그것이다.**

만약 앞에서 소개한 지리 교과서가 모두 4등급제 문명론이었다면, 이것은 새로운 3등급제 문명등급론이라고 할 수 있다. 그러나 이러한 문명등급론은 애덤 스미스의 역사발전 4단계론에서 근거한 것이 아니라 젱크스의 『사회통석』에서 제기한 역사발전 3단계에 근거한 것이었다. 이 책에서는 또 '야만사회', '족제사회', '군국사회'의 구체적인 함의에 대해 상세한 해석을

---

* 學部編書局編纂, 『地理志略』(光緒三十四年(1908), 武昌板刻). "外國之部" 중 第一章 "通論", p.11 참고.
** 凌廷輝, 『人生地理學』, 上海: 上海新學會社, 1909, pp.57-61.

하기도 했다.

청말 문명등급론은 중고등, 초등학교 지리 교과서에서만 만연한 것이 아니라 대학교 수업에서도 강의되었다. 쩌우다이쥔(鄒代鈞)은 청말 시기 저명한 지리학자였는데, 경사대학당(京師大學堂)의 학생들은 일찍이 집단적인 행동을 통해 다른 교사들을 몰아내고, 지리학 강의를 위해 쩌우다이쥔을 초빙해줄 것을 학부에 요구하기도 하였다. 그런데 쩌우다이쥔이 편찬한 『경사대학당 중국지리강의京師大學堂中國地理講義』에서도 마찬가지로 문명등급론에 관한 내용이 나온다. 예를 들어 그 강의에서 '사회의 등급'을 논할 때 다음과 같이 설명하였다.

사회의 등급은 그 발달 정도에 따라 다음과 같이 크게 4가지로 구분된다.

첫째, 문명 국민. 이들은 상하가 하나의 마음으로 협동하고 진작하는 기풍을 가지고 있으며, 헌법이 완비되고 법률이 공명公明하며 학술이 발전하고 교육이 널리 보급되어 있다. 도덕을 존중하고 지식이 넓으며 위생을 중시한다. 농업, 공업, 상업에 힘쓸 뿐만 아니라 정교하고, 생명과 재산은 모두 보호를 받는다. 국가는 부유하고 군사는 강하며 문화가 나날이 나아간다. 현재 세계에서 행복을 구가하고 있는 국민이다.

둘째, 반개화 국민. 이들은 비록 헌법이 없지만 법률제도와 학문, 기예를 갖추고 있다. 국민은 농업을 중시하고 상공업도 자못 발달하였다. 성곽과 궁실을 갖추고 의복과 기물도 충분하다. 그러나 교육이 아직 널리 보급되지 않았고 사회조직도 불완전한 면이 존재한다. 지금과 같은 경쟁세계에서 아직 독립과 자주를 유지할 수 없다.

셋째, 미개명 부족민. 이들은 큰 부락을 이루고 추장을 옹립한다, 유목을 생업으로 삼아 물과 풀을 찾아 이동하고 장막을 쳐서 거주한다. 약간의 문자를 가지고 있고, 수칙과 명령으로 일정한 시기를 정해 모인다. 그러나 일정한 경계의 영토가 없다. 또 정착하여 경작을 하기도 하는데, 밭을 일구는 것은 알지만 김을 매는 것은 모른다. 고루한 것에 빠져서 진화를 도모하지 않는다. 오늘날 내몽고, 외몽고 및 아라비아가 이에 해당된다.

넷째, 야만인. 같은 부류이면서도 뿔뿔이 흩어져 우두머리가 없다. 문자도 없고 법률도 없으며 수렵과 어로를 통해 의식衣食을 구한다. 우매하고 어리석기가 들판의 사슴이나 돼지와 같다(이상 한대寒帶에 사는 사람). 또는 금수를 신으로 숭배하고 몸을 상하게 하여 꾸미며 곤충이나 초목의 과일을 먹고 경작에 대해 아는 바가 없다(이상 열대에 사는 사람). 무릇 이러한 사람들은 문명국가가 위력으로 그들을 부리는데 늑대가 양을 몰듯이 한다.*

이외에 또 일부 교과서는 비록 공개적으로 문명등급론을 선전하지는 않았지만, 행간 곳곳에서 여전히 문명등급론의 색채를 드러내기도 하였다. 1905년 상무인서관 편역소에서 편찬한 『최신 초등소학 지리 교과서』 제4책 중 '외국편'의 결론 부분에서 "오늘날 오대주의 종족, 교화, 정치 체제에 대해 논하자면, 아프리카와 오세아니아의 토착인은 금수와 같은 이른바 야만인이다. 아시아, 유럽, 북아메리카 사람들은 지혜가 특별히 뛰어나고, 지향과 취미가 고상한 이른바 개화인이다"라고 서술하였다.** 또 1907년

---

* 鄭代鈞, 『京師大學堂中國地理講義』, 北京: 淸末京師大學堂鉛印本, pp.21-22.
** 商務印書館編譯所編纂, 『最新初等小學地理敎科書』第四冊, "外國", 上海: 商務印書館, 光緒三十一年(1905)六月初版, p.40 하(下).

허베이역서사(河北譯書社)에서 출판한 구중슈(穀鍾秀) 편역의 『최근 통합 외국지리』에서도 '생업'을 논하면서 다음과 같이 설명하였다.

인류생활의 상태는 각기 다르다. 육지에서는 수렵을 하고, 물에서는 어렵을 하여 물고기를 잡아 생활을 영위하는 사람들이 있다. 물과 풀을 찾아 이동하며 천막을 쳐서 거주하는 유목민이 있다. 거처가 일정하고 식품을 간단한 경작물에 의지하는 정주민定住民이 있다. 이들은 아직 미개상태에 있지만 사람들의 지혜가 날로 발달하고 각자 그 지역에 적합한 것을 산업으로 선택하여 전력을 기울인다. 농업, 목축업, 광업, 수공업 등이 더욱더 복잡해지고, 실용품의 제조와 편의를 위한 제품의 공급, 산물의 교환매개가 더욱 성행한다. 따라서 생업이라는 것은 문명의 정도와 토지의 성질 등에 따라 그 종류와 상황도 크게 다르다.[*]

여기서 저자는 비록 의도적인 것은 아니지만, 사실상 어로 및 수렵인, 유목민, 정주민이라는 세 가지 서로 다른 문명등급 즉 일종의 문명등급론을 언급하고 있다.

4. 민국 시기 지리 교과서의 편찬과 문명등급론의 변화

청말 시기 문명등급론의 유포는 이미 서술한 바와 같다. 그러나 이러한

---

[*] 山上萬次郎著, 穀鍾秀譯編, 『最近統合外國地理』, 河北譯書社, 光緒三十三年(1907)一月印刷, pp.7-8.

상황은 민국 초기에 이르러서도 결코 변화하지 않았다. 당시 편찬된 중고 등학교 혹은 대학 지리 교과서에는 여전히 문명등급론의 내용이 만연해 있었다. 예를 들어 셰홍라이의 『영환전지』는 수정을 거친 후에도 여전히 광범하게 사용되었으며, 장리화가 편찬한 중고등학교 지리 교과서 『신체 중국지리』도 교정을 거쳐 재판되었는데, 두 책의 내용 중 문명등급론은 전혀 변화가 없었다.

1912년 1월 중화서국(中華書局)에서는 리팅한(李廷翰)이 편찬한 『중화 중학지리 교과서·본국지리』 가운데 제1책에서 '사회'를 설명하는 가운데 다음과 같이 서술하였다.

> 인간이 서로 집단을 이루어 사회를 구성한다. 사회란 인류가 서로 단 결하여 그 생존을 보장하는 방법이다. 따라서 사회는 처음에 자연으로 부터 시작되었으며, 그후 토지의 위치, 형세의 안락함과 험준함, 기후의 추움과 따뜻함, 천연물의 많고 적음에 따라서 자연적인 진화가 발생하 였다. 그후에 또 종족의 지혜, 체질의 강약, 성질의 좋고 나쁨, 교육의 성 쇠에 따라 인위적인 진화가 발생하였다. 따라서 사회단계는 야만, 미개, 반개, 개명으로 구분된다. 야만으로부터 개명에 이르기까지, 역사는 전 체 다섯 가지 시대를 거쳐왔다. 과일을 먹는 채집시대, 어로 및 수렵시 대, 유목시대, 농업시대, 상공업시대가 바로 그것이다.*

이 책은 1919년에 이미 21판을 인쇄하였다.

---

* 李廷翰, 『中華中學地理教科書·本國地理』第一冊, 上海: 中華書局(1912年1月), 1919年1月第 21版, pp.59-60.

1913년 7월, 상무인서관은 셰관(謝觀)이 편찬한 『중학공화국 교과서·본국지리』를 출판하였는데, 이 책은 교육부의 검정에서 "조리가 정연하고 자료 또한 자세하여 마땅히 중고등학교 본국 지리 교과서로서 허가되어야 한다"는 평가를 받았다. 그러나 책 가운데 '인민'을 논하는 부분에서 다음과 같이 서술하고 있다.

인간은 만물 가운데 가장 뛰어난 존재라는 것은 우리 조상들이 말해 왔던 바이다. 그러나 지금 세계 인민은 그 개화의 여부로 강함과 약함, 우수함과 열등함을 구분한다. 도덕을 준수하고 학술을 중시하며 실업을 중흥시키고 교통에 능하면 이미 개화된 인민이다. 농업에 힘쓰지 않는 것은 아니고, 공업을 못하는 것도 아니며, 상업을 위해 노력하지 않은 것도 아니지만, 학술이 비루하고 풍속이 완고하고 열등하며, 현재의 편안함만을 꾀하고 진취적으로 노력하지 않는 것은 반개화의 인민이다. 목축을 생업으로 삼고, 물과 풀을 찾아 이주하며 지식이 없고 국가를 이루지 못하는 것은 미개화된 인민이다. 지금 전체 지구의 인민이 15억 5천5백만을 넘지만 반개화와 미개화의 인민이 아직 다수를 점하고 있다. 우성열패, 약육강식, 이것이 세계에서 많은 문제가 발생하는 이유이다.*

이 책은 1915년에 이미 제7판을 인쇄하였다.

1915년 거비룬(葛陛綸)과 거준리(葛遵禮)가 각각 편집과 교정을 맡은 『지리개론』이 상하이 회문당(會文堂)에서 출판되었는데, 그 책은 각권 표지

---

* 謝觀, 『中學共和國敎科書·本國地理』卷上, 上海: 商務印書館(1913年7月), 1915年9月第7版, pp.31-32.

에 모두 "학교필수, 시험필독"이라는 문구가 쓰여 있었다. 이와 같은 '학교의 필수교재, 시험의 필독서'인 지리 교과서에서도 '국민의 정도'를 설명할 때, 다음과 같이 서술하였다.

세계 국민의 등급은 4등급으로 구분할 수 있다. 우매 무지하고 잔인하여 살인하기를 좋아하며 일정한 거처나 음식이 없는 사람들을 야만인이라 한다. 부락을 이루고 추장을 옹립하며 어로와 수렵을 위주로 할 뿐만 아니라 물과 풀을 찾아다니며 이주하고, 예의나 학문이 없는 사람들을 유목민이라 한다. 국가와 제도를 수립하고 농업에 힘쓰며 학문을 알고 있지만 여전히 부족함이 있어 완전하지 못할 뿐만 아니라 풍속이 불결하고 케케묵은 사람들은 반개화인이다. 학술이 정교하고 기예가 섬세하며, 통상을 하고 교육이 발전했을 뿐만 아니라 예의를 존중하고 중시하며, 국가가 부강한 사람들은 문명 국민이다.*

1918년 팡원위안(龐文源)이 편찬한 『신체 본국지리강의』가 상무인서관에서 출판되었다. 이 책은 그후 여러 차례 재판되어 1925년까지 제9판이 인쇄되었다. 그 가운데 제4장 '인문지리'의 '인류의 단계와 종족의 우열'을 논하는 부분에서 다음과 같이 서술하였다. "인류 또한 동물 가운데 하나이다. 시대의 변천과 지식의 증진에 따라 세계 각종 사물들이 인류를 위해 사용되었다. 오늘날 세계의 문명, 인민의 개화는 많은 단계를 거쳐 이루어진 것이다. 인류의 진화에 대해 말하자면, 정주하지 않는 인종과 정주하는

---

* 葛綏編, 『地理槪論』 第一冊, "地理總論之部", 上海: 會文堂, 1915年1月初版, p.10 하(下)에서 p.11 상(上).

인종으로 나눌 수 있다." 그 가운데 '정주하지 않는 인종'은 '야만인'과 '미개화인' 두 종류를 포함한다. '야만인'은 또 '과일을 채집하는 시대'와 '어로 및 수렵시대'를 포함하고 있으며, '미개화인'은 유목시대를 가리킨다. '정주민'은 '반개화인'과 '개화인' 두 종류로 나뉜다. '반개화인'은 '농업시대'를 가리키며, '개화인'은 '상공업시대'와 '식민시대'를 포함하고 있다.[*] 이것은 일종의 4등급제 문명등급론의 변종으로서, 마키구치 쓰네사부로(牧口常三郞)의 영향을 엿볼 수 있다.

이 외에도 다른 일부 교과서에서도 문명등급을 논할 때, 직접 다른 교재를 베끼는 경우도 종종 있었다. 당시 중국의 한 대학에서 인쇄했던 지리학 강의는 '사회'를 설명하면서 다음과 같이 서술하였다.

오늘날 사회의 개화 정도는 4가지로 구분할 수 있다.

첫째, 야만인. 같은 부류 사이에도 서로 뿔뿔이 흩어져 공의식이 없고 집단을 이루지 않는다. 혹은 수렵이나 어로를 생계로 삼고 혹은 곤충이나 초목의 과일을 먹고 산다. 우매하기가 들판의 사슴이나 돼지와 같다.

둘째, 미개명 부족민. 이들은 큰 부락을 형성하고 추장을 옹립한다. 물이나 풀을 찾아다니며 이주하고 유목을 생계로 삼는다. 완고하고 비루한 상황에 머물면서 진화할 줄 모른다.

셋째, 반개명 국민. 이들은 비록 헌법이 없으나 정치와 교육이 완비되어 있고, 공업 또한 자못 발달해 있다. 그러나 옛것을 고수하고 경쟁하려는 사상이 없다.

---

[*] 龐文源編纂, 齊國梁, 譚廉校訂, 『新體本國地理講義』, 上海: 商務印書館(1918年3月), 1925年2月第9版, pp.10–11.

넷째, 문명 국민. 헌법이 완비되고 학문〔文學〕과 기예에 정진하여 발달하였다. 문명진화에서 가장 우수한 등급이다.[*]

이상 내용은 장리화가 편찬한 『신체 중국지리』를 그대로 옮겨온 것임이 분명하다.

그러나 조금만 주의하면 시간의 추이에 따라 당시 중국에 유입된 문명등급론이 의미상에 있어서 조금씩 변화하는 것을 알 수 있다. 1914년 푸윈썬(傳運森)이 편찬한 『공화국 교과서·인문지리』가 출판되었는데, 그 책의 제3장 가운데 '문명의 유별'에서는 다음과 같이 기술하였다.

오늘날 민족은 그것이 도달한 문명의 깊이 측면에서 세 가지로 구분할 수 있다. 자연민족, 반문명민족, 문명민족이 그것이다. 자연민족은 이전에 미개인이라 불렀으며, 반문명민족은 이전에 야만인이라 불렀다. 지금은 그러한 호칭이 적절치 못함으로 더이상 사용하지 않는다.[**]

푸윈썬을 통해 미개화인은 자연민족으로, 야만인은 반문명민족으로 변화하였다. 그는 여기서 단지 이전의 호칭 사용이 적절치 못하다고만 지적하고 왜 부적절한지에 대해서는 아무것도 설명을 하지 않았다. 그리고 이러한 새로운 3등급제 문명등급론은 후에 점차 다른 각종 문명등급론 모델을 대신하였다. 예를 들어 1925년 왕화룽(王華隆)은 그가 편찬한 『신저 인문지리학』에서 다음과 같이 서술하였다.

---

[*] 佚名, 『中華大學講義 · 地理學』, 民國年間刊本, p.25.
[**] 傳運森, 『共和國敎科書 · 人文地理』, 上海: 商務印書館(1914年5月), 1925年1月第11版, p.21.

인류가 자연의 영향을 받는 이상, 그 기질과 풍속도 자연히 다르게 마련이다. 따라서 개화의 정도가 제각각 다르다. 생활이 단순히 이른바 원시인이라 불리는 자연인에 가까운 사람들이 있는가 하면, 문화가 이른바 개화를 훨씬 능가하는 단계에 도달한 문명인이 존재하고, 그 사이에 또 반개화 인민이 있다. 따라서 현재 인류는 크게 자연민족, 반개화민족, 문명민족 세 가지로 구분할 수 있다.*

1931년 리전정(李振鄭)이 편찬한 『인문지리개관』에서도 다음과 같이 서술한다.

인류가 거처하는 지역이 서로 다르고, 기후와 토질이 각기 달라 문명의 정도도 다르다. 학자들은 그 진화의 속도에 따라서 자연민족, 반개화민족, 문명민족으로 구분한다.**

1933년 왕이야(王益厓)가 편찬한 『인문지리』에서는 더욱더 명확하게 설명하고 있다.

문명(civilization)이라는 것은 한 사회의 물질적이고 정신적인 재산을 총칭하여 말한 것이다. 무릇 인류가 자신의 경험으로 획득한 유형무형의 재산으로서, 자손을 위해 축적하여 전수할 수 있는 것은 모두 여기에

---

* 王華隆, 『新著人文地理學』, 上海: 商務印書館, 1925年8月, p.17.
** 李振鄭, 『人文地理槪觀』, 北京. 北京大學出版社, 1931年9月版, p.46.

속한다. 그 발달에 대해서 말하자면, 각종 단계 즉 각종 분류가 있다. 그러나 지리학의 연구는 분포를 중시하기 때문에 그 번잡한 것은 생략한다. 문명과 토양 환경 사이의 관계를 중심으로 간단하고 또 주요한 것을 구분하자면 자연민족(savages), 반개민족(barbarians), 문명민족(civilized men) 세 가지가 있다.*

1933년 전후 시기, 정톈팅(鄭天挺)이 베이징대학 예과 학생들을 위해 편찬한 『세계 인문지리강의』 가운데서도 '문화와 인류'의 관계를 논할 때 다음과 같이 서술하기도 하였다.

인류가 거처하는 지역이 서로 다르고, 기후와 토질이 각기 달라 문명의 정도도 또한 다르다. 학자들은 그 진화의 속도에 따라 자연민족, 반개화민족, 문명민족 3가지로 구분한다. 자연민족은 생활이 간단하여 개화가 되지 않은 민족이다. 반개화민족은 비록 점차 진보를 하기는 하지만 여전히 야만적인 습관에서 벗어나지 못한 민족이다. 이른바 문명민족이란 금수를 초월하여 가정과 사회조직을 갖추고 일상생활의 재력을 구비한 민족이다. 이 재력은 단지 금전만을 가리키는 것이 아니다. 그들의 기능을 이용하여 신체상의 건강을 유지할 수 있는 것, 즉 의식주라는 것은 이른바 유형의 재력으로서 물질문명이다. 또 윤리, 법률, 기예, 학술, 종교 등의 정신을 갖추고 있고, 학문으로 세계의 대동을 촉진시킬 수 있는 것은 무형의 재력 즉 정신문명이다.**

---

* 王益厓, 『人文地理』, 上海: 大東書局, 1933年9月, p.105.
** 鄭天挺述, 『世界人文地理講義』, 民國年間鉛印本, p.43.

작자는 더 나아가 거주와 생업 두 방면에서 세계 각지의 서로 다른 민족을 분류하고 다음과 같이 지적하였다. "생업상 민족의 유형은 민족 거주 상황에 의거하여 분류하는데, 정주 민족과 비정주 민족 두 가지로 구분한다. 또 그 생업에 의거하여 구분하면, 어로 및 수렵, 유목, 농잠農蠶 세 가지가 있다." 그 가운데 비정주 민족은 단지 직접 필요한 물질과 관계된 생활조건만을 알고, 제품이 생산되는 토지와 관계된 생활조건을 알지 못한다. 따라서 단지 의식과 같은 필수품의 존재 상황에 따라 수시로 이주한다. 그들과 토지 사이 관계의 긴밀한 정도에 따라 평생 떠도는 민족과 일 년 혹은 일정 시기 한곳에 정주하는 민족 두 가지로 나눌 수 있다. 전자는 어로와 수렵 생활을 하는 민족이고, 후자는 유목생활을 하는 민족으로, 모두 이른바 자연민족이다. 어로 및 수렵 민족은 간단하고 조잡한 무기로 자연 상태의 성장한 동물을 잡아 의식으로 삼는다. 따라서 길짐승과 어류가 모여 있는 곳에 집결하여 생활하며, 저장을 할 줄 모르고 또 기를 줄도 모른다. 유목민족은 오로지 목축만을 하고 물과 풀을 찾아 이동하며 천막을 둘러 집으로 삼는데, 어로 및 수렵 생활에 비해 이미 어느 정도 진보한 모습을 보여주지만 여전히 정주하여 생존하는 방식을 알지 못한다. 정주민족은 그 생업이 비교적 다양하고 복잡하며 거주도 일정한데 이들은 떠도는 생활에서 진보해온 것이다. 다소 오랜 기간 동안의 어로 및 수렵과 유목 생활을 거쳐 점차 농업의 이점을 알게 되고 농업에 힘쓰게 되자, 농업생활을 위주로 하는 정주민족이 출현하였다. 농업생활은 다시 3단계로 나뉜다. 즉 단순 농업, 농기구를 활용한 농업, 원예업이 그것이다. 단순 농업은 가장 간단한 방식으로 농사를 짓는 것으로, 그 방법은 단지 땅을 파고 씨앗을 묻어두고서 생겨나기를 기다리는 것이다. 밭을 고르고 김을 매는 일을 하지 않으며, 그렇게 배양된 것은 대부분 토란과 같은 알뿌리 식물이다. 열대지방에서 가장 성행했다. 농기구를 활용한 농업 즉 이른바 명실상부한 농업은 아열대 지역에서 가장 성행하였다. 그들이 배양한 식물은 대부분 곡식류이다. 농업이 발전하자 화초와 과실류와 같은 특정 작물을 전문적으로 재배하기 시작하였으며, 이를 바로 원예업이라 부른다. 원예업 발전의 이점은 농기구를 활용한 농업보다 훨씬 크다.

1935년 거수이청(葛綏成)은 그가 편찬한 『세계 인생지리』에서 세계 인종의 분류를 소개한 후 다음과 같이 지적하였다.

이 외에도 민족문명의 수준에 따라 자연민족, 반개화민족, 개화민족 3가지 부류로 구분한다. 그러나 이는 단지 가장 큰 분류일 뿐이고 실제로는 문화의 발전 정도에 따라 수많은 단계가 존재한다.

그는 그 분류를 다음과 같은 그림으로 나타내고, 덧붙여 "이러한 분류는 단지 우리의 참고자료로만 활용할 수 있을 뿐이며 기본적인 원리로 삼을 수는 없다"*고 하였다.

1935년 이후에는 외국지리 번역 서적이든 아니면 중국인이 편찬한 지리학 교과서든 이미 이러한 문명등급론의 내용을 담고 있는 것은 매우 드물다. 이러한 상황 변화에 비추어볼 때, 1937년 리장푸(李長傅)와 저우쑹캉(周宋康)이 번역한 독일의 저명한 지리학자 오토 마울(Otto Maull)의 『인문지리학』은 예외에 속한다. 이 책은 인류는 문화발전 과정에서 원시민족(Primitive), 자연민족(Naturvölker), 반개화민족(Halbkulturvölker), 문화민족

---

* 葛綏成, 『世界人生地理』上編, 上海: 中華書局, 1935年3月, p.51.

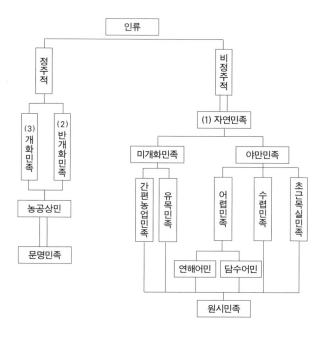

(Kulturvölker)이라는 4개의 중요한 문화적 단계를 거쳐야 한다고 보았다. "이러한 말 그대로의 시간적 단계는 확실히 연대의 순서를 따라 변화한다. 하지만 이것은 단지 각 문화집단의 상대적인 순서로서만 의미를 지닌다. 그와는 반대로 만약 인류 전체 특정 시기의 횡단면을 살펴보면 지구상에는 각종 문화단계가 병존하고 있음을 보게 될 것이다." 이어 마울은 또 지적하기를, "문화단계의 본질은 본래 시간과 관계가 없다"*고 하였다. 문화단계가 이미 시간적으로 고착된 것이 아니라면, 통시성은 곧 공시성으로 변화하고 문화(문명)의 단계도 문화(문명)의 유형으로 변화한다.

　이상에서 살펴본 바와 같이 민국 초기부터 20세기 30년대 중반까지

---

* 奧托　毛爾著, 李長傳, 周宋康譯, 『人文地理學』, 上海: 中華書局, 1937, p.120.

서구 문명등급론이 중국에 전파되는 과정은 조금씩 변화해왔다. 그 가운데 가장 두드러진 것은 다음과 같은 세 가지 특징이다.

첫째, 3등급제의 문명모델이 점차 4등급제 혹은 5등급제의 문명모델을 대체하였으며, 문명등급을 구분하는 기준도 본래 사회 진보, 생활방식 등 복수의 기준에서 '정주'와 '비정주'라는 단일한 기준으로 단순화되었다.

둘째, '반개화'의 함의에 변화가 발생하였다. 앞에서 지적한 바와 같이, 19세기 영국과 미국 등의 지리 교과서에서는, 4등급제이든 5등급제의 문명모델이든 모두 half-civilized(반문명)를 포함하고 있었다. 이 half-civilized는 처음에 "국가 가운데 교화가 완전하지 못한 것"(제임스 레게), "반문명·반야만"(존 프라이어), "교화가 있는 것"(영 앨런) 등으로 번역되었지만, 청말에 이르러서는 일반적으로 "반개인半開之人"(량치차오), "반개민半開之民"(장쑤 재일본 유학생)으로 번역되었다. 그리고 앞서 언급한 바와 같이 1914년 푸윈썬이 편찬한 『공화국 교과서·인문지리』에서는 "반문명민족은 이전에 야만인이라 호칭하였다"고 명확히 기술하였다.* 기왕에 반문명민족이라 한다면 어떻게 또 "이전에 야만인이라 호칭한 것"이 될 수 있을까? 혹시 작자의 착오가 아닐까? 그렇지 않다. 위 책의 제3장 제3절에서는 '유목민족'이라는 표제하에 다음과 같이 서술하고 있다. "유목민족은 자연민족 가운데도 있고, 반문명민족 가운데도 존재한다. 그들이 거주하는 지역은 초원이고 그들이 기르는 동물은 발굽이 있는 각종 유제有蹄류이다. 농업과 목축업 가운데 어느 것이 더 선행하는가에 대해서 학자들의 의견은 여전히 분분하다. 본래 한 민족의 생업이었던 것이 후에 분리되어 따로따로 종사하게 되

---

* 傅運森, 『共和國敎科書·人文地理』, 上海: 商務印書館, 1925, p.21.

었을 뿐이다."* 즉 그가 말한 반문명민족은 바로 유목민족이었던 것이다. 그뿐만 아니라 왕이야도 『인문지리』에서 '반개화민족' 옆에 영문 barbarians이라고 주석을 붙여놓기도 했다. 그리고 '반개화민족'의 특징을 소개하면서 다음과 같이 설명하였다.

무릇 이미 원시적인 야만상태에서 벗어나 다소간 자연을 통제할 수 있게 된 민족은 모두 이에 속한다. 주로 유목민족(nomads)으로서 수렵민족으로부터 진화해왔다. 그들은 수확하는 바가 비교적 확정적이고 생활이 비교적 안정되어 있으며, 생산의식, 경제관념이 이미 일찍이 발생하여 그들 가운데 간단한 농업을 겸하는 자도 또한 많아지게 되었다. 소, 말, 양, 돼지, 산양, 낙타, 알파카(alpaca), 라마(lama)가 그 주요한 가축이다. 오늘날 아프리카, 남아메리카 내륙, 유럽 북극해안, 아시아의 아라비아, 시베리아, 중앙아시아 및 우리나라의 몽고, 신장新疆, 청하이青海, 시장(티베트) 등지에 분포하며, 그 인구는 매우 적어 2천만 정도이다.**

이로부터 왕이야가 말한 '반개화민족'도 유목민족을 가리키는 것을 알 수 있다. 이러한 상황은 당시 결코 드문 현상이 아니었다. 왕화룽은 비록 '반개화'가 바로 야만민족이라고 말하지는 않았지만, 그 역시 이에 대해 다음과 같이 해석하였다.

---

* 위의 책, p.25.
** 土益生, 『人文地理』, 上海: 大東書局, 1933年9月, p.105.

반개화민족은 대부분 유목업에 종사하며 그중 진보한 자는 개량한 경작에 종사하기도 한다. 그들이 거처하는 곳은 대개 광야의 초원이다. 그들이 사육하는 동물은 지역에 따라 다르지만, 양이 제일 많고, 말, 낙타류도 또한 사육하고 있다. 혹은 운송업을 겸하기도 하는데, 아주 고대시기에는 내륙 교통기관으로서 역할을 하기도 하였다.[*]

여기서 알 수 있듯이, 그가 말한 '반개화'는 여전히 미개화 혹은 몽매인 즉 barbarians을 가리키고 있다. 그 외에도 리전정 역시 『인문지리개관』에서 "반개화민족은 비록 점차 진보하기는 했지만 여전히 야만적인 풍속을 벗어나지 못하고 있으며, 몽고 인민과 같은 민족이 이에 해당한다"[**]고 말하였다. 단지 거수이청만이 예외적으로, 그가 만든 문명등급 구조도에서 반개화민족과 개화민족을 모두 정주하는 문명민족으로 분류하였다.[***]

셋째, '자연민족'이 점차 '야만'을 대체하여 savage에 대한 일반적인 번역어로 되었으며, 그 함의도 더욱 세분화되어 멸종 위기에 놓인 그들의 상황에 주목하기도 하였다. 그 이전의 the savage에 대한 중국어 번역은 제각각 여러 가지가 있었는데, 이 시기에는 기본적으로 모두 '자연민족'으로 번역되었다. 이와 동시에, '자연민족'은 더욱 세분화되어 '채집민족(natural tribes)', '수렵민족(hunter tribes)', '어로민족(fisher tribes)' 세 가지 유형으로 구분하였다. 채집민족은 "경작도 목축도 하지 않고 먹을 것을 접하면 주워서 먹는데, 곤충이든 초목의 뿌리든 모두 자연의 산물이다. 그들 가운데는 어로를 하는 자도 있지만 단지 전체 먹거리 가운데 일부분일 뿐이다. 따라

---

[*] 王華隆, 『新著人文地理學』, 上海: 商務印書館, 1925年8月, p.19.

[**] 李振鄭, 『人文地理槪觀』, 北京: 北京大學出版社, 1931年9月, p.46.

[***] 葛綏成, 『世界人生地理』上編, 上海: 中華書局, 1935年3月, 51쪽.

서 계속해서 이주를 해야 하며 그 결과 거처하는 집도 매우 형편없고 모두 교통이 불편한 곳에 위치해 있다."* 그들 가운데는 "또한 강적의 압박으로 그들 사이에 거주하는 경우도 있다". 수렵민족은 채집민족에 비해 개화를 했으며, 그 인민들은 어로를 생업으로 삼고 간단한 무기를 사용할 수 있으며 야생동물을 포획하여 의식으로 삼는다. 따라서 그 거주는 대개 깊은 산속에 위치해 있으며, 그 민족은 비록 수렵을 위주로 하지만 담수어를 잡는 것을 부업으로 겸하기도 한다. 어로민족은 캐나다 북부, 알래스카 연안 및 시베리아 호수와 바닷가 지역 등 어류가 풍부한 곳에서 거주한다. 따라서 그 토착인들은 겨울에는 개썰매를 타고 얼어붙은 들판에서 사냥을 하며, 여름에는 배를 타고 강가나 바닷가에서 물고기를 잡는다. 태평양의 도서 지역에도 이러한 민족이 많다.**

사람들은 "자연민족"을 논할 때, 항상 그들이 절멸 위기에 놓은 상황에 주목하고 그 원인을 분석하기도 하였다. 예를 들어 왕이야는 그의 책에서 "자연민족"은 신대륙이 아직 발견되기 전에 세계 면적의 절반을 점하고 있었다. 그러나 오늘날 그 구역이 날로 협소해지고 인구수도 나날이 감소하고 있다. 하와이인은 최근 70년 동안 13만에서 2만4천 명으로 줄었고, 오스트레일리아의 태즈매니아(tasmania)인은 19세기 초만 하더라도 5천 명이 있었으나, 1878년에는 모두 절멸되고 말았다. 그 밖에 아프리카의 부시맨(Bushman)족, 호텐토트(Hottentots)족, 아메리카 인디언, 북극 주변의 어로민족은 문명인과 접촉한 이래로 모두 그 수가 대폭 감소하였다. 이러한 현상을 초래한 원인에 대해서 당시 일반적인 설명방식은 다음과 같은 것이었

---

* 王華隆, 『新著人文地理學』, 上海: 商務印書館, 1925年8月, p.17.
** 王益厓, 『人文地理』, 上海: 人東書局, 1933年9月, pp.106-107.

412

다. 첫째, 민족 자체의 죄악. 즉 식인, 아동 학살, 제사를 위한 인간 희생 그리고 전쟁시의 상호학살이 모두 그 예이다. 둘째, 문명인과의 접촉으로 인한 부정적 영향. 천연두, 홍역, 매독, 페스트 등 전염병의 유입과 술의 유입 등. 셋째, 백인에 의한 섬멸.

서구 문명등급론에 따르면 '자연민족'은 전쟁을 좋아한다고 했는데, 왜 단지 서구 식민주의자와 조우한 이후에 대대적으로 감소했는가? 이와 관련하여 첫번째는 설득력이 부족하다. 전염병의 유입으로 '자연민족'이 감소하게 되었다는 것은 수긍할 만하다. 그러나 백주(白酒)의 유입으로 '자연민족'이 감소했다는 것에 대해서는 지금까지 설득력 있는 증거를 찾아볼 수 없다. 백인의 살육은, 여기서 가장 마지막 원인으로 거론되고 있지만, '자연민족'이 감소하게 된 가장 주요한 원인임은 의심할 바가 없다. 종합하면 이러한 관점은 명확히 서구에서 유입된 것이다.

결론

이상의 서술을 통해 우리는 다음과 같은 결론을 얻을 수 있다.

첫째, 경전적인 문명등급은 18세기 말 19세기 초 영국과 미국 등 서구 국가에서 형성된 일종의 식민주의 학설이다. 이러한 학설은 세계 각지의 다양한 국가와 민족의 발전 경로를 서로 다른 등급의 문명발전 모델로 분류하였다. 그 가운데는 3등급제(the savage, the barbarous or the half-civilized, the civilized), 4등급제(the savage, the barbarous, the half-civilized, the civilized), 5등급제(the savage, the barbarous, the half-civilized, the civilized, the enlightened)가 포함되어 있으며, 이 세 종류의 문명등급론 모델은 각

등급별로 특정한 함의와 특정한 국가 및 지역을 지시하고 있었다. 따라서 이러한 경전적 문명등급론은 단지 이론적인 학설에 그치지 않고, 세계를 사고하는 모델이자 강력한 담론체계였다. 문명등급론은 1820년대에 영국, 미국 등 서구 국가의 중고등학교 지리 교과서에 서술된 이후 근 1세기 동안 유행하였으며, 식민주의의 확장에 따라 세계 각지로 확산되어 보편성을 지닌 지식과 가치관념으로 간주되었다.

둘째, 근대 이후 서구 문명등급론이 중국에 유입된 경로는 주로 두 가지를 통해서였다. 하나는 직접 서구의 문헌으로부터 번역한 것이고, 다른 하나는 일본을 통해 우회적으로 유입된 것이었다. 서구문헌으로부터 번역을 진행한 주체는 서구 선교사나 상인, 외교관이었으며, 그들 이외에도 중국 지식계 인사들도 포함되어 있었다. 그 가운데 서구 선교사, 상인과 외교관은 중국어 수준의 한계로 인해 번역 과정에서 대부분 중국인의 협력을 받았는데, 서구인이 구술로 번역하면 중국인이 중문 문장으로 기록하는 방식으로 진행되었다. 이러한 서구인들은 서구 문명등급론을 번역하는 과정에서, 혹은 선교의 방편 때문에 혹은 교류 과정에서 예기치 않은 난처한 상황에 직면하지 않기 위해서 또는 협력자인 중국인의 체면을 고려하여, 대부분 그 문명등급론 가운데서 중국이 반문명국가의 지위로 분류되었다는 사실을 은폐하였다.

셋째, 1901년부터 서구의 경전적인 문명등급론이 중국에 전파되는 과정에서 중대한 변화가 발생하였다. 우선 전파의 주체 방면에서 원래 서구의 선교사, 상인과 외교관이 중심을 이루고 중국인이 보조하던 방식으로부터 재일본 중국 유학생들이 절대다수를 점하는 상황으로 변화하였다. 이와 관련하여 문명등급론의 출처도 더이상 유럽과 미국 등 서구 국가가 아니라 일본이 되었다. 당시 일본 지리학자 시가 시게타카, 나카무라 고로

쿠, 요코야마 마타지로(橫山又次郎), 야즈 쇼에이, 마키구치 쓰네사부로 등의 저작이 연이어 중문으로 번역되었으며, 그에 따라 그것들이 담고 있던 문명등급론도 널리 확산되었다.

넷째, 비록 중고등학교와 초등학교의 지리학 교과서 혹은 대학 지리학 강의 가운데 문명등급론을 소개하지 않은 경우도 많았지만, 위에서 문명등급론을 전파한 것으로 거론된 지리학 교과서 혹은 강의와 그것들의 광범위한 사용을 고려하면, 1901년부터 1930년 전후 시기에 문명등급론의 목록이 중국의 초등학교, 중고등학교 및 대학 지리 교과서의 표준적인 특징이 되었다고 해도 과언이 아니다. 19세기 문명등급론이 영국과 미국 등에서 유행했던 것과 비교했을 때 중국에서의 전파는 다음과 같은 차이점이 있다. 첫째, 양자 간에는 일정한 시간적인 차가 존재할 뿐만 아니라 그 이론이 구미에서 유행한 것은 거의 1세기 동안이었던 것에 비해 중국에서의 전파는 비록 1세기 정도 지속되기는 했어도 정작 유행한 것은 단지 30여 년 동안이었다. 둘째, 19세기 경전적인 문명등급론을 전파한 지리 교과서는 모두 직접적으로 문자와 표, 그림 등을 활용하여 각 문명등급에서 지칭하는 국가와 지역을 나타냈지만, 근대 이래 경전적인 문명등급론을 전파한 중문 지리 교과서에서는 극소수의 예외를 제외하곤 거의 모두 각각의 문명등급이 가리키는 국가를 생략하였다. 물론 어떤 것이 문명국가이고 또 어떤 것이 반문명국가이며, 어떤 것이 야만국이고 또 어떤 것이 몽매인 혹은 자연인인지에 대해 교과서의 편찬자는 물론이고 독자들도 마음속으로는 명백히 인식하고 있었고 단지 말로 나타내지 않았을 뿐이었다. 경전적인 문명등급론이 널리 확산됨에 따라, 서구인이 문명인이고 중국인은 '반문명인' 심지어는 '야만인'이라는 인식이 일종의 상식화되었을 뿐만 아니라 점차 민족의 심리적 상태로 내재화되었다. 또 국제 교류 과정에서 문제의 상황에 직면했을 때 스스로 3등급으로 낮추는 것이 일부 중국인들 가운데서 잠재의식적인 행동이 되었다.

다섯째, 푸코가 말한 계몽과 같이 근대성으로서의 문명화 역시 일종의 끊임없이 지속되는 과정이다. 우리가 문명화 과정이라면 다른 사람들도 문명화 과정에 있으며, 누가 더 문명적인가는 단지 상대적일 뿐 일정한 기준이 없고 결과도 완전히 다르다. 만약 문명등급론이라는 식민주의 세계모델을 타파하지 못하고 철저하게 그 이론의 폐해를 폭로하지 않으며 근본적으로 그 이론의 영향을 제거하지 못한다면, 우리는 '반문명' 혹은 '야만'이라는 꼬리표를 단 채 영원히 국제적인 사안에서 발언권을 얻지 못하게 될 것이다. 일부 서구 국가들이 걸핏하면 '사악'이라는 표현으로 중국을 비난하고 '비문명적'이라고 중국인을 질책하는 것을, 구체적인 상황을 떠나 문화적, 사회심리적 측면에서 바라본다면 문명등급론이 여전히 작용하고 있음을 발견할 수 있다.

역사는 결코 요원하지 않다. 역사는 바로 우리가 숨쉬는 공기 곳곳에 확산되어 있다.

7장

'서구 거울'에 비친 중국 여성

쑹사오펑宋少鵬

중국 런민대학 중공당사학과 부교수

"여자란 국민의 어머니다. 중국을 새롭게 하려면 반드시 여자를 새롭게 해야 하고, 중국이 강해지려면 반드시 여자를 강하게 해야 한다. 중국을 문명화하려면 반드시 먼저 우리 여자를 문명화해야 하고 중국을 널리 구하려면 반드시 먼저 우리 여자를 널리 구해야 한다. 이는 의심의 여지 없이 분명하다."

"여자는 문명의 어머니이다"

-진톈허(金天翮), 「『여자세계』 발간사」, 1904년 1월17일

"서구 속담에, '여자는 문명의 생산자다'라고 하였고, 또 '여자는 사회의 어머니이다'라고 하였다. 따라서 여자는 사회에서 가장 필요한 사람이며 또한 책임이 막중한 사람이다."

-허샹닝(何香凝), 「우리 동포 자매에게 삼가 고함」, 『장쑤江蘇』, 1903년 6월

'국민의 어머니'라는 표현은 중국학계에서는 매우 익숙한 것이지만, '문명의 어머니'라는 표현에 대해서는 주목해오지 않았던 것 같다. 근대 중국의 여권서술은 처음부터 국족주의의 틀 속에 있었으며, 상당 정도 중국의 백년 간 여권서술과 그 실천을 기획하고 이끌어왔다고 할 수 있다. 근대 여성사 연구도 줄곧 여권과 국족 간의 복잡하게 얽힌 관계를 주목해왔지만, 국족의 틀 내에서 중국의 여권사상과 실천의 특색을 탐구할 때, 왜 여권이 국족과 연계되는지 또 어떻게 연계를 구체화하는지에 대해서는 전혀 탐구하지 않았다. 여권이 국족주의에 의해 흡수되는 것이 보편적인 현상이기 때문일까? 아니면 단지 중국의 특색인가?

근대 민족국가를 당연한 기점으로 삼는 것은 단지 여권과 국족이 연계된 역사적 맥락 및 그 복잡한 이론적 전환을 무시하는 것일 뿐만 아니라 의식적 혹은 무의식적으로 국족의 틀 밖에 존재하는 여권서술을 간과하는 것이다. 따라서 많은 문제들에 대해 여전히 적절한 해석이 이루어지지 않고 있다. 예를 들어 여권서술이 왜 국가서술의 내재적인 한 고리가 되어야 하는가? 왜 중국을 새롭게 하려면 반드시 먼저 여성을 새롭게 하고, 중국을 강하게 하려면 왜 여성을 강하게 해야 하는가? 왜 근대 중국이 근대적 민족국가 건설을 도모하면서 동시에 '여권의 부흥'을 요구하게 되었는가? 왜 당시 진보적인 남성들은 여권을 주창하려 하였는가?

중국의 여권관념은 서학의 유입에 따른 한 결과이다. 시간적으로 보면, 중국에서 유럽문명의 전파, 근대 민족국가에 대한 추구, 여권사조의 출현은 거의 동시적으로 발생하였다. 이러한 동시성은 우연인가 아니면 내재적인 연관이 있는가? 유럽적인 의미에서의 '문명'—문화와 교육의 번영(文教昌明)이라는 고전적 의미와는 다른—이 근대에서 왜 '여권'과 함께 출현하였는가? 청말 시기 사람들의 관념 속에서 '문명'이 가리키는 것은 무엇이고, '여권'이 가리키는 것은 무엇이었는가? 왜 중국을 강하게 하려면 반드시 중국을 문명화시켜야만 하는가? 왜 여자는 '국민의 어머니'이자 동시에 또 '문명의 어머니'일까? 중국의 여권사상과 구미의 문명관은 어떠한 계보상의 연원관계가 존재하는가?

본문은 중국의 여권사조와 실천의 초기단계를 중심으로, 청말 중국의 여권서술과 실천을 중국에서 서구문명론이 전파되고 전환되는 이론적 맥락하에 글로벌 히스토리의 시각에서 탐색하고자 한다. 본문이 주로 토론하고자 하는 방면은 다음과 같다. 제1부분에서는 구미 문명론 가운데 젠더의 기준과 그것이 기준이 되는 원인을 탐구한다. 제2부분, 제3부분에서는 유럽문명론의 젠더기준이 청말 시기에 어떻게 중국에 유입되었으며, 중국의 맥락 속에서 어떤 변화가 발생하고, 또 어떻게 중국사회, 중국 여성에 대해 영향력을 발휘하였는지를 고찰한다. 제4부분에서는 마쥔우(馬君武)가 번역 소개한 스펜서와 밀의 여성학에 대해, 원서와의 대조를 통해 번역본이 어떻게 은폐와 전환의 방식으로 서구문명의 모범을 유지하고 남성의 우월적인 지위를 다시 형성화하였는지를 보여줄 것이다. 마지막으로 문명론 틀 내의 여권 청사진에 대해 허인전(何殷震)이 무정부주의 여성혁명을 위해 제시한 비판을, 서구문명론에 대한 우리들의 반성적 성찰로 삼고자 한다.

1. 구미 문명론 속의 젠더기준: 여성지위는 사회문명 정도를 측정하는 척도

Civilization(문명)은 상태를 가리키기도 하고 또 과정을 나타내기도 하는데, 그 의미는 savagery(야만), barbarism(몽매)과 대립적인 상태 혹은 사회질서를 가리키거나 또 야만, 몽매로부터 문명으로 진화하는 역사 과정을 가리키기도 한다. 이 단어의 배후에는 이성을 신봉하는 계몽주의 정신과 인류 발전에 대한 신념을 가지고 있는 진보주의 역사관이 함축되어 있다. 유럽 식민주의의 확장에 따라 '문명'은 전지구상의 각 지역과 인간집단의 발전 상태와 발전 정도를 가늠하는 기준이었다. 따라서 진화사관이 지지하는 인류발전의 역사단계는 동일한 시간 속에서 각기 다른 공간에 속한 인간집단/사회의 발전등급으로 전환되고, 시간상 순서가 공간적인 등급으로 치환되었다. 구미 국가는 인류발전의 최고단계에 자리잡고 있으며, 문명 정도가 지구상의 다른 지역이나 국가보다 더 높은 것으로 간주되었다. 19세기 20년대에 지리학, 인종학(인류학), 정치경제학 등 근대지식의 전파를 수반하여, 지구상의 각 국가 혹은 인간집단을 문명기준에 따라 분류하고 배열하는 지식과 방법은 하나의 이론에 머물지 않고 일반 대중의 일상적인 관념 나아가서는 상식으로 변화하였으며, 또 식민지의 확장에 따라 세계 각지로 확산되었다.* 영국과 미국의 논자들이 정치경제 기준에 의거하여 문명 정도를 판단한 더 심층적인 원인은 문명은 일종의 조직적인 사회생활 상태라는 인식과 밀접한 연관이 있다. 분산적으로 개인화된 생활방식은 야만적인 생활방식으로 간주되고, 합작과 조직화—상업, 공업, 정부, 종교, 민주는 모두 합작과 조직화를 기초로 한다—는 문명사회를 야만사

---

* 가장 자주 보이는 문명등급은 4등급인 '야만(the savage)', '몽매' 혹은 '미개화'(the barbarous), '반문명(the half-civilized)', 그리고 '문명(the civilized)'을 중심으로 the half-civilized를 the barbarous에 포함시킨 3등급, 그리고 4등급에 다시 the enlightened를 추가한 5등급이 있다. 이러한 분류모델에 대한 연구는 본서 중 궈솽린(郭雙林)의 「근대 번역으로부터 본 서학동점: 시티 교과서를 중심으로」 참조.

회와 구분하는 차이점 가운데 하나였다.＊

그러나 지금까지 중국학자들이 간과했던 것은 문명기준 가운데는 젠더기준이 포함되어 있었다는 점이다. 즉 사회가 여성을 대하는 방식은 바로 그 사회의 개화와 문명 정도를 판단하는 중요한 기준이었다. 존 스튜어트 밀(John S. Mill)이 1869년에 쓴 저명한 저서 『여성의 굴종적 지위The Subjection of Women』에 따르면, 당시의 "역사학자와 철학자는 이미 앞장서서 여성지위의 향상 혹은 폄하를 전체적으로 어느 민족 혹은 한 시대의 문명을 평가할 수 있는 가장 믿을 만한 기준이자 정확한 척도로 삼았으며", 또 "경험이 분명하게 말해주는 바에 의하면 매 단계의 개선은 모두 정확히 여성의 사회적 지위가 향상되는 것과 동시적으로 진행된다."＊＊ 이러한 기준에 따르면, 야만인, 몽매민족과 반문명국가는 여성을 노예같이 부리고 그녀들을 노예와 동일시한다. 반면 문명국가와 완전한 개화국가는 여성을 '동반자'로 대하고, 여성은 널리 예우와 존중을 받는다.＊＊＊

여성해방의 정도를 사회의 보편적 해방을 가늠하는 척도로 삼은 것은 마르크스와 엥겔스의 여러 문장에서도 자주 보이던 관점이다. 이 관점은

＊ John Stuart Mill, "Civilisation"(1836) in *Essays on Politics and Society*, Part I, ed. John M. Robson, Introduction by Alexander Brady(Toronto: University of Toronto Press, 1977), pp.117-138. 19세기 초 더 널리 유포된 것은 정치지리학 교과서였다. 예를 들어 윌리엄 C. 우드브리지(William C. Woodbridge)의 『지리학 입문Rudiments of Geography』은 당시 매우 잘 팔리던 중등지리 교과서였는데, 1821년 초판이 발행된 이후 1838년까지 제19판이 발간되는 등 전체 30만 권이 팔렸다.

＊＊ 約翰·斯圖爾特·穆勒著, 汪溪譯, 『婦女的屈從地位』(1869), 北京: 商務印書館, 1995, p.273.

＊＊＊ William Channing Woodbridge, *Rudiments of Geography*(Hartford: Beach, 1838), p.49: Samuel Augustus Mitchell, *A System of Modern Geography, Comprising a Description of the Present State of the World*(Philadelphia: Thomas, Cowperthwait, & Co, 1845), p.43 참고.

이미 중국인―단지 지식인만이 아니다―들 사이에서 널리 알려져, 지금까지도 중국의 여성 연구에서 자주 인용되고 있기도 하다. 여기서 주목할 것은, 마르크스와 엥겔스가 이러한 관점을 발표한 시점도 바로 19세기 중후반, 즉 유럽문명론의 젠더기준이 확립되고 전파되던 시기라는 점이다. 마르크스는 「1844년 경제학 철학 수고」에서 이러한 관점을 매우 명확하게 제기하였다. "여성을 공동으로 음란함을 즐기기 위한 노획물이나 하녀로 대하는 것은 인간이 자신을 대하는 측면에서의 무한한 퇴보이다. 왜냐하면 이러한 관계의 비밀은 여성에 대한 남성의 관계 그리고 직접적이고 자연적인 인류관계에 대한 이해방식에 있어서, 모두 조금도 모호하지 않고 의심할 바 없이 확실하며 명확하고 노골적으로 표현되었기 때문이다." "이러한 관계로부터 곧 인간 전체의 문화와 교양의 정도를 판단할 수 있다."* 1845년 마르크스와 엥겔스가 공저한 『신성가족』에서도 유사한 관점이 다시 한번 개진되고 있다. "한 역사시대의 발전은 항상 여성이 자유로 나아가는 정도로써 확인할 수 있다. 여자와 남자, 여성과 남성의 관계를 통해 잔인성에 대한 인성의 승리가 가장 선명하게 표현되기 때문이다. 여성해방 정도는 보편적인 해방을 가늠하는 자연적인 기준이다."** 그뿐만 아니라 1868년 12월 12일 마르크스는 「루드비히 쿠겔만(Ludwig Kugelmann)에게 보내는 서신」에서 "사회의 진보는 여성(추한 여자도 포함하여)의 사회적 지위로써 정확하게 가늠할 수 있다"***고 하였으며, 1876년 엥겔스도 『반뒤링

---

* 馬克思, 「1844年經濟學哲學手稿」, 『馬克思恩格斯文集』第1卷, 北京: 中共中央編譯局編譯, 人民出版社, 2009, p.184.

** 馬克思, 恩格斯, 『神聖家族』, 『馬克思恩格斯全集』第2卷, 北京: 中共中央編譯局編譯, 人民出版社, 2007(第2版), pp.249-250.

*** 馬克思, 『馬克思致路德維希 · 庫格曼』, 『馬克思恩格斯文集』第10卷, p.299.

론』에서 "어떠한 사회든지 여성해방의 정도는 보편적인 해방을 판단하는 자연적인 척도"*라고 했는가 하면, 또 1880년 『공상에서 과학으로의 사회주의 발전』에서는 자신의 『반뒤링론』의 구절을 거의 그대로 옮겨와서 유사한 견해를 반복적으로 피력하였다. 물론 널리 알려진 바와 같이, 마르크스와 엥겔스가 이러한 관점을 개진할 때는 주로 인용의 방식을 취하고 있다, 그리고 그들은 그 관점의 소유권을 프랑스 공상적 사회주의 이론가 샤를 푸리에(Charles Fourier, 1772-1837)에게 돌리고, 그를 "이러한 사상을 제기한 최초의 인물"로 불렀으며, 주요 출처는 1808년 그의 저작 『네 가지 운동과 보편적 운명에 관한 이론』**이라고 명시하였다. 특히 엥겔스는 『반뒤링론』에서 주석을 다는 방식으로 푸리에의 관점을 상세하게 설명하기도 하였다. "어떤 시대의 사회적 진보와 변천은 여성이 자유를 향해 나아가는 정도와 서로 조응하며, 사회질서의 쇠퇴는 여성의 자유가 감소하는 정도와 상응한다." "여성 권리의 확대는 모든 사회적 진보의 원칙이다."***

넓은 의미에서 보자면, 마르크스와 엥겔스, 푸리에는 모두 문명론자라고 할 수 있다. 그들은 역사의 진보를 믿고 인류역사는 반드시 야만시기,

---

* 恩格斯, 『反杜林論』, 『馬克思恩格斯文集』第9卷, p.276.

** Charles Fourier, *Théorie des Quatre Mouvements et des Destinées Générales*(1808). 샤를 푸리에는 위 책의 제2장 "Descriptions of the various branches of the private or domestic destinies" 중 "Degradation of Women in Civilization"에서 다음과 같이 말하고 있다. "Social progress and historic changes occur by virtue of the progress of women toward liberty, and decadence of the social order occurs as the result of a decrease in the liberty of women.…… the extension of women's privileges is the general principle for all social progress." *Fourier: The Theory of the Four Movements2*(Cambridge Texts in the History of Political Thought), edited by. Gareth Stedman Jones and Ian Patterson; translated by Ian Patterson, Cambridge University Press, 1996, p.132. —역자 주

*** 恩格斯, 『反杜林論』, 『馬克思恩格斯文集』第9卷, 각주 112, p.589.

몽매시기, 종법시기를 거쳐 문명시기로 나아가는 역사적 과정이라고 보았다. 그러나 그들은 당시 유럽의 주류 문명론자들이 구가하던 자본주의 문명이 문명적이지 않다고 비판하고 자본주의 문명을 초월하는 더 높은 문명형태를 설정하였다. 다른 문명론자들과 마찬가지로 그들은 '여성의 지위'라는 측정 기준을 운용하여 자본주의 사회에서 여성의 지위, 그리고 부르주아계급의 양성관계 중 여성에 대한 억압을 분석하여 부르주아계급 문명의 야만적인 특성을 폭로하였다. 마르크스와 엥겔스는 『신성가족』과 『반뒤링론』에서 찬사의 어조로 다음과 같은 푸리에의 말을 인용하였다. "여성을 모욕하는 것은 문명의 본질적 특징이자 또한 야만의 본질적 특징이기도 하다. 양자 간의 차이는 단지 야만이 간단한 형식으로 죄악을 범하고 있는 데 반해, 문명은 항상 복잡하고 애매하며 양면적이고 위선적인 존재형식으로 부여하고 있다."[*] 여기서 '문명'이 가리키는 것은 자본주의 사회/자본주의 시대의 문명임은 말할 것도 없다.

그렇다면 구미의 문명론은 왜 여성을 대하는 방식을 문명의 기준으로 삼으려고 하였을까? 윌리엄 우드브리지(William C. Woodbridge)는 『근대 지리학*Modern School Geography*』(1844) 가운데 'Civilization'이라는 장의 643조에서 문명의 함의에 대해 서술하였다. 그는 문명은 두 부분으로 구성되어 있는데, 한 부분은 지식과 예술이고 다른 한 부분은 인간의 상호적인 관계에서의 공평과 인자함(justice and kindness)이라고 보았다. 그리고 이어 646조에서 다시 그가 『지리학 입문*Rudiments of Geography*』(1821)에서 제시한 젠더기준에 의거하여 야만과 몽매 민족은 여성을 노예와 같이 부린다고 지적하

---

[*] 『神聖家族』, 『馬克思恩格斯全集』, p.250. 『반뒤링론』과 『신성가족』은 표현상에서 다소 차이가 있지만, 모두 인용문의 형식을 취하고 있다.

였다.* 이와 동시에 그는 기독교 신앙의 입장에서, 한 사회는 단지 '진정한 종교'를 갖추고 있어야만 비로소 더욱더 좋은 사회 상태에 이를 수 있고 또 공평과 인자함의 방식으로 모든 사람들을 대할 수 있지만, 지금까지 지구상에 이러한 국가는 매우 드물다고 지적하였다. 그의 문맥을 살펴보면, 우드브리지는 단지 기독교의 전파만이 세계 다른 국가의 사람들을 교화할 수 있고, 문명의 정도를 향상시킬 수 있으며, 여성을 해방하고 구원할 수 있다고 여긴 것으로 보인다. 이러한 관념은 전지구의 각 지역에서 복음을 전파하던 선교사들에 의해 수용되고 실천에 옮겨졌다. 종교관을 논외로 한다면, 우드브리지가 교과서에서 설명한 문명관은 사실 두 부분으로 구성되어 있다. 즉 하나는 인간과 사물의 관계이고 다른 하나는 인간과 인간의 관계이다. 즉 문명론 가운데 정치, 경제, 사회, 문화를 망라하는 기준은 인간과 사물의 관계 그리고 인간과 인간의 관계 두 부분으로 나눌 수 있다. 문명론의 '지식' 기준은 실제로는 바로 인간과 사물의 관계이다. 기계공예 수준, 생산방식은 모두 인간이 자연을 정복할 수 있는 능력이다. 이에 비해 남녀의 관계는 '인간과 인간의 관계'에서 중요한 부분이다. 따라서 계몽사상을 신봉하는 문명론자들이 이 문제를 간과하지 않고 주목하는 것은 자연스러운 일이었다.

계몽운동 이래, 강제와 폭력에 의거한 노역은 점차 불법적인 것으로 변화하였으며, 전제적인 군신 관계, 주인과 노예의 관계는 부정되었다. 이러한 추세의 변화가 있었기 때문에 존 스튜어트 밀이 이에 근거하여 "여성의 사회적 종속성은 바로 현대 사회제도에 있어서 고립적인 사실이 되었으며,

---

* William Channing Woodbridge, *Modern School Geography: On the Plan of Comparison and Classification*(Hartford: Belenap and Hamersley, 1844), pp.156-157.

기본 법률을 위반하는 유일한 사실이 되었고 또 각 방면 즉 사상 방면에서든 실제 방면에서든 모두 이미 전복된 구세계가…… 남긴 유일한 유물이 되었다"[*]고 선언할 수 있었다. 간단히 말하자면, 바로 '인간과 자연의 관계' 및 '인간과 인간의 관계'로부터 출발하여 '인간'과 '인류'란 무엇인가를 해석한 계몽사상의 영향을 받아, 문명론자는 남녀의 관계를 사회진보를 평가하는 기준 가운데 하나로 삼게 되었던 것이다. 마르크스는 「1844년 경제학 철학 수고」에서 그가 왜 '남성의 여성에 대한 관계'를 '인류의 전체 문화와 교양의 정도'를 판단하는 기준으로 삼았는지에 대해 명확하게 설명을 하였다. 마르크스에 따르면, 양성관계가 동시에 '인간과 자연의 관계' 및 '인간과 인간의 관계'를 구현하며, 양성의 관계에 대한 고찰을 통해 인간이 '인간'으로 간주되는 이유와 '유적類的인 동물'이자 '사회적 존재물'로서 인간의 상태를 판단할 수 있고, 이러한 상태의 정도가 바로 전체 인류 혹은 어떤 사회문명의 정도를 나타낸다. 따라서 양성관계는 바로 전체 사회의 문명 정도를 판단하는 '자연적인 기준' 혹은 '자연적인 척도'이다. 비록 마르크스가 남녀의 관계를 우선 자연적인 관계로 간주함으로써 후대 여권론자들의 비판을 받기는 했지만, 마르크스의 논리에 따르면 '인간과 자연의 관계'와 '인간과 인간의 관계'를 담지하고 있는 양성관계는 사회문명의 정도를 측정하는 좋은 잣대임이 분명하다.

구미 문명론의 젠더기준과 관련하여, '동반'이라는 애매하고 추상적인 설명방식에 비해, 마르크스와 엥겔스가 『신성가족』에서 언급한 "여성에 대한 남성의 태도"라는 기술은 더욱더 솔직하고 직접적이며, 기준 가운데 남성의 주체성과 남성중심의 기준을 더욱 일목요연하게 잘 드러내 보여준다.

---

[*] 利爾·穆勒, 汪溪譯, 『婦女的服從地位』, 商務印書館, 1993, p.272.

이러한 젠더기준은 남성이 여성을 예우하고 존중할 것과 여성을 '동반자'로 대할 것을 요구한다. 그러나 이러한 예우는 여전히 아내를 '집안의 천사'로 여기던 빅토리아시대의 젠더관념과 젠더풍속에서 벗어나지 못하고 있다. 남편은 여전히 한 가정의 주인이고, 여성은 결혼 후에 남편의 권리와 하나로 합일되어 독립적인 법적 권리나 재산권을 보유하지 못하고 남편에 복종하고 가정을 위해 복무해야 했다.

존 스튜어트 밀은 빅토리아 시대의 여성관념에 도전했던 극히 몇 안 되는 사람들 가운데 한 명이다. 그는 여성이 남성에 굴종하는 법률제도에 도전하고자 했으며, 법률적으로 여성과 남성의 완전한 평등을 지지하였다. 밀은 문명론자로서 『여성의 굴종적 지위』(1869)를 저술하기 전에 「문명 Civilisation」(1836)이라는 글을 발표하였다. 그는 문명을 인류의 진보 (human improvement) 혹은 각종 특정한 개선과 향상(kinds of improvement in particular)과 동의어로 사용하였으며, 유럽 특히 영국이 당시 세계에서 최고의 문명을 대표한다고 보았다. 모종의 의미에서, 그의 저명한 여권론인 『여성의 굴종적 지위』는 인류문명과 역사진보의 이성으로부터 출발하여 여성이 남성과 동등한 권리를 가져야 하는 정당성을 논증하였다. 밀은 "하나의 성별이 법적으로 다른 성별에 종속되어야 한다는 자체가 잘못된 것일 뿐만 아니라 현재 인류진보의 주요한 장애 가운데 하나가 되고 있으며", 여성의 굴종적 지위는 "남성이 견지하는 가장 오래된 야만적인 습성"이라고 보았다.[*] 밀은 정감상의 습관을 모종의 풍속이나 습관(여성의 남성에 대한 굴종과 같은)의 정당성에 대한 근거로 삼는 것을 비판하고, 이성에 근거하여 "역사적인 진행 과정과 인류사회 진보의 추세에 따라 ……강력하게 반대

---

[*] 約翰·穆勒, 『婦女的屈從地位』, p.256.

하고, ……이러한 과거의 유물은 미래와 조화될 수 없는 것으로 반드시 소멸되어야 한다'고 보았다.* 그가 『여성의 굴종적 지위』를 저술한 주요 목적은 바로 문명사회에서 여성을 남성에 굴종시키는 기존의 사회적 규범을 개혁하여 "완전히 평등한 원칙"**으로 대체하고 새로운 사회적 규범으로 삼아야 함을 설득하기 위해서였다. 그러나 밀과 같이 빅토리아 젠더관념에 도전하는 여성권리 옹호자조차도 기존의 양성 간의 분업과 가정에서 여성의 전통적인 직책에 대해서는 문제를 제기하지 않았다. 비록 밀은 돈을 버는 능력이 독립적인 재산권을 갖지 못한 여성의 존엄에 있어 매우 중요하다는 것을 알고 있었지만, 동시에 "한 가정이 재산이 아니라 획득한 금전에 의지하여 생활을 유지할 때, 통상적으로는 남성이 돈을 벌고 여성이 지출을 관리하는 일을 맡는다. 내가 보기에 이것은 일반적으로 남녀 간의 가장 적합한 분업이다"***라고 보았다.

밀은 아이를 돌보고 가사에 종사하는 것은 여성의 자연적인 책임이며, 기혼여성이 외출하여 일하는 것은 여성의 의무를 가중시키는 것이자 남성의 권력남용의 표현이라고 보았다. 왜냐하면 여성에게 외출하여 일하도록 하는 것은 가정의 경제를 책임져야 할 남성의 책임을 전가하는 것이기 때문이다. 밀은 만약 혼인이 진정으로 평등한 계약으로 이루어지고, 여성이 공정한 조건하에서 이혼을 할 수 있도록 보장하는 제도가 존재한다면 아내의 노동소득으로 가정의 수입을 증가시키는 것은 바람직하지 않다고 보았다. 이로부터 알 수 있듯이, 자유주의자로서 밀이 지지한 남녀평등도 단지 법률상 여성의 추상적인 권리평등에 국한되어 있고, 취업권과 참정권이

---

* 위의 책, p.269.
** 위의 책, p.255.
*** 위의 책, p.299.

포함되어 있기는 하지만 현실생활에서는 여전히 전통적인 성별 분업을 희망하고 유지하였다.

어찌되었든 여성권리를 지지하는 서구 사회 문명의 형상은(비록 당시 밀이 아직 여성권리를 위해 변호하기는 했지만), 서구 선교사, 중국 개혁론자의 문명의 젠더기준에 대한 전파, 밀의 여권론에 대한 마쥔우의 번역을 통해 청말 시기에 중국에 유입되었다. 그리하여 개혁론자들은 서구를 문명사회의 상징으로서 흠모하고 모방해야 할 대상으로 여기고, 젠더의 기준도 변화하여 구식 전통여성은 나라를 병들게 하고 약하게 하는 원인으로 간주하였다. 그 결과 여권을 창도하고 신여성을 배양하는 것이 중국을 구하는 방법이 되었다.

2. 청말 중국에서 문명의 젠더기준

19세기 중기, 유럽의 문명론은 문명등급에서 중국의 지위를 포함하여 주로 두 가지 통로를 통해 청말 중국으로 유입되었다. 하나는 주로 서구 선교사, 개혁적인 지식인의 서구문명론에 대한 번역소개이고 다른 하나는 일본 학술을 경유한 서구문명론의 유입으로 특히 중국 지식인들의 일본 학술에 대한 번역소개를 통해서였다. 처음 서구를 유력(遊歷)하기 시작한 중국의 외교관과 같은 인물들도 서구문명론의 전파자였다.

(1) 문명의 젠더기준의 중국 유입

선교사는 근대문명론을 전파한 주요 집단으로, 선교라는 실천행위 자체가 바로 문명등급론의 지지를 받았다. 선교사가 건립한 학교, 신문과 교재 번역은 문명론을 전파하고 관념화하는 주요 매개였다. 1856년 홍콩 영화서원의 영국인 선교사 제임스 레게(James Legge, 1815-1897)는 영국인 찰스 베이커(Charles Baker)의 The Teacher's Handbook to the Circle of Knowledge(영문 제1판은 1847년에 출판됨)를 번역하였다. 이 책의 중문명 『지환계몽숙과초보智環啓蒙塾課初步』가 말해주듯이, 이 책은 아동의 계몽 독서물로서 책 전체가 영문과 중문 대조로 되어 있고 1864년에 제2차 수정본이 출판되었다.* 이 책의 제154과에서 제157과까지의 내용에서 "거칠고 졸렬한 국가國之野劣者", "거칠고 떠도는 국가國之野遊者", "교화가 되기는 했지만 완전하지 못한 국가國之被敎化而未全者", "교화가 이루어지고 자못 완전한 국가國之被敎化而頗全者"를 열거하였는데, 이는 각각 영문의 savage nation(야만국가), barbarous nation(몽매국가), half-civilized nation(반개화국가), civilized nation(문명국가)에 대응하는 것이다. 베이커의 영문본이든 아니면 레게의 중문 번역본이든 모두 중국이 '반문명국가'라고 명시한 적은 없으며 또 전족의 야만성을 비판한 적도 없었다. 단지 제42과 "여자 아동 놀이를 논함女仔玩耍論"에서 중국 여성의 전족과 서구 여성을 비교하며, "서구 여성은 전족의 습속이 없어 젊은 여자들이 중국의 여자들보다 걷는 것이 더 민첩하고 놀이도 잘한다"고 평하였다. 비록 책에서 전족을 언급하는 어조가 부드럽고 명확히 비난을 하지는 않았지만 『지환계몽숙과초보』 가운데 유럽 여러 국가와 미국을 명확하게 civilized nation(문명국가)으로 규정하고 "그 국민은 천하에서 가장 명철한 사람들"이라고 언급한 것을 고

---

* 필자가 본 것은 1864년 출간본으로 제2판으로 명시되어 있다. 그 책의 발문은 '서초임서도씨西樵任瑞圖氏'가 '병진년 겨울丙辰冬'에 쓴 것이며, 아울러 갑자년 11월 중인(甲子仲冬重印)이라고 되어 있다. 이중 병진년(丙辰年)은 1856년이고, 갑자년(甲子年)은 바로 1864년이다.

려하면, 중국과 서구의 비교를 통해 중국 및 중국 여성의 전족이 문명적이지 않음을 어느 정도 드러냈다고 볼 수 있다.

1885년 영국인 선교사 존 프라이어(John Fryer, 傅蘭雅, 1839-1928)는 영국 체임버스 형제(W. & R. Chambers)가 초등 교육을 위해 편찬한 정치경제학 교재인 Political Economy(1852)를 저본으로 삼아 『좌치추언佐治芻言』을 편역하였다. Political Economy 가운데 제18조에서는 명확하게 중국을 half-civilized(반문명/반개화)라고 규정하였지만*, 『좌치추언』에서는 이에 대응하는 언급이 전혀 없다. 19세기 중기 구미의 문명등급론에서는 이미 중국을 반문명국가로 분류하였는데, 앞서 언급한 우드브리지의 지리 교과서도 그 가운데 하나였다. 미국인 선교사 새뮤얼 웰스 윌리엄스(Samuel Wells Williams, 衛三畏, 1812-1884)는 10여 년 동안 중국에서 직접 경험한 생활과 관찰에 근거하여 1848년 백과전서식으로 중국을 소개하는 책을 출판하였다. 바로 그 저서인 The Middle Kingdom(중문서명 『중국총론中國總論』)은 그 자신이 말한 바와 같이, 이 책명은 바로 중국인이 문명과 몽매의 중간에 위치한다(the Chinese holding a middle place between civilization and barbarism)는 것을 나타낸 것이었다.** 중국을 '반문명국가'로 규정한 것은 분명 재중국 선교사들의 보편적인 관점이었다. 『좌치추언』이 중국을 '반문명'국가라고 직역하지 않기로 한 것은 아마도 프라이어가 중국인 독자들이 받을 심리적 충격을 고려하여 의도적으로 선택했을 가능성이 높다. 이는 The Middle Kingdom이 서구 독자들을 대상으로 쓰여, 윌리엄스가 조

---

* W. & R. Chambers, *Political Economy*(Edinburgh: William and Robert Chambers, 1852), p.7.

** Samuel Wells Williams, *The Middle Kingdom*(New York & London: Wiley and Putnam, 1848), Vol.1, p.xv.

금도 숨김없이 서구 독자들에게 중국의 '반문명적' 특성을 드러낸 것과는 다르다. 그러나 19세기 중기, 문명론이 중국에 유입된 초기에 재중 선교사가 중국독자들에게 문명론을 번역소개 할 때 취한 책략은 자못 신중하고 우회적이었다.

『지환계몽숙과초보』가 전족에 대해 상대적으로 중립적이고 완곡한 서술을 한 것과는 달리,『좌치추언』은 명확하게 전족을 누습으로 간주하여 서구 여성이 허리를 졸라매는 것과 함께 비판하였으며, 아울러 이 두 누습의 성격을 "문화와 교육이 번창한 나라도 또한 벗어나지 못한 것으로, ……문화와 교육이 번창한 나라가 아직 최고의 발전에 도달하지 못했음을 보여주는 것"으로 규정하였다. Political Economy에서는 '서구 여성의 허리 졸라매기' 사례가 언급되지 않은 것으로 보아, 이는 프라이어 자신이 중국 독자들을 위해 추가한 사례임이 분명하다. 영국과 같은 문명국가에서도 여전히 하등사회에 속하는 많은 습속이 존재함을 논할 때, 프라이어는 중국 여성의 전족과 서구 여성의 허리 졸라매기를 그 근거로 열거하였다. 하지만 Political Economy에서는 중국 여성의 전족을 몽매한 부족(barbarous tribes)이 (머리를 평평하게 만들기 위해) 영아의 머리 위에 판자를 묶어두는 습속과 함께 거론하며 야만적인 생활(savage life)의 사례(제18조)로 간주하였다. 또 문명국가에서도 하등 사회형태의 습속이 존재할 수 있음을 논하는 내용은 다른 조목(제20조)에 배치함으로써 중국 여성의 전족과는 다른 성격의 문제임을 명확히 하였다. 중국의 전족 습속이 지리적 공간이 서로 다른 문명등급에 속하는 것이라면, 문명국가 내 하등사회의 습속은 진화 정도를 나타내는 역사단계에 속하는 것이었다. 또 두 문제의 성격도 각기 다르다. 중국의 전족 습속은 야만의 상징인 데 비해 문명국가 내 하등 습속은 문명 가운데 존재하는 흠결과 같은 것이었다. 프라이어는 영어 원

434

문의 순서를 바꾸어, 머리 위에 판자를 묶어두는 것은 여전히 야만인의 습속으로 규정하면서 중국 여성의 전족은 "문화와 교육이 번창한 국가"가 완전히 개선하지 못한 흠결로 분류하였다. 이는 한편으로는 중국인에게 누습을 개선하는 것이 문화와 교육이 번창한 경지로 나아가는 데 있어 필요함을 권계하는 것이자, 다른 한편에서는 중국도 문화와 교육이 번창한 나라임을 승인하는 의미를 지니고 있었다. 프라이어가 번역 과정에서 행한 의도적인 생략과 순서의 변경은 중국인 독자들의 감정을 고려한 측면도 있지만, 또 한편으로는 이러한 처리가 결코 영어 원문의 핵심적인 관점과 충돌하지 않는다고 보았기 때문일 것이다. 역사 진화의 시간 측면에서 보면, 각 국가는 모두 "먼저 야인[野人]이었으며, 후에 야인으로부터 점차 문화와 교육[文敎]이 발전해왔다"(제16조). 영국과 같은 문명국가 중 일부 인간집단 혹은 지역에도 야만적인 습속이 잔존하고 아직 철저하게 진화하지 못했다는 것을 인정하는 것은 논리에 부합할 뿐만 아니라 도리에 있어서도 납득할 수 있는 것이다. 한편『좌치추언』은 문명등급을 세분하지 않고 단지 두루뭉술하게 '야인[野人]'과 '문화·교육인[文敎人]', '야인국가'와 '문화·교육 국가'를 대칭시켰을 뿐이다. 따라서 '반문명'국가로서의 중국을 구미의 문명 정도와 비교하면 여전히 차이가 존재하기는 하지만, 만약 '야인'과 구분한다면 아마도 문화·교육 국가에 가깝다고 할 수 있을 것이다. 전족을 대하는 태도에서『좌치추언』은 분명히『지환계몽숙과초보』보다 더 급진적이고 간섭적인 태도를 보여준다. 이것은 선교사들이 중국에서 천족(天足, 즉 전족을 하지 않은 자연 그대로의 발을 의미함—역자)을 제창하고, 중국인에게 전족을 삼가도록 권계하던 시점과 거의 일치한다. 선교사들이 공개적으로 전족을 반대한 최초의 기록으로 현재 확인되는 것은 1875년 샤먼(廈門)에서 영국인 선교사 존 맥고완(John MacGowan, 麥高溫) 목사가 주최한 교인

집회였으며, 그 집회에서 전족을 삼가는 모임인 계전족회(戒纏足會, The Heavenly Foot Society)가 발족되었다. 그리고 같은 해 1월 『만국공보萬國公報』에는 「보사모가 전족과 관련하여 연례회의에 보내는 서신保師母與年會議論纏足信」을 게재하였다. 『만국공보』는 그후 또한 외국 선교사와 중국 기독교도들이 전족을 반대하는 문장을 연속적으로 발표하였다.*

『좌치추언』 중 문명의 젠더기준은 19세기 중기 유럽문명론의 젠더기준과 완전히 일치한다. 제16절에서는 다음과 같이 말하고 있다.

> 야인국에서…… 풍속은 남녀가 결혼을 하지 않고, 다른 집안의 여성은 모두 노비처럼 간주한다. 아버지가 자식을 대하는 데 있어서도 인정도 도리도 없이 속박하고, 종종 강자가 약자를 능멸하고 약자는 바로 거짓으로 순종한다.

이 구절의 영문은 다음과 같다.

> In that [barbarous] state the woman is the slave instead of the companion of her husband; the father has uncontrolled power over his child; and, generally, the strong tyrannise over and rob the weak(몽매한 국가에서 여성은 남편의 반려자가 아니라 노예이다. 아버지는 그의 자식에 대해 무제한의 권력을 가지고 있다. 그리고 일반적으로 강자가 약자를 압제하고 강탈한다).

---

* 高彦頤著, 苗延威譯, 『纏足: "金蓮崇拜"盛極而衰的演變』(2005), 南京: 江蘇人民出版社, 2009, p.11.

문화와 교육이 번창한 국가에서······ 남녀는 부부가 서로 대등한 형태를 이루며, 야인野人이 주인과 하인의 관계로 서로 대하는 것과는 다르다.

이에 대한 영어의 원문은 다음과 같다.

woman takes her right place(여성은 자신의 정당한 지위를 가지고 있다).*

이러한 주장은 우드브리지 등이 지리 교과서에서 열거한 젠더기준과 결코 다르지 않다. 즉 야만민족과 몽매민족은 여성을 노예로 간주하고, 문명국은 여성을 동반자로 여긴다. 다만 영문의 원문에 "그 풍속은 남녀가 결혼을 하지 않고"라는 표현은 나오지 않는 것을 보면, 이 부분은 프라이어 본인이 추가한 것임에 틀림없다. 또 프라이어가 자신이 숙지하고 있는 정치경제학 중 야만과 몽매 시기 가족제도에 관한 지식을 '야인국'의 젠더 묘사 속에도 포함시켰을 가능성이 있다. 어쩌면 청말 지식인들을 더 자극시킨 것은 가족관계에서 남편의 아내에 대한, 부친의 자녀에 대한 불평등한 권력관계가 야만적인 습속이라는 주장이었을 것이다. 20세기 초 유가의 가족질서는 사회변혁을 주장하는 인사들의 주요 공격 대상이었는데, 이는 이러한 질서가 야만의 상징으로 간주되는 것과 관계가 있다. 야만의 대립면으로서 문화·교육 국가의 젠더관계와 관련하여, 프라이어가 "woman takes her right place(여성은 자신의 정당한 지위를 가지고 있다)"를 "남녀는 부

---

* W. & R. Chambers, *Political Economy*(Edinburgh: William and Robert Chambers, 1852), p.6.

부가 서로 대등한 형태를 이루며, 야인이 주인과 하인의 관계로 서로 대하는 것과는 다르다"고 의역한 것은, 실은 빅토리아시대의 '동반'관계로 중국 유가질서 중의 '남자가 이끌고 여자는 따른다'는 젠더질서를 비판한 것이었다. 물론 프라이어는 '부부일체'—아내의 권리는 남편의 권리 속에 하나로 병합된다—의 실제 내용 또한 '남자가 이끌고 여자는 따르는' 젠더질서에 해당한다는 점을 의식하지는 못했다.

(2) 앨런과 『전 세계 5대주의 여성 풍속 통고』

청말 중국에서 문명의 젠더기준을 집중적으로 선택하여 대대적으로 전파시킨 사람은 미국 선교사 영 앨런(Allen J. Young, 林樂知, 1836-1907)이었다. 광학회(廣學會)에서 1903-1904년에 출판한 『전 세계 5대주의 여성풍속 통고全地五大洲女俗通考』(이하 『여성 풍속 통고女俗通考』로 약칭함)는 그의 관점이 집대성된 것이다.* 이 책은 전체 10집 21책으로 구성되었으며 2,856쪽에 달하는 방대한 저서이다. 책 가운데 일부 편목은 출판 전 이미 『만국공보』에 발표되었으며, 그 책이 출판된 이후에도 『만국공보』에 전재되기도 하였다. 앨런이 설정한 독자는 단지 문인학자들뿐만 아니라 규방의 여성들을 포함하고 있었다. 그는 이 책이 "여러 방면에서 중요하다고 보고, 천하와 국가의 일에 관계될 뿐만 아니라 실로 인류 전체를 도야陶冶시킬 수 있는 만큼 모든 사람이 이 책을 읽어야 한다"고 보았다. 따라서 저자와 역자는

---

* 앨런의 『여성 풍속 통고』 제10집 「중국과 각국의 여성 풍속 비교 고찰」 중 제5장 '경전 사서經傳史書'는 기본적으로 독일 선교사 에른스트 파버(Ernst Faber, 花之安, 1839-1899)의 중국 경전과 사서에 대한 분석을 수록한 것으로, 이를 통해 유교의 "교화가 열악하고" "인심을 바르게 하기에 부족하다"는 것을 증명하려고 하였는데, 여성에 대한 경시가 그 주요 근거 가운데 하나였다. 이는 또 『여성 풍속 통고』 중 앨런의 관점이 결코 개인적인 것이 아니라 서구 신교사의 보편적인 견해임을 말해준다.

의식적으로 이해하기 쉬운 어휘와 문장을 사용하여 "문장의 조리를 약간이라도 알고 있는 사람은 누구나 이해할 수 있도록 하였으며, 여성과 아동들도 단지 식자능력만 있으면 읽을 수 있게 하였다."* 책에 수록된 1,000여 폭의 사진과 그림은 독서의 흥미를 높이기 위한 목적 이외에 식자능력이 없는 여성들도 사진과 그림을 보고 이해할 수 있도록 돕기 위한 것이었다. 앨런은 중국 사대부들에게 식자능력이 없는 아내와 딸들을 위해 "마땅히 설명해주고 여러 사진과 그림을 보여주어 기억할 수 있게 할 것"을 권고하였다. 앨런이 설정한 광범위한 독자군도 그가 자신의 관념—여성교화를 통해 중국의 문명을 향상시키는 것—을 전파시키려는 야망을 반영하고 있다. 사실『만국공보』의 영향력 그리고 그림과 문장이 함께 어우러지고 이해하기 쉬운 문자에 의거한 이 책은 확실히 베스트셀러였다. 1927년 '광학회' 창립 40주년에 그들이 출판한 최고의 베스트셀러 9종을 선정하였는데, 이 책도 그 가운데 포함되어 있었다.** 『여성 풍속 통고』가 인기가 있었던 데는 그 사상이 당시 청말 중국 지식인들의 주류적인 관점에 잘 부합했던 점도 주요한 원인으로 작용했을 것이다.***

---

* 林樂知, 任廷旭譯述,「林序」,『全地五大洲女俗通考』第一集首卷上卷, 上海廣學會編行, 上海華美書局印, 1903, p.2.

** 王樹槐,「清季的廣學會」, 載林治平編,『近代中國與基督敎論文集』, 臺北: 宇宙光出版社, 1991(第4版), p.264.

*** 장기간 중국에서 생활한 서구 선교사로서, 앨런의 역할은 순전한 일방적인 서학의 소개로 볼 수 없으며, 오히려 당시 청말 중국 지식인의 사상을 어느 정도 반영하고 융합한 것으로 간주해야 한다. 따라서 본 연구에서 앨런과 청말 중국 지식인 사상의 상호적인 일치를 언급하는 것은, 단지 이러한 관념이 청말 시기에 유행했다는 것을 보여주고자 할 뿐이지 결코 모종의 사상이 앨런이나 혹은 선교사로부터 기인한다고 주장하려는 것이 아니다. 한 논자의 사상의 유래는 아마도 다원적일 것이기 때문에 사실 사상 간의 계보관계를 명확히 밝히는 것은 더욱 복잡한 고증이 요구된다.

『여성 풍속 통고』는 몇 가지 큰 특색을 갖추고 있다. 첫째, 이 책은 전적으로 중국인 독자를 대상으로 한 중문서이다. 앨런은 미국 선교사이지만 "중국에 머문 지 이미 오래되어 내가 과객임을 잊어버렸으며, 중국인과 같은 배를 타고 있고 그것이 전복될까 염려하는 마음을 갖게 되었다"고 하면서 중국인과 공감하는 입장에서 책을 편찬하였음을 밝힌 바 있다.* 이러한 자기 위치 설정이야말로 앨런이 중국 입장에서 구미 문명론을 응용하고, 아울러 당시 중국 지식인들이 가장 관심을 갖던 절박한 문제에 부응하려 노력했던 결정적 요인이었다. 당시 지식인들의 주요 관심을 간단히 말하면 국가를 멸망으로부터 구하고 민족의 생존을 도모하며, 국가를 부유하고 국민을 강하게 한다는 것으로 요약할 수 있다. 이런 의미에서 이 책은 당시 번역서와는 다르다. 번역서의 경우 기본적으로 서구인이 서구인 독자를 대상으로 하여 저술한 것이다. 중국에서 문명론은 마치 서구인이 가져다준 백설공주 계모의 거울과 흡사하다. 이것은 중국인들로 하여금 '서양 거울' 속 자신의 추한 모습을 보게 함으로써, 화이관념의 자기과대 관념으로부터 깨어나게 하고, 서구문명론의 거울 이미지로 들어가도록 이끌었다. 그리고 이를 통해 중국인이 부족함을 인식하고 모범을 수립하여 진화를 추구하며 문명국가로 진입하고 궁극적 목표는 "동일한 지위로 만국공회에 참여하는 것"이었다. 만약 레게와 프라이어가 중국에 이러한 '서양 거울'을 들여올 때는 아직 머뭇거리며 몰래 중국인의 서재 위에 올려놓았다면, 앨런은 오히려 이러한 서양 거울을 중국식 액자틀에 끼운 후 눈에 잘 띄도록 중국의 거실에 걸어놓고 중국인들이 시시때때 들여다보며 의관만을 바르게 할 뿐만 아니라 내심에 대해도 성찰하기를 희망했다. 앨런은 『여성 풍속

* 林樂知, 「林序」, 『全地五大洲女俗通考』第一集首卷上卷, p.1.

통고』를 편찬한 목적이 바로 "중국인을 일깨우기 위한 것"임을 명확히 했다. "중국의 폐쇄는 고루하고 과문한 탓에 비할 바가 없기" 때문이라는 것이다. 서구의 문명론에 따르면 봉쇄와 비개방 자체는 바로 야만의 표지였다. 이와는 반대로 앨런은 중국에서 40여 년 동안 체류하였을 뿐만 아니라 중국 여성의 습속에 대해서도 "비교적 잘 알고 있다"고 자부하였으며 아울러 "지금까지 살아오는 동안 이미 전 세계를 3차례나 유력하면서 만국의 여성 습속에 대해서 어느 정도 말할 수 있을 정도가 되었다"고 여겼다.* 앨런의 서구인으로서의 신분, 세계 유력 경험은 서구문명의 구체적인 체현이었을 뿐만 아니라 그가 중국인을 교육할 수 있는 자격을 부여하는 것이었다.

편자의 이러한 의도는 그 책의 구성을 통해서도 잘 보여주고 있다. 전체 10집은 진화의 순서에 따라 '교화가 되지 않은' 아프리카로부터 '교화가 이루어진' 동아시아 구종교의 제반 국가와 서아시아, 그리고 '문명교화가 이루어진' 구미의 순서로 구성되었다. 미국인 선교사 앨런은 아메리카 신대륙을 문명진화의 정점으로 간주하고 제9장에 배치하여 설명하였다. 반교화 상태인 중국은 중간 정도의 권(卷)에 출현해야 했지만 그렇게 하지 않고 맨 마지막 권인 「중국과 각국의 여성 풍속 비교 고찰中國與各國比較女俗考」에 배치하였다. 마지막 권의 제목이 말해주는 바와 같이, 다른 국가 및 지역의 여성 습속을 고찰하는 궁극적인 목적은 바로 중국과 비교를 하기 위한 것이었다. 비교는 "중국인에게 참조할 수 있는 거울을 제공하기" 위한 것이다. "만국 고금의 교화 등급 가운데서 중국의 교화를 고찰한다면 응당 어떤 등급에 속할까?"** 『여성 풍속 통고』에서 저자는 자주 반문을 사용

---

* 위의 책, p.1.

** 林樂知, 『全地五大洲女俗通考』第十集下卷, 第十八章 "女俗爲教化之標准", p.35.

하여 중국 독자들에게 "문명등급 가운데 중국이 어디에 속하는지" 대답하고 직시할 것을 요구하였다. 비교방식은 중국의 '실제 지위'를 명확히 이해하기 위한 것이고, 문명의 순서를 이해하는 것은 중국인에게 학습할 모범과 동력을 제공하기 위한 것이며, 최종적인 목적은 변법을 통해 새로운 것을 도모하기 위한 것이었다. 앨런은 제10집 '중국권'에서 중국 교화 과정의 문제를 열거하고 분석한 후에, 화제의 중심을 '중국의 장래', '근본적 변법 사안', '유신의 바른 길'로 전환하였다. 따라서 앨런의 『여성 풍속 통고』는 중국에 서학을 소개하는 책이라기보다는 서구 문명등급론의 이론적 지도 하에서 중국의 여성 풍속을 해부함으로써 중국이 낙후한 원인을 해명하고, 중국 유신의 방향을 제시하며 중국에게 학습할 모범을 제시하는 안내서였다고 할 수 있다.

둘째, "교화의 지위는 여성의 지위를 잣대로 한다"는 기준을 확립하였다.* 앨런은 정치, 경제, 사회, 문화를 종합한 구미 문명론의 기준을 따라서, 각국의 교화에 대한 고찰도 여성의 풍속에 국한시키지 않았다. 그러나 앨런은 다른 문명론자들과 비교하여, "여성의 지위와 여성을 대하는 방법"을 문명등급을 가늠하는 핵심적인 기준으로 부각시키고 중시하였다. 물론 앨런은 결코 자신의 이러한 관점이 독창적인 것이라고 여기지 않고 그 사상적 근원을 서구로 돌렸으며, "서구의 공인된 견해"라고 보았다. 『여성 풍속 통고』에서 앨런은 여러 차례 영국의 전 수상 윌리엄 글래드스턴(William E. Gladstone, 1809-1898)의 관점을 인용하였다. "여성은 교화의 표징이다." "무릇 사람들이 한 국가의 교화를 나열하고, 그 지위가 어느 등급에 속하는지를 고찰하려 한다면 폭넓게 여러 가지를 살펴볼 것도 없이 단지 하나의

---

* 林樂知, 『全地五大州女俗通考』, 第 | 集上卷, 第 一 章 "總論敎化".

상황만을 보면 충분하다. 즉 그 나라에서 여성을 대하는 상황을 고찰하는 것이다."* 글래드스턴의 주장은 처음 「인도 고금의 여성지위를 논함論印度古今婦女地位」이라는 글에서 보인다. 그 문장은 "영국에서 학교를 졸업한" 한 인도 여성의 입을 빌려 인도 여성의 상황을 설명하는데, 앨런은 그 내용을 "번역하면 다음과 같다"고 하며 단지 번역소개하는 자를 자처하였다.** 결국 이러한 관점은 영국의 남성 수상, 인도 여성, 재중국 미국인 선교사를 통해 언설자의 국가경계, 성별을 초월하여 보편적으로 공인된 견해가 되었던 것이다.

셋째, 여성의 교양을 문명을 향상시키는 수단으로 제고시켰다. 유럽문명론의 젠더기준은 푸리에가 여성의 권리를 증진시키는 것을 사회진보 수단으로 삼은 것 이외에, 그후의 문명론자들 대부분은 단지 여성의 지위를 사회를 판단하는 기준 즉 문명발전의 결과로 간주하였다. 예를 들어 존 스튜어트 밀은 여성의 굴종적 지위의 부당함을 논증할 때, 여성이 남성에게 굴종하는 현상이 현대사회의 문명 준칙과 부합하지 않으며 급히 개선해야 한다고 보면서도, 결코 문명을 촉진시키는 수단으로까지 여권에 중요성을 부여하지는 않았다. 앨런이 여성의 교화 향상을 한 국가의 문명교화 정도를 제고시키는 사상으로 삼은 것은 서구에서 유래했다기보다는 가정과 국가를 같은 구조로 보고 또 여성의 덕성을 국가의 근본으로 삼은 유가 관념과 상통한다고 할 수 있다. 예를 들어 『여계女誡』에서 "천하를 다스리는 것은 먼저 인륜을 바르게 해야 하고, 인륜을 바로잡기 위해서는 먼저 부부를 바르게 해야 하며, 부부를 바르게 하려면 먼저 여성의 덕성을 중시해야

---

* 林樂知, 『全地五大洲女俗通考』, 第十集下卷, 第十八章 "女俗爲敎化之標准", p.36.
** 林樂知譯, 任廷旭述, 「論印度古今婦女地位」, 『萬國公報』, 光緒二十六年(1900)6月號.

한다"고 한 것이 그것이다. 앨런은 가정과 국가 동일구조 사상을 운용하여 여성의 교화가 통치자에 대해 지니는 중요성을 논증하였다. "천하의 근본은 나라에 있고, 나라의 근본은 가정에 있다." "나라는 가정이 모인 것이다. 나라를 가진 자가 어찌 여성을 홀시할 수 있겠는가?" "교화는 반드시 가정에서 시작된다."* 앨런은 유가의 교의와 기독교의 교의를 결합시키려 시도하면서 유가에서 말하는 인륜은 기독교의 삼륜, 즉 천륜, 인륜, 지륜(地倫) 가운데 인륜과 상통한다고 보았다. 그리고 다른 한편에서는 유가의 인륜 사상이 "결함이 있어 완전하지 않다", "제약을 받아 변화할 줄 모른다"고 비판하고 기독교의 교의로 유가사상을 개조하려 하였다. 서구문명론의 내용과 유가사상 틀의 결합은 도구적으로 서구에 대해 배우는 것을 희망하면서도 여전히 중국 문화정신을 유지하고 있는 청말 지식인들의 사상적인 요구에 잘 부합하였다. 가정과 국가의 동일구조와 여성의 덕성을 우선적으로 중시하는 시각에서 출발하여 앨런은 "무릇 국가는 먼저 여성을 해방시키고 발탁하며 그녀들에게 교양을 가르쳐 인재로 육성하지 않으면 결코 진흥을 기대할 수 없다"**고 여겼다. 그리고 현대 '여성의 덕성'을 전파할 여학교를 건설하는 것을 나라를 강하게 하는 구체적인 수단으로 삼았다. 그는 『만국공보』와 『여성 풍속 통고』에서 중국인에게 문명교화를 향해 약진하고 있는 신흥 일본의 여학교를 소개하고, 남녀를 동일하게 중시하는 서구의 교육을 소개했을 뿐만 아니라, 특별히 미국의 여학교를 찬양하면서 이러한 국가들이 강대해진 이유를 여학교의 홍성으로 돌렸다. 이와 같이 여학교를 홍성하게 함으로써 국가를 강하게 한다는 책략 역시 청말 유신인

---

* 林樂知, 「林序」, 『全地五大洲女俗通考』, 第一集首卷上卷, p.1.
** 林樂知, 「林序」, 『全地五大洲女俗通考』, 第一集首卷上卷, p.1.

사들로부터 적극적인 호응을 받았다.

넷째, 중국을 위해 모범적인 학습대상을 수립했다. 번역 과정에서 의도적으로 중국이 '반문명'국가라는 주장을 은폐했던 프라이어와 달리, 그리고 서구에서 두루뭉술하게 중국을 '반문명'국가라고 불렀던 것과도 달리, 『여성 풍속 통고』의 목적은 바로 중국인에게 전지구의 문명 단계에서 자신의 위치를 명확히 이해하게 한 다음 모범적인 학습대상을 찾도록 하는 것이었다. 중국의 지위에 대해 『여성 풍속 통고』는 더욱더 정확하고 지도적인 성격을 지니고 있었다. 중국의 위치는 '교화인敎化人'이기는 하지만 아직 완전하지 않은 국가로서 구미의 '문명교화인'과 '미교화인未敎化人' 사이의 중간 상태에 설정되었다.* '교화인' 그룹 가운데서도 중국은 인도보다는 앞서

---

* 앨런의 문명등급은 때때로 4등급론으로 나타나기도 한다. 즉 무교화의 야인, 반교화인, 교화인, 문명교화인이 그것이다(「지구의 인민교화 총론總論地球面人民敎化」). 그러나 전체 내용에서 더 자주 등장하는 것은 더욱 간편한 3등급론, 즉 무교화인, 유교화인, 교화문명인의 구분이었다. 4등급론에서 중국은 '교화인'의 등급으로 분류되었다. 『여성 풍속 통고』는 중문본으로서, 결코 각 등급을 나타내는 영문 표기를 사용하지 않았다. 그러나 『여성 풍속 통고』 제1집 제1권 첫 페이지에 표기된 영문서명은 *Woman in All Lands or China's Place Among the Nations, A philosophic Study of Comparative Civilizations, Ancient and Modern*(『전지구의 여성, 혹은 민족들 중 중국의 지위. 고금 비교문명에 대한 철학적 연구』)이었다. 우선 앨런의 문명등급론은 다른 경우와 마찬가지로 시간과 공간의 이중적인 차원에서 사용되었다. 다음으로, 같은 페이지에서 앨런은 책 전체 내용에 대해 개략적으로 서술하면서 "barbarian, civilized and enlightened"(원서에는 civilized of enlightened로 잘못 표기되어 있는 것을 바로 정정하였다)라는 영문 단어를 사용하였다. 여기서 '무교화인'은 barbarian에 상응하고, '교화문명인'은 civilized and enlightened에 대응하는 것이 분명하다. 비록 'the half-civilized'라는 단어를 정식으로 사용하지는 않지만, 앨런의 4등급론에 의거하면 '교화인'은 마땅히 the half-civilized와 'civilized and enlightened' 사이, 즉 이미 '교화(civilization)'를 이루었지만 아직 '문명(enlightened)'에는 도달하지 못한 단계에 위치해야 한다. 앨런이 병용한 '교화문명'에서 '교화'에 대응하는 것은 civilized이고 '문명'에 해당하는 것은 enlightened이다. 레게도 『지환계몽숙과초보』에서 "거칠고 졸렬한 국가國之野劣者", "거칠고 떠도는 국가國之野遊者", "교화가 되긴 했지만 완전하지 못한 국가國之被敎化而未全者", "교화되고 비교적 완전한 국가國之被敎化而頗全

지만 유신을 한 일본에 뒤진, 양국 사이에 위치했다. 즉 중국은 멀리는 구미로부터 그리고 가까이는 일본으로부터 배워야 한다고 본 것이다. 청일전쟁을 계기로 일본은 서구 국가들 사이에서 문명국가로서의 이미지를 수립할 수 있었다. 중국과 마찬가지로 유교문화의 영향을 받았으나 후에 서구로부터의 학습을 통해 새롭게 문명의 등급에 오른 일본은 중국이 서구를 배우는 첩경이 되었다. 반면 같은 동방의 고국(古國)이지만 인도는 중국이 배워서는 안 되는 반면교사로 간주되었다. 앨런은 자주 중국 여성의 누습의 기원은 인도문화를 수입한 탓이라고 말하곤 했다. 그 밖에 적극적인 모범대상으로, 유럽 문명론자들이 종종 영국을 인류문명의 최고 모범으로 간주했지만, 미국인 선교사 앨런에게는 미국이야말로 모범의 서열 중 '교화가 가장 훌륭한' 국가였다. 이와 같은 앨런의 문명국 서열방식은 청말의 여권론에서 자주 등장하였다.

다섯째, 3등급제 여성지위를 평가할 간단하고 명료한 기준을 제시하였다. '미교화인'은 여성을 노복(奴僕)처럼 취급한다. "교화가 없는 야만인은 여성을 노복처럼 대하며, 모든 가사와 힘겨운 노동은 여성이 맡고 있다."* 이러한 기준은 구미 문명론 중 몽매와 야만상태에 대한 젠더묘사를 복제한 것임에 틀림없다. 앨런에게서 가장 특징적인 것은 "교화되기는 했지만

着"와 같이 4등급론을 견지하였는데, 이는 각각 영어의 savage nation, barbarous nation, half- civilized nation, civilized nation에 대응하는 것이었다. 즉 재중 선교사의 관념 속에서 '교화'라는 단어에 상응하는 것은 'civilized'였다. 중국어 세계에서 '문명'이 결국 'civilization'에 대응하는 낱말이 된 것은 일본 후쿠자와 유키치의 한자 번역 방법을 수용하면서부터이다. 마지막으로 재중 선교사의 중국문명화 정도에 대한 인식은 비록 자국의 서구인보다는 상대적으로 높지만, 그러나 그들의 시각에서 중국은 여전히 '교화되었지만 완전하지 못한' 중간단계를 벗어날 수 없었다.

＊ 林樂知, 『全地五大洲女俗通考』, 第一集上卷, "總論地球面人民教化", p.15.

446

아직 완전하지 않은" 문명등급의 젠더 특징 가운데 하나로 여성을 노리개로 대한다는 것을 추가한 것이다. "여성이 비록 미교화인보다 약간 낫기는 하지만 결국 평등하게 대하려 하지 않으며, 그녀들을 희롱하거나 업신여기고 모욕한다. 누구도 여성을 인재로 키우려 하지 않아 가정에서는 현처의 도움을 받을 수 없고, 자녀는 현모의 교육을 받을 수 없으며, 국가 또한 반교화의 국가가 되고 만다."* "투르크, 페르시아, 이집트, 아라비아 등 여러 회교 국가들을 보면, 그들은 여성을 모두 고운 자태와 아름다운 용모를 지닌 대상으로 간주하여 단지 사람들의 오락용으로 제공할 뿐이며, 가난한 집안 여성은 밖에 나가 경작하는 등 고된 육체노동에 종사한다."** '부역을 제공하고', '노리개로 제공되는 것'은 여성을 억압하는 두 가지 핵심적인 형태이며, 청말 각 여권론에서 흔히 지적하던 내용이었다. 앨런은 또 구미의 문명론 중 문명국가 젠더관계의 특징인 '동반자'의 기준을 계승하였다. "서구의 문명교화 국가는 여성을 모두 평등하게 대한다."*** 하지만 평등의 구체적인 함의에 있어서, 역시 빅토리아시대의 여성관을 벗어나지는 못했다. "대저 교화문명의 국가에서 여성은 대부분 가사를 본분으로 삼는다. 또 여러 회교국가나 인도 사람들이 여성의 외출을 금하는 것과는 달리, 밖에 나가 사람들과 함께하기도 하고, 일에 전념하면서 여러 사람과 사이좋게 잘 지내기도 한다. 그뿐만 아니라 그 딸들도 모두 열심히 배우기 때문에 결혼 후에 남편을 도와 가정을 이룰 수 있다. 아이를 낳은 후에는 자식을 가르쳐 명성을 날리게 할 수 있고, 현모현처를 한몸에 겸비할 수 있다. 그중 더 뛰어난 여성은 몸소 실천을 통해 민중을 교화하고 모범을 세우는 본보기

---

* 林樂知, 『全地五大洲女俗通考』, 第十集上卷, 第一章 "總論敎化", p.2.

** 林樂知, 『全地五大洲女俗通考』, 第一集上卷, "總論地球面人民敎化", p.15.

*** 林樂知, 『全地五大洲女俗通考』, 第十集下卷, 第十三章 "變法之本務", p.3.

가 될 수 있으며, 그 인자한 마음을 발휘하여 널리 은혜를 베풀고 민중을 구제하는 훌륭한 공을 세우는 데 일조하기도 한다."*

여섯째, 여성이 교양이 없게 되면 국가가 쇠약해지는 원인이 된다. 서구 사회에서 유행하던 문명등급론에서 단지 '누습'을 야만의 상징으로 간주하던 것과는 달리, 『여성 풍속 통고』는 이러한 누습을 낳은 원인을 설명하려 시도하였다. 저자는 그 원인이 주로 유가의 학술 및 실천(가족과 국가의 전제)과 그것이 야기한 인민의 무지와 노예근성에 있다고 보고, 유가 교의가 이미 중국인을 교화시키는 책임을 담당할 수 없으며, 마땅히 기독교로서 대체하여 중국을 문명의 시대로 이끌어야 함을 증명하려 하였다. 『여성 풍속 통고』 제10집에서는 가법(家法)과 여성 풍속, 경전과 사서, 유가학술로부터 축첩제도와 익녀(溺女) 풍속, '삼종지도' 등 여성을 경시하고 박대하는 중국 전통의 증거를 열거하고, 가르치지 않는 것, 집안에만 가두는 것, 전족을 최악의 3대 습속이라고 보았다. 이 가운데 앞의 두 가지는 동방의 여러 나라에서 공통으로 보이는 악습인 데 반해 전족은 유독 중국에서만 보이는 습속이었다.** 앨런은 상류계층의 남자들이 여성들이 음란한 글을 읽거나 음란을 금하는 계율을 어기는 것을 막기 위해 글자를 익히지 못하게 하고 집밖 출입을 금함으로써 여성들이 교화를 받지 못하게 했다고 보았다. 또 전족은 백해무익한 것이라고 주장하였다. 앨런은 여성을 박대하는 악습을 국가가 교화되지 못한 표지로 삼았으며, 더 중요하게는 각종 악습의 압박을 받은 여성들을 전체 국가가 교화되지 못하고 미개화한 원인으로 간주했다. 그는 "세 가지 폐해"가 "중국인의 절반인 2억 명의 여성들을

---

* 林樂知, 『全地五大洲女俗通考』, 第一集首卷上卷, "總論地球面人民教化", p.16.
** 林樂知, 『全地五大洲女俗通考』, 第十集下卷, 第十八章 "女俗爲敎化之標准", p.37.

모두 무용하고 단지 이익을 나눠 갖기만 하는 사람이 되게 하였다. 국가는 가난이 누적되어 약해지고, 풍속은 누습이 쌓여서 어리석게 된 것은 모두 이 때문이다"*라고 하였다. 선교사는 단지 '배우지 못하고', '무용한 사람'이라는 중국의 여성에 대한 전통적인 고정관념을 형성하는 데 참여했을 뿐만 아니라, 상당 정도 전통중국의 여화(女禍, 즉 여색女色으로 인한 재앙―역자)론을 계승하였다. 또 우매무용하고 나라를 그르치는 중국의 전통적인 여성 이미지도 유신을 도모하는 지식인들에 의해 널리 수용되고 전파되었다. 서구문명의 기준하에서 여성이 '문제'가 된 것이다. 여성문제―젠더의 의제가 아니라 문제화된 여성―가 우선 중국 변혁담론 속에 내재된 핵심적인 의제 가운데 하나가 되었다. 그리고 여자학교/여성 교육―여성을 문명기준에 부합하는 어머니로 개조하는 것―은 사회를 변혁하는 수단이 되었다. 앨런의 『여성 풍속 통고』는 중국에서 나타난 구미 문명론의 전환을 보여주는 대표적인 예이다. 구미 문명론은 단지 여성의 지위를 판단기준으로 간주했을 뿐이지만, 중국에서는 여성이 문명진화를 방해하는 원인으로 전환되었다.

앨런은 저술과 잡지 발간을 통해 문명의 젠더기준에 관한 관념과 학설을 전파했을 뿐만 아니라 여학당 건설에도 적극적으로 참여하고 여성의 교화를 개선하고 유신을 추동하며 중국문명을 향상시키려는 주장을 실행에 옮겼다. 앨런은 신식 남자학당인 중서서원(中西書院)을 건립하고 운영한 성공적인 경험을 바탕으로 상하이에 신식 여학당을 건립할 것을 기독교 미국 감리회 여자부에 건의하였으며, 중서여숙(中西女塾)의 기획에 참여하였다. 중서여숙은 후에 상하이 상류계층의 여성들이 입학하기를 원하는

---

* 林樂知, 『全地五大洲女俗通考』, 第十集下卷, 第十三章 "變法之本務", p.3.

인기 있는 교회학교로 발전하였다. 중국인이 직접 건립한 첫번째 여학당인 '중국 여학당'(1898년 건립) 설립 기획과 진행 과정에서도 앨런의 그림자를 찾아볼 수 있다. 이 학당에서 실행한 "중학과 서학을 함께 겸한다"는 방침은, 중서여숙의 "중학과 서학을 함께 중시한다"는 건학 방침과 매우 유사하다. 앨런의 딸 메리 루이즈 앨런(Mary Louise Allen, 林梅蕊)은 중서여숙에서 교사를 맡았을 뿐만 아니라 중국 여학당에서 서학을 책임지는 총교습(總敎習)을 맡기도 했다. 무술변법 이후 시국의 변화에 따라, 메리 루이즈 앨런은 또 중국 여학당의 교지인 『여학보女學報』를 주관하다 후에 주번역원으로 활동하였다.[*] 앨런 및 그의 딸과 중국 본토의 여권 실천 사이의 관계는 중국 여권과 서구문명론 사이의 복잡한 갈등을 보여주기도 한다. 『여학보』의 영문명은 Chinese Girl's Progress였는데, progress라는 어휘가 지니고 있는 '진보', '진화'의 함의는 19세기 문명론의 역사관을 표현하고 있다. 잡지의 영문명은 청말 유신인사들로 하여금 여학을 부흥시키고 여성 교육을 중시하도록 배후에서 실제로 추동적인 역할을 한 것은 바로 서구문명론의 압력이었음을 말해주고 있다.

(3) 문명의 서양 거울: 타인의 구경거리로서의 치욕과 전족 폐지

앨런 등이 서구문명론의 '마법 거울'을 중국인 앞에 두었을 때, 청말 중국 지식인이 마법 거울 속 '자신'을 보고 나타낸 반응으로 두 가지를 생각해볼 수 있다. 즉 거울 보기를 거부하거나 혹은 거울 이미지를 자신으로 인정하는 것이다. 이 가운데 거울 이미지를 인정하는 것은 '다른 사람들의 구경거리가 되는' 치욕이 발생할 수도, 상황을 변화시키려는 동력을 낳을

---

[*] 夏曉虹, 「晚淸兩份〈女學報〉的前世今生」, 『現代中文學刊』, 2012年第1期.

수도 있다. 물론 목표와 방법도 마법 거울이 제공할 것이다.

청말 변혁을 추구하던 일부 지식인들은 거울 이미지 속의 중국을 받아들였다. 예를 들어 영국에 외교 사절로 방문했던 곽숭도(郭嵩燾)는 비교적 일찍 유럽 문명등급론을 알고 있던 중국인이었다. 그는 「런던과 파리 일기倫敦與巴黎日記」 중 1878년 3월 5일자 일기에서 다음과 같이 기록하고 있다. "대저 서양에서 정치와 종교가 잘 정비되고 투명한 나라를 시빌라이즈드라고 하며, 유럽의 모든 국가를 그렇게 호칭한다. 그 외 중국 및 터키와 페르시아는 하프 시빌라이즈드라고 부른다. 하프라는 것은 번역하면 절반이라는 뜻이다. 그 의미는 교화가 절반 상태로서 절반이 없음을 가리킨다. 그들이 아프리카 여러 회교도 국가를 바바리안巴爾比裏安으로 부르는 것은 중국에서 이적夷狄이라 부르는 것과 같으며, 서양에서는 교화가 없다는 것을 가리킨다. 삼대 이전에는 오직 중국만이 교화가 이루어져 있었다. 그리하여 요복要服, 황복荒服이라는 명칭이 있게 되었으며, 중국에서 멀리 떨어져 있는 모든 것을 이적이라 불렀다. 한漢대 이후로 중국의 교화가 날로 쇠미해져서, 정교와 풍속은 유럽 각국만이 홀로 출중하게 되었다. 그 결과 그들이 중국을 대하기를 삼대의 전성기에 이적을 대하듯 한다. 중국 사대부들 가운데 이 의미를 아는 자는 아직 없다. 슬프구나!"* 곽숭도는 중국의 고전적인 화이관[夷夏觀]으로 유럽 문명관을 비교하여 이해하고 음역하였으며, 아울러 "정치와 종교가 잘 정비되고 투명한 나라"로서 civilized를 번역하고, 당시 유럽적 의미인 '문명'**이라는 단어와 유럽 문명관이 아직 중국어

---

* 郭嵩燾, 『郭嵩燾日記』 第3卷, 長沙: 湖南人民出版社, 1982, p.439.
** 1864년 미국 선교사 마틴이 번역한 『만국공법』에서는 the civilized를 '敎化(교화)', '服化(복화)', '文雅(문아)'로, civilized nations는 '服化之國(복화지국)'으로 번역하였으며, '文明(문명)'이라는 단어는 출현하지 않았다. '문명'이라는 단어는 일본 한자어이다. 1875년

세계에서는 완전히 확립되지 않았다고 설명하였다. 이 일기는 곽숭도가 비록 어쩔 수 없이 받아들일 수밖에 없다는 함의를 내포하고 있기는 하지만, 그가 내심으로는 이미 중국의 문명순위를 포함하여 유럽의 문명관을 받아들였음을 명확하게 보여주고 있다. 량치차오(梁啓超)도 비슷한 인식을 가지고 있었다. 그 역시 유럽에서 만든 세계역사와 문명경관 속에 중국을 위치시켰다. 한편으로는 중국이 일찍이 역사 초기단계에 교화의 선진국에 위치해 있었음을 강조하면서 다른 한편으로는 "현재를 논하자면 중국과 유럽의 문명은 천양지차 이상"*이라고 주장하였다. 그뿐만 아니라 전지구

출판된 후쿠자와 유키치의 『문명론의 개략』에서 civilization을 '문명'으로 대역하였는데, 이 책의 광범위한 영향력은 '문명'이라는 단어 및 그 관념의 전파에 큰 영향을 미쳤다. 1879년 황쭌셴(黃遵憲)의 『일본잡사시 · 신문지日本雜事詩 · 新聞紙』에서는 '문명', '개화'를 함께 사용하고 있다. "한 장의 신문이 제국의 수도에서 출현하니 전하는 법령이 더욱 문명적이다. 처마 끝 햇살 아래 부친과 얘기를 나누지만, 감히 마음대로 시비를 평할 수 없다." 주(注)에서 말하기를, "신문지에서 당시 정사를 논하는 자는 문명을 말하거나 아니면 반드시 개화를 말한다." 여기서 알 수 있는 것은 첫째, 1870년대 말 '文明(문명)'의 대응어로서의 civilization의 함의는 아직 완전히 확정된 것이 아니었다. 왜냐하면 '문명'은 enlightened(영어단어의 어근은 '밝게 하다'와 '계몽'이라는 의미임)에 더 부합하는 반면 '개화開化'가 더 civilization에 부합하기 때문이다. 둘째, 19세기 말 일본의 문명론에 대한 열정을 설명해주고 있다. enlightened, civilization 두 영어단어의 미묘한 의미 차이와 그 어휘에 대한 중국어 대역어 사이의 의미상 편차를 지적해준 류허(劉禾) 교수에게 감사드린다. 이것은 아마도 '문명'의 서로 다른 등급구분과 연관이 있을 것이다. 5등급론에서는 the enlightened와 the civilized를 구분하여 논하고 있지만, 4등급론에서는 하나로 합해서 논하고 있다. 영문세계에서 civilization의 함의도 줄곧 안정적이고 확정적인 것은 아니었다. 마찬가지로 중국어 세계에서도 '文明'의 의미는 안정적이지 않았는데, 영어를 잘 이해하고 있는 선교사들은 대부분 the civilized를 '教化(교화)'로 대역하였다. 본서의 443-444쪽 각주) 참고. 문교창명(文教昌明)이라는 고전적인 의미와는 다른 서구적 의미의 '문명'이라는 어휘가 중국에서 대대적으로 사용되기 시작한 것은 청일전쟁 이후의 일이었다. 黃興濤, 「晚淸民初現代"文明"和"文化"槪念的形成及其歷史實踐」, 『近代史硏究』, 2006年第6期 참고.

* 梁啓超, 「論中國與歐洲國體異同」(1899), 『飮冰室合集』 第一冊文集之四, 北京: 中華書局, 1989, p.61.

의 문명 상황에서 중국이 중간지점에 위치해 있다는 점을 받아들이고 인정했다. "오늘날 중국과 서구를 비교하면, 중국은 진실로 야만이다. 오늘날 중국을 먀오족貓族(현재는 苗族으로 표기), 리족黎族, 야오족猺族(현재는 瑤族으로 표기), 쫭족獐族(현재는 壯族으로 표기) 및 아프리카 흑인노예, 아메리카 홍인紅人(즉 인디언), 말레이의 갈색인과 비교하면 중국이 바로 문명이다."* 일찍이 존귀와 영예의 지위를 보유했다가 지금은 잃어버린 중국인에 대해, 이러한 위치와 등급 설정은 분투의 목적과 미래에 대한 희망을 제공하였다. "오늘날 이른바 시무時務를 안다는 인물들 가운데 누가 서구를 문명국이라 부르지 않는가? 우리나라를 나아가게 하여 서구 각국과 서로 대등하게 하려면 반드시 먼저 우리나라의 문명을 나아가게 하여 서구의 문명과 서로 대등하게 해야 한다. 이는 진실로 타당한 말이다."** 동시에, 문명등급은 또 변혁을 추구하는 인물―유신파든 혁명파든 관계없이―들을 위해 중국이 낙후하고 얻어맞고 있는 원인에 대해 설명을 제시하였다. 쩌우룽(鄒容)은 『혁명군革命軍』(1903)에서 "저 영국, 프랑스 등 국가는 능히 우리나라를 멸망시킬 수 있는데, 이는 그들의 문명이 우리보다 높기 때문이다"라고 하였다. 바로 문명순위와 이러한 순위의 배후에 있는 우열을 인정함으로써 쩌우룽은 심지어 급진적으로 만약 정말 나라가 망한다면, 차라리 "문명인의 노예"가 될지언정, "야만인 노예의 노예"가 되지는 않겠다고 선언하기도 하였다.*** 유신파와 혁명파는 서구식 문명의 현대화 방안을 받아들이는 방면에서는 전혀 차이가 없었다. 단지 중국을 야만에서 문명으로 나아가게 하는 수단의 선택에 있어서 차이가 있었을 뿐이다. 만약 '문명'의 척도

---

* 梁啓超,「論中國宜講求法律之學」(1896),『飮冰室合集』, 第一冊文集之一, p.94.

** 梁啓超,「國民十大元氣論」(1899),『飮冰室合集』, 第一冊文集之三, p.61.

*** 鄒容著, 羅炳良編,『革命軍』(1903), 北京: 華夏出版社, 2002, pp.12-13.

가 서구 식민자의 식민행위를 정당화하고 또 식민지인들의 낙후되고 얻어맞는 처지를 합리화했다면, 이러한 '척도'는 동시에 식민지 인민을 위해 분기하여 줄곧 앞을 따라잡으려는 동기와 목표를 제공하였다. 이것이 문명등급론이 중국에 유입된 이후 발생한 또다른 측면에서의 효과이자 반응이었다.

문명의 마법 거울 속 이미지를 인정하고 나면, 곧 '타인에 의해 구경거리가 된' 강렬한 수치감이 발생할 수 있다. 쩌우룽은 『혁명군』에서 구식 중국인이 전통적인 문명국가와 신흥 문명국가의 거리에서 길을 가다가, 문명인에 의해 무시당해 느끼는 수치심을 상상적으로 묘사했다. "변발을 늘어뜨리고 오랑캐 복장(만주족 복장—역자)을 하고, 런던 시내를 배회하며 가고 있는데, 지나는 행인들이 모두 Pigtail(돼지꼬리), Savage(야만)라고 하는데, 이는 무슨 까닭인가? 또 도쿄의 거리를 천천히 배회하며 걷고 있는데 행인들이 모두 찬찬보즈(チヤンチヤンボウズ, 꼬리 달린 노예라는 의미임)라고 부르는데, 이는 무슨 까닭인가?"[*] 이러한 수치심이 청말 지사들이 중국을 개혁하도록 추동한 중요한 심리적 동력이었다. 이와 같은 야만을 상징하는 누습—남자의 변발, 여성의 전족—이 문명의 마법 거울에 반사된 이미지는 바로 중국이 '문명적이지 않다'는 것이었으며, 중국인이 처한 문명의 서열을 끊임없이 환기시켜 누습에 대한 논의를 국족주의 틀 속으로 끌어들였다. 서구 선교사가 '전족'과 '천족(자연적인 발)'의 대립관계를 수립한 이후, '전족'은 자주 중/서, 야만/문명의 이원적 비교 시각 아래 성토의 대상이 되었다. 백 년 후에 중국인이 당시의 전족을 비판하던 글을 다시 읽는다면, 여전히 서구문명에 의해 '계몽'된 선진적 인물들의 뒤엉키고 복잡한 심리

---

[*] 鄒容, 『革命軍』, 27쪽. 원문에는 인용된 일본어가 'チセンチセンホツ'로 되어 있는데 잘못 썼거나 인쇄상의 오류로 보인다. 본 논문에서는 바로잡아 인용하였다.

를 느낄 수 있을 것이다. 그들은 서구문명의 마법 거울을 마주 대하고 있노라면, 항상 높은 위치에서 내려다보는 서구인의 시선이 느껴지고 마음속으로 수치심과 초조감을 느꼈다. 또 서구문명에 대한 마음속으로부터의 신봉과 서구인의 오만에 대한 불만이 뒤엉켰으며, 특히 중국인들이 정신적으로 마비되어 분발하여 싸우지 않는 것에 대해 비분을 느끼곤 하였다.

서구인들은 우리 중국을 무시하고 사사건건 조롱을 한다. 전족의 문제에 대해서 종종 논하는데 기이한 이야기에 놀라워한다. 그들은 전 세계〔五洲〕 만국 그 어디에도 이와 같이 쓰라리고 지독한 형벌을 무고한 사람들에 가하는 경우는 없다고 한다. 우리 중국은 줄곧 이를 이상하게 여기지 않으니 어찌 우리를 무시하지 않겠는가?*

1903년 3월 1일부터 7월 31일까지, 일본 오사카에서 제5차 내국권업박람회가 개최되었는데, 그 박람회장 내에 '인류관'을 설치하고 전족한 여성한 명을 전시하려 하였다. 박람회 계획이 알려진 후, 『신민총보』는 즉시 도쿄의 중국 유학생을 대상으로 「일본이 우리를 모욕하는 것이 너무 심함: 도쿄 유학생에게 삼가 고함」이라는 평론을 발표하고, 아울러 "일본인이 놀랍게도 그 가운데 중국인을 전시하고, 한두 개의 옛 풍속을 뽑아 그 부패한 모습을 비슷하게 본떠서 우리나라 전체를 대표하게 하려고 한다. 오호, 그들이 우리를 모욕하는 것이 실로 심하도다"**라고 강조 구두점을 붙여 주장하였다. 그 가운데는 또 특별히 '우리를 모욕한다'는 말에 별도의 표식

---

* 「倡辦順德戒纏足會敍」(1897), 全國婦聯, 『中國近代婦女運動歷史資料1840-1918』, 北京: 中國婦女出版社, 1991, p.39.
** 「日人侮我太甚〈敬告東京留學生〉」, 『新民叢報』第25號, 1903年2月.

을 달았는데, 전체 문장에서 특별히 눈에 띄어 독자들의 마음을 직접 자극했을 것으로 보인다. 그 문장은 도쿄의 수천 명 중국 유학생들에게, 재미 일본 유학생들이 시카고 박람회에서 일본인을 전시하려 했을 때 항의했던 행동을 배워서 공분을 드러내고 국가의 체면을 위해 싸울 것을 호소하였다. 이를 위해 그 문장은 재미 일본 유학생들의 항의 활동을 자세히 소개하였다. 보도가 나간 이후, 고베 주재 중국 영사관 차이쉰(蔡勳)이 오사카로 가서 항의를 하였으며, 재일본 중국 유학생들은 중국의 전람회 참가 책임자에게 서신을 보내 중국이 박람회 참가를 거부할 것을 요구하였다.* 그 결과 마침내 중국식 복장을 한 전족 여성은 타이완관에서 관람객을 접대하는 것으로 바뀌었다. 당시 타이완은 일본의 식민지였기 때문에, 마치 전족 여성과 중국의 상징을 서로 분리시킬 수 있는 것처럼 보였다. 이에 대해 후난(湖南) 동향회는 여전히 방심하지 않고 타이완관에 사람을 보내 전시된 여성이 확실히 후난인이 아니라—왜냐하면 당시 전시를 위한 전족 여성이 후난인이라고 알려졌기 때문이다—타이완인인지 여부를 확인하기도 하였다.** 전족한 여성이 타이완인인가 후난인인가를 둘러싼 중국 유학생의 행동과 심리는 이러한 중국 유학생들이 이미 서구문명론 중의 정치적 기준, 즉 영토를 경계로 한 종족/민족 국가관을 받아들였음을 말해준다. 이러한 폐쇄적이고 배외적인 근대국가 관념의 확립과 이로 인해 발생하는 명확한 국가 정체성이야말로 '인류관 사건'이 중국인의 분노를 촉발시킨 더 심층적인 동인이었다. 국가 단위의 세계박람회는 국제적인 상황의 축소판으로서, 상상의 국가공동체가 전람회의 진열품에 의해 실제적

---

* 「博覽會人類學館事件」, 『新民叢報』 第27號, "雜評", 1903年 3月.

** 須藤瑞代著, 姚毅譯, 『中國"女權"槪念的變遷: 淸末民初的人權和社會性別』(2007), 北京: 社會科學文獻出版社, 2010, pp 74-75; 夏曉虹, 『晚淸文人婦女觀』, 北京: 作家出版社, 1995, p.15.

인 존재로 구현되었으며, 전족 여성이 대표하는 것은 전체 국가/종족 집단의 문명적 신분이었다. '인류관'은 문명의 마법 거울에서 보여주는 문명과 야만의 등급순위를 현실 속에서 실제처럼 전시하였으며, 보고/보여지는 관람의 정치 속에서 중국인은 명확하게 야만인이라는 딱지가 붙여졌다. 관람 권력의 무형의 폭력은 타자에 의해 멸시받고 평가되는 치욕과 압박감으로 구체화되었고, 이로 인해 발생한 야만인 신분으로서의 초조감과 분노는 소위 야만적 풍속을 회피할 수 없는 현실의 문제로 간주하게 하였다.

'인류관 사건'이 중국 내에 전해진 후, 진열된 여성의 타이완인 신분은 언급되지 않은 채 국치사건으로 베이징, 톈진, 상하이 등 대도시의 매체에서 계속 띄워졌으며, 국가의 체면에 관련된 사건으로서 국내에서 전족폐지를 위한 강한 추동력을 형성하였다. 1년 후, 광둥의 샹산(香山)여자학교가 문을 열 때 학생들이 전족을 하지 못하도록 규정하였고, 동시에 인류관 사건을 예로 삼아 전족을 삼가야 할 필요성을 설명하였다. "야만적인 인류가 오사카 전시관에 전시되어 전 세계(5대주)의 웃음거리가 되었다." "우리는 실로 그것에 대해 마음 아파하고, 우리는 실로 그것을 수치스럽게 여긴다."* 1904년 미국 세인트루이스 박람회에서도 또 전족 여성이 차를 접대하는 사건이 발생하여 재미 중국 유학생과 화교들의 항의를 받았으며, 결국에는 경제적인 보상을 하고 전족 여성을 귀국시켰다.** 그뿐만 아니라 민간 여론도 청 정부에 정치적 압력을 가해, 이후 각 관도(關道, 청대 해관의 사무를 관리하던 도원道員—역자)가 만약 중국인 상인이 박람회에 참여할 경우 엄격히 조사하고, 여성의 전족용 신발과 같은 "풍속과 위생을 해치는

---

* 「香山女學校學約」, 『女子世界』 第7期, 1904年7月, 全國婦聯, 『中國近代婦女運動歷史資料 1840-1918』, p.330.
** 「美國賽會場賞遣纏足女始末記」, 『大公報』 1904年9月6日.

것"이 전시될 경우 전람회 참가를 금지하여 "외국인의 웃음거리가 되지" 않
도록 할 것을 요구하였다.*

　그러나 간과해서 안 될 것은, 보여지는 것으로 인해 발생하는 수치심,
항의와 변혁의 배후는 바로 서구 문명등급론에 대한 수용과 백인종 문명
인에 대한 진심어린 신봉이었다는 점이다.『신민총보』가 도쿄 중국 유학생
에게 중국의 전족 여성을 전시하는 것에 대해 집단적으로 항의할 것을 호
소하였지만, 결코 '야만인종'을 전람회에서 전시하는 방식에 대한 항의는
아니었다. 오히려『신민총보』는 "이러한 일은 각국의 박람회에서 흔히 있는
일"이라고 보고, 항의하고자 한 것은 중국인을 '야만인종'으로 취급하는 방
식이었다. 특히 중국인이 분노하게끔 신경을 자극한 것은 일찍이 중국의
학생이었던 일본조차도 중국을 무시하기 시작했을 뿐만 아니라 서구 백인
종의 종족과 대비하여 일본인은 중국인과 상호의존해야 할 밀접한 관계에
있는, 같은 인종으로서의 자기인식이 없다는 점이었다. "일본인은 우리와
같은 황인종이다. 비록 그가 20여 년 동안 정치, 학술의 진화 속도가 매우
빠르기는 했지만, 그 사회의 문명 정도는 단지 우리와 서로 비견할 만하거
나 우리보다 미치지 못한다. 오늘날 이처럼 무례한 행동은 바로 그들 섬사
람의 기개에 불과하다. 그뿐만 아니라 우리 중국을 모욕하고 멸시하면 일
본이 어찌 홀로 번영할 수 있겠는가?"** "일본은 우리와 같은 인종임에도,
박람회에서 우리를 야만인의 인류관에 배치하였다. 아! 슬프구나!"***

　바로 서구 백인문명을 신봉하고 인정함으로 말미암아, 모두 누습이라
할 수 있는 중국인의 전족과 서구인의 허리 졸라매기에 대해 청말 여권론

＊ 楊興梅, 「纏足的野蠻化: 博覽會刺激下的觀念轉變」, 『四川大學學報』, 2012年第6期.
＊＊ 「日人侮我太甚〈敬告東京留學生〉」, 『新民叢報』 第25號, 1903年2月.
＊＊＊ 竹莊, 「論中國女學不興之害」, 『女子世界』, 1904年第3期.

의 태도가 다르게 나타났다. 즉 "허기 졸라매기의 엄중함은 전족만큼 심하지 않다"는 것이다.* 더 중요한 것은 허리 졸라매기에 관한 서술은 국족주의의 틀에서 논해지지 않고, 단지 야만에서 문명으로 나아가는 과정에서의 흠결일 뿐이며, 그 흠결은 옥의 광채를 가릴 수 없고 결코 서구 문명국의 지위에 영향을 미치지 않는다고 보았다. 반면 전족은 서구의 자연적인 발인 천족(天足)과의 대비하에 '고질적인 질병'으로 간주되고, 더이상 사람들이 부러워하는 심미적인 유행이 아니라 사람들이 혐오하는 '기이한 병'이 되었다. 신체에 '고질적인 질병'이 있으면, 남편을 돕고 자식을 가르치는 전통적인 아내이자 어머니로서의 직분을 수행할 수 없어서 남자에게 부담을 주게 된다. 또 국민의 어머니로서 새로운 역할을 다할 수 없음으로 인해 국가에 부담을 준다. 예를 들어 황곡생(黃鵠生)은 전족을 "고래부터 전례 없는 기이한 병 가운데 하나"로 보았으며,** 장지동(張之洞)은 전족은 가정에 해를 끼칠 뿐만 아니라 더욱이 국가에 해를 끼친다고 보았다. 그에 따르면, 전족 여성이 "낳은 자녀는 자연히 쇠약하고 병이 많게 되어", "우리 중국인의 자질을 날로 약화시키고, 신체가 건강하고 뛰어나지 못하게 하며 의지와 기개를 위축시킨다. 또 수명은 요절하는 경우가 많아 구미의 각 대륙에 훨씬 못 미치게 된다." "우리는 2억 명의 중화 여성을 해쳐서 할일 없고 모욕을 받는 쓸모없는 국민이 되게 할 뿐만 아니라 더 중요한 것은 중국의 4억 종족이 이 때문에 간사하고 교활하며 피폐해져 멸종에 이를까 두렵

---

* 金天翮著, 陳雁編校, 『女界鐘』(1903), 上海: 上海古籍出版社, 2003, p.15; 康有爲, 『大同書』, 上海: 上海古籍出版社, 2005, p.136.

** 黃鵠生, 「中國纏足一病實阻自强之機並肇將來不測禍說」(1897), 『時務報』 第35冊. 『中國近代婦女運動歷史資料1840-1918』, p.37에 수록.

다."* 전족에 대한 서술이 국족주의의 틀 속에서 이루어지자, 이제 전족은 국가가 문명적이지 않다는 상징이 되었을 뿐만 아니라 국가를 문명적이지 않고 국가와 종족을 멸망케 하는 죄의 근원이 되었다. 전족의 화제가 '누습'에서 '나라를 병들게 하는 것'으로 전환되자, '전족'은 곧 문명의 형식적인 문제로부터 문명의 실질적인 문제, 즉 여성과 종족을 기초로 하는 근대적인 민족국가와의 관계로 전환되었다.

3. 문명의 정치경제학 기초: 문명을 배양하는 어머니

서구의 문명론 중에는 여성의 지위로 사회의 문명 정도를 판단하는 것과 같이 직접적이고 명확히 드러난 젠더기준이 존재할 뿐만 아니라 문명의 정치/경제 기준 속에 새겨져 있는 숨겨진 젠더의 차원도 존재한다. 문명국가의 국가 형식은 민권을 국가의 기초로 하는 근대적 민족국가이다. 문명국가의 경제 형식은 자본주의 생산방식이고, '부유함富'과 '강함强'은 이러한 정치─경제 기준의 결과로서 문명의 증거이자 문명의 기초이기도 하다. 문명론의 정치경제학이 중국에 유입되어 사회구조의 질적인 변화가 발생하기 이전, 먼저 관념상으로 과거와 미래에 대해 재구성된 상상이 출현하였으며, 이러한 상상은 여성을 새롭게 배치하고, 여성의 '몸'을 기탁하고 '정신'을 의지하는 전통적인 안심입명의 의의를 바꾸어야 했으며, 아울러 여성의 '신체'를 새로운 물리적/사회적 공간에 배치하고 그 '운명命'에 새로운 의미를 부여할 필요가 있었다. 관념상의 전환이 완성된 후에, '재구성'의

---

* 張之洞, 「不纏足會銜」(1907), 全國婦聯, 『中國近代婦女運動歷史資料1840─1918』, p.42.

흔적이 사라지고 '전환'이 자연스럽게 되어 집단적 무의식으로 잠재화됨으로써 마치 모든 것이 본래 그러해야 하는 것처럼 받아들여졌다.

(1) '이익을 생산하는 사람'과 '이익을 나눠 갖는 사람'

종족을 기초로 한 근대 민족국가 관념은 직접적으로 남성이든 여성이든 국민의 신체에 대해 관심을 촉발시켰다. 문명등급에 따라 인종의 진화 정도를 가늠하거나 혹은 인종의 진화로 문명의 등급을 판단하는 것은 서구문명론의 핵심적인 내용이다.* 문명론의 계몽을 수용한 유신인물들도 이러한 기준을 받아들이고 백인종의 우월함과 식민지 확장행위를 합리화하였다. 우승열패의 진화론적 역사관에서, 문명의 정도와 인종의 우열은 상호적으로 근거를 제공하는 인과관계를 구성하였다. 외재적인 체격의 건장함과 경쟁적이고 진취적인 내재적 정신 특질을 포함하는 인종의 특질이 각 인종의 문명등급을 결정하였다. 근대 민족국가가 종족을 그 인구의 기초로 삼을 때, 국민의 신체와 문명진화의 관계 그리고 국가의 강함 여부와의 관계는 실로 동일한 문제의 양면이다. 따라서 인종의 우열과 문명의 정도는 직접적으로 국가의 강약 문제로 전환된다. 인종과 근대 민족국가의 분리될 수 없는 내포적인 관계 때문에 비로소 '망국'과 '멸종', '강국'과 '우량종善種'이 밀접한 관계 속에서 동시에 거론될 수 있다. 국민이 구성하는 국가, 국력의 강성함과 국민의 수와 질이 밀접히 연계되어 있음으로 인해, 국민의 신체적인 건강, 체격의 강약은 이제 개인적인 문제가 아니라 국력의 강약과 관계된 문제가 된다. 예를 들어 량치차오에 따르면, "민족주의로 국가를 수립하는 오늘날 국민이 약하면 국가가 약해지고 국민이 강해지면

---

* 본서의 량잔과 장징의 글 참고.

국가도 강해진다. 이 양자는 마치 그림자처럼 따르며 서로 호응하여 조금의 차이가 없다."[*] 인류 역사는 "인종의 발달과 그 경쟁을 서술하는 것"에 다름 아니다. 그리고 오늘날 세계는 또 "국족이 서로 결합하고 서로 배척하는 시대이다."[**] 인종, 국가, 문명의 복잡한 관계 속에서 남성 국민의 신체는 마찬가지로 정치성을 지니며, 국가의 간섭과 감시, 처벌의 목표가 된다. 또 여성의 신체는 국민을 낳고 기르는 역할을 맡고, '국민의 어머니'이자 '문명의 어머니'로 간주된다. 이에 근대국가는 여성의 신체에 대해 더욱더 많은 관심과 관리 통제를 요구받게 된다.

여성의 신체는 이중적인 의미에서 근대국가에 대해 중요한 가치를 지니며 국가에 의해 중시된다. 즉 하나는 국민으로서의 신체이고 다른 하나는 국민의 어머니로서의 신체이다. 첫째, 국민으로서 여자가 병약하면 국가를 약화시킬 수 있다. 진텐허(金天翮)는 『여계종女界鐘』에서 "신체가 약하면 심령 또한 약하다"는 루소의 말을 인용하면서, "세계의 각처는 바로 생존경쟁과 자연선택의 장소로서, 단지 우량한 인종을 선택할 뿐만 아니라 체격이 강건한 사람이 반드시 최후의 승리를 얻게 된다"고 보고, "중국인종은 거의 우월한 지위를 상실하여 병원의 큰 표본이 되었다"고 탄식을 하였다. 그뿐만 아니라 또 다음과 같이 말하기도 하였다. "헤아릴 수 없고 불가사의할 정도의 각종 지나친 관용과 총애, 고질적인 현상이 특히 여성들에게서 많이 나타난다." 따라서 "여자는 속히 운동하는 법을 알아야 한다. 운동을 한 후에 신체가 강해지고, 신체가 강해진 후에 정신이 유쾌해지며,

* 梁啓超, 『新民說 · 就優勝劣敗之理以證新民之結果而論及取法之所宜』(1902), 『飮冰室合集』第六冊, 專集之四, 北京: 中華書局, 1989年影印, p.7.
** 梁啓超, 「歷史與人種之關系」(1902), 『飮冰室合集』第一冊, 文集之九, p.11.

그런 연후에 사무를 처리할 여유가 있다."* 옌푸(嚴復)도 『강함의 근원을 탐구함原强』(1895)에서 국가를 강성하게 하기 위해 3가지 필수 항목, 즉 국민의 힘을 고취시키고, 국민의 지혜를 개발하며, 국민의 덕을 새롭게 할 것을 제기하였다. 그 가운데 국민의 힘, 즉 '국민의 수족과 체력'은 국가의 부강을 위한 기초로 간주되었다. 아편 흡입과 여성의 전족은 국민의 힘에 심각한 결과를 초래하는 악습으로서 폐해가 가장 심한 것으로 간주되었다. 장지동은 심지어 여성의 전족이 국민의 신체에 미치는 심각한 폐해는 아편 흡입보다도 더 심하다고 주장하였다.** 이에 비해 남자의 변발은 비록 마찬가지로 근대문명을 위해 타파해야 할 대상이었지만, "나라를 병들게 하고", "종족을 약하게 하는" 책임이 전가되지는 않았고 단지 문화의 상징일 뿐이었다. 여성의 신체에 관련되었다는 이유로, 전족은 근대에 급속한 문명화를 추구하는 과정에서 더욱더 확대되고 부각되었던 것이다.

둘째, '국민의 어머니'이자 '문명의 어머니'로서, '종족이 유래하는 근본'인 여성의 신체는 더욱더 중요하다. 모체(母體)가 전해주는 것은 단지 생물적인 유전자만이 아니라 또 문화적 유전자도 있다. 그것은 종족[種]을 후대에 이어주는 수단일 뿐만 아니라 또 진화의 책임을 담당해야만 한다. 인종의 우열이 국가의 강약에 원인을 제공한다면, 또한 약소국을 위해 강국을 추구할 기회와 방법을 제공하기도 한다. 즉 강한 인종을 통해 강한 국가에 이르고, 우량종을 통해 문명으로 진화해간다. 우량종이 되는 도구로서 '국민의 어머니'는 단지 체육훈련과 위생 교육이 필요할 뿐만 아니라, 강건한 모친의 신체를 통해 이른바 "어머니가 건강해야 아이가 튼튼하다"는 효과

---

* 金天翮, 『女界鍾』, p.31-32.
** 張之洞, 「不纏足会敍」(1897)

를 얻을 수 있다.* 또 근대문명의 덕성의 기준으로 여성의 심령을 육성할 필요가 있다. 여성들은 국민의 어머니이자 문명의 어머니로서 자격을 갖춘 후에 비로소 미래 국민을 양육하고 배양하는 책임을 담당할 수 있다. 문명의 계몽을 받아들이고 나서, '여성계의 종女界鐘'을 울려 국민들을 각성시키려 했던 진톈허는 다음과 같이 주장하였다. "개인의 품성은 비록 외부의 풍속과 상황에서 영향과 자극을 받아 변화하며, 또 내적으로 수십 세대에 걸쳐 유전되는 근본적인 성격이 배양되고 도야되어 형성되나, 근본적인 성격의 유전은 반드시 어머니로부터 자식에 전해지고 직간접적으로 영향을 주고받는데 그 속도는 각기 다르다. 따라서 국민은 별도의 스승이 없으며, 그것이 본받는 것은 바로 여자이다."** 이로부터 문명의 근본적인 성격은 몸/마음 모든 측면에서 문명의 훈도를 받은 모친이 전수해야 함을 알 수 있다. 아마도 이러한 이유로, 진톈허는 「여자의 도덕」이라는 장에서 태교와 어머니의 교육을 논한 것으로 보인다.

문명과 진화에 유리하도록, 국민이자 국민의 어머니/문명의 어머니인 여성의 몸과 마음은 근대국가에 의해 관리되어야 할 뿐만 아니라 근대문명의 요구에 따라 새롭게 배치되어야 했다. '여자 교육의 부흥'은 바로 여성의 몸과 마음을 관리 및 통제하고 재배치하기 위한 구체적인 수단이었다. 국민─국가 체제 내에서, 여자 교육은 단지 상류사회 여성만이 누리는 특권으로 국한되어서는 안 되며, 반드시 근대 교육체제인 근대적인 학교를 이용하여 대대적으로 여성 국민에 대해 문명 교육을 실시함으로써 여성들이 근대국가(여성 국민, 국민의 어머니)와 근대사회(여성의 직업)의 요구에 적응

---

* 嚴復著, 胡偉希選注, 「原强(修訂稿)」(1895), 『論世變之亟: 嚴復集』, 遼寧人民出版社, 1994, p.37.

** 金天翮, 『女界鐘』, p.4.

할 수 있게 해야 한다. 따라서 여자 교육은 비록 남성 유신인사들이 먼저 제창하기는 했지만 곧바로 근대국가가 주도하는 국가적인 사업이 되었다.

근대 여자 교육은 또다른 중요한 기능을 가지고 있다. 여자 교육을 통해 여성을 직업이 없는 상태로부터 직업이 있는 사람으로 개조하여 근대 자본주의 사회의 수요에 부응하는 것이 그것이다. 이것은 문명론의 정치경제학과 연관이 있다. 량치차오는 「여자 교육을 논함論女學」(1897)에서 "배움은 직업의 어머니"라고 하였다. 량치차오는 중국 여성들이 직업이 없어 남성에 의지하여 부양됨으로써 남성의 통제를 받으며, 그 결과 여성만 몹시 괴로운 것이 아니라 남성도 또한 매우 고통스러우며 평생 동안 고된 노동에 시달리게 되고, 더 중요한 것은 이것이 국가에까지 연루되어 국가를 빈약하게 만든다고 주장하였다. 중국의 전통적인 남경여직(男耕女織, 남자는 밭을 갈고 여자는 베를 짠다) 분업과 '여자는 부엌일을 주관한다'는 관념, 그리고 여성에게 요구된 '덕德, 언어言, 용모容, 일功' 네 가지 중 '일'에 의하면 중국 여성이 '직업이 없다'고 할 수는 없다. 그렇다면 량치차오가 말한 '직업'이란 무엇인가? 또 왜 여성에게 직업이 없는 것이 국가를 빈약하게 만드는 원인인가? 량치차오는 자신의 관점을 "공리가公理家의 말"에 근거한 것이라고 하였다. "무릇 한 국가가 사람들마다 각자 직업을 가지고 스스로 부양할 수 있게 한다면 그 국가가 매우 잘 다스려진다"는 것이다. 여기서 논리는 직업이 없는 사람은 직업이 있는 사람에 의지하여 부양되고, 국민 중 무직자의 많고 적음은 곧 국가의 강약과 비례한다. 직업이 있는 것과 없는 것, 그것을 "서구의 역자譯者는 이익을 생산하는 것(生利, 이하 '생리'로 번역함—역자)과 이익을 나눠 갖는 것(分利, 이하 '분리'로 번역함—역자)"이라고 부른다.* 여기서

---

* 梁啓超, 「論女學」(1897), 『飲氷室合集』 第一冊, 文集之一, p.38.

'공리가'는 애덤 스미스를 가리키고, '서구의 역자'는 티머시 리처드(Timothy Richard, 李提摩太, 1845-1919)를 가리키는 것이 분명하다.* 유럽의 문명기준은 애덤 스미스의 정치경제학으로부터 많은 영향을 받았다. 량치차오는 애덤 스미스의 학설과 근대 문명세계 사이의 관계를 깊이 인식하고 그 학설은 "세계를 좌우하는 힘"을 가지고 있으며, "2백 년 간 구미 각국이 부富의 힘으로 천하를 제패하고, 세계의 9만 리 전체를 백인종의 일대 '마켓(瑪傑, 즉 Market의 음역─역자)'으로 삼았는데, 이를 크게 조장한 자"라고 보았다.** 량치차오는 애덤 스미스의 학설을 추종하고, "부의 힘으로 천하를 제패"한 세계질서의 실질은 다름 아닌 바로 "경제계[生計界]의 경쟁"이라는 점을 잘 알고 있었다. 경제 경쟁은 "오늘날 지구상의 가장 큰 문제이다. 각국이 우리를 망하게 하는 방법이 여기에 있으며, 우리가 존립을 위해 싸워야 하는 방법도 바로 여기에 있다."*** 중국의 '강함'은 바로 국민경제의 '부'를 근원으로 한다. 티머시 리처드가 중국화하고**** 통속화한 애덤 스미스의 이론

저자는 「여자 교육을 논함(論女學)」(1897)의 출처에 대한 명시 없이 75쪽으로 표기하였으나, 역자의 확인으로는 『량치차오전집梁啓超全集』과 『음빙실합집飮冰室合集』 어디에도 그 쪽수에 부합하는 내용이 존재하지 않았다. 이에 역자는 저자가 본 논문에서 량치차오의 문장 대부분을 『음빙실합집』에 근거하고 있는 점을 고려하여, 역서에서는 독자들의 편의를 위해 『음빙실합집』에 따라 쪽수를 표기하고자 한다. 이는 본서의 467, 471쪽 각주에도 해당된다. ─역자 주

* 劉慧英, 『女權, 啓蒙與民族國家話語』, 北京: 人民文學出版社, 2013, pp.23-35.

** 梁啓超, 「生計學學說沿革小史」(1902), 『飮冰室合集』 第一冊, 文集之十二, p.28.

*** 梁啓超, 『新民說·論進步』, 上海: 商務印書館, 1916, p.107.

**** 티머시 리처드는 선교사가 자주 사용하는 담론전략을 운용하여 유가경전의 외피로 서학의 새로운 술[酒]을 포장하였다. 티머시 리처드는 『대학』의 내용을 빌려 애덤 스미스의 이론을 중국화하고, "재화를 생산하는 큰 이치가 있다. 즉 생산하는 자가 많지만 나눠 먹는 자는 적으며, 생산의 속도는 빠르지만 소비의 속도가 느리면 재화는 항상 충족해진다"고 말하였다. 이와 같이 그는 한 국가의 인구를 간단히 생리자와 분리자 두 종류로 나누었다. 李提摩太, 「生利分利之法─書咬萬述說」, 『萬國公報』, 1093, p.51.

에 따르면, 국가의 '부'는 일국 가운데 노동 인구와 이익을 나눠 갖는 인구의 비율, 즉 생리(生利)자와 분리(分利)자의 비율과 직접적으로 연관이 있다. 량치차오의 생리와 분리의 이원적 도식은 티머시 리처드의 영향을 받았음이 분명하다.* 그렇다면 이익(利)이란 무엇인가? 누가 생리자인가? 왜 량치차오는 전국 2억 명의 여성을 모두 분리자라고 비판하였는가?

티머시 리처드는 '이익'을 '유용'으로 해석하였다. "무릇 사람들 가운데, 무슨 일이든 상관없이 제품을 만들어 재화를 생산할 수 없는 자는 모두 분리分利하는 사람이다."** 이를 옌푸 및 애덤 스미스의 글과 상호 텍스트로 삼아 대조해보면, "제품을 만들어 재화를 생산"하는 것만이 비로소 "유용"하다고 보는 구체적인 함의가 더욱 명확해진다. "유용한 노동"과 "무용한 노동"이 가리키는 것은 실은 애덤 스미스의 productive labour(생산적인 노동)와 unproductive labour(비생산적인 노동)이다.*** 이를 옌푸는 "낳을 수 있는 노동能生之功"과 "낳지 못하는 노동不生之功"으로 의역하였다. 여기서 '공功'이 가리키는 것은 labour(노동)이며, '리利'에 대응하는 것은 애덤 스미스의 profit(이윤)이다. 생리는 바로 이윤을 창조하는 노동인 것이다. 생리자에

---

* 1893년 티머시 리처드는 바로 『만국공보萬國公報』(第51冊과 第52冊)에 각각 분리와 생리를 논한 두 편의 문장, 「생리와 분리의 차이를 논함論生利分利之別」과 「생리와 분리의 법: 일언으로 온갖 미혹을 해결함生利分利之法—言破萬迷說」을 발표하였다. 다음해 상하이 광학회에서는 두 편의 글을 한 권의 『생리분리설生利分利之說』로 편집하여 출판하였는데, 이 책은 량치차오에 의해 1897년에 '서정총서西政叢書'에 수록되었다. 량치차오가 「여자교육을 논함」을 쓴 것은 1897년이었다. 또 류후이잉(劉慧英)의 고증에 따르면, 량치차오는 1895년에 짧은 기간이지만 티머시 리처드의 비서를 맡은 적이 있었다. 劉慧英, 『女權, 啓蒙與民族國家話語』, pp.27-29.

** 縷馨仙史譯稿, 「論生利分利之別」, 『萬國公報』, 1893, p.52.

*** Adam Smith, *An Inquiry into the Nature and Causes of the Wealth of Nations*(London, 1776), p.181.

대해 옌푸는 주인을 도와 이윤을 얻는 사람으로 묘사하였다. "오늘날 제조하는 사람[夫]이 그 노동력을 어떤 자재물[資材]에 가하여 기물이 완성되면 그에 따라 가치가 늘어난다. 자신의 일에 종사하여 나아감으로써, 주인이 획득하는 이윤이 많아지면 모두 생리자이다."* 애덤 스미스는 이것을 "유용한 노동에 고용된 자(who are employed in useful labor)"라고 불렀다.** 이로부터 유용한 노동은 교환가치를 창조하거나 잉여가치를 생산하는 고용노동임을 알 수 있다. 따라서 량치차오가 가리킨 '직업'이란 가사 이외의 직업을 말한다. 애덤 스미스는 '노동'과 '생산'을 두 종류의 서로 다른 노동 형식으로 구분하였다. 생산과의 관계, 정확히 말해서 이윤과의 관계에 근거하면, 국민은 '생산적인 노동자(productive labourer)', '비생산적 노동자(unproductive labourers)', 그리고 '비노동자'로 구분된다.*** 가치를 증식시키는 노동과 가치를 증식시키지 않는 노동의 차이를 설명하기 위해서, 애덤 스미스는 제조업 노동자의 노동과 가정의 노복[家仆]의 노동을 비교하였다. 노복의 노동이 가치가 없다는 평가는 아마도 가사노동에 대한 관점에 영향을 미쳤을 것으로 보인다. 자본주의 생산방식을 문명의 기준으로 삼음으로써, '노동'의 의미는 중대한 변화가 발생했을 뿐만 아니라 노동의 등급을 만들어냈다. 노동은 더이상 개인과 가정의 생존을 유지하기 위한 생계방편도 아니고, 또 더이상 개인 덕성에 대한 요구도 아니다. 여성의 덕(德), 여성의 언어(言), 여성의 용모(容), 여성의 일(功) 가운데 '여성의 일'은 우선 여성의 덕성과 관련된 요구이며, 그다음이 바로 경제적 가치와 사용가치이다. 하지

---

* 斯密亞丹著, 侯官嚴復幾道譯, 『原富』, 南洋公學版本, 部乙, 1902, p.329.

** Adam Smith, *An Inquiry into the Nature and Causes of the Wealth of Nations*, p.181.

*** ibid.

만 노동의 의미가 변화한 이후에는, 단지 교환가치를 생산하는 생산적인 노동만이 비로소 유용한 노동이 되었다. 교환가치를 생산하지 않는 노동, 예를 들어 가사노동은 비록 역시 노동이기는 하지만, 소중하게 여기는 사회적 가치를 상실하였으며 생산적인 노동과 비교하여 가치가 없거나 가치가 낮은 열등한 노동이 되었다. 이를 문명의 경제기준과 비교하면, 이제 우리는 왜 문명의 젠더기준에서 여성의 가정 내 노동이 '노역'과 '미천한 일'로 간주되고, 아내가 '미천한 가사의 노역'에 종사하는 것이 한 국가가 미교화 상태임을 나타내는 표현인지를 이해할 수 있다. 바로 이러한 문명의 경제기준과 젠더기준 하에서 여성의 전통적인 가사노동은 가치를 상실하였으며, 수천 년 동안 가내에서 열심히 일해온 여성은 "생리자는 전혀 없고 모두 분리자에 속한"[*] 무용한 인간으로 변모하였다.

1897년 량치차오는 「여자 교육을 논함」을 발표할 때, 티머시 리처드의 생리/분리의 이원구조를 참고하여, 가사 이외의 직업이 없는 2억 명의 여성들을 모두 '분리자'로 분류하였다. 그리고 1902년에 또 「경제학 학설의 연혁소사生計學學說沿革小史」를 발표할 때, 이미 옌푸가 번역한 『부의 근원을 탐구함』을 읽은 량치차오는 생리와 분리의 분석틀을 더욱 정교하게 다듬어 '생리자'를 '직접적인 생리자'와 '간접적인 생리자'로 세분하고, 또 '분리자'도 '힘들여 일하지 않는 분리자'와 '노동을 하는 분리자'로 구분하였다. 이러한 복합적인 틀 속에서 량치차오는 「여자 교육을 논함」에서 2억 명의 여성 전체를 분리자로 분류한 자신의 견해와 관련하여 "여성 전체를 분리자로 귀속시키는 것은 잘못된 주장이다"라고 수정하고, "여성이 자녀를 생육하는 것은 인간집단에 대한 첫번째 의무임은 말할 것도 없다. 그녀들이

---

[*] 梁啓超, 「論女學」(1897), 『飲冰室合集』 第一册, 文集之一, p.38.

가계를 관리하고 집안의 일을 담당하는 것 또한 경제학상의 분업[分勞]의 이치와 서로 부합한다"*고 인정하였다. 량치차오는 가사노동의 가치를 인정하면서 동시에 가사노동의 의미를 전환시켰다. 즉 "자녀를 양육하고 가계를 관리하는 것"은 이미 더이상 여성의 덕[女德]이나 여성의 일[婦功]이 아니라, 생산에 종사하는 간접적인 생리의 노동이자 경제학상의 '분업'이기 때문에 사회적 가치를 지닌다고 보았다. 그렇지만 그는 여전히 "여성의 절반"은 "힘들여 일하지 않는 분리자"로 분류하였다. 그 이유는 당시 중국의 (결혼 전) 여성은 집밖에서의 생리사업에 종사할 수 없을 뿐만 아니라 가정 내의 생리사업에 종사하는 데 있어서도 자격 미달이라고 보았기 때문이다. 또 그는 "책을 읽지 않고 글자를 모르며 회계의 방법도 알지 못하고 자식을 가르치는 방법도 모른다. 가냘프고 고운 발걸음에 아름다운 자태로는 노동을 할 수 없다. 무릇 이 모든 것이 생리에 적합하지 못한 원인이다"라고 하였다.**

여기서 발걸음을 가냘프고 고운 모양처럼 만든 전족은 이미 국민으로서의 여성[女國民]과 국민의 어머니로서 여성의 신체에 대해 영향을 미칠 뿐만 아니라, 더 나아가서는 경제에 대해서도 영향을 미치는 것으로 설명되고 있다. 여자를 경제적인 인간으로 육성하는 근대적인 여자 직업 교육은 당연히 근대 여성 교육 중 가장 중요한 내용이다. 가정학(家政學) 또한 량치차오 등 선진적인 남성 지식인들이 여성 교육을 제창하면서 제기한 주요 내용 가운데 하나였다. 그러나 가정(家政)의 내용과 의미는 이미 전통적인

---

* 梁啓超,「新民說・論分利生利」,『新民叢報』第20號, 1902年11月14日.『飮冰室合集』第六册, 專集之四, p.87. (본문의 출처에 대해 저자는「論女學」로 표기하였으나, 오류가 있어 역자가 바로잡아 표기하였음. —역자 주)

** 위의 책.

유가질서 아래에서의 주방 일과 방직, 자수 등 여성의 가사일과는 크게 달라져서, 근대적인 회계와 위생 지식으로 가사를 주관하고 근대 과학 지식으로 어린 자녀를 가르칠 것을 요구하였다. 근대문명의 경제/정치기준과 젠더기준은 중국 여성에 대해 모순되는 듯한 이중적인 요구를 제기하였다. 즉 가정 밖의 생산적인 노동에 종사하는 '신여성'이나, 국가를 위해 복무하는 '여성 국민女國民', 그리고 이와 동시에 가정 밖에서 생산적인 노동을 위해 완전한 가정서비스를 제공하는 '신 현처양모' 내지 간접적으로 생리를 위해 일하는 '국민의 어머니'가 바로 그것이다. '여성 국민'과 '국민의 어머니'의 모순(현재는 직장여성이 가사노동과 직장노동의 이중적인 부담이라는 문제로 표현된다)은 량치차오 등 유신인물들이 근대문명 방안에 따라 중국에 여성의 권리를 도입할 때부터 이미 발생했다. 『국부론』의 주장에 따라, 여성의 신체는 그 생육능력과 노동능력으로 인해 국가에 징용되어 국가가 '부유함'(생리자)과 '강함'(우량종)을 실현하기 위한 필수적인 수단이 되었다. 또 여성도 그 도구적 가치로 인해 근대국가에 의해 새롭게 발견되고 중시되었다. 국가 가운데 모든 소비적인 인구를 생산적인 인구로 개조하면 국가를 부강하게 하는 데 유익하다는 낭만주의적인 상상은 또 이론적으로는 모든 여성을 가정에서 내쫓고 여성의 안심입명을 위한 거처도 우선 공공영역에 배치하려 하였다.

생리와 국가의 부유함을 추구하면서 '재능'과 '학문'에 대한 중국인들의 이해방식이 중대하게 변화하였다. 생산력을 향상시키는 데 도움이 되는 과학기술 수준은 한 국가의 문명 정도를 가늠하는 중요한 기준이었다. 따라서 유용한 '학學'이라야 비로소 '학문'이 될 수 있었다. 애덤 스미스의 『국부론』도 국가의 재부는 단지 생리와 분리의 인구비율과 관계가 있는 것이 아니라, 더 중요한 것은 생산을 돕고 재부를 창조할 수 있는 "더욱 민첩하고 더욱 정교한 처리"*라고 거듭 강조하였다. 후쿠자와 유키치(福澤諭吉)는 "문학이 비록 창성했더라도 실용적인 학문을 연구하는 사람이 오히려 적은" 것이 반개화 국가의 특징이라고 보았는데,** 량치차오도 후쿠자와 유키치의 주장에 의거하여 "문학이 비록 흥성했지만 실제적인 학문[實學]에 힘쓰는 사람이 적은" 것을 반개화인의 특징으로 간주하였다.*** 서구문명의 기준 가운데 문학예술에 대한 추구가 존재하지 않는 것은 결코 아니다. 그러나 청말 중국에서는 부강(富强)을 도모하려는 강렬한 욕구로 인해 유신인사들이 특별히 실용적인 학문과 경제적인 부강을 강조하고 부각시켰다.**** 실용적인 학문을 기준으로 하여 경제에 도움이 안 되는 지식은 무용한 재능이 되었다. "음풍농월하고 남녀가 희롱하며 봄과 이별을 애석해하는 말" 등, 고대에 재주 있는 여성들이 시와 노래를 짓던 학문은 이미 "학문으로 간주할 수 없게 되었다". 일찍이 중국 남성문인들이 소중하게 여기던 재능 있는 여성을 포함하여, 전통적인 중국 여성은 "재능이 없는 것

---

* 斯密亞丹著, 侯官嚴復幾道翻譯, 『原富』, "發凡".
** 福澤諭吉, 北京編譯社譯, 『文明論槪略』(1875), 北京: 商務印書館, 1959, p.11.
*** 梁啓超, 「文野三界之別」(1899), 『飮冰室合集』 專集之二, 北京: 中華書局, 1989, pp.8-9.
**** 당시 서구문명 기준을 지침으로 삼아 물질문명을 추구하는 주류의 목소리 이외에 또다른 비판적인 목소리도 존재했다. 루쉰은 서구문명의 기준 및 서구문명론을 맹종하는 유신인사에 대해 가장 일찍 비판한 사람들 가운데 한 사람이었다. 「파악성론破惡聲論」(1908)에서 루쉰은 서구문명론 중 '미신 타파'를 지식 기준으로 삼는 것을 비판하고, 신앙은 "위를 향하는 인민"이 현세를 초탈하려는 정신적인 필요에 의한 것이며, 심성(心聲)과 내면의 빛[內曜]의 외재적인 표현이라고 보았다. 그는 서구문명론을 맹종하는 유신인사들을 '가짜 지식인[僞士]'이라고 비판하고, "마땅히 가짜 지식인을 내쫓고 미신을 보존하는 것이 오늘날 급무이다"라고 외쳤다. 또 『문화편지론文化偏至論』(1908)에서는 19세기 서구문명이 물질문명을 최고 준칙으로 신봉하는 문화적 편향을 비판하였다. 왕후이(汪暉)는 루쉰의 이러한 '반계몽주의적 계몽'에 대해 심도 있게 분석한 바 있다. 汪暉, 「聲之善惡: 什麼是啓蒙? =重讀魯迅的〈破惡聲論〉」, 『開放時代』, 2010年第10期 참고.

472

이 덕이고", "학문도 기술도 없다"고 비판을 받았다.* '재능'과 '학문'은 이제 고전 미학의 의미에서 정감을 노래하고 뜻을 서술하는 문학적인 재능이나 시학이 아니라 반드시 생리에 유익한 근대적인 실용적 학문이어야 했다. 량치차오는 이것을 "안으로는 그 마음을 확장하고, 밖으로는 그 경제에 도움을 줄 수 있는 것"**이라고 규정하였다.

장주쥔(張竹君)은 유신인물들로부터 칭송받은 여성 국민[女國民]의 새로운 모범이었다. 그녀는 의학이라는 실용적인 학문을 익히고 병원을 개설하여 사회적인 국민의 의무를 충실히 하였으며, 아울러 병원을 이용하여 여성의 교육을 추진하고 다른 여성들에게 실용적인 학문을 가르쳤다. 마쥔우(馬君武)는 「장주쥔 여사 전기女士張竹君傳」(1902)에서 장주쥔이 서구 선교사들에 대해 "중국에 도움이 될 수 있는 서구의 과학[格致]과 정법政法 관련 학문은 거의 제창하지 않고", "헛되이 매일 영혼영생의 학문만을 하고 있다"고 비판하고 "우리는 지금 경쟁이 극심한 세계에 살고 있는데도, 모두 전문적인 실제 학문을 갖추어 사회 공중[公衆]으로서의 의무를 담당하지 않는다"고 주장한 것을 칭송하였다. 또한 장주쥔이 남녀평등의 이치를 믿고, 여성은 남성이 권리를 양보해주기를 기다리고 있어서는 안 되고 여성이 "권리를 쟁취하는 방식은 학문을 배우는 길밖에 없"으며, 배워야 할 학문도 "과거 중국의 시와 사詞의 학문이어서는 안 되고, 각자 오늘날 서구에서 발명한 극히 새로운 학문을 연구하도록 노력해야 한다"***고 주장한 것을 칭송하였다. 마쥔우는 새로운 시대의 신여성인 장주쥔의 언행을 빌려, '실

---

* 胡櫻著, 龍瑜宬, 彭姍姍譯, 『翻譯的傳說: 中國新女性的形成1898-1918』, 南京: 江蘇人民出版社, 2009, pp.8-10.

** 梁啓超, 「論女學」(1897), 『飮冰室合集』第一冊, 文集之一, p.39.

*** 莫世祥編, 『馬君武集1900-1919』, 武漢: 華中師範大學出版社, 1991, p.2.

제적인 학문'의 내용을 거듭 밝히고 '실제적인 학문'의 구국을 위한 가치를 널리 알렸을 뿐만 아니라, 여성의 '실제적인 학문'이 남녀평등을 추구하는 데 있어서 지니는 가치와 의의를 역설하려 하였다.

담론적인 책략에서 나온 것이든 아니면 근대문명의 계몽을 받은 재능 있는 여성들이 그러한 자아형상을 수용했든, 당시 선진적 여성들은 남성 문명론자의 담론을 그대로 사용하여 스스로 반성하면서 여성의 교육을 제창하고, 여성이 남성과 동등한 교육을 받아야 하는 근거로 삼기 시작하였다. 추위팡(裘毓芳, 1871-1904)은 다음과 같이 말하였다. "약간 문장을 읽을 수 있으며, 오직 음풍농월하며 우쭐거리고 뽐내기만 할 뿐 결코 경제에 도움에 되지 못한다. 그리하여 마침내 망연자실 무용지물이 되어, 모두 남성들에게 부양되기를 기다린다. ……곳곳에 여학교를 세워 여자들이 모두 그 학식을 넓히고, 재능을 다 발휘하도록 해야 한다. 그러면 재능이 중간 정도 되는 자는 스스로 생계를 도모할 수 있어 남자의 재산을 나눠 가질 필요가 없고, 지혜로운 자는 또 과학에 힘써서 국가에 유용한 것을 제조할 수 있다. 2억 명의 귀머거리와 장님들의 눈과 귀를 밝게 해주면 종족을 강하게 하고 국가를 부유하게 하는 길에 크게 유익할 것임이 틀림없다."* 이 여성론자의 관점과 수사는 남성론자와 거의 일치한다. 추위팡은 중국 최초의 여성잡지 『여학보女學報』의 주필이었으며, 또 일찍이 『우시백화보無錫白話報』의 선임 주필을 맡기도 했다. 추위팡은 『우시백화보』의 발간인 추팅량(裘廷梁)의 조카로서 영문에 능통했다. 유신변법 전야에 창간된 『우시백화보』는 중국 근대사에서 가장 이른 백화보 가운데 하나이며, 그 창간

---

* 金匱女士 裘毓 芳梅侶撰, 「論女學堂當與男學堂並重」, 『女學報』 第7期, 1898年9月. 全國婦聯, 『中國婦女運動歷史資料1840-1918』, pp.98-99.

목적은 바로 유신을 고취시키고 백화보로서 "국민들의 지혜를 깨우치는 것"이었다. 『우시백화보』는 수많은 번역문을 게재하였는데, 그 가운데는 추위팡이 직접 번역한 것도 적지 않았다. 『여학보』의 창간 또한 유신인사들이 여자 교육을 부흥시키고 여성 국민의 지혜를 깨우치기 위한 구체적인 실천이었다. 위에서 인용한 추위팡의 「여학당은 남학당과 더불어 중시되어야 함을 논함論女學堂當與男學堂並重」은 『여학보』 제7기에 발표된 문장이었다. 하지만 관점상 여성론자와 남성 유신인사의 상호 호응은 단지 부창부수의 현대판으로 간주할 수는 없다. 남성이 나라를 약하게 하고 병들게 한 원인을 여성에게 전가시키고 있을 때, 여성은 나라를 그르친 죄책을 전반적으로 수용하였다. 그러나 이와 동시에 여성이 어떻게 역사적 능동성을 획득할 것인가라는 문제가 제기되었다. 기왕에 나라를 그르치고 망하게 할 수 있다면, 나라를 강하게 하고 세상을 구할 수도 있지 않겠는가? 불행하게도 진화사관의 고취하에, 추위팡 등 진보적인 여성들의 역사적 능동성은 "재주가 없는 것이 덕", "분리자", "무용한 사람"이라는 전통적인 여성의 고정된 이미지 구성에 주동적으로 참여하는 것으로 표현되었다.

(2) 중국을 문명화하는 방법: 여권의 제창과 여자 교육의 부흥

서구문명론의 중국 여권담론 추동과 문명표준의 지도하에 여권 실천이 전개되었다. 문명의 젠더기준이 국가를 망하게 하고 종족을 약하게 한 원인에 대해 중국인에게 해명해주었다면, 그것은 동시에 또 나라를 강하게 하고 종족을 보존하는 방법을 제시하기도 하였다. 즉 문명국가는 반드시 먼저 여성을 문명화해야 한다는 것이다. 이로써 "진화의 기관"*을 장악한

---

* 「論文明先女子」, 『東方雜志』 第4卷第10期, 1907年9月17日. 全國婦聯, 『中國婦女運動歷史資料

여성은 유신인사가 중국을 개량하는 출발점이 되었다. 여성을 문명화하는 방법은 바로 여권을 창도하는 것이었다. 문명론이 제공한 진화의 과정에서 '반문명'상태인 중국은 문명화 과정에 위치해 있다. 만약 중국이 앞으로 나아가고자 한다면 앞과 뒤 두 방향에서 동시에 노력을 기울여야 한다. 뒤를 향해서는 이전 폐단을 제거하여 야만적인 구시대와의 관계를 단절해야 하고, 앞을 향해서는 여권을 진작시켜 새로운 문명시대의 문지방을 넘어서야 한다.

여권은 문명국가의 상징이다. 1900년 5월 11일『청의보淸議報』에는 이시카와 한잔(石川半山)의 「여권이 점차 성행함을 논함」이 번역되어 실렸다. 그 문장에서는 "서구 각국은 일찍이 여권을 존중하고 풍속이 여자를 존중하는가 여부에 따라 국민의 문야文野를 판단한다"*고 주장하였다. 이는 단지 서구 각국 여성의 상황을 '여권'으로 개괄함으로써 여권이 문명국가의 상징이 되었을 뿐, 문명의 젠더기준을 재차 반복한 것에 다름 아니다. 지금까지의 조사 및 연구 결과에 따르면 '여권'이라는 어휘가 중국에서 가장 일찍 등장한 것은 이시카와 한잔의 문장이 발표되기 몇 개월 전『청의보』에 실린 후쿠자와 유키치의 「남녀교제론」에 대한 편집자의 주석에서였다.** '여권'이라는 단어가 「남녀교제론」의 본문에서는 출현하지 않고『청의보』의 중국인 편집자가 후쿠자와 유키치에 대해 소개하는 글 속에서 등장

1840-1918』, p.210.

* 石川半山, 「論女權之漸盛」, 『淸議報』第47冊, 第48冊, 1900. 이 문장은 청말 매우 널리 유포되었다. 차이위안페이는 1902년에 편찬한『문변文變』에 이 문장을 수록하였으며, 1903년 4월 간행한『여보女報』(二年二期)에도 이 문장을 게재하였다. 이 문장은 또 '여권女權'이라는 단어를 중국에서 가장 일찍 사용한 문헌 가운데 하나이기도 하다. 夏曉虹,『晚淸文人婦女觀』, p.67 참고.

** 須藤瑞代,『中國"女權"概念的變遷』, p.18, 夏曉虹,『晚淸文人婦女觀』, p.13.

한 것이다. 즉 "일본을 위해 새로운 학문을 개척한 영수", "전국의 사대부들 다수가 그의 문하에서 나왔다"고 하면서 또 "선생은 자주 여권에 대해 말하였다"고 주석을 달았다.* 상하 문맥을 살펴보면, 이는 여성을 집안에 유폐시킨 전통적인 여성 풍속과 다른 '남녀의 교제'를 여권으로 간주하고 있음을 알 수 있다. 후쿠자와 유키치는 일본에서 서구문명론을 추앙한 대표적인 인물로서, 그의 문명론은 량치차오에게 중대한 영향을 미쳤다. 후쿠자와 유키치가 "자주 여권에 대해 말하며" 중국 독자들에게 전한 중요한 메시지는 '여권'과 '문명' 사이의 명확한 관계였다.

여권은 문명국가의 도구이다. 1912년 엥겔스의 「공상에서 과학으로의 사회주의 발전」이 중국에 번역·소개됨에 따라, 엥겔스 판의 푸리에의 명언이라 할 수 있는 "모든 사회에서 여성의 해방 정도는 보편적인 해방을 가늠하는 자연적인 척도"라는 말도 중국에 소개되었다. 재미있는 것은 이 구절이 중국인 번역자에 의해 "세계의 인간집단을 진화시키려면, 반드시 남녀의 평등으로부터 시작해야 한다"**고 의역됐다는 점이다. 번역 과정에서 결과와 수단이 뒤바뀐 것이다. 이는 번역자가 푸리에의 사상을 잘 알고 있어서 의도적으로 그렇게 번역했다기보다는, 번역자가 처한 시대의 보편적 관념 즉 '여권의 부흥', '남녀평등'을 진화의 수단이자 중국을 진흥시키는 관건으로 여기던 시대적 관념을 반영한 것이었다. 청말 시기의 여러 논의 가운데에 20세기의 관건을 '여권혁명'***으로 신봉하거나 혹은 20세기를

---

* 福澤諭吉, 「男女交際論‧編者序言」, 『淸議報』, 第38號, 光緖二十六年(1900)二月十一日.

** 弗勒特立克恩極爾斯原著, 施仁榮譯述, 「理想社會主義與實行社會主義」, 『新世界』 第3期, 1912, p.3.

*** 金天翮, 『女界鐘』, p.46.

'여권의 시대'*로 간주하는 관점도 드물지 않았다.

청말 시기의 맥락 속에서 여권이 구체적으로 가리키던 것은 바로 여자 교육이었다. 남녀교제 문제는 5·4운동 시기에 와서야 비로소 주요 관심사가 되었다. 청말 선교사와 중국인이 건립한 여학당에는 공간 설계에서부터 교사 배정에 이르기까지 모두 남녀를 구분하는 규칙이 세심하게 유지되고 있었다. 여자 교육을 부흥시키는 목적은 근대문명의 계몽 세례를 받지 못한 2억 명의 여성들을 "나태한 유민遊民과 완고한 토착인"의 야만적인 상태로부터 해방시킴으로써, "위로는 남편을 도울 수 있고 아래로는 자녀를 가르칠 수 있으며, 가깝게는 집안을 화목하게 하고 멀리는 종족을 우수하게 만드는"** 것이었다.

앞서 문명론의 정치경제학에서 여성에 대한 요구를 분석한 바와 같이, 여자 교육의 내용은 바로 근대문명의 기준에 의거하여 '여성을 문명화하고' 아울러 여성이 능력을 배양하고 문명화됨으로써 문명의 어머니가 되는 것이다. 결국 여자 교육의 궁극적인 목표는 국가를 강하게 하는 것이었다. "남녀의 권리가 평등한 것으로는 미국이 최고이다. 여자의 교육이 널리 확산된 것으로는 일본이 강하다. 국가를 흥성하게 하고 국민을 지혜롭게 함에 있어서 이로부터 시작하지 않는 것은 없다."*** 여기서 '여자 교육'과 '남녀의 권리평등'은 서로 지시하는 관계이다. 여자 교육의 발전 정도는 국가의 강대함과 인과관계가 있다고 인식하였다. "여자 교육이 가장 성행하고 그 국가가 가장 강하여, 전쟁을 하지 않고도 다른 나라의 군사를 굴복

---

* 吳江女士 王壽芝慕歐,「黎裏不纏足會緣由」,『警鍾日報』1904年3月13日. 李又寧, 張玉法主編,『近代中國女權運動史料1842-1911』, 臺北: 傳記文學社, 1975, p.867.

** 梁啓超,「創設女學堂啓」(1897), 全國婦聯,『中國婦女運動歷史資料1840-1918』, p.101.

*** 위의 책, p.102.

시킬 수 있는 것은 바로 미국이다. 그다음으로 여자 교육이 성행하고 국가도 미국 다음으로 강한 것은 영국, 프랑스, 독일, 일본이다. 여자 교육이 쇠퇴하고 어머니의 교육이 상실되어 많은 사람들이 직업이 없고, 지혜로운 국민이 적으면서도 국가를 보존할 수 있는 것은 요행일 뿐이다."* 정관응(鄭觀應)은 일찍이 「여학교에 관해 거이재 주인에게 보내는 서신致居易齋主人論談女學校書」(대략 1892년)에서** 량치차오의 서술과 거의 비슷한 논조를 말한 바가 있는데, 이로부터 이러한 관념이 청말 시기에 결코 드문 현상이 아니었음을 알 수 있다.

전족을 폐지하자는 주장과 마찬가지로, 중국인의 여자 교육 부흥에 관한 언론과 실천은 국족주의 틀 속에서 전개되었다. 중국 최초의 여학당은 선교사가 건립하였는데, 타인의 힘을 빌리지 않으려는 국족주의 관념이 중국인 스스로 자신의 여학당을 건립하도록 자극하는 동력이 되었다. "저 인사들이 중국에 와서 우리가 곤궁에 빠진 것을 연민하여 의학義學을 세우고 우리 아동들을 구하였다. 교회가 이르는 곳마다 여학교가 세워졌다. ……자식이 있지만 부양하지 않고 이웃집에 의지하여 먹이는 것과 같고, 밭이 있으나 김을 매지 않고 다른 경작자의 힘을 빌리는 것과 같으니, 이는 조상들이 상심하는 바일 뿐만 아니라 또 중국의 수치이다."*** 1898년 징위안산(經元善), 량치차오 등 유신인물들은 중국인 스스로 지은 최초의 여학당 중국여학당(中國女學堂)을 건립하여, '중국과 서구를 동시에 중시하는' 교육방침을 실시하였다. 교과과정으로는 『여효경女孝經』, 『여사서女四書』 등 전통적인 여성 교육 이외에도 영문, 산술, 지리, 도화(圖畵)를 가르치고, 아

---

* 梁啓超, 「論女學」(1897), p.80.
** 全國婦聯, 『中國婦女運動歷史資料1840-1918』, p.83.
*** 梁啓超, 「創設女學堂啓」, p.101.

울러 체조, 악기, 여성의 일(외국의 재봉과) 등 실용적인 서학을 가르쳤다. 비록 중국 여학당의 존립 기간은 매우 짧았지만, 건립자들이 근대 전파기술(신문잡지)을 잘 활용함으로써 여학당의 건립이 공공사업이 되었으며, 그 심원한 영향은 이미 학당 그 자체의 중요성을 능가하였다. 여성 신문과 여학당을 포함한 근대적인 여자 교육은 여자를 문명화하고 국가를 부강하게 만드는 사명을 떠맡았으며, 20세기에 이르러 중국에서 크게 발전하였다. 학교는 국가의식을 교육하고 여성 국민을 육성하는 중요한 공간이 되었다. 그뿐만 아니라 여자 교육은 확실히 여성이 '스스로 부양하는' 독립적인 인간이 될 수 있도록 전례없는 기회를 제공하였다. 이것이 서구 문명방안이 중국에 유입된 후 중국 여성에게 미친 이중적인 효과이다. 즉 한편으로는 여성이 부권(父權)/남권(男權)이 지배하는 가정으로부터 벗어나 '독립'적인 개체가 되게 하고, 다른 한편으로는 여성을 근대 민족국가의 정치체제와 자본주의 경제체제 속으로 편입되게 했던 것이다.

4. 문명론의 인도하에서 '여권'의 번역소개: 은폐와 전환

이미 여권이 구국의 중요한 방법이 된 이상, 중국인에게 여권이론을 번역·소개하는 것은 구국을 위한 급선무가 되었다. 마쥔우가 번역한 존 스튜어트 밀과 허버트 스펜서의 여권론은 당시 "마땅히 번역해야 할 책"으로서, 청말 중국의 여권론에 이론적인 기초를 제공하였다.* 샤샤오훙(夏曉虹)은

---

* 존 스튜어트 밀의 이름은 1995년 상무인서관(商務印書館)에서 출판한 『여성의 굴종적 지위婦女的屈從地位』에서는 '웨한 · 무러(約翰 · 穆勒)'라고 옮겨졌지만(상무인서관의 번역은 1903년 옌푸의 『군기권계론群己權界論』의 번역에 근거한 것임─역자 주), 마쥔우는

마쥔우의 번역문이 발표된 이후 청말 사상계에서 여권이론의 근원에 대해 각 파마다 제각각이던 풍문이 점차 일치된 인식으로 바뀌게 되었다고 보고 있다.* 마쥔우가 존 스튜어트 밀을 번역·소개하고 나서 4개월 후, 중국인이 여권의 고취를 위해 직접 쓴 최초의 저작 『여성계의 종女界鐘』이 출판되었다. 『여성계의 종』은 명확히 마쥔우가 번역·소개한 두 편의 학설로부터 영향과 자극을 받아 저술되었다. 문장의 논증방식, 예로 든 사례, 심지어 많은 구절들이 모두 스펜서나 밀의 여권론으로부터 끌어오거나 베낀 것이었다. 『여성계의 종』은 스펜서와 밀의 여권론을 중국화한 최초의 눈부신 성과이다. 앨런이 서구인의 신분으로 이역인 중국에 '문명'의 종자를 이식한 것과는 달리, 『여성계의 종』은 중국 남성이 적극적이고 주체적으로 서구로부터 중국으로 유입하고 이식한 "문명의 나무"였다.**

마쥔우의 번역본은 청말 민초 여권론에 중대한 영향을 미치고, 당시 중국인의 유럽 여권에 대한 상상을 만들어냈다. 청말 여권론은 자주 스펜서와 밀, 두 사람을 함께 거론하였으며, 두 사람을 유럽 여권사상의 근원이자 여권 실천의 원동력으로 열거하였다. 스펜서가 여권에 대해 보류하는 바가 있었다는 것을 인식한 사람은 거의 없었으며, 또 두 사람 이전의 유럽 여권사상사를 탐구한 사람도 없었다. 중국인들이 밀과 스펜서의 여권론이

'미러(彌勒)'라고 옮겼다. 청말 시기 서술에서는 대부분 마쥔우를 따라 '미러'이라고 번역하였다. 원문을 존중하여 이 절에서도 '미러'로 번역한다.(단 본 번역서에서는 한국의 표기에 따라 '밀'로 번역하였다. ―역자 주)

* 夏曉虹, 『晩淸文人婦女觀』, p.71.

** 류야즈(柳亞子)는 『여성계의 종』을 위해 쓴 '후서後敍'에서 다음과 같이 말하였다. "오늘날 밀과 스펜서의 학설은 바야흐로 태평양을 건너 동쪽으로 전해져 서구의 공기가 부지불식간에 여성의 거실 주렴 사이로 비추고 있으며, 두 손에 감미로운 이슬을 떠다가 자유의 싹에 뿌리고, 낙토를 한 움큼 퍼서 문명의 나무를 북돋아주고 있다."(『女界鐘』, p.85)

실제로 유럽사회를 변화시키는 강력한 역할을 했다고 믿었던 데는, 마쥔우가 밀의 사상이 "전체 유럽에서 유행하고", 이미 유럽에서 "인심을 바꾸고 연이어 사람들이 그 조류를 더욱 확산시키고 있으며", "반대자들은 모두 혀가 꼬여 제대로 대꾸도 하지 못한다"고 말한 것도 일정한 작용을 하였다. 이론적 설명으로서 밀의 '여권론'은 사회당의 여권 실천과 함께 중국 독자들 사이에서 유럽 여권이 활기차게 발전하고 있는 듯한 환상을 불러일으키고, 중국이 여권을 추구해야 한다는 시대적 긴박감을 조성하였다.

영향력의 측면에서, 마쥔우가 번역한 스펜서와 밀의 여권론은 확실히 '마땅히 번역해야 할 책'으로서의 역사적 책임을 담당했다면, 마쥔우 본인은 중국인에게 어떤 '여권'을 제시했던 것일까? 1902년 11월 마쥔우는 『스펜서 여권편과 다윈의 자연경쟁편』을 발표하고, 소년중국학회(少年中國學會)에서 출간하였다. 그중 「여권편」은 스펜서가 1851년에 발표한 Social Statics(사회정학)가운데 제16장인 "The Rights of Women(여성의 권리)"을 번역한 것이었다. 사회진화론을 주장한 스펜서는, 청 중엽 이래 신학을 추구하던 학자들에 의해 잘 알려져 있었기 때문에 그의 책은 중국학자들이 적극 번역·소개하려고 했던 대상 가운데 하나였다. 1902년 마쥔우가 스펜서의 1851년 판본 Social Statics 가운데 "여성의 권리"를 번역하기 이전에, 스펜서는 이미 자신의 관점을 수정하였다. 1892년 판본에서 스펜서는 여성의 정치권리에 대한 논의 부분을 삭제하였다. 이전에는 그가 남녀의 생리와 심리의 미세한 차이는 여성을 평등한 법률과 자유로부터 배제하는 관점을 정당화할 수 없다고 보았지만, 후기에 와서 그는 비록 진화 과정에서 남녀의 차이가 없어질 수는 있지만 아직 시간이 더 소요되어야 하며, 당시 남녀의 차이를 볼 때 여성에게 선택권을 주는 것을 거부할 만하다고 보았다.[*] 그럼에도 마쥔우가 초기판본을 저본으로 삼아 번역한 까닭은, 당

시 일본에 있던 그가 스펜서의 최신 관점이 반영된 새로운 판본을 보지
못했기 때문인지, 아니면 그의 시대에는 오히려 1851년도 판의 관점이 더
부합하다고 보아 의도적으로 번역한 것인지는 알 수 없다. 당시 일본의 이
노우에 쓰토무(井上勤)도 스펜서의 Social Statics 가운데 "여성의 권리" 장
만을 별도로 번역하여 『여권진론女權眞論』(1881)**이라는 제목으로 출판하
였다. 오노 카즈코(小野和子)의 고증에 따르면, 마쥔우는 영문판에 근거하
여 번역한 것이지 일본판을 저본으로 번역한 것은 아니었다. 그러나
1851년 판본이라 하더라도, 마쥔우의 번역본과 영문본을 비교해보면, 당시
중국의 유신인사들이 새로운 민권―민족국가를 수립하려 했던 절박한 욕
망이 잘 드러나 있다. 1903년 마쥔우는 『신민총보』에 「존 스튜어트 밀의 학
설彌勒約翰之學說」을 세 차례에 걸쳐 연재하였는데, 1903년 4월호에 밀 학설
의 제2부분인 「여성압제론女人壓制論」(현재는 『여성의 굴종적 지위』[상무인서관]
로 번역함)과 사회당원의 「여권선언서」를 게재하였다.*** 「여성압제론」은 원
문 그대로 옮긴 것이 아니고 편역한 것이어서 번역문 전체는 매우 짧으며,
그 가운데 마쥔우 자신의 설명과 비평도 함께 섞여 있다.

　　모든 번역은 언어의 경계를 가로지를 때 콘텍스트가 변화하는 문제가
존재한다. 첫째, 존 스튜어트 밀과 스펜서의 학설은 자국민, 더 정확히 말
하자면 자국의 남성을 대상으로 쓴 것이었다. 둘째, 그들은 여전히 논쟁의
방식으로 자국 남성에게 여성권리를 박탈하고 있는 낡은 습속과 법률제도
가 정의에 부합하지 않음을 인식시키고 설득하려 노력하였다. 사실 그들의

＊ 劉人鵬, 『"中國的"女權, 翻譯的欲望與馬君武女權說譯介』, "中研院"近代史研究所, 『近代中國婦
女史研究』第七期, 臺北: "中研院"近史所, 1999 참고.
＊＊ 斯辺琑(ハ__バ__ト・スペンサ__)著, 井上勤訳, 『女権真論』, 思誠堂, 明14.1. ―역자 주
＊＊＊ 「彌勒約翰之學說, 二女權說(附社會黨人〈女權宣言書〉)」, 『新民叢報』第30號, 1903年4月 참고.

문장으로부터 서구사회가 '여권을 존중한다'는 결론을 도출하기는 어렵다. 왜냐하면 그들은 여성이 남성에게 굴종하는 방식은 야만시대의 흔적이라고 비판하고 있었기 때문이다. 그렇다면 이렇게 비판받고 있던 서구를, 마쥔우의 번역문에서는 어떻게 중국인이 여전히 배워야 할 문명의 모범이라고 믿게 하였을까? 셋째, 당시 남녀평등은 양성관계를 규범화하는 사회적 원칙으로서 여전히 밀과 스펜서의 적극적인 옹호와 지지가 필요했던 상황이었지, 결코 마쥔우가 번역·소개하면서 제기한 것과 같이 '공리' 혹은 '자연법칙[天則]'은 아니었다. 넷째, 더욱더 기이한 것은 밀과 스펜서의 여권론에서 주요 취지는 양성관계를 규범화하는 사회원칙을 토론하는 것이었다. 다시 말해서, 서구 맥락에서의 '여권'은 근본적으로 국족주의와 관계가 없었다. 그렇다면 마쥔우의 번역문에서는 어떻게 "민권과 여권이 꽃받침과 씨방처럼 서로 밀접하게 연계되어 발생한다"(『여성계의 종』)는 결론을 내릴 수 있었는가? 『여성계의 종』은 마쥔우가 번역·소개한 서구 여권이론을 운용한 중국에서 가장 빠르고 걸출한 저술이라고 할 수 있다. 그렇다면 왜 여성권리에 대한 스펜서와 밀의 사회적 의제가 『여성계의 종』에서는 '국민의 어머니', '애국과 구세救世'라는 정치적 의제로 치환되었는가? 진텐허의 견강부회인가 아니면 마쥔우의 번역문에서 바로 여권이 국족을 위해 복무해야 한다는 메시지를 전파하고 있었는가? 만약 그러하다면, 마쥔우는 또 왜 남성과 상대적인 것으로서 국가와는 무관한 여성의 권리라는 의제가 국가 개혁의 정치적 아젠다에 기여하도록 만들었는가?

(1) 대리 변명과 은폐: 서구의 문명을 옹호함

스펜서의 「여권편」은 기본적으로 완역이라고 할 수 있다. 서구사회에 대한 스펜서의 비판, 즉 기혼여성이 사유재산을 보유하는 것을 박탈하고 남자가 아내를 구타하거나 감금할 수 있는 상황, 그리고 영국에서는 "남녀의 평등한 권리에 관한 주장이 잘못되었다고 본다" 등과 같은 비판적인 설명이 모두 번역문에 나타나 있다. 바로 그러한 설명을 근거로, 진톈허가 『여성계의 종』에서 19세기 유럽의 여성은 "아직 문명의 계단에 함께 오르지 못했다"고 평했던 것으로 보인다. 그러나 진톈허는 "여성은 이미 스스로 능력을 발휘하여, 상실한 권리를 위해 남성과 싸우고 있고", "여권의 씨앗은 봄바람을 타고 이미 껍질을 벗고 싹을 틔우고 있으며", "오늘날 우리 중국을 유럽 여성의 발전 상황에 비교해보면, 우리 중국인은 부끄러움을 알기나 하는지 모르겠다"고 하였다.* 진톈허의 유럽 여권에 대한 확신은 마쥔우가 밀의 「여권설」에서 유럽 여권에 대해 낙관적으로 소개한 것과 관계가 없지 않다. 그뿐만 아니라 중국 독자들은 스펜서의 「여권편」으로부터 서구 여성의 지위가 열악하다는 인상을 받지는 않았던 것으로 보인다.

「여권편」 제4절에서 스펜서는 유럽문명론에서 자주 사용하던 젠더기준을 인용하였다. "That a people's condition may be judged by the treatment which women receive under it, is a remark that has become almost trite(한 민족의 조건은 여성들이 어떻게 취급되는지에 의해 판단할 수도 있다는 말은 이게 거의 진부해졌다)." 스펜서는 비록 이러한 젠더기준을 부인하지는 않았지만, 이 절에서 스펜서의 주요 취지는 영국인이 이 기준을 사용하는 데 있어서 취하는 이중적인 태도를 비판하기 위한 것이었다. 즉 그는 영국인이 문명의 젠더기준으로 타국을 평가하면서 "동방의 여러 국가가 여성을 학대한다고 비판하고 조롱하는 것"을 비판하였다. 여성지위를 통해 동방의 사회제도가 불량하다는 것을 암시하면서, 정작 이러한 기준으로

---

* 金天翮, 『女界鐘』, p.3, p.7.

자신의 사회를 평가하지는 않는다는 것이다. 대다수의 영국인은 자국의 법률과 습속 가운데에 역시 존재하는 여성에 대한 정치적 억압과 가정에서의 억압을 제대로 살피지 못하고, 자국의 사회제도가 아직 양호하지 못하다는 점도 인식하지 못하고 있었다. 마쥔우는 스펜서의 이러한 평가를 "한 국가의 인민의 문명 정도가 어떠한지를 알려면, 반드시 그 국가가 여성을 대우하는 상황에 의거하여 판단해야 한다. 이것은 불변의 관례다"라고 번역하였다. 여기서 마쥔우는 "may(일 수도 있다)"를 "必(반드시―이다)"로 번역하였으며, 스펜서가 자못 풍자적인 의미로 사용한 "trite(진부한)"는 "不易之定例(불변의 상례)"로 번역하였다. 이로부터 마쥔우는 진심으로 기쁘게 탄복하며 문명의 젠더기준을 수용하였음을 알 수 있다. 마쥔우의 번역본이 유포됨에 따라 이러한 "상례"는 이후 청말 민초 여권론에서 자주 인용하는 경구이자 격언이 되었다.* 스펜서는 영국인이 동방국가를 조소하고 풍자하는 것을 비판하였지만, 마쥔우는 오히려 스스로 "동방사회의 법규는 진실로 양호하지 못하다"고 인정하였다. 영어 원문 가운데는 본래 이러한 구절이 존재하지 않았으며, 이는 마쥔우가 자신의 생각을 번역문 속에 삽입한 것이다. 스펜서의 영국인 비판에 대해서도 마쥔우는 그것을 위해 변명하며, "우리는 또한 영국 국민의 성정이 모두 이와 같다고 말할 수는 없다", "이것은 바로 고대로부터 유전된 전제의 기풍이 의회와 가정 가운데 존재하고 있는 것"이며, "그것을 완전히 벗어나지 못했기 때문에 이와 같은 허물이 있음에도 자각하지 못하는 것이다"라고 하였다. 영어의 원문에는 첫 번째와 세번째 구절이 존재하지 않는 것으로 보아, 이 또한 마쥔우가 스펜서의 목소리를 빌려 영국인을 위해 변명한 것으로 볼 수 있다.

---

* 夏曉虹, 『晚清文人婦女觀』, p.68.

제6절에서 스펜서는 문명이 진보함에 따라, 힘에 의해 억압받는 사람과 사람 사이의 관계는 반드시 변화하게 될 것이며, 남자와 남자 사이, 주인과 하인의 관계도 점점 더 문명화될 것이지만, "우리의 법률이 승인하는 결혼생활 속의 노역奴役(the matrimonial servitude which our law recognises)과 부부간에 반드시 존재해야 할 관계 사이에는 매우 치명적인 불일치가 존재한다"고 보았다. 이 구절을 마쥔우는 대강 가볍게 "하인과 친구를 대하는 것이 이와 같으니, 어찌 단지 아내에 있어서만 그렇지 않겠는가?"라고 번역하였다. 비록 의미상에 있어서 중대한 오류는 없지만, 스펜서가 강조한 결혼생활 속의 노역 상황은 영국 법률이 승인한 것이고 제도가 양호하지 못한 것이라는 점을 은폐하고 단지 문명적인 신사(紳士)의 태도 문제로 설명하였다. 스펜서는 매번 남편에 대한 아내의 굴종을 논할 때마다, 반드시 현존 법률이 이를 지지하고 있다고 강조함으로써 제도의 불량(不良)을 부각시켰지만, 마쥔우의 번역문은 태도 혹은 습속의 문제로 처리하였다. 이와 같은 번역상의 생략과 전환의 방식은 제5절에서도 보여준다. 즉 "후대의 사람은 반드시 오늘날 사람들이 아내를 그 남편의 노예로 삼은 것을 혐오하고, 이러한 습속을 야만적이라고 지적할 것이 틀림없다(so may mankind one day loathe that subserviency of wife to husband, which existing laws enjoin)"에서 "현존 법률(existing laws)"이 "이러한 습속"으로 번역되었다. 제9절에서 여성의 참정권을 논할 때, 스펜서는 어느 한 사회에서 당시 사람들의 감정(feelings)이 수용할 수 있는가 여부로써 이 일이 정확한가를 판단할 수는 없고, "동등한 자유"라는 원칙에 의거하여 이성적으로 판단해야 한다며, 아울러 터키 사람들의 면사포, 러시아 교회에서 여성들의 노래를 금하는 것, 프랑스에서 과거에 여성이 글자를 아는 것을 부끄럽게 여겼던 것, 그리고 중국 여성의 전족을 그 예로 들었다. 마쥔우의 번역문에서는 원

문 중 프랑스가 일찍이 여성은 재능이 없는 것을 덕으로 여겼다는 그 예를 아예 생략해버렸다.

이상을 종합해보면, 마쥔우가 번역한 스펜서의 「여권편」은 비록 서구 여성들도 여전히 양성평등에 완전히 도달하지 못했다는 정보를 전하고 있지만, 기본적으로는 '문명적인 서구'의 이미지를 손상시키지는 않았으며 단지 그것을 대강 서구 국가가 문명의 상태로 진입한 후에도 잔존하고 있는 중요하지 않은 낡은 습속으로 처리했다. 게다가 마쥔우의 번역문이 묘사한 동방의 폭군 이미지는 다시 서구 제도의 불량함에 대한 중국 독자들의 관심을 딴 곳으로 돌리게 하였다.

(2) 문명과 야만: 동방폭군에 대한 비판으로의 전환

스펜서의 주장이 자국에 입각한 것은 자국의 사회를 개조하기 위한 것이었다. 따라서 종적인 시간의 차원에서 "the barbarisms of the past(과거의 야만)"를 원용하여, 강제력에 의거한 인간과 인간 사이의 노역과 지배를 지나간 시대가 남긴 야만적인 습속으로 간주하였다. 그는 또 이러한 이유 때문에 권리가 없는 여성의 굴종적 지위를 반대하였다. 그는 여성의 참정권에 대한 지지를 수정할 때조차도 가정 내 양성 간의 권리 평등을 부정하지는 않았다. 마쥔우는 중국사회를 개량하려는 목적을 가지고 있었기 때문에, 번역 과정에서 자주 '문명과 야만'을 공간적인 대비로 전환시켰다. 즉 동방은 야만적이고 서구는 문명적이라는 것이다. 마쥔우의 번역문에서 '문명'과 '야만' 두 어휘의 사용 빈도는 스펜서의 원문보다 더 많다. '야만'과 '문명'이라는 단어가 출현할 때는 종종 마쥔우 본인의 목소리이거나, 대부분 "문명의 세계", "문명적인 인민", "오늘날은 문명이 점차 성행한다" 등으로 시작하는 마쥔우 자신의 평론이었다.

제3절에서, 스펜서는 작금의 세계 사람들은 종종 신앙을 자신의 사욕을 변명하기 위해 이용한다고 비판하고 역사 속 수많은 사례를 열거하였다. 그 가운데는 영국인이 조물주가 앵글로 색슨족에게 지구를 점령하도록 명했다는 명분으로 해외 식민지 침략을 변호하거나, 또 노예주가 흑인은 인류가 아니라고 여기는 것, 회교도가 여성은 영혼이 없다고 여기는 것 등이 포함되어 있었다. 스펜서는 이러한 모든 것들이 신앙을 변화시킨 기이한 예라고 보았으며, 결국은 모두 자기의 개인적인 이익을 위해 지어낸 황당무계한 신앙이라고 보았다. 스펜서가 이 절에서 널리 많은 사례를 인용한 목적은 영국인의 법률과 대중의식이 여성은 권리를 가질 필요가 없다는 것을 지지하는 것은 바로 여성은 영혼이 없다는 것과 마찬가지로 쉽게 사라져버릴 이론이라는 점을 설명하기 위해서였다. 재미있는 것은 마쥔우가 노예주와 회교도의 사례에 바로 이어, "오직 자신의 욕망만을 쫓을 뿐인 야만국의 이른바 도리라는 것은 이와 같지 않은 것이 없다"라고 자신의 비평을 덧붙였다는 것이다. 이는 마치 사욕에 빠져 범하는 자신의 잘못을 신앙을 이용해 변명하거나 감추려 하는 대열로부터 영국을 제외시키는 것과 같은 것으로, 위 단락에서 스펜서가 영국의 식민행위를 비판한 것을 무시하는 것처럼 보인다. 마지막으로 스펜서는 영국인의 법률과 대중의식을 비판하고, 그들이 여성의 권리가 없는 것을 지지하는 것은 실은 사욕에 기반한 신앙일 뿐이며 쉽게 무너질 이론이라고 여겼는데, 이러한 결론을 마쥔우는 다음과 같이 변형시켰다. "우리는 그것이 여성은 영혼이 없다는 회교도의 주장과 같은 유의 잘못이라는 점에서 매우 두렵다." 여기서 유비(類比)가 비교로 전환되고, 그 결과 부각된 것은 문명국과 야만국의 대립이었다. 이로써 마쥔우는 자신의 관심사로 슬그머니 넘어가고, 아울러 영국의 문명 이미지도 구해냈다.

제5절에서 스펜서는 강제(force)와 연관된 명령(command)은 일종의 야만적인 욕망이며, 미개화인의 증거라고 비판하였다. 마쥔우는 자신의 관심사를 위해 또 뜬금없이 개입하여 "야만국은 황제의 칙유를 신성불가침한 것으로 여기고 이를 어기는 자를 벌한다. 문명국은 직접 그것을 백성과 맞서는 칙서로 간주한다"고 하였다. 스펜서는 단지 한 개인의 의지가 다른 사람에게 강요될 때 두 사람의 관계는 바로 폭군과 노예와 유사하다고 말했을 뿐이었다. 그러나 마쥔우는 동방체제의 불량(不良)을 부각시켜, 하나의 비유적인 수사를 동방에 대한 현실적인 묘사로 전환시켰다. 즉 "동방의 폭군이 그 노예를 대하는 것 또한 이러한 방법을 사용하지 않는 것이 없다"고 하였다. 제5절 끝 부분에서 스펜서는 동등한 자유의 원칙으로 판단한다면 명령은 곧 잘못된 것임을 명확히 알 수 있는데 왜냐하면 "명령을 내리는 자는 명령을 받는 자보다 훨씬 더 자유롭기 때문이다"라고 하였다. 마쥔우는 이 구절 뒤에 특별히 자신의 비평을 추가하여 이 절에 대한 결론으로 삼았다. "대저 한 사람이 명령하고 많은 사람이 따른다면, 한 사람은 자유를 얻지만 많은 사람은 그 자유를 상실한다. 따라서 자유가 불평등해진다. 이로부터 우리는 명령은 공리에 위배된다고 단정할 수 있다." 여기서 마쥔우 심중의 동방 전제군주 이미지가 뚜렷하게 떠오르는 것을 볼 수 있다. 그는 스펜서의 논리에서 최후의 귀착점 즉 여성이 남성에 굴종하도록 하는 법률적 장치는 정당하지 않다는 결론을, 동방의 전제군주제에 대한 비판으로 슬그머니 바꾸어놓았다.

(3) 정치권리의 부상: 여성의 국민신분을 소환하다

스펜서는 여성이 참정권을 보유하는 것은 동등한 자유원칙에 부합하고 인간의 최대 행복에 유리하기 때문이라고 보았다(제9절). 존 스튜어트 밀은 여성 참정권은 중요한 모든 직업을 여성에게 개방하는, 직업상 평등의 문제로서 논하였다. 선거권의 문제와 관련하여, 밀은 "자신을 통치하는 사람을 선택할 때 자신의 의견을 표시하는 것은 모든 개인이 가져야 할 자위自衛 수단이다. ……여성이 이러한 선택권을 갖는 것은 적합하다고 본다"*고 하였다. 이를 통해 두 사람 모두 개인 자유의 각도에서 여성의 참정권을 옹호했음을 알 수 있다.

스펜서와 밀의 주장과 비교하여, 마쥔우의 여성 정치권에 대한 지지는 더욱더 급진적이다. 여성 공권(정치권)에 대한 마쥔우의 지지는 여성의 자유에 대한 사고로부터 나왔을 뿐만 아니라 국민으로서 여성의 신분(이른바 '진정한 신분')을 강조하고, 여성의 국민적 책임을 호출하기 위한 것이었다. 마쥔우는 존 스튜어트 밀의 여권론을 소개하기에 앞서, 서두에서 그 요지를 밝혔다. "유럽이 오늘날 문명을 이루게 된 것은 모두 두 가지 혁명으로부터 시작되었다. 두 가지 혁명이란 무엇인가? 바로 군신 간의 혁명, 남녀 간의 혁명이 그것이다." 이러한 주장은 결코 밀의 『여성압제론』에서 나온 것이 아니라 마쥔우 자신이 밀의 「여권론」을 소개하게 된 이유를 설명하기 위해 한 말이다. 마쥔우는 밀의 『여성압제론』을 다섯 가지 요점으로 개괄하였는데, 비록 자신은 "전체 내용의 핵심적인 이치"라고 했지만 실은 단지 여성의 정치권에 대한 밀의 지지를 소개한 것이었다. 제5조에서 마쥔우는 여성이 정치권을 보유했을 때, 그것이 지니는 기능은 "여성이 곧 국가와 직접 관계를 맺으며 국민으로서 책임을 지닐 수 있게 되는 것"**에 있다고 분명하게 지적하였다. 그리고 밀의 「여권론」과 사회당원의 「여권선언서」에 대

---

* 穆勒, 『婦女的屈從地位』, p.303.

** 馬君武, 「女權說(附社會黨人〈女權宣言書〉)」, 莫世祥, 『馬君武集』, p.143.

한 소개를 마치고 문장 결미에서, 마쥔우는 자신이 여성의 공권(公權)을 제창하게 된 이유는 바로 여성의 공권과 새로운 근대국가를 수립하는 것 사이의 관계 때문이라고 밝혔다. "무릇 한 국가가 전제국가이면, 그 국가의 한 가정도 반드시 전제적이다. 무릇 한 국가의 인민이 군주의 노예라면, 그 국가의 여성들도 반드시 남성의 노예가 된다. 이 양자는 항상 그림자처럼 서로 따르며 분리되지 않는다. 인민이 군주의 노복이고 여자가 남자의 노복이면, 그 국가는 인간이 없는 것이다. 인간이 없는 국가는 국가가 아니다. 진실로 국가로 만들려면, 반드시 혁명을 통해 그 국가의 사람들은 남자이건 여자인건 모두 동등한 공권을 보유해야 한다." 마쥔우가 번역한 스펜서의 「여권편」 제4절에서도 유사한 서술이 보인다. "그 국민정치의 조직이 어떠한가를 알려면, 그 국가 가운데 한 가정을 통해 그것을 볼 수 있다. 그 국가가 전제적이라면, 그 가운데 모든 가족도 반드시 전제적이다. 이 양자는 병존하며 서로 분리되지 않는다." 스펜서는 여성의 지위가 국가상황을 나타내는 특징으로서 관찰의 기준이 된다는 측면에서 말한 것으로, 강조하고자 한 바는 가정의 전제와 국가의 전제에서 "병존하며 서로 분리되지 않는" 상관관계이지 양자 간의 인과관계가 아니었다.

논리적으로 말하자면 마쥔우의 주장은 틀렸다고 보기 어렵다. 여권의 시각으로부터 여성이 '인간'의 자격을 가지려면 확실히 근대적인 국민국가의 구원이 필요하다. 왜냐하면 사회-정치구조의 시각에서 볼 때, 전통적인 유가의 질서에는 독립적인 개체인의 개념이 없고, 모두 인륜질서 속에서 '인간'을 정의하기 때문이다. 미혼인 여자는 부모에게는 딸이 되고, 항렬이 같은 아들에게는 누이가 된다. 또 출가 이후 남편에게는 아내가 되고, 시부모에게는 며느리가 된다. 자녀를 낳은 후에는 자녀에게 어머니가 되고, 같은 항렬의 사람들에게는 형수와 시동생이나 동서 등의 사이가 된다. '국민'

과 '여권'은 개체를 기본단위로 삼아야 한다. 국민국가의 이념이 집-국가의 이념을 대신한 이후, 국민의 신분은 곧 여성을 포함한 사람을 가정의 구조로부터 분리시키고, 독립적인 개체로서 신분을 부여하였다. 그리하여 여권은 단지 낡은 국가형식을 전복시키고 새로운 근대적 국민국가를 건설하는 행동에 주동적으로 참여하는 것을 통해서만 비로소 존재할 가능성이 있다. 더 직설적으로 말하면, 여권은 단지 국민국가라는 새로운 국가형식에서만 존재할 수 있다. 그러나 청말의 맥락 속에서 새로운 국가를 건설하는 역사적 임무로 인해, 마쥔우 등 유신인물들은 '국민국가' 구조 속의 '국가'를 매우 확연하게 드러내고, '국민'이 '국가'의 강대함을 위해 복무해야 한다는 일면을 강화하였다. 문명론의 시각에서 마쥔우는 여성에게 정치권리가 없는 것은 "야만적인 습속으로서 문명의 규범이 아니며"*, 여성과 남성 모두 국가의 책임을 담당하고 중국이 근대국가로서의 자격을 보유할 때가, 바로 중국이 "고대의 습속에서 벗어나고 야만인의 오염을 깨끗이 씻어냈음"을 의미한다고 보았다.**

(4) 사적 권리와 젠더억압에 대한 회피: 남성의 우월적 지위를 재조(再造)하다

마쥔우가 번역한 「여권편」이 량치차오의 '신민설'을 지지하는 문장으로서 여성국민을 육성하고자 하였다면, 진톈허는 마쥔우의 번역문을 중국화하고 『여성계의 종』을 울려 중국 4억 민중에게 설파하려 하였다. 그들이 서술한 '여권'은 전제체제(특히 전제국가)에 대한 반대와 연관이 있으며 구체적

---

* 위의 책, p.145.
** 馬君武, 『女權說(附社會黨人〈女權宣言書〉)』, 莫世祥, 『馬君武集』, p.143.

인 젠더의 억압과는 무관하다. 여권은 단지 남성에 무해할 뿐만 아니라 남성이 국권을 추구하고 문명국가의 반열에 오르려는 목표에도 유익한 것이었으며, 이를 통해 여권은 개혁적인 남성인물들의 전폭적인 지지를 받았다.

마줸우의 '여권'이 국가와 관련있지만 젠더의 억압과는 무관한 이상, 마줸우는 바로 사권(私權) 내부에 존재하는 불평등을 검토할 필요가 없었다. 심지어 그는 사권에 대한 토론을 일부러 회피하고, 의식적 혹은 무의식적으로 가정 내부의 불평등한 양성관계에 대한 스펜서와 밀의 비판을 전환시켰다. 마줸우는 번역문에서 영국법률이 여성의 남성에 대한 굴종적 지위를 승인하고 지지하는 것에 대한 스펜서의 비판의 예봉을 완화시킴으로써 영국의 문명국가 이미지를 보호하였다. 밀의 『여성의 굴종적 지위』는 많은 지면을 통해, 기혼여성이 재산에 대한 통제권을 상실하는 것을 포함하여, 가정 내부에서 여성이 남성에 굴종하는 법률적인 제도장치가 정의에 배치됨을 논증하였다. 마줸우는 밀의 사상을 소개할 때, 사권의 불평등에 대한 밀의 비판을 소개하지 않았을 뿐만 아니라 다음과 같이 주장하기도 하였다. "여성의 사권에 관해 보자면, 비록 그 남편을 위한 하나의 호위병과 같지만 여전히 그 재산을 관리하는 권한을 갖게 되면 남성과 여성은 서로 동등해진다고 할 수 있다. 하지만 공권公權에서는 그렇지 않다. 여성에게 세금을 부과하면서 그녀들을 공무公務에서 배제하는 것보다 심한 불평등은 없다. 여성의 능력이 남성과 대등한 이상, 그 권한도 반드시 서로 대등하지 않을 수 없다."(제2조) 그가 번역문에서 '평등', '평등한 권리[平權]'와 같은 단어를 능숙하게 사용한 것에 비추어볼 때, 마줸우는 의식적으로 '평등'이라는 단어 대신에 '동등同等'이라는 단어를 사용하여 남녀 간의 사권을 정의한 것이 분명하다. 이른바 수호병사 제도(재산소유권의 귀속)*는 비록 '평등'에 위배되지만 '동등'을 훼손하지는 않는다. 왜냐하면 여성은 "여전히 그 재산을 관리하는" 관리권을 가지고 있기 때문이다. 이는 중국의 전통적인 가정에서 주부가 남편 쪽 가계에 속해 있지만 일반적으로 가정의 경제 관리에 참여했던 것과 유사하다. 진톈허는 이러한 상황을 "권리가 아니라고 말할 수는 없지만, 법률에 의해 공식적으로 허용된 것이 아니라 우연한 변칙 사례"**라고 보았다. 사권 방면에서 남녀는 비록 '평등'하지는 않지만 '동등'하다는 것은 마쥔우가 밀의 견해에 동의하지 않았다는 것을 말해준다. 즉 그는 수호병사 제도는 여자가 남자에게 굴종하는 정의롭지 못한 법률제도라는 밀의 관점과 의견을 달리했다. 마쥔우의 주된 관심은 '국가'이며, 공권 방면에서의 불평등(사실은 의무의 불평등)이야말로 정의롭지 않다는 것을 강조하는 데 있었다. 제4조에서는 다음과 같이 말하고 있다. "가정에서 여성은 항상 그 아버지나 남편과 동등한 권리를 가지고 있다. 이로부터 미루어보면, 그 남편이 선택될 수 있으면 그 아내 역시 선택될 수 있고, 그 아버지가 선택될 수 있으면 그 딸 역시 선택될 수 있다. 가정이란 국가의 척추이다. 가정에서 이러할진대, 한 국가에서 어찌 유독 그렇지 않단 말인가?"*** 마쥔우는 명확히 영국 가정 내부의 양성관계가 사권 방면에서 이미 '동등'하다고 보았지만, 사권이 동등하다는 주장과 밀의 사상은 많은 차이가 있다. 이것은 밀의 사상에 대한 마쥔우의 오독의 소산일까 아니면 마쥔우가 빅토리아시대의 양성관계를 인정하고, 아울러 그것이 공평하고 합리적이라고 보았던 것일까? 만약에 후자의 경우라 하더라도 이상할 것이 없다. 왜냐하면 부부의 권리일체(權利一體)라는 빅토리아시대의 젠더관

---

* 마쥔우는 여성의 사권을 남편의 수호병(守護兵)에 비유하였다. 莫世祥, 『馬君武集』, p.143. ―역자 주

** 金天翮, 『女界鐘』, p.51.

*** 莫世祥, 『馬君武集』, p.143.

계가 문명의 젠더기준으로서 중국에 소개되었기 때문이다. 다른 한편, 급속히 유신을 추진하던 중국의 사대부들이 서구문명을 수용한 가장 중요한 목적은 중국의 국가형식과 경제적인 생산방식을 변혁하는 것이었지 결코 기존의 양성관계를 개조하는 것이 아니었다.

남성은 문명과 여권에 대한 번역·소개와 전파를 통해 신지식과 신세계에 대한 특권을 보유했으며, 또 여성의 구원자가 되어 신세계로 이끄는 지도자의 자격을 지니고 있었다. 예를 들어, 마쥔우가 중역(重譯)한 서구 여권 이론을 학습하고 서구문명의 세례를 받아 '각성[覺悟]'한 진텐허는 『여성계의 종』을 저술하여 깊은 잠에 빠진 중국의 여성을 각성시키고, 여성에 대해 동정과 온정이 충만한 서술을 통해 신지식을 장악한 남성의 우월감과 여성의 구원자로서의 책임을 숨김없이 표현하였다. "여러 학자의 학설이…… 태평양을 거쳐 동쪽으로 중국에 이르렀다", "중국의 남성은 이미 들은 바가 있어 각성하였지만, 애석하게도 중국의 여성은 아직 귀를 막고 듣지 않거나 듣고도 깨어나지 못하고 있다", "우리 중국 2억의 동포 형제가 암흑세계에서 깊이 잠들어 있는데, 한 가닥의 햇빛이 창문에 비치는 것을 느끼고 눈을 비비고 일어나 살핀다. 코를 자극하여 뇌를 깨우고, 온갖 소리가 뿜어나온다. 정원 한가운데로 발걸음을 옮겨 자유의 나무를 어루만지고, 문명의 꽃에 물을 준다. ……오직 우리 2억의 동포 자매만이 여전히 눈과 귀를 가리고 영원히 구속되어 있다. 긴 겨울밤 등잔 아래서 꿈에 하소연하고, 봄에는 마음 가득 근심뿐이다. 결코 문명국 자유민의 이른바 남녀 권리의 평등, 여성의 정치참여와 같은 주장을 알지 못한다. 만약 그것을 안다 해도 반드시 괴이하다 할 것이다."* 이에 각성한 남성은 여전히 깊은 잠에 빠져 있는 여성을 향해 "노파심에 도리를 말해주고, 반복해서 설명"할 필요가 있어 『여성계의 종』을 지었다.

마쥔우의 번역이든 진톈허의 남녀 권리평등에 대한 호소이든, 청말 여권주의 담론은 문명론을 이론적 전제로 삼아 언어의 경계를 가로지르며 전환 과정을 거쳤다. 개혁적인 남성인물들은 여권을 '민권'의 일부분으로 삼고, 개인 재능을 실천하는 자유를 전제로부터 벗어나 자주를 획득하는 투쟁으로 전환시켰으며, 개인의 자유를 국민이 애국하는 책임으로 전환시켰다. 그리하여 여권을 전제국가에 반항하고 애국적인 의무를 수행하는 궤도에 접속시켰다. 여성국민 신분과 국가의 책임이 부각됨과 동시에, 전통적인 가정 내부의 불평등한 양성관계는 회피되거나 도외시되었다. 이러한 일련의 전환은 서구의 문명이미지를 보호하고, 또 개혁적인 인물들의 역사적인 관심사, 즉 어떻게 동방 전제의 군주체제를 개조하고 근대적인 민권/민족국가를 건설할 것인가? 어떻게 국가의 독립과 부강을 실현하여 문명 세계의 반열에 오를 것인가? 라는 문제의식을 전달하였다. 거듭 강조하지만, 이러한 관심으로 이끈 것은 서구의 문명론이지 중국 여성이 억압받고 있는 것에 대한 관심으로부터 나온 것이 아니었다. 개혁적인 남성인물들은 그들이 장악한 문명진화에서 공리의 새로운 지식 특권을 통해 여성의 결함을 묘사해냈을 뿐만 아니라 동시에 여성에 대한 근대 남성의 우월성을 재구성하였다.

---

* 金天翮, 『女界鐘』, 小引.

5. '서양 거울'의 타파: 허인전의 여성계 혁명

마쥔우, 량치차오 등 개혁인사들이 중국에 여권이론을 번역·소개하기 시작한 이래로, 중국의 자유주의 여권은 줄곧 자기모순적인 상황에 처해 있었다. 즉 여성은 국족주의의 정치경제 목표 내에서 평등을 명확히 드러낼 필요가 있었을 뿐만 아니라 동시에 또 국족주의의 소집을 벗어나 자신의 독립과 자주를 찾기 위해 노력해야만 했다. 이러한 곤경에 대해 가장 일찍 비판을 한 사람은 허인전(何殷震)이다. 그녀의 무정부주의적인 '여성해방'은 오늘날까지도 가장 전복적인 여권서술이라 할 수 있다.* 허인전의 서술은 목표의 측면에서 현대 문명론의 틀 속에서 여권추구를 초월했을 뿐만 아니라, 개념상으로도 국가주의 틀에 의지한 자유주의 여권론을 극복하였다. 허인전은 자유주의 여권이 근대 민족국가와 자본주의 경제체제하에서 직업권과 참정권을 추구하는 것을 "가짜 문명", "가짜 자유", "가짜 평등"이라고 비판하였다. 그녀에게 있어서, 여권주의 투쟁은 민족 중심주의, 종족 중심주의와 자본주의 근대화의 의사일정에 종속되는 것이 아니었다. 이와는 반대로 여권주의 투쟁은 철저한 사회혁명의 기점이자 목표였다. 그 혁명의 궁극적인 목표는 국가와 사유재산을 폐지하고 진정한 인류평등을 실현하며, 아울러 모든 형식의 사회 등급제를 철폐하는 것이었다.** 허인전은 결코 여권혁명을 반대한 것은 아니다. 그녀의 '여권혁명'은 여권혁명을

---

* 허인전은 중국의 가장 초기의 여권주의 이론가이다. 그러나 그녀는 자주 중국의 저명한 무정부주의자 류스페이(劉師培)의 아내로 거론된다. 그녀의 이름 허인전 중 '인殷'은 모친의 성(姓)이다. 허인전은 모친의 성을 부친의 성인 '허何' 뒤에 둠으로써, 현실세계에서의 성별 불평등에 대한 반항과 남녀평등에 대한 실천을 나타냈다.

** 劉禾, 瑞貝卡·卡爾, 高彦頤, 「一個現代思想的先聲: 論何殷震對跨國女權主義理論的貢獻」, 陳燕穀譯, 『中國現代文學研究叢刊』, 2014年第5期 참고.

포괄하는 동시에 또 여권혁명을 초월한다. 또한 동시대의 자유주의 여권은 남녀 간의 혁명을 회피하고 남성의 지지를 추구하였으며, 여권의 중점적인 목표를 공공영역에서의 참정권에 두고, 어쩌다가 간혹 직업의 평등권을 언급하였다. 이에 비해 허인전의 여권 목표는 젠더관계, 즉 성/혼인관계, 공동 육아, 노동분업, 계급억압 등의 개조에 중점을 두었다. 부권(父權)과 남성권리에 대한 그녀의 비판도 더욱 격렬하고 철저했다. 허인전은 유가학술에서의 전통적인 남자나 문명론으로 여성을 해방하려는 신식 남자가 모두 본질적으로는 똑같이 "여성을 자신의 사유물로 간주하며", 여성을 이용할 뿐이라고 비판하였다. 신문화운동 기간에, "공가점(孔家店)을 타파"하는 것은 부권을 타파하기 위한 것이었는데, 유가학술의 젠더적인 속성에 대해 허인전은 이미 신문화운동보다 10년 앞서 "유가의 학술은 모두 사람을 죽이는 학술이다"라고 외쳤다.*

허인전의 선봉성은 시간적인 선후나 급진성의 정도에 있는 것이 아니라 그녀의 철저한 여권 입장과 참신한 이론적 시각에 있었다. 유신파에서 5·4청년에 이르기까지, 남성 여권론자는 '여성'을 빌려 서구식 현대문명에 대한 자신의 욕망을 설파하고, 남녀 간의 젠더혁명이나 양성관계의 재구성에 대해서는 줄곧 도외시해왔다. 하지만 허인전은 남성의 권리를 철저하게 전복시키는 관점으로부터 전통적인 유가학술과 현대문명의 방안을 전복시키려고 하였다. 이와 동시에 그녀의 여권주의 입장, 특히 '남녀계급'의 타파를 여성계 혁명이 사회등급의 억압을 타파하는 출발점으로 삼는 그녀의 입장도 그녀와 무정부주의 남성 사이를 구분하는 한 요인이었다. 혁명 수단과 관련하여, 남성 무정부주의자는 '연애자유'로써 허인전의 '여자복수'

---

* 震述, 「女子複仇論」, 『天義報』 第三卷, 1907年7月10日.

의 여권 수단을 대체하여 '젠더혁명'의 필요성을 부정하고, 현실생활 속의 젠더억압과 양성 간의 대립을 은폐시키며 사회혁명으로 '여성계 혁명'을 흡수하려 하였다.

허인전의 이론이 지닌 무정부주의와 여권주의의 이중적인 특성은 허인전의 '여성계 혁명'의 사상이 지닌 독창성을 보여줄 뿐만 아니라 청말 주류여권론 가운데서도 독자적인 품격을 지녔으며, 심지어 과거 100년간 세계여권주의 이론과 견주어도 매우 출중한 것이었다. 그럼에도 왜 허인전의여권사상에 대한 국내외의 연구가 지금까지도 극히 미미한가? 그 이유는 아마도 본문에서 서술한 역사 속에서만 찾을 수 있을 것이다. 19세기 이래 문명론이 점차 모든 사회생활 속에 침투한 이데올로기가 되고, 근대 민족국가가 당연하게 정치단위와 분석단위가 되었다. 자유주의 여권운동이든 아니면 마르크스주의 여성해방운동이든, 그들은 모두 민족국가 틀 내에서의 여권운동이었다. 따라서 허인전의 여권사상이 은폐되고 받아 마땅한 주목을 받지 못했던 것이다.

오늘날 전지구의 자본주의가 다시 세계를 재구성하고, 문명론의 정치경제학 및 그 노동의 성별 분업이 새로운 방식으로 사회 각 방면으로 파고들고 있다. 이러한 역사적 시점에서, 근대사 연구는 서구문명론이 근대 중국의 전환기에 미친 역할과 영향을 주목하고 검토할 필요가 있다. 그리고 허인전의 사상은 우리가 장기간 우리의 관념 속에 숨겨져 있던 '서양 거울'을 발견하고, 그 환상을 투과하여 문명의 젠더적 척도와 문명의 정치경제적 기준이 낳는 젠더적 결과를 드러냄으로써, 문명론이 제공한 현대성 방안을 반성적으로 성찰하고, 미래의 가능성에 대한 상상을 새롭게 전개하는 데 많은 도움을 제공할 수 있다.

8장

언어등급과
청말 민초의 '한자혁명'

청웨이程巍
중국사회과학원 외국문학연구소 소장

한자, 에스페란토어, 아니면 중국이 스스로 만든 모종의 병음문자, 그중
에서 어느 문자를 중국의 국어 표기체계로 할 것인가라는 이 대논쟁은 청
말 민초를 거쳐 그 메아리가 지금까지도 울리고 있다. 물론 '한자 혁명가'
가 당초 한어를 폐지하고 병음문자로 바꾸어 사용할 것을 내세우기 위해
근거로 삼았던 이론과 '현실'이 의거했던 '대동의 세계'가 여전히 영원히 기
다려야 할 (사무엘 베케트의) 고도(Godot)와 같이 한 번도 그 모습을 드러낸
적이 없기는 하지만 말이다. 일찍이 1872년 "동물사 분석의 형식을 다소
변형시켜 본질적으로 서로 같은 인류사에 운용한" 사회진화론자 월터 배
젓(Walter Bagehot)은 바로 자신이 생활하던 유럽의 19세기를 "국가 만들기
(nation making)"의 세기라고 묘사하였으며, 이러한 "현대국가는 두 종류의
역량의 산물이다. 하나는 종족을 만드는 역량이고, ……다른 하나는 국가
를 만드는 역량이다", "원시인은 우리가 국가라고 부르는 것을 상상할 수 없
다"*고 말하였다. 이러한 '국가 만들기 세기'가 증명해 보여주는 것은 유럽

---

* Walter Bagehot, *Physics and Politics: Or, Thoughts on the Application of the*

각국이 그 국민의 민족-국가 정체성을 강화하기 위해 일련의 체계적인 프로젝트를 수립하는 과정이었으며, 그 가운데서도 자국 언어문자 교육을 핵심으로 하는 국민 교육 체계가 가장 중요한 부분이었다.

근 백 년 후에, 좌파 역사학자 에릭 홉스봄도 20세기를 19세기 문화 민족주의의 연장 내지 전성기라고 인정하지 않을 수 없었다. 그는 1989년에 19세기와 20세기를 회고하면서 민족주의는 이 시대의 큰 조류라고 탄식하고, "만약 '민족' 및 그로부터 파생된 각종 개념을 이해하지 못하면 근 2세기 이래 지구상의 인류 역사를 이해할 수 없다"*고 말하였다. 이는 특히 자국의 언어문자에 대한 각국의 태도에서 잘 드러난다. 즉 "1830년 이후, '국어'는 민족주의 이데올로기를 지닌 사람들에게 있어서 결코 감정이 배제된 실용적인 것이 아니었다. 이러한 상황은 19세기 말까지 줄곧 지속되었다. 그들에게 있어서 언어는 바로 민족의 혼이었으며, 또 바로 우리가 이제 살펴보는 바와 같이 언어는 점점 더 민족성의 핵심적인 지표가 되었다."**

민족과 민족주의, 이것은 바로 19세기에 유럽에서 출현하여 20세기에 전지구를 휩쓴 주요한 사상 조류였다. 그러나 중국의 청말 민초 시기, "세계의 대세를 가장 잘 이해하고 있던" 한자 혁명가들은 왜 민족주의가 가장 극성을 부리던 시대를 오히려 '세계주의'가 '세계의 대조류'로 변화해가는 시대로 착각을 하고, 이에 근거하여 중국이 만약 계속해서 "세계로부터 스스로 소외되지" 않고 "문명인이 되려면" 오직 자국의 언어문자를 버리는 것

Principles of "Natural Selection" and "Inheritance" to Political Society(New York: D. Appleton and Company, 1873), pp.43–44, 86, 20.

* E. J. Hobsbawm, *Nations and Nationalism since 1780: Programme, Myth, Reality*(Cambridge University Press, 2000), p.1.

** Ibid., p.95.

이외에 다른 방도가 없다고 단언했던 것일까? 다시 말하면, 이전부터 이미 수천 년 동안 지속해왔고, 또 본래 중국의 근대적인 통일국가의 심리적 정체성의 기초였던 한어가 왜 19세기 말 20세기 초에 갑자기 하나의 '문제'적인 것으로 되었던 것일까? 그것을 '문제'화 했던 '세계역사의 모델' 혹은 '지식계보'는 도대체 무엇이었는가? 또하나의 '세계주의'의 방안은 어떤 방법을 통해 '국가 만들기'의 문제를 해결할 수 있는가? 누구의 '세계'인가? 혹은 누가 '세계역사'를 쓰고 있는가?

1. '중국사'와 '세계사'

베니스 출신 마르코 폴로의 자술에 따르면, 그는 중국 및 그 주변에서 대략 20여 년 동안 여행과 거주, 그리고 관료생활을 하며 보냈다. 그 기간에 그는 각종 언어장애에 부딪혔던 순간이 있었겠지만, 그 이후 귀국하여 제노바 감옥에서 수감 동료에게 동방과 관련된 백과전서식의 견문록을 구술할 때, 단지 몇 군데서 언어문제를 언급했을 뿐이며 그것도 상세하지 않다. 예를 들어 당초 쿠빌라이가 그의 부친과 숙부를 특사로 임명하여 이탈리아로 귀국시킨 것을 언급할 때, 그는 "대칸이 신하에게 그의 명의로 약간의 타타르 문서를 작성하여 두 형제로 하여금 로마 교황에게 전달케 하라고 명하였다"*라고 말하고 있다. 또 그가 소년시절에 이탈리아에서 중국으로 돌아가는 부친과 숙부를 따라 중국의 북방 지역에 도착한 것을 언급할

---

* *The Travels of Marco Polo*, translated from the Italian, with notes, by William Marsden (London: Cox and Baylis, 1818), p.12.

때, "매우 짧은 시간에 나는 타타르의 생활방식을 익히고 따라 했으며, 아울러 4종류의 각기 다른 언어에 능숙해져 읽고 쓸 수 있을 정도였다"고 말하였다. 그는 그가 통달한 유럽 이외의 4가지 언어에 한어가 포함되었는지는 구체적으로 말한 적이 없다. 그러나 『마르코 폴로의 동방견문록』이 탈리아어 판본을 영어로 번역하고 주석을 단 윌리엄 마스든(William Marsden)은 "몽고어, 회홀문(回鶻文, 위구르문), 만주어, 한어"를 열거한 후, 또 곧 그 가운데 "한어가 가장 가능성이 없다"고 여겼다. 이것은 또한 일반 연구자들의 공통된 인식이기도 하다. 예를 들어, 『마르코 폴로의 견문록』의 가장 저명한 주석가인 프랑스인 앙리 코르디에(Henri Cordier)와 영국인 헨리 율(Sir Henry Yule)은 마르코 폴로가 한어를 전혀 알지 못했다고 주장하기도 했다. 그러나 마르코 폴로가 중국에 왔을 때는 바로 쿠빌라이가 남송을 멸하고 광활한 영토를 가진 대일통의 제국을 건립했을 때이며, 당시의 '국어'는 쿠빌라이의 국사(國師)인 파스파[八思巴]가 창제한 '몽고자蒙古字'(마르코 폴로가 말한 "타타르인의 언어"로서 파스파 문자라고 부름)였다. 이는 일종의 병음문자로서 몽고어와 한어를 병음으로 표기하는 데 사용하였지만, 그럼에도 한어가 중국의 '공통언어'였다. 이는 마치 청 왕조 시기 만주어가 법률상으로는 '국어'였지만, 한어가 오히려 '공통어'(관화)였던 것과 매한가지이다.

마르코 폴로가 중국에서 목도한 것은 강성한 국가였다. 중국의 과학기술 발명과 국가의 통치 수준은 당시 유럽 각국이 견줄 수 없는 것이었으

---

* Ibid., p.25.

** Ibid., p.25, n.44.

*** Yule, Henry; Cordier, Henri, *The Travels Of Marco Polo*, Mineola: Dover Publications, 1923. —역사 주

며, 이러한 상황은 19세기 30년대까지 이어졌다. 비록 '서구중심주의'의 세계사 다시 쓰기가 대규모로 진행되던 시기에, 중국으로 온 영국인 메드허스트(Walter Henry Medhurst, 麥都思, 1796-1857)는 『중국에 대한 다양한 조망』에서 여전히 유럽 근대문명이 마르코 폴로가 유럽으로 가지고 온 과학기술 발명으로부터 큰 도움을 받았으며, 유럽은 단지 후대에 와서야 우월한 지위를 점하게 되었을 뿐이라고 보았다. 즉 "중국인의 3가지 가장 위대한 발명(나침판, 인쇄술, 화약)은 유럽문명이 발전하는 데 거대한 동력을 제공하였다"*고 하였다. 비록 『마르코 폴로의 동방견문록』이 처음으로 유럽인에게 중국의 지리, 물산, 제도, 풍속, 조직, 역사 및 원(元) 초기 조야(朝野)의 상황을 전면적이고 상세하게 소개하여 그후 수 세기 동안 "유럽인의 마음 속에 아시아를 창조하였지만"**, 그의 견문록은 오히려 특이하게도 한어, 특히 다양한 민족과 언어를 보유한 방대한 제국의 공통 서면어인 한자와 문언을 간과하였다. 하지만 3세기 후에 그의 족적을 따라서 중국으로 온 유럽의 예수회 선교사들에게 언어문제는 주요 관심사 가운데 하나였다. 그들의 목표는 중국인에게 천주교를 전파하는 것이었는데, 이를 위해 언어문제를 반드시 해결해야만 했기 때문이다. 다만 그들이 예상치 못했던 것은 한어의 역사 및 그 형식의 독특성은 그들이 줄곧 신봉하던 성경의 교의에 대해 의문을 제기했다는 점이다. 16세기 중후반, 즉 중국의 명대 말기 유럽 대부분 지역은 아직 라틴어를 '유럽 공통어'로 삼는 로마 천주교 제국의 시기였다. 이는 한자(및 한어의 문언)가 '동아시아 공통 서면어'였던 것과 같

---

* W. H. Medhurst, *China, its State and Prospects*(Boston: Published by Crocker & Brewster, 1838), p.90.

** John Masefield, "Introduction" in *Travels of Marco Polo*(London: J. M. Dent Sons, Ltd., 1914), p.XI

은 것이다. 이 점은 가장 일찍 동아시아로 온 포르투갈인들에게 매우 깊은 인상을 주었다. 예를 들어 포르투갈 상인 조지 알바레스(Jorge Alvarez, ?-1521)의 일본에 대한 보고서 『일본의 제 방면에 관한 보고』에서 일본인이 보편적으로 한어를 사용하는 것을 언급하고 있다. "그들은 중국어를 읽고 쓸 줄 알지만 말할 줄은 모른다. 그래서 중국인과는 필담을 나눈다. 왜냐하면 중국인도 일본어를 모르기 때문이다."* 당시 살인으로 해외로 도주해 인도 고아의 성신신학원에서 천주교에 귀의했던 일본 무사 야지로(彌次郎)로부터 직접 제공받은 것을 바탕으로, 그 신학원의 원장 니콜라오 란칠로토(Nicolao Lancilloto, ?~1558)가 정리하여 다음과 같이 보고하였다. "일본 종교의 모든 교의, 서적과 기도는 모두 일반인의 언어와 다른 단어(한문)로 기록되었으며, 이것은 우리가 라틴어를 사용하는 것과 같다."** 이러한 '보고'에 비해, 후안 곤잘레스 데 멘도사(Juan Gonzalez de Mendoza, 1545-1618)가 에스파냐어로 편찬한 『중화대제국지』는 당시 유럽에서 더욱 광범위한 영향을 지니고 있었으며, "그 가운데 중국 언어문자에 관한 약간의 서술도 곧바로 유럽의 상당 부분 지역으로 확산되어 유럽인의 중국 언어에 대한 인식의 기초를 형성하였다."*** 중국 각지의 방언(및 중국 주변국가의 언어)은 다르지만 한어의 서면어를 통해 서로 의사소통을 하는 상황에 대해, 멘도사는 다음과 같이 설명하였다. "그들은 우리와 같은 자모가 없고 단지 도형으로 쓴다.……그것은 일종의 서면어로 구어보다 더 쉽게 이해할 수 있는 언어이다(히브리어와 같이). 왜냐하면 모든 서로 다른 글자가 표시하는 의미는 분명히 다르기 때문이다. 이것은 구어에서는 그렇게 쉽게 구별되지

---

* 戚印平, 『遠東耶穌會史研究』, 北京: 中華書局, 2007, p.169.
** 위의 책, p.170.
*** 위의 책, pp.190 191.

않는다.……한 도형 혹은 문자는 비록 독음은 달라도, 그들에게는 모두 하나의 사물을 가리킨다.……일본인, 류큐인, 수마트라인(Sumatran), 인도차이나의 사람과 인근의 중국인들은 모두 이러한 방식으로 그들과 대화를 나눈다."*

당시 유럽에서 '종교개혁'을 한창 진행중이던 신교도들에게 있어서, '도형'은 어쩌면 그들이 반대하던 일종의 '우상숭배' 형식일 수도 있지만, 천주교도 특히 신교의 개혁에 대항하여 일어나 로마 교황청의 지지를 받았던 예수회 선교사들에게는 결코 그렇게 인식되지는 않았다. 사실, 로마 천주교에 대한 신교의 비난 가운데 하나는 바로 천주교 성당의 휘황찬란한 장식, 예수 그리스도의 피와 몸을 상징하는 '포도주와 빵' 등과 같이, 종교 의식 가운데 존재하는 '우상숭배'였다. 그러나 한자를 하나의 '도형'이라 간주하는 관점은 분명 대부분 한자의 추상성을 설명해주지 못한다. 한편, 한자가 중국 및 그 주변국의 공통 서면어가 될 수 있었던 여러 이유들 가운데 다른 요인들(예를 들어 당시 강성했던 중국의 국력, 발달한 문화, 인쇄술의 유행 등)을 제외하고 언어 자체의 특징에 대해서만 말하자면, '도형'에 기반했다기보다는 오히려 언어학자들이 말하는 '언문분리'에 기반했기 때문이라고 할수 있다. 즉 한자는 자모문자와 같이 병음으로 읽는 것이 아니어서 자모문자가 종종 수반하는 음의 변화에 따라 형태가 변화하는 불안정한 상황을 면할 수 있었다. 사실, 당시 한어를 어느 정도 이해하는 유럽인(주로 예수회 선교사)은 한어의 '언문분리'를 언어의 우수한 면으로 간주했다. '언문분리'로 인해 한자 및 문언은 동아시아의 서로 다른 언어 지역으로 확산되어 공

---

* 門多薩著, 何高濟譯, 『中華大帝國志Historia de las cosas más notables, ritos y costumbres del gran reyno de la China』(1586), 北京: 中華書局, 2013, pp.103-104.

통의 서면어가 될 수 있었다. 비록 이러한 관점이 19세기 후반, 유럽을 유일한 '중심'으로 간주하는 사회진화론과 문명등급론을 신봉하는 서구인들에게서는 이미 찾아보기 어려웠지만, 여전히 소수의 한학자들은 이러한 관점을 지니고 있었다. 예를 들어 런던 선교회가 중국으로 파견했던 스코틀랜드 출신 선교사 모리슨은 한어에 정통했는데, 그는 1815년 출판한『한어사전』(제1권)의 서문에서 한어의 '언문분리'의 특징을 언급한 후 다음과 같이 말하였다.

한어는 시각을 통해 관념을 마음에 전달하는데, 이것은 서구 자모문자를 포함한 모든 서면 매개체의 전체 목표를 만족시키며, 심지어 어떤 면에서는 서구의 자모문자보다 더 우월하다. 시각은 청각에 비해 더 빠르다. 따라서 관념이 시각을 통해 내심에 전달되는 속도는, 전후로 이어지는 비교적 느린 성음을 통하는 것보다 더 빠르고 더 충격이 있으며 생동적이다. 한자는 한 폭의 그림을 구성하여, 한번 보면 곧 그림을 연상시켜 더욱 아름답게 여겨져서 더더욱 인상을 남길 수 있다. 한자의 쓰기 형식은 신속하게 내심으로 생동적인 빛—그 힘과 아름다움을 투사하는데, 이는 자모문자에게는 불가능한 기능이다. 한자는 또 자모문자보다 더 오래 지속된다. 자모문자는 살아 있는 구어 발음의 부단한 변화를 따라 알파벳 상에도 끊임없는 변화가 발생한다. 어쩌면 한어의 서면어는 중국이 통일국가를 유지하는 데 있어서 큰 역할을 하고 있는지도 모른다.*

---

* Robert Morrison, *A Dictionary of the Chinese Language*, Vol.1-Part I(Macao: the Honorable East Indian Company Press, 1815), p.XI.

이러한 관점을 계승하는 현재의 몇몇 학자들 가운데 한명은 바로 『상상의 공동체』의 저자 베네딕트 앤더슨이다. 그는 중국의 문자가 수학 부호처럼 "성음 공동체가 아니라 부호 공동체를 창조했으며", 따라서 바로 "라틴 서면어, 팔리 서면어, 아라비아 서면어"와 같이 "한어의 확장범위는 이론상으로는 한계가 없다(사실 서면문자는 죽을수록―구어로부터 멀리 분리될수록―더욱더 좋다. 왜냐하면 원칙적으로 사람들 모두 하나의 순수한 부호의 세계로 들어갈 수 있기 때문이다)".* 이러한 '신성한 비발성의 언어' 및 그것을 통해 전파되는 유가의 경전에 의해 중화제국이라는 방대한 공동체가 19세기 중기 이후 서구의 침략으로 붕괴될 때까지 유지될 수 있었다. 앤더슨은 이러한 언어에 대해 "만약 이전의 방대한 공동체가 이러한 신성한 비발성의 (silent) 언어를 통해 상상되었다면, 이러한 몽환적인 현실은 현대 유럽인에게 있어서 매우 낯선 관념, 즉 부호의 비임의성에 의존하고 있다고 할 수 있다"**고 하였다. 그러나 당초의 예수회 선교사들은 그와 같이 인식하지 않고 오히려 '부호의 비임의성'을 일종의 언어의 장점이라고 보았다.

물론 16-17세기 예수회 선교사들에게 있어서 한어가 남긴 첫번째 인상은 기타 모든 언어에서는 보이지 않는 특이한 쓰기 형식이라는 것이었다. 예를 들어 1577년 베르나르디노 데 에스칼란테(Bernardino de Escalante)의 『포르투갈인의 동방 항해기』***에서 '중국인의 문자'를 논할 때, 그것

---

* Benedict Anderson, *Imagined Communities: Reflections on the Origin and Spread of Nationalism*(London and New York: Verso, 1991), p.13.

** Ibid., p.14.

*** *Discurso de la navegacion que los Portugueses hacen a los Reinos y Provincias de Oriente, y de la noticia que se tiene de las grandezas del Reino de la China*(Discourse of the navigation made by the Portuguese to the kingdoms and provinces of the Orient, and of the existing knowledge of the greatness of the

을 중국의 토양에서 완전히 고립적으로 출현한, 세계 다른 지역의 모든 언어와 어떠한 관계도 없는 언어라고 보았다. "중국의 언어는 현재 세계에서 통용되는 언어와 어떤 논리적 관계도 없다. 어음이든 단어의 발음이든, 또 문장의 구조와 단어의 배열 등 방면에서든 모두 아무 연관이 없다."* 그러나 한어 자형(字型)의 '특이성'에 비하면, 한자의 기원은 더욱 곤란한 문제였다. 왜냐하면 그것은 성경의 「창세기」에 의거한 '세계사 편년'을 전복시키는 도전적인 의미를 지니고 있었기 때문이다. 프랭클린 퍼킨스는 그의 저서에서 16세기 예수회 선교사가 한어를 접촉하기 전에 굳게 믿고 있던 '세계사 편년'에 대해 다음과 같이 언급하였다.

당시 유럽에서 세계사의 세 가지 중대한 사건—창세, 인류를 거의 멸망시키고 단일한 조상만 남긴 대홍수, 바벨탑 시기 인류와 언어의 대분산—에 대해 다양한 『성경』 판본에 따라 각기 그 발생 시기를 다르게 설명하고 있었는데, 그중에서도 주요 상충점은 바로 라틴어본 『성경』과 70인 역 희랍어 『성경』 사이에서 나타났다. 라틴어본 『성경』은 세인트 에루니모가 히브리어본 『성경』에 의거하여 번역한 것으로 가장 통용되는 판본이었는데, 거기서는 창세기 기간을 기원전 4004년경, 대홍수는 기원전 2348년경으로 정하고 있었다. 그러나 여러 가지 다른 히브리어본을 바탕으로 번역한 초기 희랍어본, 즉 70인 역 희랍어본은 이들 사건이 발생한 시간을 좀더 이른 시기로 계산하여, 창세는 기원전 5000년경, 대홍수는 기원전 3617년경으로 잡고 있었다.**

Kingdom of China). Published in Sevilla in 1577. —역자 주

* 戚印平, 『遠東耶蘇會史研究』, p.187 각주 참고.

** Franklin Perkins, *Leibniz and China: A Commerce of Light*(Cambridge: Cambridge

만약 중국 고대사의 구체적인 연대가 대부분 확정하기 어렵다하더라도, 최소한 중국 고대 문헌 중 여러 차례 언급되는 요순(堯舜) 시기의 장기간에 걸친 '대홍수'와 '곤鯀과 우禹 부자의 치수治水'에 대해, 예수회 선교사는 「창세기」의 '세계 편년사'에 근거하여 중국 고대사 가운데 그 대홍수가 바로 「창세기」에 기록된 인류를 절멸시킨 '대홍수'라고 보았다. 예수회 선교사는 중국에서의 선교를 위해 '중국사'를 '세계사' 속에 포함시킬 필요가 있었다. 다시 말해 유럽 혹은 기독교의 역사편년에 기반해 중국사를 서술함으로써, 중국사를 '세계사' 혹은 '유럽사'의 일부분으로 변화시킬 필요가 있었다. 그러나 '대홍수'는 오히려 곤란한 문제를 제기하였다. 왜냐하면 한자는 이미 '대홍수' 이전에 존재했고, 그 연속적인 형태는 지금까지도 줄곧 이어졌기 때문이다. 예수회의 이탈리아 선교사 마르티노 마르티니(Martino Martini, 衛匡國, 1614-1661)의 1658년 계산에 따르면, 중국의 '가장 이른 왕'인 복희(伏羲)가 '기원전 2952년'에 그 통치를 시작할 때 중국의 천문학은 이미 발전하여, 한어문자의 시조인 『역경易經』의 세 선분 도형도 이미 창제되었다. 그 밖에 중국 문헌은 또 "요제(堯帝, 기원전 2357-2257) 통치 시기에 발생한 대홍수"에 대해서도 기록하고 있다. 마르티노 마르티니는 이에 근거하여 『성경』의 대홍수 이전에, 중국 지역에는 인류가 생활하고 있었을 뿐만 아니라 그들은 대홍수를 피하여 생존하였으며, 줄곧 한자를 사용해왔다고 결론을 내렸다. 다시 말하면, 중국인은 어쩌면 '노아의 자손'이고, 한어는 '노아의 언어'일 수도 있다는 것이다. 그리고 만약 한어가 '노아의 언어'라면 분명히 '아담의 언어' 즉 '최초'의 '에덴동산'의 언어라고 할 수 있다.

University Press, 2004), p.25.

워터스(T. Watters)는 1889년에 출판한 『한어에 대해』에서 재중 예수회 선교사의 한어에 대한 몇 가지 서로 충돌하는 견해에 대해 다음과 같이 언급하였다.

비록 많은 사람들이 한어는 일종의 독립된 언어로서 기타 언어와 아무런 친연관계도 없고, 다른 언어로부터 파생되지도, 다른 언어를 파생시키지도 않았다고 믿고 있지만, 한어는 중국인이 창조했다는 이 비정통적인 주장을 고수하는 사람은 드물다. 이와 상반되는 관념은 한어는 원초적인 언어이자, 최초의 언어—아담과 하와가 에덴동산의 숲을 거닐며 신, 뱀 그리고 그들이 서로 대화를 하기 위해 사용하던 언어—이고, 모든 다른 언어의 시조라는 이론이다. 이러한 이론을 지지하는 널리 알려진 가장 초기 인물은 존 웹(John Webb)이다. 그는 영국의 왕정복고 시기에 살았던 영국인이다.……웹은 노아가 그의 가족과 함께 중국의 지역으로 이주하여 거기서 방주를 만들었을 수도 있으며, 현대의 정크선은 바로 그 방주의 "졸렬한 복제품"이라고 보았다. 그는 "대홍수를 전후한 시기에 노아가 중국에서 살았을 가능성도 있다"고 보았다. 그는 지금까지도 사용하고 있는 한어는 구어든 서면어든 모두 노아의 아들 셈(Shem) 혹은 셈의 자식들로부터 직접 기원한다고 생각했다. 그들의 조상이 중국에 거주했었든 아니든 그들은 모두 때맞추어 중국으로 이주하였고, 그 결과 바벨탑의 언어 혼란을 피함으로써 한어는 곧 "혼란스러운 언어"의 운명을 면할 수 있었다. ……웹은 한어가 원초적인 언어의 모든 필수적 특징……오래됨(Antiquity), 간명함(Simplicity), 높은 개괄성(Generality), 질박한 표현(Modesty of Expression), 경제성(Utility), 정련됨(Brevity), "그리고 일부 사람들이 추가한 풍부한 운용력(Consent of

Authors)"을 갖추고 있다고 보았다.*

이러한 견해는 다른 예수회 선교사와 한학자들 사이에서도 매우 보편적이었다. 프랭클린 퍼킨스에 의하면 "비록 사람들이 간단히 중국 문헌의 기록을 오류로 간주할 수도 있었지만, 더욱 창조적인 타협이 출현하였다. 이삭 보시우스(Isaac Vossius)는 『성경』의 대홍수는 단지 지역적으로 발생하였고, 그 결과 중국의 문명이 운좋게 살아남을 수 있었다고 보았다. 또다른 사람들은 중국의 고대 성왕들을 성경의 조상과 같다고 보고 중국사를 구약의 한 판본으로 여기기도 하였다.** 그 결과 복희는 아담이나, 노아로 혹은 또 카인의 아들인 에녹(Enoch)으로 간주되었다. 그리고 중국인이 노아의 아들들 가운데 누구의 후손인가, 가장 연장자인 셈인가 우상숭배 민족의 조상으로 간주되는 함(Ham)인가라는 중요한 문제가 출현하였다". 만약 존 웹이 셈이 중국인의 선조라고 보았다면, 19세기 재중 선교사인 조셉 에드킨스(Joseph Edkins, 艾約瑟, 1823-1905)는 "최초의 중국인은 바벨탑 이전에 이미 서쪽으로부터 중국 지역으로 이주하였으며", 그들은 함의 자손이라고 보았다.*** 비록 셈과 함이 모두 노아의 아들이기는 하지만, 셈과 노아의 또다른 아들 야벳(Japheth)과는 달리 함은 그가 범한 "아버지의 벌거벗은 몸을 훔쳐본" 죄로 인해 저주를 받았는데, 18세기 서구 노예무역이 성행한 이후에 아프리카 흑인이 바로 함의 자손이라고 보기도 하였다. 중국인이 'Shem's sons(셈의 아들들)'에서 'Ham's sons(함의 아들들)'로 변화하

---

* T. Watters, *Essays on the Chinese Language*(Shanghai: Presbyterian Mission Press, 1889), pp.4-5.
** 대표적인 사람은 조아킴 부베(Joachim Bouvet)이다. ―역자 주
*** Franklin Perkins, *Leibniz and China: A Commerce of Light*, pp.25-26.

는 역사는 중국인과 그 문명에 대한 서구의 서사에 있어서 중대한 전환이 발생했음을 말해준다.

'대홍수'가 언어문제와 연계되는 까닭은 다음과 같은 이유 때문이다. 즉 성경 「창세기」의 '세계편년사'에 따르면, '대홍수' 이후 발생한 가장 중대한 '세계사 사건'은 '바벨탑' 사건이고, 그 이전 "천하의 통일적인 입말"은 이때부터 "혼란에 빠져" 노아의 세 아들의 종족들이 각자 나라를 세우고, 각각 고유의 언어를 갖추고서 서로 교류하지 않았다. 이러한 '편년사'의 주장에 의하면, 중국은 그 가운데 한 나라이며 한어도 그 가운에 한 언어이다. 그러나 일부 예수회 선교사들은 중국문화의 극히 긴 역사성과 문헌기록의 이례적인 연속성에 대해 전혀 의심하지 않았다. 예를 들어 존 웹은 "중국인은 근본적으로 바벨탑(그들은 너무 먼 곳에서 살았다)에 출현한 적이 없고 한어는 바로 노아의 언어라고 믿었다"[*]고 하였다. 다시 말해, 한어는『성경』의 대홍수 이전에 이미 존재했을 뿐만 아니라 줄곧 완전한 상태로 보존되어 온 언어라는 것이다.『성경』의 대홍수 이전—혹은 시간적으로 훨씬 뒤에 나타난 바벨탑 이전에 "전체 세계의 언어는 모두 하나같았고 입말도 같았다".(「창세기」, 제11장) 그렇다면 이로부터 다음과 같은 결론이 자연스럽게 도출된다. 즉 대홍수 또는 바벨탑 이전에 이미 존재했던 한어는 분명히 당초 '전체 세계'의 통일된 언어였고 또 '아담의 언어'였으며 세계의 메타언어이다. 그리고 유럽의 각국 언어를 포함한 다른 모든 언어는 단지 '입말의 혼란'으로 파생된 언어에 불과하다.

1669년 존 웹은『중화제국의 언어가 태고의 언어일 가능성에 관한 역사적인 탐색』[**]을 출간하였다. 만약 웹의 저서에서 아직 약간의 의구심을

---

[*] Franklin Perkins, *Leibniz and China. A Commerce of Light*, p.26.

가지고 '가능성'의 차원에서 논하고 있었다면, 반세기 후, 사무엘 수크포드 (Sammuel Shuckford)가 출판한 『세계의 종교와 세속의 역사』***에서 우리는 다음과 같은 단락을 읽을 수 있다. "대지에는 확실히 인류의 가장 이른 언어가 있었는데, 바로 한어이다. ……바로 이미 어떤 사람이 지적한 바와 같이 노아는 아마도 이 지역에서 거주했을 가능성이 매우 높다. 만약 인류의 조상이자 하늘의 복을 받은 부흥자가 방주를 나와 그곳에서 정주했다면, 아마도 그곳에 오늘날 세계에서 아직 사용되는 일종의 세계적인 통용 언어를 남겼을 것이다."****

재중 예수회 선교사의 본래 목적은 유라시아 동쪽의 '이교도' 중국인에게 천주교를 전파하는 것이었고, 이를 위해서는 중국사를 '세계사'의 일부분으로서 세계사의 편년 속에 '편입'시켜야만 했다. 그렇지만 그 과정에서 예기치 않게 '중국사'가 '세계사'의 시간적 상한선을 넘어선다는 것을 발견하게 되었던 것이다. 즉 중국인은 '노아의 후손'이고, 한어는 '에덴동산에서 사용하던 언어'였다. 이는 애초의 기대에서 전도된 모습으로, '세계사'가 거꾸로 '중국사' 속에 편입되는 모습을 보여준다. 일부 예수회 선교사는 심지어 세계 공통어로서 한어의 가능성에 대해 고려하기 시작했다. 왜냐하면 바벨탑 이전 인류는 바로 언어가 통일된 공동체였는데, 한어와 같이

** *An Historical Essay Endeavouring a Probability that the Language of the Empire of china is the Primitive Language*, London, 1669. ―역자 주

*** *The Sacred and Profane History of the World, connected from the creation of the world to the dissolution of the Assyrian empire at the death of Sardanapalus, and to the declension of the kingdom of Judah and Israel, under the reigns of Ahaz and Pekah*, 2 vols. 1728. ‒역자 주

**** 安田樸著, 耿昇譯, 『中國文化西傳歐洲史』(上册), 北京: 商務印書館, 2013, pp.435~436에서 재인용.

"바벨탑의 혼란 과정을 겪지 않은 원초적인 언어"는 바로 그후 인류의 상호격리된 상태를 다시 통일시킬 수도 있었다. 그뿐만 아니라 한어(최소한 한자 및 문언)는 이미 중국 및 동아시아 인접 국가를 통일시켰으며, 이 지역의 면적은 전체 유럽보다 더 광활하고 그 인구도 유럽보다 많았다. 프랭클린 퍼킨스는 "(세계사) 편년에 출현한 이러한 문제는 바로 유럽과 중국의 접촉으로 인해 직면한 위협을 나타낼 뿐만 아니라 또 당시 유럽인이 이러한 위협에 대응함에 있어서 왜 그렇게 놀라운 반응을 보여주었는지를 말해준다"*고 보았다. 바로 이러한 예수회 선교사들의 중국 관련 보고, 그리고 이전의 『마르코 폴로의 동방견문록』과 같은 작품으로 인해, 17-18세기 유럽에서는 '중국풍' 유행이 출현할 수 있었다. 이후 서구중심주의적인 '세계사 쓰기'는 종종 18세기 유럽의 '계몽운동'과 '근대화'에 대한 중국문화의 추동적인 역할을 폄하하거나 상쇄시켰다. 왜냐하면 이러한 '세계사 쓰기'는 다음과 같은 이데올로기, 즉 동방은 단지 서구에 의해 '밝아지고', '근대'는 단지 서구에서만 발생할 수 있었다는 이데올로기 전통을 계승하고 있었기 때문이다. 월터 배것은 1872년에 "야만인은 진보할 수 없고" "단지 소수의 국가, 즉 유럽에서 기원한 국가만이 진보할 수 있"으며, "이러한 진보는 필연적이고 자연적이며 영구적"이고, "야만인은 단지 모방할 수 있을 뿐이다"**라고 말하였다.

2. 라이프니츠: '세계어'로서 한어의 가능성

* Franklin Perkins, *Leibniz and China: A Commerce of Light*, p.26.
** Walter Bagehot, *Physics and Politics: Or, Thoughts on the Application of the Principles of "Natural Selection" and "Inheritance" to Political Society*, p.42.

예수회 선교사의 중국 언어에 관한 보고는 철학자 라이프니츠의 높은 관심을 끌었다. 왜냐하면 퍼킨스에 의하면 "바로 그의 동세대 사람들처럼 라이프니츠는 언어의 변천을 바벨탑의 입말의 혼란으로 야기된 타락 과정으로 보았기 때문이다. 다시 원초적인 '아담의 언어'를 획득할 수 있는 가능성에 대해 라이프니츠는 회의적이었다. 그러나 그는 가능한 한 언어의 원초적인 모습을 명확하게 하려고 하였다. 그는 언어는 오래된 것일수록 원초적인 언어와의 관계도 더욱더 크다고 보았는데, 중국 언어는 매우 오래되었을 뿐만 아니라 줄곧 완전한 모습으로 유지해오고 있었다".* 라이프니츠는 예수회 선교사의 중국 언어에 관한 보고를 널리 수집하고, 중국 언어와 유럽 언어 사이의 친연적인 관계를 설명하였으며, 아울러 "유럽과 아시아 언어 간의 유사점이 일찍이 유럽과 아시아의 공통언어 혹은 유럽과 아시아가 한때 동일한 대제국에 속해 있었다는 것을 말해주는 증거라고 여기기도 하였다".** 그러나 점점 더 많은 보고들에 의하면 중국의 언어는 유럽의 언어보다 더 오래되었고, '아담의 언어'에 가까운 언어였으며, 원초적 언어의 흔적도 근대의 변동하는 자모문자보다 한어에서 더욱더 많이 나타났다. 그는 심지어 "만약 신이 인류에게 모종의 언어를 전수했다면 그 언어는 분명 한어와 같은 언어일 것이다"***라고 생각한 적도 있었다. 따라서 라이프니츠에게 있어서 한어는 단지 '언어 가운데 하나'가 아니었다. 그가 각 문화 간의 교류에 사용하기 위해 세계에서 통용되는 보편문자(uni-

---

* Franklin Perkins, *Leibniz and China: A Commerce of Light*, pp.140-141.
** Ibid., p.141.
*** Joseph Needham and Christoph Harbsmeier, *Science and Civilization*, Vol. VII.1(Cambridge: Cambridge University Press, 1998), p.14에서 재인용.

versal characteristics)를 만들려고 했을 때, 그는 즉시 한자를 떠올렸다. 그는 상형문자인 한자는 병음자모와는 완전히 다르게, 관념과 부호 사이에 일종의 임의적인 것이 아니라 자연적인 연계를 지니고 있다고 보았다. 따라서 한자는 "인류 사유의 자모"이고 "사유의 대수代數"이며, "우리의 사유능력을 촉진시킬 수 있다. 즉 그것은 우리가 자신의 내재적인 사상에 접근하는 데 있어 더욱 좋은 방법을 제공해준다."[*]

그는 조아킴 부베(Joachim Bouvet, 白晉, 1656-1730)에게 보내는 편지에, 한어는 "더욱 철학적인 언어이며, 더욱 이성적인 고려를 바탕으로 삼고 있는 것처럼 보인다"[**]라고 적었다. 만약 세계의 언어가 바벨탑 시기에 '입말의 혼란'을 거쳐서 분열되었다면, 라이프니츠는 입말과 분리된 시각문자 혹은 서면문자(이른바 '언문분리')야말로 언어가 입말의 변화에 따라 변화하는 운명을 면할 수 있으며, 이 점이 중국이 고대부터 줄곧 통일된 국가(유럽의 면적에 상당하는)를 유지한 반면, 유럽은 크고 작은 나라의 언어로 분화한 원인이라고 보았다. 따라서 그는 현재 형형색색의 각종 언어 가운데, 오직 '에덴동산의 시대'로부터 이어져온 한어가 바로 세계의 공통어를 구성할 자격을 갖추고 있다고 생각했다.

예수회 선교사와 마찬가지로, 라이프니츠는 중국문화가 유럽문화와 대등한 고급문화라고 인정하였다. 그는 『중국의 최근 소식』[***]의 서문에서 이렇게 적었다. "전체 인류 가운데 가장 위대한 문화와 가장 발달한 문명은 아마도 오늘날 우리 대륙의 양끝에 집중되어 있는 것 같다. 즉 유럽과 지구의 다른 한끝에 위치한 동방의 유럽인 차이나(사람들은 그곳을 이렇게 부른

---

[*] Franklin Perkins, *Leibniz and China: A Commerce of Light*, p.142.
[**] Ibid.
[***] *Novissima Sinica historiam nostri temporis illustrata*(9.1. 1697). 역저 了

520

다)에 집결되어 있다. 나는 이것이 운명에 의한 특수한 배치라고 믿는다. 문명의 정도가 높은(동시에 또 지역이 서로 가장 멀리 떨어진) 이 두 민족이 서로 손을 잡고 점차 그들 양자 사이에 위치한 각각의 민족들이 더욱 합리적인 생활을 영위할 수 있도록 하는 것이 하늘의 뜻일 것이다." 그러나 이렇게 고도로 발달한 두 문명은 각자 서로 다른 특징을 지니고 있다. "많은 방면에서 그들은 우리와 대단히 다르다. 거의 '대등한 수준의 경쟁'을 유지하고 있으며, 우리가 때로 그들을 앞서기도 하고 또 때로는 그들이 우리를 앞지르기도 한다."* 비록 라이프니츠의 세계 여러 문명에 대한 등급구분은 그가 '중심과 주변'이라는 사유에서 벗어나지는 못했음을 보여주고 있지만, 그는 결코 이후에 출현한, 인종을 문명구분의 기준으로 삼는 '유럽중심주의자'는 아니었다. 또 언어 방면에서 보면, 한어는 기나긴 역사성과 그 특징으로 인해 더욱더 '세계의 통용문자'가 될 수 있는 우월성을 지니고 있다고 보았다. 한편 라이프니츠가 유럽과 중국이 "대등한 수준의 경쟁" 중 "때로는 우리가 그들을 앞서고, 때로는 그들이 우리를 앞지른다"고 했을 때, 그가 묘사하고자 한 것은 장기적으로 동태적인 '중심의 이동' 혹은 '다자중심'의 전지구의 역사경관이었다.

3. 헤겔: 한어―사유의 장애물

18세기 말에서 19세기 초는 바로 서구가 부르주아지의 정치혁명과 경제혁명을 통해 대대적으로 발전하고 '잠시 중국을 추월하던' 시기였다. 그

---

* 夏瑞春, 『德國思想家論中國』, 南京: 江蘇人民出版社, 1995, pp.3-4에서 재인용.

러나 서구의 이데올로기 사상가들은 서구가 18세기 말 이후에 획득한 '역사적 우세'를 일종의 '종족적 우세'로 해석하였다. 또 서구가 다른 지역을 평가하는 절대적인 척도이자 최고의 척도가 되었다. 무릇 서구와 서로 다른 것―인종, 언어, 풍속, 제도 등―은 모두 '야만' 혹은 '반半 야만'적인 상태로 분류되었다. 18세기 유럽의 '계몽'은 유럽의 몽매를 환하게 비춘 한 가닥 빛(Lumières)으로 간주되었으며, 심지어 계몽주의 철학가 볼테르는 이 빛을 중국으로부터 빌려왔다고 보기도 하였다. 그는 중국의 '이성의 원칙'을 찬양하면서, 공자를 "이성의 빛으로 정신을 비추었다éclairant les esprits"고 높이 평가하고, 유럽인은 중국으로부터 모든 것을 배울 것을 적극 권하였다. 또 그는 "당신이 철학자의 신분으로 이 세계를 이해할 때, 당신은 우선 시선을 동방으로 돌려야 한다. 동방은 예술의 요람이고 동방은 서구의 모든 것을 주었다"*고 과장해서 말하기도 하였다. 어쩌면 볼테르는 단지 중국이 자신을 '밝게 비추어주었기' 때문에―그리고 그를 통해 유럽의 수많은 사람들의 정신을 '밝게 비추어주었기' 때문에―감격한 나머지 이렇게 말하고(그러나 당초 매몰되었다가 근래 일부 학자들에 의해 발굴된 동서양 문화교류사 관련 문헌에 따르면, 당시 유럽중심주의자들이 헛소리라고 조롱했던 볼테르의 이러한 말이 일부 사람들에 의해 지지받았다는 것을 보여준다), 아울러 이로써 당시 유럽에서 한창 대두되던 서구중심주의에 대해 "우리의 습관으로 모든 것을 판단하지 말라"고 경고하려 했는지도 모른다.

　　그러나 서구중심주의는 오히려 그 이후의 세기 동안 유럽인의 심중에서 점차 세계역사를 이해하는 하나의 모델로 굳어져갔으며, 점차 수많은 근대적인 '과학학설'의 지지를 받았다. 예를 들어 헤겔은 세계사를 '절대정

---

* 伏爾泰著, 梁守鏘譯, 『風俗論』(上冊), 北京: 商務印書館, 1996, p.201.

신'의 외화 과정, 즉 낮은 단계에서 높은 단계로의 역사적 진화형태로 해석했다. 그뿐만 아니라, 이러한 형식의 역사는 시간성(몽매시기/문명시기와 같은)과 더불어 공간성(서구/동방과 같은)을 지니고 있었으며, 공간성은 또 시간성(몽매시기=동방, 문명시기=서구와 같은)으로 귀결되었다. 이 외에도 헤겔이 그의 『역사철학강의』에서 말한 바와 같이, "언어는 이러한 구분을 충실히 나타내준다."* 중국이 '이론적' 사유를 가능케 하는 "주관적인 자유기초", "자유적이고 이상적이며 정신적인 왕국"이 결핍됨으로 인해, 그 결과 "진정한 과학적 흥미"도 결여되고 단지 '경험적', '실용적' 지식만을 발전시킬 수 있었다고 지적하고 나서, 그는 중국의 언어문제에 대해 다음과 같이 언급하였다.

우선 그들의 서면어가 가진 성질은 과학의 발전에 있어 하나의 큰 장애물이다. 아니 반대로 바로 중국인이 진정한 과학적 흥미를 결여하고 있기 때문에, 그들은 더욱 좋은 도구를 얻어 사상을 표현하고 전수할 수 없었다고 보는 편이 더 나을 것이다. 널리 알려진 바와 같이, 중국인은 일종의 구두어 이외에 또 서면어를 가지고 있다. 그 서면어는 우리의 서면어와 달리 결코 개별적인 성음을 표시하지 않는다. 즉 구어를 병음으로 표기하여 시각적인 기호로 나타낸 것이 아니라 부호를 사용하여 그러한 관념 자체를 나타낸다. 언뜻 보면, 이는 매우 큰 장점처럼 보이며 적지 않은 위대한 인물들로부터 찬사를 받기도 했다. 그중에는 라이프니츠도 포함되어 있다. 그러나 사실은 전혀 그렇지 않다. 왜냐하면 우리

---

* Georg Wilhelm Friedrich Hegel, *Lectures on the Philosophy of History*, trans. John Sibree (London: WM Clowes and Sons, Ltd., 1857), p.24.

가 먼저 이러한 쓰기 방식이 구두어에 미치는 영향을 고려한다면, 우리는 곧 한어의 어문분리로 인해 서면어가 매우 불완전하다는 것을 알 수 있기 때문이다. 우리의 구두어가 명확할 정도로 성숙할 수 있었던 주요 이유는 각각의 단독 음이 그에 상응하는 부호를 갖게 되고, 그런 연후에 읽는 동시에 곧 그 표현하는 바를 명확하게 이해할 수 있게 되었기 때문이다. 그러나 정확한 발음을 위한 이러한 수단이 결여된 중국인은 그들의 언어 가운데서 문자와 음절로 나타낼 수 있는 발음을 구별할 음운변화를 발전시키지 못했다. 그들의 구두어는 보잘것없는 단음절 단어로 구성되며, 이러한 글자는 각각 하나 이상의 의미를 지니고 있다. 단어의 의미를 구분하기 위해 그들이 사용할 수 있는 유일한 방법은 상하 문장의 연계와 악센트, 그리고 발음—혹은 빠르거나 느리게, 혹은 낮거나 높게 하는 발음—이다. 성음의 변별에 대해 중국인의 청각은 이미 매우 예민할 정도로 변화했다. 나는 음조에 근거하여 'po'*의 발음이 11종의 다른 의미, 즉 '유리(glass, 玻)', '끓다/물결이 일다(to boil, 浡)', '키질하다(to winnow wheat, 簸)', '갈기갈기 찢다(to cleave asunder, 剝)', '물을 뿌리다(to water, 潑)', '준비하다(to prepare, 備)', '노파(an old lady, 婆)', '노복(a slave, 仆)', '교양 있는 사람(a liberal man, 博)', '현인(a wise man, 伯)'과 '약간(a little, 頗)' 등을 나타낸다는 것을 알았다. 그들의 서면어에 대해 나는 단지 그것이 과학 발전에 장애물이라는 것을 지적하는 것으로 그치고자 한다. 우리의 서면어는 배우기에 매우 쉽다. 이것은 우리가 구두어를 약 25종의 발음으로 나누기 때문이며, 이렇게 함

---

* 헤겔은 한자를 알지 못했는데 그가 어떤 한독(漢德)사전에 근거했는지는 알 수 없다. 그러나 광둥어 발음의 한자자전일 가능성이 매우 높다. 괄호 안의 한자는 단지 독자들이 참고할 수 있도록 필사가 첨가한 것이다.

으로써 구어는 곧 고정되었고 가능한 성음의 수도 한정되었으며 그 가운데 모호한 음은 제거되었다. 또 우리는 단지 이러한 부호와 그것의 조합을 익히기만 하면 된다. 하지만 한어는 다르다. 그것은 25개의 알파벳과 같은 부호가 없어서 반드시 수천 종의 부호를 배워야만 한다. 일반적으로 상용되는 부호만도 9,353개에 이르며, 만약 최근 우리에게 소개된 것을 더하면 10,516개에 달하기도 한다. 일반 서적의 경우에 있어서, 그들이 관념과 그러한 관념의 조합을 표현하기 위해 사용하는 문자의 수도 8-9만 개에 달하기도 한다.*

헤겔은 한자를 알지 못했고 한어의 음운학은 더더욱 알지 못했다. 그의 한자에 대한 지식은 초기 예수회 선교사들의 관련 보고 및 그들이 편찬한 자전, 그리고 동시대의 유럽인들이 쓴 중국 언어에 관한 저술에 근거한 것으로 특별히 전문적인 저술이 아니었다. 이들 저서에서 흔히 범한 '비교언어학적'인 오류는 '한자'를 'characters'로 번역하고 나서 'characters'를 서구 언어의 '자모letter'와 동일시하는 것이었다. 하지만 한어의 '자字'는 사실 서구 언어의 'words(단어)'에 상응하며, 그 조합은 'phrases(구)'에 해당된다. 일반적인 한어 저작과 마찬가지로, 일반적인 서구 언어의 저작이 사용하는 'words'와 'phrases'도 통상적으로 수천 개 이상이다. 예를 들어, 토마스 테일러 메도스(Thomas Taylor Meadows)는 1847년에 출판한『중국정부와 그 인민에 대한 유럽인의 오해 분석』에서 당시 각종 화영사전과 영화사전 중 영문단어의 빈곤에 대해 자신의 불만을 토로하면서 다음과 같이 지적하였다. "만약 우리가 순전히 과학기술 관련 어휘를 제외하고 같은

---

* Hegel, *Lectures on the Philosophy of History*, pp.141-142.

단어의 다양한 변화를 하나의 단어로 계산한다면, 보수적으로 보아도 영어는 대략 20,000단어에 달한다. 하지만 단지 소수의 사람들—심지어는 지식인들 사이에서도—만이 5,000 내지 6,000 단어 이상의 어휘량을 보유하고 있다. 그러나 저 사전 편찬자들이 『강희자전康熙字典』을 번역할 때, 그들은 단지 이 정도의 영어단어만을 사용할 수 있는 것으로 보인다. 그리고 그들이 편찬한 화영사전에는 영어 전체 어휘의 1/3도 채 안 되는 상용 영어단어만을 포함하고 있다."* 수천 개의 영어단어를 사용하여 47,000자에 달하는, 그것도 대다수는 일상적인 글쓰기에서 사용하지 않는 한자를 수록한 『강희자전』을 번역하면, 자연히 한자가 너무 많아 보일 수밖에 없다.

사실 메드허스트는 1838년에 출판한 『중국에 대한 다양한 조망』 가운데 '한어 및 그 문학'의 장에서 '한자의 필획'을 상세하게 설명하면서 다음과 같이 말하였다. "초학자에게 있어서 한자는 매우 복잡해 보이지만, 한번 고찰하고 비교해보면 곧 그 어려움은 크게 줄어들 수 있다. 한자가 얼마나 복잡하든지 간에, 그것들은 모두 6종의 필획으로 조합되고 중첩되어 이루어진다. 즉 가로획, 세로획, 점, 파임(╲: 왼쪽 위에서 오른쪽 아래로 삐쳐 내려가는 획), 삐침(╱), 둥글게 굽은 획이 그것이다." 이 외에도, "비록 214개의 부수가 있지만, 그 가운데 50개만이 다른 글자와 더불어 일상적으로 자주 사용"되며, "한자의 이러한 부수는 일반적으로 사람[人], 남자[男], 여자[女]와 같이 매우 간단하고 모두가 알고 있는 사물, 혹은 머리[頭], 입[口], 귀[耳], 눈[目], 얼굴[面], 마음[心], 손[手], 발[足], 살[肉], 뼈[骨], 모발[髮] 등과 같은 신체 부위와 관련된 것을 가리키고 있어" 결코 배우기 어렵지 않고, "중국인 가

---

* Thomas Taylor Meadows, *Desultory Notes on the Government and People of China*(London: WM. H. Allen and Co., 1847), p.26.

운데 글자를 알고 있는 사람도 매우 많으며, 남성들 가운데 절반이 글자를 알고 문장을 읽을 줄 안다"고 하였다.* 그렇지만 메드허스트도 유럽의 병음문자와 비교하면, "한어는 그 구어든 서면어든 모두 매우 원시적이다. 그 단어는 모두 단음절이고 그 자형字形은 상징적이며, 이 양자는 바로 고대가장 이른 시기에 존재했었을 모습을 그대로 유지하고 있다"**고 보았다.

헤겔은 1822년부터 1831년 사이에 베를린대학에서 '역사철학'을 강연하였다. 그때 모리슨의 『화영자전』 등 한학자들의 한어에 관한 저작들이 이미 출판되었지만(예를 들어 모리슨은 서구 언어의 자모를 한자의 '부수'와 같다고 보았으며, 그 자전도 『강희자전』의 부수 순서에 따르고 있다) 헤겔의 주목을 끌지는 못했던 것 같다. 하지만 그의 '역사철학'의 주요 취지로부터 보면 또 굳이 주목할 필요가 없었던 것 같다. 왜냐하면 프로이센의 국가철학자로서 그의 강연은 '세계정신'이 몽매상태로부터 점점 의식상태로 나아가 최종적으로는 독일의 영토에서 자신을 구현하는 역사를 해석하는 것이었는데, 중국은 바로 그가 구분한 낮은 단계에서 높은 단계로 나아가는 역사 진화 과정에서 '반몽매, 반문명'의 단계에 놓여 있었기 때문이다. 그 밖에 그에게 있어서, '세계정신'의 각성 정도는 한 문명의 모든 방면에서 체현된다. 즉 중국이 '반몽매, 반문명'의 국가라면, 그 언어와 문자도 반드시 이러한 '반몽매, 반문명' 형태의 특징을 지니고 있을 수밖에 없다.

19세기 하반기는 새로운 과학기술과 헤겔이 말한 "근대국가의 조직 기술"로 무장한 서구 열강이 중국에 대해 식민지를 확장하고 약탈하는 역사였다. 그리고 서구의 근대 '과학이론'—동식물학, 지리학과 지리측량학, 진

---

* W, H, Medhurst, *China: Its State and Prospects*, pp.130-131, 144.
** Ibid., p.126.

화론, 문명등급론, 인종학, '뇌용량 측정법' 등―은 서구의 식민과 정복을 위해 '과학'에 기반한 역사적 합법성과 도의성을 제공하였다(예를 들어 월터 배젓은 국가와 국가 간의 전쟁과 '야만인'에 대한 살육을 문명의 동력이자 "야만에 대한 문명의" 정당한 수단이 되었다고 말하고, "문명은 일종의 군사적 우세 속에서 시작된다"*고 하였다). 그뿐만 아니라 더욱더 근본적인 것은 그의 대대적인 세계역사 다시 쓰기가 '서구중심주의'의 역사 시공(時空)의 인지모델을 구성했으며, 아울러 무력과 교육 과정을 통해 이러한 세계역사 인지모델이 점차 피식민자의 세계역사 인지모델로 내면화되었다는 점이다. J. M. 블라우트(J. M. Blaut)는 서구중심주의에 의거하여 세계역사의 경관 및 그 등급질서를 구성하는 것을 주요 취지로 하는 '세계모델'을 '서구 식민자의 세계모델'이라고 불렀다. 그리고 이 모델의 핵심은 "세계역사와 세계지리에 관한 강력한 신앙이다. 즉 유럽문명―혹은 '서구문명'―은 모종의 특별한 역사적 우월성과 모종의 종족적, 문화적, 환경적, 심령적 혹은 정신적인 우월성을 가지고 있으며, 그것이 고대부터 지금까지 줄곧 유럽민족에게 다른 모든 민족들을 초월하는 영구적인 우월성을 부여했다고 믿는 것이다".

이러한 신앙은 역사에 구현될 뿐만 아니라 또 지리로 구현되기도 한다. 유럽인은 '역사의 창조자'로 간주된다. 유럽은 영원히 전진하고 진보하며 현대화한다. 반면 세계의 다른 기타 지역은 진보가 느리거나 정체되어 있다. 즉 그들은 '전통적인 사회'이다. 따라서 세계에는 영원한 지리적 중심과 영원한 주변이 존재한다. 하나는 내부이고 다른 하나는 외

---

* Walter Bagehot, *Physics and Politics: Or, Thoughts on the Application of the Principles of Natural Selection and Inheritance to Political Society*, p.52.

부이다. 내부가 이끌고 외부는 뒤처져 있다. 내부가 창신을 하면 외부는 모방을 한다. ……유럽은 영원히 내부이고 비유럽 지역은 영원히 외부이다. 유럽은 전파의 근원이고 비유럽 지역은 수용자이다.*

16-17세기 예수회 선교사가 '중국사'를 성경 「창세기」에 의거한 '세계사'에 편입하려고 하다가 오히려 종종 세계사는 '중국사'를 담을 수 없다는 것을 인정해야 했던 것과는 달리, 19세기에 시작된 이러한 '서구중심주의'의 세계역사 다시 쓰기는 '역사형태' 혹은 '역사단계'를 강조하고, 중국사를 유럽 사회사의 발전단계 속에 편입시켰다. 예를 들어 독일의 재중 선교사 귀츨라프는 1833년에 출판한 『중국 역사의 개황』에서 중국 역사에 대해 '시기구분'을 진행하면서 다음과 같이 말하였다. "중국의 역사가는 왕조의 교체에 따라 전체 역사를 구분한다. 그러나 우리가 우리 서구 세계의 편년으로 중국 전체의 역사를 조정하길 희망하는 이상, 우리는 곧 더욱 편리한 순서를 따를 필요가 있다. (1) 신화시대—반고盤古에서 요순堯舜의 사망까지, 기간은 알 수 없음. (2) 고대사 단계—하夏 왕조에서부터 한漢 왕조의 멸망까지, 즉 기원전 2206년부터 서기 263년까지. (3) 중세기—진晉 왕조부터 원元대까지, 즉 서기 264년부터 1367년까지. (4) 현대—명明대부터 현재까지, 즉 서기 1368년부터 1833년까지."** 비록 귀츨라프가 그 책에서 잠시 중국의 역사서 중 고대사에 관한 서술을 수용하기는 했지만, 그는 "고대사는 고증할 수 없다"는 이유로 중국사의 시작을 공자로 설정하였다. "중

---

* J. M. Blaut, *The Colonizer's Model of the World: Geographical Diffusionism and Eurocentric History*(New York: the Guiford Press, 1993), p.1.
** Charles Gutzlaff (Karl Gutzlaff), *A Sketch of Chinese History, Ancient and Modern*, Vol.1(New York: Published by John p.Haven, 1834), p.57.

국사의 대부분은 매우 믿을 수 없을 뿐만 아니라 가장 이른 두 왕조인 하夏와 상商조차도, 사람들은 그것의 존재를 증명하려 애쓰고 있지만 아직 완전히 그 의구심을 해소하지는 못하고 있다. 사실 우리는 중국의 믿을 수 있는 역사의 시작을 기원전 550년의 공자로 보아야 하며, 그 이전의 시기는 믿을 수 없는 것으로 보아야 한다."* 이것은 실로 근 100년 후 중국의 신문화운동 시기에 대두된 '고사변파古史辨派'의 서곡이었다고 할 수 있다.

헤겔의 『역사철학 강의』와 마찬가지로, 귀츨라프는 『중국 역사의 개황』에서 중국을 '반문명'의 국가로 분류하고, 그 언어도 이러한 '반문명'의 특징을 지니고 있다고 보았다. 그는 "중국인은 자신을 위해 독특한 쓰기 문자를 창조하였으며, 어떤 외국 언어의 체계도 채택하지 않았다"면서, "우리의 문자와 완전히 다르고", "216개의 부수로 구성된 대략 14,000개의 한자는 단지 가장 간단한 관념만을 표현"하며, "엄격히 말해서, 한어는 어법이 없고 단어와 단어의 상호관계는 완전히 그 위치에 의해 결정된다"고 하였다. 또 그는 한어는 언문이 분리되고 서구 언어의 '성gender, 수number, 격case, 시제tenses, 서법moods'이 결여되어 있으며, "한어의 이러한 특징은 그것이 표현상의 모호함을 면할 수 없다는 것을 잘 보여준다. 어떤 표준적인 한어 저작이라도 엄청난 주석이 없이는 읽고 이해할 수 없다"**고 하였다.

'진화론'을 한어사의 분석에 적용한 대표적인 예는 조셉 에드킨스가 1888년에 출간한 『한어의 진화』라는 책이다. 이 책은 먼저 "한어가 인류 언어의 시조가 아니며 또다른 언어를 파생시키지도 않았고", 단지 하나의 고

---

* Ibid., p.55.
** Ibid., pp.50-51.

530

립된 "원시적인 언어primeval language"라고 규정하였다.* 만약 당초 예수회 선교사들에게 있어서, 'primeval(원시의)' 혹은 'primitive(원시적인)'라는 단어가 '에덴동산의 언어' 또는 '인류의 모어母語'를 연상시키며 '원초적', '통일적', '신의 언어'라는 의미를 함축했다면, 조셉 에드킨스가 사용한 '원시적'이라는 어휘는 주로 현대 세계에 생활하고 있는 '야만인'의 생활을 연구하던 유럽의 '인류학'적인 의미를 뜻했다. 에드킨스의 이 책의 부제인 'As Exemplifying the Origin and Growth of Human Speech(인류 언어의 기원과 발전에 대한 예증)'에서 주요 키워드는 바로 'speech(말, 언어)'이며, 책 전체 내용 중에서 누차 언급되고 언어의 생리적인 기초로 간주되는 'vocal organs(발성기관)'와 대응을 이루고 있다. 그는 "언문이 일치"된 병음문자를 인류 문자의 최고 형태라고 보았다. "신은 인류—그의 손자—가 그 이성적 재능을 개발하고, 그들의 최상의 목적을 성취하는 데 그 발성기관을 이용하길 희망했다. 아울러 이를 위해 고상한 도덕 교육과 지식 교육의 수단이 되도록 한 청각기호체계를 창조하여 지극히 완전한 경지로 나아갈 수 있게 하였다."** 그가 보기에, 단지 '비발성의 부호' 단계까지만 '진화'한 한자는 '반문명'상태에 놓여 있으며, 한어의 어법에 대해 말하자면 한어의 어휘 순서에는 심지어 '도치'마저도 존재하지 않는다. 그는 이를 위해 한어는 단지 '人騎馬(man ride horse)'라고만 말할 수 있다는 것을 예로 들었다. 이와 대조적으로 병음문자에 속하는 몽고어는 접미사가 존재하여 'Hwun mori onina(man horse rides)'라고 말할 수 있으며, "타타르인과 드라비다인Dra-

---

* Joseph Edkins, *The Evolution of the Chinese Language: As Exemplifying the Origin and Growth of Human Speech*(London: Trübner and Co., 1888), p.ⅴ.
** Joseph Edkins, *The Evolution of the Chinese Language: As Exemplifying the Origin and Growth of Human Speech*, pp.ⅷ-ⅸ.

vidian의 언어에는 도치와 시제 접미사가 존재하지만 한어는 이를 결여하고 있다. 바로 이러한 사실만으로도 한어가 이들 언어보다도 더 원시적이라는 점을 증명할 수 있다. 어휘 순서에서의 도치는 비자연적인 것이며 따라서 원시적이지 않다. 바로 한어에는 이러한 도치가 결여되고 있고, 어휘 순서 또한 그것이 표현하는 대상의 순서와 일치하기 때문에 한어의 진화사를 설명하려는 우리의 과제는 다른 언어를 설명할 때보다 훨씬 더 용이하다."*고 하였다.

그러나 한어가 비록 그들에 의해 일종의 '반야만적', '원시적'인 문자로 간주되었지만, 동시에 또 그들에 의해 번잡한 문자로 간주되기도 했다. 이러한 번잡함은 19세기 재중 서구 선교사들이 '중국인의 마음속으로 들어가는' 길을 가로막는 큰 장애물이었다. 예를 들어 선교사이자 사전 편찬자인 남편 브리지먼(E. C. Bridgman, 裨治文, 1801-1861)을 따라 중국에 온 엘리자 제인 질레트(Bridgman, Eliza Jane Gillett)가 수많은 미국 선교사들이 중국에 오기를 주저하는 이유로 든 것도 바로 "한어의 어려움은 거의 극복할 방법이 없다"**는 인식이었다. 그러나 그녀는 기독교 복음을 중국인의 마음속에 전파하기 위해서는 반드시 이 언어의 난관을 극복해야 한다고 보았다. 왜냐하면 선교사는 중국인을 교육할 임무를 담당하고 있기 때문이다. "누가 장차 중국의 여성을 교육하겠는가? 바로 선교사이다."*** 하지만

---

* Ibid., p.71.

** Eliza J. Giliett Bridgman, *Daughters of China*(New York: Robert Carter & Brothers, 1853), p.33.

*** Ibid., p.VIII. (질레트가 말하고자 하는 바는 선교사는 주로 남성인데, 중국의 사회적 관습상 여성들이 설교를 듣기 위해 모임에 참여할 수 없다. 따라서 남성 선교사들이 중국 여성들의 교육을 담당할 수 없다고 보고 있다. 질레트는 이 책을 주의깊게 읽으면 그 대답이 무엇인지 쉽게 이해될 수 있다고 말하고 있다. 즉 여성 선교사가 필요하다는 의미이다.

이러한 난관을 우회할 수 있는 첩경은 바로 한자를 '로마자화'하는 것이다. 그뿐만 아니라 중국인에게 이러한 '로마자화'한 한어를 배우게 하면 그들을 더 효과적으로 중국 언어 및 문화와 관계를 단절시킬 수 있다. 모리슨 등 초기의 화영사전 편찬자들이 서구 언어의 자모를 단지 한자에 주음을 달아 서구인이 한어를 배우는 방편으로만 사용했다면, 이후의 사전 편찬자들과 선교사들은 점점 더 한어 자체를 병음화하기 위해 노력하였다.

스타니슬라스 헤르니즈(Stanislas Hernisz)는 1854년 『중영 회화 가이드』를 출판하였는데, 그 서문에서 저술의 목적을 "중국인이 영어를 읽을 수 있도록 나는 여기서 우리의 자모를 그들의 모어에 시험적으로 운용해보고자 한다"*고 밝혔다. 윌리엄 롭샤이드(William Lobscheid)는 1864년에 출판한 『한어어법』(제1부)에서 "(한어를 위해) 새로운 자모를 만들게 되면, 바로 몇몇 뛰어난 학자들이 제안한 바와 같이 우리는 우리가 현재 일본, 태국, 티베트, 버마와 인도에서 처해 있는 것과 똑같은 상황에 놓이게 될 것이다. 이들 지역에서도 전에는 그 국가의 언어를 사용하는 학생들이 절실하게 필요하다고 느끼던 더욱 실용적인 병음체계가 없었다. 우리는 반드시 우리의 문명이 더욱 진보함에 따라 국가들 사이가 더욱 긴밀해지고, 표준적인 자모체계의 필요성이 더욱 절실해질 것임을 유의해야 한다. 표준적인 자모체계를 통해 유럽인들은 아시아, 아프리카 국가에서 제작한 지도상의 명칭을 읽을 수 있고, 알지 못하는 외국어 단어의 독음을 최대한 정확히 발음

—역자 주)

* Stanislas Hernisz, *A Guide to Conversation in the English and Chinese Language*(London: Trubner & Co., 1854), p.I. (이 책의 중문서명은 『習漢英合話』이며, 영어[및 영문]와 한자[및 한어], 그리고 한자[한어]에 대한 알파벳 병음자모의 상호비교 형식으로 구성되어 있다. —역자 주)

할 수 있게 될 것이다"*라고 하였다. 같은 해에 다른 기구에서 인쇄한 동일한 저서의 또다른 판본의 서문에서는 다음과 같이 말하고 있다. "(이 교과서의 목적은) 중국인들에게 어음체계를 사용하는 것을 가르치기 위한 것이다. 비록 본서의 직접적인 목표가 그들에게 영어를 가르치는 것이지만, 저자는 기독교와 서구 과학이 중국에 전파됨에 따라 이러한 어음체계가 한자를 대신하게 될 것이라고 확신한다. 중국의 여성들도 장차 교육을 받게 될 것이다. 그러나 이는 한자를 통해서는 실현할 수 없고, 반드시 로마자모를 통해야만 한다."** 이 책의 역자 서문에서는 이러한 로마자모화 된 한어는 배우기 쉽고, "자신의 모어를 알지 못하는 중국인도 며칠 밤이면 곧 로마자로 병음화한 한어를 배울 수 있다"***고 강조하였다. 이런 유의 여러 사전 편찬자와 마찬가지로, 1870년에 출판한 『푸저우福州 방언 한어사전』의 편찬자 맥클레이(R. S. Maclay)는 서문에서 그 사전의 "가장 주요한 목표"는 "중국인 사이에서 우리의 기독교 선교회 사업을 장대하게 하기 위한 것"****이라고 명확히 밝히기도 하였다.

---

* William Lobscheid, *Grammar of the Chinese Language*, Part I(Hong Kong: the Office of "Daily Press", 1864), pp.II-III.

** William Lobscheid, *Chinese-English Grammar*, Part I(Hongkong: Noronha's Office, 1864), Preface.

*** Ibid., "Translator's Preface".

**** R. S. Maclay, *An Alphabetic Dictionary of the Chinese Language in Foochow Dialect*(Foochow: Methodist Episcopal Mission Press, 1870), p.VI.

4. 청말의 창힐(蒼頡)*들

19세기 재중 서구 선교사들의 한어에 대한 견해는 '통상항구 연안'에 거주하거나 그곳을 빈번히 왕래하던 일부 중국 문인들에게 영향을 주었을 뿐만 아니라 점차 내지로 전파되었다. 그들 중국 문인은 그 지역 서구 선교사와 관계가 밀접했으며, 그중에는 심지어 기독교에 귀의한 사람도 있었다. 그러나 언어진화론의 관점은 어느 정도 기간이 경과한 이후에야 중국 문인들에게 영향을 미치기 시작했으며, '한자혁명'의 가장 강력한 근거로 받아들여졌다. 처음에는 '한자의 번잡함'에 관한 주장이 가장 유행하였고, 1891년에 이미 중국 문인의 서술 속에 나타나고 있다. 서구 선교사 및 그 중국 신도들이 중국에서 대대적으로 '로마자모'를 확산시켰지만, 관방과 밀접한 관계를 맺고 있던 일부 중국의 언어 개혁가들은 오히려 일본어의 가나[假名]에 주목하였다. 1891년 일찍이 일본을 방문한 적이 있는 송서(宋恕, 1862-1910)는 『육재비의六齋卑議』를 편찬하였는데, 그 가운데 「변통편變通篇」의 '개화장開化章'에서 "창장長江과 화이허淮河 이남 지역에는 절음切音 문자 여러 종류를 만들어야 한다"며, 근대 중국에서 최초로 명확하게 "절음문자(즉 병음문자)를 만들 것"을 제안하였다. 하지만 그가 만든 절음문자는 지금 더이상 확인할 수 없다.

백인종의 국가에서 남녀를 막론하고 글자를 아는 사람은 많게는 열에 아홉이고, 적게는 열에 둘이다. 황인종의 민족 가운데 글자를 아는 자

---

* 중국 고대 신화 중 황제(黃帝)의 사관(史官)으로, 새 발자국을 보고 처음으로 문자를 만들었다는 인물. 여기서는 새로운 문자를 창조한 사람을 비유함. ―역자 주

는 일본이 가장 많다. 인도……또한 지금은 백 명 가운데 네 명이 글자를 읽을 줄 안다. 적현(赤縣, 즉 중국)은 진秦 이전에 학교가 가장 성행하였으며, 남녀 가운데 글자를 모르는 사람이 없었다. 진 이후에는 참화가 빈번히 발생하였고, 그 참극에서 살아남은 사람들은 날로 우둔해졌다. 지금 글자를 아는 사람을 계산해보면 남자는 백 명 가운데 1명, 여자는 대략 4만 명 가운데 1명 정도로서, 인도보다도 훨씬 떨어지고 일본이나 백인종과는 비할 수가 없다. 글자를 아는 자가 적으면 국민의 누적된 곤경을 어떻게 해결할 수 있겠는가! 이제 마땅히 일본의 방식을 취해 교육령을 반포하여 남녀를 막론하고 국민 중 6세에서 13세는 모두 입학하도록 하고, 그렇지 않으면 그 부모를 벌해야 한다. 각 현과 향, 촌락, 병영에는 모두 남녀 학교 각 1개를 두고, 학교비용은 그 현과 향, 촌락, 병영에서 모금을 하며, 교재는 외국의 장점을 모아 참고하도록 하고, 독서물은 오로지 중국의 글자만을 사용하도록 해야 한다(현재 일본의 소학 교육 방법에 따르면 우선 일본 문장을 가르친 후에 한문을 가르친다. 만약 그 취지를 따른다면 창장과 화이허 이남 지역은 유학幼學의 편의를 위해 반드시 절음문자 여러 종을 만들어야 한다. 이 일은 중대한 사안이라 아직 감히 논하지 못하겠다).[*]

비록 송서가 "이 일은 중대한 사안이라 아직 감히 논하지 못하겠다"고 했지만 그 이후 중국을 위해 '새로운 병음문자'를 만든 사람들이 남북을 막론하고 우후죽순처럼 출현하였다. 그 가운데 비교적 영향이 있었던 것만도 적어도 27명에 달하며, 대부분 4가지 유형으로 구분할 수 있다. 즉 라틴

[*] 倪海曙, 『清末漢語拼音運動編年史』, 上海: 上海人民出版社, 1959, p.18에서 개인용.

어자모(루한장盧戇章의 '중국 제일쾌 절음신자中國第一快切音新字', 주원숑朱文熊의 '장쑤 신자모江蘇新字母' 등), 한자 필획식(왕자오王照의 '관화합음자모官話合音字母' 등. 이는 일본문자를 모방하여 '가나식[假名式]'이라고도 부름), 속기부호식(션쉐沈學의 '성세원음盛世元音', 차이시융蔡錫勇의 '전음쾌자傳音快字' 등)과 숫자를 문자로 삼은 숫자식(톈팅쥔田廷俊의 '수목대자數目代字' 등), 그리고 직접 새로운 부호를 문자로 만든 '새로운 문자'(우징헝吳敬恒의 '두아자모豆芽字母' 등)가 그것이다. 이러한 '창힐'이 연이어 출현한 문자 발명가 시대에 대해 우징헝은 훗날 다음과 같이 탄식하며 말하였다. "외국인의 저작을 논외로 치더라도, 중국인 가운데 이러한 일에 종사하는 사람은 수십 명이 있었다. 어느 한 사람의 방법을 취해 사용해도 되고 당연히 모두 함께 사용하는 것도 가능했다." 청말의 이러한 '창힐'들은 단지 '새로운 문자[新字]'만을 만들었을 뿐만 아니라 신문잡지를 통해 자신의 개인적인 발명을 대대적으로 광고하고 강단을 설치하고 학생을 모집하였으며, '새로운 문자'로 된 신문과 서적을 출판하기도 하였다. 또 관방과 연계가 있는 사람들은 지방관청이나 중앙정부를 설득하여 학교를 세우고 그 방안을 확산시켰다. 고유의 한자 이외에 별도의 '새로운 문자'를 만든 이유는 모두 '한자가 번잡하여' 교육을 보급하는 데 불리하고, 결국 국민의 지혜가 개발되지 못해 국가는 더욱 약해질 것이라고 보았기 때문이다.

　　그러나 위에서 인용한 송서의 『육재비의』의 마지막 구절은 오히려 논리상 돌연 논지에서 벗어난 듯한 느낌을 준다. 그 문장 앞에서는 한자가 배우기 어렵다는 것에 대해 전혀 언급한 적이 없을 뿐만 아니라 "진秦 이전에 학교가 가장 성행하였으며, 남녀 가운데 글자를 모르는 사람이 없었다"는 구절은 이미 "오늘날 글자를 아는 사람"이 적은 원인은 한자 자체에 있는 것이 아니라 학교제도가 폐지된 데에 있다는 것을 암시하고 있기 때문이다. 이러한 논리적인 오류는 단지 송서에서만 발견되는 것이 아니라 다른 '창힐' 및 그 선전자들에게서도 흔히 찾아볼 수 있다. 예를 들어, 량치차오는 1896년 「변법통의變法通議」의 '학교총론學校總論'에서 "지혜는 어떻게 깨치는가? 배움을 통해 깨친다. 배움은 어떻게 이루는가? 교육을 통해 이룬다. 학교의 제도는 우리 삼대三代 시기에 가장 완비되었다. 가문[家]에는 숙塾이 있었고 마을[黨]에는 상庠이 있었으며, 도시의 길가[術]에는 서序가 있고, 나라[國]에는 학學이 있었다. ……따라서 나라 전체에서 교육을 받지 않는 사람은 하나도 없었으며, 배움을 모르는 사람도 하나도 없었다"*고 하였다. "삼대에는 배우지 않는 사람이 없었다"는 주장은 비록 여러 사람들이 하나같이 말하기는 했지만 선진(先秦) 시기에 대한 후대 사람들의 상상에 불과하다. 예를 들어 주희(朱熹)는 「대학장구서大學章句序」에서 다음과 같이 말하였다. "삼대의 전성에는 그 법이 점차 완비되었으며, 그에 따라 왕궁과 수도, 민간에 배움이 없는 곳이 없었다. 사람은 누구나 8세가 되면 왕공王公 이하에서 서민의 자제에 이르기까지 모두 입학을 하였다." "그리하여 당시 사람들은 배우지 않은 사람이 없었다." "주周가 쇠약해지고 현인, 성인과 같은 군자가 더이상 나오지 않고, 학교의 학정學政이 정비되지 않게 되자, 교화가 점차 쇠퇴하고 풍속이 퇴폐해졌다."**

송서의 『육재비의』는 1897년에 간행되었는데, 푸젠(福建) 출신 루한장은 이미 1892년에 라틴어자모로 푸젠의 방언을 표기하는 체계적인 '새로운 절음자切音字'인 '중국 제일쾌 절음신자中國第一快切音新字'를 만들고, "중국의 글자는 아마도 현재 천하의 글자들 가운데 가장 어려우며", "평상시의

---

* 梁啓超, 「變法通議」, 『飮冰室合集 · 文集之一』, 北京: 中華書局, 1989, p.14.
** 朱熹, 「大學章句序」, 『四書集注』, 長沙: 嶽麓書社, 1900, pp.1 2.

시부詩賦와 문장에서 사용하는 것은 단지 5천여 자에 불과하다. 하지만 이 수천 자를 배우려면 총명한 자라도 10여 년 동안 힘써 배우지 않으면 안 된다. 따라서 절음자가 더 뛰어나다"*고 주장하였다. 루한장은 기독교도로 서 영국 선교사 존 맥고완(John Macgowan, 馬約翰, 1835-1922)과 밀접한 친분이 있었다. 그는 『일목요연초계一目了然初階』의 서문에 다음과 같이 적었다. "내가 보기에 국가의 부강은 격치(즉 과학)에 기반하고, 격치의 발전은 남녀 노소가 모두 배우기를 좋아하고 도리를 인식하는 것을 기초로 한다. 사람들이 배우는 것을 좋아하고 도리를 인식하게 하는 방법은 절음의 문자를 바탕으로 한다. 이렇게 자모와 절음법을 익히고 나면 모든 글자는 스승이 없어도 혼자서 읽을 수 있다. 언문[字話]이 일치하면 입으로 읽는 대로 곧 마음에 전달된다. 또 자획이 간단하면 배우고 인식하기 쉬우며 쓰는 것도 쉽다. 10여 년의 시간을 절약하여, 그 시간을 수학, 격치, 화학 그리고 각종 실학實學에 전념한다면 어찌 나라가 부강하지 못함을 근심하겠는가!" "이 제 천하에 중국을 제외하면 대부분은 20-30개의 자모로 절음자를 만든다. 영국과 미국은 26개, 독일, 프랑스, 네덜란드는 25개, 러시아, 버마는 36개, 이탈리아와 아시아 서쪽의 6-7개국은 모두 22개이다. 따라서 구미의 문명국가는 비록 궁벽한 벽지의 남녀라 할지라도 10세 이상이면 책을 읽지 못하는 사람이 없다." "어째서 그러한가? 그 절음을 문자로 삼고 언문이 일치하며 자획이 간단하기 때문이다. 일본 또한 중국의 문자를 사용하지만, 근래에 특출한 인물들이 47개의 간단하고 쉬운 글자를 절음자의 자모로 삼음으로써 그 문화와 교육[文敎]이 흥성하게 되었다." "외국의 남녀는 모두 책을 읽는데, 이것은 절음자의 효과이다."**

---

* 倪海曙, 『清末漢語拼音運動編年史』, p.22에서 재인용.

각국 국민의 식자율에 대한 루한장(盧戇章)***의 통계가 무엇을 근거로 했는지는 알 수 없으며, 청말 다른 문자개혁론자들마다 그 수치가 서로 다르고, 특히 중국 국민의 식자율에 관해서는 천차만별이다. 캉유웨이 등의 1895년 '공거상서公車上書'에서는 "서구가 부강한 까닭을 고찰해보니, 이는 포와 무기, 군사에 있지 않고 이치를 따지고 배움을 권장한 데 있었습니다. 그들은 7-8세가 되면 모두 입학을 하게 하고, 배우지 않는 자가 있으면 그 부모에게 책임을 묻습니다. 그리하여 향숙(鄉塾, 시골의 글방)이 매우 많습니다. 각 국가의 식자율을 보면 100명 가운데 70명 정도입니다. ……그러나 문물文物의 나라 우리 중화에서는 책을 읽고 글자를 아는 사람은 100명 가운데 20명에 불과합니다"****라고 하였다. 그의 제자 량치차오는 1896년 「변법통의」 중 '유학幼學을 논함'에서 "서구인은 100명 가운데 글자를 아는 사람이 80명에서 97-98명에 달한다. 하지만 중국은 30명도 채 안 된다. 머리와 발은 모두 똑같이 둥글고 네모지고, 감각기관과 사지는 모두 각각 5개, 4개로 똑같지만, 그 차이가 이와 같이 현격하다"*****고 하였다. 같은 해 량치차오는 또 션쉐(沈學)의 『성세원음』을 위한 서문에서 "국가는 어떻게 강해지는가? 국민이 지혜로우면 국가는 강해진다. 백성은 어떻게 지혜로워지는가? 모든 천하의 사람들이 책을 읽고 글자를 익히면 국민은 지혜로워진다. 독일과 미국 두 국가의 국민은 100명 가운데 글자를 아는 사람

***** 위의 책, p.21에서 재인용.
*** 원문에는 송서로 되어 있다. 하지만 각국의 식자율에 관한 소개가 가리키는 것은 앞의 『일목요연초계』의 서문으로 보이며, 그 서문의 작자는 루한장(盧戇章)이다. 이에 본 역서에서는 루한장으로 고쳐 번역하였다. ―역자 주.
**** 康有爲等, 湯志鈞編, 「上淸帝第二書」, 『康有爲政論集』(上), 北京: 中華書局, 1981, pp.130-131.
***** 梁啓超, 「變法通議」, 『飮冰室合集·文集之一』, 北京: 中華書局, 1909, p.11.

이 거의 96-97명에 이른다. 서유럽의 여러 국가들도 이들을 칭송한다. 일본은 100명 가운데 글자를 아는 사람이 80여 명이다. 중국은 문명으로 전 세계[五洲]에 널리 알려져 있지만 100명 가운데 글자를 아는 사람은 30명에도 미치지 못한다(다른 판본에는 이 구절의 내용이 다르다. 이 서문은 1936년 『음빙실합집·문집지이[飮冰室合集·文集之二]』에 수록될 때, '20명에도 미치지 못한다'로 바뀌었다. 아마도 수록 과정에서 오자가 발생한 것으로 보인다. 왜냐하면 '유학을 논함'의 각 판본에는 모두 '30명에도 미치지 못한다'고 되어 있기 때문이다-저자). 비록 학교가 창성하지 못했기 때문이라 하더라도, 어찌 갑자기 이와 같이 차이가 날 수 있는가? 우리 고향의 황궁두(黃公度, 즉 황준셴[黃遵憲])가 말하기를 '언어와 문자가 분리되면 문장을 이해하는 자가 적어진다. 언어와 문자가 일치하면 문장을 이해하는 자가 많아진다'고 하였다."[*]

1900년 즈루(直隷) 출신 왕자오(王照)는 『관화합음자모[官話合音字母]』를 편찬하고, 그 서문에서 "우리나라에서 문장의 뜻을 이해하는 자는 100명 가운데 한 명 정도"라고 하였다. 그 제자 왕푸(王璞)는 스승의 주장을 계승하여 1902년 관학대신(管學大臣) 장바이시(張百熙)에게 상서를 올려 왕자오의 '관화합음자모'를 널리 확산시킬 것을 건의하고, "(오늘날 중국은) 호구[戶口]가 많기는 하지만, 책을 읽고 글자를 아는 사람은 100명 가운데 한 명도 안 된다"고 하였다. 1901년 『수목대자결[數目代字訣]』을 발간한 톈팅쥔은 "우리 중화의 4억 명을 통계하면 100명 가운데 단지 몇 사람만을 얻을 수 있을 뿐이다"라고 주장하였다. 1903년 원저우(溫州) 출신 천추(陳虯)는 『신자구문칠음탁[新字甌文七音鐸]』과 『구문음휘[甌文音彙]』를 출판하고, "영국, 미국, 독일, 프랑스, 일본……은 전국을 계산하면 100명 가운데 글자를 아는 사람이

* 梁啓超,「沈氏音書序」, 沈學,『盛世元音』(『時務報』影印本), 北京: 文字改革出版社, 1956, p.2.

90여 명이나 된다! 중국은 성진城鎭의 도심 지역을 제외하면 간단히 문장을 이해할 수 있는 사람이 10명 가운데 1명도 발견하기 어렵다'고 하였다. 1905년 '간자簡字' 창시자 라오나이쉬안(勞乃宣)은 양강 총독 저우푸(周馥) 등의 승인을 받아 장닝(長寧, 즉 난징南京)에 '간자반일학당簡字半日學堂'을 설립하였는데, 그 학교의 개학식에서 간자 지지자인 션펑러우(沈鳳樓)는 "국가 부강의 근원은 한두 명의 상류사회의 인재에 있는 것이 아니라 다수의 하층사회의 식자능력에 있다. 100명 가운데 하층사회가 99명을 점하는데, 오늘날 글자를 아는 자는 그중 1명뿐이고, 글자를 모르는 사람이 99명이다. 이러한 상황에서 국민의 지혜를 깨울 칠 수 있겠는가"*라고 연설하였다. 그러나 라오나이쉬안은 1910년 학부에 상서를 올려 중국은 "100명 가운데 50명이 글자를 안다"**고 말하였다.

자신의 병음문자 방안을 널리 '판매'하기 위해, 병음문자의 간편함과 한자의 번잡함을 과장하는 것은 당시 대부분의 '창힐'들이 상품을 파는 상인처럼 늘 하던 입버릇이었다. 송서, 캉유웨이, 량치차오가 각국 식자율의 상세한 통계수치를 열거한 것은 일정한 근거가 있는 것처럼 보이지만, 그 외의 모든 것은 주워들은 것으로 근거자료가 부족했다. 그뿐만 아니라 그 세 사람은 외국 국민의 식자율 통계수치에 있어서는 거의 차이가 없지만, 중국 국민의 식자율에 대해서는 차이가 컸다(송서는 "현재 글자를 아는 사람을 계산해보면, 남자는 100명 가운데 1명, 여자는 4만 명 가운데 1명 정도이다"라고 한 반면, 캉유웨이는 "단지 20% 정도", 량치차오는 "100명 가운데 글자를 아는 사람은 30명이 채 안 된다'고 하였다). 당시 중국에서 국민의 식자율에 대해 전

---

* 「江寧簡字半日學堂師範班開學沈鳳樓演說文」, 勞乃宣, 『簡字譜錄』, 北京: 文字改革出版社, 1957, p.204.

** 倪海曙, 『清末漢語拼音運動編年史』, p.210.

면적인 통계를 실시한 적이 없음을 고려하면 송서, 캉유웨이, 량치차오 세 사람의 주장도 역시 근거로 삼기엔 부족하다. 그럼에도 캉유웨이와 량치차오가 말한 수치는 사실과 큰 차이가 없는 것으로 간주되어, '20%'의 식자율은 점차 보편적으로 받아들여졌을 뿐만 아니라 청말에서 민초 시기까지 줄곧 큰 변화가 없었다. 예를 들어 자오펑(焦風)이 일찍이 1929년에 "중국은 전체 인구의 80%가 문맹이다"라고 말하고, 이 구절에 대해 "이 숫자는 사람들이 일반적으로 말하는 것으로 정확한 통계는 아직까지 없다. 그러나 대체로 이와 크게 다르지는 않을 것이다"* 라고 주석을 덧붙였다. 20%는 중국 식자율이 낮음에 대한 증거로 받아들여졌기 때문에, 나는 그것을 또다른 통계방법의 자료로서 채택하고자 한다.

여기서 잠시 1900년 세계 주요 국가의 식자율과 비교해보도록 하자. 역사학자 하비 그라프(Harvey J. Graff)가 구미 각국 식자율의 역사적 추이에 대해 연구한 바에 의하면(그의 통계방법은 남녀가 성당이나 교회에서 결혼할 때 직접 자신의 이름을 작성할 수 있는가를 기준으로 삼았는데, 이는 식자율의 기준을 너무 넓게 잡은 것이었다), 1900년 미국 국민의 식자율은 88%이지만, 유럽 각국의 상황은 차이가 매우 클 뿐만 아니라(비록 1850년에서 1900년 사이에 식자율이 대폭 증가했기는 하지만), 개신교 국가의 식자율은 보편적으로 천주교 혹은 다른 종교의 국가보다 높았다. "중유럽과 북유럽은 95%를 초과했으며, 서유럽은 80%를 초과했다. 그리고 오스트리아와 헝가리는 70%를 초과하고, 에스파냐와 이탈리아, 폴란드는 50%를 초과하였고, 포르투갈과 그리스정교 국가는 단지 25% 정도였다."** 구체적으로 말해서, 1900년 중국

---

* 焦風, 「中國語書法拉丁化問題」, 倪海曙編, 『中國語文的新生-拉丁化中國字運動二十年論文集』, 上海書店據時代出版社, 949년版影印, p.59.

** Harvey J. Graff, *The Legacies of Literacy*(Bloomington: Indiana University Press,

의 시각에서 '열강'을 보면, 독일의 식자율은 97%, 영국과 미국은 88%, 프랑스는 82%, 일본은 대략 80%였지만, 러시아는 25% 정도였다. 당시 산업화 국가의 식자율이 모두 80% 이상이었던 것에 비해 러시아는 중국의 식자율과 거의 엇비슷했다.

식자율은 한 측면일 뿐이고, 실제로 문제를 설명하기 위해서는 각국의 전체 인구수를 함께 고려해야만 한다(이 점은 거의 간과되어왔다). 중국 인구수는 4억이었고, 영국은 4,160만, 미국은 7,621만, 프랑스는 3,890만, 일본은 3,000만, 독일은 6,000-7,000만이었으며, 러시아는 1억 3,300만에 달했다. 이를 위의 각국 식자율로 환산하면, 1900년 중국의 식자층 인구는 8,000만, 영국은 3,761만, 미국은 6,706만, 프랑스는 3,190만, 독일은 5,520-6,790만, 일본은 2,400만 정도였고, 러시아는 3,325만 명이었다. 이로부터 보면, 중국이 당시 세계 각국 중 식자층 인구가 가장 많은 나라로서 미국이나 독일 두 국가보다도 훨씬 많고, 영국, 프랑스, 일본, 러시아에 비하면 거의 2-3배였음을 알 수 있다. 당시 중국의 국력이 구미 각국에 훨씬 미치지 못하고 또 국민 교육 체계가 아직 확립되기 전이라는 점을 고려한다면, 이와 같은 많은 인구가 식자층이었다는 것은 오히려 한자 자체가 결코 '배우기 어렵지' 않다는 것을 증명해준다.

다른 한편, 병음문자를 사용하는 구미 각국도 결코 처음부터 '식자층이 많았던 것'은 아니다. 예를 들어 19세기 말 교육사가 루이스 마지올로(Louis Maggiolo)가 1686-1690년, 그리고 1786-1790년, 두 시기 동안 프랑스 성당에서 결혼등록을 위해 서명한 상황에 근거하여 추산한 결과에 따르면, 첫번째 시기 프랑스 성년 남성의 식자율은 29%, 성년 여성의 식자율

1987), p.574.

은 14%였고, 두번째 시기에는 성년 남성의 식자율은 47%, 성년 여성의 식자율은 27%였다.* 당시 프랑스 전체 인구를 기준으로 하면 식자율은 더욱 낮아진다. 다른 유럽 국가들의 상황도 대체로 이와 비슷했다. 식자율의 높고 낮음과 한 국가의 재정 및 통합 의식은 관련이 있지만 그 문자의 '난이도'와는 무관하다. 만약 중국의 '식자층이 적은' 것이 한자 자체의 문제 때문이 아니고 유럽과 미국, 일본의 '식자층이 많은' 것 또한 병음문자 자체와 관계가 없는 것이라면, 청말의 창힐들은 또 왜 한자 이외에 달리 '새로운 문자'를 만들었을 뿐만 아니라 심지어 한자를 폐지하고 '새로운 문자'로 대체하는 것을 국가 부강의 첩경 내지 유일한 방법으로 삼으려 했던 것일까? 이것은 단지 청말 민초 지식인의 심리적 상태에서 원인을 찾을 수밖에 없다.

앞서 인용한 바와 같이 루한장은 『일목요연초계』의 서문에서 "이제 천하에서 중국을 제외한 대부분은 20-30개의 자모로 절음자를 만든다"고 하였다. 그가 보기에, 만국이 모두 절음자를 사용하는 이상, 세계의 일원으로서 중국이 스스로 세계의 외부에 떨어져 있지 않으려면 마땅히 절음자를 채택해야만 했다. "어찌 스스로 만국과 구분 짓기 위해 절음자를 시행하지 않을 수 있단 말인가!"** 라오나이쉬안도 『증정 합성간자보增訂合聲簡字譜』 서문에서 『관화합성자모官話合聲字母』의 저자 왕자오의 주장을 인용하여 "언문일치는 교육 보급의 근본이자 세계의 보편적인 이치"***라고 하였다.

그 밖에 '새로운 문자'를 만든 사람들도 이와 같이 말하면서 '세계의 보편적인 이치'를 '언문일치'의 새로운 병음 '문자'를 만드는 근거로 삼았다. 심

---

* Harvey J. Graff, *The Legacies of Literacy*, p.193.

** 倪海曙, 『淸末漢語拼音運動編年史』, p21, 23에서 재인용.

*** 勞乃宣, 「增訂合聲簡字譜序」, 『簡字譜錄』, 北京: 文字改革出版社, 1957, p.1.

지어 조정의 주요 관원들 중 일부도 이와 동일한 견해를 주장하였다. 1902년 일본의 학제를 시찰한 경사대학당 총감(總監) 우루룬(吳汝綸)은 관학대신(管學大臣) 장바이시(張百熙)에게 보낸 서신에서 다음과 같이 말하였다. "중국의 문장은 깊고 훌륭하여 어린 아동들이 이해할 수 없고, 외국의 언문일치와도 다릅니다. 만약 소학에서 최대한 국민을 교육하고자 한다면 마땅히 첩경이 되는 방법을 구해야 할 것입니다. ……일본 학교에는 반드시 국어독본이 있습니다. 만약 우리가 그것을 본받는다면 간편히 쓸 수 있는 문자를 모방하지 않을 수 없습니다." 1903년 줄곧 왕자오의 '관화자모'를 지지했던 즈루 총독 위안스카이(袁世凱)도 즈루대학당(直隸大學堂) 학생 허펑화(何鳳華) 등이 요청한 관화자모 공포에 대한 청원서를 읽고 전적으로 동의를 표하였다. "국민에게 교육을 보급하려면 반드시 언문이 일치해야 하는 것이 동서 각국의 통례가 되었다."*

5. '국민단체의 중요한 이치'

경사대학당 총감 우루룬은 1902년 관학대신(교육부장) 장바이시의 파견으로 일본을 방문하여 학제를 시찰하였다. 우루룬은 바로 옌푸의 사우(師友)로서, 일찍이 그의 『천연론』 번역 원고를 읽고 사회진화론 사상에 대해 매우 공감을 하였다. 본래 우루룬이 일본을 시찰한 종지는 일본 대학의 학제를 고찰하는 것이었지만, 일본의 저명한 국민교육가인 쓰치야 히로시(土屋弘)와 이자와 슈지(伊澤修二)는 거듭해서 우루룬에게 병음문자로 한자

---

* 袁世凱, 「十一月十七日督書貴批」, 玉照, 『官話合聲字母』, 北京: 六字改革出版社, 1957, p.93.

를 대체하는 것이 중국에 있어서 더욱더 중요하다고 권하였다. 그리고 그들이 우루룬에게 제시한 방안은 바로 일본의 '오십음도五十音圖'였다. 이자와 슈지는 일본의 주타이완 총독부에서 타이완 식민지에 일본어 교육 보급을 책임지던 주요 관원이었는데, 그는 우루룬과 다음과 같이 필담을 주고받았다.

이자와 슈지: 국민의 애국심을 양성하려면 반드시 그것을 통일하는 것이 있어야 합니다. 무엇으로 통일을 하겠습니까? 바로 언어입니다. 언어가 다르면 공통을 이루기 불편하고 단체에 많은 장애가 되며, 그 밖에도 각종 폐해를 이루 말할 수 없습니다. 귀국의 현재 추세를 보건대 언어를 통일하는 것이 무엇보다도 시급합니다.

대답: 언어를 통일하는 것은 정말 매우 시급합니다. 그러나 학당의 과목은 이미 너무 많은데, 어떻게 다시 한 과목을 더 개설할 수 있겠습니까?

이자와 슈지: 차라리 다른 과목을 없애고 국어과목을 설치하십시오. 지난 세기에 사람들은 국어의 중요성을 알지 못했습니다. 그것이 중요하다는 것을 알게 된 것은 금세기의 신발명입니다. 그것은 단체를 응집시키는 데 도움이 되고 애국심을 증진시킬 수 있습니다. 유럽의 각국에 대해서 말하자면 오늘날 애국심이 가장 강한 나라는 독일만한 국가가 없습니다. 독일은 본래 작은 여러 나라로 분리되어 있고, 언어가 각자 서로 달랐습니다. 당시는 너는 너고, 나는 나다는 의식 때문에 단체가 결성되지 못하고 국가의 힘도 약했는데, 그러한 상황을 역사가 아주 생생하게 말해주고 있습니다. 그후 독일의 왕 빌헬름이 등장하여 국가의 힘을 진작시키려 하였는데, 그는 연방으로 통일하지 않으면 강성하고 장대한 대열에 낄 수 없고, 연방으로 통일하려면 먼저 언어를 통일하지 않

으면 동일한 기운[氣]을 고취할 수 없다는 것을 알았습니다. 방침이 일단 정해지고 언어가 일치하자 국력도 날로 강성해졌습니다. 유럽 각국 중 애국심이 박약하기로는 오스트리아-헝가리 공동 국가만한 것이 없습니다. 그 국가는 인종이 다양하여 자연히 언어도 각기 다릅니다. 개량의 방법을 알지 못해 정치풍속이 각 방면에서 서로 착종된 상황을 보여주고 있습니다. 심지어 육군이 정부의 통제를 받지 않고 소란을 일으키고 있는데, 이러한 상황이 언제 끝날지 알 수 없습니다. 옆에서 지켜보는 사람들은 항상 심히 우려하며 오스트리아-헝가리는 국가도 아니라고 합니다. 이들은 모두 언어가 통일되지 않았던 나라이지만, 독일은 통일되지 않은 상황에서 통일로 나아가 국가가 강성해졌고, 오스트리아-헝가리 공동 국가는 본래부터 통일되지 않은데다 또 통일시킬 줄을 몰라 혼란에 빠졌습니다. 이러한 결말의 차이는 귀국이 거울로 삼아도 족할 듯합니다.[*]

쓰치야 히로시도 우루룬에게 보낸 서신에서 중국이 '오십음도'를 채택할 것을 강력히 건의하였다. "교육은 문자를 주요 수단으로 삼는데, 문자가 간편하기로는 오십음도만한 것이 없습니다. 우리나라의 보통 교육도 오십음도를 우선으로 하고 있으며, 오십음은 우주의 온갖 일들을 써내지 못하는 것이 없습니다. 그 문자는 단지 50개여서 어린 아동들도 보면 바로 기억할 수 있으니, 이것을 초급 교육에 적용하면 그 진보가 빠른 것은 말할 것도 없습니다. ……이제 귀하께서 만약 그 효과를 빨리 얻고자 한다면 마

[*] 吳汝綸著, 施培毅, 徐壽凱校點, 「貴族院議員伊澤修二氏談片」, 『吳汝綸全集』(三), 合肥: 黃山書社, 2002, pp.797~798.

땅히 먼저 우리나라의 오십음도를 채택해야 할 것입니다. 게다가 이것은 본래 한자에서 취한 것인데, 어찌 하루속히 이처럼 간편한 것을 사용하지 않으십니까?"*

여러 동양과 서구의 역사책을 살펴보면, 민족국가의 흥기와 확립의 핵심 조건 가운데 하나는 바로 자국 언어의 채택임을 알 수 있다. 로마 천주교 제국의 통용어인 라틴어로부터 분리하여 자민족의 언어를 채용한 유럽 각국이든, 동아시아 공통 서면어에서 분리하여 도쿄음을 바탕으로 오십음도를 만든 일본이든 상황은 마찬가지이다. 이자와 슈지와 쓰치야 히로시도 모두 이러한 점을 지적하고 있지만, 그들이 건의한 것은 오히려 중국이 일본의 문자를 채택하고 '한자'를 일본화하는 것이었다. 만약 그들이 앞서 말한 문자와 국가통일에 관한 민족주의 논리에 따르면, '일본화'된 한자가 어떻게 중국의 '단체가 공고해지도록' 촉진할 수 있겠는가? 중국이 일본의 가나를 '국어'로 채택하도록 건의한 것은, 겉으로는 중국의 '단체로서의 응집'을 위해 의견을 제시한 것처럼 보이지만, 실제로는 단순히 이자와 슈지와 쓰치야 히로시의 개인적인 의견이 아니라 일본이 중국인의 의식을 '일본화'하려는 한 조치였던 것으로 보인다.

비록 우루룬도 '한자의 번잡함'을 느끼고 보편적인 교육 수단으로 삼기에 어렵다고 느끼고는 있었지만, 이자와 슈지와 쓰치야 히로시 등의 국어 통일과 국가의 정체성에 관한 언술은 오히려 그로 하여금 언어의 주권에 대한 경각심을 갖도록 했다. 그는 그러한 제안에 대해 격식을 갖춘 외교언사로 거절하고, 중국은 이미 왕자오가 간편하게 만든 자모문자가 있다고 대답하였다. "귀하께서는 서신에서 귀국이 오십음을 초급 교육에 시행하여

---

* 吳汝綸, 「土屋弘來書」, 『吳汝綸全集』(三), pp.749-750.

진보가 매우 빨랐기 때문에 우리나라에서도 이렇게 간편한 것을 채택하면 매우 빠른 교육 효과를 볼 것이라고 하셨습니다. '중류 이상인 자가 100명 가운데 1명인데, 100명 중 1명을 교육하는 방법을 99명에게 적용할 수는 없다'고 한 말씀은 그야말로 한두 마디 말로 핵심을 찌르는 것이었습니다. 저 역시 최근 보통 교육을 시행함에 있어서는 지나치게 (수준이) 높아서는 안 된다고 생각하고 있습니다. 우리나라 사람 가운데 왕ㅗ모라는 사람이 일찍이 간편한 글자를 만들었는데 그 대략적인 취지는 귀국의 50음을 본보기로 삼아 49자로 만들고, 별도로 15개의 후두음을 덧붙여 우리나라의 음을 두루 다 갖추었으며, 며칠만 배워도 바로 이해할 수 있습니다. 이러한 방법을 우리나라에 널리 전파하여 초급 교육으로 삼으면, 이른바 99명의 사람들이 거의 모두 글자를 알고 점차 지혜가 계발될 수 있을 뿐만 아니라 바로 귀하의 가르침에 담긴 요지와도 서로 부합합니다."* 이 시기에 장바이시에게 보낸 서신에서, 그는 정부가 왕자오가 창제한 '관화자음'을 중국 언어를 통일시키는 수단으로 삼을 것을 건의하였다. 그는 이 자모가 "다소 일본의 가나문자와 비슷하지만", "음은 모두 베이징의 음으로서, 전국의 어음을 통일시킬 수 있습니다. 현재 저명한 교육가들은 대부분 한 국가의 국민은 언어가 각기 달라 소통할 수 없어서는 안 되며, 이것은 국민을 단체로 응집시키는 데 가장 중요하다고 여깁니다"**라고 하였다. 당시 장바이시 등은 바로 조정을 위해 신식 학교장정을 제정하고 있던 중이었다. 그러나 학부(學部)의 일부 언어정치학자들은 이를 더 심도 있게 사고하였다. 즉 중국은 방언이 너무 많아 일단 통일적인 한자를 "병음화하고" "지역에

---

* 吳汝綸, 「答土屋伯毅」, 徐壽凱等校點, 『吳汝綸尺牘』, 合肥: 黃山書社, 1990, p.292.
** 吳汝綸, 「與張尚書」, 『吳汝綸尺牘』, p.298.

따라 늘리거나 줄여서 "언문일치"를 도모한다면 중국 언어는 더욱 분열할 것이라는 것이었다. 그뿐만 아니라 어음의 분열에 문자의 분열이 더해져 곧 국가를 분열시키는 결과를 가져올 것이라고 보았다. 학부에서 제시한 최종적인 방안은 한자를 폐지하는 것이 아니라, 비교적 유행하는 베이징 관화(官話, 즉 베이징어)를 국어 통일의 도구로 삼는 것이었다. 이러한 방안은 1911년 10월 청 정부가 베이징에서 소집한 중앙교육회의의 문건 속에 명시되었으며, 이 관방문건에 의해 '관화'의 지위가 '국어'(이전에 법률상의 '국어'는 만주어였다)로 상승되었다. 그후 청 정부 및 북양 시기의 민국정부는 '국어 통일'을 위해 다음과 같은 원칙을 견지하였다. 즉 한자가 통일적인 문자이며, 관화는 통일적인 구어이다. 백화는 통일적인 서면어이고, 병음자모(왕자오의 '관화자모'이든, 1912년 중화민국 교육부가 소집한 전국 독음회에서 통과된 장타이옌章太炎의 방안이든 관계없이)는 단지 과거의 그다지 정확하지 않던 '절음' 방식을 대신하여 주음(注音)을 위해 사용한다.

왕자오의 '관화합성자모'는 한자의 필획을 자모(모두 고대 문자를 빌려 필획을 줄인 편방으로 만든 것임)로 삼고, 만주어 합성법(연속)을 채택하였으며, 베이징 관화(백화)를 병음으로 표기하였다. 왕자오가 이 자모를 창제한 것은 비록 일본의 가나로부터 시사받은 것이지만, 가나 또한 한자의 필획을 빌린 것이므로 '외래'의 것은 아니었다. 또 어쩌면 왕자오의 자모와 가나가 비슷했기 때문에 일본의 교육가들이 그 자모방안을 매우 중시했는지도 모른다. 이자와 슈지는 심지어 그것을 임으로 늘리거나 고쳐서 또다른 방안을 만들어 대체하려고까지 하였다. 이에 왕자오는 매우 반발하며 이자와 슈지가 음에 대한 변별능력이 부족하다고 비난하고, "이자와 슈지가 이 이치를 모르면서 본서를 표절하고, 함부로 늘리고 고친 것은 잘못된 일이다"라고 하였다. 그런데 1900년 경자(庚子)의 혼란 이후 제정러시아가 동북지방을 점거하고 중국과 일본을 동시에 위협했기 때문에, 중국과 일본 양국은 모두 연합의 필요성을 느끼고 있었다. 그리하여 중일관계는 '러시아에 대한 저항'이라는 공통적인 동기에서 점차 이른바 '황금기 10년'에 진입하고, 이어서 '황인종 일체'로서 연합하여 '백인종'에 대항하자는 주장이 출현하였다. 이러한 상황에서 1904-1905년 러일전쟁은 아시아와 유럽에서 보편적으로 '아시아 대 유럽', '동방 대 서구', '황인종 대 백인종'이라는 종족전쟁으로 인식되었다. 이로 인해 서구의 자모를 채용하여 '새로운 문자'를 만들었던 개혁가들은 오히려 모종의 민족주의에 의한 압력을 받았다.

1906년 라틴자모로 '장쑤 신자모'를 만든 주원슝(朱文熊)은 '기술'적으로 라틴어자모가 더욱 간편함을 증명하고자 하였다. "일본은 세속적인 이야기를 가나로 쓴 책이나 신문잡지를 발간함으로써 교육도 보급하였고, 최근에는 더욱더 언문일치에 주목하고 있으며 심지어 한자와 가나를 폐지하고 로마병음을 사용할 것을 주장하는 사람도 있다. ……이에 자극을 받아 내가 수년 동안 간직해온 국문을 개량하려는 사상이 지금 다시 움돋고 있다. 오호! 나는 상하이 션(沈)군의 절음신자, 즈루 왕군의 관화자모를 읽고 감탄과 찬사를 금할 수 없었다. 다만 절음신자는 형식이 특이하여 식별하기 쉽지 않다. 또 관화자모는 가나를 본뜬 것으로 부호가 너무 많다. 나는 세계에 존재하지 않던 새로운 문자를 만들기보다는 세계에서 통용되는 자모를 취하는 것이 더 낫다고 생각한다. 따라서 유럽의 문자를 채용하여 그 음을 그대로 따르거나 혹은 읽는 방식을 변화시키고 또 여섯 자를 새로 추가하여 그 부족한 것을 보충하고자 한다."**

---

* 王照, 「新增例言」, 『官話合声字母』, 北京: 文字改革出版社, 1957, p.14.
** 朱文熊 「〈江蘇新字母〉自序」, 『江蘇新字母』, 北京: 文字改革出版社 1957 p.1

1908년 라틴어자모로 '중국음표자中國音標字'를 창제한 류멍양(劉孟揚)은 "우리나라 고유의 글자체를 버리고 오로지 영문의 글자체만을 취한다"는 비난에 대해 다음과 같이 변호하여 말하였다. "만약 우리나라의 글자는 다른 나라를 모방해서는 안 되기 때문에 근본을 망각했다고 비난한다면, 이는 글자라는 것은 기호이며 그 적합함을 취할 뿐, 이른바 나와 타자를 구분하지 않는다는 것을 모르는 소치이다. 영국, 미국, 프랑스 등 국가를 보면, 그 글자는 모두 같지만, 영국은 여전히 영국이고 미국은 여전히 미국이며 프랑스는 여전히 프랑스다. 어찌 중국의 음표자音標字가 영문의 글자체를 취하면 우리 중국이 아니라고 말하는가?"*

청말의 여러 '창힐'들 가운데 1903년 중국 고대의 전문(篆文)으로 '과두문蝌蚪文'(한자의 당초 글자 형태는 올챙이처럼 머리가 크고 꼬리가 가늘어서 과두문[올챙이문]이라 부름)을 만든 천추(陳虯)는 아마도 '서양문자'에 대해 민감한 경각심을 품었던 사람 가운데 한 예이다. 한 연설문에서 그는 "감오청일전쟁 이후, 중국의 뜻 있는 많은 인사들은 사람들을 총명하게 일깨우기 위해서는 새로운 글자를 만들어야만 한다는 것을 알았다. 지금 간행된 것으로는 이미 저장浙江의 선쉐沈學, 민취안閩泉의 루한장, 룽시龍溪의 차이시융 세 사람의 것이 있다. 그러나 그들의 책은 자형자모가 대부분 서양의 문자를 모방한 것이다"**라고 말하였다. 그는 자신이 창제한 과두문의 표음 자모로 원저우(溫州)의 말을 표기하고, 이를 '신자구문(新字甌文: 새로운 문자 원저우 문)'이라 칭하였다. 1908년 갑골문과 유사한 일련의 '천음자표串音字標'를 만든 마티첸(馬體乾)도 이와 마찬가지였다. 그는 "서구의 자모를 채택하는

---

* 倪海曙,『清末漢語拼音運動編年史』, 上海: 上海人民出版社, 1959, pp.179-180에서 재인용.
** 위의 책, p.108, p.107에서 재인용.

것"을 반대하고 "천음자를 창제한 의도는 육서六書를 보완하여 교육을 보급하는 데 있다", "일단 육서가 없어지면, 이로 인해 수많은 백성들의 생업이 없어지는 것은 말할 것도 없고, 황제 자손의 수천 년 간의 예악과 전장제도도 이로 인해 모두 사라지고 말 것이다"*라고 주장하였다.

강렬한 민족주의 경향을 지니고 있던 장타이옌이 더욱 그러한 반응을 보인 것은 말할 것도 없다. 그는 당연히 한자를 대신하는 모든 새로운 병음문자 방안을 반대하고, 문화의 발전 여부나 교육의 보급 여부는 병음문자와는 무관하며, 설령 교육을 보급하기 위해 간편한 자모를 채택한다고 하더라도 그 또한 일본이나 서구의 문자가 아니라 한자의 필획 자체가 되어야 하고, 그것도 단지 한자의 주음을 하기 위한 보조수단일 뿐이지 한자를 대체하는 또하나의 새로운 문자가 될 수는 없다고 주장했다. 그의 계획은 이전의 한자로 한자의 발음을 표기하던 '반절反切'의 방법을 보다 단순화하기 위해, 한자 필획으로 한자의 독음을 표기하는 '주음자모注音字母'로 대신하는 것이었다. 1908년 그는 「중국이 만국의 새로운 언어를 사용하자는 주장에 대한 반박駁中國用萬國新語說」을 발표하여 각종 '새로운 절음문자'를 배척하고, 자신의 방안을 제시하면서 다음과 같이 주장하였다. "절음방식의 용도는 단지 글자의 시초를 알 수 있게 주석을 하여 본래 음을 명확히 알 수 있도록 하는 것이지 본래의 글자를 폐하고 절음으로 대신하는 것이 아니다. 성모(자음)와 운모가 번잡하여 단지 점과 획, 왼쪽 삐침과 오른쪽 삐침, 가늘고 굵기로 구분하면 그 형태는 부족하게 되고, 더욱이 그 글자의 형태 및 자세의 휘는 모양이 대략 해서楷書와 비슷하여 본문과 혼동하기 쉬워 참으로 적합하지 않다. 따라서 일찍이 성모(자음)를 36개, 운모

---

* 위의 책, p.184.

를 22개로 정하고, 이들 모두는 고문 가운데 전서篆書와 주문籀文의 간략한 형태를 취해 이전의 기준을 대신하였는데, 이는 이미 그 규범적인 규칙이 존재하고 있어 아무런 근거 없이 지어낸 것과는 다르다." 그뿐만 아니라 "사람들은 누구나 장초(章草, 초서체의 일종)를 동시에 배우게 되어"* 이후 한어의 고적을 읽는 방법을 깨칠 수도 있다.

루한장이 1892년에 만든 새로운 문자는 바로 라틴어자모 방식이었으며, 그는 또 1898년에 그 사본을 조정에 올려 반포해주길 청하였다. 하지만 1906년 그는 이 '새로운 문자' 방안을 철회하고 일본의 가나와 유사한 한자필획 방식으로 바꾸어 학부에 다시 올렸다. 리진시(黎錦熙)는 『국어운동사강國語運動史綱』에서 루한장이 그 방안을 바꾼 원인에 대해 "무술변법이후 일본의 고다마 겐타로(兒玉源太郎)의 초청을 받아 타이완 총독부 학무과에서 3년 동안 근무하였는데, 이를 계기로 절음자 형식에 대한 관점이 변화하여 로마자모는 한자의 점·획보다 시행하기가 쉽지 않다고 보았기 때문이다"**라고 설명하였다.

단지 '세계주의'—그 일본 판본은 바로 '대동아주의'이다—로 인해 사람의 정치적 판단력이 모호한 상황에서 루한장이 타이완에서 일본 식민정부를 도와 "학무學務를 담당하며"(1902년 우루룬에게 일본어 가나를 중국의 자모로 채택하도록 건의한 일본 교육가 이자와 슈지가 바로 일본의 타이완 총독부 학무부장으로, 루한장의 상관이었다. 당시 서구 선교사 토마스 바클레이[Thomas Barclay, 1849-1935]가 일본어 가나가 아니라 '더 간편한' 로마자로 일본어를 보급할 것을 이자와 슈지에게 건의했지만, 이자와 슈지는 이를 거절하고 계속 가나 사용을 견

---

* 章太炎, 「駁中國用萬國新語說」, 『章太炎文鈔』(卷四), 上海: 中華圖書館印行, p.22, p.21.
** 黎錦熙, 『國語運動史綱』, 北京: 商務印書館, 1934, p.15.

지하였다) 일본 가나로 타이완 민중을 교육했기 때문에 비로소 타이완을 '탈중국화'하는 문화적 식민 활동이 아니라 '교육 보급' 활동이라고 여길 수도 있었을 것이다. 우리는 이를 통해서 왜 또 일본의 교육가가 그와 같이 우루룬에게 적극적으로 '오십음도'를 추천했는지도 이해할 수 있다.

1901년 당시 상하이에 있던 서구 선교사 앨빈 피어슨 파커(Alvin Pierson Parker, 1850-1924)는 일본이 상하이에 설립한 동아동문서원(東亞同文書院, 중국 학생을 모집하여 일본어와 일본문화를 교육하였다) 등 문화 침략행위에 대해 질투와 초조감을 느꼈다. 왜냐하면 그는 서구 열강이 이 방면에서도 일본에 훨씬 뒤처져 있다고 느꼈기 때문이었다. "사상의 침략으로 무기의 침략을 대신하고 교육의 선전으로 억압을 대신하고 있다. 교활하게도 물질적인 힘보다 더 큰 사상의 힘으로 중국을 정복하려 하고 있다." 상하이 주재 독일 총영사도 1905년 독일 정부에 비밀보고를 올려 자국 정부의 주의를 환기시켰다. "(일본이) 동아동문회 등의 기구를 통해 열심히 중국의 교육을 발전시키기 위해 활동하고 있으며, 동시에 상하이 동아동문서원을 설립하여 중국에서 활동할 수 있는 자국인을 배양하는 데 힘쓰고 있다. 이 모든 것에 대항하기 위해, 독일 정부는 반드시 대규모의 보조를 제공하여……양쯔강揚子江 지역에서 중국인을 배양할 학교를 대규모로 건설하고 선교 활동에서 손을 뗄 필요가 있다." 미국의 대통령 루스벨트는 1908년 국회에서 경자배상금(의화단 배상금)을 반환하는 이유와 어떤 목적으로 사용할지에 대해 설명하면서, 미국의 교육과 기독교의 교의에 따라 중국인을 교화시켜야 한다고 강조하였다. 당시 그가 내세운 구실은 1906년 미국의 교육가가 그에게 교육의 수단을 이용하여 "사상과 정신적으로 (중국의) 지도자를 통치할 것"을 건의한 데 따른 것이었다. 미국은 경자배상금을 반환하여 미국 유학을 위한 준비반인 칭화(清華)학교를 건립하면서, 이를 통해 총명한 중국의 젊은 학생들이 이후 중국의 통치자가 되길 희망하였다. 열강의 언어와 문화적인 침략은 단지 그들이 중국에서 이익을 공고히 하고 확대하는 데 유리했을 뿐만 아니라 그것을 '합법화'시키기도 하였다.

6. '세계주의'의 환상

앞에서 인용한 1902년 일본의 국민 교육가 이자와 슈지와 우루룬의 '한문 필담' 가운데 한 구절에서, 이자와 슈지는 당시 '세계역사의 대세'에 대한 일본 조야의 판단을 기술하였다. "지난 세기에 사람들은 국어의 중요성을 알지 못했습니다. 그것이 중요하다는 것을 알게 된 것은 금세기의 신발명입니다. 그것은 단체를 응집하는 데 도움이 될 수 있고, 애국심을 증진시킬 수 있습니다." 이러한 민족주의의 대조류는 유럽에서 발단하여 19세기 하반기부터 20세기 상반기에 흥성하였으며, 동아시아의 일본도 이를 매우 빠르게 파악하였다. 『민족과 민족주의』에서 홉스봄은 1830년 이후 "'민족 원칙'이 유럽의 국제정치를 진동시켰고, 그 결과 일련의 새로운 국가가 수립되었다. 그들 가운데 대부분은 주세페 마치니(Giuseppe Mazzini)가 호소했던 주장의 앞 구절, 즉 '하나의 민족, 하나의 국가'에 부합하였으며, 극히 소수만이 예외적으로 뒤 구절, 즉 '전체 민족, 하나의 국가'에 부합하였다"**고 서술하였다. 그는 이러한 민족-국가를 다음과 같은 다섯 가지 특

---

* 任達著, 李仲賢譯, 『新政革命與日本: 中國, 1898-1912』, 南京: 江蘇人民出版社, 2006, p.11, p.12, p.14.

** Eric Hobsbawm, *Nations and Nationalism since 1780: Programme, Myth, Reality*,

징으로 귀납하였다. 첫째, "언어와 문화 공동체에 대한 강조". 1880년부터 1914년 사이에 유럽 민족주의의 동일한 민족과 동일한 족군에 대한 강조는 절정에 달하였으며, 심지어 그것을 "잠재적인 국민성의 중심적인 기준이었다가 점차 다시 결정적인 기준으로, 그리고 최종적으로는 곧 유일한 기준으로" 간주하였다. 이러한 상황이 출현하게 된 데는 그 이전의 낭만주의가 "유럽 전역에서 단순하고 소박하며 부패되지 않은 소농생활, 그리고 '민중'의 민속적인 전통의 재발견에 대한 낭만적인 열정을 불러일으킴에 따라, 그 가운데 민중의 언어인 방언이 더욱 중요해진 것도 핵심적인 원인 가운데 하나였다. 이러한 인민주의의 문화적인 르네상스는 그후의 수많은 민족주의 운동을 위해 기초를 제공하였다. 그리하여 그것이 민족주의 운동의 첫번째 발전단계로 간주된 것은 당연했다."[*] 또 1918년부터 1950년 사이에, 민족주의는 '최고봉'에 이르렀고, 그것을 나타내는 표지는 윌슨의 '민족자결권' 이론 및 유럽에서의 구체적인 실천이었다.[**]

만약 민족주의가 19세기 말 20세기 초 유럽에서 '시대적인 대조류'로 변화하였다면, 좌파의 '무산계급 국제주의' 및 국제 무정부주의자의 '세계주의'와 같이 민족주의에 대항하는 몇몇 사조도 동시에 출현하였다. '세계어'는 바로 그러한 대항적인 사조가 언어문제 방면에서 추구한 표현의 일종이었다. 그러나 그러한 '국제주의'와 '세계주의'도 궁극적으로는 내부 민족주의의 압력하에서 사분오열되고 말았다. 결국 그들은 단지 '시대의 대조류'인 민족주의에 대한 '반조류'였으며, 오히려 현실적인 것과는 거리가 먼 단순한 희망에 불과했다고 할 수 있다. 이것은 바로 라자로 루드비코 자

---

p.101.

[*] Ibid., pp.102-104.

[**] Ibid., p.131.

멘호프(Lazaro Ludoviko Zamenhof)가 자신이 창제한 '인공언어'를 '에스페란토(Esperanto, 희망하는 사람)'라고 명명한 것과 같은 것이었다.

폴란드 유대인인 자멘호프가 이러한 '인공언어'를 창제했다는 것 자체가 바로 민족주의야말로 이 시대 유럽의 가장 강력한 정신으로서 각 민족은 모두 자신의 영토를 지키듯이 자신의 민족언어를 지키려 했다는 것을 잘 설명해준다. 자신이 '세계어'를 만든 동기를 회고하면서 자멘호프는 그의 고향 폴란드 비아위스토크(Białystok)를 구약 중의 바벨성에 비유하였다. 그곳은 서로 다른 민족 사이에 유혈 충돌이 자주 발생하였고, 유대인이 인구 다수를 점하였지만 외래 민족으로 간주되어 더욱더 증오의 목표물이 되었다. 하지만 바벨성의 은유적인 계시를 받아서인지, 그는 비아위스토크의 민족 충돌의 원인이 각 민족이 자신의 언어를 사용하여 서로 소통을 하지 못하는 데 있다고 보았다. "언어의 차이는 이러한 불행을 초래한 유일한 혹은 적어도 주요 원인이다." 그가 보기에, 만약 각 민족이 자신의 민족언어 이외에 상호소통이 가능한 또다른 공통어가 있다면, 바벨 도시 이전 시대의 '대동세계'가 곧 서서히 도래할 것이었다. 다만 이러한 공통어는 반드시 인공언어여야만 했다. 왜냐하면 지금까지 전해지는 모든 민족언어는 견고한 민족성을 지니고 있지만, 어떤 민족에도 귀속하지 않는 인공언어는 모든 사람들이 불쾌감이나 열등감 혹은 굴욕감을 느끼지 않을 것이기 때문이었다.

이것은 '세계주의자'의 몽상처럼 보이지만, 사실 주로 유럽 각지에 이산되어 있는 유대인의 안전문제를 해결하기 위한 것이었다. 이 '세계어'의 창제자는 유대민족 국가재건주의자였으며, 바르샤바에서 첫번째 유대인 국가재건주의 단체를 결성했을 뿐만 아니라 예루살렘으로 가기 위한 여정을 준비하기도 했다. 다만 정치적인 유대민족 국가재건주의—팔레스타인에 유대인국가를 건설하려는 운동 — 의 결속력이 약해진 상황에서 그는 문화적인 유대민족 국가재건주의로 활동 중심을 전환하였으며, 먼 장래에 팔레스타인, 미국의 모 지방, 혹은 중국 동북 지역에 유대인 자신의 국가를 수립할 수 있도록 유럽 각지에 산재하는 유대인이 국가를 초월하여 공동으로 유대인 공동체를 수립하길 희망하였다. 각국에 이산되어 있는 유대인은 각기 다른 언어를 사용하여 서로 소통할 수 없었기 때문에, 그들을 연합시킬 수 있는 공동의 언어가 필요하였다. 일찍이 이러한 계획을 가지고 있었던 자멘호프는, 동유럽의 유대인이 널리 사용하는 이디시어(Yiddish language, 유대인들이 쓰는 서게르만어군 언어)를 개조하여 그 가운데 혼재되어 있는 독일어 요소를 제거하고 유대인의 공동언어로 삼으려고 하였지만, 동유럽에서 반유대인주의가 성행할 경우 각국의 유대인이 대연합을 이루는 이러한 사업이 의심받고 타격을 받을 우려가 있었다.

그래서 그는 유럽 언어의 요소를 바탕으로 '국제 공통어'를 창조하여, 그 가운데에 문화적 유대인 국가재건주의를 함축시키고, 유대인의 힐렐(Hillel, B.C.70-A.D.10, 유대교의 랍비이자 바리새파의 지도자. 율법의 형식보다 내용을 중시하고 성서 해석을 위한 7가지 원칙을 확립함 —역자 주) 사상을 그 영혼으로 삼았다(어떤 연구자는 '세계어(에스페란토)주의'를 '중국식 세트 박스(크기순으로 상자 여러 개를 겹겹이 넣은 장식용 상자 —역자 주)'에 비유하고, 세계주의로 포장한 함 상자 안에는 유대교를 담고 있다고 보기도 한다). 이른바 '밖에서는 인간, 집에서는 유대인', 즉 한 개인은 그 자신의 민족 가운데서는 그 민족어를 사용하고 그 종교를 믿으며 그 민족성을 보존하지만, 다른 민족과 교류 시에는 상호평등한 '인간'의 신분으로 중립적인 인공의 공동언어를 사용한다는 것이다. 그는 이러한 주의를 세계어(에스페란토)의 '내재적인 사상'이라고 불렀다. 1905년 프랑스 불로뉴쉬르메르(Boulogne-sur-Mer)에서 열린 제1차

에스페란토 국제대회에서는 자멘호프의 이러한 원칙을 인용하는 방식으로 「세계어주의 선언」의 제1조에 포함시켰다. "이러한 언어는 '각국 인민의 내부생활을 간섭하지 않으며 또 현존하는 각 민족언어를 배척하지도 않는다.' 그것은 각 민족의 사람들에게 상호이해의 가능성을 제공한다. 그것은 각 민족이 언어의 특권을 경쟁하는 한 국가 내에서 각종 단체를 조화시키는 언어로 삼을 수 있다." 다시 말하면, '세계어(에스페란토)'는 단지 민족어의 외부에서 진행되는 소통의 보조언어일 뿐이다. 하지만 후에 세계어의 내부에 분열이 발생함에 따라 에스페란토에 맞서는 또다른 '세계어' 이도(Ido)어가 출현하였다. 이에 자멘호프는 보조언어로서의 지위는 '세계어'가 자신의 안정성을 유지하는 데 불리하다고 보고, 유대의 '세계어주의자'로 구성된, 완전히 '세계어'로 통일된 작은 언어 공동체를 통해 '세계어'가 침식되거나 분열되는 것을 막기를 희망하였다.

하지만 유대민족 국가재건주의자였던 자멘호프는 이러한 공동언어는 단순히 소통의 수단에 그쳐서는 안 된다고 보았다. 즉 그는 만약 소통의 수단일 뿐이라면 정신적으로 '세계어주의자'들을 응집시킬 수 없으며, 또 비유대인 세계어주의자들에 의해 반유대인주의를 위해 이용될 수 있다(사실 후에 폴란드의 에스페란토 잡지는 바로 반유대인주의 문장을 게재하였다)고 생각했다. 따라서 '세계어'는 또하나의 종교, '형제의 우애'를 환기시키는 종교가 되어야만 한다고 보았다. 즉 그는 다음과 같이 말하였다. "전체 세계어 사업은 단지 내가 힐렐주의라고 부르는 공동이상의 일부분이다." 비록 자멘호프가 명시적으로 말하지는 않았지만, 그의 힐렐주의가 받드는 '신'은 바로 유대교의 신일 뿐이었다. 자멘호프에게 많은 영향을 미쳤던 정신적 유대민족 국가재건주의자인 아하드 하암(Ahad Ha-am, 1856-1927. 본명은 아쉘 히르슈 긴스베르그Asher Hirsch Ginsberg이며, 단순한 정치적 조직으로서의 유대인국가 건설을 비판하고 유대의 정신과 문화를 중시하는 대표적인 문화적 시오니즘 주창자—역자)은 일찍이 뿔뿔이 흩어져 있는 전체 유대인이 동경할 수 있는 "민족정신의 중심"을 꿈꾸며, "이 정신의 중심은 각지에 낱알처럼 분산되어 있는 유대인을 자신의 특징을 갖춘 통일체로 변화시킬 것이다"라고 보았다. 하지만 자멘호프는 더 나아가 다음과 같은 휘황찬란한 시기를 몽상하였다.

우리 유대인이 어느 날엔가 자신의 본래 국가로 돌아가 행복을 얻고 모세와 그리스도가 꿈꾸었던 사명을 완성했을 때, 그들이 의식적이든 무의식적이든 이상적인 인민과 이상적인 중립 국가를 형성하고, 중립적이고 비민족적인 언어와 중립적인 순수 종교를 갖춘 전체 인류의 철학을 수립할 때 『성경』의 예언이 곧 실현될 것이다. 그때가 되면, 모든 인민은 장차 예루살렘으로 와서 하나의 유일한 신을 받들고, 예루살렘은 형제같이 단결하는 전체 인류의 중심이 될 것이다.

'세계어' 운동이 일본에 소개된 것은 러일전쟁 시기부터였고(러일전쟁의 주요 전쟁터는 중국의 동북 지역이었으며, 일본 정부는 스스로 유대주의를 배척하는 유럽과 차별화하고 유대인의 투자를 유치하기 위해, 동유럽의 유대인들이 대대적으로 중국 동북 지역으로 이주하여 자신들의 공동체 지역을 건설하도록 유도하였다. 그리하여 하얼빈은 세계어가 중국 내지로 유입하는 데 있어 중요한 루트가 되었다) 그 발전 추세도 매우 빨랐다. 하지만 '세계어' 운동과 무정부주의 운동이 서로 긴밀한 연계를 맺자, 일본어는 일본인을 단결시키는 끈이라는 입장과 국가지상주의 관념을 줄곧 강조하던 일본 정부는 자국의 '세계어' 운동에 대해 갑자기 경계하기 시작하였다. 그리고 몇 년 후, 일본 정부는 17명의 세계어주의자를 '무정부주의자'라는 죄명으로 사형에 처하였다. 덧붙여 말하자면, 당시 일본에 유학하던 중국인 가운데 적지 않은 사람들이 류스페이(劉師培)와 같이 무정부주의자였는데, 그들은 일본 무정부주의자 오스기 사카에(大杉榮)로부터 '세계어'를 배우고(그의 중국인 제자 가운데는 1917년 이후 중국 '세계어' 운동의 기수였던 첸쉬안퉁錢玄同도 포함되어 있었다),『형보衡報』와『천의보天義報』잡지를 발간하여 중국에 무정부주의와 '세계어'를 선전하였다.

1908년은 중국 '세계어' 운동에 있어서 매우 중요한 해였다. 바로 이해에 파리의 리스청(李石曾), 우즈후이(吳稚暉) 등 몇몇 중국 무정부주의자들이『신세기新世紀』잡지를 발간하고, 그것을 통해 중국인 독자에게 한어의 폐지와 '세계어'로의 대체를 고취하기 시작했다. 하지만 중국에서 '세계주의'를 가장 이론적으로 표출한 것은 오히려 첸쉬안퉁이 후에 '16-17년 전 옛 신당新黨'이라 불렀던 캉유웨이의『대동서』였다. 비록 그것이 중국적인 술어인 '대동'으로 명명되기는 했지만 말이다. 1898년 무술변법 실패 이후, 캉유웨이는 16년 동안이나 해외에서 망명생활을 하였는데, 유럽과 미국 지역을 두루 유람하면서 주웨이정(朱維錚)이 '중국식 유토피아 저작'*이라 부른『대동서』를 집필하였다(정식 발표는 1913년). 캉유웨이가 유럽을 유람하던 시기는 바로 유럽 민족주의가 바야흐로 극성을 부리던 때였으며, 그곳에 머물면서 캉유웨이도 그러한 시대적 조류를 깊이 체험했을 것으로 보인다. 하지만『대동서』에서 묘사한 것은 이와는 완전히 다른 유럽, 다시 말해 유럽사조의 주류가 아니라 민족주의 주류에 대항하는 역류였다.

---

* 朱維錚,「從〈實理公法全書〉到〈大同書〉」,『康有爲大同論兩種』, 北京: 生活 · 讀書 · 新知三聯書店, 1998, "導言", p.2.

캉유웨이의 '대동론'은 현실적인 정치적 동기가 있었다. 즉 만주족 황권을 유지하는 조건하에서 서구의 입헌군주제를 모델로 삼아 시행하기 위해서, 중국 정치문화 가운데 '화이의 구분' 의식을 일소하는 것이었다. 남방 한족의 반(反)만주족 혁명가에게 있어서 만주족은 오랑캐 만주족이었고, 중국 황권제도의 수호자에게 있어서 입헌군주제는 서구 오랑캐의 제도였다. 따라서 오직 '화이의 구분'이라는 속박을 제거하지 않으면 그러한 정치적 목표를 실현할 수 없음이 명확했다. 이것은 또한 캉유웨이가 대동이라는 이름하에 "종족의 경계를 없애고"(만주족과 한족을 대상으로), "국가의 경계를 없애는"(중국과 서구를 대상으로) 이유이기도 했다. 그는 한 시대를 진동시켰던 사회진화론을 빌려 사람들에게 국가는 단지 세계 진화 과정의 한 일시적인 단계에 불과하고, 그 최고의 단계는 바로 "국가의 경계를 없앤" "세계의 대동"이라고 설파하였다. "국가란 인민이 이룬 단체의 최고 단계이다." "국가가 세워지고 나서 곧 국가의 의미가 발생하였으며, 사람들은 각각 자기의 나라를 사사로이 하고, 다른 나라를 공격하고 빼앗았다." "장차 일반 국민을 참화로부터 구하고 태평의 즐거움과 이로움을 실현하여 대동의 공익을 추구하려면, 반드시 먼저 국가의 경계를 타파하고 국가의 의미를 없애는 것으로부터 시작해야 한다. 이것은 바로 어진 군자들이 마땅히 밤낮을 가리지 않고 전심전력으로 도모해야 하는 것이며, 국가의 경계를 타파하는 것 이외에 달리 국민을 구할 수 있는 방법은 없다." "무릇 국가의 경계가 진화하면 분리된 것에서 합해지는 것으로 나아가는 것이 바로 자연적 추세이다." "대저 분화되고 합해지는 추세는 바로 자연의 도태에 따른 것이다. 강대한 것은 병탄하고 약소한 것은 멸망하는 것, 이것은 또한 대동의 선도자라고 할 수 있다. 더욱이 독일, 미국이 연방제로 국가를 수립한 것은 국가를 합치는 기묘한 방책으로서, 약소한 것은 자신이 면망마저도 잊어버리게 한다. 언젠가 미국이 아메리카를 통합하고, 독일이 여러 유럽을 통합하는 것은 바로 이 방법일 것이며, 이와 같이 하여 더욱 점차 대동의 궤도에 이르게 될 것이다." 제국주의는 여기서 "점차 대동의 궤도에 이르는" 단계로 그 위치가 설정되고 있다.

그는 감히 어느 나라가 '이후 아시아를 통합할 것인가'에 대해서는 언급하지 않았다. 그러나 갑오청일전쟁을 통해 일찍이 동아시아의 패권을 장악하고 있던 중국을 패배시킨 일본은 이미 '대아시아주의', 즉 아시아가 일본의 영도하에 일체가 되는 것을 구상하고 있었다. 그리고 1904-1905년 러일전쟁으로 일본은 동아시아에서 지도자 이미지를 갖게 되었으며, 중국인을 포함한 아시아 각 국민은 분분히 일본으로 가서 '경전을 구하였다'. 일본의 '대동아주의'는 심지어 1937년 이후에도 아시아에서 여전히 시장을 가지고 있었다. 후셴쉬(胡先驌)는 항전 시기에 쓴 「정신의 개조精神之改造」에서 중국 청년의 "제각기 흩어지고 혼란스러운 사상은 반드시 바로잡아야 한다"고 주장하였다. "예를 들어 일본인이 제창한 대아시아주의는 아무리 그 말이 그럴듯하더라도 그 목적은 바로 일본이 중국을 통치하는 것이다. 그러나 도대체 수천만 인구의 국가로 4억 인구의 국가를 통치할 수 있겠는가? 문화로 말하자면, 이른바 일본문화라는 것은 중국문화, 그리고 모방하여 답습한 서유럽문화를 제외하면 도대체 남는 것이 무엇이 있는가? 이른바 대아시아주의는 실로 반박할 가치조차 없다."* 그러나 중국의 지식인이 일본판 '세계주의'(대아시아주의)에 대해서는 충분히 경계를 하고 있었다 하더라도 유럽판의 '세계주의'에 대해서는 경각심이 결여되어 있

---

* 胡先驌著, 張大爲等編, 「精神之改造」, 『胡先驌文存』(上卷), 南昌: 江西高校出版社, 1995, pp.354- 355.

었다.

캉유웨이는 "천하는 하나이고 대지는 대동이다"는 주장을 "어진 자가 상상하는 헛된 바람"으로 간주하는 것을 부정하고, "오늘날 추세를 살펴보면, 비록 국가의 의미를 갑자기 없앨 수 없고 전쟁도 곧바로 없앨 수 없지만, 공리公理적인 측면이나 인심의 향방에 있어서 큰 흐름의 추세가 장차 도달하게 될 경지는 반드시 대동에 이르러서야 비로소 그치게 될 것"*이라고 하였다. 19세기 유럽 민족주의의 상상력에 대해 말하자면, 한 국가의 언어문자는 바로 한 국가의 '국가성[國性]'(캉유웨이가 말한 '국가의 의미')이 유지되는 바탕이다. 따라서 캉유웨이의 주장 중 "국가의 경계를 타파하고 국가의 의미를 없애는 것"은 반드시 자국의 언어문자를 폐기하는 계획을 포함하지 않을 수 없다. "각국의 언어문자는 마땅히 새로운 방법을 도모하고 힘써 하나로 획일화하여 소통을 편리하게 함으로써 전 세계의 수많은 학자들이 쓸모없이 각국의 언어를 배우지 않도록 해야 한다." "대저 언어문자는 인위적으로 만들어지는 것일 뿐으로 일정한 격식이 없을 수 없지만, 단지 간편하고 쉬운 법을 취하여 소통에 편리하면 족하다. 수학, 법학, 철학과 같이 한번 정한 바가 있으면 사람들이 반드시 따라야 하는 것과는 다르다. 따라서 그 번잡하고 저열한 것을 없애거나 도태시키고 통일되게 정하는 것이 핵심이다." "일단 만국이 통용하는 언어문자가 정해지고 전지구의 각국 인민들 모두가 그 언어를 배워 소통하게 되면, 사람들은 단지 자국의 언어문자와 전지구에서 통용되는 언어문자 두 가지만을 배우면 된다." "국가의 경계가 제거되고 종족의 경계가 없어지고 나면, 자국 혹은 자기 종족의 언어는 함께 버리게 될 것이다."* 캉유웨이는 감히 한자를 폐지하자고 직접적

⊕ 康有爲, 『人同書』, 『康有爲人同論兩種』, p.120.

으로 말하지는 않았지만, "그 번잡하고 저열한 것을 없애거나 도태시키고"라는 구절을 통해, 한어에 대한 그의 견해, 즉 그가 한어도 "번잡하고 저열한 것"에 속한다고 보았음을 어렵지 않게 이해할 수 있다. 이 밖에도 그는 물론 "만국이 통용하는 언어문자"가 어떤 문자인지를 구체적으로 언급하지는 않았지만, 그것은 모종의 '언문일치' 형식이고 따라서 '간편한' 병음문자임이 분명하다.

전지구의 언어문자는 모두 동일해야 하고 언어나 문자가 서로 달라서는 안 된다. 각지 언어의 법칙을 고찰하여 지구만음실地球萬音室을 만들어야 한다. 100척에 달하는 높은 원형 공간에 지구를 본떠 허공에 걸어두고, 매 10척마다 지구의 원주민을 모집하여 그 가운데 둔다. 각각 수명의 사람들을 살펴서 발음이 다른 자를 모아두고, 차이가 없는 경우는 한 사람만 둔다. 전지구의 사람들을 합한 이상, 문야(문명과 야만)를 가리지 않고 음악**과 언어에 능통한 철학자들을 모아 그것을 연구케 하여 혀가 가장 맑고 원활하게 돌며 간편하고 쉬운 것을 음으로 정한다. 또 전지구의 높고 낮으며 맑고 탁한 음 가운데 가장 쉽게 통할 수 있는 것을 자모로 삼는다. 무릇 사물 가운데 실질이 있는 것은 각각 그 원질의 나누고 합해지는 것에 따라서 문자로 만든다. 그중 실질이 없는 것은 옛 명칭을 따른다. 전지구 각국의 명칭 가운데 중국처럼 지극히 간단한 것을 선택하고 그것에 음모를 덧붙여 언어문자로 삼으면, 사람들은 힘을 적게 들이고도 얻는 바는 많게 된다. 언어의 간편함을 따지면, 중국은

---

* 위의 책, p.128, p.129.
** 잡지 『불인不忍』에 발표된 문장에는 '음악'이 '음운音韻'으로 되어 있다. —역자 주

하나의 사물은 하나의 명칭을, 하나의 명칭은 하나의 문자를, 하나의 문자는 하나의 음을 가지고 있다. 이에 비해 인도와 유럽은 하나의 사물에 여러 명칭이, 하나의 명칭에는 여러 개의 문자가, 하나의 문자에는 여러 개의 음이 있다. 따라서 언어문자의 간편함을 따지자면 중국이 인도나 유럽, 미국보다 몇 배나 뛰어나다. ……다만 중국은 새로 출현한 각 사물들에 대해 아직 구비하지 못한 바가 있는데, 그것은 유럽, 미국의 새로운 명칭을 취하여 보완해야 한다. 프랑스, 이탈리아의 모음은 매우 가벼워서 중국의 베이징과 비슷하거나 더 가볍다. ……중국의 사물과 명칭을 덧붙이고, 자모로써 음을 취하여 간편하고 쉬운 새로운 문자로 쓰면 매우 간단하고 빠를 것이다. 언어문자가 일단 정해진 후 명문화하여 학당에 반포하면, 수십 년 후에 전지구는 모두 새로운 언어문자를 사용하게 될 것이다. 이전의 각종 문자는 옛것을 좋아하는 사람들이 연구하도록 박물원에 구비하여 보존한다.[*]

캉유웨이는 유럽에서의 긴 여정 동안 분명히 '세계어'라는 이름의, 순전히 유럽문자를 요소로 하여 만든 '새로운 문자'를 접했을 가능성이 크다. 그리고 그가 상상한 '전지구에서 통용하는 언어문자'는 서구자모로 중국의 어음을 표기하기는 했지만 한자는 오히려 폐기되고 말았다. 한어의 자모화(병음화)는 바로 청말 민초의 수많은 언어개혁자들이 공통으로 바란 것이었다. 캉유웨이와 마찬가지로 이들 개혁가 대부분은 결코 기존의 혹은 다른 나라의 병음문자를 선택하려 하지 않았다. 그들은 이른바 '자연적'인 언어, '역사적'인 언어를 선택하느니 차라리 '인공적'인 '새로운 문자'

* 康有爲, 『大同書』, 『康有爲大同論兩種』, p.133, p.134, p.135.

를 발명하려 하였다. 이러한 경향을 낳은 심층적인 원인은 바로 그들이 언어문자 자체가 동화의 역량을 가지고 있다는 점을 인식했기 때문이었다. 그렇다고 그들은 '언문일치'인 만주족 문자를 채택하여 전국에 교육을 보급하는 수단으로 삼는 것에 대해서는 전혀 고려하지 않았다. 비록 만주문자가 청조의 법률상 '국어', '국서國書'이기는 했지만, 반만주족 운동이 성행하는 청말 시기에 만주문자를 취하는 것은 기대와는 반대로 반발을 야기할 가능성이 있었기 때문이다. 이에 비해 새로 발명한 '인공문자'는 오랫동안 전승되어온 전통문자가 포함하고 있는 각종 권력의식으로부터 자유로웠다.

캉유웨이와 마찬가지로 『신세기』의 중국 무정부주의자들은 비록 유럽에서 활동하고 있기는 했지만, 유럽 민족주의의 대조류에 대해 무관심했을 뿐만 아니라 캉유웨이처럼 무정부주의 및 그 이론적 기초인 '세계주의'를 『예운禮運』의 '대동'에 비견하기도 하였다. 예를 들어 쥐푸(鞠普)는 「『예운』 대동의 의미 해석」에서 "천하는 하나의 집이고 사해가 동포이다. 중생은 모두 평등하며, 멀고 가깝고 크고 작은 것에 관계없이 모두 하나이다. 개인으로부터 시작하여 사회를 이루고 사회 내에는 차이가 존재하지 않는다. 작은 사회로부터 큰 사회를 이루며 큰 사회 내에도 차이가 존재하지 않는다. 언어가 같고 문자가 같으며 풍속이 같고 교양이 같다. 무릇 같아질 수 있는 것 중 같지 않은 것은 없다. 따라서 이를 대동이라고 부른다"*고 하였다. 그러나 그들이 말한 "언어가 같고 문자가 같다"는 것은 중국이 완전히 자기의 언어를 버리고 '세계어'처럼 개인이 만든 문자를 함께 사용하

---

* 鞠普, 「〈禮運〉大同釋義」, 張枬, 王忍之編, 『辛亥革命前十年時論選集』(第三卷), 北京: 生活·讀書·新知三聯書店, 1977, p.182.

는 것을 의미했다. 물론 그 가운데 일부 사람은 갑자기 한어를 폐지하는 것은 현실적이지 않다고 보고, 먼저 중국의 새로운 병음문자를 만들어 장차 '세계어'로 바꾸어 사용하기 위한 교량으로 삼을 것을 건의하기도 하였다. 예를 들어 '첸싱前行'이라는 필명의 저자는 「중국신어범례中國新語凡例」라는 문장에서 다음과 같이 말하였다. "중국의 현재 문자는 쓰기에 적합하지 않아 조만간에 폐지되어야 한다는 것은 조금이라도 번역 경험이 있는 사람이라면 누구나 한결같이 말하는 바이다. 또 현재의 문자를 폐지해야 한다면, 가장 좋고 쉬운 만국의 새로운 언어(즉 '세계어'—본문 저자)를 사용해야 한다는 것을 식자들은 누구나 공감을 하고 있다." "중국의 현재 문자는 필획이 번잡하고 어렵기 때문에 수많은 시간을 허비하고 있어 문명진보에 큰 장애가 된다." "중국이 만국의 새로운 언어를 전반적으로 시행할 수 있다면, 중국에 온 외국인은 반드시 만국의 새로운 언어를 배울 것이며 상호교제 과정에서 그 이로움은 이루 말할 수 없다." 그러나 그는 "자신의 논지가 너무 고상하고" "현실적으로 실행하기에는 너무 멀다"고 할까봐, 별도로 또 과도적인 방법을 제시하였다. 즉 "축자적으로 만국의 새로운 언어를 번역할 수 있도록, 중국의 새로운 언어를"* 만들자는 제안이었다.

우즈후이(吳稚暉)는 이 문장에 대해 부연설명을 하면서, 중국이 '세계어'로 바꾸어 사용하자는 그의 주장에 대해 적극적으로 찬성하고 나아가 필획과 인쇄상 조판 문제에 근거하여 한자가 열등한 문자임을 증명하였다. "무릇 중국의 매우 야만적인 시대의 명물, 그리고 적당하지 않은 동사 등은 모두 고물 전시관에 두어 단지 국수國粹 학자, 사탕수수의 찌꺼기를 음

---

* 前行, 「編造中國新語凡例: 以能逐字翻譯萬國新語爲目的」, 『辛亥革命前十年時論選集』(第三卷), p.183.

미하길 좋아하는 사람들이 간직하도록 제공함으로써, 훗날 세계 진화 역사가들의 연구 자료로 사용되도록 하는 것이 좋다."한문의 기이한 형태는 변화무쌍하여 변별하기가 어려우며, 이는 아무리 그 형태를 바꾸더라도 결국 피할 수 없다. 이것은 근본적으로 졸렬하며, 따라서 조만간 반드시 폐지해야 한다고 생각한다." 또 인쇄를 위한 조판과 관련해서는 "『신세기』의 인쇄를 위한 조판 경험에 의하면, 한문은 활자를 뽑기가 매우 힘겹다. 어떻게 분류를 하든지 간에 기억해두고 뽑기가 매우 어렵다. 게다가 글자수가 너무 많아 활자판은 수십에 이르고 한 척을 초과한다. 매번 원고를 위해 활자를 뽑다보면, 나귀와 개미가 제자리를 돌듯이 집 문밖을 나가지 않고도 하루에 천리걸음을 하게 된다. 서구문자가 수백 자를 한 판에 모아두고 높이 앉아서 조판을 하는 것과 비교하면 그 노고의 차이는 매우 심하다"*고 하였다.

그러나 다수의 사람들은 먼저 '중국의 새로운 언어'를 만드는 것을 찬성하지 않고 그것을 '쓸데없는 일'이라고 보았다. '독신자篤信子'라는 필명의 저자는 한 국가의 언어 교체를 '개인과 개인' 사이의 '학문적인 사안'에 비유하였다. "그가 나보다 뛰어나면 나도 그것을 본받을 뿐이다. 중국문자는 야만적이며 유럽문자는 비교적 우수하다. 만국의 새로운 언어는 유럽 문자 가운데 부족한 부분을 도태시켜 없앴기 때문에 더욱더 우수하다. 우리의 야만적인 문자를 버리고 더욱 우수한 문자인 만국의 새로운 언어로 바꾸어 배우는 것은 그야말로 찌꺼기 솜옷을 벗어버리고 가벼운 모피 옷으로 바꾸어 입는 것과 같이 진실로 그 사용에 대해 논쟁할 여지가 없다."** '쏘거

* 吳稚暉, 「編造中國新語凡例·本報附注」, 『辛亥革命前十年時論選集』(第三卷), pp.186-187.
** 倪海曙, 『淸末漢語拼音運動編年史』, p.189에서 재인용.

란(스코틀랜드를 뜻하기도 함)蘇格蘭'이라는 필명의 저자는 우즈후이의 견해에 동의하면서 "오늘날 지나를 구하는 첫번째 중요한 방책은 한문을 폐지하는 데 있다. 지나(중국)가 20년 내에 한문을 폐지할 수 있다면, 전지구의 대동을 위한 선진적인 인민이 되는 것도 손쉬운 일이다(만약 오늘날 지나의 대다수 식자층이 이와 같은 위대한 기백을 가지고 있어 한문을 폐지할 수 있다면 어떤 일인들 이루지 못하겠는가)"*라고 하였다. 우즈후이도 이 문장에 대한 부연설명을 통해 당시 어떤 논자가 제기한 "한문은 중국인의 애국심이 발원하는 곳"이라는 주장을 반박하고, 이것은 바로 "헛소리"로 "유대, 폴란드 등 사람들의 미혹된 사상"이며, "단지 열등한 감정을 자기의 종족 사이에 남겨줄 뿐이다"라고 주장하였다. 또한 애국심은 언어문자와 관계가 없다고 지적하며 그 강력한 증거로서 다음과 같은 예를 들었다. "프로이센이 독일어로 작센 등의 학교를 통일할 수 있었던 것에 대해 사람들은 누구나 할 것 없이 입에 침이 마르도록 말한다. 그러나 오스트리아 또한 그렇게 할 수 있었는데, 왜 오스트리아어는 결국 게르만의 공동 주인 권한을 상실했는가? 미국인은 어떻게 영어를 가지고 영국인에 대해 반대할 수 있었는가? 벨기에는 어떻게 프랑스어를 가지고 프랑스와 차이를 드러낼 수 있었는가? 이에 대한 방해는 그 어디에 있는가?"** 문장 중에서 언급한 "유대, 폴란드 등 사람들의 미혹된 사상"이란 대체로 동유럽 유대인의 '문화적 국가재건주의', 즉 오직 유대인의 고대 언어, 종교, 풍속과 문화만이 각 국가에 이산되어 있는 유대인을 하나의 정신적인 공동체로 조직할 수 있다고 믿는 사상을 가리킨다. 당시 폴란드는 이미 3국에 의해 분할되어 폴란드 유대인은 폴란

---

* 倪海曙, 『清末漢語拼音運動編年史』, p.197.

** 倪海曙, 『清末漢語拼音運動編年史』, pp.190 199 재인용.

드어와 자기 종족의 언어인 이디시어(Yiddish) 사용을 금지당했다. 예를 들어 자멘호프의 고향은 러시아에 분할되어 유대인은 반드시 러시아어를 사용해야 했다. 앞에서 서술한 바와 같이 '한자를 폐지하는 것'에 반대한 청말의 논자들도 자주 분할 위기에 처한 당시 중국을 멸망한 폴란드에 비교하고, 한 국가를 멸망시키려면 반드시 그 문자를 멸망시켜야 하는데 바로 폴란드가 그 예라고 보았다.

자멘호프의 '세계어'로 한어를 대체하자는 『신세기』의 대대적인 고취 활동에 대해, 민족주의자 장타이옌은 이를 반박하는 문장을 발표하고 아울러 한 서신에서 다음과 같이 조소하였다. "대저 이른바 세계어라는 것은 단지 유럽을 세계로 삼을 뿐이다. 이는 마치 중국이 50년 전에 중국을 천하라고 불렀던 것과 같다. 오늘날 생각해보면, 그것이 얼마나 가소로운 것이었는지 자연히 알 수 있다. 저 유럽인이 유럽을 세계로 여기는 것은 이와 무슨 차이가 있는가? 사람들이 자신의 잘못은 알면서 타인의 망령됨에 대해서는 깨닫지 못하는 것은 가히 상황의 경중을 모르는 소치라고 할 수 있다."* '서구 중심'의 '세계주의'에 대한 신앙이 이처럼 강렬했기 때문에, 우즈후이 등은 비록 유럽에 수년 간 체류하면서도, 오히려 유럽을 떠돌던 캉유웨이와 마찬가지로 유럽 각국에서 자국 국민의 언어문자, 전통, 풍속에 대한 정체성을 강화하여 민족국가의 정체성을 강화시키던 현실을 무시하였다. 그리고 중국에서 '세계어'로 바꾸어 사용하는 목적을 이루기 위해, 유럽으로 시선을 확장하여 그 정황을 살필 수 없었던 국내의 중국인들에게 허구적인 '유럽 현실'을 만들어 제시하였다. 예를 들어 우즈후이는 장타이옌의 관점을 반박하면서 다음과 같이 지적하였다. "만국의 새로운 언어

---

* 章太炎, 「與人書」, 馬勇編, 『章太炎書信集』, 石家莊: 河北人民出版社, 2003, p.266.

는…… 만든 지 채 20년도 안 되어 그것을 따르는 자가 이미 3-4천만에 달하고 있다." "토론이 매우 활발하게 진행되었기 때문에, 비록 짧은 시간임에도 불구하고 개인은 새로운 언어로 저술하고 학교는 새로운 언어로 교육하면 학계를 위해 수많은 장애를 제거할 수 있다는 것을 모두가 알고 있다." "이 일은 국가의 경계를 없앤 후에야 비로소 대대적으로 시행할 수 있는 것이 아니다. 단지 각국 학교 장정에서 새로운 언어를 중학 과정의 필수 과목으로 정하고, 고등학교와 대학교에서도 필수 과정인 외국어를 모두 새로운 언어로 대체하기만 하면 원만하게 시행 가능한 시기에 이를 수 있다. 따라서 중국인이 바야흐로 새로운 언어를 이해하고 구사할 수만 있다면, 세계 어디를 가든지 소통하는 데 불편함이 없을 것이다." "이때에 이르면, 각국은 또 그 자국의 언어를 단지 번잡한 짐으로 여겨 버리게 될 것이고, 중국의 문자를 지키는 중국인은 더욱더 세계와 어울리지 못하게 될 것이다."*

일찍이 『세계어 운동』의 저자 피터 글로버 포스터(Peter Glover Forster)는 당시 '세계어주의자'가 그 사용자 수 규모를 부풀려 위풍과 기세를 과장하길 좋아하는 경향이 있음을 지적한 바 있다. 그러나 1908년 서유럽의 '세계어' 고취자도 단지 "세계어를 배우는 사람이 이미 5만 명에 달하였다"**고 말하는 데 그치고, 또 1903년에도 일찍이 "전 세계에서 세계어를 학습하는 자는 8만 명에 이른다"***고 보도한 적이 있지만, 우즈후이는 단

---

* 燃料(吳稚暉), 「書〈駁中國用萬國新語說〉後」, 『辛亥革命前十年時論選集』(第三卷), p.211.
** "Esperantists All Aroused: They Rally to the Defence of Their Pet Universal Language", *The New York Times*(December 28, 1908), in Ulrich Becker ed., *Esperanto in The New York Times, 1887-1922*(New York: Mondial, 2010), p.124.
*** "Esperanto's London Boom", *The New York Times*, February 8, 1903.

도직입적으로 "3-4천만 명에 달한다"고 주장하였다. 포스터에 의하면 "세계어 운동은 세계어권 밖의 사람들에게는 알려지지 않았는데, 이는 조금도 놀랄 일이 아니었다. ……세계어는 일반적으로 주변적인 현상으로 간주되었다."* 그리고 1908년 『뉴욕 타임스』에서 '세계어'는 "하나의 현학적인 우스갯소리", "라틴어의 야만화", "바보의 산물"과 같이 항상 사람들의 조소의 대상이었다. 비록 그것의 목표는 그 시기의 '신라틴어'가 되는 것―바로 로마 천주교 유럽제국에서의 라틴어와 같은 지위를 얻는 것―이었지만, 그것은 일종의 인공언어였기 때문에, 오히려 차라리 "라틴어를 세계어로 부흥시키는 것이 더 용이하였다."**

'세계어'에 대한 이러한 반감은 뿌리깊은 역사적인 원인에 기인한다. 즉 유럽 각국은 르네상스 후반 라틴어의 지배로부터 벗어나 각 민족언어를 채택하였고, 종교개혁 시기에 로마 천주교 교황청의 통제로부터 벗어날 수 있었다. 이러한 사건은 이들 국가가 각자의 근대적인 민족-국가를 수립하기 위해 채택한 언어-종교적인 절차였을 뿐만 아니라, 이 기나긴 과정은 19세기 말 20세기 초 각국 국민 교육체제의 수립에 따라 더욱더 가속화되었다. 그러나 '세계어'는 바로 100년 전에 출현하였다가 곧 '죽은 언어'가 되어버린 '볼라퓌크(Volapük)'(또다른 '세계어'의 일종[1880년에 독일인 목사 슐라이어가 국제적인 언어로 쓰기 위하여 만든 언어로, 내부 분열과 에스페란토의 등장으로 급속히 쇠퇴하였음―역자])처럼, 사람들에게는 당초 로마를 중심으로 한 '로마 천주교의 유럽제국 세계주의'를 연상시키고 시대에 역행하는 과거로의 회귀로 받아들여졌다. 왜냐하면 근대 민족국가가 수립한 역사는 바로

---

* Peter G. Foster, *The Esperanto Movement*(The Hague: Mouton, 1982), p.1.
** "Letters", *New York Times*, May 10, 1903; June 8, 1908; June 9, 1908.

점차 '세계주의'로부터 탈피하는 과정이었기 때문이다. 홉스봄이 말한 바와 같이 "민족-국가야말로 새로운 것"이고 현대적인 것이었으며, "현대성은 근대 민족-국가의 기본적인 특징으로 간주되었다."*

청말 정부와 국어통일에 있어서 기존 정책을 계승한 북양 시기 민국 정부는 모두 병음자모를 한자의 '독음을 위한 보조수단'으로 삼는 방안을 확정하였다. 청말 이래 한자를 대체하려 했던 다양하고도 특이한 형태의 '새로운 병음문자'들은 점차 그 영향력을 상실하였다. 그러나 이것이 곧 모종의 병음문자로 한자를 대체하려던 세력이 완전히 사라졌음을 의미하는 것은 아니었다. 그와는 정반대로, 일찍이 각종 '새로운 문자'를 위해 노력했던 모든 역량을 이제 '세계어' 운동에 집중하였으며, 이것은 '한자혁명가들'의 '세계진화의 대세'에 대한 판단—오히려 '오판'이었다고 하는 편이 더 낫다—과 깊은 관계가 있다. '세계 대동'이 바야흐로 임박하고 있는 이상, 자신이 창제한 문자로 많은 문제를 더 야기하기보다는 오히려 직접 '세계어'라는, 이른바 '대동의 세계'에서 통용될 것이라는 자모문자를 채택하는 편이 더 낫다고 본 것이다. '중국 세계어 운동'이 자신의 정신적 중심과 운동의 근거지를 확보하게 된 것은 1917년 초 차이위안페이(蔡元培)가 베이징대학 총장으로 취임하고 아울러 『신청년』의 주편인 천두슈(陳獨秀)가 문과학장을 맡게 되면서부터였다.

하지만 '한자혁명'과 관련한 『신청년』의 관점이나 담론방식은 모두 『신세기』에 대한 반향에 지나지 않았다. 따라서 『신청년』의 '한자혁명'은 『신세기』의 '한자혁명'이 새로운 형식으로 재생한 것이라 해도 전혀 과언이 아니다. 『신청년』은 『신세기』의 관점을 베꼈을 뿐만 아니라 심지어는 일부 핵심

---

* Eric Hobsbawm, *Nations and Nationalism since 1780*, p.14.

적인 문구조차도 직접 답습하였다. 『신세기』에 실린 우즈후이 등의 '세계 대동'에 대한 억측은 1917년 이후 차이위안페이, 천두슈, 첸쉬안퉁(錢玄同) 등이 "세계어는 장차 인류 공용의 언어가 될 것"이라고 단언하는 근거가 되었으며, 당시 유럽의 전쟁터에서 울리던 포성을 '세계 대동'이 서쪽으로부터 동쪽으로 옮겨오고 있는 미묘한 발자국 소리로 착각하게 하였다. 1918년 11월 15일 톈안문광장에서 거행된 '연합국 승리 경축대회'에서 차이위안페이는 '세계 대동'이 이미 도래하였음을 보기라도 한 듯이, 집회에 참석한 군중을 향해 "세계의 대세가 이미 이 정도에 이른 이상, 우리는 이러한 세계 밖으로 도망할 수 없고 자연히 대세를 따라 나아가야 한다"*고 연설하였다. 차이위안페이와 마찬가지로, 첸쉬안퉁도 "세계의 진화는 20세기에 이르러 이제 대동의 개막일까지 얼마 남지 않았습니다. 이러한 세계주의 사업은 다행히도 어떤 사람이 창조를 했으면 마땅히 힘껏 노력하여 제창해야 하거늘, 반대로 그것을 억압하기에 여념이 없으니 어찌 괴이한 일이 아니겠습니까?"**라며, "세계어는 장래 인류의 공용 언어가 될 것"***이라 확신하고, '국어', '민족', '국가'를 포함한 모든 민족적, 국가적인 것은 "야만시대의 협소한 편견이 남긴 것"****으로 "진화의 장애물"*****이며 모두 없어지지 않으면 안 된다고 주장하였다. 그리고 "특히 문제를 해결할 수 있는 가장 근본적인" 방식은 한어를 폐지하고 "세계어"로 바꾸어 사용하는 것이라고 하였다.

---

* 蔡元培, 「黑暗與光明的增長-在北京天安門擧行慶祝協約國勝利大會上的演說詞」, 『蔡元培全集』(第三卷), p.218.

** 錢玄同, 「論世界語與文學」, 1917年6月1日, 『新靑年』 3卷4號, 「通信」, p.2.

*** 위의 책, p.4.

**** 陳獨秀, 「中國今後之文字問題」, 1918年4月15日, 『新靑年』 4卷4號, p.356.

***** 陳獨秀, 「答陶孟和」, 1917年8月1日, 『新靑年』 3卷6號, 「通信」, p.5.

「신문학과 현재의 운韻 문제」에서 첸쉬안퉁은 "나는 중국 옛 서적 속의 명사는 20세기에 사용하기에는 결코 적합하지 않다고 본다. 이를 근본적으로 해결하려면, 중국문자는 단지 박물관에 보내져야 할 가치밖에 없다고 생각한다"*고 하였다. 한어를 폐지하고 '세계어'로 바꾸어 사용하자는 주장을 옹호하는 또다른 문장에서는 역시 주관적인 어조로 다음과 같이 말하였다. "나는 이후의 중국인은 모든 중국 고서는 별도로 보관해두고, 무릇 도리, 지식, 문학 등 갖가지 모두는 외국인으로부터 배워야 20세기에 생존할 수 있고 문명인이 될 수 있다고 생각한다."**

그는 "걸핏하면 러시아가 폴란드를 멸망시키고 동시에 그 언어를 없앴다는 말을 인용하여", "국어는 국혼이고 국수이며, 국어를 폐지하는 것은 국혼과 국수를 소멸시키는 것이고 그 국가는 장차 더이상 국가가 될 수 없다"고 증명하던 "16-17년 전 옛 신당新黨"과 현재 그 후예들은 "오래되고 쓸모없는 물건에 미련을 두고 버리지 못하는 자"라고 조소하였다. 그리고 또 "단연코 20세기 신시대에 적용할 수 없는"*** 한어를 옹호하는 것은 스스로 '세계 조류'로부터 벗어난 것이라고 단언하고 그 동기를 의심하였다. "이후 유럽전쟁이 종결되어 세계주의가 크게 제창되면 이 언어(세계어)는 반드시 장족의 진보를 이룰 것임이 틀림없다. 중국인은 비록 허약하지만 또한 세계상의 인류이며, 이러한 사업을 제창하는 데 있어서 당연히 양보할 수 없다. 책임을 방기하고 오로지 타인만 좋게 하려는 것은, 참으로 무슨 의도란 말인가?"****

---

* 錢玄同, 「新文學與今韻問題」, 1918年 1月 15日, 『新青年』 4卷 1號, p.81.
** 錢玄同, 「對於朱我農君兩信的意見」, 1918年 10月 15日, 『新青年』 5卷 4號, p.425.
*** 錢玄同, 「中國今後之文字問題」, 1918年 4月 15日, 『新青年』 4卷 4號, p.354.
**** 錢玄同, 「論世界語與文學」, 1917年 6月 1日, 『新青年』 3卷 4號, 「通信」, p.3.

578

7. 뒤늦은 '민족주의'

'한자혁명'을 반대하는 사람은 신문화파의 혁명적 어조 속에서 '권비(拳匪, 서양배척을 내세우며 난을 일으킨 의화단을 일컬음. 여기서는 나라를 그르치는 몰지각한 수구주의자에 대한 비유적 의미로 사용됨—역자)'가 되었을 뿐만 아니라, '세계의 조류를 거스르는' '낙오자'가 되었으며, 오직 『신청년』 혹은 '한자혁명가들'만이 비로소 '세계역사 진화의 방향'을 통찰할 수 있는 듯이 보였다. 그뿐만 아니라 그들은 또 자신의 주장을 반대하는 사람은 누구나 '진화론'에 반대하는 자, 즉 '반과학', '반현대'이자 '반민주'(왜냐하면 '한자 혁명론자'에게 있어서 한자는 단지 부패하고 귀족적인 골동품일 뿐이며 병음문자야말로 '교육을 보급'하는 효과를 가지고 있었기 때문이다)적인 사람으로 간주하는 등 일종의 담론 폭력을 행사하였다. 이후에 그들 자신은 '세계주의자' 혹은 '무정부주의자'이면서도, 한편으로는 심지어 "한자를 멸하지 않으면 중국은 반드시 멸망한다"는 구호—이 구절은 바로 한어를 옹호하는 사람은 바로 나라를 망하게 하는 사람이라는 의미를 함축하고 있다—를 외치면서 그 반대자에게 '매국노'라는 공포를 조성하기도 하였다. 이러한 혁명담론 방식은 강력한 심리적 압박을 낳아 내심 '세계어를 찬성하지 않는' 후스(胡適)조차도 종종 '세계어주의자' 신분으로 자신이 찬성하지 않는 활동에 모습을 드러내기도 하였다. 예를 들어 1922년 3월 5일, 그는 하루종일 '세계어' 선전 활동에 참가한 후 심야가 되어서야 귀가하기도 하였다. 그는 이에 대해 일기에서 다음과 같이 자조적으로 썼다. "오늘 하루 낮 동안 연기를 하고, 밤늦게까지 공연을 들었다. 오전 10시에 예로센코(Vasili Yakovlevich Eroshenko) 강연을 통역하였는데, 제목은 「세계어란 무엇이고, 어떤 것이 있는가世界語是什麼和有什麼」였다. 나는 세계어를 찬성하지 않지만, 무대 위에서 말끝마다 '세계어를 배우는 우리들은……'이라고 하였는데, 이 어찌 한 바탕 연기가 아니란 말인가? 이런 일은 본래 하고 싶지 않았지만, 차이위 안페이 선생이 여러 차례 부탁하고 또 갑자기 대신할 사람을 찾지 못해 어쩔 수 없이 수치심을 무릅쓰고 한바탕 무대극을 연출하지 않을 수 없었다."[*] 하지만 후스가 한어를 국어로 해야 한다는 관점을 견지했던 것은 문화 민족주의에 기반한 것이 아니라 "중국어는 실로 세계의 각종 언어—영어를 포함하여—가운데 가장 간편한 언어의 일종"[**]이라고 여겼기 때문이었다.

후에 신문화파 당사자 및 그 제자들이 주도하여 신문화운동사를 서술함으로 인해, 당초 신문화파 관점에 반대했던 사람들은 줄곧 못이 박힌 채 역사의 제단에 바쳐졌다. 다른 한편, 이러한 역사서술은 혁명의 에너지를 보존하기 위해, 후에 자신들이 당시 진리라고 여기고 외쳤던 그 관점에 대한 신문화파의 반성적 고찰마저 외면해버렸다. 왜냐하면 이러한 참회적인 반성은 당시 그들의 반대파가 그들보다 더 '세계역사의 방향'을 통찰했다는 것을 인정하는 것에 다름 아니었기 때문이다.

류반눙(劉半農, 1891-1934)은 1920년 유럽 유학 당시, 그곳에서 신문화파가 마치 사실처럼 분명하게 주장했던 '세계주의'를 발견하지 못하고 오히려 날로 심해지는 민족주의만을 목도하였다. 이를 계기로 자신의 민족적 정체성을 각성한 그는 새롭게 귀의한 민족주의자의 어조로 "나는 귀국 후, 결코 외국어를 말하지 않을 뿐만 아니라 문가에 '중국어를 말하지 않는 자는 나의 문을 들어올 수 없다'고 방(榜)을 붙이겠다"고 결연하게 맹세하였

[*] 曹伯言整理, 『胡適日記全編』(3), 合肥: 安徽教育出版社, 2001, p.569.

[**] 胡適, 「中國文藝復興」, 歐陽哲生編, 『胡適文集』(12), 北京. 北京大學出版社, 1998, p.43.

다. 1925년에는 저우쭤런(周作人, 1885-1967)에게 보낸 서신에 다음과 같이 적었다. "『어사語絲』 가운데 가장 나의 마음에 드는 구절은 바로 당신이 말한 구절입니다. '우리는 이미 대동의 미신을 타파했다. 반드시 우리 자신만을 의지할 수 있음을 각성해야 한다. ……애석하게도 중국 국민들 가운데 외국인이 너무 많다.' 내가 해외에서 5년 동안 빈둥거리며 얻은 것도 바로 그 말입니다. 나는 2년 전에 이러한 말을 하고 싶었지만, 만약 그랬다면 당신이 가장 먼저 나를 욕했을 것입니다(왜냐하면 당시 당신은 아직 대동의 미신에서 깨어나지 못했을 수도 있으니까요)." 그는 비록 "무릇 '서양 처방전'은 모두 좋은 것이 아니다'라고 감히 말하지는 못하지만 "그러나 좋은 것이 있다 해도 너무 적다"*고는 말하였다. 귀국 후에는 더욱더 "중국 문장을 씀에 있어서, 아무런 가치도 없는 외국 문자를 끼워넣어서는 안 된다"고 주장했으며, 신문잡지, 화폐, 도로간판에 외국어가 쓰이는 것을 보고, "뜻있는 사람이라면 식민지 현상을 나타내는 일단—端을 보면 바로 몹시 증오하게 될 것이다. 그런데 뜻밖에도 일부 사람들이 영합하여 아첨하듯이 먼저 행동을 취하고 있다. 즉 남들이 아직 우리를 식민지의 노예로 간주하지는 않는다 하더라도, 우리는 미리 여기서 그를 대신해 준비 작업을 해야 한다고 말이다. 이 말을 들은 사람들은 진실로 너무 슬프고 애석하여 눈물을 금할 수 없다"고 하였다. 그는 외국 언어를 연구하는 것을 반대하지는 않았지만, 그 목적에 대해 다음과 같이 강조하였다. "'즉 타인의 도道로써 타인의 몸을 다스려' 제국주의를 타도하려는 것이어야 하며, 이를 빌려 자신의 몸을 팔고 그에게 의지하여 자신을 제국주의자의 노예로 바치고 제국주의자를 위해 선전하고 외관을 꾸미는 것이어서는 안 된다. 너희들은 중산 선생의 유

---

* 劉復(半農),「巴黎通信」, 1925年 3月 30日,『語絲』第20期, p.1.

지를 받들어 불평등조약을 철폐하려는 것이 아니냐? 좋다. 매우 좋다! 그럼 먼저 조약도 없이 불평등한 언어문자, 바로 이 문제로부터 시작해주길 바란다!"*

류반능이 당초에 첸쉬안퉁, 천두슈, 루쉰 등이 '한어를 폐지하여' '세계어'로 바꾸어 사용하자고 한 주장에 찬성했던 것을 고려하면, 이후 그의 입장이 크게 변화했다는 것을 알 수 있다. 1931년 베이징대학 여자학원 원장을 맡고 있을 때는 여학생이 공공무도회에 출입하는 것을 금지하고 심지어는 여학생들이 서로 '미스(密斯, Miss)'라고 부르는 것도 비판하여 '구냥(姑娘, 아가씨)'이라고 부르도록 했다('미스'와 '미스터'는 차이위안페이가 신문화 운동 시기에 규정한 베이징대학 학생들의 상호 호칭이었다). 그 이유에 대해 그는 "중국 언어의 순결성을 보존하기 위해 이처럼 외래어로부터 음역한 칭호를 사용해서는 안 된다"고 말하고, 나아가 "우리는 말끝마다 제국주의 타도라는 구호를 외치면서 일상생활에서는 여전히 제국주의 국가의 언어에서 번역한 불필요한 명사들을 사용하고 있는 것은 참으로 무슨 논리인지 모르겠다"**고 비판하였다. 1925년에는 또 자신들이 당초 린수(林紓)에게 무례하게 대했던 것에 대해서 후회하기도 하였다.

1925년, 첸쉬안퉁은 여전히 '세계 대동주의'를 품고 있었다. 그는 이전의 전우 저우쭤런과 류반능이 "우리는 이미 대동의 미신을 타파했다. 반드시 우리 자신만을 의지할 수 있음을 각성해야 한다"고 한 말에 대해 깊은 불만을 표시하고 이를 비판하는 문장을 발표하였다. "반능과 치밍(啓明, 저우쭤런의 호)은 모두 '우리 자신만을 의지할 수 있음을 각성'했다. 비록 그것

---

* 劉半農, 「關於外國話及外國字」, 『半農雜文二集』, 良友文庫, 1935, p.130, p.131, p.132, pp.136-137.

** 劉半農, 「跳舞與密斯」, 『半農雜文二集』, pp.229-230.

에 비교할 수는 없지만, 나 또한 다음과 같이 각성을 하였다. 즉 내가 말하는 자신은 각 사람에게 고유한 나 자신을 가리키는 것이지, 중국인이 공유하고 있는 '우리 중국'을 가리키는 것이 아니다. 우리 국민 가운데는 진실로 외국인이 너무 많지만, 오히려 또 중국인이 너무 많기도 하다." "'대동의 미신을 타파'한다는 것에 대해서, 나 역시 상대적으로 찬성한다. 나는 장래에 대동의 세계가 실현될 날이 반드시 있을 거라고 믿는다. 현재는 아직 문인과 학자의 서적 속에만 존재하지만 말이다. 현재 아직 실현할 수 없는 이상, 잠시 그것을 맹신하지 않아도 상관없다. 그러나 나는 오히려 다음과 같이 수정해서 제시하고자 한다. '동시에 반드시 국가에 대한 미신을 타파해야 한다'라고."* 그와 루쉰은 계속해서 '중국책을 읽지 말 것'과 '한어를 폐지할 것'을 주창하였다. 그러나 2년 후, 후스에게 보내는 서신에서 그는 오히려 참회하며 다음과 같이 말하였다. "나의 사상은 근래 다소 변화가 있었다. 수년 전 발표한 황당무계한 주장을 돌이켜보면 십중팔구는 모두 참회해야 할 내용들이다. 새로운 사업 가운데 아직도 바람직하고 힘써 노력해야 한다고 생각하는 것은 오직 '국어 로마자'의 일뿐이다." 사실 '한어 로마자모화'는 일찍이 수십 년 전 내지 100년 전에 중국에 온 선교사들이 이미 시작한 것으로, '새로운 사업'이라고 할 수 없고 단지 그 사업을 계승한다고 하는 것이 더 적합하다. 그러나 첸쉬안퉁은 얼마 안 있어 더이상 자신을 '의고 쉬안퉁疑古玄同'이라 부르지 않고 '첸샤(錢夏, 여기서 '하夏'는 '화하華夏', 즉 중국을 의미─역자)'라고 호칭하였다.

1930년, 차이위안페이는 민족주의의 세례를 받았을 뿐만 아니라 심지어는 '극단적인 민족주의자'로 변신해 있었다. 그는 한 강연에서 청말 이래

---

* 錢玄同,「寫在半農給豈明的信底背後」, 1925年3月30日,『語絲』第20期, p.3-6.

'세계주의'와 '민족주의'의 부침 과정을 회고하면서 '세계주의'를 제국주의 열강이 중국의 국가적 정체성을 말소하기 위한 문화 식민주의의 음모라고 보고, "중국이 세계주의의 사기를 당했기 때문에 우리는 민족주의를 잃어 버렸다"고 말하였다. 그리고 또한 "국가와 국가 관계에 대해 말하자면, 만약 외래 민족이 우리 언어를 사용하면 우리에게 매우 쉽게 동화되어 오랜 시간이 지나면 하나의 민족으로 동화된다. 그러나 반대로 우리가 단지 외국 언어만을 안다면 또 매우 쉽게 외국인에게 동화된다"고 하며, "쑨중산 선생이 말하길, 중국이 잃어버린 민족주의를 회복하는 방법은, 첫째는 가족과 지방의 관념을 확대하는 것, 둘째는 구도덕과 (구)지식 기능을 회복하는 것이라고 하였다. 충효, 신의, 인애, 화평과 같은 구도덕은 모두 뜻을 성실히 하고, 마음을 바르게 가지며, 자기의 몸을 닦고 집안을 바로잡아 나라를 다스리고 천하를 평화롭게 한다는 의미이다. 이러한 체계적인 정치 관념은 더욱이 외국인에게서는 찾아볼 수 없다"*고 하였다. 민족성을 구성하기 위해, 그는 극단으로 나아가 충효, 신의, 인애, 화평은 "더욱이 외국인에게서는 찾아볼 수 없다"고 본 것이다. 그러나 당초 그와 『신청년』의 여러 동인들이 엄하게 비판했던 린수는 오히려 '예의인지신禮義仁智信'은 세계 각국이 모두 받드는 것이라고 보았을 뿐만 아니라, 중국은 되레 서구에 비해 한 가지, 즉 '용기[勇]'를 결여하고 있다고 여겼다. "외국은 공자와 맹자를 모른다. 그러나 인仁을 받들고, 의義에 의지하며, 신信을 맹세하고, 지智를 숭상하고, 예禮를 지킨다. 이 오상五常의 도道에서 아직까지 벗어난 적이 없으며, 또 용勇으로 그것을 보조하고 있다."**

* 蔡元培, 「三民主義與國語」, 高平叔編, 『蔡元培全集』(第五卷), 北京: 中華書局, 1988, p.410, p.411, p.412.

** 林紓, 「答大學堂校長蔡鶴卿太史書」, 『畏廬三集』, 上海書店據商務印書館, 1927年版影印, p.26.

줄곧 신문화파와 급진적인 주장에 반대했던 메이광디(梅光迪)는 후에
「가짜 교육을 배척함」에서 일본의 가짜 당국(僞當局)이 화베이(華北) 점령
지 소재 학교에서 일본어 교육을 실시하는 것을 언급하며 중국인에게 "국
가의 경쟁은 문화의 경쟁을 포함하고 있으며, 그 국가를 멸하는 자는 반드
시 그 문화를 멸한다"*고 경각심을 불러일으켰다. 이것은 또한 1900년 이
후 일본과 서구 열강이 중국에서 서로 그 언어문화를 보급하고 심지어 중
국 교육의 주권을 장악하려 한 이유이기도 했다. 한 미국 선교사가 미국
대통령에게 보낸 서신에서 말한 주장에 따르면, 미래의 중국 통치자를 양
성하는 것은 바로 장래 "사상과 정신상에 있어서 (중국의) 지도자를 지배"
하기 위한 것이었다. 일찍이 1915년 구훙밍(辜鴻銘)은 조숙한 포스트식민주
의 비평가의 예리한 시선으로 '서구지식/서구권력' 사이의 은폐된 관계를
간파하고, 미국 선교사 아서 스미스(Rev. Arthur Smith) 유의 '한학'과 서구에
서 동양을 장악하고 노예화하는 존 스미스(John Smith 1580-1631, 영국의 군
인. 작가. 오스만 튀르크 제국과의 전정에 참여하여 공을 세우고, 미국 버지니아 주
에 북미 최초의 영국 식민지를 건설함. ─역자 주) 유의 식민통치 사이의 상호지
지 관계를 지적하였다. "중국에 있는 저 존 스미스는 매우 중국인을 능가
하는 사람이 되고 싶어했는데, 아서 스미스 목사가 이를 위해 책을 써서
존 스미스가 확실히 중국인보다 훨씬 우월하다는 것을 증명하였다. 그
리하여 아서 스미스 목사는 자연스럽게 존 스미스와 형제같이 정이 두
터운 관계가 되었다. 그의 저서 『중국인의 특질Chinese Characteristics』도 존
스미스에게는 하나의 성경이 되었다."** 메이광디는 1935년 「근대 대일

---

* 梅光迪,「斥僞教育」, 梅傑主編, 『梅光迪文存』, 武漢: 華中師範大學出版社, 2011, p.212.
** Ku Hung-ming, *The Spirit of the Chinese People*(Peking: The Peking Daily News,
1915), p.111.

통사상의 변천」을 발표하며, '지식/권력'의 시각에서 '백인종 우월론'도 논하였다.

　　각 민족의 천재와 특성을 존중하고 우량민족優勝民族설을 제창한, 프랑스 문인 고비노(Joseph Arthur Comte de Gobineau, 1816-1882)는 1853년에서 1855년 사이에 민족우열론을 저술하여, 세계 각 인종의 지능이 각기 다르고 오직 백인종만이 문화를 창조할 수 있다고 말했다. 동시에 비교언어학, 비교종교학, 비교도덕학, 그리고 기타 유사한 새로운 학문들이 동시에 시끌벅적 등장하여 모두 백인종의 우월성과 다른 인종의 저열함을 고취하는 것을 주요 취지로 삼았다(우리나라 옌푸도 유럽 학술의 원류를 정확히 파악하지 못하고 오로지 당시 유행하는 것을 중국인에게 소개하였다. 예를 들어 그가 번역한『사회통석社會通詮』에서는 사회진화의 단계를 토템, 종법, 군국으로 구분하였는데, 그것이 당시 우리나라 사상가들에게 미친 영향은 매우 심대했다. 우리나라 사람이 기꺼이 문화가 낙후한 민족이라는 지위를 받아들이게 된 것은 실로 이 책에서 비롯된 것이다). 그리하여 '유색인종'에 대한 백인의 '지도적인 책임', '문화적 사명' 및 그와 유사한 황당무계한 주장들이 모두 구미인들에게 널리 퍼져 익숙해졌으며 시간이 지나면서 하나의 신조가 되었다. 야심적인 정치가와 군사가들은 당시 유행하는 학설을 받아들여 그것을 근거와 방패로 삼아 더욱 대담하게 전횡을 일삼았다. 19세기 100년 동안, 아프리카 전체가 백인들에 의해 분할되고 태평양과 인도양의 도서 지역들도 모두 백인에 의해 약탈되었으며, 아시아의 약소국가들은 모두 잠식되고 중국도 큰 상처를 입었다. 우리는 제국주의의 행위가 단지 무력 침략이리고만 알고 있는가 아니면 그 강력한 학술이 바로 그 배후에 있다는 것을 알고 있는가?*

엔푸가 번역한 『천연론』은 그가 청말 민초 시기 중국 사상계와 여론계에서 큰 명성을 얻는 데 결정적인 기반이 되었다. 그리고 이로 인해 갑자기 '물경천택(物競天擇: 세상 만물은 경쟁하고, 자연은 그중 강한 자만을 선택하여 살아남게 한다—역자)', '적자생존適者生存'과 같은 사회진화론 담론이 중국에서 떠들썩하게 되고 중국인의 사유와 의식에 삼투되었다. 하지만 수년 후, 엔푸 자신은 오히려 『천연론』이 중국사회에서 일으킨 이러한 심원한 영향에 대해 초조감을 느끼고 심하게 자책하였다. 1918년 1월 상하이에서 병석에 누워 있던 엔푸는 친구 슝위시(熊育錫, 자는 춘루純如)에게 보낸 서신에서 다음과 같이 말하였다. "시국이 이와 같이 이른 데는, 대체로 보아 당시 유신인사들이 책임을 면할 수 없습니다. 나는 내심이기는 하지만 그 위험을 알고 있었습니다. 그래서 『천연론』이 출판된 후 곧이어 『군학이언群學肄言』을 번역하여 저돌적인 기세를 누그러뜨려 다소 신중하게 하려 하였으나 불행히도 사회적인 기풍이 이미 형성되고 말았습니다."**

9장

'반半문명'에 대한 반추
: 중국 식물 지식의
전환과 분화

멍위에죠悅
캐나다 토론토대학 동아시아학과 부교수

식물 관련 스토리와 '문명'등급 담론 사이의 관계는 영국인 로버트 포 춘(Robert Fortune, 1812-1880)이 19세기 중엽에 쓴 중국 여행기에까지 거슬 러올라간다. 아편전쟁으로 중국의 문호가 개방되었을 때, 포춘은 동인도회 사에 고용되어 중국 내지 깊숙이 들어가 대량의 중국 묘목과 차 종류를 수집하고 인도에 있는 영국 재배지까지 성공적으로 운반하였다. 포춘의 경 력은 유럽 19세기에 가장 대표적인 역사적 탐험담의 하나로 간주된다. 왜 냐하면 그가 운반한 중국의 차 묘목으로 영국령 식민지에서 대대적인 차 재배와 차 가공업이 시작됨으로써 "중국이 세계 찻잎 무역시장을 독점하 는 시대를 종결"*시켰기 때문이다. 중국 대지를 직접 유력한 사람으로서,

---

* Robert Fortune, *The Tea Thief*. Dir. Diane Perelsztejn. Les Films de la Memoire, 2001. Documentary film. 포춘의 첫번째 중국행은 런던 농학연구회의 요청을 받아 이루어진 것 으로, 치스윅(Chiswick) 식물원을 위해 중국에서 표본을 채집하였다. 1846년 동인도회사 는 포춘의 두번째 중국행을 위해 다른 채집자의 5배에 달하는 보수(500파운드)를 제공하 였다. 포춘의 중국 여행은 풍부한 전기(傳奇)적인 색채로 인해 당시 많은 관심을 받았다. 그의 탐험가적 체험은 지금까지도 여전히 다큐멘터리 혹은 사실적 서사 방면에서 깊은 관 심을 받는 주제이다. 세라 로즈(Sarah Rose)의 사실문학, *For All the Tea in China: How England Stole the World's Favorite Drink and Changed History*(New York: Penguins

포춘은 귀국 후 중국에 관한 여행기를 쓰기 시작했다. 그의 여행기는 그다지 유명하지는 않았다. 그러나 탐험가이자 박물학자인 그의 신분으로 인해 서구의 공공영역에서 중국의 '반半문명' 지위(half-civilised status)가 반복적으로 생산되었다. 그는 1846년 출판한 첫번째 여행기 『3년간의 중국 북방 여행Three Years' Wanderings in the Northern Provinces of China』 서문에서, 몇 가지 방면에서 중국의 '반(半)문명성'을 서술하여 중국에 대해 영국 공공여론이 품을 수도 있었던 환상을 교정하였다. 우선 중국은 서구와 같은 산업자본주의가 발전하지 못했다. 비록 "서구가 아직 미개한 시대에 처해 있을 때", 중국은 이미 "정교한 자기와 칠기 그리고 실크를 제조하는 기술"을 터득하고 있었지만, "우리가 일단 그들이 본래 현재의 상황보다 어느 정도 더 선진적일 수 있었다고 상상하는 순간, 그들의 문명 정도, 예술상의 진전, 심지어 그들이 자연상태의 자장에 근거하여 항해용 나침반을 만드는 법을 알았다는 사실, 이 모든 것은 결코 그들이 근면하고 지혜로운 민족이라는 점을 설명하는 것이 아니라 사실은 이와 정반대라는 것을 자연히 곧 알게 된다."* 다음으로 과학, 예술, 정부와 법률 방면에 있어서도 중국은 또한 반문명적이다. 왜냐하면 중국은 "위로는 최고 관원으로부터 아래로는 가장 가난한 거지에 이르기까지 자기 국가의 중요성과 강대함에 대해 가장 기만적인 신념을 가지고 있으며, 다른 사람들이 얼마나 문명적이고, 다른 국가가 얼마나 강대하든지 간에 모두 중국과 비교할 수 없다고 여긴다."** "사실 그들은 과학, 예술, 정부와 법률 방면에서 서구 각국과 대등하게 비

Group), 2010 참고.

* Robert Fortune, *Three Years' Wanderings in the Northern Provinces of China*(London: John Murray, 1847), p.x.

** Ibid., p.viii.

교할 만한 자격이 없으며, 서구 각국을 앞서는가 여부에 대해서는 더더욱 논할 필요가 없다."* 그들은 단지 인도인, 말레이인 그리고 중앙아시아와 서아시아에 거주하는 각 국가의 사람들에 비해 더 선진적일 뿐이다."** 마지막으로 중국이 아직 반문명의 지위를 유지하면서 야만으로 타락하지 않은 것은 "차의 나라이기 때문이며, 한 신사의 시각에서 볼 때 단지 이 점만이 기타 어떤 나라도 비할 수 없는 중요성을 지닌다."*** 만약 산업자본주의의 발전이 최종적으로 도자기 제조, 항해, 칠기와 비단 등 전통적인 기술에 대해 승리했다면, 차는 일종의 식물에 관한 지식이자 생산으로서 중국문명의 가치를 가늠하는 측량기가 되었다. 왜냐하면 그것은 서유럽 등 문명국가가 정탐해야 할 대상이었기 때문이다.

더 나아가 식물 지식과 문명의 관계를 논하기 전에, 우선 사람들의 주목을 끄는 것은 '반문명' 개념의 모순성이다. 한편으로 그것은 제국주의와 식민주의 담론의 제국 중심과 주변, 서구와 비서구 지역 역사에 대한 명확한 등급상의 서열을 반영하고 있다. 하지만 다른 한편으로는, 그 자체는 오히려 모호하고 비안정적이며 고정된 함의를 지니지 않는다. 후쿠자와 유키치와 그 밖의 많은 사람들처럼 포춘이 말한 '반문명'은 상당 정도 비교적인 논법에 가깝다. 그것은 하나의 개념이 아니라 그럴듯하지만 실은 그렇지 않은 기술(記述)이며, 중국의 반문명적 지위를 가늠하는 기준도 매우 임의적이고 선택적이다. 예를 들어 어느 한 신사가 차에 관해서 만큼은 중국이 그 어느 국가도 비할 수 없는 중요성을 지니고 있다고 본 것은 어디까지나 단지 비교의 결과에 따른 것이었다. 포춘 개인에게 있어서만이 아니라 더

** Ibid.

*** Ibid.

광의의 서술에서도 반문명은 또한 비교적인 측면에서 말한 것이었다. '반문명' 자체의 의미는 단지 불완전함, 미완성을 의미했다. 예를 들어 불완전한 '서구식' 문명은 대개 미완성된 이성적 계몽, 불완전한 현대성, 순수하지 못한 자본주의 혁명과 민주정치를 의미했다. '반문명'은 또한 비서구 지역의 서구문명에 대한 부분적이고 파편적인 수용을 의미하거나 혹은 비록 이러한 지역이 '서구'가 대표하는 인류 이상을 향해 매진하고 있기는 하지만, 동시에 여전히 전근대적이고 비이성적인 의식, 봉건사회의 '잔여물'을 드러내 보여줌을 의미했다. 모종의 의미에서 '반문명'의 모호성은 자본주의 '맹아'의 개념과 유사하다. 그것은 '미성숙한 자본주의' 혹은 '봉건시대의 잔여물'로부터 자유롭거나 순수하지 못한 자본주의를 의미하고, 일반적으로 비서구 국가가 여전히 서구보다 낙후되어 있다는 증거로서 활용되었다.*

그러나 '반문명' 혹은 '미성숙한 자본주의' 등 모호한 개념에 대해서 오히려 또다른 독해법도 가능하다. 이와 관련하여, 해리 하루투니언(Harry Harootunian)의 자본주의 '불균등 분포'에 대한 해석은 대표적인 사례로 간주할 수 있다. 하루투니언은 주변 지역에서 자본주의의 불균등 분포는 자본주의의 힘이 미칠 수 없었기 때문도 아니고, 주변 지역의 낙후를 의미하는 것도 아니라, 이전의 각기 다른 생산방식의 '잔존물'이 자본주의 내부에서 공존하고 있음을 보여주는 것이라고 지적하였다. 따라서 '불균등 분포'

---

* 예를 들어 해리 하루투니언은 「지역 연구 이후 '저개발에 대한 기억'」에서, 일본 지식인이 종종 "일본식 자본주의"등 개념으로, 자본주의가 일본의 발전에서 함축하고 있는 "봉건"적 잔재를 일본이 여전히 서구에 비해 "낙후"한 증거 혹은 일본 혁명의 불철저성 내지 군국주의의 발생 원인으로 서술하고 있다고 지적하였다. "'Memories of Underdevelopment' after Area Studies" (*Positions*, 2012): 7–35.

의 개념은 '낙후한' 생산방식을 떨쳐버리지 못한 상황을 대표한다기보다는 오히려 자본주의와 그 '타자', 서구문명과 그 '타자'가 비서구 지역에서 상호조우하고 충돌하는 것을 나타낸다고 할 수 있다. 불균등 분포는 결코 자본의 기대를 초월하지 못했지만, 동시에 각기 다른 생산방식 간에 발생 가능한 충돌과 불협화음으로 인해 그들은 루이 알튀세르(Louis Althusser)가 말한 모종의 '(상호) 단절적인 통일체(ruptural unity)'를 형성하고, 아울러 일정한 상황에서 프레드릭 제임슨(Fredric Jameson)이 '문화혁명(cultural revolution)'*이라 부른 가능성을 낳았다.** '반문명' 개념은 자본주의의 불균등 분포와 매우 유사한 면이 있다. 예를 들어 우리는 '반문명'을 서구 계몽 이성이 비서구 지역에서의 '불균등 분포' 즉 그 '타자'와 조우하는 것으로 간주할 수 있다. 심지어는 헤겔의 역사목적론과 그 '타자' 즉 다른 역사이성이나 인류 미래의 전망과의 조우로, 심지어는 그것과의 충돌과 갈등을 형성하는 것으로 간주할 수 있다. '반문명'은 서구문명에 비해 낙후되고 불완전한 서구문명이라기보다는, 서로 다른 역사목표와 미래 세계에 대한 서로 다른 전망의 공존, 상호충돌 내지 단절의 통일체라고 할 수 있는 것이다.

본 연구는 바로 '반문명' 개념이 지니고 있을 수 있는 각기 다른 인류의식을 분석하는 시각으로부터 중국 근대 식물지식의 생성을 분석하고자한다. 여기서 나는 '반문명'을 하나의 정의로서가 아니라 맥락에 따라 변화

---

* 프레드릭 제임슨이 말한 '문화혁명'은 서로 다른 생산양식의 공존이 현저하게 적대적으로 변화하고, 그들의 모순과 대립이 정치적, 사회적, 역사적인 삶의 중심으로 옮겨가는 것을 의미한다. Fredric Jameson, *The Political Unconscious*(Ithaca, NY: Cornell University Press, 1981), pp.95-96. ―역자 주
** Ibid., p. 28.

하는 어의(語義), 즉 일종의 텍스트로서 읽을 것이다. 따라서 본문에서 인용하는 '반문명'의 지위에 대한 각종 암시를 단서이자 색인(索引)으로 삼아 그들 각각의 연원을 추적하여 그 가운데 있을 법한 충돌을 드러내고, 그 있을 법한 충돌의 원인을 분석하고자 한다. '식물지식'과 관련하여, 내가 가리키고자 하는 것은 과학적 의미에서의 식물학을 포함할 뿐만 아니라 식물학에 의해 배제되는 식물지식도 포괄한다.*

19세기 이래 지금까지 식물지식의 발전은 국경을 초월한 이질성이 공존하는 문화생산 공간이었다. 식물지식의 '불균등분포'는 각기 다른 인류 의식과 역사시각의 분포를 나타내는 대표적인 예이다. 즉 이는 전지구적인 자본주의의 대리자, 각기 다른 생산방식의 '잔존' 내지 민족주체가 이곳에 남긴 각자의 흔적들을 드러내 보여준다. 서구 근대 과학의 한 분야로서 식물학은 19-20세기에 문명등급론이 생성된 중요한 영역 가운데 하나였으며, 자본주의와 식민주의가 전지구적인 경제체제를 수립하고 각기 다른 역사를 보편화된 동일한 역사의 목적과 미래의 전망으로 이끄는 중요한 고리 가운데 하나였다. 주목할 것은, 과학의 근대성에 대한 토론과 마찬가지로, 식물과학의 발전에 대한 서술도 종종 중국의 지위가 '반문명' 단계임을 입증하는 명확한 근거였다는 점이다. 바로 중국의 '반문명' 지위를 논할 때

---

* 본문에서 사용하는 식물학, 식물지식, 자연학(박물학) 등 개념은 각각 다음과 같다. 먼저 식물학이 가리키는 것은 botany로, 서구 과학에서 식물학을 의미하며, 여기에는 분류학, 식물해부학, 세포학, 형태학 내지 생물학이 포함된다. '식물지식'은 포괄적으로 식물에 관한 인류의 일반적인 지식을 가리키며, 이는 식물학이 출현하기 이전 본초(本草)지식과 농업지식 그리고 식물학 및 각종 과학화된 식물지식을 포함한다. '자연학'은 17세기 유럽에서 출현한 nature studies를 가리키며 종종 박물학으로 번역하기도 한다. 그러나 나는 문자적 의미에 더 충실한 '자연학'의 의미로 사용할 것이다. 왜냐하면 이를 통해 서구적 맥락에서 자연학(nature studies), 자연사(natural history), 자연과학(natural sciences)등 개념 사이의 현현(顯現)이 더 쉽게 부각될 것이기 때문이다.

자연히 과학의 낙후성을 지적하는 것과 같이 식물학도 그에 대한 중요한 예증으로서 서술되었다.

따라서 내 관심의 초점은 헤겔 역사철학이 문명등급과 역사 정점에 부여한 이성과 절대정신의 실현과 같은 특수한 의미가 아니라 '반문명' 자체가 지니고 있는 더 넓은 의미의, 더 모호한 등급배열의 문제이다. 본문의 목적은 '반문명'과 식물지식의 접점을 무대로 하여 서로 다른 인류의식, 역사목표와 미래전망의 가능성을 드러내고 이해하는 데 있다.

본문을 구성하는 세 부분은 내용이 각기 다르다. 그러나 모두 '반문명'의 맥락으로 서로 연계되어 있다. 제1부분은 식물지식 패러다임의 비교와 관련된 것으로, 린네의 자연질서 및 식물분류의 명명체계를 오기준(吳其濬), 이시진(李時珍)의 식물체계와 비교 분석한다. 제2부분에서는 식물수집가의 식물채집 및 그것에 수반된 지식, 자본, 제국의 관계를 분석한다. 제3부분은 더 나아가 식물학과 생물학이 현미경 기술을 바탕으로 구성한 지식 패러다임에 대해 분석하고, 그것이 생명을 무시하는 현상을 지적함과 동시에 계몽이성 아래 문화 패권에 대한 비판을 더 심화시켜 식물지식과 인간 및 역사 사이의 관계를 새구성하고자 한다.

1. 시각의 패러다임: 종(種)과 자연질서

20세기 초, 상무인서관(商務印書館) 편역소는 서구 자연과학 기술에 관해 대대적으로 번역·출판 사업을 시작할 때,[*] 서구 세계에서 통용하는 린

---

[*] 두야취안(杜亞泉)과 상무인서관의 편역 활동 및 『식물학대사전』 편찬 전후 맥락에 대해

네가 창조한 라틴어 학명은 그에 상응하는 중국어 명칭을 찾기가 매우 어려울 뿐만 아니라 일본이 번역한 식물서적은 대부분 현대식물학의 서구 명칭을 그대로 수록하고 있어 설사 그 서구 명칭이 중국어 가운데 대응하는 이름이 있다 하더라도 조사할 방법이 없다는 것을 알았다.* 10여 년 후, 우광젠(伍光建)은 두야취안(杜亞泉) 등이 편찬한 『식물학 대사전植物學大辭典』 서문에서 다음과 같이 서술하였다.** "대지 위에 속씨식물은 12만 수천 종류가 있으며, 은화식물(隱花植物: cryptogams, 꽃이 피지 않는 식물—역자)의 수는 이보다도 훨씬 많다." "중국은 땅이 넓고 물산이 풍부한데, 지금까지 알려진 것만도 1만 수천 종에 달하고 현화식물(顯花植物: phanerogams, 꽃이 피어 씨로 번식하는 식물—역자)은 9천여 종이며 그 가운데 우리나라에서만 특별히 발견되는 것도 매우 많다." "이 1만 수천 종 가운데 그 명칭이 고대 서적에 기록된 것은 단지 1천 수백 종에 불과하다." 비록 사람들이 이 12만 종의 속씨식물 및 더 많은 은화식물에 대해 알고 있는 것은 그 이름과 속 및 종의 개념뿐이지만, 우광젠의 서술 속에서의 확실한 숫자가 나타내는 것은 서구 식물학의 전대미문의 폭넓은 정보량이었다. 이것은 문명등

서는 나의 저서 *Shanghai and Edges of Empires*(University of Minnesota Press, 2006)에서 이미 상세히 서술하였기에 여기서는 생략한다. 루쉰은 일찍이 『식물학대사전』이 아쉽게도 일어 명칭이 다수 수록되고 현지의 속명(俗名)에 대해 조사를 하지 않았다고 지적한 바 있다.

* 중국 식물연구사를 연구하는 조지 메타이리(Georges Métailié)의 초기 연구에 따르면 프레이어(傅蘭雅)가 비록 서구 식물 명명체계를 소개하기는 했지만 중국 식물연구자들의 주목을 받지는 못했다. 그후 청일전쟁에서 패배하여 중국 연구자들은 일본에서 번역한 식물학 명사를 대량 사용하기 시작했다. 메타이리는 또 19세기 중국의 근대 식물학 의식은 심지어 일본에게도 뒤졌으며, 일본의 식물 연구는 전체를 주목했을 뿐만 아니라 식물의 기관에도 주의했다고 말하였다. "Sources for Modern Botany in China during Qing Dynasty", *Japan Review*, No.4(1993): p.241-249.

** 伍光建,「〈植物學大辭典〉序」, 『植物學大辭典』, 上海: 商務印書館, 1918, p.1

급의 의미를 함축하고 있는 전형적인 과학담론이다. 즉 식물의 속과 종의 분류체계는 엄연히 대자연의 유일한 질서이자 진실 자체로서 의심의 여지가 없는 지식의 표준이었다. 그런데 그의 문장 가운데 유일하게 이 자연질서와 서로 부합하지 않는 '문화'는 바로 중국의 고대 서적이다. 중국 식물지식론은 식물 종류의 명칭을 인식함에 있어서 아직 야만상태에 처해 있거나 아니면 적어도 '반문명' 단계에 처해 있음이 명확했다.

서구 식물학자가 이렇게 많은 종류의 식물들을 명명하고 귀납할 수 있었으며, 아울러 근거에 입각해 식물에 명칭을 부여하고 분류할 수 있었던 까닭은 근대 식물 명명체계의 창시자인 스웨덴 식물학자 카를로스 린네 (Carolus Linnaeus, 또는 칼 폰 린네Carl von Linne, 1707-1778)까지 거슬러올라가지 않을 수 없다. 린네는 근대 식물학의 선구자라는 명예를 가지고 있으며, 그의 식물 명명과 분류법은 근대 식물학의 기초일 뿐만 아니라 자연질서를 찾는 이정표 가운데 하나로서 지금까지도 줄곧 사용해오고 있다. 18세기 유럽에서는 이미 "신이 세계를 창조하고, 린네가 세계를 명명했다"라는 말이 유행하고 그를 '제2의 아담'이라고 불렀다. 만약 계몽이성을 최고점으로 하는 헤겔의 문명등급 단계로부터 린네를 평가한다면, 그의 명명체계와 분류법은 유럽 최초의 이성적인 식물 명명체계라고 불러도 전혀 부족함이 없으며, 오늘날까지도 여전히 "혼돈세계에 질서를 부여하고 창세의 계획에 따라 이성을 맑고 깨끗하게 했다"* 는 찬사를 받고 있다. 이러한 명명체계는 또 지금까지 최종적인 것으로서 여전히 통용되고 있다. 우광젠과 두야취안이 직면한 것은 바로 이러한 오래된 체계였으며, 아마도 그들

---

* Marta Paterlini, "There shall be Order. The legacy of Linnaeus in the Age of Molecular Biology." http://www.ncbi.nlm.nih.gov/pmc/articles/PMC1973966/, 2014년 9월 27일 검색. (*EMBO Rep.* 2007 Sep; 8(9): 814-816. —역자 주)

이 중국 식물지식이 '낙후'했다고 탄식했던 이유이기도 했을 것이다.

그렇다면 린네의 명명체계와 분류방식이 식물지식 연구에 있어서 확립한 근대성이란 무엇을 의미하는가? 우선 린네는 식물의 이성적인 명명체계를 수립하기 위해, 각 지역의 다양한 언어에서 사용하던 명칭의 역사 문화적 함의에서 완전히 벗어났다. 린네의 명명체계가 널리 받아들여지기 전 식물을 서술하기 위해 사용된 것은 각지의 각종 언어에서 사용하던 식물 명칭으로서, 많은 지역적 차이와 역사 감각이 풍부하게 함축되어 있기는 했지만, 그에 따른 식물 명칭의 혼란은 연구자들에게 큰 곤혹이 아닐 수 없었다. 린네가 창시한 명명체계는 각 종의 식물은 단지 하나의 라틴화한 이름을 가지며, 그 명칭에는 두 부분이 포함되도록 규정하였다. 즉 하나는 속명(genus)으로 일반적으로 명사이며, 다른 하나는 종소명(species)으로서 일반적으로 형용사를 사용하여 그 식물의 고유 특성을 묘사한다. 그리고 또 발견자의 축약된 이름이 사용되기도 한다. 한 식물의 명칭은 바로 그것의 속명과 종소명의 병렬인 것이다. 따라서 린네의 분류와 명명방식은 다음과 같은 특징을 지니고 있다. 첫째, 그것은 인류사회의 경험에 의거한 것이 아니라 모든 식물이 구비하고 있는 번식기관, 즉 수술과 암술의 유형, 대소, 수량의 차이를 통해 각 식물의 속과 종을 판별하는 근거로 삼았으며, 아울러 이러한 기관의 차이에 근거하여 식물을 재분류하고 명명하였다. 둘째, 식물의 분류는 각 식물의 이름 가운데 포함되어 있다. 셋째, 모든 식물의 명칭은 라틴어화하며 직접 라틴어를 취하거나 아니면 라틴어가 아니었던 원명을 다시 라틴어화한다.* 예를 들면, 강황(薑黄)의 또다른 중국

---

* Jane M. Bowles, 1996, "Guide to Plant Collection and Identification." http://courses. eeb.utoronto.ca/eeb337/E_ReadingList/janename.html#names, 2014년 1월 검색. 1748년 린네의 학생 피터 캄(Peter Kalm)은 스위스 왕립학원의 명을 받아 북아메리카로 가서 표

명칭은 울금(鬱金) 등이 있고, 영문명은 turmeric, 프랑스명은 curcuma로, 국가마다 명칭이 통일되지 않고 매우 많다. 그러나 린네의 체계에서 부여된 학명(學名)은 라틴어화한 Curcuma longa L.로서 그 가운데 Curcuma는 속명이고 longa는 종소명, 그리고 L.은 명명자인 린네 이름의 축약이다. 또다른 예로, 강(薑: 생강)의 영문명은 ginger이고, 프랑스명은 gingembre이며, 학명은 Zingiber officinale이다. 강(薑)과 강황(薑黃)은 같은 과(科)이지만 그들의 명칭만을 보면 서로 다른 속과 종이라고 판단할 수 있다. 루쉰은 「인간의 역사」에서 이에 관해 매우 명확하게 해석을 한 적이 있다. "린네라는 사람은 스웨덴의 명망가이다. 그는 당시 여러 나라에서 자연의 사물을 다룸에 있어 대개 그 지역 언어로 명명하여 번잡하고 조리가 없는 것에 불만을 느껴 『자연 체계론』을 저술하였다. 이 책에서 그는 동식물을 라틴어로 명명하였는데, 두 가지 명명 규칙을 수립하여 속명과 종명 두 가지를 부여하였다. 예를 들어 고양이, 호랑이, 사자 세 종류 동물은 공통점이 있어 고양이 속(Felis)이라 하였고, 세 종류 동물 사이에 또 차이가 있어 각각 고양이는 Felis Domestica, 호랑이는 Felis tigris, 사자는 Felis Leo라고 명명하였다. 그뿐만 아니라 이와 유사한 것을 모아서 고양이 과라고 불렀고, 과에서 더 나아가면 차례로 목(目), 강(綱), 문(門), 계(界)가 되었다. 계라는 것은 동물과 식물의 구분선이다. 또 저서에서 각각 그 특징을 다시 기록하여 일목요연하게 정리하였다. 다만 자연의 사물이 너무 많아 한 번에 다 명명할 수 없으므로, 매번 새로운 종이 발견될 때마다 새로운 명칭을 부여하

본을 채집하였다. 그가 1751년 유럽으로 돌아왔을 때, 린네는 처음 보는 월계나무 종에 칼미아(Kalmia)라고 이름 붙여 '발견자'에게 영예를 부여하였다. 린네는 또 자신의 이름으로 가장 아끼던 식물을 명명하기도 하였는데, 바로 린네풀(Linnaea borealis)이 그것이다. 그 이후 명명인의 이름이 식물명에 포함되는 것이 전통이 되었다.

게 되었고, 세상에서 새로운 종을 발견하여 명예를 얻고자 하는 사람들이 모두 경쟁적으로 채집하였다. 그 결과 새로 발견된 것이 많아져서 린네의 이름이 크게 유명해지게 되었다. 그리고 종(種: Arten)이란 무엇인가라는 문제와 그 내용의 경계에 관한 문제도 학자들의 주목을 받게 되었다."*

사실 가지각색의 자연 만물에 대해 어떻게 더 좋게 분류하고 명명하는가 하는 문제는 18세기 이래 유럽에서 뿐만 아니라 세계 다른 지역의 자연지식에서도 요구되던 문제였다. 그럼에도 린네의 명명과 분류법이 근대 식물학의 기초가 된 것은 푸코의 말을 빌리자면 린네가 새로운 과학의 대상을 확립했기 때문이었다. 이 새로운 과학의 대상은 수술과 암술일 뿐만 아니라 새로운 현미경으로 관찰해야만 볼 수 있는 것이었다. 후대 사람들이 분류 기준에 대해 수정하기는 했지만, 이처럼 새롭게 관찰 가능한 대상은 과학지식의 대상으로서 변함없이 유지되어오고 있다. 푸코는 『말과 사물』에서 린네가 대표하는 지식 패러다임은 "사물과 시각 및 담론 사이에 세워진 새로운 연관"이라고 묘사하였다. 우선 기관에 의거하여 분류하는 것이 의미하는 바는 이러한 지식체계를 통해 '시각'이 관찰중에 그리고 지식의 수립 과정에서 가장 중요한 지위를 확립했다는 점이다. 그 이전의 자연학에서도 자연대상을 광범위하게 '관찰'했지만, 그것은 단지 보는 것을 의미했을 뿐만 아니라 촉각, 후각 등 기타 체험도 함께 의미했다. 그런 의미에서 린네가 식물의 번식기관을 분류의 기초로 삼았다는 것은 관찰행위가 축소되어, 하나의 분석 가능하고 사람들이 모두 인식 가능한 부분으로 집중되었다는 것을 나타낸다.** 현미경의 도입과 '관찰' 범위의 축소는 밀접한

---

* 魯迅, 「人之歷史」, 『魯迅全集』 第一卷, 北京: 人民文學出版社, 1993, pp.9-10.
** Michel Foucault, *The Order of Things: An Archaeology of the Human Sciences*(London & New York: Routledge, 1970), p.146.

연관이 있다. 그것은 '시각'을 인류가 지닌 감각기관 중 우선적인 지위에 놓았으며, 그것에 의해 수행되는 관찰 과정은 미각과 촉각을 제외시키고, 심지어는 관찰대상의 동태와 색채도 내쳐버렸다. 그것은 식물의 세부적인 부분의 경계를 정하고, 이 세부적인 부분을 전체로부터 분리시켜 아무런 매개도 없는 사물 자체와 같은 일반적인 대상으로 만들었다. 시각은 바로 이러한 방식에 의해 근대 식물학의 기점이 되었다. 린네는 시각을 통해 관찰 가능한 사물에 근거하여 자연질서를 구상하고, 아울러 이러한 관찰 가능한 사물인 새로운 대상을 명명하였다. 그리하여 푸코는 자연학은 "단지 관찰 가능한 사물을 위해 명칭을 부여하는 것"이며, "사물과 단어 사이의 소리 없는 틈새에서 자신의 위치를 찾는 것"으로서, 그것의 구성은 단지 단어를 아무런 매개 없이 사물 자체에 응용하기만 하면 된다고 말하였다.* 린네는 네 가지 변수, 네 가지 가치, 즉 형식, 수량, 비례와 상황을 통해 이러한 관찰 가능한 사물에 대한 관찰과 서술을 구조화하였다. 구조는 모든 관찰 가능한 사물을 언어로 번역할 수 있으며, 아울러 유(類)와 속(屬)으로 기록할 수 있게 하였다. 따라서 "다른 식물과의 모든 유사한 점이 제거되고, 심지어 색깔마저 상실한 이러한 사물의 표상이 자연학의 대상이 되었다." 다른 한편 '관찰 가능한 사물'이 과학의 대상으로서 출현하였다는 것은 진실에 대한 새로운 규정과 관련이 있다. 현미경을 통한 시각이 인류의 자연적인 시각으로는 보지 못하는 대상을 해석함으로써, 인류의 시각보다 더 진실에 가깝다고 여기게 된 것이다.

이러한 시각은 분석적이고 객관적인 것, 즉 이성적인 과학 패러다임의

---

* Michel Foucault, *The Order of Things: An Archaeology of the Human Sciences*(London & New York: Routledge, 1970), p.143, p.141, p.142.

형성을 대표한다. 그뿐만 아니라 식물에 대한 인식에 있어서 서구 과학의 '역사의 종결'을 나타내기도 한다. 250여 년 동안, 인류가 식물을 분류하고 생명을 이해하는 데 있어서, 현미경이 규정한 시각과 관찰 가능한 사물 및 단어 사이의 연계 과정이 더욱 세밀하게 반복적으로 이루어졌다. 이러한 패러다임이 지닌 과학의 한계성에 관해서는 다음 절에서 자세히 논하고, 여기서는 250년간 중국을 포함한 세계 기타 지역의 식물지식이 '문명등급론'식 상상의 틀 속에 갇히고, 원시적 혹은 반개화의 지위가 부여되는 것에 대해 살펴보고자 한다. 1925년 생물학자 저우젠런(周建人)은 상무인서관이 발행한 잡지 『자연계』에 문장을 발표하여 청대 오기준(吳其濬, 1789-1847)*의 『식물명실도고植物名實圖考』를 소개하였다. 이 문장에서 그는 인류의 식물 지식을 4단계 선형발전의 시대로 나누고, 이를 각각 약용과 식용의 시대, 관상(觀賞)의 시대, 서술의 시대, 그리고 해부학·생리학·생태학의 시대로 구분하였으며, 오기준의 저작을 그 가운데서 서구의 식물학보다 한 단계 낙후한 '서술의 시대'에 배치하였다.** 1935년 식물학자 후셴쑤(胡先驌)는 『식물학소사』라는 책의 서문에서 중국 식물 지식과 식물학 사이의 차

---

* 청대 식물학자이며, 자(字)는 약재(瀹齋), 계심(季深), 길란(吉蘭)이다. 청대 가경제(嘉慶帝) 시기에 후난, 후베이, 윈난, 구이저우, 푸젠, 산시 등 성의 총독과 순무를 지냈으며, 식물에 대한 각별한 애호로 각 임지에서 표본을 수집하고 식물 모양을 그림으로 그렸으며, 정원에서는 야생식물을 재배하였다. 이와 같이 7년 동안 고찰하고 수집한 지식을 바탕으로 저술한 것이 바로 『식물명실도고』 38권이다. 이 책에 수록된 식물은 전체 1,714종이고 덧붙여진 그림은 1,800여 폭에 이른다. 그는 『식물명실도고』에 앞서 『식물명실도고장편植物名實圖考長篇』 22권을 먼저 편찬하였는데, 여기에는 식물 838종을 수록하였다. 그후 이를 바탕으로 다시 직접적인 조사 관찰, 수집을 통해 완성한 것이 『식물명실도고』(1848)이다. 그는 식물을 곡식류, 채소류, 산초(山草), 습초(隰草), 석초(石草, 이끼류 포함), 수초(조류 포함), 덩굴풀[蔓草], 향초(芳草), 독초, 군방(群芳, 담자균 포함), 과일, 나무 등 12종류로 분류하였다. ―역자 주
** 周建人, 「〈植物名實圖考〉在植物學史上的位置」, 『自然界』 第1卷第4期, pp.358-362.

이에 대해 더 구체적으로 비평하였다. 그는 인류생활이 발전하여 약물 본초학이 출현하였을 때, 식물학이 초기형태를 갖추기 시작했으며, 이는 "만국에 비추어 살펴보아도 그렇지 않은 경우는 없다"고 하였다. 그 이후 "우리나라 식물학은 그다지 발전하지 못했으며, 과거의 이시진 등과 같은 뛰어난 학자들도 단지 본초학本草學의 대가일 뿐이었다. 청대에 오기준에 이르러 비로소 순수한 과학 연구 정신이 출현하였지만, 아직 품종을 식별하는 범위를 벗어나지 못했으며, 형태, 해부, 생리학 등에 있어서는 이렇다 할 공헌이 없었다. 식물학이 오늘날과 같이 성대해질 수 있었던 것은 거의 전적으로 백인종의 공로이다. 이 학문의 역사를 서술함에 있어서 오로지 서유럽을 근본으로 삼는 것은 감히 지나치게 자신을 비하시키려는 것이 아니라 실제 상황으로 부득이 한 것이다."* 후에 과학계에 중요한 영향을 미친 이 두 사람은 비록 신문화운동 기간에 서로 반대 진영에 서 있었지만 중국 고전 식물지식의 '반문명적' 지위에 대한 시각은 오히려 매우 일치한다.

그럼 여기서 등급 배치는 도대체 어떤 차이와 충격, 충돌을 은폐시켰는가? 나는 오기준의 식물에 대한 이해와 린네의 지식 패러다임을 비교하여, 자연과 질서, 식물 생명에 대한 이해에 어떤 차이가 있는지를 살펴보고자 한다. 오기준 역시 시각(視覺)을 특별히 중시하였다. 『식물명실도고』를 저술하던 30년 동안, 오기준은 식물 연구를 '시각적'으로 전환시킨 대표적인 인물이었다. 이 전환은 또 자연계의 진실을 어떻게 표현하고 판정할 것인가라는 문제와 밀접히 연관되어 있다. 오기준의 『식물명실도고』와 『식물명실도고장편植物名實圖考長篇』에서 작업의 성격 차이는 바로 이점을 잘 설명해준다. 『식물명실도고장편』은 고증문헌의 집록으로, 이전의 기록에 없는 식

---

* 胡先驌, 『植物學小史』, 上海: 商務印書館, 1935, pp.1-2.

물은 대부분 수록되지 않았다. 이에 비해 『식물명실도고』는 색인과 분별을 위해 필요한 보충자료로, 그림에 중점을 두고 조목마다 하단에 그림을 배치했을 뿐만 아니라 어떤 조목에는 여러 폭의 그림을 두기도 하였다. 동명의 각기 다른 지역의 다른 식물을 접할 때마다 각 지역의 각종 식물을 각각 한 폭씩 첨부하여 그들의 차이를 일목요연하게 만들었다. 전체 내용 가운데는 1,800폭의 그림이 있으며, 그 가운데 1,500폭은 저자가 직접 그린 것이다. 어떤 것은 표본에 근거한 듯 보이는 것이 있는가 하면, 또 어떤 것은 현장에서 직접 모사(摹寫)한 것으로 "즉시 지필묵을 준비해 바람을 마주하며 그림으로 묘사했다." 이전 사람이 그린 그림을 수록하는 경우에, 오기준은 반드시 본문에 그 그림의 출처를 명시하고 아울러 그 자신이 직접 그 그림과 실물을 대조하여 확인을 거쳤다고 설명하였다. 이것이 『식물명실도고』 속의 그림이 '사실적'인 가치를 지니게 된 근거이다. 이와 같이 이미지를 근거로 하고 이미지를 '사실'로 삼아 식물의 명칭을 고찰하는 방법은 그림으로 풀을 파악하는 하나의 방법으로서 일반적인 식물 삽도와 같은 유의 것이 아니다. 식물 삽도는 이미 역사가 오래되었다. 그러나 오기준은 체계적으로 그림을 식물의 유일한 '실제', 즉 식물을 식별하는 증거로 삼았다. 그의 이러한 실천은 더 이른 시기의 다른 식물서적에서 널리 사용한, 그림으로 풀을 인식하는 방법에까지 추소할 수 있다. 『구황본초救荒本草』를 예로 들면, 이 책을 저술한 목적은 기근이 들었을 때, 사람들이 임시방편으로 허기를 채울 수 있는 식물을 효과적으로 식별하도록 돕기 위한 것이었다. 그래서 『구황본초』의 저자는 특별히 각종 식용 가능한 식물의 그림을 그리고, 설명과 식용 관련 주석을 붙여 지방 관리와 향촌의 노인, 부녀자, 어린이가 급히 필요할 때 식물을 구분하는 데 참고하도록 제공하였다. 『구황본초』는 식물에 대해 이전 사람들이 쓴 모든 문헌자료, 고적 내지 의

학기록을 생략하였고, 일종의 문고본과 같이 휴대가 간편한 소형 책자였다. 그림을 통해 식물을 판별하는 이러한 실천은 오기준에 와서 자각적으로 운용되어, 기호적이고 휴대가 간편하며 매체화된 '도해[圖考]'의 체계를 이루었다.

바로 시각과 '사실'의 관계 문제에서, 우리는 지식 대상으로서의 식물에 대한 오기준의 다른 이해방식을 엿볼 수 있다. 린네는 시각이 아무런 중개도 없이 관찰 가능한 사물 즉 과학적 대상을 발견했을 때, 전체 자연세계의 생명질서는 곧 이러한 기초 위에서 수립될 수 있으며, 식물의 기관 혹은 세부 부분은 생명질서를 판별하는 근거로 간주되고, 식물이 보여주는 혼란한 개체생명의 존재방식은 오히려 일종의 무질서를 대표한다고 보았다. 그러나 오기준은 오히려 식물의 세부 부분과 전체 간의 관계를 떼어놓지 않았다. 그는 심지어 대체로 기관 혹은 세부 부분을 식물의 유형을 구분하는 근거로 삼는 것에 반대하였다. 그는 기관에 대해 다음과 같이 비평하였다.

마황麻黃은 줄기에서 땀이 나고 가지에서는 땀이 나지 않는다. 하나의 사물인데도 서로 상반되니 사람들 가운데 혹자는 이를 의심하기도 한다. 이것은 대개 사물 창조의 위대함을 보지 못한 소치이다. 만물의 미덕은 모두 뿌리로 귀결된다. 뿌리로부터 줄기가 나고 가지와 잎이 나며 꽃과 꽃받침이 생기고 열매를 맺게 된다. 그 근본으로부터 점차 멀어지면, 그 기운은 밖으로 넘치고 그 성질 또한 안으로 스며든다. 더구나 뿌리로부터 열매에 이르기까지, 그 형태, 색깔, 맛은 한결같이 같은 것이 없다. 형태와 맛이 다르면 그 성질이 다른 것은 당연하다.*

여기서는 비록 수술, 암술이 아니라 뿌리에 대해 논하고 있지만, 식물 전체의 생명과 기관의 관계에 대한 저자의 관점을 읽을 수 있다. 오기준에 게 있어서 번식기관은 줄기, 열매 등과 함께 '덕'과 '기氣'가 '한 사물'의 내 부에서 식물의 생장에 따라 생겨나는 서로 다른 분포에 대한 표현을 나타 낸다. 직관할 수 없는 식물생명의 '덕'과 '기'는 자연히 번식기관을 포함한 그들의 외재적인 표현보다 더 근본적이다. 즉 그의 지식대상은 분해 가능 하고 관찰 가능한 기관으로서가 아니라 생명체로서의 식물을 더욱더 고려 하고 있는 것이다. 오기준 또한 분류를 중시하였다. 그는 수십 년 동안 심 혈을 기울여 각종 농서(農書)와 본초(本草), 군방(群芳), 다고(茶考), 구황(救 荒), 필기 등 저작에 산재되어 있는 식물 기록들을 수집하고,** 거기에 자신 의 발견을 덧붙여 식물이라는 호칭으로 기타 만물과는 구별되는 지식 영 역을 명명하였는데, 이는 중국 식물지식 역사상 전대미문의 성과였다.*** 그러나 그에게 있어서, 지식의 대상으로서 식물의 생명(기, 덕)의 최소 분석

---

* 『植物名實圖考』, 北京: 世界書局, 1962, p.276.
** 이상은 농업, 약초 및 식용식물, 차(茶) 등 식물에 관한 고대 서적을 의미한다. 예를 들 어 이시진의 『본초강목』, 서광계(徐光啓)의 『농정전서農政全書』, 주숙(朱橚)의 『구황본초』, 육우(陸羽)의 『다경茶經』, 왕상진(王像晉)의 『군방보 · 다보群芳譜 · 茶譜』, 『패문재광군방 보 · 다보佩文齋廣群芳譜 · 茶譜』 등이 그것이다. ─역자 주
*** 구체적으로 말하면, 『식물명실도고』는 곡식류, 채소류로 시작하는 권(卷)에서 곡식과 채소는 인간의 삶과 사직(社稷), 즉 국가에 필수적이라는 의미를 취하고 있다. 여기서 곡 식은 서구 생물학에서 의미하는 곡식류[禾類]가 아니라 주로 잡다한 곡식을 포함하는 양 식을 가리킨다. 곡식류의 범주에는 52종의 식물이 포함되어 있으며, 이는 『본초강목』 중 가공된 곡물제품을 제외한 나머지 45종의 식물보다 7종이 더 많다. 채소류 항목에는 176 종의 채소가 포함되어 있으며, 이 역시 『본초강목』에서 열거한 122종보다 54종이 더 많은 수치이다. '풀'의 분류는 더욱더 세분화하여 명말 이래 『군방보群芳譜』 유의 연구와 기타 각종 본초 연구를 포괄하고 있다. 『식물명실도고』 전체는 『본초강목』보다 519종을 더 많 이 수록하고 있다. 또 오기준은 경전에서는 보이지 않는 각 지역의 지식인과 향촌 사람들 로부터 얻은 수백 종이 시문을 포함시켰다.

단위는 바로 식물 개체 자체였다. 이 점은 대체로 프랑스 박물학자 콩트 드 뷔퐁(Comte de Buffon, 1707-1788)과 조르주 퀴비에(Georges Cuvier, 1769-1832)에게서 더욱 의미 있게 표현된 바가 있다. 뷔퐁은 식물분류에 대해 단지 개체의 다양성에 접근할수록 진실에 더 접근할 수 있다고 보았다. 왜냐하면 개체 생명이 널리 분포되어 있는 자연계에서는 유사성보다 차이의 비중이 훨씬 더 높기 때문이다. 또 생물체 기능의 중요성을 발견하고 주목한 퀴비에도 생물 중 관찰 가능한 부분만을 통해서는 결코 사람들이 생명을 이해할 수 없다고 지적하였다.* 물론 뷔퐁이 말한 개체는 식물 간 모습의 차이를 가리킨 데 비해, 오기준이 식물의 개체로서 말하고자 한 것은 생명체 본성에 있어서 그 개체들의 동일성이었다. 즉 오기준은 식물지식의 대상에 대해 린네와는 완전히 다른 인식을 하고 있었다. 그에게는 식물 또한 만물과 마찬가지로 내재적인 기(氣)가 없으면 더이상 식물이 될 수 없었다.

린네의 식물개념과 오기준의 식물개념 간의 차이는 생명체에 대한 그들의 서로 다른 이해와 지식 생산방식의 차이를 나타낸다. 오기준이 본 인지대상은, 즉 식물의 기와 덕과 같은 대상은 바로 현미경이 규정하는 시각으로는 직접 포착하거나 이해할 수 있는 것이 아니었다. 이러한 관찰과 그에 수반된 명명, 분별, 분류는 생명의 진실을 표현한다기보다는 사람들이 식물의 생명을 깨닫는 데 도움이 되는 매개자의 역할을 하는 것이었다. 린네의 활동은 하나의 관찰 가능한 대상을 설정하고 아울러 그것에 대해 '전혀 매개되지 않은' 설명을 하는 것, 즉 그것을 설명하기 위한 매개를 없애고 인식주체와 관찰 가능한 사물 사이의 고정된 관계를 수립하는 것이

---

* 콩트 드 뷔퐁과 조르주 퀴비에에 대한 푸코의 서술을 참고. Foucault, *The Order of Things*, p.137, pp.287-304.

었다. 관찰 가능한 대상과 이미지가 서구 자연학에서 이와 같이 중요성을 지니는 것은, 상당 정도 식민주의와 제국주의의 원거리 채집방식 때문이다. 바로 그러한 이미지가 마치 지식주체와 대상 사이의 요원한 지리적 거리를 단축시킬 수 있는 듯 보이도록 하는 것이다.* 현미경 등 광학기술과 자본의 밀접한 관계는 모든 감각 가운데 시각의 중요성을 더욱더 강화시켰다. 현미경 기술에 대한 식물지식의 의존은 바로 감각에 대한 자본의 통제와 억압기제를 의미한다.** 오기준에게 있어서, 진실에 대한 접근은 더 진실하고 매개되지 않은 또다른 시각을 찾는 것을 통해서는 결코 도달할 수 없었다. 그보다 더 필요한 것은 언어, 도상(圖像), 그리고 시각을 포함한 매개에 대해 수정과 교정을 진행하는 것이다. 이것이 바로 식물의 명칭과 실재에 대한 고증이 요구되는 이유이다. 린네의 도감(圖鑑)과 오기준의 『식물명실도고』 가운데 그림을 비교해보면, 두 종류의 서로 다른 관찰 시각이 어떻게 자연과 그 질서를 구성하였는지를 구체적으로 파악할 수 있다.

린네의 체계에서는 번식기관의 세부적인 부분이 중요하기 때문에, 독일의 식물학자 게오르크 디오니시우스 에레트(Georg Dionysius Ehret, 1708-1770)가 린네의 분류에 따라 그린 도상도 식물의 수술과 암술을 잘 보이도

---

* 예를 들어 다니엘라 블레이치마(Daniela Bleichmar)가 18세기 라틴아메리카에서의 식물채집에 관한 연구에서 지적한 바와 같이, 원거리 표본채집은 쉽게 손상됨에 따라 자연학자와 식물 회도자(繪圖者)의 합작은 밀접한 관계를 가지고 있었을 뿐만 아니라 그림의 화법에 대해서도 엄격한 방식을 요구하였다. "The Geography of Observation: Distance and Visibility in Eighteenth-century Botanical Travel", Lorraine Daston and Elizabeth Lunbeck eds., *Histories of Scientific Observation*(Chicago: University of Chicago Press, 2011), pp.373-395.

** 감각 인지능력에 대한 자본주의의 통제와 억압기제에 대해서는 Jonathan Crary, *Techniques of the Observer: On Vision and Modernity in the Nineteenth Century*(Boston: MIT, 1990); Lorraine Daston and Elizabeth Lunbeck eds., *Histories of Scientific Observation* (Chicago: The University of Chicago Press, 2011) 참고.

록 부각시켰다.([그림1] 참고).* 18세기 중엽 이후 유럽의 식물서적 삽도에서 더 흔히 발견되는 모습은 한 종류의 식물 전체 모습 옆에 별도로 확대한 식물의 수술과 암술의 그림을 덧붙이는 것이었다. 린네가 네덜란드 동인도 회사 총재 조지 클리포드 3세(George Clifford III)의 대규모 식물원을 기술할 때 그린 도상은 비록 수술과 암술은 아니지만, 다른 세부적인 부분 즉 잎사귀에 초점을 맞추었다([그림2] 참고). 이러한 그림은 관찰 과정에서 특정한 세부 부분에 대한 중시, 즉 질서의 부분에 대한 중시를 명확하게 잘 보여준다. 식물 전체에 대해 정교하고 아름다운 개성이 표현되고 있기는 하지만, 이는 자연질서를 이해하는 데 있어서 전혀 관계가 없다. 여기서 보여주는 것은 린네의 '벗겨내는 식[剝離式]' 관찰 시각이 관찰행위 즉 인지행위를 구조화하는 방식이다. 한편 오기준의 그림은 소박한 선으로 식물 전체 모습을 묘사하여 '명칭[名]'에 대한 보충이자 검증으로 삼고 있다.

그는 '명칭'은 불안정한 것이어서 식물의 사물과 단어 사이의 관계 혹은 명(名)과 실(實)의 관계는 단지 '명칭'을 규정하는 것으로부터 시작할 수는 없으며, '실재' 상(像)에 대한 탐구와 '검증'을 하는 방식을 중시해야 한다고 보았다([그림3]과 [그림4] 참고). 그렇다면 또 식물의 '실재'란 무엇인가? 린네에 대해서 말하자면, 종(種)의 '실재'는 곧 죽은 표본으로 대표되는 '물증'이다.

린네에게는 아직 이름이 없는 식물에 이름을 붙여주는 것이 바로 지식

---

* 이 그림은 동판화이다. 에레트가 직접 채색하고 오른편에 일련의 이름을 새겼다. 에레트는 동판화 제작에 매우 능하였으며, 일찍이 카리브해에 머물던 아일랜드 의사 패트릭 브라운(Patrick Browne, 1720-1790)이 1789년 출판한 『자메이카의 민속과 자연사Civil and Natural History of Jamaica』를 위해 49폭의 동판 삽화를 그리기도 하였다.

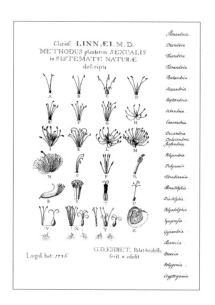

[그림1] 에레트가 린네의 번식기관 분류에 따라 그린 식물도
자료출처: Georg Dionysius Ehret, *Methodus Plantarum Sexualis in Sistemate Naturae Descripta*(Leiden, 1736).

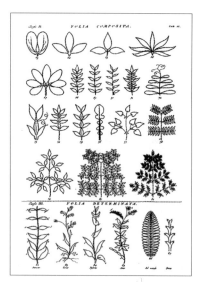

[그림2] 린네의 식물 잎사귀 삽화
자료출처: Carolus Linnaeus, *Hortus Cliffortianus*(Amsterdam, 1707).

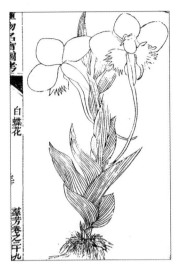

[그림3]
자료출처: 吳其濬『植物名實圖考』, 1887. 토론토대학 '정위퉁 동아시아도서관(Cheng Yu Tung East Asian Library) 선본실'

[그림4]
자료출처: 吳其濬『植物名實圖考』, 1887. 토론토대학 '정위퉁 동아시아도서관(Cheng Yu Tung East Asian Library) 선본실'

이자 학문이었다. 그러나 오기준과 중국의 본초 연구에 있어서는, 사람들이 식물의 생명체의 성능(덕, 기)을 이해하는 데 유용해야만 했다. 그렇지 않고 단지 각기 다른 식물을 명명하고 식물표본을 수집하는 것 자체만으로는 지식의 중심이 될 수 없다고 여겼다. 왜냐하면 식물의 공통점과 차이점을 구별하는 것은 식물의 성능을 이해하기 위한 것이기 때문이다. 따라서 오기준의 '실재'는 사실상 두 가지 층위를 포함하고 있다. 하나는 식물의 성능을 설명할 수 있는 '검증', 즉 모 식물의 성능에 대한 기존의 서술을 포함하며, 또 본초의 실천적 의의에서 실물의 식별 즉 실물의 진위와 같고 다름을 판별할 수 있도록 하는 것을 포함하고 있다. 그 가운데 첫번째 '검증'은 고증학과 유사하지만 고증학에 국한되지는 않았다. 그 검증은 경전적인 고적을 바탕으로 하기도 하고 또 민간의 지혜에 의거할 수도 있었다. 두 번째의 '실재' 즉 본초학의 의의에 있어서 실물의 식별은 저자가 현장에서 직접 그린 그림을 통해 표현되었다. 여기서 오기준의 그림은 실물에 대한 표현이라기보다는 그 식별이 이루어지는 순간에 대한 표현이라고 보는 편이 더 낫다. 그 그림이 실증적인 기능을 갖는 것은 단지 그것이 움직이지 않고 정지되어 있는 관찰 가능성(즉 이미지) 때문만이 아니라, 그것이 저자가 실물을 변별하고 그린 행위를 나타내기 때문이기도 하다. 그것은 식별 행위의 결과이며 혹은 그러한 식별행위의 흔적이다. 따라서 그림이 '사물과 시각 및 담론 사이에서' 창출해내는 것은 관찰 가능한 사물이 아니라 매개 자체이며, 일종의 기존 매개를 심사 대조하는 매개이다.

마지막으로, 지식 대상에 있어서 오기준과 린네의 가장 큰 차이점은 '자연질서(natural system)'에 대한 서로 다른 이해와 구성에서 드러난다. 린네에게 있어서 자연질서의 핵심이 '종種'이라는 것은 전혀 이상할 것이 없다. 비록 유럽 식물학 내지 생화학 지식의 역사를 18세기 여러 박물학자나 그보다 앞선 시기까지 추소할 수 있다 하더라도,* 다른 문화들도 모두 각자 구성한 자신의 자연질서를 가지고 있었다. 그런데 유독 린네에게서만 종에 대한 분류와 명명이 '자연질서'를 구성하는 핵심 고리가 되었을 뿐만 아니라 종 중심의 자연질서가 지금까지도 여전히 만물의 생명체에 대한 우리들의 과학적 상상을 지배하고 있다.** 종 개념의 원류를 추소하자면 린네의 「창세기」에 대한 경직된 이해를 언급하지 않을 수 없다. 기독교도였던 린네는 신이 창조한 대천세계(大千世界, 즉 대우주)는 통일적인 질서를 가지고 있으며, 번잡하게 보이는 식물세계로부터 이러한 질서를 식별해내는 것이 곧 자연학(Nature Studies, 흔히 박물학으로 번역함)의 사명이라고 믿었다. 하지만 그가 종을 이러한 질서의 핵심 혹은 기본단위로 간주한 이유는 기독교 「창세기」의 우언, 즉 노아가 일찍이 명을 받고 홍수가 발생하기 전에 신이 창조한 각종 피조물을 방주에 태워 보존했다는 우언에 근거한 것이었다. 이에 린네는 사람들이 현존하는 모든 종에 대해 철저히 인식하기만 한다면, 신의 질서를 구현하는 동식물 세계를 중심으로 신의 기묘한 창조를 드러낼 수 있다고 보았다. 그가 창시한 동식물의 분류와 명명체계는 사실상 이러한 질서의 구현이었다. 진화론의 출현으로 식물의 종에 대한 린네의 경직되고 교조적인 이해가 근본적으로 상당 부분 수정되었지만, 전체 자연질서에 대한 인류의 이해에서 종이 점하고 있는 중심적인 지위는

---

* 예를 들어 초기 식물생리학자 장 세네비어(Jean Senebier, 1742-1809)와 니콜라 테오도르 드 소쉬르(Nicolas Théodore de Saussure, 1767-1845)는 이전 사람의 발견을 바탕으로 화학언어를 사용해 식물에 대한 빛과 물의 영향을 서술하였다. 그러나 전체적인 측면에서 식물의 형태학, 종의 진화론과 광화학 작용 연구 및 식물생리학은 19세기에 이르러서야 비로소 더욱 발전하게 되었다.

** 루쉰은 「인간의 역사人之歷史」에서 그것을 '자연물 체계天物系統'라 번역하고, 아울러 린네의 관점에 대해 해석과 비평을 하였다.

줄곧 바뀌지 않았으며, 식물에 대한 정의방식도 이와 마찬가지이다. 이러한 종 중심의 생명관은 중국의 식물지식에서 체현하고 있는 자연 만물의 기원에 대한 개념과 비교를 해보면 그것이 지닌 본질적인 한계를 인식할 수 있다. 예를 들어 『본초강목』에도 포함되어 있는 천지창조에 관한 해석은 비록 일반적으로 전근대적인 것으로 간주되긴 하지만, 최소한 「창세기」 만큼이나 오래된 것은 아니다. 『본초강목』의 '초부草部' 첫 편에는 다음과 같이 자주 인용되는 단락이 나온다.

> 이시진은 다음과 같이 말하였다. 하늘과 땅이 만들어지고 풀과 나무가 생겨났다. 강함이 부드러움과 만나 뿌리가 되고, 부드러움이 강함과 만나 가지와 줄기가 되었다. 잎사귀와 꽃받침은 양에 속하고 꽃과 열매는 음에 속한다. 이로 인해 풀 가운데 나무가 있고 나무 가운데 풀이 있으며, 순수한 기氣를 얻은 것은 좋은 것[양良]이 되고, 혼탁한 기를 얻으면 독毒이 된다. 따라서 다섯 가지 형질이 있는데, 금金, 목木, 수水, 화火, 토土가 그것이다. 또 향내[香], 구린내[臭], 노린내[臊], 비린내[腥], 누린내[膻] 등 다섯 가지 기가 있고, 청색, 적색, 황색, 백색, 흑색 등 다섯 가지 색이 있으며, 신맛, 쓴맛, 단맛, 매운맛, 짠맛 등 다섯 가지 맛과 차갑고, 덥고, 따뜻하고, 시원하고, 온화한 다섯 가지 성질, 그리고 오르고, 내리고, 뜨고, 가라앉고, 중심을 유지하는 다섯 가지 쓰임이 있다.*

여기서 종은 천지창조의 원리와 비교할 때 가장 말단의 개념이다. 천지창조의 중심은 우선 일련의 이진법적인 에너지 개념에 있으며, 천지 이외

---

* 胡國臣, 樊正倫編, 『李時珍醫學全書』, 北京: 中國中醫藥出版社, 1996, p.373에서 개인용.

에 또 상호작용하는 강유(剛柔)와 음양이 있다.* 천지, 음양으로부터 생성되는 것은 무형에서 유형까지를 모두 포괄하는 일종의 다차원적인 세계이다. 그 천지와 초목, 꽃과 열매, 뿌리, 줄기, 잎사귀 등은 눈으로 볼 수 있는 유형적인 것이고, 기와 금, 목, 수, 화, 토는 사물의 더 깊은 무형의 층위이다. 이와 같은 일련의 이진법은 종과 같이 창조된 '기성품'이 아니라 '창조'가 여전히 진행중에 있다는 논리이다. 바로 이러한 논리에 근거하여 각종 의미에서의 기, 에너지, 추동력, 기능이 유형과 무형 사이에서, 식물과 인간 사이에서, 생명체의 안과 밖에서 유동하고 상호추동한다. 린네의 '종' 개념은 단지 종이 신에 의해 창조되었다는 것만을 인정할 뿐 기본적으로 생명의 창조 과정 자체에 대해서는 언급한 바가 없다. 여기서 사람들이 이해해야 할 것은 바로 생명의 생성 논리 혹은 생성 과정 자체이다. 『본초강목』에서 신과 창세의 개념을 언급하지 않았다기보다는, 『본초강목』이 언급한 신과 창세의 과정이 '종'의 질서가 표현하는 그런 기계적이고 단순한 것과는 완전히 다르다고 하는 편이 더 적절하다.

다시 본 장의 출발점으로 돌아오면, '반문명'의 등급배열은 서로 다른 인식론, 서로 다른 지식체계 사이에 발생할 수 있는 충돌을 은폐한 것에 다름 아니다. 각기 다른 지식체계 가운데 어느 것이 더 선진적인지에 대해서는 아직 정론이 없다. 린네의 지식체계가 식민주의와 제국주의 자원 약탈을 위한 가장 효과적인 수단이 되었지만, 이시진의 저작도 지금까지 계속해서 활용되고 있다.

---

* 여기서 지적해야 할 것은 『역경易經』 가운데 건(乾), 곤(坤), 음(陰), 양(陽)과 마찬가지로, 그것들이 결합하여 구성하는 것은 DNA의 이중나선배열과 놀라울 정도로 유사한 구조를 보여준다는 것이다.

2. 식물 사냥꾼: 채집과 약탈

본문 서두에서 언급한 포춘과 우광젠은 똑같이 식물을 통해 중국의 '반문명' 지위를 논했지만, 그들이 언급한 상황은 오히려 완전히 다른 것이었다. 1848년 영국의 첼시식물원(Chelsea Physic Garden) 관장이자, 일찍이 중국으로부터 유럽으로 100종의 새로운 종을 가져간 로버트 포춘은 동인도회사의 중대한 위탁을 받았다. 영국령 식민지 총독 달하우지 후작(Marquess of Dalhousie, 1812-1860)이 인도에서 직접 보낸 친필서신 내용은 중국의 가장 좋은 지역에서 '가장 좋은 녹차 묘목과 차나무 종자'를 영국령 식민지 자카르타와 히말라야 산록으로 가져와달라는 것이었다. 그 보수는 그의 수입의 5배가 넘었다. 중영조약 협정에 따르면, 외국인은 중국이 개방한 항구로부터 30km이내의 지역에서만 활동이 허용되었다. 불법으로 중국 내지로 들어가는 것은 목숨을 잃을 수도 있는 위험한 행위이고 절도 역시 비열한 행위였지만, 당시에 차는 인기 있는 경제적인 작물이자 자본 그 자체였다. 포춘은 동인도회사로부터 받은 사명을 완수하고 아울러 두번째 여행기인 『차의 나라로의 여행』*Journey to the Tea Countries of China*』(1852)*을 썼다. 앞에서 이미 언급한 바와 같이 포춘은 중국에 대해 결코 우호적이지 않았으며, 『차의 나라로의 여행』은 중국이 아직 처해 있는 '반문명' 지위에 대한 포춘의 논증이었다. 포춘 자신의 차 절도행위는 세계에 얼마나 많은 속씨식물과 은화식물이 존재하든 간에, 다만 차종(茶種)과 다예(茶藝)에 있어

---

* 정확한 서명은 『중국의 차 생산 지방으로의 여행』이지만 여기서는 저자의 번역에 따른다. ─ 역지 주

618

서는 확실히 "중국문명이 어떤 국가도 비할 수 없는 중요성을 지니고 있었다"[*]는 것을 말해준다.

'반문명'의 맥락 속에서 두 사람 각자의 화제를 돌이켜보면, 우광젠이 말한 것은 서구 식물지식이 19세기에 장족의 발전을 이룬 반면 중국의 식물지식은 낙후되었다는 것이고, 포춘의 행위는 서구의 고등문명이 만리 밖에 있는 중국의 반문명을 훔친 것에 다름 아니었다. 하나는 식물지식의 생산에 관한 것이고, 다른 하나는 경제적인 작물에 대한 약탈이었다. 모두 식물지식에 관한 것이기는 하지만, 시각과 목적이 다르고 상호 간 대화도 나누기 어려웠다. 그렇다면 무슨 계기로 인해 두 사람은 서로 관계없고 심지어는 서로 모순적인 관점에서 동시에 중국의 식물지식 내지 전체 중국 문명의 반문명적 지위를 논하게 되었던 것일까? 서구 식물학의 발달과 동인도회사의 차종 절도 사이에는 무슨 관련이 있는 것일까? 이 문제에 답하기 위해서는 우광젠과 포춘이 각자 도출한, 보기에는 직접적인 관계가 없어 보이는 역사적 연원까지 추소할 필요가 있다.

우광젠이 인용하여 서술한 지구 식물의 종류 수는 린네 시대의 자연학 및 그것을 계승한 후대 유럽의 식물지식에서 생산, 특히 식물채집 활동과 직접적인 관계가 있다. 유럽에서 유용한 식물 품종의 탐색과 새로운 식민지 탐험 및 확장 과정에서 발견하는 종에 대한 채집은 이미 중요한 일부분이 되었다.[**] 메리 루이즈 프랫(Mary Louise Pratt)이 지적한 바와 같이, 16세기 이후의 유럽 식민주의는 전지구의 지리에 대한 탐색을 통해 모종의 '전

---

[*] Robert Fortune, *Three Years of Wonders*, p.xvi.
[**] 17세기 이래 네덜란드, 프랑스의 서인도회사와 유럽 각 교회는 이미 아프리카, 북아메리카와 서인도제도, 그리고 라틴아메리카에서 사물의 종의 채집 활동을 원양항해의 주요 내용 가운데 하나로 삼고 있었다.

지구적 의식'을 구성하고, 동시에 지리 탐색식의 정보 귀납방식(navigation mapping), 즉 유럽의 지리와 연관이 없는 외부 지역의 환경, 경관, 산물, 동식물에 대해 배열하고, 묘사하고, 분류하는 정보 지식의 생산방식을 수립하였다.* 초기의 자연학은 낯선 환경과 동식물에 대한 이러한 배열과 묘사의 특징을 충분히 반영하였으며 식물표본 채집은 자연학의 중요한 방식이었다. 18세기 이래, 유럽과 세계 각지 사이의 원거리 무역체계가 더욱더 갖춰지고, 전문적으로 '원동 무역' 혹은 '중국 무역'에 종사하는 네덜란드, 영국, 스웨덴 등 각각의 대규모 동인도회사가 아시아와 유럽을 연결하는 해로와 육로에서 활약함으로써, 식물채집 활동의 범위도 더욱 광범위하게 확대되었다. 중국 도자기를 수집하는 어느 스웨덴인의 정보에 의하면, 스웨덴 동인도회사의 원양항해 선박 38척이 1731년부터 1813년까지 유럽과 중국 사이의 무역로를 132차례 항해하였다.** 해상 무역 네트워크의 도움으로 린네와 그의 학생들의 채집 활동도 날로 전지구화 되었으며, 그의 자연체계는 바로 점점 늘어나는 동식물에 대한 정보를 분류하고 분석하는 과정에서 출현하였다.*** 프랫이 지적한 바에 따르면, 16세기 이후 지리 대탐색식의 자연지식이 유럽의 전지구적 의식의 기초 가운데 하나였다면, 린네의 자연체계의 출현은 유럽 부르주아지에게 이상적인 주체 이미지를 제공하였다. 자연양태를 묘사하고 나열하던 초기 자연학 방법과는 달리, 린네가 창시한 자연체계는 일종의 인공체계로서 그 식물분류와 명명은 식물

---

* Mary Louise Pratt, *The Imperial Eyes: Travel Writing and Transculturation*(New York: Routledge, 1992), pp.19-24.

** Jan-Erik Nilsson, "The Swedish East India Company Trading to China 1731-1813", http://www.gotheborg.com/project/ships/ships.shtml, 2014년 5월 2일 검색.

*** Lisbet Koerner, *Linnaeus: Nature and Nation*(Cambridge: Harvard University Press, 2009).

자연양태와는 전혀 유사한 점이 없었다. 하지만 이러한 자연체계의 가치는 "바로 그것과 다양하고 복잡한 자연 자체 사이의 차이에 있었다." "이 차이 속에서 출현한 것은 유럽 부르주아지 주체의 유토피아적인 이미지였으며, 그것은 제국주의적이고 동시에 결백한(innocent) 것이었다. 그리고 그 무해한 패권식의 시선 가운데는 어떤 통치체계도 존재하지 않았다."* 바로 그런 까닭에 린네의 체계가 지금까지도 여전히 사용되고 있는지도 모른다.

그러나 린네 시대의 출현과 채집은 우광젠이 제기한 광범위한 정보량에 도달하기에는 부족했다. 채집 활동의 밀도가 증가하게 된 데는 영제국의 흥기 이후 새로운 채집 주관자와 관계가 있다. 여기서 새로운 주관자란 우선 왕립식물원과 같은 왕립기구를 의미하며, 여기에는 영국 본토와 영국령 식민지 각 지방의 식물원이 포함되어 있다. 그다음으로는 런던 린네학회, 농예회, 일부 개인 식물원과 같은 사회 상층의 각종 식물학회를 들 수 있다. 그들은 18세기 말에 이미 서유럽에서 출현한 고용 식물채집 제도를 이용하여 일정한 규율에 따라 조직적으로 전문 인력을 선발하여 양성하고, 그들을 모 지역으로 보내 경제를 목적으로 한 채집 활동을 포함해 목적의식적인 채집 활동을 진행하도록 하였다. 왕족과 엘리트의 참여로 인해 식물채집은 식민주의와 제국주의 확장을 위한 문화체제 중 가장 뛰어난 지식생산 영역 가운데 하나가 되었다. 사실, 채집의 경제적 목적도 매우 명확했다. 지식과 경제적 이익의 결합으로 채집의 명목도 다양해지고 활동도 빈번해졌으며, 영국 자본주의 흥기 이후 200년 동안 공공영역에서 식물채집이 성황을 이루게 되었다.** 루실 브록웨이(Lucile Brockway)의 영

---

* Pratt, *The Imperial Eyes*, pp.33~34.
** 종에 근거하여 식물을 수집하는 것은 상당 정도 재배를 위한 것이다. 윌리엄 J. 후커 (W. J. Hooker)는 큐식물원 원장으로 재직하는 동안 특별히 실험농장을 만들어 해외로부

국 큐식물원(Kew Gardens)에 대한 경전적인 연구와 판파디(範發迪, Fan Fa-ti)의 재중 영국 박물학자에 대한 연구*에 의하면, 19세기 전반기에 영제국의 본토와 식민지를 연결하는 왕립식물원, 동인도회사, 학회, 간행물, 양성교육용 전람회 등이 공동으로 구성한 제국의 '과학 네트워크'가 이미 본격적으로 가동될 수 있는 상태를 갖추고 있었다.** 하지만 이러한 전지구적인 네트워크를 따라 움직이며, 제국의 안팎으로부터 그것을 위해 새로운 물질적인 자료를 수입한 것은 대규모의 전문적인 식물채집자였다. 그들은 식물학의 기초지식을 구비하고 중임을 맡아 먼 거리를 무릅쓰고 성취를 이루고자 하였다. 제국 주변에 가서 희귀하고 경제적인 혹은 비경제적인 식물표본과 품종을 수집하는 것은 수입도 적지 않은 일이었을 뿐만 아니라 탐험가라는 특수한 영예도 안겨주었다.*** 19세기에서 20세기에, 수천 수만에 달하는 기이한 꽃과 풀, 경제작물과 진귀한 동물은 그들의 손을 거쳐 제국 주변으로부터 영국과 유럽의 박물관, 식물원 및 왕립공원으로 흘

터 온 희귀한 경제작품을 전문적으로 재배하였다. 따라서 식물 사냥꾼에게 있어서, 19세기에 가장 실용적인 발명은 살아 있는 표본을 운송할 수 있는 표본상자였다고 할 수 있다. 표본상자는 살아 있는 표본의 채집을 가능하게 하였는데, 너대니얼 워드(Nathanial Ward, 1791-1868)는 표본상자의 발명으로 식물학 역사상 '워디언의 시대(The Wardian Age)'를 개척했다는 명성을 얻었다.

* 範發迪(Fan Fa-ti), *British Naturalists in Qing China : Science, Empire, and Cultural Encounter*(Harvard University Press, 2004). (範發迪著, 袁劍譯, 『淸代在華的英國博物學家: 科學, 帝國與文化遭遇』, 中國人民大學出版社, 2011. ―역자 주).

** Lucile Brockway, *Science and Colonial Expansion: The Role of the British Royal Botanic Gardens*(New York: Academic Press, 1979).

*** 큐식물원에서 파견한 첫번째 아프리카 식물채집자는 연봉이 100파운드였으며, 이후의 식물 사냥꾼들은 임무의 난이도에 따라 차이가 있기는 했지만 크지는 않았다. 큐식물원이 왕립식물원의 지위를 획득한 이후에 그 식물원이 받은 전체 찬조금은 매년 14,000파운드에 불과했다.

러들었으며, 또 영국령 식민지로부터 다른 식민지로 옮겨졌다. 그들은 당시 유행하던 '식물 사냥꾼'이라는 호칭으로 불리었다.[*]

전지구의 자연자원 정보에 대한 점유방식인 식물채집이 수량과 밀도 방면에서 최고의 정점을 보여준 것은 바로 영제국에서였다. 식물 사냥꾼의 족적은 제국 주변인 아프리카, 서인도제도로부터 라틴아메리카, 태평양군도와 아시아까지 널리 확산되었으며, 린네가 창시한 분류와 명명체계를 일률적으로 답습하여 전지구의 대량의 정보를 체계적으로 처리하였다. 식물채집이 19세기에 '대량으로' 증가한 것은 몇 가지 예를 통해 설명할 수 있다. 우선 중국에 온 식물채집자를 보면, 19세기 이전 몇 세기 동안 중국에서 채집 활동을 한 유럽인의 수는 20명을 넘지 않았다. 그러나 19세기에서 20세기 초, 중국에 온 유럽 채집자의 수는 230여 명에 달했다.[**] 유럽 각국이 채집한 표본의 수량을 보면, 18세기 후반 린네와 같은 유럽의 식물채집 대가는 먼 지역으로부터 수백 종의 새로운 식물을 수집하였다. 쿡 선장(Captain Cook, 제임스 쿡James Cook, 1728-1779)이 남태평양으로부터 '획득하여' 영국으로 가져온 동식물은 모두 수천 종에 달했다.[***] 1843-1845년,

---

[*] 식물 사냥꾼의 역사에 관한 서적은 매우 많다. Charles Lyte, *The Plant Hunters*(London: Orbis Pub., 1983) ; Toby Musgrave, Chris Gardner and Will Musgrave, *The Plant Hunters: Two Hundred Years of Adventure and Discovery Around the World*(London: Ward Lock, 1998); Philip Short, *In Pursuit of Plants: Experiences of Nineteenth & Early Twentieth Century Plant Collectors*(Portland, OR.: Timer Press, 2004) 등 참고.

[**] 吳征鎰, 陳心啓編, 『中國植物志』 第一卷, 北京: 科技出版社, 2004, pp.658-692 참고.

[***] 예를 들어 한스 슬론(Hans Sloane, 1660-1753)은 서인도제도로부터 영국으로 약 800종의 식물 종을 운반하였다. 그리고 18세기 초 동인도회사에서 일했던 제임스 커닝햄(James Cunningham)은 현재의 베트남 북부 일대로부터 700여 종의 식물을 가져갔으며, 조지 럼피우스(George Rumphius, 1627-1702), 포르투갈 선교사 주앙 드 루레이로(João de Loureiro, 1710-1791), 미첼 에단손(Michel Adanson, 1727-1806) 그리고 훗날 영국

포춘은 2,000여 주(株)의 차나무와 17,000종의 차나무 종자를 성공적으로 인도로 운반하였는데, 이는 그가 수집한 다른 식물들은 포함하지 않은 수치이다. 1904년 조지 포레스트(George Forrest, 1873-1932)는 윈난(雲南)에서 큐식물원으로 대략 31,000주의 식물표본을 운송하였다.* 또 1913년 어니스트 헨리 윌슨(Ernest Henry Wilson)은 큐식물원에 2,000여 종의 아시아 식물 종을 포함하여 선후로 65,000주의 식물표본을 운송하였는데, 그 가운데 60여 종은 후에 그의 이름을 붙여 명명하였다. 영국의 큐식물원, 즉 왕립공원은 1789년 해외로부터 수집한 5,500종의 식물표본을 소장하고 있었다. 그후 1853년에는 표본실이 더욱 확장되고, 소장품도 이미 수백만 종에 달하였다.**『식물지植物誌』는 이 시기에 출현한 대량의 정보를 정리하는 방식이었다. 예를 들어 큐식물원 원장 윌리엄 잭슨 후커(William Jackson Hooker)가 편찬한 『북아메리카 식물지*Flora Boreali-Americana*』(1829-1840), 조지 벤담(George Bentham)의 『홍콩 식물지*Flora Hongkongensis*』(1861)와 『오스트레일리아 식물지*Flora Australiensis*』(1863-1878), 아우구스트 그리제바흐(August Heinrich Rudolf Grisebach, 1814-1879)의 『영국령 서인도제도 식물지*Flora of the British West Indian Islands*』(1850-1864), 조지프 돌턴 후커(Joseph Dalton Hooker, 1817-1911)가 주편한 대형 『영국령 인도 식물지*Flora of British India*』(1875-1897)

큐식물원의 원장을 맡은 조지프 뱅크스(Joseph Banks, 1743-1820)는 각각 인도네시아, 중국과 모잠비크, 서아프리카 그리고 캐나다, 아이슬란드, 뉴질랜드 등에서 갖가지 종을 운반해갔다. Reed, Howard S., *A Short History of the Plant Sciences*(New York: Ronald Press, 1942).

* Philip S. Short, *In Pursuit of Plants: Experience of Nineteenth Century & Early Twenty Century Plant Collectors*(Portland, OR.: Timber Press, 2004).

** 각 수치는 Kew Gardens, "250 Years: A Cause to Celebrate." http://www.kew.org/ucm/groups/public/documents/document/ppcont_015743.pdf, p.7에서 근거함. 2014년 1월 4일 검색.

등이 그것이다. 겉보기에 결백하고 중립적인 채집행위 자체와 마찬가지로, 『식물지』는 객관적이고 주체가 없는 표현양식으로, 유일하고 통제시스템이 없는 문화패권의 무해한 시선 아래 한 국가, 한 지역의 자연자원을 기록하고 분류하고 아카이브화하였다.

그러나 우광젠이 거론한 식물채집의 수량과 비교하면, 동인도회사의 차나무 종자 절도 사건은 하나의 오래된 고사일 뿐이다. 그것이 중국 '반문명'의 콘텍스트에서 지니는 의미는 유럽의 식물 관련 실천에 있어서 또 다른 면, 즉 중요한 경제작물 및 그 교류방식에 대한 장악과 통제이다. 여기서 중요한 경제작물은 자본과 직접적인 관계가 있다. 세계 각지 식물 품종과 종의 교환은 인류의 역사와 더불어 이미 시작되었지만, 식물 물품과 종에 대해 대규모로 이루어지는 장거리 교환은 처음 유럽과 아메리카 대륙을 가로지른 '콜럼버스의 교환(Columbian Exchange)'으로 시작되었다. 아메리카를 발견한 콜럼버스가 명명한, 대륙을 가로지르는 그 경제관계는 유럽의 운명을 완전히 변화시켰는데, 그중에는 인구의 이주 이외에도 식물의 교환이 중요한 핵심이었다. 단지 농작물에 대해서만 보자면, 아메리카에서 생산되던 고구마, 설탕, 바나나가 유럽으로 유입되고, 서유럽이 중동 지역에서 획득한 감람, 보리 등 중요한 농작물이 아메리카로 확산되어 유럽 시장의 수요를 보충하였다. 북아메리카의 농작물과 광활한 옥토가 유럽 인구를 먹여 살리기 위해 제공하는 잉여자원은 유럽 본토가 가진 것을 능가하였다.* 각각의 대규모 동인도회사, 서인도회사의 등장이 수반한 것은 중

---

* 바로 이러한 의미에서 케네스 포머랜즈(Kenneth Pomeranz)는 세계의 기타 지역, 즉 아시아와 남아메리카 같은 지역의 인민들이 제한된 토지에서 힘겨운 경작을 통해 자신의 생활을 영유해야 할 때, 서유럽과 북아메리카의 일부 인구는 이러한 제한된 자원의 생존에 대한 속박으로부터 해방되어 공업과 기계화 노동에 종사할 수 있었다고 지적하였다.

요한 경제작물 교환에 대한 자본의 통제와 조종의 과정이었다. 동인도회사의 주도하에, 고무와 키니네(키나나무 껍질에서 나는 알칼로이드로서 약재로 쓰임-역자)가 중요한 공업과 의약품종으로서 남아메리카로부터 바다를 건너 인도, 말레이시아, 스리랑카 등 영국령 식민지로 옮겨져 대규모로 재배되었다. 남아메리카와 동남아시아에서 대량의 옥토는 사탕수수, 목화, 인디고 등을 재배하기 위한 단일한 '제국 작물' 경작지가 되었다.* 아편은 더욱더 자본의 대리물이 되었다. 중국으로 아편을 밀반입하기 위해 동인도회사는 인도를 거대한 양귀비 재배농장으로 만들었으며, 인도의 가지푸르(Ghazipur)와 파트나(Patna)에 대규모의 아편 제조공장을 건설하였다. 엄격한 절차에 따라 생산된 아편은 벵골 개인 상인들의 중개를 거쳐 중국에 판매되었으며,** 파트나 아편 공장에서만 연간 생산량이 1,300만 파운드에 달하였다([그림5], [그림6] 참조).*** 중국에 밀수입된 아편으로 얻은 이윤은 영제국 전체 재정수입의 15-20%를 점하였으며,**** 당대 인도 작가 아미타브 고시(Amitav Ghosh)에 따르면 이것은 영제국이 부상할 수 있었던 토

---

* Lucile H. Brockway, "Science and Colonial Expansion: The Role of the British Royal Botanic Gardens", *American Ethnologist*, Vol.6, No.3(Aug., 1979): pp.449-465; Daniela Bleichmar, *Visible Empire: Botanical Expedition and Visual Culture in the Hispanic Enlightenment*(Chicago: The University of Chicago Press, 2012) 참고.

** 인도의 장편 역사소설 『아편의 바다*Sea of Poppies*』 저자 아미타브 고시는 이러한 아편 제조공장의 정경을 상당히 구체적으로 묘사하였다.

*** "The Architecture of Opium", *Edible Geography*, http://www.ediblegeography. com/the-architecture-of-opium-production/, 2014년 9월 12일 검색. "Illustration 1 - No Title", *Scientific American* No.5(Jul. 29, 1882): p.63.

**** 옹정 시기부터 도광 연간까지 인도와 남아시아에서 중국으로 밀수된 아편은 200상자에서 3만 상자로 증가하였으며, 20세기 초 중국의 매년 평균 아편 소비는 근 4만 톤에 달하였다. James Bradley, *The Imperial Cruise: A Secret History of Empire and War*(New York. Little, Brown and Company, 2009), pp.274-275.

▶[그림5] ▶[그림6] 영국인의 인도 아편공장
자료출처: *Scientific American* No.5(July 29, 1882): 63.

대였다.* 이러한 맥락에서 보면, 동인도 회사가 아편 제조 내지 아편전쟁에
앞서서 이미 차나무 종자를 절취하고자 계획한 것은 전혀 이상할 것이 없
다.**

그러나 차나무 종자의 절도 고사를 '반문명' 및 식물학의 맥락 속으로
끌어들임으로써, 포춘은 우리에게 새로운 각도에서 자본과 식물학 채집의
관계를 탐색할 수 있는 길을 열어주었다. 만약 상업적인 활동과 표면적인
거리를 두고 있던 자연학이 일찍이 린네 시대 이래로 유럽 부르주아지 주
체 이미지가 형성된 기점 가운데 하나였다면, 그것은 또 어떻게 포춘 시대
에 자연스럽게 자본과 함께하게 되었는가? 이미 100개의 새로운 종을 발

---

* Interview of Amitav Ghosh, *Outlook India*, May 24, 2008. http://www.outlookindia.
com/article/The-Ghazipur-And-Patna-Opium-Factories-Together-Produced-The-
Wealth-Of-Britain/237500, 2008년 9월 12일 검색.
** 여기서 지적할 것은 이후 전기(傳奇)가 된 대다수의 채집과 탐험은 처음에는 모두 고
급비밀이었다는 점이다. 제임스 쿡의 남태평양 탐험도 마찬가지이다. 제임스 쿡은 '용기'
와 무력에 의존하여 영국을 위해 뉴질랜드, 오스트레일리아, 태평양제도의 식물들을 가져
왔으며, 그 대부분은 큐식물원에 소장되었다.

견하고 명명하여 식물학계에 이름을 올린 포춘은 결코 자연학자식의 청렴을 잃는 것에 대해 구애받지 않았다. 『차의 나라로의 여행』으로부터 보면, 포춘은 단지 동인도회사의 사명을 완수한 것에 대해 자부심을 느꼈을 뿐만 아니라 자신의 전문적인 활동 성과에 대해 상당히 만족해하였다. 바로 그의 전문적인 소질이 그가 이와 같이 어려운 사명을 완성하는 데 도움이 되었는지도 모른다. 그렇다면 자본과의 결합, 자본에 고용된 식물 사냥꾼에게 있어서, 부르주아지 주체의 자아 이미지를 유지하는 토대는 무엇이었으며, 또 이러한 토대를 제공한 적이 있는가?

사실, '식물 사냥꾼'의 이미지로부터도 영제국의 식물 지식 생산과 자연학 시대의 차이를 엿볼 수 있다. 한편으로, 그것은 식물채집자가 표본을 채집한 후에 명명하고 질서를 부여하는 것을 의미한다. 그러나 다른 한편, 그것은 또 채집 활동을 약탈과 포획 행위 자체로 형상화하며, 그 형상은 약탈자와 포획자, 피약탈과 피포획 대상 사이의 관계와 긴장을 나타낸다. 포춘이 저술한 『차의 나라로의 여행』도 이러한 변화를 반영하고 있다. 전형적인 식물채집기는 일반적으로 관찰자의 시각으로, 경험한 지역의 환경과 인간집단의 각종 형태를 꾸밈없이 직설적으로 묘사할 뿐만 아니라 발견한 식물의 종과 속을 자연질서에 의거하여 과학적으로 배열한다. 비록 제1인칭의 서술 형식을 취하고 있지만, 서술주체인 '나'는 일반적으로 전문적인 채집자를 가리킨다. 『차의 나라로의 여행』은 바로 이러한 식물채집기 관찰자 시각에서 서술하는 방식을 취하고 있지만, 그 목적이 차에 있었기 때문에 린네의 체계로 야생적인 식물 종에 대해 학명을 나열할 필요가 없었으며, 따라서 식물 사냥꾼의 이미지 자체도 전문적인 지식의 대표자로 표현되었다. 『차의 나라로의 여행』의 서술책략 가운데 하나는 '나', 즉 식물 사냥꾼의 전문적인 능력 자체를 독자의 주요 관찰 대상으로 변화시키고, 식물 사냥꾼의 관찰력과 판단력에 대한 서술 과정에서 집중적으로 표현하는 것이었다. 바꾸어 말하면, 이러한 사후에 서술된 '관찰'은 대상을 표현하고 설명하기 위한 것이 아니라 식물 사냥꾼의 특수한 관찰력과 판단력 자체를 드러내기 위한 것이었다. 첫번째 기행문에서 포춘은 이미 능수능란하게 이러한 관찰을 구성해 보여주고 있다. 예를 들어 그는 '나'가 어떻게 자신을 뒤따르는 사람들 가운데 어떤 사람이 비호의적인 태도로 그에게 접근하고 있음을 알아차리게 되었는지에 대해 자세히 서술하고 있다. 이러한 관찰에 대한 묘사는 심지어 '나'가 주머니 속 지갑을 소매치기 당했음을 발견할 때까지 여러 차례에 걸쳐 등장한다. 여기서 독자에게 보여주고 하는 것은 지갑을 소매치기 당했다는 사실이라기보다는 오히려 소매치기 당하는 과정에 대한 경각과 관찰이다.『차의 나라로의 여행』에서 독자는 '나'가 관찰하는 시선에 대해 특별히 주목하도록 요구받는다. 왜냐하면 '나'는 사명의 비밀을 지키기 위해 대화가 아닌 '관찰'을 선택했기 때문이다. 자연 체계가 부재하는 상황에서, 식물 사냥꾼의 관찰은 일종의 '전문가'의 소양으로 간주되어 서술을 통해 드러내고자 하는 주요 내용을 구성하였다.

　이를 심층적으로 분석해보면, 포춘의 서술책략은 사실상 영제국이 식물지식 생산을 위해 제공하는 심층적인 구조와 서로 부합하며, 식물지식에 대한 '전시체계展示體系'라고 부를 수 있다. 영국 왕립기구가 식물채집의 발기자이자 주관자였다는 것은 식물채집 활동이 특권적 지위를 지닌 전시 공간, 즉 세계에서 최고 규모를 자랑하는 각종 왕립식물원과 서로 관계되어 있다는 것을 의미한다. 그뿐만 아니라 이것은 또 채집 활동이 이들 전시 공간에서 진행되는 전람, 교육, 육성(育成)과 같은 활동과 밀접한 관계가 있음을 의미하는데, 특히 중요한 점은 이름을 알 수 없는 수많은 관람자 및 청중들과 밀접한 연관이 있다는 것을 의미한다. 따라서 식물채집은 단지 제국의 주변 자원 및 타자와의 교류일 뿐만 아니라 간접적으로는 제국 중심의 관중을 위한 것이기도 하다. 식물원의 이러한 전시성과 시연성(示演性)은 잠재적이고 구조적으로 인력 고용을 통한 식물채집 활동방식을 도입하는 데 영향을 미쳤다. 영국의 각 지방 식물연구회와 연구 활동, 연구 간행물도 모두 모종의 전시적인 성질을 지니고 있었으며, 그 표본이나 풍부한 도감의 수장은 상층 엘리트로서의 신분과 명망, 명예를 과시하는 수단이기도 하였다.* 식물원, 전람회, 간행물과 기행문이 구성하는 이러한 공공공간에서, 식물 사냥꾼들은 머나먼 제국의 주변으로 가서, 홀로 위험을 무릅쓰고 제국을 위해 가치 있는 미지의 표본을 가져온, 마치 사냥꾼과 같이 용감하고 안정적이고 정확한 식물학의 '전문가' 형상으로 묘사되었다. 그들의 전문성과 권위성, 특수한 경력은 지식 자체가 그런 것처럼 독자들로부터 인정을 받았으며, 그들의 이미지 가운데는 제국의 주변부 자연자원 정보에 대한 점유방식이 포함되어 있었다. 18세기의 자연학자들과 마찬가지로, 19세기의 식물 사냥꾼들도 부르주아지 주체의 긍정적인 이미지를 제공하였다.

조금 더 심층적으로 보면, 식물 사냥꾼의 이미지를 구성함에 있어서 의존했던 '전시체계'도 모종의 의미에서 영제국의 문화적 헤게모니를 구성하는 방식이었다. 전시체계를 바탕으로 자본은 제국의 시설을 통해 공공공간에서의 자신에 대한 수용과 승인을 요청했다. 단지 식물에 대해서만 그러한 것이 아니라 예술품, 공예품, 인종, 문화, 건축도 모두 영제국 공공공간의 전시 대상이었다. 큐식물원과 동시에 출현한 영제국 안팎의 풍경에

---

* 예를 들어 런던 린네학회가 명망이 있는 까닭은 학회회장이 린네의 모든 소장품과 집필 원고를 매입하여 린네학회의 소장품으로 삼았기 때문이다.

는 확장중인 각종 박물관, 수정궁 및 빈번히 개최되는 세계박람회가 있었다. 만약 18세기부터 영국 부르주아지가 이미 자각적으로 식민자와 피식민자 사이의 주인과 노예의 관계모델에 근거하여 영국 부르주아지 주체의 국제적인 지위를 구성하기 시작했다면,* 19세기에 이르러 부르주아지 주체의 국제적인 지위는 바로 헤게모니를 추구하기 시작하였다. 다시 말하면 자본이 제국 내외에서 자신의 권위에 대한 승인과 수용을 적극적으로 추구하기 시작한 것이다. 이러한 의미에서 수정궁과 박물관, 세계박람회는 바로 일종의 '헤게모니 프로젝트'였다고 할 수 있다. 즉 그것들은 자본이 승인을 획득하기 위한 한 방식이었으며, 그것의 잠재적인 관중들은 자본의 헤게모니에 대한 수용자이자 승인자로 간주되었다. 그들이 전시하는 것은 항상 대상에 그치는 것이 아니라 대상과의 관계도 포함하고 있었다. 인종만이 아니라 종족에 대한 규정도 포함하고 있었으며, 약탈한 예술품만이 아니라 예술품에 대한 소유와 장악도 포함하고 있었고, 제국의 영토와 주변의 온갖 기이한 화초만이 아니라 이러한 식물에 대한 약탈방식도 포함하고 있었다. 이러한 헤게모니 프로젝트는 본토는 물론 국제적인 차원에서도 '관람자'와 '청중', 그리고 그들의 수용과 승인방식을 구성하고 육성하였다. 포춘의 기행문은 수전 쇼언바워 슈린(Susan Schoenbauer Thurin)이 날카롭게 개괄한 바와 같이, "직업과 문화의 동화라는 이 두 사건이 제국의 업무 가운데서 충돌하면서, 공동으로 패전자의 '머리 위 아우라'를 벗겨내

---

* 제임스 헤비아(James Hevia)는 매카트니 시대에 이미 영국 민족성을 체현하는 풍모와 행동거지가 영국 부르주아지가 자신의 국제적인 형상을 구성하는 요소가 되었다고 지적하였다. 이러한 요소로 인해 영국 신사의 계급적 자각은 제국 주변의 종족의식과 식민자 의식으로 확대되었다. James Hevia, *Cherishing Men from Afar: Qing Guest Ritual and the Macartney Embassy of 1793*(Durham: Duke University Press, 1995).

는 것을 보여주었다."*

문제는 자본과 전쟁을 통한 승인이 종종 단지 '승인의 치환'에 불과하다는 것이다. 식물과 예술품에 대한 전시 가운데서, 제국의 헤게모니는 예술과 식물 자체의 관상적 성질과 지식적 성질에 대한 대중의 수용을 통해 (동인도회사 방식의) 자본 약탈방식에 대한 대중의 수용과 승인을 몰래 바꿔치기하는 것이었다. 자본의 약탈은 지금까지 승인을 받은 적이 없고, 단지 '승인 바꿔치기' 혹은 '승인의 치환'만을 얻어내는 데 그쳤다.** 하지만 이러한 '몰래 바꿔치기한 승인'은 종종 승인의 위기를 의미한다. 포춘의 기행문은 '전문가'식으로 기술한 서술방식으로, 동인도회사 '자본의 대리자'인 '나'의 비합법적인 행위를 성공적으로 치환하였다. 예를 들어 포춘은 '전문가'식의 순수 규범적 처리라는 의미로, 동인도회사가 자신에게 부여한 정치적 의미의 임무를 서술하였다. "내가 이렇게 멀리까지 북상하는 목적은 인도 서북 지역 각 성에 있는 동인도회사의 대농장을 위해 차 종자와 묘목을 확보하기 위한 것이었다. 중요한 것은 중국의 가장 좋은 차 재배 지역에서 차 종자와 묘목을 수집하는 것으로, 이것이 바로 내가 완성해야 하는 목표였다."*** 포춘의 기행문에서는 아편전쟁 조약에서의 외국인 활동

---

* Susan S. Thurin, *Victorian Travelers and the Opening of China, 1842-1907*(Athens: Ohio University Press, 1999. Print), p.29.

** 판파디, 제프리 매더(Jeffrey Mather) 등 학자는 이미 포춘을 포함한 식물채집자가 중국에서의 채집 과정 중 여러 방면에서 현지 민중의 저지를 받았음을 지적하였다. 그들은 '비공식 제국(informal empire)'이라는 개념으로 영국 패권의 중국에 대한 영향력의 한계를 묘사하였다. 範發迪, 『淸代在華的博物學家: 科學, 帝國與文化遭遇』; Jeffrey Mather, "Botanising in a Sinocentric World: Robert Fortune's Travels in China", *Studies in Travel Writing*, Vol.14, No.3, September 2010, pp.257-270.

*** Robert Fortune, *Journey to the Tea Countries of China*(London: John Murray, 1852); pp.20-21.

구역 제한에 대해 전혀 언급 없이, 외국인 행동 구역 밖의, 자본이 아직 미치지 않은 차 산지를 미묘하게 조롱하듯이 "유럽인의 금지 지역(It is a sealed country to Europeans)"이라고 불렀다.* 따라서 중영 쌍방이 체결한 국제적 규정을 '합법적인 것이 아닌' 청제국의 일방적인 쇄국 행위로 규정하고, 동인도회사의 위탁파견에 대해 처음부터 결여되었던 합리성을 부여하였다.

비록 그렇기는 하지만, '전문가의 시각'도 결코 자본과 헤게모니 및 그 승인의 위기를 완전히 은폐할 수는 없었다. 동인도회사의 요구로 진행된 포춘의 두번째 중국행은 자못 영향력 있는 두 가지 '발견'을 확증하였다. 그 가운데 하나는 홍차와 녹차는 원래 동일한 종을 각기 다른 방식으로 제조한 결과이지 당시 유럽 학계에서 알고 있던 것처럼 서로 다른 차의 종이 아니다. 두번째는 차 품질의 높고 낮음은 기후와 토양의 차이 및 그 제조 기술의 차이에 달려 있는 것이지 차 종자 자체의 차이 때문만은 아니라는 것이었다.** 차와 다예에 대한 '전문가적인' 관찰에 힘입어 그는 식물채집이 강조하는 종의 결정론을 극복하고, 우이산(武夷山)의 차나무가 동인도회사가 지목하고 구하려고 했던 녹차(Thea viridis)에 가까울 뿐만 아니라

---

* Robert Fortune, *Journey to the Tea Countries of China*(London: John Murray, 1852): pp.20-21.

** 이 점을 증명하기 위해서 포춘은 특별히 구미인이 좋아하는 녹차의 색깔이 중국의 전문적인 해외판매를 위한 차 공장의 제조공정에서 강황, 감청색과 석고를 염료로 쓰기 때문이라고 지적하였다. 그는 샘플을 런던으로 보내 당시 의약 연구 및 제조 기구인 아포세카리즈 홀(Apothecaries' Hall)의 워링턴(Mr. Warrington) 선생에게 감정을 의뢰하였으며, 워링턴은 그것을 1851년 영국박람회에 전시하여 대중에게 중국의 녹차를 마시는 것은 중독될 수 있음을 경고하였다. Fortune, *Journey to the Tea Countries of China*, pp.92-95; "Teas and the Tea Country", *New Monthly Magazine and Humorist*, Vol.95(1852): pp.439-454.

광둥의 홍차(Thea bohea)도 마찬가지라고 지적하였다. 처음부터 그들은 모두 동일한 종에서 나왔으며, 기후와 환경의 차이로 서로 다르게 변화했다는 것이다. 포춘은 2,000주의 차 묘목, 수많은 차 종자와 경험이 풍부한 차 제조공을 자카르타로 운송한 이후, 현지 식물원의 폴코너 박사(Dr. Falconer)의 요청으로 6명의 차 제조공에게 인도 현지의 식물을 이용하여 각각 홍차와 녹차를 제조하는 방식을 시연하게 하였다. '전문가'로서의 관찰에 기반하여, 이후에 그는 차 종자의 지리 분포와 각기 다른 지역의 차나무의 차이가 왜 차 종자 때문이 아니라 기후와 환경의 결과인지에 대해 장편의 글을 쓰기 시작하였다.*

중국 어느 지역의 차 농장(tea-plantation)에서든 내가 보아왔던 것들보다 더 뚜렷한 특징을 지닌 차나무들을 발견할 수 있다. 그 이유는 매우 명확하다. 차 묘목은 서구의 산사나무처럼 종자로부터 번식하며, 그들은 그 종자를 얻은 이전의 차나무와는 완전히 같을 수 없다. 따라서 만약 우리가 두 종류의 서로 다른 차 묘목을 가지고 있다면, 비록 차이는 매우 작겠지만 매우 많은 종류의 차 묘목을 가지고 있다는 것을 의미한다. 그뿐만 아니라, 만약 한 그루의 차나무에서 나온 종자가 해를 거듭하여 서로 다른 기후 환경 속에서 재배된다면, 우리는 곧 서로 다른 지역에서 생장한 묘목의 차이에 대해 기이하게 여길 필요가 없다. 비록 그들이 동일한 차나무의 후손이기는 하지만 말이다.**

* Fortune, *Journey to the Tea Countries of China*, pp.276-278.
** Ibid., pp.204-205.

이러한 '전문가의 분석'에 따르면, 만약 차의 종이 서로 같다면, 우이산과 황산 일대의 '좋은 차'는 반드시 특정한 환경과 기후의 결과여야 한다. 여기서 그 '전문적인' 관찰에 따라 도출한 결론과 자본이 그에게 부여한 임무 사이에는 잠재적인 모순이 존재한다. 즉 자본이 부여한 임무는 우이산과 황산 일대의 차 종자와 묘목을 인도로 운반하여 대량으로 생산하는 것이었지만, '전문가'는 오히려 탐색을 통해 이 일대 차의 품질을 유지하는 것은 기후와 환경으로서 결코 운송하거나 복제할 수 있는 것이 아니라는 것을 깨달았다. 이러한 결론은 '자본의 대리자'로서의 '나'의 판단을 근본적으로 뒤집는 것이었다. 예를 들어 룽징(龍井)과 같은 좋은 차의 비밀은 결코 청조가 독점하고 있는 기술의 결과가 아니라 자연의 토질과 기후의 산물이었다. 토양과 기후에 대한 '전문가'의 이러한 지식은 동인도회사의 제국적인 경제 계획의 성공을 더욱더 의심스럽게 만들었다. '자본의 대리자'인 '나'는 서술의 초점을 동일한 차 종자가 각기 다른 기후와 지역에서 같은 '경제적 가치'를 지니는가의 문제로 전환시켰다. '자본의 대리자'가 내린 결론은 '전문가'의 분석과 달리, 단지 "푸젠福建과 후이저우徽州 일대에서 얻은 차 종자를 차 재배에 적합한 세계 각지로 운송하기만 하면" 그 '경제적 가치'는 변화하지 않는다는 것이었다.* 따라서 『차의 나라로의 여행』에서 차나무 지리학에 대한 논의는, 결국 이러한 '승인의 치환'으로 끝나버렸으며 '전문가의 시각'은 자본의 권위에 양보하여 자본의 도구로 변질되고 만 역사를 보여준다.

---

* Ibid., p.285.

3. 수수의 소리를 듣다: 생명의 연쇄적 체득

오늘날까지도 중국의 적지 않은 식물학자들은 우리가 여전히 뒤처진 상태에 있으며, 선진적인 것을 본받아 따라가야 하는 '반문명'과 유사한 단계에 있다고 여긴다. 왜냐하면 20세기 초에 이르러, 식물학의 발전은 이미 명명과 분류의 단계를 벗어나 식물해부학, 세포학, 생리학 그리고 그후 유전학과 오늘날의 분자생물학 단계로 발전해왔기 때문이다. 하지만 식물해부학에서 분자생물학까지, 모두 모종의 측면에서는 린네 시대의 지식 패러다임과 연계되어 있다고 할 수 있다. 즉 '사물과 시각 및 담론' 사이에 수립된 새로운 연계가 바로 그것이다. 광학현미경 내지 전자현미경이 주도하는 '시각' 아래, 기관에서 조직, 세균, 세포, 염색체, 유전자, DNA에 이르기까지 새로운 '관찰 가능한 대상'이 끊임없이 발견되어왔다. 식물학에서 생물학으로 유럽 과학의 발전은 한 단계 한 단계 비약적인 변화를 거쳐왔다. 동식물의 외재 형태에 대한 연구로부터 생물 내부의 구조에 대한 연구로, 분류학, 형태학, 생태학으로부터 세포학으로, 그리고 또 유전자, 염색체와 분자생물학에 대한 연구로 발전해왔다. 이러한 발전 과정은 단지 물질적 생산 혹은 정치경제적 생산을 대표할 뿐만 아니라 또 문화적인 생산을 대표하기도 한다. 지식 연구의 중점이 식물의 외재적인 형태에서 생물의 내적인 구조로 전환되는 과정도, 바로 과학 대상으로서의 '관찰 가능한 사물'이 밖으로부터 내부로 날로 미세화되는 과정이었다고 할 수 있다. 오늘날 인류의 자아와 생명현상에 대한 인식에서, 염색체와 유전자의 '발견'은 인류 과학의 자부심으로 간주되고 보편적으로 적용 가능한 인류 자아인식의 정점을 대표하며, 각종 물질 생산에 광범위하게 적용되고 있다. 그러나 지식의 패러다임으로부터 보면, 서구 식물학이 생물학으로 비약적인 발견을 이룬

250년 동안, 계속해서 확대 재생산된 것은 동일한 과학 담론 혹은 지식 패러다임이었다. 과학 대상과 지식에 대한 그 구성방식은 특수한 규정을 가지고 있다. 즉 전혀 매개되지 않은 세부적인 '관찰 가능한 사물'을 통해 전체 구조를 이해하고 생명을 이해하는 것이다. 수술과 암술의 발견도 이와 같은 방식에 의거했을 뿐만 아니라 조직, 세포의 발견, 세균, 염색체, 유전자, DNA의 발견도 이와 같은 방식에 의거하였다.

린네로까지 추소할 수 있는, 광학기기에 의지하여 새로운 대상을 발견하는 이러한 지식 패러다임은 사실상 이미 낡은 방식이 되었으며, 그것이 결국 생물학의 진보를 설명하는가 아니면 물리학 등 기타 현대과학에 비해 생물학의 낙후성을 설명하는가는 여전히 논쟁거리이다. 이 점에 관해서, 캐나다의 생물학자이자 저명한 환경보호주의자인 데이비드 스즈키 (David Suzuki)는 매우 날카로운 통찰을 보여준 바가 있다. 그는 생물학이 지속적으로 유지해오고 있는 것은 여전히 18세기 과학적 세계관이라고 보았다. 이러한 세계관의 한계는 뉴턴의 방법론상의 결함으로까지 거슬러 올라간다. 스즈키는 뉴턴이 이해한 물질세계는 각각의 서로 다른 부분이 조합을 이룬 하나의 운영체계이며, 비록 이러한 세계의 상(像)은 이미 아인슈타인 이후의 물리학에 의해 극복되었지만, 뉴턴의 방법론은 여전히 현대과학의 실천에 영향을 미치고 있다고 하였다. 뉴턴은 우주가 하나의 거대한 시계이며, 각각의 역할을 수행하고 있는 각 부분으로 구성되어 있다고 보았다. 이러한 거대한 시계가 어떻게 운동을 시작했는가 하는 문제는 신에게 돌려야 하며, 인간은 단지 그 각 부분을 심도 있게 이해하기만 하면 모든 부분에 대한 이해를 통해서 신의 창조와 자연계의 모든 오묘한 비밀을 이해할 수 있다는 것이다.* 유전생물학과 분자생물학을 포함한 오늘날의 생물학은 여전히 상당 정도 유사한 방식을 사용하고 있을 뿐만 아니라 더욱더 세밀하게 생명 전체의 내재적인 부분을 분리하여 연구하고 있으며, 뉴턴이 그랬던 것처럼 각 분자, 원자, 혹은 양성자나 전자와 같은 원자 구성요소가 어떻게 구성되며, 생명을 구성하는가 여부에 대해서는 고려하지 않는다. 스즈키는 뉴턴 방법의 영향을 다음과 같이 논하고 있다.

> 과학자들은 전적으로 모종의 양성자나 전자, 원자, 유전자, 세포 혹은 조직에 주목하고, 그것을 다른 부분과 분리시켜 그것이 접촉하는 모든 것을 통제하고, 그것의 내부를 측정하여 그에 대한 심도 있는 이해를 얻게 된다. 그러나 물리학자는 일찍이 지난 세기에 이미 부분과 부분을 결합시킬 때 그들 사이의 공명共鳴이 낳는 새로운 특징은 각 부분의 고유한 성질을 통해 예측할 수 없다는 것을 알고 있었다. 수소원자와 산소원자의 물리적 성질과 기능을 확립하고 나서, 두 개의 수소원자와 하나의 산소원자를 결합시킨다고 해도 곧바로 하나의 물 분자를 만들어낼 수는 없다. 그러나 생물학자와 의사들은 지금까지도 물리학자들의 관념을 받아들이지 않고 있다.**

린네의 분류법은 자연학 영역에서 뉴턴식 세계관을 재현한 것이었다.

---

* David T. Suzuki, *Sacred Balance, Rediscovering Our Place in Nature*(Vancouver: The Mountaineers, 1997), pp.13-14.
** David T. Suzuki, "Biotechnology: A Geneticist's Personal Perspective", *The David Suzuki Reader: A Lifetime of Ideas from a Leading Activist and Thinker*, Greystone Books, Canada, Revised Edition, 2014, pp.170-171.

그는 '시각'을 이용하고, 이어 어휘를 사용하여 식물을 시계와 같이 해체하고, 양을 가장 잘 측정할 수 있는 '부분' 혹은 푸코가 말한 '관찰 가능한 사물'을 선택하였으며, 다시 이러한 부분의 차이와 같음을 통해 전체 시계(식물세계)의 유(類)와 속(屬)을 발견하였다. 뉴턴이 우주만물을 운동할 수 있게 한 것이 무엇인지에 대해 대답하지 않은 것과 마찬가지로, 린네의 식물체계도 무엇으로 인해 식물이 생명을 갖게 되었는지에 대해 질문하지 않았다. 그의 뒤를 이은 후대의 생물학은 린네의 모델을 철저히 전복시킨 것처럼 알려져 있지만, 그것이 전복시킨 것은 단지 '부분'에 대한 린네의 규정이지 관찰방식 자체는 아니었다. 예를 들어 푸코에 의하면 생물학자 조르주 퀴비에는 린네 시대의 '관찰 가능한 사물'을 부정하였다. 그는 기능의 역량이 어떻게 기관을 초월하는지를 보았기 때문에 과학의 시선을 생명체 내부로 이끌었다.* 그러나 생물학 및 후대의 분자생물학은 오히려 신체 내부에서 더욱 작은 관찰 가능한 사물을 분석하고 벗겨냄으로써, 같은 방식으로 새로운 세부 부분이 그다음 시기에 지식의 대상이자 기점이 되게 하였다. 이러한 지식 패러다임의 내재적인 구조는 이미 억압기제를 포함하고 있다. 즉 그것은 그러한 더욱더 작게 벗겨내기식의 시각 외부에 존재하는 주체와 대상을 부정하였으며, 더 중요하게는 생물을 연구하는 과학으로서 이러한 방식은 지식주체와 그것의 연구대상 간의 근본적인 모순, 즉 사람으로서의 지식주체와 대상으로서의 '살아 있는' 생명체 사이의 분열을 확고하게 고정시켰다.

사실, 현대 물리학까지 갈 필요도 없이, 『본초강목』 중의 지식주체와 한번 비교해보아도 곧 이러한 지식 패러다임 내부의 억압기제를 확인할 수

---

* Foucault, *The Order of Things*, p.150.

있다. 『본초강목』의 지식주체와 그 방법론은 신농씨의 형상을 통해서 개괄할 수 있다. 신농씨는 식물의 채집자라고 할 수 있지만, 이는 표본을 수집하기 위한 것이 아니라 식물 생명체의 에너지와 성질 및 기능을 체험하기 위한 것이었다. "온갖 풀을 맛보고, 매일같이 72개의 독을 접했다"는 신농씨는 취약한 생명체의 신분으로 식물 세계를 이해하고자 하였다. '온갖 풀을 맛보다'에 함축된, 생리 내지 심리의 측면에서 느낀 달고, 시고, 쓰고, 매운 것 또는 기쁘고, 두렵고, 좋고, 싫은 감정과 감각은 결코 없어서는 안 될 지식의 내용이었다. 신농씨는 직접 만물을 창조하고 기르는 이치를 경험하고, 자신의 신체가 느끼는 물리력을 받아들였으며, 그런 후에 그것을 정보로 번역하였다. 신농씨와 이시진의 대상에 대한 인식은 필연적으로 인간 자체에 대한 인식을 포함하였다. 그들은 식물 가운데 어떤 에너지가 어떤 자연환경 속에서 어떻게 형성되고, 또 무슨 과정을 통해 신체의 모 부위로 들어가며, 신체 속에서는 어떻게 운행하고 어떻게 인간의 기맥을 조절하는지를 명확하게 인식해야만 했다. 그뿐만 아니라 그들은 특히 본래 끊임없이 변화하는 인간 자신이 식물의 물질적인 힘에 대해 어떤 감각을 가졌고, 결국 그것을 받아들일 수 있는지, 어떤 상황에서 가능한지, 해로움의 유무와 사망에 이르게 할 수 있는지 여부를 정확히 알아야만 했다. 여기서 인간의 생명체는 지식의 대상으로서 인간과 식물의 상호 과정 속으로 들어오고, 동시에 또 지식의 기준이 되었다. 여기서 나는 무의식 간에 『본초강목』을 지나치게 낭만적으로 설명하였지만, 이시진 혹은 『신농본초경神農本草經』이 강조하는 것은, 바로 위에서 말한 '관찰 가능한 사물'을 과학의 기점으로 삼고 식물학에서 생물학까지의 지식 패러다임이 배제했던 내용, 즉 인간과 식물을 살아 있는 생명으로 간주하는 사실 자체였다. 이와 관련하여, 스그키의 다음과 같은 말은 식물학과 생물학 지식 패러다임이 지닌 치명적인 구조적 맹점을 가장 적절하게 표현하고 있다. "생물학자는 마치 이러한 문제, 즉 생명체는 확실히 무생명의 물질적인 조합으로 이루어진 것이지만 '살아 있음(aliveness)'은 오히려 그러한 무생명의 물질적 특성으로부터 예측할 수 없다는 문제를 간과한 것처럼 보인다."[*]

이러한 지식 패러다임의 역사와 문화적 연원을 추소하면, 그것의 출현이 신과 만물 앞에서 '인간'이 지니는 독특한 지위에 대한 서구 계몽주의 후기의 상상과 밀접히 연관되어 있다는 것을 어렵지 않게 발견할 수 있다. 그 배후에는, 사람들에게 널리 알려진 하나의 역사적 배경이 자리잡고 있다. 즉 계몽주의 이전에 코페르니쿠스의 발견으로 일찍이 기독교시대에 인간에게 부여했던 천국의 유일한 공민, 피조물 가운데 신의 형상에 가장 가까운 독존적 지위가 전복되었다는 역사적 배경이 자리잡고 있다. 그러나 데카르트와 뉴턴은 이성과 과학을 인류가 신과의 연계를 회복하는 상상의 방법으로 변화시켰다. 데카르트는 "나는 생각한다"는 말이 대표하는 것 즉 이성을 이용하여 인간을 위해 신과 만물 사이에서의 존재를 찾았고, 뉴턴은 과학을 신이 창조한 오묘한 신비를 발견하는 방법으로 삼았다. 그러나 바로 그러했기 때문에 과학과 만물 가운데서의 인간의 지위 문제는 서로 연관을 맺게 되었고, 과학은 세계에서 인간의 독존적인 지위를 보증하는 역할을 맡게 되었다. 린네가 박물학 영역에서 행한 것은 데카르트와 뉴턴의 작업과 유사했다. 자연학을 논하는 한 문장에서 린네는 일찍이 지구를 하나의 박물관에 비유하고, 그곳에 전시된 것은 바로 신이 창제한 오묘한 비밀이라고 주장하였다. 그는 신이 인간에게 시각, 미각, 후각, 청각 및 촉각을 부여함으로써 인간은 신의 걸작을 느낄 수 있으나, 신이 인간에게

---

[*] David T. Suzuki, "Biotechnology: A Geneticist's Personal Perspective", p.170.

부여한 가장 독특한 것은 바로 종합적인 추리능력이며, 이 능력은 '영혼'의 특징을 갖추고 있다고 보았다.

똑같은 감각기관이 다른 동물에게도 부여되어, 그들도 보고, 듣고, 냄새 맡고, 맛을 보며 만져볼 수 있지만, 그들에게는 이러한 감각을 종합하여 전체적인 결론을 얻을 수 있는 능력이 없다. 그러나 만약 해부도를 가지고 인류 신체의 어느 기관과 구조가 다른 동물과 다른지를 찾으려고 한다면 우리는 해답을 찾을 수 없다. 우리는 인간만이 지닌 독특한 이 능력이 완전히 눈으로 볼 수 없는 것이며, 신이 특별히 인간에게 부여한 것, 즉 우리가 말하는 영혼이라는 것임을 인정해야만 한다.

따라서 모든 것을 설계한 조물주가 이 지구를 박물관처럼 그의 지혜와 능력에 대한 전시로 충만하게 했을 뿐만 아니라 이 휘황찬란한 극장은 관객(spectator)을 위해 장식되었음에 분명하다. 그가 이미 인간을 그의 가장 주요하고 가장 완전한 창조물로 간주하고 인간에게만 유일하게 종합적인 사고능력을 부여한 이상, 인간 존재의 목적은 바로 조물주의 작업을 인식하고 그로부터 신성한 지혜가 현시하는 것을 관찰하는 데 있다는 것은 명확하다.*

여기서 보여주는 것은 인류의 특수주의에 입각한 종에 대한 인식이며 '관찰' 행위와 생명체의 분화이다. '관찰'은 영혼의 능력이고 대지 위의 생명

---

* "Linnaeus On the Study of Nature", *The Leisure Hour*(June 1883), pp.351-354. 이 문장은 원래 런던 린네학회회장 제임스 맥콜리(James Macauley)가 1785년 린네의 친필원고를 모아 출판한 『자연 연구에 대한 의견*Reflections on The Study of Nature*』의 일부분이다.

은 하나의 박물관이며 그곳의 종과 형형색색의 모습은 신의 기묘한 지혜를 드러내 보여주기는 하지만 지금까지 살아 있었던 적이 없다.

보는 것과 보이는 것, 지식과 생명의 네트워크의 분립은 일종의 과학 패러다임에 내재된 억압기제로서, 사실상 전지구적인 문화 헤게모니의 체제로 변화하였다. 오늘날 과학의 '관찰 가능한' 대상에 대한 강조는 이미 보편적인 지식체제가 되어 비시각 중심의 식물 지식체계를 폄하하고 억압하고 있다. 그 결과 과학실천에서 이른바 보편적인 '생명 무의식'이라 부를 수 있는 지식과 물질의 생산이 이루어지고 있다. 과학의 중성(中性)과 공정성에 대한 신념을 바탕으로, 인간은 종종 20세기 이래 과학과 관련된 여러 가지 재난과 추문, 즉 '선진인종'을 연구하는 우생학, 세균전에서부터 DDT 혹은 화학오염 그리고 오늘날의 유전자 개조까지, 이 모든 문제를 정치적, 경제적 집단이 과학을 악용한 탓으로 돌리고 있다. 하지만 실은 과학생산의 조건 가운데 하나인 지식주체와 자기 생명체 간의 분열이야말로 과학지식이 그와 같이 '이용될 수 있는' 필요조건이다. 60여 년 전에 환경보호운동의 흥기를 촉발시킨 명저 가운데 하나인 레이철 카슨(Rachel Carson)의 『침묵의 봄*Silent Spring*』은 이러한 분열 위에 세워진 지식 생산방식에 대해 날카로운 비판을 한 바 있다. 카슨은 DDT 등 화학품이 대량으로 사용되는 것에 대한 분석을 통해 생물학자, 정책결정자와 공공문화가 인간과 기타 생물의 관계를 처리함에 있어서 보여주는 심각한 분열을 폭로하였다. 즉 그들은 '인류의 이익을 위한다'면서 생명 자체를 무시했다. 카슨은 화학공업이 초래한 환경의 재난은 과학과 정부의 정책결정이 인류 자신을 포함한 생명에 대해 무시하는 태도를 드러내며, 이러한 무시는 바로 인류를 편리하게 하는, 착실하고 진지한 과학의 형식으로 이루어진다고 지적하였다. 그들은 화학품이 공격하는 것은 "생명의 복잡 미묘한 관계(fabric of life)이며, 이 복잡 미묘한 관계는 한편으로는 취약하여 그러한 공격을 견디어낼 수 없는가 하면, 동시에 또 한편으로는 매우 강인한 까닭에 반격의 힘을 가지고 있다"는 것을 전혀 고려하지 않았다. 따라서 "화학으로 자연을 통제하려 애쓰는 실천가들은 자신의 '착실하고 진지한' 작업 중에서, 자신이 통제하려고 하는 거대한 역량에 대해 어떠한 존중도 지니고 있지 않다."[*]

생물학과 생명체의 분가(分家)는 다시 한번 우리로 하여금 '반문명' 개념이 포함하고 있는 서로 다른 인류 의식을 돌이켜보게 한다. 만약 '반문명'의 '반(反)'을 서로 다른 인류 의식의 충돌로 간주한다면, 그것은 사실상 서로 다른 역사적 지향성에 대한 가능성을 의미할 수도 있다. 사실 쑨중산, 루쉰, 천두슈에서 마오쩌둥에 이르기까지 중국의 지식인과 과학자, 정치지도자 들은 현대과학을 '가지고 와서' 취사선택할 것을 주장하였는데, 이는 원래는 서구 제국주의와는 다른 역사를 창조하고, '대동'의 이상을 실현할 수 있는 역사를 창조하기 위한 것이었다. 그들의 이러한 의식으로 인해, 중국 현대사는 본래 또다른 과학의 발전 방향의 가능성을 모색할 수 있었다. 중국의 현대과학 실천은 서구 과학과 다른, 다원적인 역사와 미래의 방향을 지향해야만 할 것으로 여겨졌다. 중국 과학자들이 생물 연구소를 창립한 동인을 보면 그러한 동향을 엿볼 수 있다. "문호 개방 이후 외국인이 갑자기 원정대를 내지 깊은 곳까지 파견하여 식물을 채집하였는데, 그들은 비록 학술적인 목적이라고 하지만 이를 통해 형세를 정탐 및 시찰하고 우리나라에 불리한 것을 도모하려는 의도도 적지 않았다. 『예기禮記·예운禮運』에서 말하기를, 재물이 땅에 버려지는 것을 싫어한다고 하였는

---

[*] Rachel Carson, *Silent Spring*(Boston: Houghton Mifflin Co., 1962), pp.296-297.

데,* 하물며 해외의 도적들이 사방에 숨어서 호시탐탐 난폭한 야심을 드러
내고 있음에야."** 후에 여러 세대의 식물채집에 대한 관점에 영향을 미친
이러한 평론에서, 빙즈(秉志)***는 유럽 제국 체제하의 채집 활동은 물질적
측면에서 점유하려는 성격이 있음을 인식하였으며, 국내 식물학자들이 발
기한 채집 활동은 바로 그러한 물질적인 점유에 대한 저항의 일환이라는
성격을 띠었다. 두 차례의 세계대전 사이에, 중국 과학자들은 연이어 중국
내에 식물과학 작업실을 건립하고 보완하였으며, 그에 따라 생물소(生物所),
표본관, 식물학보 등이 줄이어 출현하고 식물채집 활동도 중국 내에서 개
시되었다. 또 식물학자들은 지역의 식물지 편찬을 시작하였는데, 이후에
몇 세대의 과학자들이 공동으로 완성한 『중국식물지中國植物志』는 그 결과
물 가운데 하나였다.**** 그뿐만 아니라 영제국 시기에 채집한 식물정보도
부분적으로 중국 내로 인입되었다. 양치식물을 연구하기 위해 20세기
30년대에 유럽에서 유학하던 식물학자 친런창(秦仁昌)*****은 큐식물원에서

---

* "貨惡其棄於地也"『禮記·禮運』. ―역자 주

** 胡宗剛, 『靜生生物調查所史稿』, 濟南: 山東敎育出版社, 2003, p.4에서 재인용.

*** 빙즈(1886-1965), 자(字)는 눙산(農山), 원명은 자이빙즈(翟秉志)이다. 중국 근현대
생물학의 기초를 확립한 동물학자이며, 미국 코넬대학에서 박사학위를 받았다. 1914년 중
국 최초의 과학 연구조직인 중국 과학사(科學社)의 창립멤버로서 그 조직의 생물연구소와
정생생물조사소(靜生生物調查所) 소장을 역임하였으며 중국 동물학회를 창시하도 하였다.
―역자 주

**** 처음에 후셴쑤 등은 채집한 표본을 미국 코넬대학 등 기구에 보내 감별과 분류를 진
행하였지만, 후에는 이러한 활동도 중국 내에서 이루어지기 시작했다.

***** 친런창(1898-1986), 중국 현대 식물학자이며 중국 양치식물 연구의 기초를 확립
하였다. 1929년 덴마크 코펜하겐대학 식물학 박물관에서 양치식물 분류학을 연구하였다.
1930년대는 스웨덴, 독일, 프랑스, 오스트리아 등에서 중국 양치식물의 표본을 조사, 수집
하였으며, 특히 영국 왕립식물원의 표본실에 소장된 숭자산 양치식물과 총자의 표본을 조
사하였다. 귀국 이후 1934년에는 중국 최초의 식물원인 루산산림식물원(廬山森林植物園)
을 건립하기도 하였다. ―역자 주

표본을 정리하고 아울러 18,000장의 양치식물 사진을 중국에 가지고 돌아왔다.[*] 그후 주로 외국에서 행하던 식물 감정도 점차 중국 본토에서 행하게 되었다. 그러나 과학과 생명 네트워크의 분리에 대해서는 오히려 반성적 고찰이 없었다.

중국의 현대 식물학자들의 과학 제국주의에 대한 비판과 저항은 때로 만물과 관련된 생명의식의 차원이 아니라 민족의식에 머물기도 했다. 후셴쑤는 1922년 잡지 『학형學衡』에 4차례에 걸쳐 연재한 「저장 식물채집 유기浙江植物采集遊記」에서 이러한 점을 명확히 보여주었다. 이 채집기는 작자가 저장(浙江)과 장시(江西) 일대를 중심으로 중국에서 최초로 진행한 채집 활동에 근거하여 서술한 것이다. 제국주의의 채집 행위에 대해 비판적인 의식을 가지고 있던 후셴쑤는 서구 채집기(采集記)의 서술 형식에 대해, 유럽의 채집기는 "채집하는 지역의 사람과 동식물 사이의 역사적으로 실감이 있는 연계를 끊어버리고 채집자 본인은 묘사되는 대상 밖에 위치해 있다"[**]고 비판하였다. 후셴쑤는 한편으로는 유럽 채집기의 구조방식을 채택하여, 일기와 여정을 주요 실마리로 삼아 사실적이고 평이하며 직설적인 방식으로 숙식을 포함한 개인의 각종 활동을 기술하기도 하였다. 하지만 또 한편으로는 중국의 고전적인 유기(遊記)에서 보이는 심미적 관조와 필기식 역사적 연관을 서술 속에 포함시키는 등 중국의 전통적인 유기와도 매우 유사했다. 이러한 특징은 문장 곳곳에서 보이지만 그 한 예를 들면 다음과 같다.

---

[*] 胡宗剛, 『靜生生物調査所史稿』, pp.37-44.
[**] 위의 책, p.33.

8월 3일 화요일 아침 8시. 마오毛 군과 함께 읍 성내의 둥후東湖에 갔다. 호수에는 누각이 있는데, 지금은 육군부대의 주둔지가 되었다. 호수 한가운데에는 2개의 정자가 있으며, 그중 큰 것은 비단각飛丹閣이라 부른다. 굴곡진 석교, 야생 마름이 호수를 그득 메워 독특한 운치를 만들어낸다. 이 호수와 산타이三台 츠청赤城의 두 서원은 모두 청 중엽에 부윤府尹 유오劉璈가 지었다. 부윤 유오의 치적은 매우 훌륭하여 읍 사람들은 지금까지도 그에 대해 이야기를 한다. 오늘 관찰한 식물은 녹나무, 멀구슬나무, 중국 단풍(Acer buergerianum), 닥나무, 버드나무, 종려나무, 무환자나무(Sapindus Mukorossi), 오동나무, 팽나무(Celtis Sinensis), 오구나무(Sapium sebiferum (L.) Roxb — 역자), 마편초, 익모초, 댕댕이덩굴, 꽈리(Physalis Alkekengi), 박하(Mentha arvensis — 역자), 카람볼라(Averrhoa carambola L — 역자), 구기자, 희렴초豨薟草, 만두나무(Glochidion sp), 루사(Rusa sp)이다. 저녁에는 사람을 고용하여 행장을 꾸리고 야밤에 톈타이天台로 갈 준비를 하였다.*

여기서 제국주의의 식물채집 제도와 중국 본토의 채집사 사이에 과학이성의 서술과 산천문물의 심미적 관조 사이 형성된 장력 또는 루쉰이 '불통不通'이라 외쳤던 것이 독자들의 눈앞에 선명히 나타나 있다.** 그러나 이

---

* 『學衡』(1922)第1期, p.2에서 재인용.

** 『학형』 동인들과의 신구문화 논쟁에서 일찍이 갈등이 있었던 루쉰은 「《학형》을 평함」(『열풍熱風』)에서 후셴쑤 채집기는 "제목이 통하지 않는다"고 각박하게 비판하였다. 즉 분명히 '업무'의 기록인데 '유기'라고 했다는 것이다. 예를 들어 "이 기록 중에 밥 먹고 자고 일어나는 것에 대해서도 언급하고 있을지라도 제목은 『저장 식물채집과 놀고 먹기 잠자기 기록浙江采集植物遊食眠記』이라고 할 수는 없다"는 것이다. 그러나 루쉰의 비평은 오히려 후셴쑤의 채집기 중 식물 사냥꾼식의 '전문적인' 글쓰기 방식과 그가 쓴 인문자연 간의 모

는 어쩌면 바로 제국주의 채집제도에 대한 후셴쑤의 민족적 저항의식이 텍스트 속에 드러난 것일 수도 있다. 지방의 경관과 문물에 대한 그의 문인방식의 서술은 때때로 유럽 채집기에서 보여주는 순수한 과학적 지식의 흐름을 끊어버린다. 그리고 갑자기 등장하는 식물 학명의 나열은 마치 '민족감' 있는 언어, 그리고 묘사하는 문물과 사찰고적의 경관에 현대적인 직인을 부여하려 한 것처럼 보인다. 그러나 여기서 보여주는 문화의 다원성은 결코 또다른 종류의 식물지식이거나 다른 유형의 과학 전망까지는 아니다. 식물지식 방면에서 후셴쑤의 채집기는 대부분의 유럽 채집기와 마찬가지로 식물과학의 '현대적 전문성'을 부각시켰다. 즉 그것은 중국 본토의 어떤 식물서적도 언급하지 않았으며, 더욱이 현지 민중들의 현지 식물에 대한 어떤 설명도 담지 않았다. 그렇기는커녕 지방과 본토의 식물지식 및 그 전승의 가능성은 이러한 식물채집의 서술 속에서 완전히 소실되었다. 여기서 좀더 나아가면, 그것은 '절반 정도 구현된' 반(反)제국주의 식물지식을 대표한다고 할 수 있다. 후셴쑤 등의 식물채집 활동은 그들이 제국주의 채집체제에 대항하는 첫걸음을 내딛는 데 성공했다. 그들은 확실히 비서구 과학자의 신분으로 현대적 의의를 지닌 식물채집에 종사하였으며, 외래 채집자의 "호시탐탐 난폭한 야심"을 제어하였다. 그러나 동시에 식물지식의 생산에 있어서 그들은 린네 이래, 모든 본토의 지식을 버리고 인간과 식물 간의 자연관계를 배척하는 과학 패러다임과 생산논리를 배척하는 것이 아니라 오히려 엄격하게 준수하였다. 따라서 그들에게서 채집자와 생명의 연쇄관계 재건은 여전히 '미완성'의 상태를 보여준다.

순을 간과하고, 비평의 초점을 작자 문체상의 '보수성'에 대한 풍자로 전환시켜버리고 말았다.

'생명의 연쇄' 혹은 '생명의 네트워크'라는, 일견 공허한 것 같은 가치로 부터 출발하여 인간, 사회, 정치경제 제도, 윤리, 문학 그리고 식물에 관한 지식을 상상하는 것이 가능하기는 한 것일까? 이와 관련하여 이미 실제적 으로 앞서 실천에 옮긴 사람들이 적지 않다. 예를 들어 알도 레오폴드(Aldo Leopold)의 『모래 마을의 연감*A Sand County Almanac*』(1949)[*]은 '토지 윤리학'을 제기하고, 사람과 그 거주지인 토지, 하류, 식물, 동물을 동일한 생명공동체 혹은 생물집단으로 간주함으로써 종의 보호와 관련한 윤리관에 영향을 미쳤다. 또 반다나 시바(Vandana Shiva)의 『대지 민주*The Earth Democracy*』는 지구생물 다양성의 정치적 의미를 강조하고, 유전자 조작을 거치지 않은 농산물을 생산하는 것을, 지구 생존의 필요에 근거하여 '다종 물산'의 민 주로써 '단일 물산'의 독점체제에 반대하는 정치경제적 표현으로 간주하였 다. 여기서 '대지 민주'(혹은 지구 민주)라고 명명한 까닭은 생물의 다양성 유 무, 다종 물산을 특징으로 하는 각 지역 경제가 단일 물산의 경제적 독점 에 대해 승리할 수 있는가의 여부가 지구 및 그 모든 생명의 지속성과 직 접 관계가 있기 때문이다. 반다나 시바가 강조하는 것은 '생명 경제'로써 전 지구적 집단인 자본주의의 종자에 대한 독점을 비판하고 저항하는 것이었 으며, 결국에는 인도의 현대 유기농 농업경제 형태의 출발점이 되었다. 한 편 인문학자 도나 해러웨이(Donna J. Haraway)와 케리 울프(Cary Wolfe)는 후기 데리다의 인류의식에 대한 사고를 계승하였으며, 생명과 언어의 이중 적인 취약성으로부터 출발하여 동물 및 기타 생명과의 관계에서 계몽시대 의 '인간'의 우월성, 그리고 언어와 재능, 책임에 있어서 인간의 우월의식을

---

* 한국어 번역본으로는 『모래 군의 열두 달 (그리고 이곳저곳의 스케치)』(알도 레오폴드 저, 송명규 역, 따님, 2000)와 『모래땅의 사계』(알도 레오폴드 저, 이상원 역, 푸른숲, 1999) 두 종류가 있다. —역자 주

비판적으로 성찰하였다.* 이러한 지식인과 학자와 정치인물은 과학, 철학, 정치학 등 각도로부터 헤겔, 후쿠자와 유키치, 그리고 프랜시스 후쿠야마의 역사이론과는 완전히 다른 미래의 전망과 인류관념을 제시하였으며, 각자의 영역에서 만물의 공동생존을 위한 시각을 더 강화하고 풍부하게 만들었다. 물론 지금까지 현대 식물지식이 단선적인 방향으로만 진행되어 온 것은 아니다. 분자생물학과 유전자 개조 계획은 과거 30년 동안 전지구의 농업경제에 중대한 영향을 미쳤지만, 동시에 유기농 운동, 산림과 식생(어떤 일정한 장소에 모여 사는 특유의 식물의 집단—역자)의 보호, 생물 다양성의 보호에 대한 자각 및 자연 의약학의 출현으로, 생물학의 틀을 넘어선 식물지식 혹은 생명지식의 전망을 열어가고 있는 중이다.

본문의 중심 주제로 돌아오면, 사실 '반문명'이 상징하는 자본주의의 '타자'는 종종 식물지식이 추구하려는 인류의식과 미래전망의 수호자였다. 『침묵의 봄』, 『모래 마을의 연감』, 『대지 민주』의 저자들은 『차의 나라로의 여행』의 저자보다 더 '반문명'인인 오기준의 저작과 공명할 수 있다. 동인도 회사와 식물 사냥꾼의 동시대인인 오기준도 필생 동안 '식물채집' 활동을 하였다. 그의 채집은 타인을 위해 무대를 제공하는 과정에 가까웠다. 이시진이 모르는 것이 있을 때마다 곧 '야인(野人)에게 가서 물었던' 것과 같이, 오기준은 가능한 한 모든 사람에게 요청하여 함께 식물지식의 전파자가 되었다. 그 가운데는 그가 읽었던 경전의 편찬자, 지방지의 집필자를 비롯하여 그가 만나 묻곤 했던 은사(隱士), 산농(山農), 시골사람, 남인(南人), 북인(北人), 동인(東人), 푸젠인, 광둥인, 윈난인, 소상인, 민간 의사, 전문가, 지방

---

* 여기서 가리키는 것은 Cary Wolfe, *What Is Posthumanism?*(Minneapolis: University of Minnesota Press, 2009); Donna Haraway, *When Species Meet*(Minneapolis: University of Minnesota Press, 2007) 등 저자이다.

의사, 속담, 속칭, 속설 등등을 포함하고 있다. 오늘날 린네의 체계는 이미 '역사의 종결'로 접어들었다고 할 수 있고 식물 사냥꾼들이 채집한 표본도 단지 도상(圖像)만이 남아 있지만, 오기준의 식물에 대한 체험은 여전히 '살아 있다'. 그것은 레이첼 카슨, 데이비드 스즈키, 반다나 시바, 알도 레오폴드, 도나 해러웨이와 함께 부단히 광학현미경과 생화학공업의 지식에 대한 독점을 타파하고 생명의 존엄을 동식물에게로 되돌려주고 있으며, 인식 주체에게 성음(聲音), 통감(痛感), 희열, 생명의식을 회복시켜주고 있다. 여기서 나는 쓰촨(四川)의 수수에 대한 오기준의 다음과 같은 묘사를 인용하면서 본 논문을 마무리하고자 한다.

우루농零婁農*은 말한다. 나는 일찍이 비가 온 후 밤길을 걷는데, 밭에서 천을 찢는 듯한 소리가 들렸다. 깜짝 놀라 한동안 그 소리를 듣고 있노라니 수레 끄는 사람이 말했다. 이것은 쓰촨 수수의 줄기마디가 자라나는 소리지요. 오랜 가뭄 끝에 단비가 내리니 곡식 줄기가 갑자기 자라는 것입니다. 하룻밤 사이에 수척이 자라기도 한다오. 옛날 사람들이 말하길, 사슴의 녹용이 자랄 때는 며칠 사이에 녹각이 되고 그 자라는 속도가 초목보다 빠르다고 했지만, 쓰촨의 수수가 자라는 것에 어찌 비하겠는가? 또 보니 아낙네와 어린아이가 수수밭에 들어가 그 잎을 벗겨내고 있었는데, 잎사귀를 따주어 더 튼실하게 자라도록 하려는 것 같았다. 이에 그들에게 물으니, 그것으로 소쿠리를 짤 수도 있고, 도롱이를 만들 수 있으며 쪼개어서 삿갓으로도 만들 수 있고, 또 불쏘시개로 삼

---

* 오기준의 별호. 오기준은 허난(河南) 구스(固始) 출신인데, 고대에 그곳은 우루현(零婁縣)이었다. —역자 주

아 밥을 지을 수도 있다고 하였다. 하나의 잎사귀의 쓰임새가 이와 같았다. 그 줄기의 경우에는, 양잠자리로 짜면 갈대보다 더 튼튼하고 나뭇가지로 받치면 침상이 되며, 울타리를 만들면 대나무보다 더 촘촘하고, 채소밭을 둘러치면 튼튼한 울타리가 된다. 또 그것을 엮어 광주리를 만들면, 촘촘하고 네모져서 여자들이 만든 물건을 담는 데 쓸 수 있다. 그것을 쪼개어 새장을 만들면 성근 격자창이 하얗다. 이 때문에 어린아이들이 새장을 가지고 놀기 좋아한다.*

이 단락은 질박한 묘사를 통해 인간 혹은 인지주체가 '시각' 이외의 방식으로 생명의 연쇄 과정에서 자신의 위치를 설정하는 것을 보여주고 있다. 비가 온 후 한밤중 밭의 정경에서 '듣기'가 우루농이 식물을 서술하는 출발점이 되었다. 그는 수수가 생장하는 소리에 흥분하여, 식물이 '살아서' 생장하는 모습에 대한 증인이자 경청자가 되고 있다. 이러한 '놀라서 듣는' 체험은 그에게 다음과 같은 지식을 일깨워준다. 즉 수수는 언제 마디가 자라는가? 마디가 자랄 때의 소리, 자란 마디의 높이, 쓸모 여부, 녹용의 생장 속도와의 비교 등등이다. 이어서 수수의 잎사귀는 벗기고, 짜고, 엮고, 쪼개고, 둘러싸는 등의 손의 노동을 거쳐 밭 가운데의 생명을 인류생활에까지 연장시키고, 아울러 소쿠리, 도롱이, 삿갓, 광주리, 삼태기에서 침상, 울타리 등에 이르기까지 각종 새로운 모습을 보여준다. 이러한 과정에서 층층이 전개되는 모습은 바로 생명의 연쇄이고 사회적 물질생활의 연쇄이며 특히 지식의 연쇄이다. 즉 수레꾼, 옛사람, 부녀자와 아이 그리고 우루농 자신은 모두 이러한 생명 연쇄 과정에서의 한 고리마디이거나 매개점에 불

---

* 吳其濬, 『植物名實圖考』, p.16.

과하며, 다른 고리마디와 비교하는 과정에서 자신의 오해와 통찰을 발견하고 있다. 여기서 지식의 생산은 사회생활과 생명 네트워크의 다중적이고 상호적인 과정에서 이루어지고 있다. 오기준은 현대의 환경보호 의식을 가지고 있지 않을 뿐만 아니라 지구 수호자라는 자각의식도 없지만, 비 온 후 수수의 생기발랄한 소리를 '놀라서 듣는' 한밤중의 밭에서, 그는 만물들 사이에서 만물의 일원이 되어 생명이 그에게 부여하는 청각과 깨달음을 통해 '생명 네트워크' 속 지식의 흐름을 촉발시키고 있는 것이다.

10장

'아시아적 생산양식'에 대한 재론 : 이론과 역사의 결탁

칼 레베카 Rebecca Karl

미국 뉴욕대학교 역사학과 부교수

경제사학자 왕야난(王亞南)은 일찍이 1937년에 발표한 중국 경제사 연구에 관한 한 문장에서 소련, 헝가리, 일본과 중국 등 학자들의 아시아적 생산양식에 관한 서술에는 많은 오류가 있다고 지적한 바 있다. 당시 아시아적 생산양식은 각국 마르크스주의 학자들 사이에 전개된 사회사, 혁명 전략과 전지구 역사에 관한 여러 논제들 가운데 하나였다. 이러한 논쟁을 비판적으로 검토하는 과정에서, 왕야난은 아시아적 생산양식이 제기한 것은 모종의 역사 예외론에 불과하다고 지적하였다. 잠시 학자들 사이에 있었던 의견 차이를 보류한다면, 아시아적 생산양식의 개념에 대한 그들의 집착 자체가 바로 문제적이었다. 당시 이러한 관점을 가지고 있던 사람으로는 1930년대 아시아적 생산양식의 비평가 혹은 지지자였던 플레하노프 (Plekhanov), 코트킨(Kotkin), 마디아르(Madyar), 그리고 그들의 추종자들이 었는데, 후자에는 카를 아우구스트 비트포겔 (Karl August Wittfogel)을 비롯하여 중국과 일본의 많은 사회과학자와 역사학자들이 포함되어 있다, 왕야난은 문장에서 "중국 사회경제의 발전은 결코 인류 세계사의 일반적인 범주를 넘어선 적이 없다. 중국 이외의 기타 동양국가들도 마찬가지이다. 따라서 일견 특수하게 보이는 '아시아적 생산양식'은 실은 결코 존재하지 않는다'고 지적하였다.* 왕야난의 1930년대 관점으로부터 보면, 사회경제의 역사적 분석이 해결하고자 하는 문제는 이른바 '정상적인 궤도'에서 벗어난 중국의 특수주의를 해석하기 위한 것이 아니며, 또 문화치욕 혹은 문화적 자부심으로 중국 역사의 정체성(停滯性) 혹은 장구성을 설명하기 위한 것도 아니다. 특히 사회경제의 역사분석 요점은 이른바 아시아의 특수성으로부터 착오적으로 또다른 종류의 유럽과 구별되는 발전방향을 이끌어내기 위한 것이 아니다. 왕야난에게 있어서 문제의 관건은 1930-1940년대 중국의 '현재성'으로부터 출발하여 결국 당시의 사회경제 특징이 무엇인지를 정확히 인식하는 것이었다. 중국 사회형태의 특수성을 어떻게 이해할 것인가 하는 문제는 인간이 중국 사회관계의 역사적 모델, 그리고 경제재생산과 확대재생산의 역사모델을 이해할 수 있는가 여부에 의해 결정된다. 그런데 이 특수성은 바로 중국사회가 19세기 자본주의에 대응하는 과정에서 비로소 점차 과거로부터 당시의 형태로 변화한 것이었다.

왕야난의 중국 사회형태에 대한 주목은 당시 중국 역사에 관한 대논쟁에 기반한다. 당시 왕야난은 그 논쟁에 대해 매우 깊은 관심을 가지고 있었을 뿐만 아니라 중국 역사를 이른바 세계사 혹은 세계경제사에 통합시킬 필요가 있음을 매우 절감했다. 사실 이러한 '통사' 유형에 대한 탐색은 적어도 청말부터 시작하여 줄곧 지속되어왔으며, 단지 1930년대에 이르러 왕야난과 다른 사람들이 이러한 범주 가운데 잠재되어 있는 이론과 역사적 전제에 대해 분석하기 시작했을 뿐이다. 이러한 논쟁에서 자주 출현

---

* 王亞南, 「中國社會經濟史綱 · 序論」, 『王亞南文集』 第四卷, 福州: 福建教育出版社, 1987, pp.3-19. 인용문은 p.14. 원문의 초기 판본은 『中國社會經濟史綱』(王漁邨書, 上海. 生活書店, 1936)임.

한 중요한 사고는, 사회발전단계론의 문명담론에서 중국이 어떤 위치를 점하고 있는가 하는 것이었다. 다시 말하면 중국인의 역사는 경전적인 정치경제학과 마르크스주의 이론이 제기하는 보편주의적인 범주에 부합해야만 했다. 이러한 역사관은 계몽주의 이래 식민주의 확장에 의해 크게 강화되었다. 그것은 '대문자 역사(History)'와 '소문자 역사(history)' 사이에 각각의 등급과 단계(당연히 이상화된 일종의 '서구' 역사)를 설정하였는데, 이는 본질적으로 현대 사회정치와 경제생활의 선결조건 및 상황을 헤겔-베버식으로 추상화하는 것이었다. 따라서 1930년대의 노력은, 뒤에서 자세히 논하는 바와 같이, 중국과 이러한 일반적인 단계와의 차이점을 명확히 하기 위한 것이 아니라 새로운 필요에 따라 전 세계에 적용 가능한 문화적 보편주의 맥락 속에서 중국의 구체적 역사에 적합한 관념을 모색하기 위한 것이었다. 비록 이러한 일련의 노력으로 인해 비로소 중국에서 정치생활과 사회생활을 연구하는 초기의 유물주의 역사학 저작들이 출현하기는 했지만—바로 이전에 프랑스, 스코틀랜드와 영국에서와같이, 중국 역사를 역사 단계론에 억지로 끼워맞추려는 절박한 요구는 또 적절하고 정확하게 처리할 수 없는 문제들을 야기하였다.

본 연구에서는 이론과 중국사 쓰기 혹은 서술방식으로서의 아시아적 생산양식이 20세기 전체 기간에 걸쳐 어떻게 세계사 혹은 글로벌 히스토리의 서술과 긴밀하게 얽히게 되었는지를 역사적으로 추소하고자 한다. 다만 미리 언급해두지만, 나는 아시아적 생산양식이 해방될 수 있다거나 혹은 되어야 한다고 주장할 의도는 전혀 없다. 내가 보건대, 아시아적 생산양식은 1930년대에 이미 가치 있는 사망을 맞았을 뿐만 아니라 줄곧 사망한 상태로 유지되어야만 한다. 하지만 거듭해서 매장되었음에도 불구하고, 아시아적 생산양식은 오히려 강시처럼 그 망령이 사라지지 않고, 수시로 무덤으로부터 되살아나고 있다. 마치 바로 지난번(last time) 일은 설명할 수 없지만, 오히려 이번(this time) 일은 설명할 수 있다는 듯이 말이다. 가장 최근에, 그것이 기사회생하듯 다시 출현한 것은 1980년대와 1990년대였다. 이러한 부단한 부활은 마오쩌둥 시대에 대한 재평가와 연관이 있지만, 또 포스트 마오 시대의 초기 몇십 년 동안 현대화 이론(자본주의가 야기한) 및 또다른 유형의 현대성에 대한 재평가와 긴밀히 연계되어 있다. 사실 마오쩌둥 사망 이후 혁명역사 패러다임의 약화, 민족주의와 현대화 패러다임의 부상과 더불어 중국 사회경제의 새로운 위치 설정으로 인해 사회주의에서 이탈하여 자본주의식 발전주의로 경도되게 되었다. 이러한 상황은 모두 아시아적 생산양식의 부활을 촉진시켰는데, 이 점에 대해서 잠시 뒤에 다시 논하게 될 것이다.

우선, 우리는 1920년대 말 1930년대 초 아시아적 생산양식에 관한 논쟁으로 돌아갈 필요가 있다. 그 시기에 아시아적 생산양식은 유럽과 다른 사회형태 혹은 생산양식의 일종으로 간주되었으며, 논쟁은 그 내재적인 글로벌 히스토리의 다중선형성(multilinearity)에 대한 비판을 둘러싸고 진행되었다. 용속(庸俗)한 마르크스주의자 혹은 그 이후의 용속한 현대화주의자는 단일한 직선적인 역사방향의 수렴이론(convergence theories)을 제기하였으며(이러한 수렴이론은 모든 역사는 궁극적으로 하나의 점으로 수렴된다고 본다. 즉 용속한 마르크스주의자에게 있어서 역사발전과 혁명의 변증법을 거친 역사의 5단계론이 최종적으로 수렴되는 점은 바로 공산주의가 될 것이다. 그리고 현대화론자에게 있어서, 산업화와 이성화를 거친 관료주의, 시민과 생산이 최종적으로 수렴되는 점은 미국식 자본주의일 것이다), 다중선형성은 이로 인해 배척되었다. 마르크스주의 역사론 궤적 가운데의 일원성 그리고 현대화주의자가 최종적으로 귀일할 수렴이론으로 인해 아시아적 생산양식이 포함하고 있는 이러한 다중선형성은 일종의 계륵으로 변질되었다. 그뿐만 아니라 1920년대와 1930년대 중국이 혁명에 직면한 긴박한 상황에서, 아시아적 생산양식의 기본 좌표(basic coordinates)도 혁명 상황의 필요에 부응하지 못했다. 다시 말해서, 계급투쟁이론이 혁명적인 우세를 점함에 따라(계급을 기초로 한 국가, 계급투쟁 공간으로서의 사회, 자본주의에 의해 신비화된 잉여가치와 착취 등등) 아시아적 생산양식이라는 무차별적인 사회성질은 곧 명확히 시의에 적합하지 않았을 뿐만 아니라 비혁명적이고 비변증법적인 것으로 보였다. 1930년대 중반, 마침내 그것은 현실적 가능성이 없는 역사이자 역사 범주로 간주되어 포기되었다.

이러한 포기는 스탈린주의의 정통적인 지위 때문만이 아니라(1931년 이후 아시아적 생산양식은 이미 트로츠키파의 붓으로 한번 덧칠되었다*), 또한 중국에서는 아시아적 생산양식과 일본 제국주의가 이데올로기 및 실천에 있어서 서로 관련이 있었기 때문이다. 사실 일본의 마르크스주의 동방 연구 학자 아키자와 슈지(秋澤修二)에 따르면, 수많은 이론과 방법 가운데 일본 파시스트 제국주의의 이론적 지주는 바로 아시아적 생산양식이었다—그것이 송대부터 점차 시작된 역사적 쇠퇴를 야기하고 중국을 정체시켰다.** 이것은 바로 일본이 중국을 침략하고 중국에서 일본이 제국주의식 현대화 사명을 수행해야 할 역사적인 동인으로 간주되었다. 아시아적 생산양식은 사회경제의 정체를 강조하였기 때문에 1930년대 중국 분석가의 언설에서 보편적으로 등장하였으며 이를 제국주의에 대한 변호로 간주하였다.

---

* Stephen Dunn, *The Fall and Rise of the Asiatic Mode of Production*(London: Routledge, 1982).
** 아키자와 슈지의 이러한 주장에 대해서는 秋澤修二, 『支那社会構成』, 白揚社, 昭14, pp.iv - v 참고. 그의 아시아적 생산양식에 대한 비판은 같은 책 pp.163-190 참고. —역자 주

이는 일본 내 중국의 의미에 관계될 뿐만 아니라 영국 내 인도, 스리랑카 및 이집트의 의미에도 관계되었다.

아시아적 생산양식의 기본 좌표

여기서 잠시 아시아적 생산양식의 기본 좌표를 돌이켜보면, 수년 동안 그것은 비록 논쟁적이기는 하지만 안정적이고 체계적인 호칭으로 표현되고 고정되었다. 이러한 기본 좌표가 역사적인 현실을 반성하고 설명할 수 있는가? 혹은 중국은 아시아적 생산양식에 부합하는 기본적인 요구조건을 갖추고 있는가? 심지어는 마르크스가 실제로 아시아적 생산양식이라는 것이 존재한다고 생각했는가를 둘러싸고 근 1세기 동안 논쟁이 진행되어왔지만, 나는 이러한 논쟁을 검토하는 것에 대해 전혀 관심이 없다. 나는 아시아적 생산양식이 하나의 순수한 이데올로기이며, 그러한 의미에서 마르크스가 이데올로기와 생산방식의 문제를 발전시켰다고 생각한다. 즉 마르크스가 오래전에 주목했던 것과 마찬가지로, 역사적인 해석이 필요한 것 그리고 모든 전자본주의적인 생산모델과 사회형태를 자본주의와 구별 짓는 것은 개인과 재생산 조건의 통일이 아니라 '자본과 고용노동의 분리'이다.* 바꾸어 말하면, 전자본주의가 "인간과 인간의 관계를 노동의 객관적인 조건으로 향하게 하는 것은 괴이한 역사현상이 아니다. 이것은 바로 역사법칙이다". 따라서 바로 자본주의의 이러한 "완전한 공허화, 보편적인 대

---

* Marx, *Grundrisse*, translated with a Foreword by Martin Nicolaus(New York: Penguin, 1993), p.409.

상화 과정이 전면적인 소외로 표현되는 것"이야말로 괴이하고 비이성적이며, 해석이 요구되는 부분인 것이다. 이러한 이성의 가면을 쓴 비이성이야말로 마르크스가 비판하고자 했던 목표였다. 그는 이데올로기 비판과 혁명적 실천이념이 진정한 인간을 다시 만들어낼 수 있을 것이라고 믿었다. 그리고 자본주의가 이미 출현하고 또 자본주의 이데올로기가 점차 전지구의 헤게모니로 변화하는 조건하에서, 그는 아시아적 생산양식의 문제 혹은 모든 전자본주의적인 형태를 제기하였다. 이런 의미에서 자본주의 우월성으로부터 볼 수 있는 바와 같이, 아시아적 생산양식은 전자본주의의 순수 이데올로기의 일부분이다. 그것은 자본주의 발전 중의 한 단계가 아니라 이상화되고 추상화된 사회형태의 모범적인 사례였다. 이러한 형태는 전자본주의라는 이름이 붙여진 관계들(예를 들어 봉건주의), 혹은 자본주의로 발전할 것이라고 간주된 그러한 관계들보다도 앞선다.

그러나 18세기에 출현한 사회 및 역사 진보의 의미를 지닌 단계론이 없었다면 이른바 아시아적 생산양식론—심지어 기타 자본주의 생산양식—이 제기될 수 없었을 것이다. 후에 역사학자 로널드 미크(Ronald Meek)가 명명한 이른바 사회발전 '4단계론'은 적어도 19세기 중엽 마르크스 시대에 이미 '발명'되었는데, 이로 인해 비로소 아시아적 생산양식에 관한 서술이 가능하게 되었다.* 미크는 사회단계론의 연원을 프랑스 중농학파(3단계 모델)와 스코틀랜드 계몽운동(제4단계를 추가함)에까지 추소하였다. 그는 4단계론의 출현을 애덤 스미스에게 공을 돌리고, 그야말로 이러한 이론을 가장 먼저 완전한 체계로 제기한 사람이라고 보았다. 사회단계론의

---

* 로널드 미크의 연구에 대해서는 Ronald Lindley Meek, "Smith, Turgot, and the 'four stages' theory", *History of political economy*, Vol.3. 1971, 1, pp.9-27 참고. —역자 주

혁신적인 점은, 그것이 역사분석에서 처음으로 생존방식과 관련된 사회진보 이론의 가설을 세우고 아울러 그것과 상응하는 정치형식을 순차적으로 제시했다는 점이다. 따라서 그것은 첫번째 역사 '유물주의'의 판본이자 가능성 있는 최초의 세계역사의 서술이었다. 이 4단계론은 단지 인류 노동 그리고 인류의 진보에 있어 매우 중요한 물질세계에 대한 인류의 개입에 주목했을 뿐만 아니라 그 이론은 전 세계 모든 사회와 문화 가운데서도 적용할 수 있는 것으로 인식되었다. 즉 그것은 개념적으로 매우 추상적이어서 보편적인 것으로 되기에 충분하였다.

18세기에 프랑스 중농학파(주로 미라보[Mirabeau]와 케네[Quesnay])는 처음으로 이 이론을 시험적으로 서술하였다. 그들은 하나의 가치(value)이론을 제기했으며, 그들이 사회생산에 있어서 농업의 중심적인 지위를 주장한 것은 자본주의(이미 발전했음)에 반대하는 것이 아니라 중상주의(한때 유행했지만 후에 지위가 위태롭게 됨)에 반대하는 것이었다. 또 그들은 무역과 상업은 단지 '장식품(ornamentation)'에 불과하다고 보고 그 성장에 반대하였다. 중농학파에게 상업은 단지 가치를 생산할 수 없을 뿐만 아니라 소비와 축적을 통해 '비생산자계급(sterile class)'이 생존할 수 있는 기반이었으며, 그들은 기본적으로 투자가 아니라 매점과 투기를 통해 사회에 기생하는 존재였다. 중농학파가 이론화하고 구체화하려고 했던 것은 가치가 어디에서 기인하는가 하는 문제였다. 즉 생산인가 소비인가 아니면 유통인가? 그들은 가치의 생성은 생산에서 기인한다는 것을 긍정함으로써 이 문제를 해결하고자 했다. 물론 여기서 말하는 생산은 농업생산만을 가리킨다. 따라서 중농학파가 볼 때는 전체 3개의 사회단계가 있었다. 즉 수렵단계, 방목단계 그리고 농업단계였다. 이들 단계는 비록 전체 지구상에서 동시에 병존하기는 하지만 상호 연속적인 관계이다. 즉 사회발전이 각 단계에서 서로 다른 사회는 동일한 시간 속에서 동시에 존재하며, 농업은 인류사회가 행하는 노력의 정점을 대표한다. 프랑스에서 농업의 우선적인 지위가 바야흐로 상실되려 하는 상황 속에서, 중농학파는 정치경제의 개념화와 추상화를 위해 최선봉의 역할을 하였다.

수십 년 후의 스코틀랜드 상황을 겨냥하여, 애덤 스미스는 장차 사라져갈 생산모델이 아니라 이제 막 새롭게 흥기하는 생산모델에 대해 이론적인 해석을 하였다. 스미스가 해석한 문제는 중농학파의 문제와 완전히 같았다. 즉 가치는 어떻게, 무엇으로부터 창출되는가? 스미스는 다른 각도에서 출발하였는데, 그는 마치 당시 영국과 스코틀랜드에서 형성되고 있던 노동의 사회적 분업을 통해 이전의 다른 제도가 담당하고 있던 사회경제 기능을 시장이 대신하고 있다고 인식한 듯했다. 따라서 스미스는 본래의 3단계론에 다시 제4단계를 추가하였다. 그리고 그는 그 4단계 가운데서 상업이 인류사회의 정점이라고 보았다. 널리 알려진 바와 같이, 마르크스는 바로 이러한 점을 계승하고, 같은 문제 즉 가치는 어떻게 어디에서 기인하는가라는 문제를 제기하였다. 그가 자본주의 노동가치 이론을 창조한 것은 바로 이러한 맥락에서였다. 이에 대해 우리는 여기서 더이상 논하지는 않겠다.

다시 다음과 같은 앞의 문제로 돌아가보자. 즉 아시아적 생산양식은 비록 그 자체가 진정으로 어떤 방향으로 이끌지는 못했다고 해도, 단지 역사 단계론의 틀 속에서만 비로소 가능할 수 있다. 사실 마르크스는 19세기 중반 자본주의가 나타내는 우월성에 착안하여 전자본주의 형태의 주요 구성요소로써 아시아적 생산양식을 서술하였다. 예를 들어, 농업 공동체의 우선적인 지위, 통일국가 혹은 전체(totality) 국가, 가치 착취 모델로서의 세수(稅收)와 지대(地代) 사이의 비구분, 재산 축적 관계의 청산 혹은 토지소유권 청산에 대한 저항, 그리고 상업/상인자본 및 고리대 자본이 현존 사회형태를 제거하는 것이 아니라 거기에 기생하고 있는 점 등이 그 요소 이다. 마지막으로 마르크스는 유통/생산 중의 시공문제, 혹은 '필요시간'과 '잉여노동' 사이의 변증법으로서의 사회적 잉여산물의 변증법이, 아시아적 생산양식 중 잉여가치 착취의 '투명성'에 대해 매우 중요하다고 보았다(자본주의 상품숭배하에서 사람을 미혹시키는 주장과 구별됨). 마르크스는 이러한 문제들을 한 번에 모두 제기한 적이 없었다. 그리하여 1920-1930년대, 그리고 그 이후 아시아적 생산양식이 다시 논쟁의 대상이 되었을 때, 이러한 구성요소들 하나하나는 모두 일찍이 그 이론적이고 역사적인 의의를 지니고 있었다.[*] 즉 마르크스 시대, 그리고 그 이후의 시기에 이러한 사회형태의 역사성 문제가 제기된 것은 명확히 19세기의 전지구화 세계와 그 이후 세계역사를 사고하고자 하는 관심과 밀접한 관계가 있다. 이것은 그 세계가 필요로 하는 개념화된 추상적 사유의 출현 및 그 출현 속도에 잘 부합하는 것이었다.

다시 그 기초적인 좌표를 살펴보면, 마르크스는 『요강』과 『자본론』 제3권에서 아시아적 생산양식에 대해 산발적으로 서술하고 있는데, 거의 모든 농업 공동체의 목표는 가치를 창조하는 것이 아니라 개인 소유자와 그의 가정 그리고 공동체의 생계 문제에 있다고 보았다. 이러한 의의에서, 가치 창조는 사회적 생산행위의 주요 목표가 아니다. '공동체'는 사실상 하나

---

[*] 이러한 구성요소들은 마르크스의 『정치경제학요강Grundrisse der Kritik der Politischen Ökonomie』과 『자본론Capital』 제3권에 나온다. 나는 이 저서를 인용할 때 각각 G와 C3 및 쪽수로 표시할 것이다. 상세한 것은 본문 참고. 모든 주석은 다음 판본에 근거하였다. Grudrisse, Translation with a Foreword by Martin Nicolaus(New York: Penguin, 1993).

의 '선결조건'이지, 토지에 대한 공공분배와 사용의 결과가 아니다. 이러한 자생적이고 자립적인 체계가 줄곧 지속되고 있는 것은 전적으로 후에 막스 베버가 생각했던 이데올로기/문화의 안정과 정체(停滯) 때문이 아니라, 그 특정한 역사형식 즉 아시아적 생산양식에서 취하고 있는 경제관계, 그리고 그러한 관계의 지속적인 유지 때문임이 매우 분명하다(G: 471-472). 마르크스에게 있어서 아시아적 생산양식은 단지 농업공동체를 실현하는 몇 가지 전자본주의 모델 가운데 하나일 뿐이었다. 아시아적 생산양식에 기반한 공동체의 전제조건은 소유권의 보편적 결여이며, 이 점에 있어서 토지는 결코 사적인 소유가 아니지만 사적인 재산은 확실히 존재한다(G: 477). 마르크스는 소유권은 단지 공공의 것이며, 따라서 개인과 공동체가 명확히 구분되지 않는다고 말하였다. 이는 바로 공공재산과 개인 소유 간의 구별을 포기한 것이며, 개인 주체와 집단적 주체 사이도 구분할 수 없게 되었다. 그 결과 개체로서의 인간은 "처음부터 소유자가 아니라 단지 점유자일 뿐이며, 실제로 그 자신은 공사公社 통일체의 구현자인 한 개인(예를 들어 전제군주)의 재산 즉 노예였다(G: 493)". 이것이 바로 마르크스가 말한 '보편적 노예제(general slavery)'이다(G: 495).*

마지막으로 도시에 대한 농촌의 보편적 통제와 관련된 것으로, 마르크스가 말한 바와 같이 "도시와 농촌의 차별 없는 통일"(G: 479), 즉 대도시가

---

* 우리는 헤겔이 말한, 황제가 모든 인간에게 똑같은 노역(奴役)을 부여하는 보편적인 평등이념이 마르크스에 의해 재산, 분배, 노동의 관계 위에 수립된 유물주의 논점으로 변화하는 것을 주목할 필요가 있다. 헤겔에게 있어서, 역사의 진행 과정은 자아의식에 도달하고 자아의식 중의 정신이 자신을 드러내는 문제이다. 이러한 점에 있어서 노동이 소외되거나 객체화될 때, 자아의식은 단지 역사적인 문제로 변화할 뿐이다. 그리고 이것은 아시아적 생산양식에서는 가능성이 없다. 왜냐하면 객체화/주체화의 변증법이 존재하지 않고, 단지 주체화만이 존재하기 때문이다.

무역 중심으로서 농촌 부근에 세워졌다(G: 474). 도시에 대한 농촌의 통제 과정에서 모순이나 역사적인 저항이 없었기 때문에, 가능한 또다른 역사 모델이 출현할 수 없었다. 확실히 역사적 지속가능성 측면에서 이러한 아시아 사회는 영원히 지속될 것으로 가정되었다. 왜냐하면 개인은 공사(公社)와 비교하여 독립성이 없고, 기타 적대적인 관계도 출현할 수 없기 때문이다. 다시 말하면, 농업과 공업의 연합으로 자급자족의 재생산적인 순환이 형성될 수 있으며, 아울러 사회형태 혹은 생산과 착취의 모델에서 내발적인 모순과 충돌이 없기 때문에, 이러한 아시아 사회는 바로 지속적으로 생존할 수 있다. 그들을 타파할 수 있는 유일한 것은 단지 외부의 역량뿐이다.

아시아적 생산양식의 두번째 큰 요소는 국가이다. 공동생활체(commune)는 결코 하나의 정치체로서 존재하는 것은 아니기 때문에(G: 483), 그것은 단지 '함께 모여 있을 뿐(coming-together)'이며 '자연히 함께 있는 것(being-together)'이 아니다. 이러한 의의에서, 마르크스는 국가가 "모든 작은 공동체를 능가하는 총화된 통일체"이며, 이 "통일체는 더 높은 소유자 혹은 유일한 소유자로 표현된다. 따라서 실제적인 생활공동체는 오히려 세습적인 소유자로 표현될 뿐"(G: 472)이라고 보았다. 이와 같이 통일체는 '전제의 형식으로 출현'하며, 이러한 의미에서 잉여산물 혹은 '잉여노동(동일한 것)'은 곧 더욱 높은 통일체의 것이 된다. 그는 이어서 다음과 같이 강조하였다. "노동을 통해 실제 점유하는 공동의 조건들, 예를 들어 아시아 각 민족에서 매우 중요한 작용을 하는 관개수로나 교통수단 등은 바로 더 높은 수준의 통일체, 즉 각각의 작은 생활공동체를 능가하는 전제 정부의 사업으로 표현된다."(G: 474) 이 구상에서 국가는 동시에 토지 소유자이자 통치자로서 개인과 대립적인 위치에 있다. 즉 "이러한 상황 아래 종속관계에 대해 말해지면, 정치적이든 경제적이든 이러한 국가의 모든 신하로서의 예속

관계에 공통된 형식을 대면하는 것 이외에 더욱 엄혹한 다른 형식은 필요하지 않다. 여기서 국가는 바로 가장 높은 지주이며, ……사적인 토지소유권은 존재하지 않는다. 비록 토지에 대한 개인과 공동의 점유권은 존재하지만……"(C3: 427). 따라서 국가는 강제적으로 잉여산물을 취득할 뿐만 아니라 "이러한 (착취) 가능성을 현실적인 강제로 변화시킨다"(C3: 928) 마르크스가 활동했던 시기에 국가의 성질 문제는 하나의 전제통치의 문화적 정수로서 몽테스키외로부터 계승된 것이었다. 그러나 마르크스는 오히려 그것을 억압을 통해 공공 잉여산물을 착취하는 통일체(후에 막스 베버는 이성적 관료제 문화라고 해석하였다)로 표현하였다. 그리하여 국가는 정치적, 경제적, 문화적인 동시에 또 어떤 등급제도도 그러한 기능들을 분리시킬 수 없는 사회적 요소이기도 하였다. 이것은 무차별적인 통일성이다.

세번째는 아시아적 생산양식(및 기타 전자본주의 형식)과 같은 전자본주의 조건하에서, 지대는 지주와 최고 통치자(국가)의 노동자에 대한 직접적인 착취방식이며, 또 일종의 전유(專有)의 양식으로서 자본주의 생산양식 중 잉여가치 기능에 상응한다. 그러나 지대는 노동 과정에서 만들어지는 것으로 결코 잉여가치를 기반으로 하지 않는다. 왜냐하면 전자본주의 시기에는 잉여가치와 같은 것이 존재하지 않기 때문이다(즉 노동과 생산수단이 분리되지 않았다). 이러한 의미에서 지대는 단순한 잉여물이고, 그것은 정치/이데올로기 측면에서 직접적인 생산자의 국가(생산자가 아니라)에 대한 종속을 전제로 한다. 따라서 토지의 사용 대가로 지불되는 지대는 근본적으로 '경제적' 의미에서 획득된 것이 아니라 경제 이외의 의미상 착취, 즉 정치적 압박이라는 형식을 통한 착취이다. 마르크스가 제기한 세금/지대의 동시적인 존재는 그 구체적인 형식에 관계없이 전자본주의와 자본주의를 구별하는 중요한 기초이며, 그들은 각각 물가안정과 잉여가치의 분배를 특징으로 한다.

종합하면, 아시아적 생산양식의 구성부분, 즉 농업 공동사회의 통일체, 국가와 그 징수모델(지대/세금), 그리고 기생적/불확정적이지만 매우 활발한 고리대 및 상인/무역자본 등은, 마르크스주의 학자들이 주목했던 주요문제였다. 중국(그리고 일본, 소련, 헝가리와 기타 지역)에서 그들은 개인적인 역사적 체험, 그리고 1930년대 역사와의 구두상의 전면적 추동관계를 서술의 토대로 삼았다. 그 시기에 이러한 아시아적 생산양식의 주요내용 및 그것과 유관한 문제는 모두 충분한 논의를 거쳐, 결국에는 중국을 비롯한 일부 다른 지역에서 체계성 혹은 일관성의 측면에 한계가 있는 것으로 간주되어 거부되었다. 바꾸어 말하면, 중국은 '정상적'인 경제형태의 궤도로부터 결코 이탈하지 않은 것으로 간주되었고, 아시아적 생산양식은 사실적인 설명에 있어서 오류인 것으로 결론 났으며, 이론적인 결론—중국의 2천여 년의 역사는 거의 정체적이었다는 주장—도 또한 수용되지 않았다. 그러나 1980년대와 1990년대에 중국의 새로운 개혁정책은 사회주의에서 벗어나기는 했지만 이데올로기와 국가의 실천에 있어서는 여전히 '중국 특색'을 유지하였는데, 이 시기에 바로 아시아적 생산양식의 주요 구성부분들이 또다시 논제로 부상하였다. 지속 가능한 발전(혁명적 단절이 아니라)에 관한 역사학과 철학 문제도 다시 제기되었고, 아울러 역사의 '과도기'에 대한 새로운 문제 제기와 서로 복잡하게 얽혔다. 그리고 또 사회주의로부터 기타 사회형태로 전환의 필요성 혹은 가능성이 예시(豫示)되었다.

아직 심도 있게 토론하지 못한 세부적인 내용들 가운데 중점사항은 다음과 같다. 첫째, 마르크스와 기타 정치경제이론에서 아시아적 생산양식은 단지 잔존형식의 한 범주일 뿐이며, 자본주의적인 것도 아니고 봉건주의적인 것도 아니다. 특히 그것은 매우 명확하게 어느 특정 방향을 게시하지도 못한다. 둘째, 4단계론과 기타 초기의 추상적인 정치경제적 사고모델에 대한 회고를 통해서, 우리는 곧 중농학파 가운데 초기의 아시아적 생산양식의 흔적은 확실히 인류가 세계의 진보에 개입하는 일종의 유물주의이론으로 출현했다는 것을 발견할 수 있다. 그러나 헤겔, 마르크스, 베버와 기타 사람들은 더이상 자체적으로 소멸해가는 위기로부터 농업을 어떻게 구할 것인가에 시선을 두지 않았다. 반대로 이제 시각은 전지구적으로 확대되고 또 자본주의 사회관계의 우월성으로부터 볼 때, 아시아적 생산양식 및 기타 전자본주의 관계는 식민자본주의에 의해 개조되어야 할 형태로 간주되었다. 따라서 이러한 전지구적인 잔존의 의미에서만 그것들은 여전히 그럭저럭 연명하고 있는 사회형태이다.

아시아적 생산양식의 부활

이러한 역사적 배경으로 인해, 현대에서 아시아적 생산양식의 부흥은—즉 이른바 일종의 자본주의 규범과 구별되는 이론으로서, 혹은 공간화된 (지리적으로 구체적인) 역사발전의 대체 가능한 방안의 이론으로서 아시아적 생산양식은—매번 고도의 이데올로기적인 책략이었으며, 그 어떠한 정치적 평계를 위한 전용에도 항상 민감하게 반응하였다. 사실, 내가 주목하는 것은 바로 아시아적 생산양식이 이렇게 고도로 이데올로기화된 모델의 형태로 1980년대 중국에서 부활했다는 사실이다. 포스트 마오 시기에, 신시대 사회 및 정치의 임무와 새로운 추구를 위해 이전 역사 및 역사학 문제에 대해 재평가와 재검토가 진행되었다. 그 가운데 아시아적 생산양식과 같은 많은 문제들은 이미 오랜 기간 억압받아왔던 것이었다. 마오주의의 혁명이 요구하는 제약으로부터 벗어나, 일부 중국 역사가들은 아시아적 생산양식에서 민족적인 것을 다시 발견했을 뿐만 아니라, 그것에 필적하는 제국의 역사 패러다임을 발견하였다. 이러한 패러다임은 중국의 이른바 '왜곡된' 전근대와 근대의 역사적 도정을 해석할 수 있었다. 여기서 '왜곡'은 중국 역사에서 상업화가 결여되어 있어 자본주의를 발전시키는 데 실패했다는(자본주의 맹아가 끊임없이 압살되었다는) 것을 포함할 뿐만 아니라, 공산주의 혁명이라는 이른바 역사적인 전환까지도 포함했다. 동시에 중국과 유사한 역사적 조건, 사회적 기초와 전제조건, 주로 무굴제국 인도와 오스만제국의 경우를 함께 고려하였다. 이러한 새로운 발견으로 역사학자들은 다른 제국형태와의 비교를 통해 중국 역사의 사회형태 문제를 다시 제기하였다. 1980년대, 중국의 학술계에 그것과 비교할 만한 일련의 동방역사가 출현하였으며, 그것에 수반하여 제국 연구에 대한 흥미도(제국주의 연구와 서로 대립함) 재점화되었다. 결국 이러한 경향으로 인해 아시아주의 혹은 범아시아주의 연구에 대한 흥미도 다시 활력을 되찾게 되었다.*

1990년대에 이르러, 아시아적 생산양식은 기적적으로 민족 역사와 문화 차이에 대한 적극적인 이론이자 대체 가능한 제국형식에 상응하는 이론으로 변모하였다. 이러한 서술상의 전환이 1980~1990년대 중국의 현실적인 필요에 부응할 수 있었던 것은, 바로 그것의 다중선형성과 예외주의 때문이었다. 문화주의자가 주장하는 '5천 년' 동안 지속된 중화민족 역사

---

* 이후의 설명에 대해서는 잡지 『독서讀書』에서 편집한 1996~2005년 논문집인 『亞洲的病理』 卷中(『讀書』 雜志編, 北京: 生活 · 讀書 · 新知三聯書店, 2007) 참고. 이 논문들은 대부분 '동방주의'와 (혹은) '아시아주의'에 대해 비판적인 태도를 취하고 있다. 그 가운데 일부 문장에서는 당시의 형세와 중국의 굴기로 인해 '아시아'에 대해 새로운 정의를 시도하기도 하였다.

공동체라는 논리를 통해 이전의 아시아적 생산양식의 정체론은 오히려 긍정적인 논리로 전환되었다. 이것은 바로 베버식(Weberian)과 비트포겔식(Wittfogelian) 분석론을 종합한 것과 매우 유사하다. 즉 이제 그것을 부정적으로 평가하는 것이 아니라 적극적으로 평가하고 있는 것이다(장구성은 문화적 지속성과 공고성을 나타내는 긍정적 특징이지, 더이상 변화하지 않는 정체되고 완고한 본토주의를 나타내는 부정적 특징이 아니다). 민족의 지속성은 미국과 반공산주의에 대해 유리한 정치과학 모델로 변모되었으며, 이 모델에 의거하여 중국의 개혁개방 시기까지의 진보(혹은 정체) 정도에 대해 분석을 진행해왔다. 그러나 최근에 중국 '굴기'의 한 요소로서, 이것은 또하나의 긍정적인 의미로 변화하게 되었다.

이러한 다양한 해석 가능성에 의거하면, 아시아적 생산양식은 어떤 역사문제에 대답을 제공했는가 하는 질문이 자연히 제기된다. 1920년대 말과 1930년대 초 이래로 소련과 중국 및 기타 지역에서, 아시아적 생산양식이라는 상이한 역사적 진행 과정에 내재된 다중선형성은, 바로 단선적인 역사결정론의 교조주의에 의해 부정되었다. 앞서 말한 바와 같이, 이러한 다중선형성에 대한 부정은 용속한 마르크스주의의 역사단계론(스탈린주의의 교조적인 위장하에서)과 연관이 있으며, 또 자본주의의 현대화주의와도 관련이 있다. 이 두 종류의 역사 분석 판본에서 가정하고 있는 것은 차이의 지속성이 아니라 일종의 역사적인 수렴이론이다. 그러나 최근 다중선형성은 중국에서뿐만 아니라 미국 내 중국경제사 학자들의 포스트식민주의 이론 가운데서도 매우 흡인력을 발휘하고 있다. 이와 같이 차이성의 이데올로기에 대한 적극적인 평가—민족적 독특성과 같은—로 인해, 아시아적 생산양식에 가해졌던 오명도 깨끗이 사라졌다. 그 대신 중국은 독특한 것이자 대체 가능한 방안을 제공하는 것으로 평가받고 있고, 이러한 상황의 변화는 좋은 현상으로서 받아들여지고 있다.

또다른 맥락에서 보면, 혁명적인 1930년대에 아시아적 생산양식의 기본 좌표는 확실히 당시 중국의 현실적인 역사문제에 대해 해답을 제공하지 못했다. 그러나 현재는 세계적 차원에서 포스트 혁명 시대 심지어는 반혁명 시대임이 분명하다. 왜냐하면, 국내의 안정은 이미 모든 외국자본과 경제 성장 및 발전을 지지하는 모든 사람들의 공통적이고 적극적인 구호가 되었기 때문이다. 따라서 대다수의 학술 연구에서, 계급투쟁 및 계급분석과 관련된 사회 충돌의 여러 범주들은 이미 저주를 받는 상황이 되었다. 아시아적 생산양식은 무계급론으로 가정되고, 국가와 공동체의 통일은 이미 철저하게 오늘날 이상적인 조화사회[和諧社會]로 변모되었다.

마지막으로, 1920년대와 1930년대에 아시아적 생산양식에 대한 회의(懷疑)가 제기된 데는 그 이론과 제국주의의 명확한 상관성, 즉 시기적으로 제국주의와의 정확한 일치(아시아적 생산양식 이론은 바로 19세기 근대 자본주의, 제국주의가 날로 강대해지던 시기에 대두되었다) 및 그것의 변호에 대한 강력한 비판과 관련이 있다. 그러나 경제적 발전 지상주의가 전지구화로 위장하여 긍정적이고 호의적인 것으로 수용되고 있는 오늘날, 중국과 기타 지역에서 정치적, 문화적으로 비난받았던 제국주의는 바로 종종 자연스럽게 전후(戰後) 시기 경제 발전과 서로 연계하여 받아들여지고 있다. 즉 동아시아, 특히 타이완과 한국과 같은 이전 일본의 식민지 국가들은 모두 경제적으로 발전을 이루었다. 따라서 혁명적인 역사 패러다임의 쇠퇴 및 무력화, 마오쩌둥 사망 이후 민족주의적인 우월감을 바탕으로 한 현대화론자와 문화 이데올로기의 대두, 그리고 1980년대 중국 사회경제에서 새로운 위상을 획득한 발전 지상주의는 기묘하게 아시아적 생산양식의 문제를 역사학으로 회귀시켰다. 1980년대와 1990년대에 아시아적 생산양식은 이미한 일련의 문제들을 실증해 보여주는 것처럼 보인다.

아시아적 생산양식과 자본주의의 융합

수년 동안, 전후 시기 전지구적인 융합에 대한 현대화의 환상은 실천 속에서 허위적인 것으로 증명되었을 뿐만 아니라 하나의 이론으로서도 이미 포기되었다. 이를 간략히 돌이켜보면, 1950년대부터 1970년대 사이에 강력하게 제기된 이러한 환상의 핵심은 다음과 같다. 즉 국가 간의 쌍무적인 경제, 문화와 사회발전 정책의 합리적인 배치를 통해 현대화 이론이 구상한 후진국가와 선진국가의 융합은 적절할 뿐만 아니라 가능하기도 하다. 하나의 주요 경기장은 바로 '가치'의 영역 내에 있으며, 이러한 경기장을 통해서 융합이 완성될 수 있다. 또는 막스 베버와 그의 후계자들이 여겼던 것과 같이, 이 영역은 그것들이 주재하는 문화와 사회구조상의 모종의 일치를 사회에 제공할 수 있다. 바로 이러한 융합을 실현하기 위해 대대적인 처방을 시행할 때, 현대화 실천의 명확한 실패와 1970년대부터 시작된 이러한 이론적 전제에 대한 전반적인 비판으로, 상술한 의제는 시의에 부합하지 않는 것으로 변해버렸다.

비록 '융합' 이론이 회의론자와 비평가들의 공격을 받고 있지만, 그것은 전지구화 이론의 부활 과정으로서 1970년대 초기에 좌익 이론가들에 의해 오히려 비판적으로 예견되기도 하였다. 이러한 논조는 1960년대 프랑스, 이탈리아의 급진주의 와해와 붕괴, 그리고 세계 수많은 국가들의 탈식민화와 현대화 실패로 마르크스주의 이론과 실천이 도전을 받는 과정에서 출현하였다. 프랑스 마르크스주의자 자크 카마트(Jacques Camatte)는

1973년 그의 논문 「순화馴化에 대한 저항Against Domestication」에서, 이러한 비평이론은 표면적으로는 자본주의가 그 본질적인 자아와 융합하고 있다고 가정하고 있음을 명확히 지적하였다.* 이는 당시 일부 마르크스주의 이론과 차이가 있다. 예를 들어 라틴아메리카의 종속이론은 자본주의 세계체계가 재현하는 저개발과 그것에 따른 지방 및 전 세계 발전의 불균형을 강조한다. 간단히 말하면, 자본의 자아융합이론—진정한 포용이론으로, '다종가치(values)'와 '단일가치(value)'를 동일시함—은 공공연하게 자본주의가 모든 사람에게 유익하다고 선전하고, 동시에 자본주의의 자아설정과 자아표현을 그들의 전제로 삼았다.

　여기서 자본주의의 자아융합은 공간과 시간에 있어서 균질화된 생산 모델로 이해되며, 역사주의적인 것—즉 통시적인 것 혹은 역사의 단계주의—이 아니라 전지구의 공시적인 것으로 이해된다. 이러한 시간-공간융합의 서술은 그것에 대한 비판을 당대의 '제국' 및 '전지구화' 이론들과 연계시켰다. 카마트의 문장에는 이러한 연계가 생동적으로 묘사되어 있다. 즉 그는 1970년대를 자본주의와 아시아적 생산양식이 융합된 시대로 정의한다. 마르크스의 아시아적 생산양식 이론체계 중의 반역성이 그것을 기 사회생시킴과 동시에 제국담론을 부단히 공고하게 하고 있는데, 이것이 바로 아시아적 생산양식의 장구성과 무변화의 원인이라고 보았다. 카마트에 의하면, 이러한 불변성으로 인해 우리는 1970년대의 아시아적 생산양식 (AMP, 계급은 영원히 자주적일 수 없고, 부단히 제국의 질서 속으로 재조직됨)과

---

* Jacques Camatte, "Against Domestication" originally published in *Invariance Series Two*, No.3(1973); tr. David Lonergan. Also in *This World We Must Leave*, New York: Autonomedia/Semiotexte, 1998. 혹은 www.geocities.com/~johngray/agdom01.htm. 참고.

자본주의 생산양식(CMP, 계급은 바로 흡수되고 따라서 자본주의의 재생 및 그것의 변화에 대한 무감각이 나타남) 사이의 융합을 목도하게 되었다.* 그후의 문장에서(1976), 카마트는 그가 말한 융합은 바로 자본주의 생산양식 중 자본가계급 민주에 기반한 독재주의와 아시아적 생산양식의 보편적인 노예제에 기반한 전제주의 간의 융합이라고 더욱더 명확히 하였다.**

카마트의 이러한 주장은 1960년대에 자본주의가 죽어가던 상황에서 사력을 다해 몸부림치는 듯 보이다가 갑자기 회복하게 된 원인에 대해 설명하려는 시도로 읽히기도 한다. 그는 아시아적 생산양식과 자본주의 생산양식의 융합은 게오르크 지멜(Georg Simmel)이 말한 '영원한 현재' 안에서 전개되는 것으로 말할 수 있다고 여겼다. 이것은 그가 헤겔로부터 계승한 개념이다. 헤겔은 영원한 현재 속에 응결된 영원한 시간의 궤적을 서술하고, 이것에 의해 변화하고 윤회하는 총체적인 역사를 구성하였으며, 심지어 시간을 다른 것으로 치환하여 철학의 내재적이고 임시적인 역사 동일성과 연계시켰다. 헤겔은 그의 『철학사강의』에서 다음과 같이 종합하여 말하였다. "우리가 연구하는 것은 단지 '정신관념'일 뿐만 아니라 세계역사 속의 모든 것을 '정신관념'의 구현으로 간주한다. 우리는 과거를 사고하기 위해서는 현재를 연구하기만 하면 된다. ……'정신'은 과거의 것이 아니고 장래의 것도 아니며 불후의 것이고 본질적인 현재(essential now)이다."*** 슬라보이 지제크(Slavoj Zizek)는 이러한 서술에 대해 더 거친 반응을 보여주었다. 그는 부시 독트린(Bush doctrine)은 "미래의 위협을 완전히 통제하

---

* "Against Domestication", fn14 중 Part IV 참고. 또는 *This World We Must Leave* 참고.
** "This World We Must Leave", in *This World We Must Leave*, p.158.
*** Georg Wilhelm Friedrich Hegel, *The Philosophy of History*, tr.J. Sibree(New York: Dover Publications, 1956), p.79.

려는 편집광적인 논리"이며, 이것은 바로 "현재와 미래 사이의 회로"를 봉쇄하는 것이라고 지적하였다.[*]

이러한 점에서 볼 때, 1970년대 이래 좌파든 우파든 관계없이 융합에 대한 원래의 가상을 자본의 영원한 현재(eternal present)로 설정하는 이론들이 증가해왔음을 알 수 있다. 이 영원한 현재는 지금 '전지구화' 혹은 제국(여기서는 안토니오 네그리·마이클 하트의 의미에서의 제국을 말함)으로 명칭을 바꾸어 불리고 있다.[**] 마찬가지로, 비록 다른 의미에서이기는 하지만, 현대화 이론에 있어서 이러한 자본, 제국의 영원한 현재이론은 개방적인 정치로 표현된다. 이를 안토니오 네그리·마이클 하트의 용어를 빌리자면 '다중(multitude)'의 정치이고, 헤겔식 또는 베버식 용어를 빌리자면 계급 특유의, 현존 체계를 전복시키는 것이 아니라 지지하는 제한적인 시민사회

---

[*] Slavoj Zizek, "Catastrophes Real and Imagined", In *These Times*, March 31, 2003.

[**] 카마트의 개념화와 안토니오 네그리·마이클 하트를 연계시키는 것은 결코 임의적인 것이 아니다. 카마트의 마르크스주의는 1960년대 프랑스의 격동과 그의 일관적인 태도, 그리고 1960년대 이후 이탈리아 공산당 창시자인 마르크스주의자 아마데오 보르디가(Amadeo Bordiga)와의 결별에서 기원한다. 1950년대에 이르러 보르디가는 줄곧 19세기와 20세기의 노동운동은 객관적으로 자본의 운동이라고 보았다. 그리고 카마트는 그 자신의 관점인 '자본의 공동체(community of capital)'에 기반하여 보르디가를 추종하였지만, 이후 정당을 중심으로 한 그의 선봉주의(vanguardism)를 둘러싸고 보르디가와 결별하였다(더 자세한 내용은 David Black, "Has Capital Autonomized Itself from Humanity?" *Hobgoblin Journal of Marxist-Humanism* 1[Spring/Summer 1999] 참고). 이것은 바로 이탈리아 노동자주의(operaismo)와 자치(autonomia)운동과 유사한 경로를 따른 것이며, 네그리 이론의 중심인 제국이론도 그 가운데로부터 출현하였다. J. Kraniauskas, "Empire, or Multitude: Transnational Negri", *Radical Philosophy* 103(September/October 2001): pp.29-39 참고. 또 이러한 궤적과 다소 다른 서술, 즉 그것을 미국 트로츠키주의로부터 이탈한 특정한 단서와 결부시켜 설명한 것으로는 다음 참고. Jon Beasley-Murray, "Against Parochialism", *Radical Philosophy* 123(January/February 2004): pp.41-43. 1968년 이후 프랑스 마르크스주의/급진주의에 관한 서술은 Jon Beasley-Murray, "Against Parochialism", *Radical Philosophy* 123(January/February 2004): pp.41-43 참고.

의 정치이다. 그러나 아시아적 생산양식과 자본주의적 생산양식의 융합이라는 카마트의 가설이 우리에게 일깨워주는 것은, 이러한 것들은 사실 일종의 체계적인 재생의 정치일 뿐이라는 점이다. 나는 바로 이러한 절대화하는 태도 속에서, 비로소 자본주의의 보편적 노예제와의 융합이라는 카마트의 이론을 오늘날 아시아적 생산양식 이론의 부활을 알리는 이데올로기적 상징으로 간주할 수 있다고 본다.

즉 아시아적 생산양식의 부활은 동일성도 식민지의 차이성도 전제로 삼지 않고 국가의 차이성을 전제로 삼는다. 이러한 국가의 차이는 역사적인 제국주의가 추상적인 '제국'으로 붕괴된 것이 아니라 '제국'이 국가로 붕괴된 것이다. 1980년대 아시아적 생산양식이 중국에서 부활한 것은 바로이 점을 잘 설명해준다. 즉 아시아적 생산양식이 1980년대 중기나 초기에수많은 중국 역사학자들에 의해 마오의 혁명주의와 직선적인 역사로부터해방되는 길로 간주되었으며, 동시에 포스트 마오 시기 개혁주의 방안을지지하는 노선으로 여겨졌다. 바로 자본주의의 보편적인 영원한 현재로 융합된 이러한 차이성의 형식 속에서 아시아적 생산양식은 마치 중국의 당시 현대화 수요에 영합한 것처럼 보인다. 이러한 아시아적 생산양식의 부활은 혁명역사가 종결된 시기에, 중국 민족문화의 차이성으로 설정된 것의 표지이자 융합한 현대화주의의 처방이었다. 즉 중국의 독특성과 새로이 출현하는 전지구적 차원의 사회적이고 역사적으로 새로운 질서에의 참여를 둘러싸고, 아시아적 생산양식은 기본적으로 민족 연속성의 역사적변증법 측면에서 재설계되었다. 1980년대 후기 문화주의자와 민족주의자가 아시아적 생산양식을 전용함으로 말미암아, 그 이론은 순수하고 간단히 국가적인 대의(大義)로 용해되어버릴 수 있다.

결론

이상의 설명은 결국에는 서로 일치하지 않는 이론적 문제를 기본적으로 공통적인 특성으로 환원시켰다. 이러한 새로운 분석의 보편적인 의의는, 현재든 과거든 관계없이 그것이 어떻게 미국 내 중국 연구의 어떤 고리와 서로 연계되느냐 하는 점에 있다. 미국의 주류 학술계는 중국이 자본주의의 길을 가지 않는 것을 더이상 실패로 간주하지 않고 오히려 중화제국의 강인성에 대한 상징으로 보고 있으며, 심지어는 중국의 긍정적인 차이점이자 미국과 유럽에 대한 대안으로 간주한다. 그뿐만 아니라 현재 이것은 중국 굴기의 근원으로 인식되기도 한다. 동시에 몇십 년 동안 제국주의의 파괴성을 강조해온 것과는 달리, 19-20세기의 제국주의는 현재 더이상 환영받지 못하는 '서구의 충격'으로 폄하되고, 아울러 중국 역사 발전 과정에 덧붙여진 하나의 삽화곡으로 강등되었다. 또한 중국의 비자본주의적 상업화 역사도 자본주의를 대체할 수 있는 스미스식 순수한 시장경제(상업, 제4단계!)의 형식으로 간주되고 있으며, 그것은 결코 수입된 것이 아니라 중국의 역사 자체로부터 기원하는, 의문의 여지 없이 본토적인 것으로 간주된다.[*]

전지구적인 문화의 함의와 기본적인 반역사주의 책략으로서, 민족/문화의 차이는 이러한 서술의 변화 과정 속에 삼투되었다. 왜냐하면 이러한 차이가 공유하는 재평가로 인해 바로 위에서 서술한 일치하지 않는 문제들을 연계시키는 것이 합리화되기 때문이다. 기이한 것은, 아시아적 생산

---

[*] 이러한 관점은 조반니 아리기(Giovanni Arrighi)의 『베이징의 애덤 스미스*Adam Smith in Beijing*』참고.

양식의 부활은 단지 국가에 의해 주도되며, 어떠한 사회적 대가의 희생도 아랑곳하지 않는 정치성도 없고 적대성도 없는 현대화의 시녀일 뿐만 아니라 전 세계 신자유주의 다원적 문화의 현대화이론으로 간주되고, 역사와 당대 발전주의의 과정에서 제국에 대항하는 것이 아니라 제국을 강화시키고 있다는 점이다. 마지막으로 아시아적 생산양식은 아시아의 자본주의 혹은 제국주의 국가의 만능이론으로 변질되었다. 또 바로 이 때문에, 아시아적 생산양식은 결국 전지구적 분석의 전환을 대표하는 진정한 이데올로기의 상징이 되었으며, 이러한 전환은 국가와 문화를 역사적 결정요소이자 현재/미래의 중재자로 간주한다. 그리하여 우리는 헤겔의 영원한 현재를 역사와 전혀 관계없지만 구체화되고 있는 전지구화 환상과 무비판적으로 재결합시켰다.

11장

중국 인류학 담론과 '타자'의 역사변화

류다셴劉大先
중국사회과학원 민족문학소 부연구원,
『민족문학연구民族文學硏究』편집부 주임

2013년 6월부터 7월까지, 나는 신장(新疆)에서 조사 연구를 하고 있었다. 먼저 신장 동쪽의 하미(哈密) 일대에서 잠시 휴식과 정돈의 시간을 가진 후 이리(伊犁)로 갔는데, 주요 고찰대상은 현지 구전 전통의 전승 상황이었다. 이것은 비교적 전문적이고 적절한 조사 활동으로, 인류학, 사회학, 민족학 등 학과에서 자주 보이는 현지조사 방법을 운용한다. 즉 현지인 생활에 대한 참여적인 관찰, 개별인물에 대한 심층적인 인터뷰, 계보 혹은 텍스트 수집, 문헌과 실물 수집, 사진 및 영상 촬영, 구두자료 수집, 개입식 지방평가, 답방식 조사 등등이다. 시간, 경비, 인원의 한계 등 각종 원인으로 인해 매번 조사 때마다 위의 여러 수단들을 모두 운용하는 것은 아니지만, 기본적으로는 이러한 틀 내에서 조사 활동이 진행된다.

사실 2005년부터 나는 이미 여러 차례 신장과 기타 지방에서 연구조사 활동을 펼쳤지만, 장기간 나를 곤혹스럽게 한 것은 나의 관찰, 체험, 경험으로 편찬한 각기 다른 인간집단에 관한 보고들이 결코 실질적인 지식생산이나 사상을 전환시키지는 못하는 것 같다는 점이었다. 나는 그 이유가 아마도 조사 심도의 문제─'필드워크'의 신뢰성, 해석과 기술의 진실성,

지방적 지식의 심층적 독해, 주체적 지위와 객체적 지위의 상호융합과 대결 등은 인류학 담론 내부에서 이미 많은 토론이 이루어졌다—만이 아니라, 이러한 방법론 자체에 존재하는 선험적인 문제일 수도 있다고 생각한다. 인류학 중 연구주체와 대상에 관한 뿌리깊은 등급구조로 말미암아, 그 내부에서 거듭 자아조정이 이루어지기는 하지만 지식의 생산과 실천 과정에서는 오히려 줄곧 자아와 타자 간의 불균형을 벗어날 수가 없다. 서구로부터 번역 과정을 통해 수용된 중국의 인류학은 본토화의 복잡한 상황으로 인해 이러한 숨겨진 구조는 그다지 두드러지지 않았을 뿐만 아니라 이러한 지식계보를 극복할 수 있는 가능성을 발전시켰다. 이러한 가능성이 민국 시기, 사회주의혁명 시기, 이른바 포스트 사회주의 시대에 드러낸 각기 다른 면모는 전체 현대 중국의 지식상황, 생산 및 유통의 변천과 관련되어 있다.

중국 인류학은 일반적으로 민족학, 사회학과 함께 거론되며(때로는 심지어 하나로 합일되기도 한다)*, 그들 사이의 복잡한 착종관계는 단지 역사적인 정리를 통해서만 명확하게 알 수 있다.** 그 발전 또한 역사학, 고고학, 민속학, 생물학 등 관련 학과와 끊임없이 뒤얽혀 있다.*** 동시에 언어학, 신화

---

* 어떤 인류학자의 견해에 따르면, '민족학(ethnology)', '문화인류학(cultural anthropology)'과 '사회인류학(social anthropology)'은 단지 동일한 학과에 대한 여러 호칭일 뿐이며, 각각 유럽대륙, 미국, 영국의 서로 다른 학술전통을 반영한다. 林耀華主編, 『民族學通論』, 北京: 中央民族大學出版社, 1997, p.1.

** 인류학, 민족학, 사회학 내지 민속학의 상호연계와 복잡한 관계는 그 유래가 오래되었다. 그것들은 호칭은 같은데 실질은 다르거나 혹은 호칭은 다르지만 실질은 같은 경우가 있는가 하면, 또 보기에 비슷해 보이지만 실제 차이는 매우 큰 경우도 있다. 楊堃, 「論人類學的發展趨勢–如何建設新中國的人類學體系」(1981), 『楊堃民族研究文集』, 北京: 民族出版社, 1991, pp.281-296 참고.

*** 楊成志, 「民俗學之內容與分類」(『民俗』 集刊 卷四期, 1942年3月), 「人類學史的發展鳥瞰」

학, 문학 등 서술을 특히 중시하는 학과의 고사(故事)와도 폭넓게 연계되어 있다.* 그러나 이것은 단지 고사의 외적인 표상일 뿐이다. 고사 내부에는 정치, 민생, 전쟁 및 경제개발과 관련된 풍부한 스토리가 충만하다. 학과의 분화는 업무 중점의 차이일 뿐이며 그 방법은 통일적이다. 1세기가 넘는 기간 동안, 중국에서 인류학의 기승전결과 변화 및 기복이 있는 고사들은 하나의 복선이 줄곧 관통하고 있는데, 그것은 바로 끊임없는 타자에 대한 관심과 주목이다. 이것은 중국의 인류학이 자부할 만한 학술적 성과를 거두는 것을 가능케 했을 뿐만 아니라 동시에 자신을 비추는 거울이기도 하다.

타자에 대해 어떤 입장과 태도를 취하는가는, 각기 다른 맥락에서 인류학이 자신의 연구대상, 영역, 범주와 방법을 확립할 때 바로 그 세계관과 가치론을 나타낸다. 여기서 '타자'는 물론 (소수)민족을 그 대상 가운데 하나로 포함하고 있지만, 본 연구에서는 중국 인류학 담론에서 '종족', '민족', '소수민족'에 대한 서술을 중심으로 진행하고자 한다(주의할 것은 이것은 결코 단어나 술어의 문화사 연구가 아니라는 점이다). 바로 이러한 서술에서 중국의 인류학은 인류학이 제거하기 어려웠던 문명등급론을 보여주기 때문이다. 물론 최근 인류학에 대한 반성으로, 문화다원주의 시각에서 자성을 요구하는 목소리가 부단히 제기되고 있다. 그러나 이러한 반성은 종종 또다른 '세계주의'와 유사한 함정에 빠져서 자기도 모르게 그것이 반대하는 개념의 전철을 뒤따른다. 어떤 학자는 자아와 타자의 관계에 근거하여 인류학 발전사의 논리를 3단계로 구분하기도 한다. 즉 서구 인류학의 비서구

(『民族學研究集刊』 1943年第3期), 『楊成志人類學民族學文集』, 北京: 民族出版社, 2003, pp.292-331.

* 容觀夐, 「人類學」(當代社會科學大辭典編委會, 『當代社會科學大辭典』, 南京: 南京大學出版社, 1995), 『容觀夐人類學民族學文集』, 北京: 民族出版社, 2003, pp.3-8.

식민지로의 전개, 비서구 국가 인류학의 국내 주변집단과 사회집단으로의 전개, 비서구 국가 및 집단 인류학의 서구 사회로의 전개가 그것이다. 그러나 이러한 이념적인 유형의 구상과 현상 서술은 중국 인류학 담론의 변화를 설명해주지 못할 뿐만 아니라 구체적인 시기 구분에서 파편적이고 현상적인 차원에 머무른다.* 나는 역사적 고찰에 기반하여, 중국 인류학 담론을 3단계로 나누어 정리하고자 한다. 1. 서구 담론을 모방하여 건립하고 종족의 자결을 추구 2. 본토화/중국화의 실천, 여기에는 민족의 국족구성과 변경정책의 실시, 그리고 사회주의 실천 중 민족의 평등한 권리에 관한 협상 및 인민의 '일체다원론' 재구성이 포함됨 3. 신자유주의 시대의 인류학 부흥과 차이성의 생산 및 소비. 마지막으로 본 연구는 인류학 연구가 '사람을 근본으로 삼는다'는 것을 결론으로 제기할 것이다.

1. 종족 담론과 서구 타자로서의 중국

서구 인류학은 대략 19세기 상반기에 출현하였으며, 그 상징적인 표지는 바로 에드워드 버넷 타일러(Edward Burnett Tylor, 1832-1917), 루이스 헨리 모건(Lewis Henry Morgan, 1818-1881)을 대표로 하는 고전적인 진화론학파의 형성이다. 일반적인 인류학사에 따르면, 서구 인류학이론은 20세기 초에 중국에 소개되기 시작했다. 처음에는 서구의 경세학문과 역사지리학문에 단편적으로 끼어 있었으며 인류와 생존경쟁의 방법을 인식하기 위

---

* 孟航, 「西方人類學發展史的再認識與中國人類學的未來-在"他者"中理解"自我"」, 『廣西民族硏究』, 2007年第3期.

한 생존의 필요조건으로 받아들여졌다. 지식인들에게 있어서 그것은 국민의 지식과 지혜를 개발할 수 있는 수많은 학문 가운데 하나였으며, 개혁적인 인물들은 이것으로 시야를 넓히고자 하였고, 청조의 통치계급도 이를 통해 후계자들을 교육할 필요가 있었다.* 그러나 사실상 인류학 관련 지식이 중국에 유입된 것은 적어도 이보다 반세기 앞선 때였다.

가장 이른 인류학 지식은 인종지식의 형태로 유입되었다. 도광(道光) 말년에 광저우(廣州) 상인 반사성(潘仕成)이 간행한 '해산선관총서海山仙館叢書' 중에는 포르투갈 사람인 '대서양 마길사(大西洋瑪吉士, 호세 마르티뉴 마르케스José Martinho Marques, 1810-1867)'의 『신석지리비고전서新釋地理備考全書 Geography of Foreign Nations』(『외국지리비고外國地理備考』라고도 함) 10권이 포함되어 있었다.** 그중 제4권은 '지구총론地球總論'으로, 기본 내용은 지구의 모습을 개괄적으로 서술하는 것이었는데, 이와 더불어 인간은 다섯 가지 피부색을 가진 사람으로 구분된다는 견해도 언급하였다. 영국인 선교사 벤저민 홉슨(Benjamin Hobson, 合信, 1816-1873)의 저서 『전체신론全體新論』도 '해산선관총서'에 수록되었으며, 그중 제10권에서 "천하는 네 개의 대륙으로 나뉘고, 인간은 다섯 유형으로 나뉜다"고 서술하였다. 그리고 1855년에는 "천하만국의 사람들은 백白, 황黃, 흑黑, 현玄, 동銅의 5종류로 구분한다는 설"을 소개한 「인류 5종 소론人類五種小論」이 선교사가 간행하던 『하이관진遐邇貫珍』에 게재되었다. 1872년에는 『중서견문록中西聞見錄』에서 영국 성공회 선교사 존 쇼 버든(John Shaw Burdon, 1826-1907)의 「지학지략地學指略」을 연재하였는데, 그중 제3장 '대륙, 대양, 인종을 논함論洲洋人族'에서 먼저

* 張壽祺, 「19 世紀末20世紀初"人類學"傳入中國考」, 『社會科學戰線』, 1992年第3期.

** 鄒振環, 『晚淸西方地理學在中國-以1815至1911年西方地理學譯著的傳播與影響爲中心』, 上海: 上海古籍出版社, 2000, p.355.

대양과 대륙을 소개하고 이어서 인종의 분류를 논하였다. 또 1876년『격치휘편格致彙編』은 「격치약론格致略論」, 「인류의 성정과 원류를 논함論人類性情與源流」이라는 제목의 글을 연재하여 인류의 5분류설을 언급하였으며, 1892년에는 후에 중국 인류학사에서 주목받은 「인류 5종 분류설人分五類說」이 출현하였다.* 그 이전의 각종 인종 구분설은 본래 지리학과 생물학에 부속되어 있었으며, 유럽인의 지리상 탐험과 밀접한 연관이 있었다. 그러나 유럽 본토의 식민 담론이 진전됨에 따라 점차 인류등급론과 같은 구분이 출현하게 되었다. 1858년『육합총담六合叢談』중 「지리·동식물의 분계地理·動植二物分界」는 바로 은연중 인종의 우승열패 논조를 드러내며 식민을 조장하는 의도를 나타내기도 하였다. 이러한 구체적이지만 은미한 형식의 서학 '지식'은 각종 학문체계와 서적 가운데 끼어서 중국문화 속으로 인입되었으며, 가장 초기에는 '박물지'와 같은 산만하고 잡다한 유의 것이었다. 제국주의의 확장과 중국 상황의 변화라는 이중적인 조건하에서 「인류 5종 분류설」은 비로소 인류학의 시작을 알리는 주장으로서 특별히 언급되었다.** 그리고 갑오청일전쟁 이후, 중국 전통문화에 대한 자신감 상실과 문화위기가 대두됨에 따라 지식인의 화이지변[夷夏之辨] 관념은 철저히 새롭게 변모하여 '황인종'의 자강(自强)이라는 종족 전쟁 사상을 반복해서 강조

---

* 광서(光緖) 18년(1892년),『격치휘편』(第七年第三卷[秋季])에 「인류 5종 분류설」이라는 문장이 게재되었는데, 이 문장에서는 내용 설명과 그림을 함께 배치하여 "서구는 항상 인류를 5종류로 구분한다"고 소개하였다. 그 근거로서 "각국 각지 사람들의 형체와 성정, 용모와 얼굴색이 모두 각기 다르다"는 것을 제시하였다. 여기서 5종류의 인종이란 구체적으로 몽고인, 코카서스인, 아프리카인, 말레인, 아메리카 인디언이며, "피부색으로 보면" 각각 황인, 백인, 흑인, 갈색인[棕人], 홍인(紅人)이다. 이외에 이 문장에서는 수 페이지에 걸쳐 각 인종의 신체 모습과 분포 지역, 성정 및 재능에 대해 소개하였다. ─역자 주
** 장샤오촨(張曉川)의 「청말 서구 인종분류학설의 소개에 대한 고찰晚淸西方人種分類說傳入考辨」(『史林』, 2009年第1期)노 이에 관해서 비교적 상세히 설명하고 있다.

하였는데, 이것은 바로 식민주의자의 사상모델로써 그에 대항하고자 한 것이었다.

1897년(광서 23년), 옌푸(嚴復, 1854-1921)는 토머스 헉슬리(Thomas Huxley, 1825-1895)의 『진화와 윤리』를 번역한 『천연론天演論』을 출간하였다. 이책을 번역한 이유는 "헉슬리의 이 책의 요지가 본래 허버트 스펜서(Herbert Spencer, 1820-1903)의 방임주의의 폐단을 바로잡기 위한 것이며, 그의 논의 중에는 우리 옛사람의 논의와 매우 부합하는 바가 있고, 자강을 통해 종족을 보존하는 일에 대해 반복해서 자세히 설명하고 있기 때문"*이었다. 즉 인류 진화생존의 이치를 널리 알리는 것은 바로 종족을 보존하고, 집단을 보존하며 스스로 강해지고 진화하자는 유신(維新)의 공리를 호소하기위한 것이었다. 『천연론』의 '시대정신'과 같은 거대한 영향과 진화관념에 의한 혁명적인 충격효과를 고려하면 중국 인류학의 역사에서 그것이 지닌의미를 빼놓을 수 없다. 타자를 대하는 태도에 있어서도 하나의 미세한 변화를 발견할 수 있는데, 화이지변이라는 본래 친소(親疏)와 내외를 구별하는 관념은 점차 야만과 문명의 등급 아래 그 지위가 역전되게 되었다. 1898년 캉유웨이는 「외부의 도발로 위기가 긴박하고, 분할이 거듭되고 있어 급히 제때에 발분하고 혁신을 도모하여 잠시라도 국운을 보존할 것을 아룀外釁危迫, 分割洊至, 急宜及時發憤, 革舊圖新, 以少存國祚摺」에서 이미 문명과 야만의 방식으로 중서문제를 사고하고 있다. "대저 일본과의 전쟁에서 치욕을 당한 이후, 서구가 중국을 멸시하여 야만으로 대하고 우리를 우매하고 완고하다며 경멸하고 있습니다. 이전에는 우리를 반교화[半敎]의 나라로 간주했으나 지금은 우리를 아프리카의 흑인과 같이 여깁니다. 이전에는 우리

---

* 嚴復, 「天演論·自序」, 王栻主編, 『嚴復集』 第五冊, 1986, p.1321.

가 오만하고 자존한다고 미워했지만, 지금은 우리를 귀머거리, 장님에 아둔하고 우매하다고 업신여깁니다. 그 공법의 균세와 보호의 원리에 의하면, 이는 단지 문명국가만을 위한 것이지 야만을 위한 것이 아니며, 또 정교政敎가 없는 야만을 절멸하는 것은 백성을 재앙으로부터 구하는 것이라고 합니다."* 여기서 볼 수 있는 것은 단지 어휘의 변화만이 아니다. 더 중요한 것은 태도의 변화이다. 원래 중화문화의 존엄과 자부심은 이제 위기의식에 의해 대체되었으며, 더 주요하게는 사유방식이 서구 모델을 취하고 있다는 점이다. 화이 사이에서 본래 상호추동할 수 있는 관계는 약화되고, 대신 문명, 반교화·오만, 야만·우매·완고·아둔과 같은 고정된 등급구조가 명확해졌다.

량치차오(梁啓超), 장타이옌(章太炎) 등도 이 시기에 인류학 특히 인종학 이론을 빌려 중국의 역사와 문화를 해석하기 시작하였다.** 1899년 10월 14일, 션스쑨(沈士蓀)이 주편하고 상하이에서 출판된 『세계 시사 휘보五洲時事彙報』 제3기에 장타이옌의 「황인종의 미래를 논함」이 게재되었는데, 이 논문에서 장타이옌은 당시 국제상황을 분석하고 인종집단의 특징을 설명하며 다음과 같이 말하였다. "피를 품고 있는 인간은 반드시 정밀하고 예리한 기氣를 가지고 있기 마련이다. 정밀하고 예리한 기가 가슴에 잠복해 있는 것은 물에 숨겨진 열이 있는 것과 같아서, 그것을 담금질하고, 갈고, 문지르고, 찧지 않으면 발산할 수 없다. 따라서 자고로 항상 나라가 망하게 되고 집안이 망하게 되면, 그로 인해 출현한 인재는 태평한 시대보다 10배나 된다."*** 따라서 그는 국민이 스스로 비하하지 않고, 진작하고 발분하여

---

*「上清帝第五書」, 湯志鈞編, 『康有爲政論集』(上冊), 北京: 中華書局, 1981, p.202.

** 王建民, 『中國民族學史』 上卷, 昆明: 雲南敎育出版社, 1997, pp.79-84.

*** 章太炎, 「論黃種之將來」, 湯志鈞編, 『章太炎年譜長編』(上), 北京: 中華書局, 1979, p.09.

스스로 강해짐으로써 중국을 진흥시키기 위해 노력하도록 고무하였다. 같은 해 12월 3일(광서 25년 11월 1일), 동일 잡지의 제4기에서는 무기명의 「남아프리카 백인종의 수 表南非白種人數表」를 게재하여, 남아프리카는 원래 흑인의 지역이었지만 백인이 대거 이주함으로써 마침내 백인의 식민지로 전락했음을 사람들이 인식하도록 환기시켰는데, 그 의도는 사람들이 중화의 대지가 남아프리카의 전철을 밟지 않도록 미리 방비케 하려는 것이었다. 식민지 망국의 위기에 대한 경각심의 환기는 종족투쟁 형식으로 출현하였다. 또 문명과 야만 구조의 대립도 '문명'의 길을 향해 경쟁적으로 질주하기 위한 것이었다.

종족투쟁은 청말 혁명론자들에 의해 한편으로는 만주족 귀족을 배척하기 위해, 또다른 한편으로는 제국주의의 침탈에 저항하기 위해 채택되었다. 전자는 장타이옌의 『종성편種姓篇』, 황제(黃節)의 『황사黃史』, 류스페이(劉師培)의 『양서攘書』, 천취빙(陳去病)의 『청비사淸秘史』 등에서의 "동쪽 오랑캐의 저열한 종족"과 같은 각종 폄하와 오명이 대표적인 예이며, 후자는 중국 문화의 외래설로 변형되었다. 예를 들어 서쪽에서 기원했다는 이집트설, 바빌론설, 또 남쪽에서 기원했다는 인도설 등이 그것이다.* 이러한 중국 문화 외래설을 통해 세계무대에서 종족집단의 경쟁을 위한 상징자본을 제고시켰다.** 이러한 주장은 본래 특정한 역사 시기의 임기응변적 대응의 한

---

* 중국 민족의 형성 및 문화의 기원과 관련하여 일찍이 선후로 각각 외래전파설, 동서이원설 및 현재와 같은 본토기원설과 다원기원설이 유행하기도 하였다. 이에 대해서는 易華, 『夷夏先後說』, 北京: 民族出版社, 2012, pp.3-35 참고. 중국 민족 서방전래설에 대한 개괄적 설명은 向達, 『中西交通史』, 長沙: 嶽麓書社, 2011, pp.1-4 참고.

** 나는 일찍이 중국문화의 서방전래설의 내재적인 논리는 본토인이 동방학자의 자료를 이용하여 민족주의식 관념을 증명하는 것임을 논한 적이 있다. 劉大先, 『現代中國與少數民族文學』, 北京: 中國社會科學出版社, 2013, pp.284-288 참고.

형태이지만, 문명과 야만의 대립이라는 사유구조와 우연히 일치되어 크게 유행하였으며, 그 영향은 '기원론' 서술모델이 이미 쇠미해진 현재까지도 여전히 미치고 있다. 일례로, 20세기 초 프랑스 고고학자 앙리 망수이(Henry Mansuy, 1857-1937)와 마들렌 콜라니(Madeleine Colani, 1866-1943) 등은 베트남 북부 호아빈(Hoà Bình, 和平), 닌빈(Ninh Bình, 寧平), 타인호아(Thanh Hoá, 淸化), 랑선(Lạng Sơn, 涼山) 등지에서 구석기시대 후기와 신석기시대의 동굴유적을 대량 발견하였다. 그후 소련 인류학자는 문화전파론에 입각하여, 이를 근거로 중국 민족은 베트남 북방에서 기원하였다고 주장하였다.* 1980년대 어떤 학자가 이러한 견해를 반박했을 때도 그는 여전히 이러한 체질인류학의 종족론 주장을 전제로 삼았다.** 마창서우(馬長壽, 1907-1971)가 장족(藏族)이 인도에서 기원한다는 주장을 반박할 때 그 주요 근거는 장족이 "우리나라의 한족, 둥족侗族, 먀오족苗族, 야오족瑤族, 다이족傣族, 이족彝族 등 민족과 마찬가지로 모두 몽고인종에 속한다"는 점을 들었지만, 정작 '몽고인종'이라는 여전히 미심쩍은 분류에 대해서는 결코 분석을 하지 않았다.*** 1979년에 설립된 중국 피문학연구합작팀(中國皮膚紋理學硏究協作組)****은 체질인류학의 방법으로 중국인의 피문(皮紋)을 측정하여 '고대부터'의 중화 다민족의 합법성을 증명하였다. 30여 년 동안,

---

* A. 舍越連柯, 「資産階級史學中關於古代印度支那的若干問題」, 『史學譯叢』, 1955年第1期; 雅・符・切斯諾夫, 『東南亞-古代文化的中心』, 『歷史問題』, 1973年第1期.

** 陽吉昌, 「略論桂林甑皮岩洞穴遺址的重大意義-兼批"中國文化南來說"的謬論」, 『廣西師範學院學報(哲學社會科學版)』, 1980年第2期.

*** 馬長壽, 「辟所謂"西藏種族論"並駁斥經史內所流傳的藏族起源於印度之謬論」, 周偉洲編, 『馬長壽民族學論集』, 北京: 人民出版社, 2003, pp.336-352.

**** 피문학(皮紋學, dermatoglyphics)은 손가락, 손바닥, 발바닥 등 피부의 무늬를 연구하는 학문임. ―역사 주

694

56개 민족의 150개 모델 표본과 6만 8천여 명의 수백 만 개의 피문 데이터를 채집하고 정리하였다. 과학연구원은 피문 클러스터 분석 통계법을 응용하여 중국 56개 민족의 클러스터는 남방과 북방의 양대 민족군(群)임을 발견하였으며, 아울러 민족 피문의 상징적인 집단을 찾아내고 중국 전체 민족 피문의 기본적인 분포도를 확정하였다. 피문 전문가는 인터뷰에서 다음과 같이 말하였다. "이 연구는 또 장족藏族의 종족 기원이 옛 창족羌族 등 민족과 관계가 있음을 명확히 말해주고 있으며, 그 피문은 중화 북방집단의 선명한 특징을 보여주고 있습니다. 이로부터 장족은 우리 북방민족이지 결코 이른바 인도에서 온 '남방에서 기원한 민족'이 아님을 증명할 수 있습니다. ……클러스터 분석에 의하면, 타이완 소수민족의 표본은 모두 북방집단 내에 군집하고 있으며, 타이완 소수민족이 남양에서 기원한다는 기존의 결론과는 차이가 있습니다."[*] 종족 기원론은 이미 많은 비판적 성찰을 거쳤다. 여기서 잠시 피문 연구의 정치적 의미와 가치에 대해서는 논외로 하더라도, 이미 오랫동안 답습해오고 있는 이러한 체질인류학 방법이 나날이 혼혈, 잡거, 족적(族籍) 변화가 이루어지는 작금의 현실에서 어느 정도 신뢰성을 지닐지 상당히 의구심이 들지 않을 수 없다. 그러나 그것이 '과학적'인 학술논증으로서 관방과 학술기구의 승인과 지지를 받고 있다는 것은 체질과 인종관념이 얼마나 사람들 마음속 깊이 스며들어 있으며, 의문의 여지가 없는 전제로 받아들여지고 있는지를 잘 말해주고 있다.

20세기 초 '급격한 세계의 변화' 속에서 청 정부의 주도하에, 인류학은 엘리트 지식인들에게 받아들여지는 것에 그치지 않고 고등 교육의 한 내용으로 자리잡았다. 1903년(광서 29년), 청 정부는 「주정학당장정奏定學堂章

---

[*] 「56個民族自古就是一家人」, 『人民日報海外版』, 2010年 2月 9日 第4版.

程」을 반포하였는데, 그 가운데 대학장정 제3절 문학과의 중외지리학문(中外地理學門) 중 주요 과목으로 「인종 및 인류학人種及人類學」이 있었으며, 영국문학문(英國文學門) 가운데도 「인종과 인류학」이 선택 교과목으로 개설되었다. 같은 해, 린수(林紓)와 웨이이(魏易)가 함께 번역한 독일의 미하엘 하버란트(Michael Haberlandt)의 저작 『민종학民種學 *Volkerkunde*』(1898)이 경사대학당 관서국(京師大學堂官書局)에서 출판되었다. 이 중역본은 영국인 로에베(J. H. Loewe)가 1900년에 영문으로 번역한 『민족학 *Ethnology*』을 저본으로 번역한 것이었으며, 가장 일찍 중국어로 번역된 인류학 저서로 평가되고 있다.* 신해혁명 이후 일부 대학에서는 인류학 관련 수업을 개설했지만, 자세히 살펴보면, 이 시기 인류학은 결코 자주 독립적인 지식체계가 아니라 지리학, 역사학 심지어는 문학 부문에 부속되어 있는 것에 불과했다.

신문화운동 시기에 와서야 비로소 인류학은 점차 학과로서의 자각의식을 갖게 되었으며, 이러한 자각은 그것의 현실적인 관심 및 실제효용과 연계되어 있었다. 1916년 쑨쉐우(孫學悟)는 「인류학 개략人類學之概略」을 발표하여, 구미의 인류학 개황에 대해 간략히 소개하였다. 또 천잉황(陳映璜)은 1918년 베이징대학 총서 가운데 하나로 『인류학』을 상무인서관에서 출판하였으며, 1925년에는 「인류학과 인종학」 교과목을 강의하였다. 이와 같은 서구이론의 소개와 더불어 동시에 중국의 일부 교회학교를 선두로 인류학 조사 연구 활동을 진행하기 시작하였다. 1917년 칭화(淸華)학당 미국인 교수 디트머(C. G. Dittmer)는 학생들의 베이징 서부 교외 지역 주민들의 생활비 조사 활동을 지도하였으며, 1918년부터 1919년 사이에 미국 선교사 갬블(S. D. Gamble)과 옌징(燕京)대학 교수 버제스(I. S. Burgess)의 베이징 사회

＊ 王建民, 『中國民族學史』上卷, 昆明: 雲南教育出版社, 1997, p.73.

상황 조사가 있었고, 상하이 후장(滬江)대학 교수 컬프(D. H. Kulp)는 광둥 차오저우(潮州) 농촌조사를 지도하였다. 1926년 차이위안페이(蔡元培, 1868-1940)는 잡지 『일반一般』에 「민족학을 논함說民族學」을 발표하였으며, 1928년 전후 시기에 중앙연구원 사회과학연구소 민족학조(中央研究院社會科學研究所民族學組)가 수립되었다. 이것은 인류학이 하나의 학과로서 정식으로 탄생했음을 나타내는 상징으로 간주된다.* 20세기 초기 해외학자의 중국에 대한 조사는 중국 인류학 제도 건립에 중대한 영향을 미쳤다. 이 외에도, 도리이 류조(鳥居龍藏, 1870-1953), 시로코고르프(S. M. Shirokogoroff, 1887-1939), 데이비드 크로켓 그레이엄(David Crockett Graham, 1884-1961), 조셉 록(Joseph F. Rock, 1884-1962) 등의 조사 및 성과는 줄곧 그 이후 중국 인류학사에서 흥미진진하게 거론되던 자원이었다.** 조사보고에서 그들이 피조사자에 대해 스케치한 이미지는, 심지어 그 피조사자가 이후 자신의 이미지를 다시 형상화할 때 활용하는 자원이 되기도 했다. 비록 인류학은 점차 독자적인 체계를 갖추었지만, 그들의 담론은 여전히 초기 유신파 혹은 혁명파의 이념에서 벗어나지 못했다. 적어도 종족 담론과 관련해서는 확실히 그러했다. 서구 인류학의 식민주의 관념을 뒤따랐기 때문에, 중국은 하나의 일체화된 타자로서 종족 담론 가운데서 출현하였으며, 외국인의 조사연구 결과도 대부분 시간상의 타자였다.***

  이 무렵, 중국 본토 학술이 겪은 현대적 전환은 거칠게 말해서 그 이전

---

* 위의 책, p.102, p.120.

** 胡鴻保, 張麗梅, 「20世紀早期外國民族學家在華調查對中國民族學建設的影響」, 『西南民族大學學報(人文社科版)』, 2008年第12期.

*** 인류학이 공간상 이질문화의 동시대성을 거부함으로써 자기의 대상을 만들어내는 것에 대한 상세한 논의는 Johannes Fabian, *Time and the Other: How Anthropology Makes Its Object*(New York: Columbia University Press, 2002) 참고.

에 신성한 색채를 지니고 있던 경학의 지위 하락과 주변적 지위에 있던 각종 신학문의 지위 상승으로 요약할 수 있다. 전통 사학 관념은 개조되고 이른바 '시선이 아래로 향하는 혁명'이 발생했을 뿐만 아니라 역사 현장을 중시하는 필드워크 등 방법론상에도 변화가 있었다.* 이러한 패러다임의 전환은 틀림없이 인류학의 유입과 커다란 관련이 있다.** 민족국가의 건립, 새로운 유형의 국민 만들기 시각에서 보면, 혼인과 가정 제도에 관해 오랫동안 지속되어온 인류학의 연구와 그로부터 파생된 우생학과 민족위생 등 명제도 바로 현대국가를 건설하기 위한 실제적인 수요에 부합했다.*** 더 넓게 정치와 사회의 측면에서 보면, 민간(이른바 주류문화의 '소전통' 이외에, 상당 정도 인류학의 관성적인 사유로 인해 '민간'은 '소수민족'과 동일시되었다)의 역량을 진작시켜 이미 부패하고 낙후된 것으로 간주된 전통적인 주류의 엘리트 문화에 대항하였으며, 그에 수반되어 민속학, 민간문학, 구전전통 및 후에 사회사와 문화사라고 불리는 분야도 대두되었다. 더 주류적인 학과와 비교하면, 인류학은 단지 전체 학술 전환의 조류 가운데 하나의 지류에 불과했다.****

---

* 趙世瑜, 『眼光向下的革命: 中國現代民俗學思想史論: 1918-1937』, 北京: 北京師範大學出版社, 1999.

** 桑兵, 「從眼光向下回到歷史現場: 社會學人類學對近代中國史學的影響」, 『中國社會科學』, 2005年第1期.

*** 우생학을 제창하는 사람도 있었는데, 그중 가장 저명한 사람은 물론 판광단(潘光旦)이다. 대표적인 저작으로는 다음을 들 수 있다. 潘光旦, 『優生槪論』(新月書店, 1928, 처음 출판시 제목은 『인문생물학논총人文生物學論叢』이었으며, 1936년 상무출판사에서 『우생개론優生槪論』으로 바꾸어 출판하였다), 潘乃穆, 潘乃和編, 『潘光旦文集』 第一卷, 北京: 北京大學出版社, 1995; 『民族性與民族衛生』(商務印書館, 1937), 潘乃穆, 潘乃和編, 『潘光旦文集』 第三卷, 北京: 北京大學出版社, 1995.

**** 洪長泰(Chang-tai Hung), 董曉萍譯, 『到民間去: 1918-1937年的中國知識分子與民間文學活動』, 上海: 上海文藝出版社, 1993; 陳泳超, 『中國民間文學研究的現代軌轍』, 北京: 北京人學出

민속학과 같은 관련된 학과를 보면, 20세기 20-30년대에 출판된 양청즈(楊成志, 1902-1991)의 『민속학설문지民俗學問題格』(1928), 린후이샹(林惠祥, 1901-1958)의 『민속학』(1932), 팡지성(方紀生, 1908?-?)의 『민속학개론』(1934) 등은 기본적으로 모두 영국의 샬럿 소피아 번(Charlotte Sophia Burne, 1850-1923)의 『민속학 수첩The Handbook of Folklore』(1914)에 대한 소개이거나 편역이었으며, 본토의 자료를 활용하여 그녀가 수립한 이론 틀을 더욱 충실하게 보충하였다. 샬럿 소피아 번의 견해에 따르면, 주요 연구 활동은 "현대 유럽 각국의 하등 문명의 주민들 가운데 존재하고 있는 수많은 기이한 신앙, 습속과 고사를 관찰하고", "현재 몽매하고 야만적인 민족에서 유행하는, 상술한 것과 비슷하거나 심지어 완전히 동일한 신앙, 습속, 고사에 주의해야 하며", "이러한 방식에 의한 지속적인 연구가 인류 지식의 보고를 위해 행한 공헌은 아무리 높게 평가를 하더라도 지나치지 않다. 동시에 또 이러한 연구는 매우 실용적인 결과를 수반할 수도 있다. 즉 지배 민족(governing nations)이 자신이 지배하는 종속적인 종족을 대하는 방법을 개선할 수도 있다."[*]

이러한 문명과 야만의 등급은 처음 출발할 때부터 인류학에 내포되어 있었으며, 스스로 제국의 통치술로 위치를 설정하기도 하였다. 또 인류학은 중국화 과정에서 인종학설, 진화론, 사회단계론을 결합하여 중국에 대해 전반적인 판단을 함으로써 심대한 영향을 미쳤다. '현대의 수요에 부응하여' 1934년 린후이샹은 대학 교재 『문화 인류학』을 편찬하면서 '여러 주장들을 종합하여' 다음과 같이 말하였다. "인류학은 역사적인 시각에서 인

版社, 2005.

[*] 查・索・博爾尼, 『民俗學手冊』, 上海: 上海文藝出版社, 1995, pp.2-3.

류 및 그 문화를 연구하는 과학이다. 즉 인류의 기원, 종족의 구분 및 인류의 물질생활, 사회구조, 심령의 반응 등 원시상황을 포함한 연구이다. 다시 말해 인류학은 바로 '인류의 자연사'이며, 선사시대와 역사시대 그리고 야만민족과 문명민족을 포괄하는 연구이다. 그러나 그 연구의 중점은 선사시대와 야만민족에 있다."* 황원산(黃文山, 1901-1988), 링춘성(凌純聲, 1902-1981), 린후이샹 역시 이와 관련하여 언급한 바 있다.** '선사시대'와 '야만민족'이라는, 본래 시공이 서로 다른 두 분류는 오히려 진화론적인 등급논리 속에서 하나로 통일되었다. 서구의 초기 인류학, 민족학은 현존하는 '미개화된', '원시적인' '자연민족' 및 그 문화를 주요 연구대상으로 삼았다. 이와 같이 농후한 식민지 배경을 지닌 담론은 중국 민족학자들에 의해 무비판적으로 수용되었으며, 실천 과정에서 비자각적으로 중국 내의 유사한 주변, 변방, 변경의 족군을 연구대상으로 삼았다.

이러한 인류학 담론은 일련의 상호연계된 개념의 감옥을 형성하여, 중국학자가 그것을 본토화하는 과정에서 그 패러다임을 벗어나기란 매우 어려웠다. 예를 들어 문화인류학(즉 일반적으로 '민족학')의 사유방식은 자기도 모르는 사이에 체질인류학의 유산으로부터 영향을 받았다. 20세기 30-40년대에 인류학 교육을 받은 인류학자는 '문화대혁명'을 거쳐 신분을 회복한 이후, 초기에 받았던 훈련의 흔적을 은연중에 나타내기도 한다. 종족학설을 예로 들면, 인종과 등급구분은 일종의 무의식적인 사유가 되었으며, 1990년대 중국 신문의 학술소개에서는 여전히 1950년대 소련식의, 심지어는 1775년 독일 인류학자 요한 프리드리히 블루멘바흐(Johann Fried-

---

* 林惠祥, 『文化人類學』 第2版, 北京: 商務印書館, 1991, p.6.

** 黃淑娉, 龔佩華, 『文化人類學理論方法硏究』, 廣州, 廣東高等敎育出版社, 1996, p.414.

rich Blumenbach, 1752-1840)의 인종분류법을 과학적 기준으로 받들기도 하였다. 룽관슝(容觀敻)은 일찍이 수정된 방식으로 인종과 종족을 구분하고, 인종은 인류형태 혹은 체질특징으로 감별하는 데 비해 종족은 역사문화 요소와 모종의 체질적인 특징을 가진 지역적인 인간집단이라고 보았다.*
그는 인종과 종족을 구분하였지만, 사실은 결코 어떤 문제도 해결하지는 못했다. 왜냐하면 그들은 항상 밀접하게 연관되어 있어서, "단순히 외적인 형태상의 특징에 의거해서" 인류를 분류하는 방법은 항상 이데올로기와 정치적인 색채를 띠었고, 또한 어휘 의미상에서의 변별과 분석만으로는 결코 그것이 기반한 담론에 영향을 미칠 수 없었기 때문이다. 역사학자 뤄신(羅新)이 최근 한 문장에서 지적한 바와 같이, 인종분류는 가짜 과학이고 인류의 체질적인 특징의 차이는 사실 수만 년 동안 인류가 지구의 서로 다른 환경에서 생존하며 적응하는 과정에서 출현한 변화의 결과이다. 서구 학술저작과 공공매체에서는 이미 '몽고인종', '황인종'과 같은 동아시아에 대한 꼬리표를 찾아보기 힘들다. 불행히도 이러한 꼬리표 및 그것이 대표하는 종족사유는, 중국과 같이 200여 년 동안 종족사유의 피해를 받은 지역에서 지나가버린 과거사가 아니라 지금도 계속해서 영향을 발휘하고 있다. 중국에서 최근에 나온 고고학계 보고 가운데서도 우리는 골격분석에 관한 전문적 설명을 쉽게 읽을 수 있으며, 그 가운데는 항상 인종과 관련된 데이터와 추측이 포함되어 있다. 특히 변경의 고대 인골에 대한 종족분석에서는 얼마나 유럽인종에 속하고, 얼마나 몽고인종에 속하는지와 같은 서술들을 흔히 볼 수 있다. 문제가 더 심각한 경우에는, 고대 족군의 골격

---

* 容觀敻, 「人種, 種族及人類的分類」, 中山大學人類學系編, 『梁釗韜與人類學』, 廣州: 中山大學出版社, 1991, pp.258-263.

에 대해 세밀한 분류를 진행하면서, 고대 족군의 근본적인 속성이 실은 혈연집합이 아니라 정치적 단위였음을 완전히 무시하기도 한다. 상식 교육에 있어서 종족사유에 대한 성찰과 비판이 여전히 공백 상태에 있음이 명확해 보인다.

2. 본토 타자의 탄생: 억압에서부터 부상되기까지

1937년 역사학자 치쓰허(齊思和, 1907-1980)는 청말부터 민국 시기까지 '종족주의'담론으로부터 '민족주의'담론으로 나아가는 역사적 과정을 다음과 같이 회고하였다. "청말 조정이 날로 문란해지고 외국의 침입이 날로 위급해지는 상황에서 혁명지사들이 종족사상을 불러일으켰다. 민국 성립 이후에는 제국주의가 계속해서 압박하고 국가의 위기상황도 날로 심각해져 전체 민족의 단결과 분투를 제창하였다. 20년 사이에 협애한 종족주의로부터 민족주의로 나아갔다."* 즉 청말 망국과 멸종의 위기에 직면하여, 본토 지식인은 인류학적인 관념으로 타자를 만들고, 만주족 귀족을 식민자에 비유하면서 혁명을 추구하였다. 이것은 실제로는 계급투쟁이었지만 담론에서는 단지 종족투쟁의 명의를 빌려 사용하였을 뿐이었다. 민국 이후, 특히 1930년대 이후 제국주의 열강의 침략이 이미 노골화되고, 게다가 국민당 민족주의 정책의 전통이 국족을 통일하여 외부의 침략에 저항하는 것이었기 때문에, 그 시기 가장 선명한 인류학의 중국화 특징은 바로 근대적 계몽과 구성적인 의미를 지닌 응용 연구였다. 인류학사 연구자의

＊ 齊思和, 「民族與種族」, 『禹貢半月刊』, 1937年第7卷第1, 2, 3期合刊, pp.25-34.

주장에 따르면, 20세기 30-40년대 고전적 진화론, 유럽대륙의 전파주의 (diffusionism), 영국 기능주의, 프랑스 연감학파와 미국의 역사학파를 거친 중국의 인류학은 화둥(華東), 화난(華南), 화베이(華北)가 삼분하는 지역적 특징을 나타냈으며, 나아가 공리학파, 문화학파, 역사학파 등의 이론적 분화가 이루어졌다.* 그러나 이러한 학과 내부의 세분화에도 불구하고 그들 간에는 공통적인 사상자원과 실천적 특징이 있었다.

1930년 난징(南京) 중앙연구원 민족학조(民族學組)와 남방 일부 대학의 인류학자들은 초기 진화론파와 미국 역사학파의 영향을 받아들여, 이를 중국의 전통적인 역사고증학과 결합시키고, 인류학은 중화민족 문화사를 재구성하는 데 있어 보완적인 역할을 한다는 이념을 발전시켰다. 그들의 연구에는 변방 부락, 소수 족군이 인류 사회역사의 연쇄적인 진화고리 중 가장 초기부분이며 그들의 현재 실재상황은 고대사의 기술을 증명해준다는 논리가 잠재되어 있었다. 일례로 차이위안페이는 "중국의 역사상 단편적인 사실은 우리나라의 선사학先史學이 아직 발전하지 않아 현재 상황에서는 그것을 증명하기가 쉽지 않다. 그러나 민족학으로부터 몇 가지 방증을 얻게 되면 적지 않은 부분들이 좀더 명확해질 수 있다"**고 하였다. 이것은 바로 시간상의 타자화를 통해 후진적인 민족을 폄하하고, 그들을 객체화된 대상이자 연구주체에 의해 활용되고 발육될 수 있는 재료로 삼는 것에 다름 아니다.

그러나 그후 중국의 인류학에 더 큰 영향을 미친 것은 당연히 이른바 화베이학파였다. 화베이학파의 대표적인 인물은 우원짜오(吳文藻, 1901-

---

* 胡鴻保主編, 『中國人類學史』, 北京: 中國人民大學出版社, 2006, pp.68-76.
** 蔡元培, 「說民族學」(1926年12月), 高平叔編, 『蔡元培全集』 第五卷, 北京: 中華書局, 1988, pp.110-111.

1985)이며, 그들은 주로 기능주의 인류학자인 브로니슬라브 말리노프스키(Bronislaw K. Malinowski, 1884-1942)와 앨프리드 래드클리프브라운(Alfred R. Radcliffe-Brown, 1881-1955) 등의 영향을 받았다. 우원짜오는 일찍이 미국 다트머스대학(Dartmouth College)과 콜롬비아대학에서 사회학 교육을 받았으며, 1929년 귀국하여 옌징대학에서 교편을 잡고 동시에 칭화대학에서 강의를 맡는 등, 인류학의 '중국화' 창도자였다. '중국화'는 분명히 서구 학술전통에 대항하는 문화적인 반식민지의 의미를 지닌다. 이를 위해 우원짜오는 우선 효과적인 이론구조를 찾아야 하고, 둘째 이러한 이론으로 중국의 국가상황에 대한 연구를 지도해야 하며, 셋째, 이러한 이론으로 중국의 국가상황을 연구하는 독립적인 과학인재를 양성해야 한다고 주장하였다. 그가 인류학의 중국화를 위해 최종적으로 선택한 것은 미국 시카고학파의 인문 입지이론(立地理論, location theory)과 영국 공리학파의 이론이었으며, 아울러 리안자이(李安宅)를 캘리포니아 버클리 분교에 파견하여 프랜츠 보애스(Franz Boas, 1858-1942)의 후계자 앨프리드 크로버(Alfred L. Kroeber, 1876-1960)와 로베르트 로위(Robert H. Lowie, 1883-1957), 그리고 예일대학의 에드워드 사피어(Edward Sapir, 1884-1939)에게서 배우도록 했다. 또 린야오화(林耀華, 1910-2000)를 하버드대학에 파견하여 학습도록 하고, 페이샤오퉁(費孝通, 1910-2005)을 런던 정치경제대학(London School of Economics)에 추천하여 말리노프스키로부터 배우도록 하였다. 그리고 황디(黃迪)를 시카고대학에 보내고, 취퉁쭈(瞿同祖)와 펑자이(馮家異)를 카를 아우구스트 비트포겔(Karl August Wittfogel, 1896-1988)에게 추천하였다.* 이와

＊ 韓明謨, 「中國社會學調査研究方法和方法論發展的三個裏程碑」, 謝立中主編, 『從馬林諾夫斯基到費孝通: 另類的功能主義』, 北京: 社會科學文獻出版社, 2010, pp.228-230.

같이 저명한 이름들 사이의 학술 전승은 중국 인류학 본체론과 방법론에 대해 전면적이고 심원하게 영향을 미쳤으며, 이를 통해 인류학 학과와 국가 건설 사이의 관계도 더욱더 긴밀해졌다.[*]

말리노프스키, 래드클리프브라운, 에드워드 에번스프리처드(Edward Evan Evans-Pritchard, 1902-1973) 등, 이러한 기능주의의 대표적인 인물들이 연구 활동에 종사한 지역과 경비 출처, 조사 활동 장소가 제국의 식민지 관할과 연관되어 있다는 점은 식민제국에서 그들 연구의 실제적인 역할이 무엇이었는지를 잘 말해준다. 래드클리프브라운은 일찍이 다음과 같이 말한 적이 있다. "오랫동안, 인류학자는 이러한 과학을 실제 식민지 통치에 응용할 필요성이 있음을 호소해왔다. 영국에서 인류학의 실제적인 응용은 이미 상당히 진척되고 있으며, 정부는 각 식민지로 인류학 전문가를 파견하여 식민지 행정을 보조하도록 하는 한편 식민지에서 복무하는 사람들을 훈련시켜오고 있다. ……10년 동안, 나는 일찍이 한 교과과정을 실험한 적이 있는데, 그 실험은 일반 비교사회학 전체를 포괄하고 있었다. 그것에 이어 실제로 문화의 기능을 연구하였고, 또 식민지 행정정책 및 방법에 대한 비교 연구로 보충하였다. 채 1년도 지나지 않아 그것이 학생들의 수요에 충분히 적합할 수 있다는 것을 발견하였다. 즉 학생들에게 토착 지역을 통제하고 교육할 과학적 기초를 제공할 수 있었다. 우리 대영제국은 아프리카, 아시아, 오스트레일리아, 아메리카 각 대륙에 식민지 토착 지역을 가지고 있다. 만약 우리가 그들에 대해 책임을 다하려면 시급히 해결해야 할 두 가지 사항이 있다. 첫째는 각 토착 지역에 대한 체계적인 연구이다. 식민지 행정을 건전하게 하려면 반드시 토착문화에 대해 체계적인 인식이 필요

---

[*] 王銘銘, 『西學"中國化"的歷史困境』, 桂林: 廣西師範大學出版社, 2005, pp.32-71.

하다. 둘째는 인류학 지식을 통치와 교육에 응용하는 것이다."* 식민지에 대한 연구와 통치이념이 중국에 전파되고 난 이후, 그것은 중국에서 한족의 특정 지역사회, 외곽 지역, 주변 족군에 대한 연구와 관리로 구체화되었다. 우원짜오는 1935년 래드클리프브라운에게 중국 강연을 청하고, 아울러 일련의 문장을 발표하여 기능학파의 이론과 방법을 널리 알리고 지역사회 연구를 이끌었는데, 페이샤오퉁, 린야오화는 바로 그 방면에서 구체적인 실천자였다. 그러나 비록 기능주의의 제국적 기술 배경을 굳이 고려하지 않더라도, 학리의 측면에서 볼 때 그것의 가장 큰 문제점은 역사 관념의 결핍이다. 진화론이 통시적 차원에서 각기 다른 지역을 이해한 것과는 달리, 기능주의는 반(反)역사적으로 공시적 차원을 지향하였으며, 그 결과 연구대상은 자연히 '정지靜止된 듯한 인상을 갖게 되었다. 다른 한편, 그것은 매우 용이하게 모종의 (왕후이의 말을 빌리자면) '과체계사회(跨體系社會, trans-systemic society)'를 단순한 특징으로 환원하여,** 그 내재적인 복잡한 관계와 각 등급 간 상호유동의 가능성을 간과하였다. 중국 초기에 기능주의 시각에서 인류학에 입문한 학자들은 서구 학술규범과 문제의식에 대해 종종 맹목적이고 비자각적으로 추종하는 경향이 있었다. 어떤 논자가 지적한 바와 같이, 우원짜오의 박사논문인 『영국 여론과 행동에 나타난 중국 아편문제』, 페이샤오퉁의 박사논문 『강촌경제江村經濟』, 린야오화의 『황금날개金翼』(그가 중국에 더 중점을 두고 연구한 박사논문인 『구이저우의 먀오족貴州的苗蠻』은 오히려 『황금날개』보다 영향이 크지 않았다)*** 등 인류학의 '중

---

* 拉德克利夫-布朗著, 李有義節譯, 「人類學硏究之現狀」, 『社會學界』 第9卷, 1936, pp.75-77. 또는 拉德克利夫-布朗著, 夏建中譯, 『社會人類學方法』, 濟南: 山東人民出版社, 1988, pp.75-80.
** 汪暉, 「中國: 跨體系的社會」, 『中華讀書報』, 2010年4月14日.
*** 이상 논문과 저서의 영문 원제목은 다음과 같다(영문 출판물 기준). Won-Tsao Wu,

국화'를 대표하는 저작들은 중국에 주목했다기보다는 오히려 서구의 시선으로 중국을 관찰하고, 서구의 문제에 더 주목했다고 할 수 있다.* 마르크스주의 비평가의 시각에서 보면, 당시 사회상황에 대한 계급분석이 부족했기 때문에, 『강촌경제』, 『황금날개』 등 저작은 아직 명확하게 중국 토지 문제의 본질을 설명할 수 없었으며, 대인관계의 균형이론을 중국 가족제도를 연구하는 지도원칙으로 삼았다고 할 수 있다. "단지 기능과 균형만을 중시하고 모순과 충돌은 논하지 않았으며 사회의 균형과 조화를 강조하고 사회의 혁명은 중시하지 않은 것은, 바로 기능이론과 기타 부르주아지 인류학 및 사회학 이론이 자본주의 제도를 옹호하는 본질의 특징이다."**

마르크스주의 관념에 기반하여 진행한 사회조사, 예를 들어 마오쩌둥이 1926년 말에 진행한 「후난 농민운동 고찰보고」, 1929-1930년에 천한성(陳翰笙), 왕인성(王寅生)이 주도한 장쑤(江蘇) 우시(無錫), 허베(河北) 바오딩(保定)의 농촌조사, 쉐무차오(薛暮橋) 등이 진행한 광시(廣西) 농촌과 상하이 바오산(寶山), 허난(河南), 산시(陝西) 조사 등은 경제기초와 생산관계를 밝히고, 계급모순 및 투쟁상황을 분석하였다. 그러나 이러한 활동은 일반적으로 정치사 혹은 경제사 내용으로 간주되어 인류학사에서 주목받지 못했다. 즉 인류학은 '문화'에 더욱 부합하는 어떤 요소를 강조하고 있는

The Chinese Opium Question in British Opinion and Action, Academy Press, 1928; Fei Xiaotong, *Peasant life in China-A field study of country life in the Yangtze valley*, London: Routlege, 1939; Lin Yueh-hwa, *The Golden Wing, a Sociological Study of Chinese Familism. Issued Under the Auspices of the International Secretariat, Institute of Pacific Relations*, K. Paul, Trench, Trubner, 1947; Lin Yueh-hwa, "The Miao-man Peoples of Kweichow", *Harvard Journal of Asiatic Studies* 5(1940): pp.275-345. —역자 수

* 孟航, 『中國民族學人類學社會學史(1900-1949)』, 北京: 人民出版社, 2011, p.363.

** 黃淑娉, 龔佩華, 『文化人類學方法研究』, 廣州: 廣東高等教育出版社, 1996, pp.423-424.

것 같다. 또다른 측면에서, '사회'도 상당 정도 무의식적으로 '문화'와 동일시되고 있으며, 이와 같이 '문화'를 강조하면서 정치와 경제를 멀리하는 관념도 바로 정치의 또다른 일종이다.

만약 당시 더 광대한 정치사회의 측면에서 보면, 국민당 난징정부는 반대파와 야당을 억압하고 자신의 통치를 보호하며 국족을 하나로 응집하여 일본 제국주의 침략에 대항하려는 등의 목적에서 출발하여, '신생활운동'을 제창하고 사회 각 계층 생활의 군사화(조직과 규율을 갖추는 것), 생활의 생산화(소비감소), 생산의 예술화(노동 복무의 정신을 갖추는 것)를 요구하였다. 그리고 "이른바 군사화란, 단지 국민들이 조직을 중시하고, 단결을 숭상하며, 기율을 엄수하고, 발분할 줄 알며, 질서와 근엄을 유지하고, 이전의 산만하고 낭만적이며, 남에게 전가하고 인습을 따르고 안일을 추구하던 습성을 완전히 제거하길 희망한다. 한편 생산화란 우리 동포 한 사람 한 사람이 절약하고 각고의 노력을 하며, 물자의 부족함을 항상 염두에 두고 자기의 힘으로 생활하며 노동생산 활동에 종사하는 동시에, 이전의 호화롭고 사치스러우며 게으르고 방탕하고 욕심부리며 경솔하던 습성을 일소하는 것이다. 그리고 예술화란 국민들이 몸소 예의를 지키고 남을 용서하고, 타인의 행위를 포용하며, 의례儀禮를 엄숙히 지키고, 정돈과 청결을 유지하고, 활발하고 청렴 온화하며, 신속하고 확실함과 동시에 이전의 거칠고 비속하고 협애하고 우둔하며 허위에 사로잡힌 습성을 없애는 것이었다."* 이렇게 중국의 예교 전통과 국족 이익 중시, 일본 전통의 무사도 정신과 기독교 가치관의 다원적 요소를 하나로 혼합하여 현대 민족국가의 사회, 문화, 시민을 형성하려는 시도는 자기도 모르는 사이에 타자를 계몽시

＊ 蔣介石,「新生活運動一周年」,『武漢日報』, 1935年2月19日.

키는 시선으로 자민족 민중과 그 문화를 평가하려는 것에 다름 아니다. 특히 '민족성'과 관련될 때는 더욱더 그러하다. 이는 청말 이래 선교사가 중국에서 설파한 국민성비판 담론과 민국 초기 인류학의 우생학 및 위생학 관련 주장의 연장으로서,* 일종의 계몽적인 현대성 계획이라는 강력한 담론을 형성하였다. 이러한 담론 가운데서, 중국 각 민족은 국민 전체의 타자의 형상으로 출현하였으며, 소수민족은 '국족'이나 "중화민족은 하나다"(구제강顧頡剛의 표현)라는 주장 속에 은폐되어 보이지 않게 되었다. 당시 페이샤오통, 젠보짠(翦伯贊) 등 일부 학자들은 집체의 다양성이 다민족 국가에서 지니는 중요성을 주목하기도 했지만, 시국이 암담하고 어수선하던 당시의 조건에서는 전혀 부각되지 않았다.**

중국화한 인류학의 지역사회 연구와 신생활운동의 총체적인 요구에 수반하여, 응용인류학에서 가장 두드러진 것은 우원짜오, 마창서우(馬長壽) 등 인류학자가 모두 참여했던 변경정치학[邊政學]이었다.*** 마창서우는 인류학 초기 미개인학(Barbarology)의 식민지 성격에 대해 명확히 인식을 하

<hr />

* '국민성國民性'에 관한 토론은 량치차오, 구훙밍, 루쉰, 린위탕 등에 의해 계속해서 이루어졌다. 국민성담론에 관한 분석과 비판은 劉禾, 『跨語際實踐－文學, 民族文化與被譯介的現代性(中國, 1900-1937)』, 北京: 三聯書店, 2002, pp.75-108; 楊聯芬, 『晚淸至五四: 中國文學現代性的發生』 第五章, 北京: 北京大學出版社, 2003 참고.

** 1939년 "중화민족은 하나다中華民族是一個"라는 문제에 관한 토론에 구제강, 장웨이화(張維華), 바이셔우이(白壽彝, 후이족回族), 마이(馬毅), 루거푸얼(魯格夫爾, 먀오족苗族), 페이샤오통, 젠보짠(위구르족) 등이 참여하였다. 이중 페이샤오통과 젠보짠 두 사람은 구제강의 관점에 대해 보류의 입장을 나타냈다. 그러나 이 문제가 정치와 결부되면서 다년간 진행된 논쟁이 현실적인 형세에 불리해지자 흐지부지 끝나고 말았다. 이에 대한 상세한 서술은 다음 참조. 周文玖, 張錦鵬, 「關於"中華民族是一個" 學術論辯的考察」, 『民族研究』, 2007年第3期.

*** 민국 시기 변경정치학의 대두에 대해서는 汪洪亮, 『民國時期的邊政與邊政學(1931-1948)』, 人民出版社, 2014 참고. ―역자 주

고 있었다. "사람들은 19세기를 정치상 민족주의 세기이자 학술상 과학흥기 세기라고 부른다. 구미인들의 민족의식에 대한 각성과 단결 및 자유에 대한 갈구, 그리고 제국주의의 식민지 쟁탈로 말미암아 제1차세계대전이 발발하였다. 베르사유회의는 민족자결 원칙, 즉 각 민족이 하나의 독립된 국가를 수립할 권리를 승인하였다. 그러나 베르사유조약 규정은 국외의 약소민족과 국내의 소수민족이 여전히 하나의 민족단위인가에 대해 매우 모호했을 뿐만 아니라 명문화된 규정도 없었다. 따라서 이 단계에서 인문과학은 정치학과 사회학으로 나뉘어 독립된 민족 혹은 열강국가의 조직을 연구하는 학문이 되었고, 인류학 연구의 주요 대상은 선사시대 선사인과 현재의 약소민족 및 소수민족이 되었다. 이러한 학술상의 분화는 비록 연구의 편의를 위한 것이지만, 무의식중에 인류를 두 종류로 나누었다. 하나는 초창기 민족 혹은 원시민족(Primitive People)이고, 다른 하나는 문명인혹은 문명민족(Civilized Man or People)이다. 그뿐만 아니라 심지어는 문화도 두 종류로 구분하였는데, 즉 원시민족은 단지 문화(Culture)만을 지녔고, 문명인만이 비로소 문명(Civilization)을 갖추었다고 보았다. 그렇다면 무슨 기준으로 인류의 종류와 문화의 양식을 구별할까? 다름 아닌 백인종의 기술문명이다. 백인종은 증기력, 전기, 내연장치의 발명자이며, 이로 인해 열강으로 발전하여 제국이 되고 자본주의가 되었다. 다시 말해서, 무릇 열강제국으로서 자본주의 조건을 갖춘 모든 민족은 문명민족이다. 반대로, 세계의 약소민족과 소수민족은 곧 원시민족이다. 따라서 인류학은 약소민족과 소수민족을 연구하는 과학이 되었다."* 비록 제2차세계대전 이후 인권규약이 민족주의를 수정함으로써, 사회학자와 인류학자는 점차 Primitive Society(원시사회)라는 개념을 포기하고 대신 Folk Society(민속사회)라는 개념을 시험적으로 사용하고 있으며, 인류학은 마땅히 인민 및 그 문화를 연구하는 과학이어야 하고, 미개인학 혹은 약소민족학 및 소수민족학 영역으로 침윤해서는 안 된다고 보고 있다. 그러나 자본제국주의 정치에서는 국내정치는 민주와 자유, 평등의 원칙에 따르면서도 타국 민족 및 본국 식민지 내의 소수민족에 대해서는 오히려 다른 기준을 적용하고 있다. 정치제도의 모순에 식민지 인민의 민족해방과 독립운동의 충격이 더해짐으로써, 경제적인 식민과 정치적 조치 사이에 모순이 발생하고 그에 따라 응용인류학이 출현하였다. 응용인류학은 일종의 기술과학으로, 그 원칙, 관점, 방법, 지식을 이용하여 제국의 식민행정에 협력하였다. 마창서우는 영국과 미국, 네덜란드, 오스트리아 등 열강의 응용인류학 현황을 고찰하고 나서, 중국 변경은 열강의 식민지와 다르다고 강조하였다. 그러나 통찰력이 풍부한 그의 수많은 의견들은 결코 실제적으로 시행될 수 없었다.

이 단계에서는 '자아를 서구의 타자로 삼는' 모델과 '자아로부터 타자를 분리하려는' 모델이 병존했으며, 한족 지역사회 연구, 서부 소수민족 조사, 과학적 데이터수집 방법과 통계분석 수단 채택, 각기 다른 족군 집단의 체질 측정방식에 대한 의존 등은 모두 비교적 두드러진 성과를 거두었다. 이러한 체질인류학 연구가 "민족분류, 민족기원 내지 문화와 체질의 관계에 대한 설명과 해석을 통해 우선적으로 추구한 목표는 국민의 체질을 개량하는 데 있었지만, 더 심층적인 목표는 중국 국경 내의 다원적인 족군 문화를 하나의 통일적인 중화문명 체계 속으로 통합시키고 인심을 응집시켜 함께 국난을 극복하는 데 있었다."** 그렇지만 그 담론의 모델을 보면, 이 두 종류는 모두 자아반성적인 의의를 결여하고 있었다. 그리하여 트랜스

＊ 馬長壽,「人類學在我國邊政上的應用」(『邊政公論』第6卷第3期, 1947年9月), 周偉洲編, 『馬長壽民族學論集』, 北京: 人民出版社, 2003, p.2.

＊＊ 胡鴻保主編, 『中國人類學史』, 北京: 中國人民大學出版社, 2006, p.89.

문화 이해를 추구하는 과정에서 의식적 혹은 무의식적으로 다른 문화를 동화시켰으며, 피연구자의 이익, 감정, 주체적인 요구를 홀시하였다. 1946년 판광단(潘光旦)은 페이샤오퉁의『생육제도生育制度』를 위해 쓴 서문에서 사회사상의 각 유파를 분석하고, 페이샤오퉁의 저작은 기능주의 방법에 있어서 독창적인 면이 없지 않지만, 사회문화에 대한 생물개체의 작용을 간과했다고 지적하였다. 또한 신인문사상을 제기하여 생물적 인간과 사회적 인간을 결합시키고, 인간을 본위로 하고 문화를 수단으로 하는 관점을 회복시켰다.[*] 다만 당시의 시대적 상황에서 페이샤오퉁은 결코 이러한 문제에 대해 판광단과 심도 있는 토론을 전개하지 못했으며, 수년 이후에야 비로소 자신의 학술적 방향을 반성하면서 그의 초기 저작 중 "사회만을 보고 인간을 보지 못한" 결함을 인식하였다. "나는 확실히 초생물적인 사회실체의 거대한 역량을 절감했으며, 동시에 개인 생물체 본성의 완강한 표현을 적나라하게 보았다."[**] "내가 많은 글을 통해 사회구조를 묘사한 것은 바로 인간이 준수해야 할 사회적 약속인 규범, 즉 '군주는 군주답고, 신하는 신하다우며, 아버지는 아버지답고, 자식은 자식다운 것'과 같은 유의 규범이었지, 개개인이 어떻게 이러한 규범 속에서 생활하는지를 논하지는 못했다. 인간의 생활은 슬픔과 기쁨이 있고, 희락과 원망이 있으며 희망과 번뇌 등 매우 풍부한 내용을 가지고 있는데, 이 방면의 생활내용은 사람들마다 제각각 다르다. 나의 결함은 바로 사회생활의 공통된 모습만을 논했을 뿐, 사회 속에서 생활하는 사람들의 본성에 대해서는 논하지 않았다는 점

---

[*] 潘光旦, 「派與彙-作爲費孝通〈生育制度〉一書的序」, 『潘光旦文集』第6卷, 北京: 北京大學出版社, 2000, pp.73-111.

[**] 費孝通, 「個人·群體·社會」, 『學術自述與反思』, 北京: 生活·讀書·新知三聯書店, 1996, p.220.

이다. 즉 단지 악보만 그렸지 거문고 소리는 듣지 못했고, 단지 극본만을 보았을 뿐 무대 위 연기자의 훌륭한 공연은 보지 못했다. 이러한 나의 자아비판은 또 과거 10년 동안 진행해온 나의 소도시 연구에도 해당된다."* 하지만 이것은 이미 반세기 동안 일련의 혁명운동과 사회변천을 겪고 난 이후의 일이었으며, 또 그가 언급한 결함은 다음 절에서 내가 논하는 바와 같이, 21세기 초 인류학의 저작에서도 여전히 보편적으로 보이고 있다.

신중국의 사회주의 민족학은 인류학에 다시 한차례 변화를 이끌었다. 공산당은 옌안(延安) 시기에 바로 민족과 민간의 문화자료를 발굴하고, '민족형식'의 탐색을 통해 신문화의 담지체를 구성하려고 온갖 노력을 다하였다. 이러한 실천은 당연히 5·4시기 "민간 속으로"라는 운동의 유산을 이어받은 것이었으며, 그 사상은 마오쩌둥의 「옌안 문예좌담회 강연在延安文藝座談會上的講話」에서 보다 체계화되었다. 사실 이 시기에는 이미 중국 공산당의 마르크스주의 지식에 대한 구체적인 활용이 드러나기 시작한 때였다. 마르크스주의 인류학은 인류학 중 고전 진화론학파로부터 기원하며, 그 학파의 대표적인 인물은 허버트 스펜서, 에드워드 버넷 타일러, 루이스 헨리 모건 등이었다. 특히 모건의 『고대사회Ancient Society』(1877)는 마르크스와 엥겔스의 주목을 받았다. 마르크스는 만년에 고대사회 특히 '원시사회'에 대한 심층적인 연구를 통해 '마르크스 만년의 인류학 필기' 혹은 '민족학 필기'라고 불리는 독서필기들을 남겼다. 엥겔스는 그후, 원시사회사와 인류학 방면의 명저인 『가족, 사유제와 국가의 기원』을 저술하여, '씨족-포족(胞族, phratry)-부족-부락연맹-민족과 국가'라는 변화 및 발전의 순서를 제시하

∗ 費孝通, 「小城鎭硏究10年反思」, 『學術自述與反思』, 北京: 生活·讀書·新知三聯書店, 1996, p.287. 張冠生, 『鄕土先知』, 北京: 北京大學出版社, 2006, pp.332-334 참고.

고, '민족'의 형성을 계급, 국가의 출현과 함께 연계시켰다. 또 물질자료 생산이라는 시각으로부터 원시사회 중 두 시기를 구분하고 특징을 분석하였는데, 그는 모건의 관련 설명을 기초로 하여 혈연가정, 푸날루아가족(punalua, 집단 결혼이 허용된 가족형태. 원래 남편이나 아내를 공유한 배우자들을 이르는 하와이 말로서 모건이 집단결혼이 허용되는 원시사회의 가족형태를 가리키는 말로 사용함—역자), 짝짓기 가족(the pairing family, 서로 다른 씨족의 성인 남녀 두 사람이 장기 혹은 단기간 서로 배우자가 되는 혼인형식—역자), 일부일처제 가정 등 혼인가정의 유형을 서술하였다. 가정과 혼인제도에 대한 연구는 우수한 국민을 양성하고 국가와 민족이 필요로 하는 공민을 형성하기 위한 것으로, 이는 단지 민국 시기 민족주의자만의 추구가 아니라 사회주의 신중국을 건설하는 '새로운 인간'이라는 주제에서도 피할 수 없는 목표로서, 바로 '현대성 기획'의 한 구성부분이었다. 또 사회진화와 민족역사의 변화와 발전도 사회주의 민족학 이론의 틀 속으로 흡수되었으며, 그 결과 '인류학'은 '민족학'으로 명칭이 바뀐 뒤에도 그 실질적인 내용은 여전히 존속되었다. 이러한 의미에서, 토머스 멀러니(Thomas S. Mullaney)가 중화인민공화국의 민족판별과 분류학이론이 "실은 민국 시기 민족학 사상의 유산(이러한 사상의 발전과 민국 시기의 민족 관련 국가담론체계의 상관관계는 완전히 동일한 것이다)이다"*라고 한 것은 매우 정확한 지적이었다. 하지만 차이점도 존재하는데, 그것은 바로 중국이 역사적으로나 현실적으로 모두 서구 특히 유럽적인 의의에 있어서의 '민족국가'가 될 수 없을 뿐만 아니라, 사회주의 실천은 민족주의와 쉽게 벗어날 수 없는 담론상의 연계가 존재하지만 후자에 의해 완전히 포괄되지는 않는다는 점이다.

＊ 墨磊寧,「放人民族另類: 1954年雲南民族識別及其民國時期分類學思想根基」, 董玥土編,『走出區

사회주의 초기 인류학의 전환은 두 단계로 구분할 수 있다. 하나는 옌안 시기부터 1956년까지이고, 두번째 시기는 1957년부터 1978년까지이다. 첫번째 시기는 공산주의의 국제적인 신조를 수용하고 소련을 모방하는 단계이고, 두번째 시기는 그레고리 엘리위 굴딘(Gregory Eliyu Guldin)이 '마오 쩌둥화'한 인류학 학과체계라고 불렀던 단계이다.* 20세기 50년대 소련은 사회주의국가의 모범으로서 신생 사회주의국가들의 모방의 대상이었다. 1952년 소련 전문가의 지도하에 그리고 소련의 학술전통을 참조하여 신중국은 대학교의 단과대학과 학과체계를 개편하기 시작했다. 단과대학과 학과의 체계조정은 민족 연구 학과에 두 가지 측면에서 중대한 영향을 미쳤다. 하나는 체계조정 과정에서 인류학, 사회학, 민족학 등 학과는 커다란 충격을 받았다. 1952년 이후 대륙 각 대학교의 모든 인류학과, 사회학과는 자본주의 학과로 간주되어 폐지되고, 체질인류학만이 생물학의 일부분으로서 잔존할 수 있었다. 또 '민족학'이라는 명칭은 소련의 전통과 우연히 일치된 관계로 역시 유지될 수 있었지만 크게 축소되었다. 물론 "당시 인류학의 폐지는 결코 자본주의 학술체계에 대한 비판 외에 당시 불가피했던 자원의 배분이라는 요인도 중요한 영향을 미쳤다."** 이러한 현실적인 실용가치, 그리고 인력분배상의 제약과 같은 인류학 폐지 원인은 사회학이 폐지된 원인과는 일정한 차이가 있다. 결국 인류학 교육은 처음부터 국가와 정치가 이끌었으며, 시장수요 부족으로 야기된 학과의 위축은 국가 주도의 인상을 더욱 심화시켰을 뿐이다. 둘째, 중국 대학교 학과배치의 급격한 변화는

城研究: 西方中國近代史論集粹』, 北京: 社會科學文獻出版社, 2013, p.333.

* 53) 顧定國, 『中國人類學逸史: 從馬林諾斯基到莫斯科到毛澤東』, 北京: 社會科學文獻出版社, 2000, pp.195-231.

** 胡鴻保主編, 『中國人類學史』, 北京: 中國人民大學出版社, 2006, p.118.

전체 민족 연구자들을 새롭게 통합시켰다. 단과대학과 학과체계 조정 이후, 중앙민족학원을 선두로 각 민족학원은 민족 연구 인력이 가장 집중되는 곳이 되었으며, 연구내용도 주로 국내 소수민족에 대한 연구로 전환되었다. 이와 같이 민족학과 인류학이 분리되자, 곧 학술이념과 방법에서도 변화가 발생하였다.* 1) 지도사상과 이론관점에 근본적인 변화가 발생하였다. 마르크스레닌주의 원칙이 수용되고, 이전의 각종 학파 추종자들은 모두 마르크스레닌주의학파로 융합되어갔다. 2) 연구목적 또한 순수학술을 위주로 하던 것에서 민족문제를 해결하기 위한 연구와 민족 업무에 종사하기 위한 연구로 전환되었다(비록 식자들 가운데는 1949년 전에 응용 연구가 있었다는 것을 인정하면서도, 그것은 기본적으로 학자들이 지식응용을 추구하기 위해 진행한 것으로 보고 있다. 그러나 이것은 지식과 권력의 중첩을 간과하고, 한편으로는 변경 정치학 학술 자체의 뚜렷한 문제점과 국민당 정부의 통치방안에 기여하기 위한 목적을 망각한 것이다). 3) 연구 분업에 있어서는 종합 연구에서 소수민족 지역 연구로 전환되었다. 4) 연구대상은 문화 연구에서 민족 연구로 전환되었으며, 5) 학자의 개인적인 연구에서 집단적인 연구로 전환되었다.

전체 학과의 위상에서 보면, 이 시기의 민족학은 '사회과학'에서 '역사과학'으로 바뀌었으며, 한족에 관한 인류학적 연구는 금지되고 '소수민족' 연구에 집중되었다. 만약 지도이념의 시각에서 본다면, 그것은 분명히 사회주의 중국의 '인민'과 '국가'의 직접적인 관계구조에 의해 지지를 받았으며, '사회'라는 중간구조는 신중국 인민의 담론에서 더이상 존재하지 않고 '집체'라는 국가적 성질을 지닌 담론으로 대체되었다. 인민주체는 직접적으로 국가의 권력주체에 귀속되었는데, 이것은 이후 특히 1990년대 이래 인

---

* 工建民, 張海洋, 胡鴻保, 『中國民族學史』 下卷, 昆明: 雲南教育出版社, 1998, pp.57 77.

류학 담론 연구가 '국가'를 '공민'으로 구성된 '사회'와 대결 내지 대립시키는 것과 선명한 대조를 이루었다. 하지만 사회주의 개조 과정에서, '인민' 내부에서도 소수민족 연구와 명명(命名)에 집중했던 것은 주로 협상정치에서 일찍이 정치적 발언권이 없었던 소수민족 집단에 평등한 권력을 약속하기 위한 것이었는데, 이것은 사회주의 초기의 '필요불가결한 단계'이자 냉전 상황 속에서 다양성의 공존을 통해 다민족 국가의 역량을 결집시키기 위한 것이었다.

20세기 50년대의 민족학 토론은 대부분 스탈린 민족이론에 국한되었으며, G. 예피모프(Efimov)의 주장은 스탈린의 민족론에 입각하여 중국 민족문제에 접근하는 기본방향을 제시하였다. "민족문제에 관한 레닌과 스탈린의 저작에서 지적하길, 민족은 일정한 시대 가운데 자본주의 상승 시기에 형성된 역사적 범주이다. 봉건제 소멸과 자본주의 발전 과정은 사람들이 민족으로 구성되는 과정과 동시에 진행된다. 그러나 중국의 구체적인 조건하에서, 새로운 자본주의 관계의 발전은 외국자본의 침입과 동시에 진행되었다."* 또다른 대표적 논문으로는 웨이밍징(魏明經, 1912-?)이 판원란(範文瀾, 1893-1969)의 「진한 시기부터 중국이 통일국가를 형성한 원인에 대한 시론試論中國自秦漢時成爲統一國家的原因」(『역사 연구歷史硏究』, 1954년 제3기)과 청원징(曾文經, 1917-1979)의 판원란에 대한 비평논문인 「한족의 형성을 논함漢民族的形成」(『역사 연구歷史硏究』, 1955년 제1기)을 비판하기 위해 쓴 「민족

---

* 格 · 葉菲莫夫,「論中國民族的形成」(소련 『歷史問題』1953年第10期; 『民族問題譯叢』1954年第2輯), 潘蛟主編, 『中國社會文化人類學/民族學百年文選』(中卷), 北京: 知識産權出版社, 2008, pp.3-4. G. 예피모프(G. Efimov, 格 · 葉菲莫夫)는 1952년 중국을 방문한 적이 있는데, 이 문장은 그가 그해 A. A. 주다노프 기념 국립 레닌그라드대학(현재의 상트페테르부르크대학—역자) 과학회의에서 발표한 보고서이다. 그는 중국 방문기간 중 문장의 일부 내용과 관점에 대해 많은 중국 역사학자들과 좌담회에서 토론을 진행하기도 하였다.

의 정의 및 민족의 실질을 논함」이 있다. 웨이밍징은 혈통, 생활, 언어, 종교, 풍속습관을 기준으로 삼는 자본주의 민족학을 비판하였다. 그가 주장하는 마르크스레닌주의 민족관은 종족의 성질로써 자신을 규정하는 것이 아니었다. "민족은 사회전체의 구성원을 포함하고 있으며, 또 동시에 사회의 구체적인 성질에 의해 규정된다. 민족은 그것이 처한 특수한 역사적 상황에 의해 제약을 받는다. 현재의 상황을 보면, 인류가 변화 과정에서 도달한 현재와 경제발전 수준은, 한편으로는 전례 없이 한 지역의 인간집단을 하나의 안정된 집체로 만들었지만, 또다른 한편으로는 아직 수많은 서로 다른 인간집단 간의 격리를 타파할 정도로 발전하지는 못했다. 동시에 사회에서의 계급 대립으로 인해 통치계급은 전체의 이름으로 정책을 추진하고 계급의 이익을 전체의 이익으로 간주하는데, 민족은 바로 이러한 하나의 전체를 구현하게 된다. 그 결과 민족도 계급의 낙인을 지니게 되었다. ……일단 경제 발전이 더 강화되어 수많은 서로 다른 지역의 인민을 하나로 융합시키게 되면, 각 공동체 간의 간단한 식별기준으로서의 민족도 점차 모든 의의를 상실하게 된다. 따라서 인류역사의 발전은 본래 국제주의를 지향하고, 각 지역의 노동인민은 본래 상호 간의 융합을 추구하는 반면, 민족주의는 단지 계급사회 중 착취계급의 의식일 뿐이다."*

웨이밍징의 공산주의 진화론식 목적론에 의하면, "프롤레타리아계급이 통치지위를 획득한 이후, 공산주의로 나아가는 과도기 역사단계에서 민족을 식별하는 까닭은 다음과 같다. 첫째, 계급의 세계적인 대립으로 인해 외국 부르주아계급의 민족 및 제국주의적 세계주의의 위협에 대항하여 프롤

---

* 魏明經, 「論民族的定義及民族的實質」(『歷史研究』1956年第4期), 潘蛟主編, 『中國社會文化人類學/民族學百年文選』(中卷), 北京: 知識產權出版社, 2008, p.61.

레타리아계급이 이끄는 공동체로 단결하기 위해서이다. 둘째, 국내 각 민족이 서로 차이가 있음을 승인하고, 차이를 긍정하는 가운데 상호 간의 간극과 질투를 없애 이후 더욱더 융합할 수 있는 조건을 창조하기 위해서이다."*

본래 논리적으로는 이치에 합당한 것이라 하더라도, 현실의 급진적인 운동 과정에서는 오히려 너무 지나치게 과격해지기도 한다. 1960년대 초, 당시 중국의 계급 및 계급투쟁의 상황에 대한 최고 지도자들의 서로 다른 평가와 인식으로 인해, 민족이론과 민족업무 방면에서 사회주의 사회의 "민족문제의 실체는 계급문제다"라는 주장이 제기되었다. 『실천實踐』 편집부가 1965년 제3기에 게재한 사설 「민족문제의 계급적인 실체를 파악해야 한다必須把握民族問題的階級實質」, 야한장(牙含章, 1916-1989)의 「민족문제의 실체는 계급문제다民族問題的實質是階級問題」는 모두 이러한 주장의 대표적인 문장이었다. 이 가운데 발생한 역사와 역사의 균열, 이론과 실천의 괴리는 청사진식 이론과 언어의 속박을 초래하고 아울러 현실을 개조하였다. 이 시기의 역사가 보여주는 바에 의하면, 소련 민족학이론에 대한 맹목적인 답습으로 인해 중국의 인류학은 하나의 역사학과로 바뀌었고, 민족학자는 이론적으로 새로운 시도를 할 수 없었으며, 단지 마르크스주의 인류학(더 정확히 말해서 소련의 역사학)의 사회진화 노선도를 세부적으로 더 풍부하게 보충하는 데 그쳤다.** 그 대표적인 예가 바로 양쿤(楊堃, 1901-1998)이 작성

---

* 위의 책, p.63.

** 1938년 출판된 '공산주의의 성경'인 『소련공산당(볼세비키) 당사간명교정蘇聯共産黨(布爾什維克)黨史簡明敎程』은 처음으로 인류를 원시, 노예, 봉건, 자본주의와 사회주의 단계 등과 같이 체계적으로 구분하였다. 이 책은 엄격하게 스탈린의 관점에 따라 소련 공산당 역사를 서술하였으며, 소련과 신중국 초기의 이데올로기, 역사 관념 형성에 중대한 영향을 미쳤다.

한 와 민족 발전사의 대조표이다.[*]

양쿤에게 있어서, "민족학은 바로 민족 공동체의 발전 법칙을 연구하는 역사과학"이었다. 그의 진화의 비교 도표에서는 자신감이 충만한 목적론적 역사진화의 시각에서 마르크스레닌주의 이론에서의 '민족'역사와 미래 방향에 관한 윤곽을 그리고 있다. 그러나 이 도표가 지닌 가장 중요한 결함은, 모든 사회에 보편적으로 존재하는 차이와 불균형을 무시하고, 인류(기본적으로는 서구가 주도하는)역사와 문화의 통섭적인 맥락하에서 관련 문제를 논하였는데, 이러한 논의 가운데는 기본적으로 중국의 다원적인 문화가 설자리가 없다는 점을 인식하지 못했다는 것이다. 그럼에도 실제적으로는 현지조사 활동이 줄곧 지속되었다. 왜냐하면 민족 지역에 가서 정치방문단을 보조하여 민족평등 정책을 선전하는 것도 인류학자가 맡은 중요한 임무였기 때문이다. 민족판별과 사회역사의 대대적인 조사는 분명 사회주의 중국 민족학의 가장 중요한 두 가지 업무였다. 1953년 민족업무를 더 심도 있게 진행하기 위해서 민족판별이 의제로 제기되었고, 중앙과 지방의 민족사무기관이 과학연구팀을 조직하여 민족을 판별하는 조사 활동을 진행하였다. 이러한 과정에서 당시 민족의 자발적인 보고로 등기된 민족 명칭은 400여 개에 달하였다.

민족판별과 역사조사를 위해 학술적으로 지원 활동을 한 주요 학자 가운데 한 사람인 페이샤오퉁은 당시 "우리나라 민족판별 활동에서는 자본주의 시기에 형성된 민족특징을 판별의 기준으로 활용할 수 없을 뿐만 아니라 또 그 특징은 초보적인 연구자를 지도하기 위한 자료로 삼을 수도

---

[*] 楊堃, 「關於民族和民族共同體的幾個問題-兼與牙含章同志和方德昭同志商榷」(『學術研究』1964年第1期), 潘蛟主編, 『中國社會文化人類學/民族學百年文選』(中卷), p.156.

없다"는 것을 인식하였다. 각 방면 역량의 상호협력하에, 1979년 중앙정부가 마지막으로 지뉘(基諾)족을 판정함으로써 현재까지 통용되고 있는 56개 민족이 형성되었다.

[사회 발전사와 민족 발전사의 대조표]

사회 발전사			민족 발전사		
원시공산주의	원시집단	원시집단 초기(인류사회 기원으로부터 베이징원인 출현 전까지)			
		원시집단 중기(베이징원인 출현, 불의 사용에서 고인古人 출현 전까지)			
		원시집단 후기(고인부터 신인新人 출현 전까지. 씨족사회로의 과도적 단계)			
	씨족사회	씨족사회 초기(구석기시대 후기)	씨족공동체	모계씨족공사(公社)	씨족 공사 초기
		씨족사회 중기(중구석기시대)			씨족 공사 중기
		씨족사회 후기(부락사회로의 과도기, 부분적인 질적 변화)			씨족 공사 후기(부락 공사로의 과도기)
	부락사회	부락사회 초기(가족 공사, 종족)	부락공동체 부계	부계부락공사(公社)	부락 공사 초기
		부락사회 중기(인근 지역 공사, 농촌 공사)			부락 공사 중기
		부락사회 후기(부락 연맹, 군사적 민주제. 인근 지역 공사가 원시 상태에서 계급 상태로 전환되는 과도기)			부락 공사 후기(부족으로의 과도기)
노예제사회	전(前)자본주의사회	노예제사회 초기	부족공동체	노예제부족	노예제 부족 초기
		노예제사회 중기			노예제 부족 중기
		노예제사회 후기(봉건사회로의 과도단계)			노예제 부족 후기(봉건주의 부족으로의 과도기, 부분적인 질적 변화)
봉건주의사회		봉건사회 초기(혹은 반봉건 반노예제 사회)		봉건주의부족	봉건주의 부족 초기
		봉건사회 중기			봉건주의 부족 중기
		봉건사회 후기(자본주의사회로의 과도단계)			봉건주의 부족 후기(부르주아계급 민족으로의 과도단계)
자본주의사회	자유자본주의	자본주의 발전단계	민족공동체	부르주아계급민족	부르주아계급 민족 초기(형성단계)
					부르주아계급 민족 중기(발전단계)

자본 주의 사회	제국주의	자본주의 쇠망단계 (프롤레타리아계급 혁명과 식민 지 빈식민지 민족 독립해빙운동 단계)		부르주아계급 민족 후기 (제국주의 민족, 사회주 의 민족으로의 과도기, 비교적 상당 부분의 질 적 변화)
공산 주의 사회	사회주의	사회주의사회로의 과도 단계	사회 주의 민족	사회주의 민족 초기
		사회주의사회 발전단계		사회주의 민족 중기
		사회주의사회 고도의 발전, 공산 주의사회로의 과도단계		
	공산주의	공산주의 초급단계		사회주의 민족 후기(공산 주의사회로의 과도단계)
		공산주의사회 고급단계		

　　페이샤오퉁의 견해에 따르면 "민족이라는 인간 공동체는 역사의 산물
이다. 비록 그것은 안정성을 지니고 있지만 역사 과정에서 부단히 발전하
고 변화하며, 일부는 서로 융합하고 또 일부는 분화하기도 한다. 따라서 민
족이라는 이 명단은 영원히 고정불변할 수는 없고, 민족판별 작업도 지속
되어야 한다."* 민족판별과 관련하여 아직도 해결되지 않은 여러 문제가 있
는데, 그중 대부분은 "나뉘기는 했지만 아직 완전히 구분될 정도로 변화하
지 않았거나, 녹아들기는 했지만 아직 합해지지는 않은" 상태여서 판별하
기 곤란한 문제였다. 분화와 융합의 과정을 고려하여, 페이샤오퉁은 다음
과 같이 지적하였다. "최종적으로 민족판별을 결정할 때, 그 결정이 그 집
단의 발전 전망에 유리한가 여부, 주변 각 민족의 단결에 유리한가의 여부

---

* 費孝通, 「關於我國民族的識別問題」(『中國社會科學』 1980年第1期), 『中國社會文化人類學/民族
學百年文選』(中卷), p.169.

를 반드시 고려해야 한다. 동시에 유사한 상황 속에 있는 다른 집단이 어떤 반응을 보일지에 대해서도 마땅히 고려해야만 한다." 그러나 민족판별 활동은 그후에 사실상 종결되었다. 비교적 민감한 의제로서, 각 민족의 자발적 보고 배후에 존재할 수 있는 각종 이익관계와 중국 내외 정치 역량의 작용을 고려하여, 민족판별 활동이 취한 것은 "쓸데없이 일을 벌이는 것보다는 줄이는 편이 낫다"는 책략이었다. 민족판별 업무의 종결은 결코 민족 문제가 모두 해소되었음을 의미하지는 않는다. 그뿐만 아니라 현재 판별된 56개의 민족조차도 그 가운데는 여전히 신분 및 정체성과 관련된 문제가 존재한다. 이러한 문제를 페이샤오퉁은 일찍이 매우 민감하게 의식했다. "한 민족의 공통심리는 각기 다른 시간과 상황에서 깊이와 강약의 차이가 있을 수 있다. 단결을 더욱 강화하기 위해 한 민족은 항상 그 공통심리를 공고히 할 방법을 찾아야 한다. 그것은 항상 다른 민족과 구별되는 풍속 습관, 생활방식의 특징들을 강조하고 강렬한 감정을 부여하며 그것을 그 민족을 대표하는 상징으로 승화시켜야 한다. 또 장기간 공동생활 속에서 창조한, 즐겨 보고 듣는 풍격을 최대한 부각시키고 선전하여 민족형식으로 제고시켜야 하며, 동시에 예술적인 가공을 거쳐 사람들이 한번 보면 곧 그것이 어떤 민족의 것인지, 즉 이른바 어느 민족의 풍격인지를 알 수 있도록 해야 한다."* 소수민족판별 과정은 실로 그 가운데 국가 이데올로기가 '새겨지는' 과정을 벗어날 수 없다. 그러나 소수민족의 권력이 균형을 이루고 그들 자신의 주관적인 요구를 자세히 살필 수 있었던 것은, 소수민족판별이 일방적이고 전면적으로 국가권력을 행사한 결과라고 말할 수는 없다. 그 과정에서 소수민족의 자기 부호화는 주동적이고 자발적인 이익 쟁취

---

* 위의 책, p.178.

행위이며, 각종 역량의 대결과 경쟁 속에서 상응하는 상징자본[符號資本]을 획득하였다. 문제는 누가 그와 같이 했는가, 어떤 사람들이 자기를 대변하지 못하는 수많은 소수민족의 민중을 대신하여 발언을 했는가 하는 점이다. 특히 이른바 포스트 사회주의 시대의 신자유주의적인 맥락으로 진입하자, 그에 상응하는 문화경제와 시각경제에 의해 소수민족이 자발적으로 '주목'받기 위한 태도를 취하고 있는 것은 매우 의미심장한 현상이다. 그것은 적어도 우리가 문화 정체성, 승인의 정치 및 그와 같은 유와 관계된 표현이 결국 옳은가 아닌가, 그리고 상당 정도 어떤 족군 가운데 소수의 경제 엘리트, 문화 엘리트, 정치 엘리트와 자본이 서로 연합하여 더욱 큰 이익을 추구하기 위해 조작하는 담론에 대해 사고하도록 다그치고 있다.

소수민족의 판별은 억압으로부터 '해방'된 사회주의의 권리평등 조치로서 국민당의 국족주의로부터 반발하여 나왔으며, 강약의 정도가 다르고 인구의 다소가 다르며 문화형태가 각기 다른 족군을 각각 다른 방식으로 대하였다. 비록 인류학 담론이 본토에서 만들어낸 동일한 타자였지만, 국민당과 공산당의 태도는 각기 달랐다. 국민당은 제각기 다르고 다양한 모습을 제거하여 일체화된 국족을 추구한 반면, 공산당이 타자를 부각시킨 것은 통일전선과 불균형 사이의 조화를 위한 것이었다. 물론 공산당의 최종 목표는 이러한 차이를 제거하는 것이었지만 말이다. 이러한 의미에서 양자는 진화론과 목적론에 있어서 모두 현대성 기획의 일환이었다고 할 수 있다.

소수민족의 사회역사 조사에서는 진화론에 포함된 등급론을 두드러지게 드러냈다. 예를 들어 1956년에는 네이멍구, 둥베이, 신장, 윈난, 구이저우, 티베트 등 8개조로 나누어 200명이 참가하였다. 그 가운데 최초의 조사대상으로는 멍구족, 티베트족, 위구르족, 먀오족, 다이(傣)족, 이(彝)족, 와(佤)족

등 20여 개 소수민족이 선정되었다. 이러한 민족들은 바로 "우리나라 소수민족이 처한 각기 다른 역사발전 단계, 즉 원시공산제, 노예제 사회로부터 농노사회와 지주경제까지 각기 다른 발전 단계를 대표하는 것"으로 인식되었다.* 사실 서로 다른 경제형태와 문화형태는 특정한 환경 속에서 종종 중첩되거나 상호전환된다. 그러나 이러한 담론에서는 그것들을 오히려 기계적으로 직선적 역사발전의 맥락 속에 배치하였다. 이러한 방식으로 그것이 은폐시킨 문명등급은 소수민족 민중들의 마음에 깊은 오명을 남겼으며, 이에 대해 주목하는 사람은 아직까지도 소수에 불과하다. 나는 2008년 언스(恩施)의 투자(土家)족 자치주에서 조사 연구를 할 때 1970년대에 출생한 투자족을 인터뷰 한 적이 있다. 그들은 1990년대에 소수민족에 대한 우대정책이 있고나서야 비로소 자신의 종족신분을 투자족으로 다시 바꾸었으며, 그들이 어렸을 때는 자신의 신분이 지니고 있는 '낙후'와 '우매'의 오명이 너무 수치스러워서 자신이 소수민족임을 인정하고 싶지 않았다고 말하였다. 이러한 변화의 배후에 있는 차이의 생산기제에 대해서는 다음 절에서 논하도록 하겠다.

대규모의 민족학 실천과 비교하여, 인류학이론은 그 자신의 변화 과정에서 매우 큰 진전을 거두지는 못했다. 그중에서도 인류학이론의 진전과 서로 호응하는 것은 마오쩌둥의 '세 개의 세계' 이론과 남남협력(南南合作, 즉 1955년 개최된 반둥회의에서 결의한 남남협력의 '협의' 원칙이 그 대표적임), 남북대화(1975년 12월과 1977년 6월 파리에서 선후로 개최된 19개 발전도상국과 선진국이 참여한 '국제 경제합작 부장급 회의'가 대표적임)이다. 이러한 전지구적인 시각에서 중국의 제3세계로서의 위상은 20세기 초 망국(亡國) 사학 중 피

＊ 胡鴻保主編, 『中國人類學史』, 北京: 中國人民大學出版社, 2006, p.142.

식민 민족의 경험적 교훈론과 약소민족에 주목하는 동정적 공감론에 호응하였고, 중국 본토 인류학의 이론적 돌파의 계기가 될 수 있었으며, 국제주의적 교류와 트랜스 문화적인 이해를 가능케 하는 방법을 획득하게 되었다. 그러나 1980년대 및 1990년대 신경제정책 실시, 전지구화 도래 및 그와 병행하는 신자유주의와 보수주의 이데올로기의 시끌벅적한 소란 속에서 이러한 탐색은 잊히고 매몰되었다.

3. 차이의 생산과 소비

20세기 중기 이후, 서구의 일부 인류학자도 일찍이 인류학을 연구하는 데 있어서 자연과학의 시각을 더 중시했던 것을 반성하기 시작했다. 말리노프스키의 생전에 발표하지 않았던 오스트레일리아 현지조사 일기가 출판되자 객관적 이성과 주관적 감정 사이에 관한 대대적인 논의가 전개되었다.* 서구학술 담론의 변화를 보면, 후기구조주의, 포스트모더니즘, 포스트식민주의의 세례를 거쳐, 인류학에도 에번스프리처드(Evans-Pritchard, 1902-1973)의 기능주의에서 출발한 인문학과로서의 자리매김, 클리퍼드 기어츠(Clifford Geertz, 1926-2006)의 해석학적 인류학, 마셜 살린스(Marshall Sahlins)의 신진화론에서 역사 인류학으로의 전환, 조지 E. 마커스(George E. Marcus)와 마이클 피셔(Michael Fischer)의 '문화비평'으로서의 인류학,**

---

* Bronislaw Malinowski, *A Diary in the Strict Sense of the Term*(New York: Harcourt, Brace & World, Inc., 1967).
** George E. Marcus, Michael M. J. Fischer, *Anthropology as Cultural Critique: An Experimental Moment in the Human Sciences*(2ed.), Chicago, IL: University of

제임스 클리퍼드(James Clifford)와 조지 E. 마커스가 편찬한 '문화쓰기(Writing Culture)'*와 관련된 토론 등이 출현하였다. 이들 저작이 중국 학술계에 전해지면서 점차 구체적이고 세밀한 전문 연구 속에 삼투되었으며, 다선적이고 다원적인 문화유형 및 발전모델에 대한 사고와 주변으로부터 중심을 이해하는 반성적 사유 등을 촉발시켰다.** 그러나 그 가운데는 결코 떨쳐버릴 수 없는 계몽의 현대성 담론이 여전히 에워싸고 있다. 만약 중국 본토의 인류학이 이러한 담론을 철저하게 반성하지 못하고 그것을 추종하는 모방자로 남는다면, 단지 이전의 '늦어진 현대성'에서 '또다른 유의 현대성'으로 바뀐 일종의 변형이자, 오리엔탈리즘식의 거울 혹은 모종의 '중국 예외론'에 그칠 것이다.

1980년대 이후, 중국 인류학 학회가 성립되고 대학에서는 인류학과가 중산(中山)대학, 샤먼(廈門)대학에서 연이어 다시 만들어졌다. 지식이념의 측면에서도 비록 마르크스주의가 신조로서 모든 학과의 머리 위에 높이 걸려 있지만, 인류학의 일반 지식과 방법에 있어서는 사실 주로 1949년 이전의 계보로부터 그 구조와 이념을 계승하였다. 1981년 가장 먼저 인류학과를 회복시킨 중산대학을 보면, 량자오타오(梁釗韜, 1916-1987)가 주편한 교재 『문화인류학』***의 구성은, 그것이 인류학의 문화/사회, 고고, 언어, 생

<hr />

Chicago Press. 1999. ─역자 주

* Clifford, James & George E. Marcus, editors. *Writing Culture: The Poetics and Politics of Ethnography*, Berkeley: University of California Press, 1986. ─역자 주

** 대표적인 것으로는 왕밍밍(王銘銘)의 「社會人類學-從啓蒙到反思」, 「人類學世界觀的一致與分化」 등 논문이 있다. 이상 논문은 모두 『非我與我: 王銘銘學術自選集』, 福州: 福建教育出版社, 2000, pp.5-106 참고.

*** 梁釗韜, 陳啓新主編, 『文化人類學』, 廣州: 中山大學出版社, 1991.

물/체질의 4대 지류를 합쳐놓은 것임을 말해주고 있다.* 우원짜오와 같이 연구를 재개한 이전 세대의 인류학자는 진화론의 최신 변화를 재해석하였다. 그는 「신진화론 시론」**에서 다음과 같이 열거하여 말하였다. 즉 영국의 고고학자 비어 고든 차일드(Vere Gordon Childe, 1892-1957)의 『인간이 자신을 창조했다Man Makes Himself』(1936)는 석기, 청동기, 철기에 상응하는 경제발전과 사회발전 3단계설을 제기하고, 또 1942년 『역사상 발생한 사건 What Happened in History』에서는 모건의 3단계 시기구분법을 채용하여 구석기와 중석기 시대를 몽매단계(수렵 및 어로단계)와 동일시하고, 신석기시대를 야만단계(초기 농업 혹은 목축경제)와 도시발전(도시혁명)을 문명의 시작과 동일시하였다.*** 미국 신진화론의 대표인물인 레슬리 화이트(Leslie A. White, 1900-1975)도 기술경제는 문화 진화의 결정적 요소라고 보았다. 즉 문화의 진보는 사람들 개개인이 매년 이용하는 에너지 총량이 증가한 결과이거나 혹은 에너지를 이용하는 기술의 효율성이 향상된 결과라는 것이다. 또다른 미국의 인류학자 줄리안 스튜어드(Julian Steward, 1902-1972)는 19세기의 진화론은 단선적 진화론, 화이트의 진화론은 보편적 진화론이라고 부르고, 그 자신은 이와 차별화된 다선적 진화론을 제기하였다.**** 우원짜오는 이러한 신진화론을 마르크스주의와 비교하고, 그들의 기술결정론 사

---

* 량자오타오의 학술사상은 기본적으로 문화진화론과 문화기능론을 기반으로 한다. 그의 연구 활동 중 후기에 마르크스주의 민족학을 수용한 것도 문화진화론을 근간으로 한다. 이에 대해서는 좡이췬(莊益群), 천치신(陳啓新), 쩡자오쉬안(曾昭璇) 등의 문장 참고. 中山大學人類學系編, 『梁釗韜與人類學』, 廣州: 中山大學出版社, 1991, pp.1-58.
** 吳文藻, 「新進化論試析」, 『民族學研究』(第七輯), 北京: 民族出版社, 1984. ─역자 주
*** 여기서 몽매-야만-문명은 앞서 본 중국의 문명등급론, 즉 야만-몽매-문명과 순서상의 차이가 있다. ─역자 주
**** 그의 다선적 진화론에 대해서는 줄리안 스튜어드 지음, 조승연 옮김, 『줄리안 스튜어드의 문화변동론: 문화생태학과 다선진화 방법론』, 민속원, 2007 참고. ─역자 주

상이 단편적이기는 하지만 사회주의 현대화 건설을 위해 참고할 만하다고 보았다.* 이것은 1980년대 사상해방, 계몽담론의 회귀, 서구식 '현대화'에 대한 추구라는 시대적 맥락과 서로 호응한다.

여기서 알 수 있듯이, 하나의 패러다임이 일단 변경하기 어려운 특징으로 자리잡게 되면, 기존의 인지틀 속에서 자신의 연구대상을 만들어내고 아울러 그것을 "패러다임이 제공하는, 이미 완성되고 상당히 견고해진 상자 속"에 집어넣는다. 그리고 "그 상자 속에 들어가지 않는 부적합한 현상들은 종종 보고도 무시해버린다."** 인류학이 100년을 거치면서 '정규적인 과학'이 된 이후에, 권위 있는 이론과 서술의 영향 아래 가장 자주 행한 것은 바로 기존의 패러다임 내에서 경전에 주석을 달 듯 세분화하고 부연 설명하는 것이었다. 비록 이러한 연구가 학과 발전과 지식 증가를 위해 일정한 역할을 하기는 했지만, 창조적인 사상을 생산하기는 매우 어려웠다. 어떤 연구자의 주장에 의하면, 민족학(1980년대 인류학이 부활한 후, 인류학의 한 지류로 간주됨)의 "패러다임의 핵심은 민족 및 민족문제와 관련된 마르크스, 레닌, 스탈린의 서술에 대한 해석과 설명이며, 또 이러한 서술을 둘러싸고 있는 민족의 생성, 발전, 쇠망에 관한 체계적인 이론이자 민족문제의 근원과 대책에 관한 이론이다. 이러한 패러다임은 1949년 이래 '민족', '민족문제'에 관한 주류의 해석체계를 대표하며, 아울러 신중국이 민족문제를 해결하는 정치적 실천과 직접적인 관계가 있다." "서구 정치학의 영향은 한어 속에 '민족' 개념을 제공하였고, 인류학의 발전은 민족 연구에 종사

---

* 吳文藻,「新進化論試析」(『民族學研究』第7輯, 北京: 民族出版社, 1985),『吳文藻人類學社會學研究文集』, 北京: 民族出版社, 1990, pp.322-336.

** 托馬斯·庫恩(Thomas Samuel Kuhn, 1922-1996),『科學革命的結構』, 北京: 北京大學出版社, 2003, p.22.

하는 학술 인력을 제공하였으며, 마르크스주의는 민족 연구를 위해 사상적 방향을 제공하였다."* 인류학이 중국에 유입된 이후의 민족이론은 종족 패러다임, 국족 패러다임(민족주의와 민족-국가), 중화민족 패러다임(문화적 다원성과 정치적 일체화), 그리고 최근 족군 패러다임(신분과 정체성)의 변화를 거쳐왔으며, 사회배경의 변동과 밀접히 연계되어 있었다. 즉 민족이론의 이러한 변화는 단지 학과 본연의 이념 전개나 국가의 학술계획과 발전의 결과만은 아니다. 그것은 한층 더 나아가 전지구적인 정치, 경제, 사상전파에의 적응과 상호 관련되어 있다.

족군이론은 1990년대 중국대륙 학계에서 일련의 논쟁을 야기하였다.** 그것은 마르크스주의의 민족학과 신자유주의를 배경으로 한 인류학 패러다임의 충돌이었다. 마룽(馬戎)의 관점에 따르면, 중국의 현재 민족정책은 융통성 없이 현실에 맞지 않는 낡은 생각을 고집하며 시대의 변화를 따라잡지 못하고 있다. 따라서 현재 시급한 것은 '탈정치화'이며, 공동가치를 제창하여 미국식으로 족군을 융합해 민족의 차이를 없애야 한다.*** 사실 이러한 '탈정치화'는 또다른 '정치'의 일종이다.**** 1990년대 이래 인류학은

---

* 周傳斌, 『槪念與範式-中國民族理論一百年』, 北京: 民族出版社, 2008, 20, pp.32-33.

** 관련된 논의는 納日碧力戈, 「問難"族群"」, 『廣西民族學院學報(哲學社會科學版)』, 2003年第1期; 郝時遠, 「答"問難'族群'"-兼談『馬克思主義族群理論』, 『廣西民族學院學報(哲學社會科學版)』, 2003年第2期; 阮西湖, 「民族,還是"族群"-釋ethnic group一詞的涵義」, 潘蛟, 「"族群"及其相關槪念在西方的流變」, 潘蛟主編, 『中國社會文化人類學/民族學百年文選』(下卷), 北京: 知識産權出版社, 2008, pp.83-118; 周大鳴, 『多元與共融: 族群研究的理論與實踐』, 北京: 商務印書館, 2011 참고.

*** 마룽의 관점에 대해서 오랫동안 비판과 반비판이 이루어져왔다. 이 논쟁과 관련된 문장은 謝立中主編, 『理解民族關系的新思路: 少數族群問題的去政治化』, 北京: 社會科學文獻出版社, 2010 참고.

**** 왕후이는 이에 대해 심도 있는 논의를 한 바 있다. 「去政治化的政治, 權的多重構成與60年代的消失」, 『去政治化的政治: 短20世紀的終結與90年代』, 北京: 生活·讀書·新知三聯書店,

바로 이러한 '탈정치화의 정치'라는 태도를 견지하고 있다. 물론 시대가 바뀌고 세계가 변화하여 사회주의 초기의 사상적 실험과 민족이론은 더이상 새로운 상황에 적응할 수 없다. 즉 '민족'은 자승자박하는 곤란한 상황에 직면하고 있으며, 족적(族籍)은 점차 본질주의적인 것으로 변모되어 소수민족과 일부 외래자에 의해 자신의 특수한 이익을 도모하기 위해 강화되고 있다. 그렇다고 사회주의 초기의 유산을 버리고 미국식 민족 실천을 표본으로 삼는 것은 가능한 일일까? 혁명을 거친 '인민'의 신분으로 재형성된 소수민족과 주로 이민사회로 구성된 소수민족이 인류학의 시각에서 동일시될 수 있을까?

진정으로 중국 인류학이 더욱 광범위한 영향력을 발휘하게 된 것은 21세기 이후였다. 특히 2003년 유네스코에서 통과된 「비물질 문화유산 보호협약」과 2006년 중국의 '비물질 문화유산 원년' 이후, 관방에서 민간까지, 상업에서 학술에 이르기까지 보편적으로 대두된 '문화유산'의 붐은 이국적인 정조를 충만케 하는 방법으로서 인류학에 대한 (상상적인) 관심을 불러일으켰다. 인류학 자체에 대해 말하자면, 국가민족위원회(중화인민공화국 국가민족사무위원회, 中華人民共和國國家民族事務委員會)는 중국 도시 인류학회 명의로 2003년 7월에 제16회 국제인류학과 민족학 연합회 세계대회를 중국에서 개최하도록 유치하는 데 성공하였다. 그 이후부터 2008년 대규모의 인류학 세계대회가 윈난에서 개최될 때까지 일부 대학교와 전문 연구기관에서 인류학이 제도화되었으며, 일부 학자들은 열정적으로 인류학 연구에 뛰어들기도 하였다. 이러한 현상은 분명 학과 내부의 사정만이 아니라, 전지구적인 문화산업과 관광산업의 전개, 인구와 노동력의 유동,

2008, pp.1-37.

지구 구석구석까지 파고드는 상업과 자본의 침투, 신식민주의적인 개발과 확장, 그리고 이로 인해 발생한 학술명제와 응용과제에 대한 호응이기도 하다. 그뿐만 아니라 이는 지방정부 혹은 각 기금이 대표하는 회사와 이익집단의 계산된 행동에 의해서 추동되었다. 적어도 21세기 초기 10년 동안 인류학은 학과 확장, 현지 조사 연구, 학술토론회 등 모든 방면에서 활발한 추세를 보여주고 있으며, 비교적 영향력이 명확한 작품에서도 학술적 이론과 패러다임에 있어서 새로운 변화가 나타나고 있다.* 여기서 비교적 영향력이 있는 대표적인 세 가지 주장에 대해 살펴보도록 하겠다.

첫째는 징쥔(景軍)의 『신당기억: 어떤 중국 향촌의 역사, 권력과 도덕』이다.** 그는 간쑤(甘肅) 융징(永靖)현 다촨(大川)촌이 수력발전소 건설로 인해 강제 이주되는 과정에서 남긴 기억과 1980년대 쿵먀오(孔廟, 공묘)와 족보를 재편찬하여 그 상처를 회복한 사례에 대한 관찰을 통해, '시간의 타자' 속에 변천이라는 요소를 개입시켜 개별적인 사건에 보편적 의의를 부여하였다. 그리고 이러한 방식으로 황허(黃河) 강변의 편벽한 서북 지역의 작은 촌을 통해 중국 전체 향촌사회의 구조적인 변천을 살펴보고자 시도하였나. 나촨촌은 황허 협곡 중부에 위치해 있으며, 쿵(孔)씨 종족을 중심으로 한 한족 촌락이다. 촌락 주민들은 스스로를 산둥 취푸(曲阜) 쿵씨가 남쪽 영남으로 이주했다가 다시 이곳으로 옮겨온 성인의 후예라고 여긴다. 촌락 중 가정에서 행해지는 쿵먀오 제사는 비록 역사적으로 여러 차례 훼손과

---

* 장하이양(張海洋)은 일찍이 본 연구의 초고를 읽고 당대 인류학 연구에 대한 나의 평가가 지나치게 인색하다고 문제를 지적하였다. 필자는 그 의견을 받아들여 이곳에서 수정을 하였다. 이에 감사를 드린다.

** 景軍, 『神堂記憶: 一個中國鄉村的歷史, 權力與道德』, 福州: 福建教育出版社, 2013. (이 책의 영어 원본은 Jun Jing, *The Temple of Memories: History, Power, and Morality in a Chinese Village*, Stanford: Stanford University Press, 1996 참고. ―역자 주)

재건을 반복해왔지만, 역사와 사회기억을 보여주는 대표적인 담지체일 뿐만 아니라 문화적인 정체성과 정치와 사회관계를 조화시키는 상징이자 실천이었다. 사회주의 토지개혁 과정중, 그 촌락에서 세력이 강대했던 쿵씨 종족은 타격을 받았다. 1958년의 '대약진'은 결국 쿵먀오를 폐쇄하는 직접적인 계기가 되었다. 이와 동시에 옌궈샤(鹽鍋峽) 수리공정이 진행되었는데, 공정이 끝난 뒤 다촨촌 전체는 저수지에 매몰되고 말았다. 문화와 신앙의 상징이었던 쿵먀오도 물속에 잠겼으며 1974년에는 부패 대상으로 간주되어 철저하게 파괴되고 말았다. 이것이 한 촌락과 전통적인 종족이 붕괴된 과정이자 동시에 새로운 정치역량, 사회관계, 문화구조가 새롭게 조직되는 과정이며, 더욱이 기층 민중의 공포와 증오, 희망이 뒤얽힌 기억이 형성된 과정이었다. 징췬은 세밀한 현지조사의 민족지를 통해 다촨촌이 쿵먀오를 재건하는 과정을 피억압 기억의 자아 형상화를 위해 노력하는 것으로 해석하였다. 이러한 기억을 재구성하는 과정에서, 본래 조상을 제사하는 가묘(家廟)는 공공적인 의미를 지니게 되었다. 즉 그것은 더욱 넓은 의미를 지닌 '신당(神堂)'이 되었으며, 단일 가족을 초월하여 지역사회의 기억을 응집시켰다. 그리고 징췬은 20세기 후반 급진적 사회주의 실험과 실천으로부터 중국 특색의 사회주의 개혁개방 과정까지, 중국 향토 지역의 다원성과 국가 일체성 사이의 상호투쟁과 타협, 화해의 맥락을 묘사하고 있다.

그러나 징췬의 이러한 묘사와 설명은 여전히 구조주의적인 사유모델에 의해 제약을 받고 있다. 저서 전반에 걸쳐서 '기억'은 '사회', '역사', '공포', '고난', '증오', '의식(儀式)', '족보', '문화상징' 등 여러 차원으로 세분화된다.* 그러

---

* 내가 여기서 분석의 대상으로 삼은 것은 이미 출판된 중문판본임을 밝혀두고자 한다. 그런데 그 책의 본래의 영문본 및 저자가 인터넷상에서 제공한 중문본은 내가 본 중문판본과 차이가 많다.

나 문장 속에서 시간적 전후의 차이로 말미암아, 이러한 기억의 차원은 논리상 부조화와 중첩이 존재한다. 더 중요한 것은 이러한 해석모델에서 '국가'와 '사회'가 더욱 대립적으로 그려지고 있으며, 양자 간 타협의 측면은 언급되기는 하지만 매우 모호하게 처리되고 있다는 점이다. 이 책을 위한 현지조사와 저술은 1980년대 말에서 1990년대 초에 완성되었다. 이로부터 볼 때, 당시 시대적 조류의 영향을 받아 '사회'와 '국가' 권력 사이의 갈등을 강조한 것으로 보인다. 나는 2007년, 2012년 두 차례 융징, 린샤(臨夏), 지스산(積石山), 둥샹(東鄕), 허정(和政) 일대를 방문하여 조사 연구를 한 적이 있는데, 당시 나는 징췐이 현지의 다원적인 족군 문화 요소를 대조했다면 그의 책은 더욱더 완전했을 거라는 생각이 들었다. 왜냐하면 『신당기억: 어떤 중국 향촌의 역사, 권력과 도덕』은 유가전통의 촌락을 연구중심으로 삼고, 청말 회족과 한족의 충돌에 대해서는 매우 짧게 언급함으로써 현대의 다민족 비교시각은 곧 소실되고 말았기 때문이다. 이 지역의 싸라(撒拉)족, 바오안(保安)족, 둥샹족, 회족, 티베트족과 한족 사이에는 분명 밀접한 문화적 교류와 사회적 교류가 존재하며, 이슬람, 불교, 유가 문화도 충돌과 교류를 피할 수 없었다. 이러한 요소의 존재는 사회기억을 더욱 풍부하게 하며, '사회'도 이를 통해 더욱 진실에 가까워질 수 있다. 하지만 징췐의 저서에서는 이러한 서로 다른 민족의 '타자'가 결여되어, 바로 그 사회구조의 복잡성을 단순화시키고 있음을 부정할 수 없다.

둘째는 왕밍커(王明珂)의 『화하의 가장자리華夏邊緣』이다. 징췐의 저서가 자못 '사회과학'의 의미를 지니고 있다면, 왕밍커의 저작은 '역사과학'의 경향을 보여준다. 이 책은 기존의 족군이론을 반성적으로 성찰하면서 인류학과 역사학의 교차와 종합을 시도하고 있으며, 1960년대 이래 인류학의 자아초월적인 맥락 속에 있는 저작이다. 제2차세계대전 이후 "문화적 편견으로 인해 형성된 핵심, 함의, 규칙, 모범, 진실 등의 개념을 극복하기 위해, 학자들은 또 주변적, 비규칙적, 변형태적, 허구적인 인류문화 현상을 연구하기 시작하였다. 이러한 경향 속에서, 민족에 대한 연구도 핵심적인 함의로부터 주변으로, '사실(fact)'에서 '상황(context)'으로 이동하였다. 또 '그들은 누구인가'를 식별하고 묘사하는 것으로부터 '그들은 왜 자신이 누구인지를 선언하려 하는가'를 해석하고 이해하는 것으로 이동하였다."* 왕밍커는 창족(羌族)에 관한 현지조사 중, 족군의 객관적 문화특징은 '상이한 예'에 직면할 수 있음을 발견하였다. 모종의 문화적 특징은 결코 어떤 인간집단의 객관적 조건을 정의하는 것이 아니라 인간집단이 주관적인 족군 정체성을 표현하는 도구일 가능성이 있으며, 기껏해야 족군의 일반적인 함의를 표현할 뿐 족군의 경계를 해석할 수 없고, 따라서 신분과 정체성의 변화 문제를 탐구할 수도 없다. 이것은 바로 20세기 70-80년대 인류학 가운데 도구론자(instrumentalists)와 원초론자(primordialists) 간의 논쟁과 관련이 있다. 이러한 학술적인 논의에 기반하여, 왕밍커는 자신의 민족사 연구 과정에서 주변 연구 이론을 창조하였다. 주변 연구는 '족군'이 특정한 언어, 문화와 체질적 특징의 종합체가 아니라 인간집단의 주관적인 정체성 범주이며, "족군을 형성하는 것은 문화 혹은 혈연관계 등 '역사적 사실'이 아니라 모종의 진실 혹은 허구적 기원에 대한 '집단적 기억'"**이라고 본다. 이는 명확히 민족학의 의미 연구 및 인류학의 전파론에 대한 반발이다. 이에 따라 그는 칭하이(青海) 허황(河湟) 지구, 어얼둬스(鄂爾多斯) 및 그 인근 지역과 시랴오허(西遼河) 일대 유목사회의 형성과 농경사회의 지역적 구분을

---

* 王明珂,『華夏邊緣: 歷史記憶與族群認同』, 北京: 社會科學文獻出版社, 2006, p.8.
** 위의 책, p.53.

선택했을 뿐만 아니라 저우런족(周人族, 주周왕조를 수립한 종족을 말함—역주)의 기원 전설과 창인(羌人)의 역사 변천, 오태백(吳太伯)*의 고사, 한족의 형성, 근대 화하(華夏) 주변의 재설정을 통해 '주변'의 형성, 확장, 연속과 변천을 서술하였다. 그의 방법론상의 참신성은 '역사'를 '기억'의 문헌으로 간주하고, 족군의 정체성, 보호와 변화를 자원경쟁으로 야기된 이익 선택과 정감적인 경향으로 돌렸다는 점에 있다. 이러한 참신성은 민족사 연구의 패러다임에 대한 혁신이라고 할 수 있다.

그러나 문제는 그가 개인기억의 형성에 대한 집단기억의 작용을 지나치게 강조하고, 페이샤오퉁이 "단지 사회만을 보고 개인을 보지 못했다"고 자아반성을 한 것처럼, 그 역시 개인기억의 능동성을 과소평가했다는 점에 있다. 역사문헌과 고고의 실물자료는 근본적으로 여전히 엘리트적 서사에 속하기 때문에, 사실상 타자인 소수자 족군의 시각으로 '중심'과 '주변'의 문제에 접근하지 못하고 있다.** 다음으로 중국문화의 주류 중 '대일통' 전통은 현대 중국의 국가형태를 구성하고 있는 유산이다. 쑤빙치(蘇秉琦)가 제기한, 다양한 문명 기원이 서로 경쟁한다는 '만천성투滿天星鬥설'***이

---

* 태백(泰伯)이라 부르기도 함. 주(周)의 태왕인 고공단보(古公亶父)의 장자였지만, 동생 계력(季歷)이 왕위를 물려받을 수 있도록 양보하고, 오(吳) 지역으로 가 오국(吳國)을 세웠다. —역자 주

** 2013년 11월 25일, 나는 쓰촨대학의 '중화민족 문화유산과 문화응집 협동 창신중심中華多民族文化遺産與文化凝聚協同創新中心' 창립식에서 멍구족 출신의 인류학자 나르비리거(納日碧力戈)와 의견을 나눈 적이 있다. 그는 대화에서 『羌在漢藏之間-川西羌族的歷史人類學研究』(王明珂著, 中華書局, 2008), 『遊牧者的抉擇: 面對漢帝國的北亞遊牧部族』(王明珂著, 南寧: 廣西師範大學出版社, 2008), 『尋羌: 羌鄕田野雜記』(王明珂著, 北京: 中華書局, 2009), 『英雄祖先與弟兄民族: 根基歷史的文本與情境』(王明珂著, 北京: 中華書局, 2009) 등과 같은 '화하 주변' 및 관련 연구들이 주로 서남 지역의 족군을 기초로 형성된 이론과 논증으로서, 그것에 의거해서는 중국의 다른 지역과 민족의 상황을 해석할 수 없다고 지적하였다.

*** 쑤빙치는 중화문명의 기원과 관련하여 신석기시대 중국에는 하늘의 수많은 별처럼

든 아니면 장광즈(張光直)의 다중심 상호추동설이든, 포스트구조주의 색채를 지닌 이러한 주장들은 모두 자신의 함정에 빠지기 쉽다. 즉 그것은 줄곧 국부적이고 정태적인 역사만을 묘사할 뿐이다. 현대 중국이 외래관념을 융합하여 구성한 국가와 문화는 결코 근원이 없는 물이 아니며, 또 어떤 관념이 일단 형성되면 곧 능동성을 갖게 된다. 따라서 화하의 주변이론은 '중심'의 의미가 결여된 '족군'과 결론이 없는 '민족사 족군 주변이론'이며, 역사 선험론적인 신화일 뿐이라고 비판하기도 한다.* 여기서 지적할 것은 주변이론이 물론 중국의 형성을 이해하는 데 의미 있는 시각을 보충해주기는 했지만, 그럼에도 중국이 결코 '무에서 출현한 것'이 아니라는 점을 홀시할 수는 없다는 것이다. 중국의 내포와 외연은 끊임없이 변화하고 강세 담론에 의해 구성되는 바가 있기는 하지만, 중국의 주류와 주도문화는 결코 허무한 존재가 아니다. 마지막으로 자원 경쟁만 아니라 협력과 공동 번영의 요소도 존재한다. 소수민족에 내재하는 전승과 변화가 특히 현대 중국과 관련되어 있으며, 그것은 동시에 소수민족의 주동적인 정감과 이념 선택의 결과라는 점을 무시할 수 없다. 그 주관적 정체성 가운데서 '차이'에 대한 경향을 주목했다면 그 '같음'을 추구하는 것도 마찬가지로 주의할 필요가 있는 것이다.

셋째는 왕밍밍(王銘銘)의 '중간권역[中間圈]' 이론이다. 왕밍밍은 중국 인류학의 시각에서 보면 핵심권역은 한족 농촌과 민간문화이고, 중간권역은 소수민족지구로서 대체로 서부 지역이 해당되고, 세번째 권역은 이른바 해

발전수준이 비슷한 수많은 문명이 공존했다고 주장하였다. 蘇秉琦, 『滿天星斗──蘇秉琦論遠古中國』, 中信出版社, 2016 참고. ─역자 주
* 劉芳, 「從語言對文化的意義觀"族群邊緣論"的神話-對王明珂〈華夏邊緣〉的辯駁」, 『黑龍江民族叢刊』, 2012年第2期, pp.22-38.

외라고 주장하였다. 또한 '중간권역'이 한번 형성되면 더이상 변화하지 않는 것이 아니라, 때로는 안과 밖의 경계선이고 때로는 외부에 속하기도 하고 또 때로는 안과 밖의 과도지역이기도 했다고 강조하였다.[*] 장이회랑[藏彝走廊][**]의 사례 연구를 예로 들면, '중간권역' 이론은 "우리 시대를 배경으로 삼아 계곡이 종횡으로 뻗어 있는 장이회랑으로 깊이 들어가서 우리와 다른 인문세계를 발견하고 이 세계가 직면한 도전을 감지한다. 그리고 그것을 역사복원의 방법이자 자아반성의 거울로 삼아 우리의 생활과 연계시킴으로써 우리 자신의 여행을 다른 것들과 차별화하고자 한다"[***] 여기서 나와 타자의 구별은 명확히 인류학의 전통을 계승하고 있음을 말해주지만, '중간권역'과 '핵심권역', 한족과 소수민족 간의 차이가 도대체 얼마나 크고, 그 경계가 무엇인지는 답변하기 어려운 문제이다. 왕밍밍은 인류학의 역사적 발전으로부터 관찰하여, 현재 인류학이 경제학 등 사회과학의 관념으로부터 받은 영향이 너무 심하여 전체적인 연관성이 결여되어 있다고 보았다. 그래서 그는 그것을 '문화의 과학'으로 부흥시킴으로써 개체주의화한 사회과학에 대해 도전해야 한다고 강조하였다.[****] 하지만 이른바 '핵심권역'과 '중간권역'은 관찰 위치와 시각의 차이에 따라 서로 다른 변화가 발생할 수 있기 때문에 이러한 권역층 구조는 끊임없이 변화할 수밖에 없다.

---

[*] 王銘銘, 「所謂"天下", 所謂"世界觀"」, 『沒有後門的敎室-人類學隨談錄』, 北京: 中國人民大學出版社, 2004, pp.127-140.

[**] 장이회랑은 페이샤오퉁이 1980년을 전후하여 제기한 역사-민족구역 개념으로 주로 쓰촨, 윈난, 티베트 세 개의 성을 중심으로, 주로 남북으로 이어지는 산맥과 강(누강怒江, 란창강瀾滄江, 진샤강金沙江), 높은 협곡으로 이루어진 구역을 가리킨다. ─역자 주

[***] 王銘銘, 「初入"藏彝走廊"記」, 『中間圈: "藏彝走廊"與人類學的再構思』, 北京: 社會科學文獻出版社, 2008, p.24.

[****] 王銘銘, 「"中間圈"-民族的人類學硏究與文明史」, 『中間圈: "藏彝走廊"與人類學的再構思』, pp.44-74.

왕밍밍은 한족/농경민족의 입장에서 관찰하고 있다. 만약 그가 멍구족(蒙古族)과 같은 유목문화의 시각에서 보았다면, 아마도 세계의 상황은 이 3개 권역의 구조와는 완전히 다르게 보였을 것이다.* 비록 그가 상호관계와 추동을 거듭 강조하였지만, '핵심' 위치를 바꾼다면 그 역시 기존의 중원 정통문화를 중심으로 한 '중심과 주변'의 틀을 답습하며 단지 세분화하고 내부적으로 일정한 조정을 하는 데 그치고 있을 뿐이라는 점을 결코 의식하지 못했다. '한 곳에 거하는 것'과 '떠도는 것'은 인식론상 서로 다른 접근방식이다. 타자를 강조하는 통찰이든 타자를 나로 전환시키는 현대적 개조이든, 각기 다른 논리적 사고는 서로 다른 결론을 얻고 각자의 합리성을 갖춘다. 하지만 역사에 대한 사색에서는 현대성도 이미 '타자' 자신의 일부분으로 되었다는 점을 무시할 수 없다. 진정으로 타자 자신의 시각으로부터 현실로 돌아와 문화를 관찰하는 것이야말로 어쩌면 이상적인 모습일지도 모른다.

이상 세 가지 논의는 그 지향하는 바가 '사회과학'이든 '역사과학'이든, 아니면 '문화과학'이든 하나의 공통적인 특징을 보여준다. 즉 그들은 모두 거시적인 역사, 정전(正典)담론과 일체화하는 언설을 바로잡고 해체하는 의미를 지니고 있으며, 제2차세계대전 이후 중국 내 인류학이론의 발전 과정을 보여주고 있다. 그러나 이러한 선도적인 성과 가운데에서 여전히 타자를 무시하는 상황이 다소 존재하는가 하면 타자를 '나'의 대립물로 단순화시키기도 한다. 하지만 더욱 의미 있는 것은 고심어린 교정 과정에서 타자

---

* 나는 일찍이 후이족(回族) 출신의 인류학자 딩훙(丁宏)과 이 문제에 관해 토론을 한 적이 있다. 흩어져 거주하는 후이족 혹은 러시아, 우즈베키스탄, 카자흐스탄 등 국가에 이산되어 있는 툰가니(Tungani, 둥간東干인)의 시각에서 볼 때는, '중간권역' 이론을 적용할 수 없음이 명확하다.

자신의 특질과 가치가 부각됨으로써 어느 정도 현대 중국의 각 족군 사이의 관계 즉 "너의 가운데 내가 있고 나의 가운데 네가 있는" 관계구조가 함축할 수도 있는 "너는 바로 나이고, 나는 바로 너다"라는 사회, 문화, 정치상의 혼혈상황에서 이탈하는 경향이 존재한다는 점이다. 이것은 일종의 차이성을 생산하는 것이다. 국가와 사회의 차이, 한족과 소수민족의 차이, 중심과 주변의 차이 등 모든 것이 강조되고, 공동과 공통의 이념은 마치 '일체화'라는 패권적 의미로 간주되어 교정된다. 근래 또 어떤 인류학자는 온갖 만물이 하늘을 공유하고 온갖 등이 서로 비추는 '중첩적 합의(over-lapping consensus)'라는 관점을 제시하였는데,* 민주와 협상의 의미를 지니고 있는 이러한 주장은 새로운 이데올로기 속에서 당대 인류학 담론이 추구하는 이상을 잘 보여주고 있다.

여기서 다시 세 가지 대표성을 지닌 총서를 예로 들어 간략히 살펴보도록 하겠다. 첫째는 윈난인민출판사의 '당대 중국 인류학 민족학 문고'이다. 이 문고는 20세기 30-40년대 인류학자들의 조사 연구 성과를 재발간하였다. 대표적인 예로는 톈루캉(田汝康)의 『망스 변경지대 바이족芒市邊民的

---

* 納日碧力戈, 『差異與共生的五個維度』, 『甘肅理論學刊』2013年1月 참고. ('중첩적 합의'란 롤스[John Rawls]가 제기한 개념으로 그는 시민들의 정의에 대한 관점이 서로 다르지만, 서로 다른 정치적 관념은 서로 유사한 정치적 판단을 이끌 수도 있다고 주장하였다. 즉 서로 다른 전제가 동일한 결론을 낳을 수 있다는 의미로 사용했으며, 또 한 사회의 기본구조를 규범화하는 정치적 정의관이 그 사회에서 대대로 전승되는 종교, 철학, 도덕 등 주요학설로부터 각자 지지를 받을 수 있다는 의미로 사용하기도 했다. 즉 서로 다른 가치관념 체계가 자신을 견지하는 전제 아래 정치생활의 기본질서와 원칙에 대한 합의를 의미한다. 이에 대해서는 John Rawls, A Theory of Justice, Cambridge, Mass.: The Belknap Press of Harvard University Press, 1971[존 롤스 지음, 황경식 옮김, 『정의론』, 이학사, 2003]; John Rawls, "The Domain of the Political and Overlapping Consensus", in John Rawls, Collected Papers, edited by Samuel Freeman, Cambridge, Mass., London, England: Harvard University Press, 1999 참고. ―역자 주)

擺』*, 팡궈위(方國瑜)의 『윈난 서부 지역 고찰기滇西邊區考察記』, 장잉량(江應樑)의 『바이이족의 경제문화 생활擺夷的經濟文化生活』, 교재 성격을 띤 일반론인 저우광다(周光大) 편 『현대민족학』(상하), 취밍안(瞿明安)의 『당대 중국 문화인류학』(상하), 왕닝성(汪寧生)의 『민족 고고학 탐색』, 리후이취안(李惠銓)의 『윈난 역사 탐색滇史索錄』이 있다. 그리고 구체적인 연구로는 장년, 중년, 청년 연구자 3대를 포괄한 각 전문 주제 연구인, 옌루셴(嚴汝嫻)과 류샤오싱(劉小幸) 편 『모쒀족 모계제 연구摩梭母系制研究』, 장쩡치(張增祺)의 『중국 서남 민족 고고』, 두위팅(杜玉亭)의 『지눠족 전통 애정문화基諾族傳統愛情文化』, 궈자기(郭家驥)의 『발견의 성찰: 란창강 유역 소수민족 변천의 인류학 연구發展的反思－瀾滄江流域少數民族變遷的人類學研究』, 양푸취안(楊福泉)의 『옥룡의 못다 핀 사랑: 나시족의 정사 연구玉龍情殤: 納西族的殉情研究』, 궁루이(龔銳)의 『성과 속의 사이에서: 시솽반나 다이족의 부처봉헌 세속화의 인류학 연구聖俗之間: 西雙版納傣族晱佛世俗化的人類學研究』, 정샤오윈(鄭曉雲)의 『최후의 종갓집: 지눠족 부계 대가정과 문화변천最後的長房: 基諾族父系大家庭與文化變遷』, 추이밍쿤(崔明昆) 편 『상징과 사유: 신핑 다이족의 식물세계象征與思維－新平傣族的植物世界』, 궈징(郭淨)의 『설산지서雪山之書』, 친잉(秦瑩)의 『"춤추며 상차리기": 난젠 이족의 주연 예의"跳菜": 南澗彝族的饗宴禮儀』, 인샤오팅(尹紹亭)의 『머나먼 산불: 인류학 시각하의 화전경작遠去的山火－人類學視野中的刀耕火種』, 왕칭화(王淸華)의 『계단식 경작 문화론: 하니족 생태농업梯田文化論: 哈尼族生態農業』 등이 있다.

둘째, 구이저우(貴州)대학출판사의 '국제 시야 속 구이저우 인류학'이다.

---

* 바이족, 즉 바이이(擺夷)는 지금의 윈난 더훙(德宏) 망스에 거주하는 다이족(傣族)에 대해 명청 시대에 부르던 호칭이다. ─역자 주

이 총서는 프랑스 선교사 사비나(Le P. Savina)의 『먀오족사苗族史』, 일본인 도리이 류조(鳥居龍藏)의 『먀오족 조사보고』, 미국학자 루이자 샤인(Louisa Schein)의 『소수의 법칙Minority Rules: The Miao and the Feminine in China's Cultural Politics』, 페이샤오퉁 등의 『구이저우 먀오족 조사자료』, 량취우(梁聚五)의 『먀오족 발전사』, 양완쉬안(楊萬選) 등의 『구이저우 먀오족고貴州苗族考』, 스차오장(石朝江)의 『중국 먀오학中國苗學』, 젠메이링(簡美玲)의 『구이저우 동부 고지 먀오족의 정감과 혼인貴州東部高地苗族的情感與婚姻』, 장탄(張坦)의 『"좁은 문" 앞의 스먼칸: 기독교 문화와 쓰촨, 윈난, 구이저우 주변 먀오족 사회"窄門"前的石門坎: 基督敎文化與川滇黔邊苗族社會』 등을 포함하고 있다. '당대 중국 인류학 민족학 문고'가 주로 윈난 지역과 족군에 대한 연구인 것과 마찬가지로, 이 총서에서 다루는 지역과 민족 대상도 매우 명확하다. 다른 한편 그 총서가 보여주는 새로운 성과는 매우 적은 편이다. 20세기 상반기의 조사 자료에 대한 재발간이 중심이어서 지식론과 방법론상의 새로운 변화는 더더욱 찾아보기 힘들다.

셋째, 민족출판사의 '중국 소수민족 비물질 문화유산 연구계열' 총서이다. 이 총서의 내용은 잡다하다. 2006년부터 연속적으로 출판되기 시작한 일련의 출판물이 다루는 내용에는 좡족(壯族)의 랴오가(嘹歌, 예부터 전해오는 좡족의 장편 민간 가곡—역자), 시보족(錫伯族), 어룬춘족(鄂倫春族), 위구르족, 허저족(赫哲族), 만주족의 샤먼, 사니인(撒尼人)과 이족(彝族)의 민간문학, 먀오족의 창세신화, 명구문 초본 『서유기』, 리족(黎族)과 다이족의 문신, 소수민족 신화의 모티브와 그 기원, 샹시(湘西) 먀오족의 조사, 먀오족 제사의식, 투자족(土家族)의 민가, 창족의 석비창경(釋比唱經)*, 지역적인 소수민

---

* 석비(釋比)는 창족에서 생사를 연결하는 신령한 존재로 받드는 사람이며, 종교의식 등

족 무용, 좡족(壯族), 무라오족(仏佬族), 마오난족(毛南族)의 서사시 등을 포괄하고 있다. 이 총서는 구전전통을 더욱 중시하고 있으며, 연구대상은 거의 모두 '정지화(靜止化)'의 경향을 보여준다. 즉 어떤 사항을 모종의 고립된 문화현상으로서 고찰하고 있으며, 이러한 고찰 속에서 다양한 상황과 맥락이 관련을 맺기는 하지만 변화의 측면은 거의 찾아보기 어렵다.

이상 세 가지 총서류 도서는 현재 중국 인류학 연구의 일반적인 상황을 보여준다. 사회학이 현재의 동태적인 문화접촉과 변화에 더욱 주목하는 것과는 달리(비록 도시 인류학이 이제 막 시작되기는 했지만 사회학적인 조사연구의 경향이 강한 편이다. 여기서 언급하는 학과분류 자체가 지니고 있는 지나친 세분화의 문제에 대해서는 잠시 논하지 않겠다), 인류학은 마치 다시 타자의 다른 문화를 정지, 안정, 요원한 곳의 상태로 되돌려놓은 것처럼 보인다. 이러한 인류학의 일반적인 지식상황을 통해, 현재 인류학 담론이 보여주고 있는 몇 가지 경관을 대략 엿볼 수 있다. 1. 전지구적인 정치적 올바름(political correctness)에 영합하는 문화다양성 담론. 관방의 제창하에 인류학이 민속, 역사 및 고고학과 결합한 문화유산학은 특정한 민간과 민족의 현상을 더욱 경직시켰으며, 본질주의의 시각에 입각하여 끊임없이 생장하고 변성하는 '살아 있는 전통'의 동태적인 과정을 종종 무시하고, 그 대신 박물관화함으로써 그 자유자재하는 생태를 질식시켜버렸다. 문화유산의 이념이 강조하는 것은 보호이다. 이러한 담론에서 특정한 문화는 그것이 발생하고 발전해온 일상적인 맥락으로부터 분리된 추상적인 것으로서, 종종 그러한 문화의 도식적인 인상과 대표적인 부호로 전락하고 더욱 풍부한 내용을 은폐시킨다. 그뿐만 아니라 그러한 타자를 끊임없이 변화하고 복잡하

에서 써비가 구전되는 경문을 노래하는 것을 써비창경이라고 한다. — 역자 주

게 착종된 현재의 사회관계 밖으로 내치고 있다. 2. 경제개발과 결합하여, 더욱더 지방정부와 개발자본을 위해 복무하는 응용인류학. 특히 관광인류학은 지방적인 문화기물, 제도, 의식, 신앙을 '가독성' 있는 시각적 부호와 체험방식으로 전환시켰으며, 그것들에게 여러 가지 가치(신비한 문화, 유구한 역사, 순박한 미덕, 오염되지 않은 순결한 지역)와 상징적 의미(낭만, 보헤미아풍, 이족異族의 풍토와 인정)를 부여하여 관광객과 외래인에게 볼거리를 제공하며 이익을 취하고 있다. 3. 신사회사, 신문화사 조류와 결합한 각종 명목의 인류학 지류. 즉 종교 인류학, 의료 인류학, 젠더 인류학 등은 기존의 연구에 참신한 시각을 제공하고, 더욱 세밀한 자료와 정교하고 치밀한 분석을 제공하였다. 그러나 전체적인 측면에서 보면, 결코 어떤 사상적인 국면도 변화시키지는 못하였다. 4. 지식욕구, 호기심과 엿보기를 만족시키며, 본능을 위해 서비스하는 각종 자질구레한 인류학. 예를 들면 대중시장에서 널리 환영을 받는 음식인류학 같은 것이다. 이러한 통속적인 인류학은 정치, 경제를 위해 복무하는 것과 마찬가지로, 군중심리에 영합하는 지식과 풍토와 인정에 관한 저열한 표현과 연기를 판매한다. 5. '서술', '상징'의 중요성을 강조하는 문학인류학은 비교문학으로부터 분화되어나왔지만, 고고학의 성과와 신화학이론을 본보기로 삼는 것 이외에, 지금까지도 여전히 실제적이고 이론적인 창신이나 이렇다 할 연구 성과를 보여주지 못하고 있다.

주의할 것은 상술한 경향들 가운데서 소수민족의 차이성은 학술적 서술에서든 아니면 민간과 대중매체의 표현에서든 모두 사색을 거치지 않은 맹목적인 가치로서 전파된다는 점이다. 이는 사회주의 중국의 '구동존이(求同存異, 같음을 추구하되 차이를 보존함)' 민족구별 이념과 다르다. 즉 이른바 '구동존이'의 민족구별이념은 강렬한 민주공화 의미와 목적론적 기대를 지니고 있지만, 전자의 경우는 차이성을 일종의 상징자본('머나먼 낭만적인 지역, '고귀한 야만인'과 같은)으로 전환시켜 그 문화부호를 판매할 때 즉 유토피아적인 환상을 수립할 때 바로 자본 경영의 이데올로기를 입증해 보여준다. 소수민족이 모종의 지식체계 속에서 타자로서 구성된 이후, 지금까지도 "전파매체든 혹은 기타 문화생산과 관련된 영역에서든, 소수민족과 관련된 사회문화의 재현은 실제로 이러한 지식체계의 재현이다."* 새로운 시대에서는 자본의 개입과 개조가 뒤섞임으로 인해, 이러한 지식체계와 타자 형상은 더욱더 의도적으로 고정화된다. 그중 두드러진 현상 가운데 하나는 바로 '원생태'가 현재 중국 사회문화의 맥락 속에서 중국식 현대화 발전 과정 중의 타자를 구성하며, 이러한 '타자'의 드러냄을 통해 원생태의 '본질적 진정성'의 가치를 표방한다. 그러나 판커(範可)가 말한 바와 같이 "이때의 '본질적 진정성'이 생산하는 언외의 의미(sub-text)는 오히려 '원시성'이다."** 따라서 중국 인류학의 담론은 한 세기 동안 돌고 돈 이후에 전지구화의 경제논리 속에서 다시 처음의 등급담론 속으로 돌아간 듯하다. 차이가 있다면 단지 이전은 다른 문화의 타자였던 것이 이제는 스스로 지역적으로 특색화하고 내재적으로 타자화할 뿐이다. 타문화를 신비한 타자의 경지에 놓으려는 욕망에서 헤어나지 못한 채, 겉으로는 겸손해 보이는 인류학의 자세는 실제로는 신식민주의 시대의 정교한 방법일 뿐이다.

저우닝(周寧)은 그의 형상학 연구의 저작에서 다음과 같이 말하였다. "서구 현대성의 타자로서 출현한 야만 혹은 반야만적인 중국 형상은 19세기 제국주의 시대에 완성되었다. 그 문명/야만의 이원적 대립의 틀은 차이와 대립의 요소를 포함하고 있을 뿐만 아니라, 또 등급과 강권의 세계질서

---

* 範可, 「"他者"的再現」, 『他我之間: 人類學語境裏的"異"與"同"』, 北京: 中國社會科學出版社, 2012, p.48.
** 위의 책, p.63.

를 포함하고 있었다. 구체적으로 일반적인 사회지식과 상상 속에 체현된 것은 바로 당시 유행하던 진화론과 전파론이었다. 문명진화론은 진보를 척도로 삼아 시간 속에 각기 다른 국가와 민족의 문명을 배열하였으며, 문명전파론은 동양과 서구를 골격으로 삼아, 그 공간 속에서 각 국가 문명의 유형을 분류하고 최종적으로 보편적인 문명의 역사적인 진행 과정으로 표현하였다. 진화론이든 전파론이든, 궁극적으로는 모두 문명과 야만이라는 이원적 대립의 틀 속에서 이해되어야만 했다. 이러한 틀은 보편적인 것이었고, 세계의 모든 국가와 민족의 부(富), 사상형식은 문명이든 야만이든 관계없이 모두 그 틀 속에 넣어져야 했다. 동시에 이러한 보편적인 문명/야만의 틀은 또 등급화된 것으로서 일종의 우열 및 상하, 중심과 주변, 긍정과 부정의 질서를 형성하였다. 서구의 근대 중심의 문명개념은 동시에 두 가지 측면을 강조하였다. 하나는 서구의 근대 민족국가의 자아의식 측면이고, 다른 하나는 인류사회의 보편적인 가치 측면이다. 전자는 서구주체 혹은 서구중심을 확립시켰고, 후자는 서구확장에 대한 합법성을 확립시켰다."*
인류학은 일종의 제국의 기술로서 제국의 논리와 행동을 더욱 조장하는 역할을 하였지만, 위의 저우닝의 서술에서는 이 점을 다소 홀시한 면이 없지 않다. 즉 이러한 문명과 야만의 이원 대립적 인지구조가 세계 각 구석구석에 만연하는 과정에서, 부분적으로는 현지의 비자각적인 무의식으로서 내재화되었다. 이러한 상황은 인류학의 본토화 과정에서 특히 명확히 드러난다. 다른 한편 본토 전통, 문화 엘리트도 결코 완전히 피동적으로 수용한 것이 아니라 문화접촉과 협상 과정에서 반항적인 요소가 발생할 수도 있다. 저우닝이 말한 바와 같이 "20세기 초, 서구의 대대적인 확장 조류 속

---

* 周寧, 『天朝遙遠: 西方的中國形象研究』, 北京: 北京大學出版社, 2006, pp.798-799.

에서 중국은 '세계에 대항하는' 최후의 야만국가였다. 20세기 두 차례의 세계대전과 그후 세계적 차원의 공산주의와 민족주의 운동은 5세기 동안 지속되어 온 서구의 세계적 확장을 잠시 억제시켰다. 그리고 20세기 마지막 10년 동안에 이르러 냉전이 종결되자, 이러한 확장의 큰 조류가 다시 형성되고 제국주의에서 신제국주의로 변화하였다. 20세기 초의 담론은 문명이 야만을 정복하는 것이었고, 20세기 말의 담론은 '전지구 문명의 일체화'로 바뀌었지만, 중국의 이미지는 줄곧 야만적인 동방화로 처리되었다."* 중국 인류학은 사회주의 초기에 일찍이 자신의 전지구적 비판시각을 발전시킨 적이 있지만 계몽식 현대성의 총체적인 틀을 극복하지 못함으로써, 일단 풍파를 겪게 되자, 특히 세기 전환기의 전지구화 담론에 직면해서는 곧 패권적 담론을 답습하는 것을 피할 수 없었다. 앞에서 말한 바와 같이, 중국 문화 내부에는 문명과 야만이라는 이원적 사유가 잠재되어 있을 뿐만 아니라 진화 사슬상의 '선진'과 '낙후'의 등급구조로 전환되었다. 이러한 내부의 등급 무의식에 대해 철저한 검토와 반성이 이루어질 때, 중국 인류학은 비로소 오랫동안 답습해온 사상적 굴레에서 벗어날 수 있을 것이다.

결론: 인간을 근본으로 하는 문화

일찍이 1980년에 페이샤오퉁은 중국 사회학(인류학)을 회복시킨 선두적인 연구자로서, 미국 덴버(Denver)에서 응용인류학 학회의 말리노프스키상을 수상하였는데, 그 수상 강연에서 그는 '인민을 향한 인류학'을 제시하

---

* 周寧, 『天朝遙遠. 西方的中國形象研究』, p.812.

고, 서구의 인류학에 대해 질문을 제기하였다. "나는 항상 선배들이 처했던 상황의 입장에서 그들의 숨겨진 고뇌를 상상하기를 좋아합니다. 당시 어떤 인류학자가 타인보다 더 높은 민족 우월감의 편견으로부터 벗어나 토착 민족에 대해 가슴 가득 동정과 선의를 품었다 할지라도, 그들이 행한 이러한 민족조사가 조사대상인 민족에 대해 무슨 의의가 있었을까? 도대체 이러한 조사가 현지 주민들에게 무슨 결과를 가져다주었을까? 피조사자를 실험실 속의 관찰 대상으로 대하는 사람들은 물론 이러한 문제를 쓸데없는 고민으로 치부해버리고 생각조차 하려 하지 않겠지만, 인간의 존엄을 중시하는 한 학자에게 있어서, 이러한 문제가 야기하는 번뇌는 결코 쓸데없이 자초하는 것이 아니라 객관적으로 존재하는 당시의 현지 사회제도로부터 나오는 것임을 명확히 알 필요가 있습니다. ……많은 인류학자가 관심을 두는 것은 단지 우리의 스승(말리노프스키)이 쓴 그러한 사람들에 관한 글이지, 그러한 사람들 자체는 아닌 것처럼 보입니다. 이들 생명력 넘치는 사람들은 일찍이 이미 인류학자들에 의해 잊혔습니다. 대신 기억되고 심지어 계속해서 끊이지 않고 논해지고 있는 것은 단지 그들이 우리 스승의 붓끝에 남긴 그림자에 불과하다고 말할 수 있지 않을까요? 나는 때때로 또 나의 선배들이 좀 억울하다고 느끼는 경우도 있습니다. 그들이 고생스럽게 현지 주민으로부터 얻은 지식은 항상 현지 주민에게 돌려주어 그들의 생활 개선에 기여하도록 하는 것이 매우 어려웠습니다."* 페이샤오퉁의 이러한 말은 매우 깊은 인문적 관심을 보여주고 있다. 자오쉬둥(趙旭東)은 페이샤오퉁의 학술적 방법을 실용성으로 귀결시킬 수 있다고 보았다.

---

* 費孝通, 「邁向人民的人類學」, 『費孝通學術精華錄』, 北京: 北京師範學院出版社, 1988, pp.417-418.

"배워서 쓰임에 이른다"는 전통의 영향이든 아니면 "서양을 중국을 위해 이용한다"는 근대적 주장이든, 그 목적은 바로 "인민을 위해 복무하는"(여기서 '인민'의 함의는 당연히 변화 과정 중에 있다) 것에 다름 아니다. 그러나 "개혁개방 이후, 시장경제가 발전함에 따라 두 종류의 학술 연구 경향이 이러한 '인민을 위해 복무하는' 사회학을 크게 약화시켰다. 그중 하나는 성과지향이고 다른 하나는 교환지향이다. 사회학 연구에 종사하는 일부 사람들은 인민대중의 수요로부터 연구주제를 생각하는 것이 아니라 먼저 국제적으로(주로 구미 지역) 유행하는 연구주제를 살핀 다음, 자신도 모방해 연구하고 한 편씩 발표하여 이른바 '연구 성과'를 만들어간다. 하지만 중국 본토 사회에 대해 결코 어떤 깊이 있는 인식이나 이해를 더 증가시키지 못하는데, 이것이 바로 성과지향에 속하는 연구자이다. 한편 교환지향 연구자는 각종 조사 설문지를 가지고 조사자에게 의뢰를 하는데, 그 중간에서 매개 역할을 하는 것은 바로 금전이다. 한 부의 설문지에 얼마씩 계산하여 서로 교역을 함으로써 쌍방이 모두 수지가 맞아 만족해한다. 즉 한쪽은 실제적인 금전을 얻고, 다른 한쪽은 책을 쓰거나 논문을 쓸 수 있는 자료를 얻게 되는 것이다. 먼저 이러한 설문조사 방법 자체가 지닌 폐단은 차치하고, 이러한 순수 금전관계를 기초로 해 얻은 조사 자료에 대해서만 보더라도, 그것이 얼마나 신뢰할 수 있는지, 이러한 학술적인 행위가 어떤 기풍을 조장하고 있는지 하는 의문이 들지 않을 수 없다. 이 모두는 깊이 사고해봐야 할 문제이다."[*] 즉 인류학의 목적은 인식론적인 것도 있지만 가치론적인 것도 있음을 잊어서는 안 된다.

---

[*] 趙旭東,「馬林諾夫斯基與費孝通: 從異域邁向本土」(潘乃穀, 馬戎主編,『社區硏究與社會發展』, 天津: 天津人民出版社, 1996), 謝立中主編,『從馬林諾斯基到費孝通: 另類的功能主義』, 北京: 社會科學文獻出版社, 2010, pp.337 330.

문제는, 설사 가장 예민한 선행자들 속에서 이미 완성된 이론적 성찰이라 하더라도 실제적인 실천과는 일정한 거리가 있을 수 있다는 것이다. 서두에서 언급한 나의 조사 연구를 위한 여행의 경우를 보면, '국정 연구조사國情調研'라 불린 이 연구 항목은 사실상 국가철학사회과학의 전체적인 기획 중 인문사회과학의 각 학과와 연계되어 있었으며, 그 목적은 국가 전체 정책기획을 위해 정보 제공, 국정통치 지원, 지식적 측면에서의 지지 역할을 하는 것이었다. 이는 1950년대 시작된 사회역사 조사와 방법은 달라도 효과는 동일한 것이었다. 그뿐만 아니라 사회가 변화했음에도 방법은 여전히 거의 차이가 없어, 단지 영상과 그림 및 문자와 관련된 기술의 측면에서 진보가 있었을 뿐이다. 신세기 이래 인류학 조사 가운데는 '성과지향'과 '이익지향'의 문제가 보편적으로 존재한다. 특히 경계해야 할 것은 조사를 통해 획득한 결과에 대해 만약 '객관적 기록'이라는 외피를 두르고 더 깊은 반성을 하지 않는다면, 종종 조사대상을 정교하게 하고 추상화하며 대변하는 상황에 빠지게 되고, 그 결과 차이성을 생산하는 과정에서 갈수록 더 멀어진다는 점이다. 이러한 차이성은 비록 존재하기는 하지만, 현대적 교환, 인적 교류와 정보의 유동이 갈수록 빈번해지고 심화됨으로 인해 이미 큰 변화가 발생하였다. 족적(族籍)과 지역이 야기하는 제한은 상당 정도 극복되었으며, 지방과 학자들이 의식적으로 강조하는 '차이성' 담론은 단지 새로운 문화 장사를 만들어내는 근거 가운데 하나일 뿐이다.

페이샤오퉁은 만년의 한 문장에서 '문화 자각'을 강조하였다. 그는 "이 네 글자가 바로 경제적 전지구화에 대한 현재 사상계의 반응을 표현한 것이며, 세계 각지의 여러 문화가 접촉하면서 촉발한 인류 심리상의 절박한 요구이다. ……지금까지 발전해오면서, 인류는 이미 우리 각 민족의 문화가 어디에서 온 것인지, 어떻게 형성되었는지, 그것의 실체는 무엇인지, 그것은 인류를 장차 어디로 이끌 것인지에 대해 알고자 한다"*고 말했다. "그 의의는 일정한 문화 속에서 생활하고 있는 사람들이 자신의 문화에 대해 '정확히 알고', 그것의 내력, 형성 과정과 그것이 지닌 특색과 발전방향을 명확히 인식하는 데 있다. 자신을 정확히 인식하는 것은 문화의 전환에 대한 자주적 능력을 강화하여 새로운 환경에 적응하고 신시대의 문화선택을 결정하는 자주적 지위를 획득하기 위한 것이다."** 결국 나와 타자는 동일한 시공 속에서 동시에 생존하고 있으며, 기능주의가 강조하는 문화의 변방은 일신되어야 한다. 한 연구에 따르면, 페이샤오퉁은 일찍이 "경계가 없는 '장場'의 개념으로 기존 '문화경계'의 개념을 대체"하려고 시도한 적이 있다.*** 인류학 연구는 이제 스스로 주의를 환기시킬 필요가 있다. 즉 실천과 현실은 이론보다 높으며, 문화는 결국에는 그 주체인 인간을 근본으로 삼아야 한다. 이러한 '인간을 근본으로' 삼는 것은 단지 현실이익의 차원에서만이 아니라 이상주의적인 차원에서도 요구된다.

중국은 근대적 민족국가이지만 순수한 형태의 서구식 근대 민족국가는 아니며, 또 전통적인 '제국' 혹은 신형 초사회적 제국이 아니라 내부적으로 각종 다른 체계의 소통, 연계, 교융, 혼혈이 충만하게 이루어지는 존재이다. 그 가운데 어느 지역 또는 족군은 모두 '과체제의 사회'이다. 그것은 화이부동(和而不同)의 문화적 전통을 지니고 있을 뿐만 아니라 차이 속에서 같음을 추구하는, '서로 다르면서' '조화'를 이루는 현실정치와 사회실천

---

* 費孝通, 「關於文化自覺的一些自白」, 費孝通, 『論人類學與文化自覺』, 北京: 華夏出版社, 2004, p.184.

** 위의 책, p.188.

*** 趙旭東, 「在文化對立與文化自覺之間」, 『本土異域間: 人類學研究中的自我, 文化與他者』, 北京: 北京大學出版社, 2011, p.229.

성격도 띠고 있다. 이러한 상황에 직면하여, 공통성의 기초 위에서 자아와 타자의 차이성을 승인하는 것이야말로 아마도 지금까지 우리가 인류학의 지식계보를 반성적으로 성찰하면서 얻은 결론일 것이다. 즉 자아와 타자는 평등성을 지닌 사람이며,* 그런 연후에 다시 공정성을 바탕으로 문화가 다른 나와 타자를 구분해야 한다. 이것이 학술과 사상에서의 정의이다.

---

* 복잡한 중국의 '과사회체계跨社會體系'와 '과체계사회跨體系社會'의 평등문제에 관해서는 汪暉, 「再問"什麼是平等"」, 『文化縱橫』, 2011年第5, 6期 참고.

역자 후기

우리가 살고 있는 이 지구는 어떻게 만들어졌을까? 이는 지구에 대한 지구과학이나 지질학적인 지식을 묻는 것이 아니다. 인간이 매일 피부로 느끼는 지구는 쪼갤 수 없는 지구가 아니라 수많은 선분에 의해 쪼개진 공간, 다양한 경계선으로 나누어진 기하학적인 공간이다. 이 가운데 많은 선들은 지구의 자연적인 조건이나 그 곳에 살고 있는 사람들의 삶과는 무관하게 인위적이고 폭력적으로 그어진 것들도 적지 않다.

경기도 포천시 영중면 양문리 사람들에게 1945년 8월 일본 식민지로 부터의 해방은 남다른 의미를 지니고 있다. 일본이 항복하고 나서 채 보름도 안 된 8월 말에 미국과 소련이 북위 38도선을 경계로 한반도를 분할 점령했기 때문이다. 당시 그 마을에는 100여 가구가 살고 있었는데, 38선으로 인해 60여 가구는 남쪽 미군정 치하로, 40여 가구는 북쪽 소련군정 치하로 각각 편입됐다. 북위 38도를 가로지르는 직선에 의해 멀쩡한 한 마을이 하루아침에 영문도 모른 채 두 동강이 난 것이다. 38선에 의해 한반도의 12개의 강과 75개 이상의 샛강, 181개의 우마차 도로, 104개의 지방도로, 15개의 전천후 도로, 8개의 큰 차도, 6개의 철로가 단절되고 분할되었다고 하니 양문리와 같은 비극이 얼마나 많은 곳에서 발생했는지는 가늠하고도 남는다.* 그중 강원도 양양군 현북면 잔교리의 한 가정은 38선이 집 한가운데를 가로질러 방과 부엌이 각각 이남과 이북으로 분단되는 해프닝 같은 일이 벌어지기도 했다.** 더 놀라운 일은 한 민족에게 중차대한 사안을 한반도에 관한 전문가가 아닌 미국 국무부의 딘 러스크(Dean Rusk) 대령과 국방부 작전국의 찰스 본스틸(Charles Bonesteel) 대령 두 사람이 1945년 8월 10일 자정 무렵 급하게 한반도 지도를 놓고 졸속으로 결정했다는 것이다. 지구상의 위치를 파악하기 쉽도록 발명된 추상적인 기하학적 선분인 위도가 인간의 삶을 두 동강내는 간편 게임 도구가 된 것이다.

이러한 지정학적 경계는 유사 이래 줄곧 존재하기는 했지만, 근대에 이르러 더욱 보편화되었다. 크게는 대륙의 구분에서부터 작게는 국가와 지역 행정 단위의 구분까지 다양한 층위의 경계가 존재하는데, 그 중에는 자연지리와 그곳 주민들의 삶의 조건과는 관계없이 그어진 경계도 적지 않다. 거의 바둑판처럼 직선에 가까운 선으로 그어진 아프리카의 국경선이 바로 대표적인 예이다. 근대 이후 가장 중요한 지구상의 경계는 바로 국경이다. 국가는 지구상의 유일한 권리 주체로 모든 사람은 특정 국가의 국민으로서 비로소 권리를 갖게 된다. 그런데 국가의 핵심요소인 영토 즉 국경의 최종적 확정은 지정학적 이해관계에 따라 다수 국가들의 승인에 의해 결정된다. 국가로서의 자격과 신분도 마찬가지이다. 현재 지구상에는 국가로서의 기본 요건, 즉 정부, 영토, 국민을 모두 갖추고 있지만 국가로 인정받지 못한 국가정체가 적지 않다. 조슈아 키팅(Joshua Keating)이 "보이지 않는 국

---

* 「38선이 두 동강 냈던 이 마을엔 평화가 숨 쉰다」(『한겨레』, 2021년 6월 25일)
** 「남북을 동강 낸 38선…더 이상 '돌아오지 않는 다리'는 없다」(『주간경향』제1116호, 2015년 3월 10일)

가들(Invisible Countries)"이라고 부른 압하지야, 아크웨사스네, 소말릴란드, 쿠르디스탄 등이 그 예이다.* 그런 의미에서 근대 이후의 세계는 지정학적 이해관계에 따라 경계가 나누어진 기하학적 공간이라고 할 수 있다. 또한 국경은 단순히 지리적 경계만을 나타내지 않는다. 그것은 민족의 경계이자, 문화 혹은 문명의 경계이기도 하고, 종교와 이념의 경계 심지어는 인종의 경계이기도 하다. 그리하여 지정학적인 경계가 가치론적 의미를 지니게 되고, 후자에 의해 가치론적으로 포장된 지정학적 권력과 욕망은 더욱 은폐되고 합리화된다.

이 책은 이와 같이 지정학적인 유형·무형의 공간분할을 통해 형성된 근대 세계질서의 심층적인 의미를 분석한다. 유럽인들이 비유럽 지역을 지도의 구석구석에 채워가는 과정은 지리상의 확장인 동시에 지리 경계 나누기와 의미화의 과정이었다. 유럽의 지구상 공간에 대한 지배력의 확장은 19세기 이른바 제국주의시대 훨씬 이전 대항해시대와 더불어 무주지(Terra nullius)의 선점권이라는 원초적인 점유방식에 의해 시작되었다. 무주지는 소유자가 없는 땅, 국제법적으로는 어떤 국가의 주권도 미치지 않은 영토 또는 이전에 주권을 행사했던 어떤 국가도 명시적 또는 암시적으로 주권을 포기한 영토를 의미하지만, 이때 그것을 판단하는 기준은 유럽적인 소유와 영토개념이었다. 특히 근대 이전 비유럽지역의 국가의 경계는 그 지역 인간 공동체의 삶 유지와 밀접한 관계가 있는 필요불가결한 자연환경과 지리적 조건을 중심으로 폭넓은 지대나 지역 관점에 의해 규정된 것에 비해, 유럽적인 소유권과 국경은 일정 지역에 대한 국가의 실질적이고 지

---

* 조슈아 키팅 지음, 오수원 옮김, 『보이지 않는 국가들: 누가 세계의 지도와 국경을 결정하는가』, 예문아카이브, 2019.

속적인 경영과 관리, 지배의 의지가 관철되는 곳으로서 좁은 선분에 의해 나뉘었다. 특정 지역이 무주지인지의 여부는 특정한 사람들의 삶과 연계된 지속적인 점유와 지배만이 아니라 그것을 보장하는 특정 여건을 갖춘 국가의 존재여부에 의해 결정되었으며, 국가가 부재하는 곳의 인간과 그들의 삶의 방식은 야생지역이나 황무지같이 소유자가 없는 자연상태이거나 무의미한 것으로 간주되었다. 그들은 권리의 주체인 특정 국가에 선점되어 귀속되어야 할 자연대상에 불과했다. 이러한 지역은 무주지 선점권 혹은 국가 간의 지정학적인 타협에 의해 분할되었다.

근대 세계질서의 근간인 국가는 특정 조건을 전제로 한 정체이다. 각 국가의 자격조건과 행위규범을 규정하는 국제법은 세계질서에서 누가 주체가 될 수 있는지를 결정한다. 이에 따르면 이미 수천 년 동안 사람들이 거주하며 특정한 정체를 구성하는 지역이라도 국제법 기준에 부합하지 못하면 국가로서의 권리를 갖지 못하고, 이들이 일정한 자격을 갖춘 국가들의 보호와 지도, 간섭을 받는 것은 합당하다. 그 보호와 지도, 간섭이 물리적인 지배와 통치를 통해 이루어질지라도. 그러나 이러한 폭력적 지배와 분할이 많은 저항을 야기했음에도 근대질서가 정당화될 수 있었던 것은 세계 인심(人心)을 획득하여 물리적 지배를 합리화할 수 있었기 때문이었다. 그것은 왜 유럽적인 규범이 전지구적으로 통용되어야 하는지, 비유럽 지역은 왜 서구의 패권 확장을 그들 자신의 더 나은 발전 기회로서 수용해야 하는지에 관한 논리였다. 이러한 논리는 바로 다양한 지구상의 인간과 그들의 삶을 특정 기준에 따라 획분하고, 그것에 차등적인 의미와 가치를 부여하는 것이었다. 즉 지구상의 세계질서는 영토적으로만이 아니라 인간의 마음과 정신의 차원에서도 기하학적인 경계에 의해 구분되고 등급화되었던 것이다.

이 책의 제목을 구성하는 또하나의 핵심개념인 문명등급은 바로 유럽이 어떻게 세계의 인심을 나누고 가치적으로 서열화했는가, 근대 세계질서를 지탱하고 합리화하는 기본논리와 근거가 무엇인가를 잘 보여준다. 세계 각지의 다양한 인류의 삶의 방식을 문명에서 몽매까지 여러 등급으로 차등화하는 문명등급론은 처음 서구의 지리적인 확장, 패권적 영토 확장을 정당화하는 논리로서 출현하여 근대적인 세계질서와 불가분의 관계를 맺고 있었으며, 외관적으로 탈식민화가 이루어진 현재도 근대적 세계질서를 넘어서 독자적이고 독립적인 존재로서 생존하고 있다. 그 이유는 문명등급론이 단순히 서구의 근대적 관념을 구성하는 개념 가운데 하나가 아니라, 서구의 근대지식 전반에 자리잡고 있는 무의식이기 때문이다. 따라서 문명등급론은 근대적 지식과 인식의 틀에서 크게 벗어나지 못하고 있는 현재의 세계의 인심과 질서를 이해함에 있어서 여전히 각별한 의미를 지니고 있으며, 그에 대한 비판적 사고는 근대적 사유와 가치규범에 대한 근본적인 성찰이기도 하다.

근대적 사유와 가치규범, 그리고 그것이 지지하는 세계질서에 대한 반성은 단순히 서구 중심주의에 대한 확인과 비판으로 이루어지는 것이 아니며, 또 서구 근대문명의 가치를 완전히 부정하는 것을 목적으로 하는 것도 아니다. 문명론적 사유는 서구와 비서구, 제국과 식민지를 넘어서 전 세계인의 보편적인 심리와 가치의식으로 자리잡았고, 지금도 변형된 형태로 매일같이 현대인의 삶을 주조하고 있다. 따라서 이에 대한 성찰은 자신과 타자를 포함한 현대질서와 현대인의 사유와 가치의식을 대상으로 해야 하며, 현대사회의 보편적인 문제로서 인식되어야 한다.

문제는 이러한 비판적인 인식이 어떻게 가능한가하는 점이다. 이미 포스트콜로니얼이즘과 젠더 연구 등을 통해 서구의 문명등급론에 대한 비판이 다각적으로 이루어지고 있다. 그러나 보다 현대질서에 대한 근본적인 성찰을 위해서는 현대인의 삶의 조건을 이루고 있는 민족 간, 문명 간의 다양한 유형·무형의 경계와 구분이 어떻게 형성되었는지를 파악할 필요가 있다. 다시 말해서 세계의 근대질서가 어떻게 형성되어 현재에까지 이르게 되었는지, 현재 세계질서를 작동시키고 있는 원리는 무엇인지에 대한 인식이 선결되어야 한다. 이는 곧 근대 역사에 대한 기존의 일반적인 접근법, 즉 일국 민족사나 세계사의 접근방식으로는 파악하기 어렵다. 민족사와 세계사의 문제점은 이 양자를 서로 구분하여 고립적으로 접근한다는 점이다. 즉 민족사는 한 민족의 내재적인 발전과정을, 세계사는 한 민족의 역사 외부에서 그에 대한 시대적인 환경과 조건으로서 다루어진다. 특히 19세기 이후 많은 세계사는 대부분 유럽중심의 역사로서, 비서구지역의 역사는 그에 대한 참조적인 의미로 다루어져왔다. 이러한 일국적 민족사와 자국이 빠진 세계사가 지니는 한계와 문제점은 이미 널리 지적되어 온 문제로서 새로운 것은 아니다. 그러나 현재 세계질서를 파악하는 구체적인 실천의 측면에서 보면, 위 문제를 극복하는 것은 결코 쉬운 일이 아니다. 이 책은 바로 이러한 문제를 넘어설 수 있는 방법을 모색하고 있으며, 관심 있는 독자들에게 적잖은 시사점을 제공할 것으로 보인다. "글로벌 히스토리의 시각에서 본 근대세계"라는 부제가 말하는 바와 같이 이 책은 단순히 근대지식과 가치의식에 자리잡고 있는 서구중심주의를 비판하는데 그치는 것이 아니다. 이 책에 수록된 각 연구는 대부분 중국의 사례를 분석하고 있지만, 특징적인 것은 그것을 세계적인 담론의 형성과 실천이라는 전 지구적 맥락 속에서 접근하고 있다는 점이다. 따라서 이 책은 유럽을 중심으로 형성된 근대적 문명론에 대한 비판임과 동시에 현대를 포함한 근대 중국의 사상과 가치의식에 대한 비판이기도 하다. 또 그런 의미에서 이 책에서 다루는 주제와 문제의식은 중국에 국한되지 않고 동아시아는 물론 전 세계의 근대 이후 역사에 공히 적용될 수 있는 보편적인 의미를 지니고 있다고 할 수 있다.

서구중심의 문명등급론은 제2차세계대전의 종결과 더불어 제국주의를 지지하는 이념으로 비판을 받아, 지금은 국제무대나 학계에서 공식적으로 주장하는 경우는 거의 없다. 그러나 유럽은 물론 비유럽지역에서는 지금도 세계 각지의 인간 공동체의 문화를 대함에 있어서 그 유령이 여전히 떠돌고 있다. 국제적인 지정학적 갈등이 특정 가치관념에 기반을 둔 이념적 갈등으로 포장되거나 대체되는 것은 지금도 어렵지 않게 목도할 수 있다. 이러한 변형된 형식의 문명등급을 포함하여 근대적 문명론이 형태만 변화한 채 지금까지 세계 각지의 인심(人心)을 사로잡을 수 있었던 데에는 1950년대 이후 이른바 근대화 논리가 중요한 역할을 하였다. 모종의 측면에서 보면, 근대화는 바로 서구의 문명등급론이 지닌 노골적인 이념지향성을 약화시키고 가치중립적이고 기술적인 문제처럼 외양을 바꾼 것과 크게 다르지 않다. 따라서 근대화를 절박한 국가적 과제로 삼고 있는 사회에서 오히려 문명등급론의 유령을 발견하기가 더욱 쉽다. 사회주의 중국에서 개혁개방을 통한 현대화를 본격적으로 추진하던 시기의 주요 특징가운데 하나도 바로 문명에 대한 특별한 강조이다. 특히 사회주의 정신문명 건설이라는 이름하에 시기마다 다양한 문명화를 추진해 오고 있는데, 1980년대 초 이른바 오강사미(五講四美)가 대표적이다. 이른바 다섯 가지를 중시한다는 오강은 바로 문명, 예의, 위생, 질서, 도덕을 가리키고, 네 가지 아름다움을 뜻하는 사미는 마음, 언어, 행위, 환경의 아름다움을 가리킨다. 이러한 사상 교육운동이 전국적으로 실시되고 장려되어, 이를 잘 이행하는 가정과 마을은 '문명가정', '문명촌', '문명향(文明鄕)' 등의 칭호가 부여되었다. 중국에서 이러한 사회주의 문명건설은 '아름다운 향촌·문명가정(美麗鄕村·文明家園)', '5개 방면의 문명가정(五好文明家庭)' 등의 운동에서도 보여주듯이 2000년대 들어서도 더욱 강조되고 있다. 주로 위생과 환경, 공공의식, 국가정책 준수, 화목 등을 주요 핵심내용으로 하는 문명화운동은 향촌과 도시를 막론하고 개인과 가정의 전반적 문화소양을 높이는 것을 목적으로 하고 있다. 이와 같이 국가차원에서 국민을 대상으로 문명화 사업을 전면에 내세우며 추진하는 국가는 흔하지 않다. 이제 중국은 세계에서 문명이라는 단어를 가장 일상적으로 자주 애용하는 국가가 되었다. 어쩌면 이는 단순히 중국에서의 문명개념의 특수한 용법으로 볼 수도 있지만, 현대중국의 '정신문명건설'운동이 문명화의 일환으로서 근대이후 중국사회와 문화계에서 추구해온 국민성 혹은 민족성 개량과도 직간접적으로 맞닿아 있음을 주목할 필요가 있다. 20세기 중국의 역사를 보면 서구의 문명등급론을 내면화하는 과정에서 형성된 문명 콤플렉스가 여전히 지속되고 있는 것으로 보인다. 이러한 현상이 어디 중국뿐이랴. 비서구의 많은 국가들이 자국의 문화와 인물에 대한 외국 특히 구미의 평가에 일희일비하는 대중매체의 보도를 보면서 마치 '문명의 종주국'으로부터 인정받고 싶어하는 학생의 모습이 연상되는 것은 지나친 상상일까? 이는 어떤 의미에서 근대적인 문명등급론이 지금도 서구사회의 세계인식에 여전히 영향을 발휘하고 있지만, 또 한편으로는 오히려 근대화를 추구하는 비서구지역에서 더욱 문제적일 수 있음을 말해준다.

이 책의 주요 핵심과 문제의식에 대한 자세한 설명은 편자의 서문에 잘 요약되어 있어 역자가 부언하는 것은 불필요한 군더더기가 될 듯싶다. 다만 전체 의의를 요약하자면 이 책에서는 근대 문명등급론의 형성과 동아시아로의 전파과정을 비롯하여 지리학, 국제법, 언어, 여성권리, 박람회,

식물학, 인류학 등 다양한 근대 학문과 지식에 문명등급론이 어떻게 투영되고 있는지를 중국의 사례를 통해 심층적으로 분석하고 있다는 점이다. 근대 문명등급론의 의미는 단순히 개념적, 학술적 의미에 대한 해석을 통해서는 그 전모를 파악할 수 없다. 중요한 것은 그것이 전 세계적으로 어떻게 인류의 의식을 구성하고 변화시켰으며, 세계질서의 변화와 어떻게 긴밀히 연계되어 있는지를 이해하는 것이다. 글로벌 히스토리 연구가 방법론적으로 중요한 이유도 바로 여기에 있다. 이 책은 문명등급론이 중국의 근현대 문화와 사유의 형성과 변화에 미친 영향에 대한 연구이자, 동시에 중국을 통해 본 문명등급과 세계질서의 관계에 대한 연구이기도 하다. 아울러 이 책의 미덕을 덧붙이자면, 이 책은 학제 간 공동연구의 결과물로서 다양한 연구자의 개별적인 관심사에 의해 내용이 구성되었음에도, 전체 논리와 주제의 일관성은 한 권의 체계적인 연구에 못지않다. 이는 공동연구의 진행에서부터 서적의 출판까지 수차례에 걸친 밀도 있는 공동 토론과 검토, 수정을 거친 결과이다. 이 책을 통해 독자들은 공동연구의 한 모범적 사례를 엿볼 수 있을 것이다.

마지막으로 이 책을 번역하면서 일부 내용과 어휘의 사용에 있어서 인용문헌이나 사실과 다른 점들 중 역자가 발견한 부분들은 저자들의 확인을 거쳐 번역에 반영하였으며, 그중 일부는 본 번역서에 별도의 역주 없이 수정한 경우도 있다는 점을 밝혀둔다. 이로 인한 번역상의 오류는 전적으로 역자의 책임이다. 거듭 지연되는 본 번역서의 출간을 오랫동안 기다리면서 역자의 질문에 흔쾌히 응해준 류허 교수를 비롯한 저자들에게 감사드린다. 또 이 책에 수록된 칼 레베카의 「아시아적 생산양식에 대한 재론: 이론과 역사의 결탁」은 저자의 글 몇 편을 바탕으로 중국 역자가 재구성한 것으로, 부분적으로 내용이 너무 압축된 면이 없지 않다. 독자들에게 이점을 참고하여 읽어주길 요청한다. 끝으로 이 책을 번역하여 출판하기까지 적잖은 우여곡절이 있었다. 이 책의 출간을 위해 여러모로 지지해준 흐름출판사 유정연 사장님, 노승현 선생님, 그리고 무엇보다도 출판계의 어려운 상황 속에서도 두터운 학술서적의 출판을 흔쾌히 수락해주신 교유서가 신정민 사장님께 감사드린다.

2022년 1월 역자

찾아보기

저자소개

리디아 류Lydia H. Liu, 劉禾·주편

미국 컬럼비아대학교 비교문학과 사회연구소 소장이자 동아시아인문 석좌교수이며 중국 칭화대학교 인문대학 겸직교수이다. 1990년 미국 하버드대학교에서 박사학위를 받았으며 1997년 미국 Guggenheim Fellowship 학술 대상을 수상했다.
학술 저작으로 The Freudian Robot: Digital Media and the Future of the Unconscious 『충돌하는 제국The Clash of Empires』 Tokens of Exchange: The Problem of Translation in Global Circulations 『언어 횡단적 실천Translingual Practice』 등과 중문 저서 『六個字母的解法』 『語際書寫』 『跨語際實踐』 『帝國的話語政治』가 있다.

탕샤오펑唐曉峰

베이징대학교 도시환경대학 역사지리연구센터 교수이자 중국지리학회 부이사장이다. 주요 저서로 『혼돈에서 질서로: 중국 상고 지리사상사 연구從混沌到秩序中國上古地理思想史通論』가 있다.

량잔梁展

중국사회과학원 외국문학연구소 중부 및 북부 유럽 연구실의 주임이다. 주요 저서로 『지리인종학에서 문화인종학으로: 헤켈 종족등급 관념의 형성地理人種學到文化人種學—海克爾種族等級觀念的形成』이 있다.

장징姜靖

미국 라이더대학교 중국문학과 인문학 부교수이다. 주요 저서로 Found in Translation: "New People" in Twentieth-Century Chinese Science Fiction이 있다.

자오징화趙京華

중국사회과학원 문학연구소 연구원이고 현재 베이징 제2외국어대학교 교수로 재직중이다. 주요 저서로 『일본의 포스트모던과 좌익 지식日本後現代與知識左翼』이 있다.

귀솽린郭雙林

중국런민대학교 역사학원 교수이다. 주요 저서는 『서구학술 조류의 영향과 청말 지리학西潮激蕩下的晚清地理學』이다.

쑹사오펑宋少鵬

중국런민대학교 중공당사학과 부교수이다. 주요 저서는 『'서양거울' 속의 중국과 여성: 문명의 젠더기준과 청말 여권 서술西洋鏡裏的中國與婦女: 文明的性別標准和晚清女權論述』이다.

청웨이程巍

중국사회과학원 외국문학연구소 소장이다. 주요 저서는 『중산계급의 아이들: 60년대와 문화영도권中産階級的孩子們 60年代與文化領導權』이다.

멍위에孟悅

캐나다 토론토대학교 동아시아학과 부교수이다. 주요 저서는 Shanghai and the Edges of Empires이다.

칼 레베카Rebecca Karl

미국 뉴욕대학교 역사학과 부교수이다. 주요 저서는 The Magic of Concepts: History and the Economic in Twentieth-Century China이다.

류다셴劉大先

중국사회과학원 민족문학연구소 부연구원이자 『민족문학연구』民族文學研究』 편집부 주임이다. 주요 저서는 『현대중국과 소수민족문학現代中國與少數民族文學』이다.

옮긴이

차태근

현재 인하대학교 중국학과 교수로 재직중이며, 베이징사범대학교에서 박사학위를 받았고, 캐나다 토론토대학교 방문학자를 지냈다. 주로 중국 현대사상과 문화를 연구하였으며, 최근에는 동아시아 근·현대사상을 글로벌 시각에서 분석하는 연구를 진행하고 있다. 『제국주의 담론과 동아시아 근대성』 『グローバルヒストリーの中の辛亥革命』(공저) 『근대 동아시아 평화사상』(공저) 등의 저서와 『충돌하는 제국: 서구 문명은 어떻게 중국이란 코끼리를 넘어뜨렸나』 『중국의 충격』(공역) 등의 역서, 그리고 「수: 제국의 산술과 근대적 사유방법」 「제국주의론과 수난의 역사관— 청말·민국시기를 중심으로」 「국제 인권규범과 중국 인권정책」 등 다수의 논문이 있다.

세계질서와 문명등급

글로벌 히스토리의 시각에서 본 근대 세계

초판 1쇄 인쇄 2022년 4월 12일
초판 1쇄 발행 2022년 4월 22일

주편 리디아 류
지은이 탕샤오펑, 량잔, 장징, 자오징화, 귀솽린,
　　　쑹사오펑, 청웨이, 멍위에, 칼 레베카, 류다셴
옮긴이 차태근

기획 노승현 | 편집 정소리 김윤하 이희연 | 디자인 윤종윤 이주영 | 마케팅 배희주 김선진
브랜딩 함유지 함근아 김희숙 정승민 | 저작권 박지영 이영은 김하림
제작 강신은 김동욱 임현식 | 제작처 상지사

펴낸곳 (주)교유당 | 펴낸이 신정민
출판등록 2019년 5월 24일 제406-2019-000052호

주소 10881 경기도 파주시 회동길 210
전화 031.955.8891(마케팅) | 031.955.2692(편집) | 031.955.8855(팩스)
전자우편 gyoyudang@munhak.com

인스타그램 @gyoyu_books | 트위터 @gyoyu_books | 페이스북 @gyoyubooks

ISBN 979-11-92247-12-0 93900